Nina Oelkers
Aktivierung von Elternverantwortung

Nina Oelkers (Dr. phil.) ist Postdoc-Stipendiatin im DFG-Graduiertenkolleg »Jugendhilfe im Wandel« der Universität Bielefeld. Ihre Arbeitsschwerpunkte sind Theorie und Empirie der Sozialen Arbeit, insbesondere im Kontext der Kinder- und Jugendhilfe sowie bezogen auf sozialpolitische Fragen.

Nina Oelkers
Aktivierung von Elternverantwortung
Zur Aufgabenwahrnehmung in Jugendämtern
nach dem neuen Kindschaftsrecht

[transcript]

Die vorliegende Arbeit wurde 2005 unter dem Titel: »Die Aufgabenwahrnehmung der Jugendämter nach dem neuen Kindschaftsrecht im Kontext einer Neujustierung öffentlicher und privater Verantwortung: />[W]ir unterstützen Dich [...] aber Du hast die Verantwortung‹/« vom Fachbereich Erziehungswissenschaften der Universität Lüneburg als Dissertation angenommen.

Bibliografische Information der Deutschen Bibliothek
Die Deutsche Bibliothek verzeichnet diese Publikation in der Deutschen Nationalbibliografie; detaillierte bibliografische Daten sind im Internet über http://dnb.ddb.de abrufbar.

© 2007 transcript Verlag, Bielefeld
Zugl.: Lüneburg, Univ., Diss., 2005

Die Verwertung der Texte und Bilder ist ohne Zustimmung des Verlages urheberrechtswidrig und strafbar. Das gilt auch für Vervielfältigungen, Übersetzungen, Mikroverfilmungen und für die Verarbeitung mit elektronischen Systemen.

Umschlaggestaltung: Kordula Röckenhaus, Bielefeld
Lektorat & Satz: Nina Oelkers
Druck: Majuskel Medienproduktion GmbH, Wetzlar
ISBN 978-3-89942-632-8

Gedruckt auf alterungsbeständigem Papier mit chlorfrei gebleichtem Zellstoff.

Besuchen Sie uns im Internet: *http://www.transcript-verlag.de*

Bitte fordern Sie unser Gesamtverzeichnis und andee Broschüren an unter: *info@transcript-verlag.de*

Inhalt

Einleitung 11

I Sozialpolitische Aktivierung von Elternverantwortung 17
Das neue Kindschaftsrecht: Staatliche Interessen und 17
Implementation
Die sozialpolitische Aktivierung von Elternverantwortung 19
durch Recht
    Staat, staatliche Interessen und staatliche Verantwortung 22
        Staatliche Interessen 25
        Soziale Verantwortung des Staates 27
        Wandel staatlicher Interessen und Verantwortungsübernahme 31
    Familie als Gegenstand staatlichen Interesses 37
        Sozialpolitik für Familien 39
        (De)Institutionalisierung familialer Lebensformen 43
        durch Sozialpolitik
    Recht als sozialpolitisches Steuerungsmittel des Staates 46
        Sozialpolitische Steuerung durch das neue Kindschaftsrecht 48
        Sozialpolitische Aktivierung von Elternverantwortung als 53
        regulierte Selbstregulierung
    Kinder- und Jugendhilfe zwischen Staat und Familie 59
Die Implementation des neuen Kindschaftsrechts in der Kinder- 64
und Jugendhilfe
    Aufgabenwahrnehmung in Jugendämtern nach dem neuen 70
    Kindschaftsrecht
    Handlungsorientierung und Handlungsstrukturierung durch Recht 74
    Methodisches Vorgehen 81
Zusammenfassung und Fazit 84

II Neues Kindschaftsrecht als sozialpolitisches Programm 89
Das neue Kindschaftsrecht als Programm in der Kinder- und Jugendhilfe 89
Das Kindschaftsrecht und seine historischen Leitbilder 92
Die Gesetzgebungsgeschichte der Kindschaftsrechtsreform 100
    Reformimpulse für das neue Kindschaftsrecht 102
    Reformdiskussion und Inhalte der Gesetzgebung 116
Das neue Kindschaftsrecht als Reformergebnis 125
    Änderungen im BGB 126
    Verfahrensrecht und Zuständigkeit der Gerichte 134
    Änderungen im Kinder- und Jugendhilferecht 140
Zusammenfassung und Fazit 143

III Jugendämter als Implementationsträger des neuen Kindschaftsrechts 147
Die Kinder- und Jugendhilfe als Implementationsfeld 147
Das Implementationsfeld des neuen Kindschaftsrechts 151
Das Jugendamt als Implementationsträger 155
    Das Jugendamt als sozialpädagogische Fachbehörde der Kinder- und Jugendhilfe 157
        Kinder- und Jugendhilfe 159
        Professionelle Aufgabenwahrnehmung 167
    Das Jugendamt als organisatorischer Teil der kommunalen Sozialverwaltung 171
        Kommunale Sozialverwaltung 172
        Bürokratische Aufgabenwahrnehmung 179
Zusammenfassung und Fazit 188

IV Aufgabenwahrnehmung in Jugendämtern nach dem neuen Kindschaftsrecht 193
Die empirische Rekonstruktion der Aufgabenwahrnehmung in Jugendämtern 193
Die Aufgabenwahrnehmung nach dem neuen Kindschaftsrecht 196
    Organisation, Personalbedarf und Personalqualifikation 202
    Information 209
    Kooperation 215
    Beratung in Trennungs- und Scheidungsfällen 220
        Beratung und Unterstützung bei Trennung und Scheidung 225
        Beratung und Mitwirkung in strittigen Sorge- und Umgangsrechtsfällen 233
        Elterliche Sorge nach Trennung und Scheidung 243
        Umgang nach Trennung und Scheidung 263
        Kinderbeteiligung, Kindeswohl und Interessenvertretung 277

Beratung in Fällen von Kindesgeburt außerhalb der Ehe	291
Beratung und Beistandschaft für allein sorgende Elternteile	297
Beratung und Beurkundung der gemeinsamen elterlichen Sorge	324
Zusammenfassung und Fazit	336
Die Handlungsorientierungen von JugendamtsmitarbeiterInnen	346
Handlungsorientierungen in Trennungs- und Scheidungsfällen	349
Handlungsorientierungen in Fällen der Kindesgeburt außerhalb der Ehe	379
Zusammenfassung und Fazit	395
Die Neujustierung staatlich-öffentlicher und familial-privater Verantwortung	400
Das Kindschaftsrecht im Kontext einer neuen Regulierungsstruktur	405
Fazit und Ausblick	409
V Anhang	411
Tabellen- und Abbildungsverzeichnis	411
Abkürzungsverzeichnis	411
Anmerkungen	413
Literatur	443

Danksagung

An dieser Stelle möchte ich mich bei denen bedanken, die mich in der Dissertations-Phase unterstützt und begleitet haben. Als erstes gebührt der Dank meinem Doktorvater Prof. Dr. Hans Joachim Plewig, der mir durch kritische Fragen und Hinweise immer wieder neue Denkanstöße gab und mir die inhaltlichen und zeitlichen Freiräume gelassen hat, die ich benötigte, um kreativ und produktiv zu sein. Meiner Zweitgutachterin, Prof. Dr. Maria-Eleonora Karsten, danke ich besonders für die hilfreichen systematisierenden Blicke auf meine Arbeit, die mir halfen, Wesentliches zu erkennen sowie mich und meinen Text zu sortieren. Prof. Dr. Ulrike Nagel von der Otto-von-Guericke-Universität Magdeburg danke ich für ihre unbedingte Bereitschaft als Drittgutachterin an meiner Promotion mitzuwirken und für die wiederholten Möglichkeiten mein methodisches Vorgehen, mein empirisches Material und meine Ergebnisse im Rahmen von Workshops vorzustellen und zu diskutieren.

Mein Dank gilt all jenen MitarbeiterInnen in Jugendämtern, die zu Gesprächen bereit waren. Ohne ihre Mitwirkungsbereitschaft wären die fassettenreichen Einblicke in den Implementationsprozess des neuen Kindschaftsrechts nicht möglich gewesen.

Ich danke denen, die mir mit Rat und Rat zur Seite standen, die meine Ideen, Themen und Ergebnisse mit mir diskutierten, insbesondere Holger Ziegler, Christine Meyer, Susanne Samelin, Irene Skrobanek, Anja Peters und Stefan Kleipoedßus, sowie denen, die das Korrekturat übernommen haben, insbesondere Ulrike Görner und Veronica Horbach.

Ganz besonders danke ich schließlich den Menschen, die mich auch noch in den anstrengendsten Phasen unermüdlich unterstützt, bestärkt und vor allem ertragen haben: Margrit Oelkers und Björn Rocksien.

Einleitung

Am 1. Juli 1998 traten weitreichende Änderungen im Bürgerlichen Gesetzbuch sowie im Kinder- und Jugendhilfegesetz in Kraft. Im Zentrum dieser sogenannten Kindschaftsrechtsreform standen die rechtlichen Änderungen durch das Kindschaftsrechtsreformgesetz und das Beistandschaftsgesetz. Das „neue Kindschaftsrecht" wurde nötig, weil die bestehenden gesetzlichen Regelungen nicht mehr den gesellschaftlichen Realitäten entsprachen. Im Kern ging es bei der Reform um erweiterte Gestaltungsmöglichkeiten, wenn Eltern von minderjährigen Kindern sich trennen oder scheiden lassen, beziehungsweise wenn Kinder außerhalb einer Ehe geboren werden. Die Jugendhilfe, besonders die Jugendämter, sind mit Inkrafttreten der Reformgesetze vor neue und veränderte Aufgaben gestellt worden. Den Jugendämtern kam und kommt, so die zentrale These, eine Schlüsselposition bei der Implementation der reformierten Gesetze zu. Das Inkrafttreten des neuen Kindschaftsrechts brachte neue Anforderungen und Probleme mit sich. Im Kontext veränderter Aufgabenwahrnehmung in Jugendämtern nach dem neuen Kindschaftsrecht, geht es um die Frage, „wie" die ExpertInnen in Jugendämtern das neue Kindschaftsrecht verwirklichen beziehungsweise implementieren. Um dieser Frage nachgehen zu können, wurden JugendamtsmitarbeiterInnen befragt (leitfadengestützte ExpertInneninterviews). Ziel der vorliegenden Untersuchung ist die theoriegeleitete Rekonstruktion der spezifischen Art und Weise, in der das neue Kindschaftsrecht in die Jugendhilfepraxis eingeflossen ist.

Die Analyse der Aufgabenwahrnehmung in der Kinder- und Jugendhilfe nach dem neuen Kindschaftsrecht erfolgt aus der Perspektive der Implementationsforschung. Die Implementationsperspektive wurde gewählt, da sie besonders geeignet ist, um die komplexen (politischen) Prozesse von Gesetzgebung und Realisierung des Gesetzgebungsergebnisses in spezifischen Handlungsfeldern, unter Beachtung der unterschiedlichen Akteure, systematisch zu erfassen.

Die Implementationsperspektive birgt allerdings auch Nachteile: Die Prozesse und Formen staatlicher Steuerung durch Recht können im steuerungstheoretischen Implementationskontext zwar erfasst und unterschieden werden, es besteht aber die Gefahr, bestimmte Grundprobleme staatlicher Steuerung auszublenden. Steuerungstheoretischen Analysen zur Implementation von Recht gehen in der Regel von einer inhärenten „Gemeinwohlorientierung" des Staates beziehungsweise staatlichen Handelns aus. Für die vorliegende Untersuchung würde dies bedeuten, den Willen des Gesetzgebers als positives Ziel zu setzen, welches im Sinne des Gemeinwohls möglichst ohne Reibungsverluste zu implementieren sei. Aus einer solchen Perspektive wäre es nicht möglich, staatliche Interessen der Herrschaftssicherung und des Machterhaltes zu erfassen, die neben oder sogar über dem Gemeinwohl stehen können. Erst wenn der Blick auf Implementationsprozesse durch macht- und herrschaftssensible Ansätze ergänzt wird, können „nicht-gemeinwohlorientierte Interessen" des Staates erkannt werden, die auch bei der Gestaltung von Recht zum Tragen kommen. Mit dem Kindschaftsrecht versuchte der Staat von jeher familiäre Lebensformen im Sinne seiner Interessen zu beeinflussen. Die Interessen und Leitbilder, denen der Staat folgt, sind veränderlich und im historischen Kontext zu interpretieren.

Zwischen staatlicher Gesetzgebung und familialen Lebensformen besteht eine Wechselwirkung: Zum einen versucht der Staat mit dem Steuerungsmittel „Recht" familiäre Lebenszusammenhänge zu beeinflussen, zum anderen erzeugt die gesellschaftliche Veränderung familialer Lebensformen Reformdruck auf bestehende Gesetze. Folglich führen die Veränderung des Staates beziehungsweise staatlicher Interessen ebenso zu Rechtsreformen wie die Veränderung dessen, was als „Familie" von Männern, Frauen und Kindern gelebt wird.

In den Bereichen „Staat" und „Familie" ist es in den letzten Jahrzehnten zu weitreichenden Veränderungen gekommen. Die Ehe ist nicht mehr die einzige Form von Familie/Elternschaft und der Staat entwickelt sich zunehmend vom „sozialdemokratisch-keynesianischen Interventionsstaat" zu einer Formation, die man vorerst als „neoliberalen Steuerungsstaat" beschreiben kann. Die Leitbilder des Staates wandeln sich und haben sich gewandelt: Während der „sozialdemokratisch-keynesianische Wohlfahrtsstaat" „hoheitlich" oder „leistend" sozialpolitisch intervenierte, verändert sich der sozialpolitische Gestaltungswille im „neoliberalen Steuerungsstaat" zur „Aktivierung" des als selbstverantwortlich betrachteten Bürgers. Der staatliche Rückzug aus als schwer steuerbar angesehenen Gesellschaftsbereichen wie der Familie, lässt sich am neuen Kindschaftsrecht deutlich nachzeichnen.

Gleichwohl setzt der Staat seine Interessen weiterhin auch im Bereich familialer Lebensformen durch. Es sind die veränderten Formen der staatlichen Einflussnahme, die für die folgenden Ausführungen zentral sind.

In Form von Recht bestimmt der Staat die Rahmenbedingungen für die Gestaltung familialer Lebensformen, die mit den Interessen des Staates kompatibel sind. Die Entwicklungen des Staates lassen sich insbesondere an der veränderten Sozialpolitik nachzeichnen. Am neuen Kindschaftsrecht wird eine Umorientierung des Staates sichtbar, die dem Leitbild eines „aktivierenden" Staates folgt. Die entsprechende Sozialpolitik richtet sich auf „Aktivierung" und „Responsibilisierung". Zentraler Anknüpfungspunkt für die „aktivierende" Sozialpolitik ist die Elternverantwortung.

Das neue Kindschaftsrecht kann erst vor dem Hintergrund staatlichen Wandels als Quelle neuer Benachteiligungen und Risiken erkannt werden. Am Beispiel der Implementation des neuen Kindschaftsrechts im aktuellen gesellschaftlichen Zusammenhang lassen sich neue Konfliktfelder aufzeigen. „Verantwortung" erweist sich als zentraler Begriff, der einerseits die Rücknahme öffentlicher Verantwortung im Sinne einer sozialen Verantwortung des Staates bezeichnet und andererseits als private Verantwortung den BürgerInnen zugemutet und angedient wird. Im Kontext des neuen Kindschaftsrechts sind die JugendamtsmitarbeiterInnen als zentrale Akteure an der Implementation beteiligt. An den empirisch rekonstruierten Handlungsorientierungen der JugendamtsmitarbeiterInnen des ASD und der Beistandschaft wird deutlich, dass die bestehenden administrativen Handlungsspielräume wenig zur Aufrechterhaltung der öffentlichen Verantwortung genutzt werden. Vielmehr ist zu beobachten, dass die JugendamtsmitarbeiterInnen im Sinne der aktuellen Sozialpolitik an der Zuschreibung privater Verantwortung mitwirken. Die JugendamtsmitarbeiterInnen befinden sich an einer „Scharnierstelle" zwischen Staat und Familie. Ihre Professionalität muss sich im Spannungsfeld zwischen den veränderten sozialpolitischen Vorgaben und den Wünschen bzw. auch den Nöten der BürgerInnen erweisen.

Im Untersuchungskontext wurde von dem weitergefassten kindschaftsrechtlichen Begriff des Gesetzgebers ausgegangen,[1] der über ein rein familienrechtliches Verständnis des Kindschaftsrechts hinausgeht. Der Schwerpunkt der Reform lag zwar im BGB, aber es wurden auch begleitende Verfahrensrechte (ZPO und FGG) sowie Regelungen im Kinder- und Jugendhilferecht reformiert. Das „neue Kindschaftsrecht" als „politisches Programm" in der Kinder- und Jugendhilfe stellt im Untersuchungskontext ein forscherisches Konstrukt dar, das mehrere Gesetze umfasst, jedoch nicht die Gesamtheit der reformierten Gesetze mit einbezieht (vgl. Teil II).

Zentrale Bedeutung für eine an der Implementationsforschung orientierte Herangehensweise hat die begriffliche Kategorie des „Programms". Das zu implementierende Programm wird zum Maßstab der empirischen Analyse. Es bestimmt Handlungsziele, legt AdressatInnen sowie für die Ausführung Zuständige im sogenannten Implementationsfeld fest und strukturiert die Beziehung zwischen ihnen und weiteren Akteuren vor. Das Implementationsfeld des neuen Kindschaftsrechts und das Handlungsfeld der Kinder- und Jugendhilfe sind nicht deckungsgleich. Sie überschneiden sich in den Bereichen, in denen die Änderungen des neuen Kindschaftsrechts den Handlungskontext der Kinder- und Jugendhilfe betreffen. Die organisatorischen Strukturen und professionellen Handlungsorientierungen in der Kinder- und Jugendhilfe beeinflussen die Implementation des neuen Kindschaftsrechts (vgl. Teil III).

Die Handlungsorientierungen der JugendamtsmitarbeiterInnen werden für zwei kindschaftsrechtlich relevante Situationen nachgezeichnet: Trennung und Scheidung von Eltern mit minderjährigen Kindern und die Geburt von Kindern außerhalb der Ehe. Die Handlungsorientierungen werden anhand von Handlungsmaximen, Leitbildern, Selbstpositionierungen und Haltungen verdeutlicht, die sich auf die Interpretation der Gesetze, das Selbstbild und das AdressatInnenbild beziehen (vgl. Teil IV). Die befragten JugendamtsmitarbeiterInnen haben Interpretationen zu den reformierten Gesetzen geleistet, kindschaftsrechtlich relevante Situationen gedeutet und Selbstpositionierungen vorgenommen, aus denen sich zum Teil spezifische „Modulationen" der reformierten Gesetze beziehungsweise der Gesetzgeberintentionen ableiten lassen.

Die Möglichkeiten der JugendamtsmitarbeiterInnen zur Einflussnahme auf die Eltern haben sich durch die Kindschaftsrechtsreform grundlegend geändert, weil die AdressatInnen der Leistungen nicht mehr „automatisch" per Gesetz Kontakt zum Jugendamt aufnehmen müssen. Dies gilt für Eltern in Scheidungsfällen wie auch für unverheiratete Mütter nach Kindesgeburt, denn die Trennungs- und Scheidungsberatung und die Beistandschaft sind nun freiwillige Leistungsangebote für die AdressatInnen. Eine Folge des verstärkten Angebotscharakters der Trennungs- und Scheidungsberatung, wie auch der Beistandschaft, ist der deutliche Rückgang (über 50%) der Inanspruchnahme von Leistungsangeboten. Die zentrale These ist, dass die Aufgabenwahrnehmung der JugendamtsmitarbeiterInnen (ASD und Beistandschaft) nach dem neuen Kindschaftsrecht von 1998 hauptsächlich auf die Aktivierung von Elternverantwortung nach Trennung und Scheidung sowie nach Kindesgeburt außerhalb der Ehe abzielt. Die starke „Elternorientierung" des Kindschaftsrechts erschwert dabei zunehmend eine Berücksichtigung der Interessen von Kindern und Jugendlichen.

Für eine umfassende Sicht auf die Implementation des reformierten Kindschaftsrechts sind die wechselseitigen Zusammenhänge von Staat und Familie, die jene Reformen hervorgebracht haben und gleichzeitig den Rahmen für die Implementation bieten, zentral. Der Staat als Gesetzgeber und Träger/Initiator von Wohlfahrt ist im kindschaftsrechtlichen Implementationskontext von besonderer Bedeutung. Die Ausführungen zu gesellschaftlichen Zusammenhängen von Staat, Familie und Recht im ersten Teil dienen als analytischer Kontext für die Zuordnung der Kindschaftsrechtsthematik aus der Implementationsperspektive (vgl. Teil II), für die

Analyse des Implementationsträgers „Jugendamt" (vgl. Teil III) und der Dateninterpretation (vgl. Teil IV).

Im ersten Teil (Teil I) geht es um die theoretische Rahmung des Themas, wobei die gesellschaftlichen Zusammenhänge von Staat, Familie und Recht sowie die Entwicklungen der Sozialpolitik zentral sind. Die sozialpolitische Ausgestaltung der Kinder- und Jugendhilfe wird im Kontext des veränderten Sozialstaats beschrieben. Die Ausführungen dienen als analytische Folie für eine Zuordnung der Kindschaftsrechtsthematik und der Dateninterpretation. Anschließend wird die Implementationsperspektive dargelegt und mit der methodischen Anlage der Untersuchung verknüpft.

Der zweite Teil (Teil II) bezieht sich auf den gesetzlichen Handlungsrahmen „neues Kindschaftsrecht". Im Mittelpunkt stehen die Veränderungen in der „Gesetzesphilosophie", die historische Entwicklung des Kindschaftsrechts, der Gesetzgebungsprozess und das Reformergebnis. Aus dem politischen Prozess der Gesetzgebung (Programmentwicklung) lassen sich Merkmale des Programms „neues Kindschaftsrecht" ableiten.

Im dritten Teil (Teil III) wird der Fokus auf den institutionellen Handlungsrahmen und das Implementationsfeld des neuen Kindschaftsrechts gerichtet. Bei der Betrachtung der Programmverwirklichung des neuen Kindschaftsrechts durch die Jugendämter als Implementationsträger, geht es weniger um den vertikalen Weg durch Bund, Länder und Kommunen, als vielmehr um die Bedingungen und Beziehungen im sogenannten Implementationsfeld, das heißt um die Aufsplittung von Zuständigkeiten und das Zusammenwirken der zuständigen Institutionen sowie die Inanspruchnahmebereitschaft der AdressatInnen. Jugendämter werden als zentrale Implementationsträger analysiert, die von fachlich-professionellen und bürokratisch-organisationsbezogenen Handlungszusammenhängen geprägt sind. Familiengerichte sind zwar ebenso Implementationsträger für das Kindschaftsrecht, erfahren im Untersuchungskontext aber lediglich als Kooperationspartner der Jugendämter Beachtung.

Im Mittelpunkt des vierten und letzten Teils (Teil IV) steht die empirisch rekonstruierte Aufgabenwahrnehmung in Jugendämtern nach dem neuen Kindschaftsrecht. Aufgabenwahrnehmung ist hier im doppelten Sinne als Erkennen der Aufgaben und als praktische Verwirklichung der Aufgaben zu verstehen. Die Jugendamtsaufgaben werden mit den Begriffen Information, Kooperation, Beratung, Vermittlung und Mitwirkung sowie Beratung, Beistandschaft und Beurkundung systematisiert. Die Beratungskontexte werden für „Trennung und Scheidung" und „Kindesgeburt außerhalb der Ehe" rekonstruiert. Da es sich nicht um eine Vergleichsuntersuchung „vor" und „nach" der Reform handelt, geht es um die von den JugendamtsmitarbeiterInnen wahrgenommenen Veränderungen durch die Kindschaftsrechtsreform und die Kompatibilität ihrer Handlungsorientierungen mit den reformierten Regelungen. Für die Ergebnisse der Untersuchung kann nicht der Status „abschließender Befund" erhoben werden, da es zum Befragungszeitpunkt zu früh war, die Implementation als abgeschlossen zu betrachten. Folglich handelt es sich eher um eine „Momentaufnahme" in einem komplexen Veränderungsprozess. Die Erfassung themenspezifischer Spektren von Deutungen und Selbstzuordnungen der Befragten sowie deren Praxen der Rechtsverwirklichung stehen im Mittelpunkt dieser Momentaufnahme. Die Handlungsorientierungen von JugendamtsmitarbeiterInnen werden kontextübergreifend betrachtet und als Neujustierung staatlich-öffentlicher und familial-privater Verantwortung thematisiert. Abschließend werden die Ergebnisse einer neuen Regulierungsstruktur zugeordnet: „Regieren aus der Distanz".

Die Ergebnisse der Untersuchung beziehen sich auf drei „Vergleichsebenen": Vergleich der Aufgabenwahrnehmung in Jugendämtern mit den Reglungen des neuen Kindschaftsrechts (Ebene I): Es liegt eine Vielzahl von kleinteiligen Ergebnissen und konkreten Gestaltungsbeispielen vor, mit denen die praktische Verwirklichung der Gesetzesänderungen in Jugendämtern sichtbar wird. Auf dieser Ebene zeigt sich, wie die Rechtsänderungen praktisch wirksam geworden sind (vgl. Teil IV). Vergleich der Handlungsorientierungen in Jugendämtern nach dem neuen Kindschaftsrecht (Ebene II): Themen- oder regelungsbereichsbezogen ließen sich unterschiedliche und ähnliche Handlungsorientierungen, Haltungen und Erfahrungen der JugendamtsmitarbeiterInnen typisieren. Die Vergleichsdimensionen wurden aus dem Datenmaterial rekonstruiert. Insbesondere an den rekonstruierten Handlungsmaximen, Selbstverständnissen und AdressatInnenbildern wird deutlich, dass die unterschiedlichen Handlungstendenzen der Akteure die Implementation des neuen Kindschaftsrechts beeinflussen (vgl. Teil IV).

Theoriegeleitete Kontextualisierung der Aufgabenwahrnehmung in Jugendämtern (Ebene III): Mit der Art und Weise der Aufgabenwahrnehmung in Jugendämtern erfolgt eine Neujustierung staatlich-öffentlicher und familial-privater Verantwortung. Am Beispiel „neues Kindschaftsrecht" werden veränderte Formen gesellschaftlicher Regulation oder Steuerung aufgezeigt, die sich als „Regieren aus der Distanz" bezeichnen lassen (vgl. Teil I und Teil IV).

I Sozialpolitische Aktivierung von Elternverantwortung

Das neue Kindschaftsrecht: Staatliche Interessen und Implementation

Die Aufgabenwahrnehmung der Jugendämter nach dem neuen Kindschaftsrecht von 1998 steht im Mittelpunkt der folgenden Ausführungen. Für die Erhebung und Auswertung der qualitativen Daten waren neben der Frage nach dem „wie" der Aufgabenwahrnehmung die Handlungsorientierungen der JugendamtsmitarbeiterInnen zentral, die als Handlungsmaximen, Selbst- und AdressatInnenbilder die Aufgabenwahrnehmung nach dem neuen Kindschaftsrecht strukturieren. Um das „neue Kindschaftsrecht" als „Bestandteil" des Untersuchungsgegenstands zu systematisieren, wurden theoretische Konzepte der Implementationsforschung genutzt, die einen erweiterten Blick auf die Gesetzgebung als Reformprozess, das Reformergebnis, die Implementation sowie die Implementationsträger im Implementationsfeld ermöglichen (vgl. Teil I sowie Teil II und III). Aufgrund der theoretischen „Verwandtschaft" der Implementationsforschung mit den Theorien politischer Steuerung besteht die Gefahr einer verkürzten Sichtweise auf die Zusammenhänge von Staat, Familie und Recht. Das „steuerungstheoretische Kernparadigma" bezieht sich hauptsächlich auf Politikentwicklung innerhalb des politisch-administrativen Systems sowie auf die Implementation der so entwickelten Politik durch staatliche Vollzuginstanzen (vgl. Mayntz 2001: 18). Mit einer solchen Implementationsperspektive sind eine funktionalistische Sicht und eine gewisse „Herrschaftsblindheit" verbunden, aus der Politik und Gesetzgebung als „gemeinwohlorientierte Problemlösungen" erscheinen[1] (vgl. Mayntz 2001: 19 ff.).

Die kritische Erweiterung des Blicks auf die Zusammenhänge von Staat, Familie und Recht erfolgt mit Rückgriff auf ein (neo-)marxistisches Staatsverständnis. Das nachfolgend zugrunde gelegte erweiterte Staatsverständnis (vgl. Gramsci; Poulantzas) lässt sich mit einer Implementationsperspektive verbinden, deren analytischer Fokus nicht nur auf der Normanwendung liegt, sondern darüber hinaus den Prozess der Gesetzgebung als konstitutive Phase systematisch in den Blick nimmt2 (vgl. Blankenburg/Voigt 1987; Bohnert/Klitzsch 1980; Mayntz 1980). Gesetzgebung ist im konfliktstrukturierten Kräftefeld „Staat" ein Prozess, in dem Akteure und Akteursgruppen ihre Konflikte durch zeitlich begrenzte, tragfähige Kompromisse und Konsense lösen. Der „politische Kampf" kann sich nach Abschluss des parlamentarisch-politischen Prozesses der Gesetzgebung (Programmentwicklung) auf die Implementationsebene verlagern. Die Erfahrungen aus der Implementationsforschung bestätigen die theoretische Annahme, dass die widersprüchlichen Interessen aus dem Gesetzgebungsprozess in den Institutionen reproduziert werden (können) und zu neuen Konflikten innerhalb von sowie zwischen implementierenden Institutionen führen.

Eine kritische Perspektive auf Gesetzgebung, Gesetz und Gesetzesänderungsfolgen lässt sich erst dann entfalten, wenn auch staatliche Interessen analysiert werden. Der Staat legitimiert sich über seine Pflicht im Sinne des Wohles aller (Gemeinwohl) zu agieren, was im Sozialstaatsgebot in Art. 20 und 28 GG deutlich wird. Sozialpolitik und Gesetzgebung sind als Ausdruck staatlicher Interessen zu deuten, die aber eben nicht ausschließlich gemeinwohlorientiert sind.

Familiale Lebensformen sind Gegenstand staatlichen Steuerungs- oder Regulierungsinteresses, denn es gilt jene Formen und Handlungsweisen zu fördern, die mit der „angestrebten" Gesellschaftsform kompatibel sind. Das neue Kindschaftsrecht von 1998 ist aus dieser erweiterten theoretischen Perspektive auch im Kontext einer spezifischen Sozialpolitik zu betrachten, die Ausdruck einer veränderten staatlichen Steuerung oder Regulierung ist. Für deren Analyse ist der Begriff der „Verantwortung" zentral. Es geht um eine „Neujustierung" von staatlich-öffentlicher und familialprivater Verantwortung, an der die JugendamtsmitarbeiterInnen als Akteure mitwirken, indem sie zwischen Staat und Familie vermitteln.

Die folgende Darstellung verdeutlicht die Perspektiven auf den Untersuchungsgegenstand „Aufgabenwahrnehmung der Jugendämter nach dem neuen Kindschaftsrecht von 1998" im Überblick (Abb. 1).

Abbildung 1: *Untersuchungsgegenstand und Perspektiven (eigene Darstellung)*

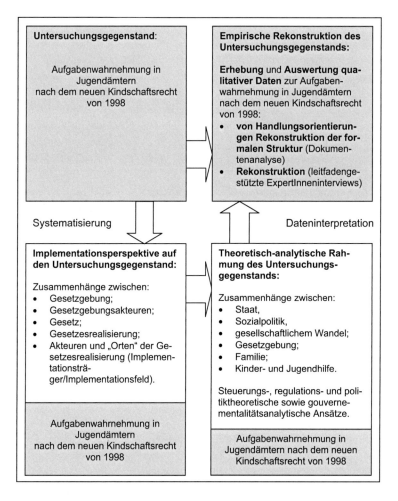

Die sozialpolitische Aktivierung von Elternverantwortung durch Recht

Die Zusammenhänge von Staat, Familie und Recht werden in einen Entstehungskontext eingeordnet, der als historisch-spezifisches Netz von Kräfteverhältnissen, (sozial-)politischen Interessen und Strategien zu beschreiben ist. Das Verhältnis zwischen Öffentlichem und Privatem beziehungsweise zwischen Staat und Familie gestaltet sich im Kontext neuer politischer Rationalitäten, die eine „sozialpolitische Neuformierung" darstellen. Diese zeigt sich als Abbau öffentlicher Leistungen bei gleichzeitiger Privatisierung und Ökonomisierung. Die veränderte Sozialpolitik ist gekennzeichnet durch (Re-)Privatisierung von Problemlagen, das heißt, diese werden als individuelle Risiken gedeutet, mit denen die BürgerIn verantwortungsvoll, also risikominimierend und kostenreduzierend, umzugehen hat. „Selbstverantwortung" und „Eigenvorsorge" sind die Begriffe, mit denen deutlich wird, dass staatliche Verantwortung für „das Soziale" delegiert und privatisiert wird, um die zunehmende Unfähigkeit zur Bearbeitung der gesellschaftlichen Spaltungen und Heterogenisierungen zu kompensieren. „Das Soziale"[3] zeigt sich als politisches Konstrukt menschlichen Zusammenlebens, welches nicht zeitlos und unhintergehbar ist, sondern sich als veränderlich erweist (vgl. Donzelot 1979; Deleuze 1979). Kinder- und Jugendhilfe ist als theoretisch und praktisch bestimmbare Einheit der Bearbeitung sozialer Problemlagen zu betrachten, die als Teilbereich im Herrschaftsraum des „Sozialen" ebenfalls Veränderungen erfährt.

Der als „keynesianisch-fordistischer Interventionsstaat" ausgerichtete bundesrepublikanische Sozialstaat ist ein spezifisch historisch institutionalisierter Ausdruck des Sozialen. Er zeichnet sich vor allem dadurch aus, „eine bürokratisch-administrativ organisierte Form einer risikominimierenden sozialen Solidarität etabliert zu haben, die begrifflich und strategisch über das Moment der individuellen Verantwortung gestellt wird und sich mehr oder weniger gleichberechtigt gegenüber der Ökonomie artikuliert" (Otto/Ziegler 2004 in Anlehnung an Donzelot, 1994). Indem die kollektive Solidarität über die individuelle Verantwortung gestellt wird, basieren die sozialstaatlichen Sicherungsstrukturen auf einer standardisierten Form „erzwungener Solidarität" (vgl. Ewald 1991). Die kollektive Solidarität zeigt sich in der Umverteilung von Geldern und der Regulierung des Sozialen über „Recht" (vgl. Habermas 1981; Luhmann 1981).

In der gegenwärtigen historischen Phase haben Diskussionen über die Neubestimmung von Staatsaufgaben und die Rückführung von Aufgaben in die Gesellschaft Hochkonjunktur. „Auslöser für diese Diskussion sind neben der abnehmenden Leistungsfähigkeit sowie fehlender Effizienz des Staates und der durch ihn gesteuerten sozialen Sicherungssysteme, die grundlegende Neuordnung der Beziehungen zwischen den Nationalstaaten einerseits und zwischen Individuum und Gesellschaft andererseits" (Gerlach 2000: 124 f.).

Die Veränderungen sozialregulatorischer politischer Rationalität betreffen auch den gesellschaftlichen Zusammenhang von „Staat" und „Familie", denn Familie nimmt als „intermediäre Institution" zwischen Individuum und Gesellschaft eine Schlüsselposition im Sozialstaat ein. Die in der „fordistischen" Gesellschaftsformation als „natürlich" und „normal" dargestellten Zusammenhänge von Staat und Familie sind durch die wirtschaftlichen, politischen und sozialen Folgen des „Weltmarkt-Kapitalismus" sowie durch eine „neoliberale" Politik zunehmend denaturalisiert worden. Mit den schwindenden ökonomischen Voraussetzungen einer „fordistischen" Gesellschaftsformation wird auch der „keynesianische"

Wohlfahrtsstaat demontiert. Die sozialpolitische Förderung und Stützung der „Normalfamilie" als zwingende Voraussetzung für den „fordistischen" Verwendungszusammenhang wird hinfällig und damit denaturalisierbar. Sozialpolitik zielt nicht mehr darauf ab, eine bestimmte Form der Reproduktionssicherung durchzusetzen, sondern erstellt einen flexiblen Rahmen, der verschiedene Reproduktionsweisen zulässt, solange diese sich nicht finanziell belastend auswirken. Auf Familie bezogen führen diese Entwicklungen einerseits zu einer (rechtlichen und realen) Deinstitutionalisierung der „Normalfamilie". Andererseits wird durch symbolische Politik eine „Re-Familialisierung" vorgenommen, weil die „Familie" als Ort des Privaten, der Solidarität und der Bearbeitung privatisierter sozialer Risiken vermehrt sozialpolitische und sozialstaatliche Aufmerksamkeit erhält (vgl. Richter 2004: 7).

Die Aufgabe öffentlicher Verwaltung konnte im Kontext des „keynesianischen" Wohlfahrtsstaates zusammenfassend darin gesehen werden, in eine Vielfalt wirtschaftlicher, sozialer und kultureller gesellschaftlicher Lebensprozesse „hineinzuregieren", sie zu fördern, zu gestalten und ihnen einen politisch erwünschten „normalen" Verlauf zu geben (vgl. Offe 2001: 427 ff.). Die Durchsetzung von historisch spezifischen Normalitätsvorstellungen artikulieren sich unter anderem auf der Grundlage von gesetzlichen Vorgaben. Für den Staat sind psychische, soziale und materielle Probleme erst dann bearbeitbar, wenn sie sich in rechtlich handhabbare Formate transformieren lassen. Die Umsetzung von Bedürfnislagen in rechtlich definierte Ansprüche auf der Ebene der Verrechtlichung deutet an, welche Probleme in welcher Art und Weise staatlich bearbeitet werden sollen. Die Beeinflussung von Lebensprozessen, im Sinne einer Erzeugung „normaler" Verläufe, ist als Ziel (sozial-)staatlicher Gesetzgebung zu betrachten. Viele Rechtsnormen im Rahmen von Sozialpolitik knüpfen am „Familienstand" an und regeln direkt oder indirekt familiale Beziehungen.

Die historisch spezifischen Formen staatlicher Beeinflussung von kollektiven und individuellen Akteuren wird nachfolgend je nach theoretischem Kontext mit unterschiedlichen Begriffen erfasst. Aus der Perspektive regulationstheoretischer Ansätze ist der Begriff der Regulation zentral. Regulation ist die „höchst komplexe Form, in der sich ein soziales Verhältnis „trotz und wegen seines konfliktorischen und widersprüchlichen Charakters reproduziert" (Lipietz 1984, 1985 zitiert nach Hirsch und Roth 1986: 38). Regulation ist nicht nur als Resultat von intentionaler und strategischer Einflussnahme zu betrachten, sondern besteht auch aus unbewussten Praxen einer eingeübten alltäglichen Routine (vgl. Bieling 2000: 204). Das regulationstheoretische Erkenntnisinteresse bezieht sich auf das komplexe Geflecht von Institutionen, Steuerungsmedien, normativen Orientierungen und sozialen Verhaltensweisen, das die Reproduktion eines fundamental widersprüchlichen gesellschaftlichen Zusammenhangs ermöglicht (vgl. Hirsch/Roth 1986: 44).

Der im Kontext von Theorien politischer Steuerung genutzte Steuerungsbegriff erscheint in eher systemtheoretisch geprägten Diskussionen als Oberbegriff. Nach Mayntz und Scharpf (1995) ist der Steuerungsbegriff für die Beschreibung komplexer Prozesse der Handlungskoordination zu eng/eindimensional gefasst und durch den umfassenderen Begriff der „Regelung" (Governance) zu ersetzen, der die Möglichkeit der einseitigen Steuerung als eine mögliche Variante einschließt (ebd.: 16 f.). In neueren Ansätzen ist mit Steuerung im weitesten Sinne die Herstellung von sozialer Ordnung gemeint, das heißt die Art und Weise, wie eine Gesellschaft regiert wird (Governance). Das eigentliche Steuerungshandeln von Regierung und staatlicher Administration im engeren Sinne ist als „Government" von „Governance" abzugrenzen (vgl. Braun 2001: 102). Das Steuerungshandeln des Staates im Sinne von „Governance" bezieht sich auf die Verteilung gesellschaftlicher Ressourcen und die Koordination individuellen und gesellschaftlichen Handelns. „Selbstregulierung" kann dagegen als ein spezifisches „Steuerungskonzept" betrachtet werden, in dem es nicht um die staatliche Festlegung von Ver- und Geboten sowie deren Kontrolle geht, sondern um die Erreichung von Steuerungszielen weitgehend ohne Beteiligung des Staates (vgl. Schulz/Held 2002: A-5).

Das neue Kindschaftsrecht ist Ausdruck einer spezifischen staatlichen Sozialpolitik, die sich auf die Gestaltung sozialer Verhältnisse im familialen Lebenszusammenhang bezieht. Im Kontext der Neujustierung staatlich-öffentlicher und familial-privater Verantwortung ist das neue Kindschaftsrecht als politisches Programm zu betrachten, in dem zwar auf das traditionelle Steuerungsmittel „Recht" zurückgegriffen wird, dessen „sozialregulatorische Richtung" aber im Zusammenhang neuer politischer Rationalitäten beziehungsweise sozialpolitischer Neuformierung zu betrachten ist.

Staat, staatliche Interessen und staatliche Verantwortung

Die Staatsauffassung, die im Folgenden vertreten wird, orientiert sich an staatstheoretischen Überlegungen, die ihre Wurzeln in den Arbeiten von Gramsci,[4] und Poulantzas[5] finden. Diese liefern eine sinnvolle Heuristik, die einen theoretischen Zugang zur Analyse jener gesellschaftlichen Strukturen eröffnet, die (Gesetzes-)Reformen und Sozialpolitiken hervorbringen sowie das Handlungsfeld für deren Implementation strukturieren. Eine verbreitete Differenzierung in der Sozialtheorie besteht darin, „Staat", „Zivilgesellschaft" und „Markt" als getrennt voneinander zu betrachten. Der Staat wird häufig als Reich der Behörden, Regierungen, Polizei, Beamtentum, Parlamente, Justiz und staatlichen Anstalten verstanden. Im Kontrast dazu erscheinen soziale Phänomene, die der sogenannten „Zivilgesellschaft" zugeordnet werden, zum Beispiel Eigentum, Markt, Erwerbsleben, Familie, Religion (und andere Gemeinschaften) sowie kulturelle und politische Öffentlichkeit (vgl. Offe 2001: 417 ff.). Für Gramsci ist Staat dagegen „die Gesamtheit praktischer und theoretischer Aktivitäten, mit denen eine führende Klasse ihre Herrschaft nicht nur rechtfertigt und aufrecht erhält, sondern die aktive Zustimmung der Regierten erhält" (Gramsci 1949 zitiert nach Albers 1983: 41). Gramsci und Poulantzas betrachten den Staat nicht als eine von Ökonomie und Zivilgesellschaft[6] getrennte Dinglichkeit, sondern entwerfen ein erweitertes Konzept des „integralen Staat": Der „Staat" wird als „Kräftefeld" analysiert.[7] Er ist eine „Arena" von Auseinandersetzungen zwischen unterschiedlichen, auch zivilgesellschaftlichen, Akteuren. „Recht" und „Institutionen" sind materielle Substrate von Auseinandersetzungen im und um den Staat, der als grundsätzlich konfliktstrukturiertes politisches Feld verstanden wird. Institutionen und Recht sind folglich den politischen Auseinandersetzungen unterworfen.

Die Familie ist ebenfalls ein Teil des strategischen Feldes. Sie ist als privater Ort staatlich geschaffen und durchdrungen (vgl. Poulantzas 1978). Das Verhältnis von (integralem) Staat und Familie lässt sich in Anlehnung an Poulantzas (2002: 100) als Verhältnis von Öffentlichkeit und Privatheit bezeichnen, wobei beides Teile derselben Konstellation sind, „[d]enn nicht der „äußere" Raum der modernen Familie schließt sich gegenüber dem Staat ab, sondern der Staat umreißt zur selben Zeit, wie er öffentlich wird, den Ort, den er der Familie mit beweglichen Zwischenwänden zuweist, die er verschiebt" (ebd.). Daraus folgt, dass der „private Ort der modernen Familie" sich in Abhängigkeit vom Entstehen der Öffentlichkeit, die der moderne Staat verkörpert, herausbildet und zwar als „Ensemble materieller Praktiken des Staates, [das] den Familienvater (als Arbeiter, Erzieher, Soldat oder Beamter), das Schulkind im modernen Sinne und natürlich besonders die Mutter formt" (ebd.). Die Familie oder das Individuell-Private ist ein Raum, den der moderne Staat schafft, indem er ihn durchläuft und dieser somit zum integralen Bestandteil des „strategischen Feldes, das der moderne Staat ist" wird (vgl. ebd.: 99). Die „Trennwände", die die Familie als privaten Ort von der Öffentlichkeit trennen, können durch den Staat verschoben werden, zum Beispiel durch die rechtliche Anerkennung alternativer familialer Lebensformen (nichteheliche Elternschaft, getrennte Elternschaft, Ein-Elter-Familien, „Patchwork-Familien" etc.).

Staat und Ökonomie konstituieren sich im konfliktstrukturiertem Kräftefeld gegenseitig.[8] Von Gramsci und Poulantzas ausgehend betont Schaarschuch, „dass der Staat [...] nicht eindeutig von der Ökonomie getrennt werden kann, sondern dass von einer „konstitutiven Präsenz des Politischen in der Ökonomie" (Naschold) ausgegangen werden muß" (Schaarschuch 1995: 56). Daraus folgt, dass der Staat und insbesondere auch der Sozialstaat nicht dem ökonomischen Bereich äußerlich, sondern von vornherein mit ihm verflochten ist. Diese Verflechtung führt einerseits aufgrund fiskalischer Abhängigkeiten zur Sonderstellung ökonomischer Kapitalverwertungserfordernisse:

„Dabei tritt zwar der Staat weiterhin als Vermittler von sozialpolitischen Leistungsansprüchen und Kapitalverwertungsansprüchen auf, diese stellen sich aber nicht gleichgewichtig dar, vielmehr wird den ökonomischen Kapitalverwertungserfordernissen aufgrund der fiskalischen Abhängigkeit des Staates der ‚funktionale Primat' eingeräumt [...] der, wenn er nicht berücksichtigt wird, zu fiskalisch induzierten Leistungsreduktionen des Sozialstaates führt [...]" (Schaarschuch 1995: 57 in Anlehnung an Vobruba 1983).

Andererseits ist der Staat, insbesondere als Sozialstaat und in Form von Sozialpolitik, als „konstitutive Notwendigkeit [...] für die Ökonomie" zu betrachten und damit als „in sich widersprüchlicher Ort sozialer Auseinandersetzungen" (ebd.: 58). In der wechselseitig verflochtenen Konstitution von Staat und Ökonomie liegt die politische Möglichkeit des Auf-, Ab- und Umbaus von Sozialstaatlichkeit begründet.

Die Konzeptualisierung des „integralen" oder „erweiterten" Staates erlaubt es, Elemente, die dem Begriff der Zivilgesellschaft (oder „regulierten" beziehungsweise „bürgerlichen" Gesellschaft) zuzuschreiben sind, als konstitutiv für den Staat mit einzubeziehen (vgl. Gramsci 1991: 783; Priester 1977: 515 ff.). Der Staat ist eben nicht mit der Regierung gleichzusetzen oder als getrennt von der Ökonomie zu betrachten. Im Staat, als ein von Akteuren und Akteursgruppen konfliktstrukturiertes Kräftefeld, sind Institutionen und Recht materielle Substrate, welche sich als zeitlich begrenzte Kompromisse herausbilden und damit auch historisch veränderbar sind. An der Gesetzgebung, verstanden als Konsentierungsphase, wirken Akteure mit, die im engeren Sinne dem Staat zugerechnet werden. Der Staat im engeren Sinne ist die Gesamtheit der Institutionen, in denen Herrschaftsbefugnis ausgebildet und verwendet wird, nämlich Regierung, Ministerialbürokratie sowie Abgeordnete in Bundestag und Bundesrat (politische Gesellschaft). Weitere Beteiligte an der Gesetzgebung sind zivilgesellschaftliche Akteure, die im engeren Sinne nicht-staatlich und nicht (direkt) herrschaftsausübend sind: Kollektivakteure wie politische Parteien, (Interessen-)Verbände, Vereine etc. und Einzelakteure, wie moralische oder fachliche Autoritäten, die ihre Interessen und ihr „Fachwissen" in die Gesetzgebung einbringen (regulierte Gesellschaft).

Der Erkenntnisgewinn des zugrunde gelegten Staatsverständnisses besteht darin, dass Sozialpolitik und Gesetzgebung als Ausdruck staatlicher Interessen erkannt werden können, die nicht ausschließlich „gemeinwohlorientiert" sind. Es geht auch, wenn nicht sogar zuerst, um den Erhalt des vorherrschenden Kräfteverhältnisses. Aufgrund der verschiedenartigsten inkorporierten Interessen und Akteure ist der integrale Staat ständig von Krisen bedroht und muss sich durch hegemoniale Politiken stabilisieren. Aus dieser Perspektive steht die Veränderlichkeit des Staates und seiner

Institutionen im Vordergrund, die von den verschiedenen Akteursgruppen und Kräfteverhältnissen verursacht wird. Aufgrund der Verflochtenheit von Staat und Ökonomie geht es im konfliktstrukturierten Kräftefeld auch immer um die Ausbalancierung von sozialpolitischen Leistungs- und Kapitalverwertungsansprüchen. Die Bedeutung sozialpolitischer Leistungsansprüche und Maßnahmen wird deutlich, wenn Hegemonie und Konsens als vorherrschende Regierungsmittel erkannt werden. Im Staat als konfliktstrukturiertes Kräftefeld bestehen spezifische Interessen, die mithilfe von Sozialpolitik und Gesetzgebung verwirklicht werden.

Staatliche Interessen

In der Gestaltung von Sozialpolitik, auch in Form von Gesetzgebung, kommen staatliche Interessen zum Tragen.

„Die staatliche Reaktion auf menschliche Notlagen und auf deren wachsende Thematisierung ist nicht primär humanistisch motiviert, das heißt aus einem Bemühen entstanden, diese möglichst zu vermeiden. Die Implementierung von ‚Sozialpolitik' dient vielmehr einer Sicherung spezifischer Formungs- und Formierungsprozesse des Sozialen, einer Sicherung des Regierungshandelns" (Kessl 2005: 18, Hervorhebung im Original).

Herrschaftssicherung respektive die Sicherung bestehender Herrschaftsstrukturen kann als übergeordnetes Ziel des integralen Staates betrachtet werden. Im Staat als konfliktstrukturiertes Kräftefeld wird Herrschaft durch die Herstellung und Aufrechterhaltung der Zustimmung der Regierten gesichert (Hegemonie und Konsens). Sozialpolitik beziehungsweise sozialpolitische Leistungen und Maßnahmen dienen folglich nicht nur dem Gemeinwohl, sondern zielen auf die Zustimmung und Anpassung der Regierten ab. Sozialpolitik sowie sozial- und wohlfahrtsstaatliche Arrangements sollen idealtypisch legitimierend und pazifizierend wirken.[9] Sie zielen auf die Gewährleistung sozialer Bedingungen der Wohlfahrtsproduktion. Es geht darum, den Bereich privater Lebensformen (z.B. Familien) zu stabilisieren, in dessen Rahmen die von verschiedenen Gesellschaftsbereichen beanspruchten Humanvermögen (re-)produziert beziehungsweise regeneriert werden. In ökonomischer Hinsicht geht es um die Verbesserung der sogenannten „Humankapitalbildung": Die Arbeitsbereitschaft soll gefördert und somit zur Steigerung der Arbeitsproduktivität beitragen werden.[10] Aufgrund der Verflechtung von Staat und Ökonomie ist Sozialpolitik im Kontext von Kapitalverwertungsansprüchen zu betrachten. Sozialpolitischen Maßnahmen kann immer eine kollektive Bedeutung unterstellt werden (zum Beispiel Anpassung und Zustimmung bezüglich der hegemonialen Vorgaben). „Nicht die Erfüllung jedes individuellen Bedürfnisses – auch wenn es massenhaft verbreitet ist – vermag öffentliches Eingreifen zu legitimieren. Dieses setzt vielmehr ein ‚öffentliches Interesse' voraus, für das allerdings oft recht vielfältige (im Extremfall auch widersprüchliche Begründungen) vorgebracht werden" (Kaufmann 1982: 64).

Integrale Staaten herrschen nicht nur durch (offenen) Zwang und Repression, sondern produzieren Konsens mit den Regierenden zum Beispiel durch Partizipation und materielle Teilhabe der Regierten, folglich auch über sozialstaatliche Arrangements und sozialpolitische Maßnahmen[11].

Die Regierung ist im integralen Staat die herrschaftsausübende Seite der Machtapparate, die durch Konsens erzeugende, nicht direkt staatliche Institutionen oder „Hegemonieapparate" ergänzt wird[12] (vgl. Priester 1977: 527). Hegemonie beschreibt „das Vermögen des Staates, insbesondere auch auf alltagskulturellem Gebiet die Zustimmung der Regierten herzustellen" (Schaarschuch 1999: 42). Der Zustand der Hegemonie besteht in einer „gelungenen Anpassung des Qualifikationsniveaus sowie der psychischen und physischen Verhaltensweisen der Bevölkerung an den Entwicklungsstand der Produktivkräfte" (ebd.). Die Anpassung wird durch unterschiedlichste Institutionen geleistet (Massenmedien, Schulen, Sozialstaatagenturen, Kirchen, Parteien etc.) (vgl. Schaarschuch 1990: 47 f.).

Der integrale Staat verfügt über unterschiedliche Möglichkeiten, gegenüber den „Beherrschten" Konzessionen und Kompromisse auszugestalten. Politik bezeichnet für Gramsci die „Schaltstelle zwischen Ökonomie und Ideologie" und ist „Übersetzungsarbeit bzw. Umsetzungsarbeit von Theorie in Praxis, von Erkennen objektiver Gegebenheiten in subjektive Handlungsstrategien" (Priester 1977: 518). „Jede Analyse politischer Handlungen hat von einem hegemonialen Kräfte- und Konfliktfeld auszugehen, in dem die korporativen Interessen der herrschaftsunterworfenen Gruppen soweit aufgehoben sind, dass diese sich den herrschenden Gruppen ohne Zwang, zumindest aber ohne kollektiven Widerstand anpassen" (Redaktion Widersprüche 1997: 211). (Sozial-)Politik gilt dabei als Mittel, um den Konsens mit den „Herrschenden" aufrecht zu erhalten, zu stützen und zu erweitern.

Aus hegemonialer Perspektive sind es die norm- und wertvermittelnden Instanzen und Institutionen, die „die ideologische Vorherrschaft des herrschenden Machtblocks[13] über die Gesamtgesellschaft garantieren" (Priester 1977: 518). Institutionen, die den gesellschaftlichen Konsens herstellen, zum Beispiel Kirchen, Schulen, Gewerkschaften, Parteien, Medien etc., sind „zwar „privater" Natur, aber Teile einer umfassenden, integralen Staatstätigkeit" (ebd.). Der „Sozialstaat" ist folglich nicht neutrales Vermittlungssubjekt, sondern dient der Herrschaftssicherung mittels Konsens (vgl. Schaarschuch 1995: 57). In jeder sozialpolitischen Maßnahme steckt eine „hegemoniale Botschaft", deren AdressatInnen sowohl die Empfänger respektiv die Betroffenen der Maßnahme als auch alle nicht direkt Betroffenen sind (vgl. Steinert/Cremer-Schäfer 1986). Es gehe um die Herstellung eines hegemonialen „Way of life", der unhinterfragt vorherrscht und gefördert wird.

Der integrale Staat wirkt zweifach auf seine Bevölkerung, nämlich juristisch und pädagogisch;[14] beide Aspekte werden in sozialpolitischen Maßnahmen deutlich. „[J]edes ‚Hegemonie'-Verhältnis ist notwendig auch ein pädagogisches Verhältnis" (Priester 1977: 526). Die Ergänzung der politischen Gesellschaft (Staat im engeren Sinne) durch bürgerliche und zivilgesellschaftliche Elemente ist die Voraussetzung für die Eigentätigkeit des Staates als „Erzieher". Erziehung findet statt, um die Massen der Bevölkerung „an die durch die Produktivkraftentwicklung hervorgebrachten psychophysischen Notwendigkeiten" anzupassen (Priester 1977: 524). Erziehung heißt dabei einmal permanente Anpassung des Qualifikationsniveaus an den Produktionsapparat und permanente Herstellung des Konsenses u.a. über den Mechanismus der „Verrechtlichung". Rechtliche Absicherung und Einbeziehung in das herrschende Rechtssystem verweist auf „Erweiterungen" des Staates als umfassender Hegemonieapparat.[15] Soziale Arbeit und somit auch Kinder- und Jugendhilfe sind aus dieser Perspektive als Bestandteil des sogenannten Hegemonieapparates zu thematisieren. Die zunehmende rechtliche Anerkennung alternativer familialer Lebensformen wird aus dieser Perspektive als fortschreitende Hegemonialisierung betrachtet.

Hegemonie und Konsens (statt Zwang) sind vorherrschende Regulierungsmittel, mit denen insbesondere auch auf alltagskulturellem Gebiet die Zustimmung der Regierten hergestellt wird. Staatsbürgerstatus, Sozialstaatlichkeit, soziale Grundrechte, Sozialpolitik und in diesem Verweisungszusammenhang auch Soziale Arbeit sind Ausdruck staatlicher Verantwortung und als übergeordnete „Konsentierungsmittel" zu betrachten, mit denen Hegemonie und Konsens erzeugt sowie Normalität und Anpassung hergestellt werden. Sozialpolitik ist folglich als „Regierungsmittel" zur Herstellung und Absicherung von Hegemonie zu verstehen.

Soziale Verantwortung des Staates

Die soziale Verantwortung des Staates zeigt sich in der Konstitution als Sozial- und Wohlfahrtsstaat, in der Schaffung sozialer Grundrechte sowie in der Sozialpolitik. Sozialstaatlichkeit und (soziale) Grundrechte der Staatsbürger werden im Rahmen von Gesetzgebung gestaltet, denn das deutsche Grundgesetz weist die Sozialstaatlichkeit explizit als geltenden Verfassungsauftrag an den Gesetzgeber aus. Die staatliche Bearbeitung sozialer Probleme setzt folglich eine rechtsförmige Fassung dieser Probleme voraus. Wenn die Schaffung zwingenden Rechts das spezifische Organisationsmittel des Staates ist, liegt die Differenz der Wohlfahrtsstaatlichkeit zu allen anderen Formen sozialen Engagements in der rechtlichen Fundierung, die Kaufmann an drei Gesichtspunkten verdeutlicht (1988: 68): das Ausmaß der expliziten Verantwortung des Staates für die Gewährleistung menschenwürdiger Lebensbedingungen (1); die Selbstbindung des Staates durch die Einräumung von Rechtsansprüchen bezüglich dieser Verantwortung (2) sowie konkrete staatliche Maßnahmen zur Gewährleistung der Erfüllung jener Rechtsansprüche (3).

Nach Kaufmann (1988, 1997) herrscht weitgehend Übereinstimmung darüber, dass die Begriffe Sozial- und Wohlfahrtsstaat einen Staatstypus bezeichnen sollen, „der die Verantwortung der Gewährleistung menschenwürdiger Lebensbedingungen für alle ihm Angehörenden in expliziter Form übernimmt" (Kaufmann 1988: 65). Sozialpolitik (im engeren Sinne) beinhaltet im Wesentlichen die staatlichen Sozialleistungen des Systems sozialer Sicherung, verstanden als „Bearbeitung sozialer Risiken" und „Kompensation sozialer Nachteile" (vgl. Bleses/Seeleib-Kaiser 2001: 1763 f.). Der Begriff des „Wohlfahrtsstaates" weist auf ein weiterreichenderes Verständnis von Sozialpolitik hin, das über die konkrete soziale Absicherung von Lebensbedingungen sowie die nachträgliche Kompensation sozialer Risiken hinausgeht und auch auf die Gestaltung zukünftiger Lebensbedingungen, Partizipationschancen usw. abzielt.

Soziale Verantwortung des Staates zeigt sich in der Gründung, Finanzierung und Steuerung von Dienstleistungssystemen. „Leistungen" sind in einem umfassenden Sinne zu verstehen und reichen von materieller Unterstützung bis zu Erziehung, Betreuung und Beratung. Sozialpolitik kann als Intervention in die Lebensverhältnisse natürlicher Personen verstanden werden, die in wesentlichen Teilen als öffentlich organisierte personenbezogene Dienstleistungsarbeit im Kontext von Sozialer Arbeit stattfindet.

Merkmale wohlfahrtsstaatlicher Arrangements benennt Kaufmann (1997) innerhalb von drei Sphären (ebd.: 27 f.): In der Produktionssphäre bleiben „das Privateigentum und die unternehmerische Dispositionsfreiheit grundsätzlich gewahrt", unterliegen aber einschränkenden Bedingungen, um „soziale Kosten" außerhalb der Betriebe zu reduzieren (ebd.: 27). In der Verteilungssphäre wird die an „markwirtschaftlichen Prinzipien" ausgerichtete primäre Einkommensverteilung, durch eine staatlich organisierte sekundäre korrigiert, um Bevölkerungsgruppen, die nicht vermögend sind oder über eigenes Erwerbseinkommen verfügen, ein Einkommen zu sichern (ebd.). In der Reproduktionssphäre geht es darum, „die Leistungen der privaten Haushalte durch öffentlich subventionierte oder vollfinanzierte Dienstleistungen des Bildungs-, Gesundheits- und Sozialwesens" zu ergänzen und zu unterstützen (ebd.: 28). „Die Ausbreitungstendenz staatlich vermittelten sozialen Schutzes bis hin zur Gewährleistung sozialer Rechte für jedermann macht die spezifische Differenz der wohlfahrtsstaatlichen Entwicklung aus, welche inzwischen durch zahlreiche internationale Erklärungen und Abkommen wenigstens programmatisch als Leitbild der gesellschaftlichen Entwicklungen auf Weltebene anerkannt ist" (ebd.: 32).

Der Kern wohlfahrtsstaatlicher Programmatik wird in Artikel 22 der Menschenrechtserklärung deutlich: „Jeder Mensch [...] hat Anspruch darauf, durch innerstaatliche Maßnahmen und internationale Zusammenarbeit unter Berücksichtigung der Organisation und der Hilfsmittel jedes Staates in den Genuß der für seine Würde und die freie Entfaltung seiner Persönlichkeit unentbehrlichen wirtschaftlichen, sozialen und kulturellen Rechte zu gelangen". Die Bedeutung sozialer Grundrechte wird als besonders hoch eingeschätzt: „Die Stärke des Menschenrechtsverständnisses, das die Konzeption der individuellen Abwehrrechte nun erst von der einzelnen Person verwirklichbar sozial fundiert, kann also nicht groß genug geschrieben werden". Es geht gemäß Artikel 22 nicht um Kompensation, sondern um Teilhabe, wie es dem Gedanken der Inklusion entspricht (vgl. Kaufmann 1982: 58 ff.). Gilt die „Generalisierung des Anspruchs auf Teilhabe an den Lebensmöglichkeiten einer Gesellschaft" (Kaufmann 1997: 34) als grundlegend, wird Sozialpolitik zu einer permanenten „Inklusionspolitik" (vgl. Huf 1998).

Der Begriff „Grundrechte" ist nach Narr (2001) eine spezifisch deutsche Errungenschaft, die im Unterschied zu den allgemeinen Menschenrechten betont, „dass sie [die Grundrechte] vom Staat gegeben werden und nicht naturrechtlich vor aller staatlichen Klammer stehen und also staatlich nicht geändert werden können" (ebd.: 1189). Ein besonderes Problem der normativen Verankerung sozialer Grundrechte (auf nationaler Ebene) besteht folglich darin, dass diese in der Regel nicht zu Teilen der Verfassung wurden und „eher als Deklamationen oder Postulate, jedoch nicht als „unmittelbar geltende Rechte" (so Art. 1 Abs. 3 GG)" (ebd.) verfasst sind. In der BRD zeigen sich das spezifische wohlfahrtsstaatliche Arrangement und die Deklamation sozialer Grundrechte in der sogenannten Sozialstaatsklausel des Art. 20 I GG: „Die Bundesrepublik Deutschland ist ein demokratischer und sozialer Bundesstaat" und im Art. 28 I GG, demgemäß „die verfassungsmäßige Ordnung in den Ländern [...] den Grundsätzen des republikanischen, demokratischen und sozialen Rechtsstaates im Sinne dieses Grundgesetzes entsprechen" muss. Die Sozialstaatlichkeit wird dabei nicht als gesonderte Institution konstruiert, sondern ist ein Charakteristikum des Staates neben anderen „Staatszielen". Das Grundgesetz gestaltet Sozialstaatlichkeit explizit als geltenden Verfassungsauftrag an den Gesetzgeber, weshalb sich die Verfassungsgerichtsbarkeit und die juristische Verfassungsinterpretation hinsichtlich der inhaltlichen Ausgestaltung zurückhalten. Sozialstaatlichkeit wird ausdrücklich zur Frage der Gesetzgebungspolitik, die durch die Verfassung verbindlich in eine übergreifende allgemeine Richtung gewiesen wird.

Aufgrund der normativen Verankerung sozialer Grundrechte durch den Staat als Deklamationen oder Postulate (Sozialstaatsklausel) und nicht als unmittelbar geltende Rechte unterliegen diese der Gefahr, je nach ökonomischer und politischer Konjunkturlage aus- oder abgebaut zu werden, wenn sich die Gestaltung staatlicher Verantwortung im gesellschaftlichen, politischen und historischen Kontext verändert. Narr (2001) folgend bleiben soziale Grundrechte „aufgesetzte Normen". Dies hat zur Folge, dass soziale Rechte von staatlicher Seite normiert und sozialpolitische Regelungen bürokratisch verwirklicht werden, ohne „die organisatorischen Formen von „Politik" und „Ökonomie" zu verändern (ebd.). „Sie unterlagen und unterliegen demgemäß der Gefahr, je nach Konjunkturlage verdickt oder vor allem verdünnt zu werden" (ebd.: 1191).

Der Staat, der als eindeutiges verantwortliches Handlungszentrum über hierarchische Eingriffe und Politikprogramme sozialpolitisch zu steuern versucht beziehungsweise mithilfe seiner Verwaltung die Ressourcenverteilung und gesellschaftliche Koordination weitgehend zu organisieren beabsichtigt, steht im Zusammenhang mit einer als „keynesianisch" zu bezeichnenden Politik einer „fordistischen" Gesellschaftsformation.[16] Für die BRD wird diese Kapitalismusform auch als „rheinisches" Modell des beschrieben, das sich vom angelsächsischen/neoliberalen Modell unterscheidet. Neben den üblichen Merkmalen[17] zeichnet sich dieses Kapitalismusmodell durch ein „mehr" an sozialer Verantwortung aus, zum Beispiel durch „Leitbilder" wie Konsens, sozialer Ausgleich, langfristige Strategien, gemeinsamer Erfolg im Wettbewerb etc.

Aktuell wird das bundesrepublikanische Kapitalismusmodell verändert. Die Gesellschaft der BRD befindet sich, darüber herrscht weitgehende Einigkeit, in einer weitreichenden strukturellen Umbruchsituation. Der „Sozialstaat" oder „Wohlfahrtsstaat" und die „Arbeitsgesellschaft" scheinen in eine Krise geraten zu sein. Begleitende Schlagworte sind „Ökonomisierung", „Deregulierung", „De-Industrialisierung", „Globalisierung" und „Individualisierung". Die alten Klassen, Großorganisationen und sozialen Milieus hätten ihre integrative Kraft verloren, die „Normalität des Normalarbeitsverhältnisses" und die „Normalbiographie" lösten sich auf, Solidaritäten und Sicherungssysteme würden brüchig (vgl. Mückenberger 1986).

Neben der Tendenz, wohlfahrtsstaatliche Leistungen den „Marktbedürfnissen" nachzuordnen, geht es um die (politischen) Versuche, staatliche Steuerung insgesamt zurückzudrängen. Entrechtlichung bedeutet im Kontext staatlichen Rückzugs, dass der Staat mit Re- Privatisierungsstrategien seine Verantwortung für die Bewältigung sozialer Probleme zurücknimmt, indem er sie der Eigendynamik gesellschaftlicher Entwicklung überlässt, ohne dabei auf die hoheitliche Regelung der Rahmenbedingungen der privaten Problembearbeitung und der dabei entstehenden Konflikte zu verzichten (vgl. Müller/Otto 1980: 10). Die Entwicklung von staatlicher Verantwortungsübernahme für die Gestaltung von Wohlfahrtsproduktion steht im engen Zusammenhang mit ökonomischen Verwertungs-, Entwicklungs- und Entscheidungsprozessen.

Die Betrachtung des veränderten Gestaltungswillens und der Verantwortungsübernahme des Staates für die Bewältigung sozialer Probleme verdeutlicht, dass eine Gemeinwohlorientierung eben nicht erstes und alleiniges Ziel staatlichen Handelns ist. Die vermeintlich bedrohte Steuerungsfähigkeit und Finanzkrise werden zum Anlass genommen, das Modell staatlicher Steuerung zu verändern. Es ist davon auszugehen, dass es bei dieser „Umsteuerung" um Herrschaftsinteressen und Machterhalt geht.

Wandel staatlicher Interessen und Verantwortungsübernahme

Die Systematisierung des Staates als „integral" und als „konfliktstrukturiertes" Kräftefeld ermöglicht es, die Ausgestaltung von Recht und Institution als Ausdruck zeitlich begrenzter Konsense hervorzuheben. Sozialpolitik ist Mittel zur Aufrechterhaltung des Konsens der Staatsbürger, denn die beabsichtigte Hauptwirkung der staatlichen Gewährleistung sozialer Rechte kann darin gesehen werden, dass breite Bevölkerungskreise in alle wesentlichen Leistungssysteme einer Gesellschaft einbezogen werden und an den Lebensmöglichkeiten einer Gesellschaft teilhaben. Staat und Ökonomie konstituieren sich im konfliktstrukturierten Kräftefeld gegenseitig. Folglich sind sozialstaatliche Arrangements und sozialpolitische Maßnahmen auch von ökonomischen „Verwertungsinteressen" bestimmt, die sich aktuell als historisch veränderlich erweisen. Die Verflechtung mit der Ökonomie führt, aufgrund fiskalischer Abhängigkeiten, zur Sonderstellung ökonomischer Kapitalverwertungserfordernisse.

Spätestens seit der Mitte der 1990er Jahre sind die sozialpolitischen Leistungssysteme des Sozialstaates verstärkt unter Druck geraten. Zentrale Forderung in der damit ausgelösten Sozialstaatsdiskussion ist ein qualitativer Umbau und quantitativer Abbau von Leistungen, der durch weitreichende Veränderungen der Grundlagen und Strukturprinzipien des Systems der sozialen Sicherung erreicht werden soll. Diese Forderungen nach umfassenden Einschnitten in das Sozialstaatsprinzip werden damit begründet, „dass eine Fortschreibung sozialpolitischer Leistungen angesichts von anhaltender Arbeitslosigkeit, dem demographischen Wandel, geringer wirtschaftlicher Wachstumsraten, Finanzierungsproblemen der öffentlichen Haushalte und der Sozialversicherungsträger sowie der hohen Belastung von Wirtschaft, Arbeitnehmerinnen und Arbeitnehmern durch Steuern und Abgaben zunehmend kontraproduktiv sei" (BMFSFJ 2002: 59).

Hauptargumente sind die Gefährdung der deutschen Wirtschaft durch überhöhte Lohn- und Sozialstandards, die fehlende Finanzierbarkeit und das zu hohe Leistungsniveau der sozialen Sicherung, das Fehlen von Anreizsystemen für die Übernahme von niedrig entlohnten Arbeitsplätzen und die zu hohe Ausgabenlast der Leistungsträger und Innovationswilligen. Aus der sozialstaatskritischen Perspektive betrachtet wird der Sozialstaat nicht mehr als „Garant von sozialer Gerechtigkeit, Solidarität und sozialem Ausgleich" betrachtet und erscheint damit auch nicht mehr als Voraussetzung für ökonomische und soziale Stabilität (ebd.). Der Sozialstaat wird stattdessen als „Problemverursacher" dargestellt, der die Entwicklungsfähigkeit des ökonomischen Systems behindere. Ausgehend von der These, dass die kollektiven sozialstaatlichen Regelungen zunehmend in

Widerspruch zu den Bedürfnissen und Interessen ihrer eigenen AdressatInnen geraten, die eigenverantwortlich handeln wollen beziehungsweise sollen, wird weitergehend angezweifelt, dass der Sozialstaat auf die sich wandelnden Lebensentwürfe und -stile noch angemessen reagieren könne. Damit geraten nahezu alle sozialstaatlichen Aufgaben hinsichtlich ihrer Organisation und ihres Leistungsumfangs in die Kritik. „Zum einen sollen die Anspruchsberechtigungen eingeschränkt, zum anderen Umfang und Dauer des jeweiligen Leistungsbezugs neu geregelt bzw. gekürzt werden. Eine solche Umstrukturierung und Neuorganisation der bundesrepublikanischen Sozialpolitik zeichnet sich dabei immer eindeutiger durch die verstärkte Betonung und Einforderung von Eigenverantwortung und privater Initiative aus" (ebd.).

Der beabsichtigte und teilweise vollzogene Rückbau von staatlich- öffentlicher Verantwortungsübernahme wird je nach theoretischem Kontext mit unterschiedlichen Begriffen beschrieben. Im steuerungstheoretischen Diskurs geht es infolge des vermuteten Steuerungsversagens des Staates um neue Modelle staatlicher Steuerung.[18] „Die Vermischung von politischer Interventionsschwäche und funktionaler Ineffektivität gewählter Lösungsansätze [...] wird in der Politikwissenschaft seit Jahren als Staatsversagen eingeordnet" (Gerlach 2000: 125). In regulationstheoretischer Perspektive stehen die krisenhaften Veränderungen der „fordistischen" Gesellschaftsformation im Mittelpunkt der Analyse.

Im steuerungstheoretischen Kontext werden die Veränderungen staatlicher Verantwortungsübernahme zum Beispiel als Wandel vom „Interventionsstaat" zum „Steuerungsstaat" thematisiert (vgl. Braun 2001: 104 f.). Der explizite (politische) Gestaltungswille, die Vorstellung von der Steuerbarkeit politisch-gesellschaftlicher Entwicklungsprozesse und die weitreichende Verantwortungsübernahme für die Bewältigung sozialer Probleme sind Merkmale des „Interventionsstaates",[19] der mit rationaler Planung eine „Wohlfahrtsoptimierung" anstrebt(e).[20] Als eindeutiges verantwortliches Handlungszentrum steuerte der Staat gesellschaftliche Entwicklungsprozesse über hierarchische Eingriffe und Politikprogramme weitgehend erfolgreich, zum Beispiel mithilfe seiner Verwaltung, organisiert die Ressourcenverteilung und gesellschaftliche Koordination. Der Steuerungsdiskurs zum „Interventionsstaat", wie auch der „Interventionsstaat" selbst, hat seit Mitte der 1970er Jahre an Zugkraft verloren. Im Kontext einer zunehmend neoliberalen Politik verändert sich der sozialpolitische Gestaltungswille. Die Steuerungsfähigkeit des Staates wird zunehmend angezweifelt (Steuerungsversagen). Die aktuelle Gestaltung staatlicher Steuerung wird zum Beispiel begrifflich als Steuerungsstaat gefasst, welcher weiterhin aktiv und strategisch operiert, „aber dies nur noch im eigentlichen Sinne von Steuerung, nämlich als Steuermann, der die Wetterlage, die Untiefen und Gefahren kennen muss und die Zielbestimmung vornimmt, der es aber der Mannschaft überlässt, das Schiff selbst in Gang zu setzen und zu unterhalten" (Braun 2001: 104).

Aus der regulationstheoretischen Perspektive geht es um die Ablösung der „fordistischen" Gesellschaftsformation durch eine „nachfordistische". Für die Analysen der sich wandelnden Gesellschaftsformationen und sogenannter „Hegemonieprojekte" ist der Begriff der „Regulation" zentral.[21] „Fordismus" kennzeichnet zunächst ein Akkumulationsregime,[22] in dem Massenproduktion durch Massenabsatz, der gleichsam Massenkaufkraft voraussetzte, ermöglicht werden sollte.[23] Lohnarbeit wurde im Fordismus zur allumfassenden gesellschaftlichen Integrationsformel:[24] „Der Massenproduktion verbilligter Konsumgüter entspricht auf der Ebene der Arbeitskraft der Typ des Massenarbeiters. Lohnarbeit wird zur verallgemeinerten Normal-Existenzform" (Schaarschuch 1990: 60).

Im Kontext von regulationstheoretischen Ansätzen ist davon auszugehen, dass „kapitalistische Geld-, Güter- und Arbeitsmärkte sozialpolitische Einbettung benötigen, um erfolgreich zu operieren" (Roth 1998: 95). Der „keynesianische Sozial- und Wohlfahrtsstaat"[25] wurde als notwendiger Struktur- und Funktionsbestandteil der „fordistischen" Vergesellschaftungsform angesehen:

„Ein entscheidendes Moment des ‚fordistischen' Regulierungszusammenhangs bildete die Herausbildung des modernen Sozialstaats. Angesichts der Verallgemeinerung der ‚Lohnarbeitsrisiken' und der Schwächung traditionaler sozialer Zusammenhänge (Verwandtschaftsbeziehungen, Subsistenzproduktion, selbstorganisiert-vereinsförmige Formen kollektiver Sicherung) wurde die ‚Regulierung der Arbeitskraft' zu einer immer ausschließlicher staatsbürokratisch organisierten Angelegenheit" (Buci-Glucksmann/Therborn 1982 zitiert nach Hirsch/Roth 1986: 66).

Das gesamte „wohlfahrtsstaatliche Arrangement beruhte auf bestimmten Normalitätsannahmen, nämlich der dauerhaften Erwerbstätigkeit der Männer bei lediglich sporadischer Erwerbstätigkeit der Frauen, der Selbstverständlichkeit des Eheschlusses und der Familiengründung für beide Geschlechter sowie einer interfamilialen Arbeitsteilung im Sinne des Modells der Hausfrauenehe" (Kaufmann 1997: 60). Im Zusammenhang mit der Erfüllung elementarer Reproduktionsfunktionen unter den Bedingungen des abhängigen Lohnarbeiterdaseins als Normal-Existenz erwuchs zum einen eine starke Orientierung an der traditionellen Kernfamilie und zum anderen die Erfordernis einer Reihe von (sozial-)staatlich institutionalisierten Vorkehrungen als Regulativ des Verhältnisses von Produktion und Reproduktion. Zusammenfassend kann die „fordistische" Phase des „kapitalistischen Akkumulationsregimes" in der BRD, zumindest für die Zeit zwischen dem zweiten Weltkrieg und den 1970er Jahren, durch folgende Kennzeichen beschrieben werden:

„[D]en Taylorismus […] in Wirtschaftsunternehmen, ständigen Produktionsfortschritt, stetige Lohnerhöhungen, den Ausbau sozialer Sicherungssysteme, Massenkonsum, der Ausweitung der Beschäftigung, der Vorherrschaft der Kernfamilien, die auf Konsum und die Reproduktion der Arbeitskraft konzentriert waren, die Sozialpartnerschaft zwischen Arbeit und Kapital, Korporatismus (d.h. die Beteiligung großer Verbände und Organisationen an staatlicher Herrschaft), eine keynesianistische nachfrageorientierte Wirtschaftspolitik, einen ungebrochenen Fortschrittsglauben sowie das Vertrauen auf die Steuerbarkeit ökonomischer und sozialer Verhältnisse" (Hradil 1999: 116).

Die Krise des „Fordismus" lässt sich nicht nur mit einer strukturellen Akkumulationskrise gleichsetzen, denn auch die „fordistische Hegemonie" in Form des „keynesianischen Wohlfahrtsstaates" ist zunehmend in die Kritik geraten. Die in erster Line auf die Binnenökonomie bezogene „keynesianistische" Nachfragepolitik wurde zunehmend infrage gestellt. Auch innerhalb der nationalen Grenzen scheint der keynesianistische Sozial- und Wohlfahrtsstaat, „[a]ngesichts der erlahmenden Akkumulation, der steigenden Sockelarbeitslosigkeit und der sinkenden Massenkaufkraft […] in eine substanzielle Krise" zu geraten (Heidt 1998: 425). Die Entwicklungstendenzen, die sich als „nachfordistischer" Regulierungszusammenhang[26] beschreiben lassen, stehen im Zusammenhang mit der Diskussion um den sogenannten staatlichen „Rückzug" oder „Umbau" sowie im Kontext der Stichworte „Globalisierung", „Standortsicherung" und „Neoliberalismus".

Als Hegemonieprojekt, welches mit dem Weltmarkt-Kapitalismus im Zusammenhang steht, gilt der Neoliberalismus[27] (ebd.: 349). Neoliberalismus oder die Durchsetzung der dazugehörenden neoliberalen Mentalität kennzeichnen eine Denk- und Bearbeitungsweise, die nicht nur wirtschaftlichen, sondern gerade auch sozialen Fragen mit marktökonomischen Antworten begegnen will.[28] „Diese marktökonomische Haltung besagt, dass jeder Einzelne in Konkurrenz zu den anderen nur zwei Möglichkeiten hat: entweder die Ärmel hochzukrempeln und in der harten Auseinandersetzung zu bestehen. Oder aber passiv zu bleiben und dann in ihr unterzugehen" (Lindenberg 2002: 2). Die Hinwendung zu „neoliberalen" Strategien kann als ein „von oben" eingeleiteter Versuch der Erneuerung gesellschaftlicher Strukturen, als „aktuelles Hegemonieprojekt" betrachtet werden. Die politisch-ideologische Dimension des Neoliberalismus schließt sich an „die konservative Variante" der Sozialstaatskritik an, die „den allseitig betreuten Menschen beklagt und Hoffnungen auf die Selbstheilungskräfte des Marktes setzt" (Müller/Otto 1980). Rhetorisch kann sich neoliberale Sozialstaatskritik aber auch einer „Befreiungsperspektive" anschließen, die der „linken" Bürokratiekritik zuzurechnen ist, um dann zu ähnlichen Ergebnissen zu kommen.

Der „neoliberale Modernisierungskurs" der deutschen Sozialdemokratie zeigt seit (spätestens) 1999 an, „dass den weniger Leistungsstarken und sozial Benachteiligten nicht mehr dieselbe Aufmerksamkeit wie bisher zuteil werden soll. Was mit dem wohlklingenden Etikett „aktiver" bzw. „ermunternder Staat" belegt wird, ist gleichbedeutend mit dem Versuch, sich unter Hinweis auf die Pflicht zu mehr „Selbstverantwortung" und „Eigenvorsorge" der sozial(politisch)en Verantwortung für die Betroffenen zu entziehen" (Butterwegge 1999: 438). Umgekehrt haben Gesundheit und Bildung (zum Beispiel der Jugend) immer weniger Eigenwert, sondern gelten in erster Linie als Garant der ökonomischen Wettbewerbsfähigkeit. Im sogenannten Schröder-Blair-Papier von 1999 werden Anzeichen einer neoliberalen Gesinnungsrichtung besonders deutlich. Der sozialdemokratische „Dritte Weg"[29] beziehungsweise die „Neue Mitte" beinhalten neben einer Idealisierung des Marktes das sozialpolitische Etikett des „aktivierenden" Staates,[30] welches anzeigt, dass eine Verlagerung zu mehr „Selbstverantwortung" und „Eigenvorsorge" stattfindet, die den Staat aus seiner sozialen Verantwortung zunehmend befreit. Lindenberg (2002: 1) stellt fest, dass der „aktivierende Staat" offensichtlich kein Interventionsstaat mehr sein soll, sondern stattdessen einer Leitidee verpflichtet sein will, „die den Staat als Partner sozialer Hilfe, als Moderator sozialer Konflikte, als Supervisor sozialer Probleme, oder aber auch als Animateur der Selbsthilfe und Eigentätigkeit sieht" (ebd.). Zu diesem aktivierenden Staat gehört, dass er private, „also vor allem marktgestützte Aktivitäten fördert, sie durch Setzung angemessener Standards reguliert, dabei normativ die Verantwortlichkeit von Individuen und Familien hervorhebt, gleichzeitig aber einen festen Sockel an Hilfe und soziale Unterstützung für die meisten Bedürftigen garantiert" (Evers/Leggewie 1999: 332 zitiert nach Lindenberg 2002: 1).

Mit einem neuen „Rechte- und Pflichtenkatalog" wird „von der „wohlfahrtsexpertokratischen" „Pathologisierung" und „Entmündigung" von Klienten im „Versorgungsmodell" des keynesianischen Sozialstaates" Abstand genommen und stattdessen der „selbstverantwortliche Kunde" zu etablieren versucht (vgl. Otto/Ziegler 2004: 126). Dieser bekommt die notwendigen Informationen und Hinweise, die ihn dazu ermutigen sollen „mit ihren nun als eigene, individuelle Risiken dechiffrierten Problemlagen „verantwortungsvoll" d.h. risikominimierend und kostenreduzierend umzugehen. An entsprechenden Versäumnissen sind sie nun „selber schuld"" (ebd.). Die Aufgabe des Staates beziehungsweise der staatlich verfassten politischen Gemeinschaft besteht im Kontext neoliberaler Modernisierung darin, die „Rahmenverantwortung" sicherzustellen, „um in diesem Rahmen „bürgerliche Eigenaktivitäten" zu ermöglichen und zu stimulieren" (Kessl 2000 zitiert ebd.: 132).

Der neoliberale Umbau beziehungsweise Abbau sozialstaatlicher Errungenschaften tangiert auch die ‚Familie' in vielfältiger Weise, denn die ‚gegenwärtig politisch geforderte persönliche Verantwortung jedes/r einzelnen für die eigene Lebensgestaltung meint auch die Eigenverantwortlichkeit von ‚Familie' und das Sorgetragen für das eigene Wohlergehen sowie die Verpflichtung, ‚aktiv' die eigene Absicherung von Risiken zu betreiben [...]'. Vor dem Hintergrund einer tendenziellen Heterogenisierung familialer Lebensarrangements [...] und einer damit verbundenen Vervielfältigung von Problemlagen wird im Zuge des Rückbaus von wohlfahrtsstaatlichen Unterstützungsarrangements und hier insbesondere auch der Hilfsangebote Sozialer Arbeit zunehmend weniger reagiert werden können" (Richter 2004: 7 in Anlehnung an Rose 2000).

Folglich entstehen für Familien aus der (Re-)Privatisierung sozialer Risiken erhebliche Belastungen: „Hinsichtlich der Positionierung von Familie im Dreiecks-Verhältnis Staat- Markt-Familie kommt mit der Beschneidung sozialstaatlicher Errungenschaften eine massive Privatisierung sozialer Risiken in den politisch definierten und gesteuerten Aufgabenbereich der Familien. Des Weiteren greift der Staat im Kontext der „Zukunft der Arbeit" auf Familie als Reservoir für künftig kostenlos zu erbringende (Dienst-)Leistungen zu. Auf der anderen Seite wird Familie zunehmend nach den gängigen Marktprinzipien als Lebensbereich bewertet, in den es sich mit Gewinnerwartung zu investieren lohnt" (Redaktion Widersprüche 2004: 4). Familie muss analytisch „in den Schnittpunkt von gesellschaftlichen Entwicklungen, sozialen Bewegungen und ihren insbesondere pädagogischen und sozialexpertokratischen Hilfs- und Kontrollinstitutionen sowie der Herausbildung immer neuer Familie-Moralen und -Bilder gestellt" werden, weil die gesellschaftliche „Ordnung der Familie" eng mit der Entwicklung von Sozialstaatlichkeit verbunden ist (vgl. Donzelot 1979: 15; Karsten/Otto 1987: IX).

Bei der Betrachtung der gesellschaftlichen Transformationslinien in der „nachfordistischen" Gesellschaftsformation zeigt sich ein heterogener Einfluss auf familiale Lebenszusammenhänge: Mit dem gegenwärtigen Rückbau des „Sozialen" gewinnt „Familie" als Ressource verstärkte sozialstaatliche und sozialpolitische Aufmerksamkeit (vgl. ebd.). Im Kontext der „neosozialen" Politik steht die Orientierung an der individuellen Eigenverantwortung des Einzelnen beziehungsweise der „Familie", bei gleichzeitiger Rücknahme öffentlicher Versorgungs- und Unterstützungsleistungen im Vordergrund. Die politische Trennung von „Privatheit" und „Öffentlichkeit" wird politisch aufrecht erhalten, um die Familie als Ort von Solidarität und Reproduktionsleistungen als Ausgleich gegenüber einem deregulierten und entsolidarisierten Erwerbsleben proklamieren zu können. „Unter den Bedingungen prekärer und deregulierter Arbeitsverhältnisse ist eine kontinuierliche und verbindliche Verantwortungsübernahme anderen gegenüber (z.B. Kindern) nun aber gerade deutlich erschwert" (Richter 2004: 14 in Anlehnung an Nowak 2002). „Privatheit" von Familie ist aber als Produkt sozialer Regulierung zu betrachten, denn „die neoliberale Macht durchdringt die Subjektivität der Individuen, stellt Formen der Selbstführung in den Dienst ihrer Regierung" (Lessenich 2003: 84, Richter 2004: 13). Darüber hinaus wird die „neoliberal regulierte" Familie von umfassenden gesellschaftlichen Institutionen kontrolliert (zum Beispiel Schulen, Ärzten, Beratungsinstitutionen, Jugendämtern, Kindergärten etc.) (vgl. ebd.). „Familie" ist Gegenstand staatlichen Interesses. Dies gilt für den „Interventionsstaat" beziehungsweise den „fordistischen" Regulierungszusammenhang, wie für den „steuernden" oder „aktivierenden" Staat im Kontext „postfordistischer" Veränderungen. Die „Leistungserbringung" im familialen Kontext steht im Mittelpunkt und wird je nach politischer Interessenlage selektiv gefördert.

Familie als Gegenstand staatlichen Interesses

Im Kontrast zum Staat (im engeren Sinne) erscheint „Familie" als „nichtstaatliche Kooperationsform", durch die „verantwortlich" handelnde Bürger einen Teil ihrer gemeinschaftlichen ökonomischen und kulturellen Interessen verfolgen (vgl. Offe 2001: 417 ff.). Familie[31] und Staat stehen in einem Bedingungszusammenhang. Die Zusammenhänge von Staat, Recht und Familie sind dependent, denn zwischen staatlicher Gesetzgebung und familialen Lebensformen besteht eine Wechselwirkung: Einerseits versucht der Staat, mittels Rechtssetzung familiäre Lebenszusammenhänge nach seinen Interessen zu beeinflussen. Andererseits erzeugen die Veränderungen familialer Lebensformen einen Reformdruck auf bestehende Gesetze, die den gesellschaftlichen Realitäten nicht mehr angemessen sind. Folglich führen Veränderungen von staatlichen Interessen ebenso zu Rechtsreformen wie die Veränderung dessen, was als „Familie" von Männern, Frauen und Kindern gelebt wird.

Der Grund für das besondere staatliche Interesse an der Ausgestaltung familialer Beziehungen liegt in den Leistungen[32] und Funktionen begründet, die Familien für Staat und Gesellschaft erbringen, von deren positiven Auswirkungen insbesondere Staat und Wirtschaft profitieren. Die Funktionen beziehen sich auf Reproduktion, Sozialisation, Humanvermögensbildung, Regeneration und Solidarisierung (vgl. Kaufmann 1997: 103 ff.). Familie gilt als Teil(system) der Gesellschaft, das der sogenannten Reproduktionssphäre (im Unterschied zu Produktions- und Verteilungssphäre) zugerechnet wird (vgl. ebd.: 27 f.). Der Begriff bezieht sich auf den gesellschaftlichen Prozess der ständigen Wiederherstellung der gesellschaftlichen und individuellen Arbeitskraft, denn

„[d]as reale Auftreten der Arbeitskraft ist [...]nicht voraussetzungslos, vielmehr ist zu ihrer Erzeugung – Gebären, Aufzucht und Erziehung, die Erneuerung durch Essen, Wohnen, psychische und physische Arbeit der Sexualität, die Herstellung der psychischen Funktionen der Privatsphäre – also das, was in der bürgerlichen Gesellschaft ‚Frauenarbeit' darstellt, ein Produktionsprozeß, wenngleich auch [ein] nicht unmittelbar in die Warenproduktion einbezogener, notwendig" (Schaarschuch 1990: 111).

Es ist davon auszugehen, dass „familiale Lebenszusammenhänge" öffentliche Aufmerksamkeit und Anerkennung erhalten, weil sie zentrale Leistungen für den Fortbestand einer Gesellschaft erbringen.[33] Für familiale Lebenszusammenhänge wird die Verknüpfung der „Daseinssicherung mit den Erfordernissen der Sorge für und um den Nachwuchs" als spezifisch angesehen, die durch „entsprechende Strukturbildung dauerhaft abgesichert" wird beziehungsweise wurde (vgl. Herlth/Kaufmann 1982: 3). Familiale Lebensformen sind nicht nur überlebensfähige soziale Einheiten in einer Gesellschaft, sondern leisten durch private beziehungsweise familiale Wohlfahrtsproduktion einen Beitrag zur Integration und zum Fortbestand der umfassenden sozialen Struktur.

Die Bedeutung der Familie für Staat und Gesellschaft zeigt sich in der hervorgehobenen Stellung von Familie, Ehe und Elternschaft im Grundgesetz sowie in der Tatsache, dass besonders viele Rechtsnormen an den Familienstand anknüpfen und direkt oder indirekt familiale Beziehungen und Ansprüche regeln (rechtliche Verankerung der Förderungs-, Fürsorge- und Schutzaufgaben des Staates bezüglich der Familie). Bei genauerer Betrachtung des Verhältnisses von Familie und Staat ist festzustellen, dass Familie durch Staatsgewalt reguliert und (verfassungsrechtlich) geschützt werden soll. In Art. 6 GG ist festgelegt, dass Ehe und Familie unter besonderem Schutz der staatlichen Ordnung stehen (vgl. auch § 1 II SGB VIII). Die Menschenwürde (Art. 1 GG) einzelner Familienmitglieder (Mütter, Väter, Töchter, Söhne) und deren Persönlichkeitsrechte (Art. 2 GG) sind dabei stets zu beachten. Die Garantie auf Verfassungsebene ist als „höchste Auszeichnung, die moderne Gesellschaften sozialen Beziehungen zu verleihen vermögen" anzusehen (vgl. Kaufmann 1982: 11).

Die grundlegenden Rechtsgarantien lassen einen Doppelcharakter des staatlichen Schutzes erkennen, denn einerseits „binden die grundgesetzlichen Garantien die staatlichen Organe im Sinne eines Rechtsschutzes der Familie vor staatlichen Eingriffen in die Privatsphäre", andererseits „wird der staatliche Schutz im Sinne des Sozialstaatsgedankens als Verantwortung des Staates für die Existenzbedingungen der Familien unserer Gesellschaft interpretiert" (Münder 1999: 23). Demzufolge knüpfen besonders viele Rechtsnormen an dem Familienstand an und haben die Absicht, „die familialen Beziehungen und die Ansprüche der Familienmitglieder" direkt oder indirekt zu regeln (ebd.). Die Tatsache, dass das Grundgesetz Familie, Ehe, Eltern und Kinder an hervorgehobener Stelle benennt, zeigt nicht nur die Bedeutung der Familie für Staat und Gesellschaft (vgl. Münder 1999: 13 ff.), sondern begründet auch das staatliche Interesse, familiale Lebenszusammenhänge durch „Politik" beziehungsweise „politische Programme" zu beeinflussen:

„Das Zusammenleben (und die Trennung und Scheidung) zwischen Erwachsenen, das Geborenwerden von Nachwuchs, das Aufwachsen von Kindern, die Lebensgemeinschaften, die Familien – wie dies alles organisiert, inhaltlich gefüllt wird, welche Leistungen hier erbracht werden – das alles kann einer Gesellschaft nicht gleichgültig sein, es hat eine zentrale Bedeutung für Staat und Gesellschaft (Parsons 1956, 1964). So hat der Staat schon immer auf diesem Feld ‚Politik' betrieben [...]" (Münder 1999: 23).

Die Ausgestaltung der rechtlich verankerten Förderungs-, Fürsorge- und Schutzaufgaben[34] des Staates erfolgt über staatliche Sozialpolitik (zum Beispiel Arbeits-, Gesundheits-, Familien-, Jugend-, Bildungs- und soziale Sicherungspolitik). Sozialpolitik für Familien beziehungsweise Familienpolitik ist Ausdruck des staatlichen Interesses und Gestaltungswillens. Die staatlichen Interessen und familienpolitischen Orientierungen sind historisch wandelbar. Politische Leitbilder und Handlungsfelder zeigen, dass das, was im Sinne des Artikel 6 GG als Familie von staatlicher Seite als schützenswert angesehen wird, von rechtlichen Definitionen, ethischen Überzeugungen, praktischen Erwägungen und politischen Interessen abhängig ist (vgl. BMFSF 1995: 25).

Im Kontext des „Verrechtlichungsbegriffs" zeigen sich unterschiedliche Vorstellungen von Staatlichkeit, wenn es um die Frage geht, inwieweit der Staat für die Gestaltung von privater Wohlfahrtsproduktion Verantwortung tragen soll. Der hoheitliche Rechtsstaat, welcher in all seinen Handlungen an das von ihm selbst gesetzte Recht gebunden ist, entspricht den (neo-)liberalen Prämissen einer möglichst weitgehenden Entkopplung von Staat und bürgerlicher Gesellschaft. Soweit dem Recht überhaupt verhaltenssteuernde Funktionen zugesprochen werden, richtet es sich an die Organe des Staates selbst und an den auf Sicherheit und Ordnung beschränkten Aufgabenbereich. Von wohlfahrtsstaatlichen Prämissen ausgehend, vergrößern sich der Aufgabenbereich des Staates sowie der Kreis der Normadressaten in rechtsimmanent kaum begrenzbare Bereiche. Beschränkungen erscheinen politisch gesetzt und damit verschiebbar, so dass steuerungstheoretisch die Frage nach den Grenzen der staatlichen Handlungspotentiale und Steuerungsmöglichkeiten beziehungsweise ihrer Möglichkeiten, Erfolgsaussichten und Nebenwirkungen naheliegend ist.

Sozialpolitik für Familien

Sozialpolitik wird von Kaufmann (1982) als „Intervention in die sozialen Verhältnisse" verstanden[35] (ebd.: 55 ff.). Die wirtschaftliche und soziale Stellung oder die „Lebenslage" von Personen beziehungsweise Personenmehrheiten gelten als Wirkungsfeld der Sozialpolitik. Unter Sozialpolitik für Familien oder Familienpolitik wird das „bewußte, zielgerichtete, geplante Einwirken von Staat (Bund, Länder) und Kommunen auf die soziale, die ökonomische, die rechtliche Lage von Eltern, Kindern und auf die für sie wichtigen Lebensbedingungen" verstanden (Münder 1999: 23 f.). Sozialpolitik für Familien erfolgt über Gesetzgebung in unterschiedlichen Bereichen, zum Beispiel durch die Schaffung des Familienlastenausgleichs, verschiedene Reformen des Familien-, Ehe- und Kindschaftsrechts und weiteren familienpolitischen Initiativen wie Mutterschafts- und Erziehungsurlaub, Kinderfreibetrag (und sonstige steuerliche Entlastungen), Erziehungs- und Kindergeld. Neben den allgemeinen Sozialleistungen (Sozialversicherung, Versorgung, Fürsorge) haben besondere Hilfs- und Fördersysteme wie die Kinder- und Jugendhilfe familienpolitische Relevanz, da mit ihnen das Eltern-Kind-Verhältnis „ersetzt, unterstützt und ergänzt" werden kann (Münder 1999: 174 ff.). Durch das Familien-, Ehe- und Kindschaftsrecht werden die Partnerschaftsbeziehungen von Männern und Frauen geregelt (Ehe, Trennung und Scheidung, aber auch nichteheliche Lebensgemeinschaften). Weitere normierte Bereiche betreffen die Verknüpfung von Lebensgemeinschaften und Kindern (Abstammung, Unterhalt, elterliche Sorge, Erziehung, zivilrechtlicher Kindesschutz).

In sozialer Hinsicht zielt Sozialpolitik auf die Gewährleistung sozialer Bedingungen der (privaten) Wohlfahrtsproduktion. Die Vorgänge privater Wohlfahrtsproduktion vollziehen sich in erster Linie im Rahmen von Familie und Haushalten, in sogenannten privaten Lebensformen. Ziel ist, den Bereich privater Lebensformen sozialpolitisch zu stabilisieren, in dessen Rahmen die von verschiedenen Gesellschaftsbereichen beanspruchten Humanvermögen (re-)produziert beziehungsweise regeneriert werden.[36] In Bezug auf die Familie geht es darum, „die Leistungen der privaten Haushalte durch öffentlich subventionierte oder vollfinanzierte Dienstleistungen des Bildungs-, Gesundheits- und Sozialwesens" zu ergänzen und zu unterstützen (vgl. Kaufmann 1997: 28). Zur privaten Wohlfahrtsproduktion gehört auch die Übernahme von Elternverantwortung, also die Pflege und Erziehung des Nachwuchses im Rahmen funktionsfähiger Familien[37] (vgl. ebd.: 43 f.).

Politik, die sich auf Familien bezieht, betrifft verschiedene Bereiche: Als familienpolitische „Handlungsfelder" können nach Münder (1999) Ehepolitik,[38] Bevölkerungspolitik,[39] monetäre Sozialpolitik[40] und Kinder- und Jugendhilfepolitik[41] gekennzeichnet werden (ebd.: 25 f.). Nach Kaufmann (1982, 1995) stellt sich die Frage, welche Motive und Intentionen den Staat antreiben, dass er über Gesetzgebungs-, Sozial- und Familienpolitik in die familiale Alltagswelt eingreift (ebd.: 12 ff.).[42] Historisch betrachtet ging (und geht) es um die gezielte Intervention mit den Mitteln staatlicher Politik im Interesse staatlich gesetzter Zwecke. Folglich orientierte sich Familienpolitik an der staatlichen Wohlfahrt, die im engen Zusammenhang mit der Entwicklung und dem Zustand einer Bevölkerung gesehen wird, zum Beispiel die Erhaltung und Vermehrung der Einwohner. „Dementsprechend sind die Bekämpfung von Unfruchtbarkeit, die Begünstigung des Ehestandes, die Erforschung und Beseitigung der Ursachen unglücklicher Ehen sowie die Regelung von Unterhaltszahlungen vordringliche Gegenstände einer Familienpolitik" (Herlth/Kaufmann 1982: 13). Neben der quantitativen Nachwuchssicherung geht es auch um die

Problematik der qualitativen Nachwuchssicherung einer Gesellschaft, denn „[j]ede Gesellschaft ist für ihre Fortsetzung darauf angewiesen, daß in ihr neue Generationen nachwachsen und ihre wesentlichen kulturellen, technischen und ökologischen Errungenschaften übernehmen, d.h. den Umgang mit ihnen lernen und die zu ihrer Erhaltung bzw. Fortentwicklung notwendigen Motivstrukturen entwickeln" (BMJFG 1980: 28).

Als staatliche Intentionen familienpolitischen Handelns unterscheiden Herlth und Kaufmann (1982) folgende vier Motive: Im Kontext bevölkerungspolitischer Motivierung geht es um den Zusammenhang zwischen nationaler Wohlfahrt und Bevölkerungsentwicklung. Das sozialpolitische Motiv der Familienpolitik zielt auf Teilhabe an den Gütern beziehungsweise am Einkommen einer Nation und familialen Lebens- und Leistungszusammenhängen ab.[43] Das familieninstitutionelle Motiv bezieht sich auf die Bewertung der familialen Lebensform als sinnstiftendes Moment der Alltagswirklichkeit, deren Autonomie staatlich gesichert und gewahrt bleiben soll. Im Sinne emanzipatorischer Motive geht es um „Familienmitgliederpolitik", die ihren Erfolg an den Leistungen für die einzelnen Familienmitglieder misst[44] (ebd.: 15 ff.). Die Bindung der Familienpolitik an bevölkerungspolitische und sozialpolitische Motive steht aus funktionalistischer Perspektive im Vordergrund. Bevölkerungspolitisch geht es um die Erhöhung der Geburtenraten sowie sozialpolitisch um die Ungleichheit der Lebenslagen der Familien und ihre Benachteiligung in der primären Einkommensverteilung. Durch den Abbau sozio-ökonomischer Benachteiligung sollen die Handlungsfähigkeit der Familien und ihre Sozialisationsleistungen abgesichert werden. Die zwei weiteren Motive (familieninstitutionell und emanzipatorisch) sind Gegenstand eines für die Familienpolitik der BRD charakteristischen Konfliktes:

„Insbesondere christlich und konservativ inspirierte Kreise haben Familienpolitik immer wieder unter Berufung auf den Eigenwert der Familie als einer naturrechtlich vorgegebenen Institution menschlichen Zusammenlebens betont. Da sich dieses Argument de facto mit der Idealvorstellung einer bestimmten historischen Familienform, nämlich der patriarchalisch orientierten bürgerlichen Familie verband, geriet diese Position in Konflikt mit dem vor allem von sozialistisch inspirierten Bewegungen getragenen emanzipatorischen Motiv der Familienpolitik, dem es darum geht, die in den herkömmlichen familialen Lebensformen enthaltenen Herrschaftsbeziehungen und Machtstrukturen aufzubrechen und die Abhängigkeit der Frauen von ihren Männern wie die Abhängigkeit der Kinder von ihren Eltern abzubauen" (Kaufmann 1995: 179).

Die Offenheit des Grundgesetzes hinsichtlich der Verpflichtung des Staates, Familie, Eltern Kinder und Ehe positiv zu fördern, bietet Spielräume für politisches Handeln, was zu unterschiedlichen familienpolitischen Orientierungen geführt hat. Für die BRD lassen sich in Anlehnung an Münder (1999) bestimmte familienpolitische Linien und Phasen erkennen, die auf

Wertentscheidungen und unterschiedlichen Motiven beruhen. Die Wertentscheidungen orientierten sich an zwei Bezugspunkten: Familienpolitik als Familieninstitutionenpolitik oder Familienpolitik als Familienmitgliederpolitik (vgl. ebd.: 24 f.). Familieninstitutionenpolitik[45] ist von Wertentscheidungen für die Familieninstitutionen geprägt, das heißt die familienpolitischen Entscheidungen sind vornehmlich auf die Institution der Familie als solche ausgerichtet. Es geht dabei weniger um die einzelnen Mitglieder der Familie, zum Beispiel um die Rechte von Frauen und Kindern. Ehe und Familie wird als natürliche Ordnung institutionell abgesichert (ebd.). Familienmitgliederpolitik[46] bezeichnet „eine Schwerpunktverlagerung hin zur Beachtung der Situation der einzelnen Familienmitglieder", zum Beispiel die Benachteiligung und Emanzipation von Frauen, die Beachtung des Kindeswohls sowie die Betonung partnerschaftlicher Strukturen zwischen Eltern und Kindern (vgl. Münder 1999: 24 f.). Im Kontext von Familienmitgliederpolitik wird kindliche Sozialisation und Entwicklung nicht mehr als ausschließliche Familienangelegenheit betrachtet. Seit 1982 hat sich weitgehend eine „Zwischenlage zwischen Familieninstitutionen- und Familienmitgliederpolitik" herausgebildet, in der zwar verbal der Aspekt der Institutionenpolitik betont wurde, die Entwicklungen in Richtung Individualisierung aber nicht mehr vernachlässigy werden konnten[47] (vgl. ebd.: 25). Die Regelungen des neuen Kindschaftsrechts sind im Kern in dieser Phase (1982-1998) entwickelt worden.

Den Zielvorstellungen und Motiven familienpolitischer Intervention liegt die funktionalistische Sichtweise zugrunde, dass über eine entsprechende Familienpolitik auch gesellschaftspolitische Wirkungen erzielt werden könnten. Da nach Herlth und Kaufmann (1982) aber schon die unterschiedlichen Motive eine kohärente Politik zugunsten „der Familie" unwahrscheinlich werden lassen, „ist nicht damit zu rechnen, daß bestimmte politische Maßnahmen überall und im Hinblick auf alle Familien gleiche oder auch nur gleichsinnige Wirkungen zeitigen" (ebd.: 18). Die Bedingungen für die Wirksamkeit staatlicher Maßnahmen im familialen Lebenszusammenhang sind im hohen Maße variabel und situativ. Deshalb ist „staatliche Politik zugunsten der Familie unter dem Gesichtspunkt sozialpolitischer Intervention, also als politischer Eingriff in bereits konstituierte soziale Verhältnisse auf[zufassen], die ihrerseits auf derartige Interventionsversuche zu reagieren und deren Erfolg bzw. Misserfolg (sowie [...] Nebenfolgen) zu beeinflussen vermögen" (ebd.: 19). Als wichtigstes sozialwissenschaftliches Ergebnis von Wirkungsanalysen sozialpolitischer Maßnahmen gilt, dass es keine determinierende Wirkung im strengen Sinne geben kann (vgl. Kaufmann 1982, 1995). „Die Wirkungen politischer Maßnahmen entstehen aus der Reaktion der Betroffenen auf diese Maßnahmen, und diese Reaktion kann und wird in der Regel unterschiedlich ausfallen. Zudem sind die Wirkungen politischer Maßnahmen umso weniger prognostizierbar, je höher die Freiheitsgrade der Betroffenen, je größer das Spektrum ihrer Handlungsalternativen ist" (Kaufmann 1995: 191, Hervorhebung im Original). Zusammenfassend beschreibt Kaufmann (1995: 219) Familie im Kontext sozialpolitischer Steuerung als „historisch wandelbares, kulturgeprägtes, umweltabhängiges und politikresistentes Phänomen", welches im Wesentlichen über seine Umweltabhängigkeit Ansatzpunkte für sozialpolitische Gestaltungsabsichten bietet. Familiale Lebensformen eignen sich nicht als unmittelbarer Gegenstand politischer Intervention, vielmehr sollten sich „[p]olitische Maßnahmen [...]auf die institutionellen Voraussetzungen und Opportunitätsstrukturen [richten], unter denen konkrete Familien sich bilden, die für ihre Entwicklung notwendigen Ressourcen gewinnen, ihr Leben führen und damit die gesellschaftlich erwünschten Leistungen in mehr oder weniger erfolgreicher Form erbringen" (Kaufmann 1995: 190, Hervorhebung im Original). Folglich geht Kaufmann zwar nicht von einer direkten sozialpolitischen Steuerbarkeit familialer Lebenszusammenhänge aus, sieht aber Möglichkeiten der Kontextsteuerung: Aufgrund der Umweltabhängigkeit von „Familien" können diese über den staatlich gestaltbaren Kontext beeinflusst werden (vgl. Kaufmann 1995: 166 ff.).

(De)Institutionalisierung familialer Lebensformen durch Sozialpolitik

Die positiven Effekte familialer Leistungen auf andere Gesellschaftsbereiche beziehungsweise deren Funktionen für Staat und Gesellschaft haben dazu geführt, dass sich ein bestimmter Familientypus durch gezielte sozial- und familienpolitische Unterstützung institutionalisiert hat. Die staatliche Sozialpolitik für Familien unterstützt eine selektive Institutionalisierung von spezifischen Familienformen,[48] weil davon auszugehen ist, dass sich kollektive Muster von Ausgestaltung und Leistung im familialen Lebenszusammenhang als besonders verträglich mit der herrschenden Gesellschaftsstruktur erwiesen haben. Obwohl familienpolitische Maßnahmen einen bestimmten Familientypus besonders fördern und stützen, lassen sich seit der 1960er Jahre Tendenzen einer Vervielfältigung familialer Lebensformen nachzeichnen. Es können übergreifende Entwicklungstendenzen benannt werden: „[S]o lässt sich festhalten, daß die noch 1966 komplikationslos beschriebene „normale Familie" ihre „relativ konkurrenzlose und exklusive Monopolstellung" verloren hat" (Meyer 1993 zitiert nach Münder 1999: 17). „Neben die „Normalfamilie" sind gesellschaftlich akzeptiert weitere Lebensformen getreten. Alle diese Lebensformen hat es auch früher schon gegeben, ihr gesellschaftliches Gewicht war jedoch geringer und sie waren nicht selten sozial diskriminiert" (ebd.).

Die Entwicklungsrichtung von Familienformationen wird mit dem Begriff der „Deinstitutionalisierung" beschrieben, denn anstelle der „ehemals fest geprägten Vorstellungen und real existierenden Lebensformen ist eine Pluralisierung der Lebensformen und eine Individualisierung der Lebensentwürfe getreten" (ebd., Hervorhebungen im Original). Beck (1986) beschreibt diese Entwicklungsrichtung folgendermaßen:

„Es ist nicht mehr klar, ob man heiratet, wann man heiratet, ob man zusammenlebt und nicht heiratet, heiratet und nicht zusammenlebt, ob man das Kind innerhalb oder außerhalb der Familie empfängt oder aufzieht, mit dem, mit dem man zusammenlebt oder mit dem, den man liebt, der aber mit einem anderen zusammenlebt, vor oder nach der Karriere oder mittendrin, wie dies alles kurzfristig, langfristig oder vorübergehend mit Zwängen und Ambitionen der Versorgungssicherung oder Karriere des Berufs aller Beteiligten vereinbar ist" (Beck 1986: 163).

Die Entscheidung für oder gegen „familiale Solidarität" ist vermehrt zum Gegenstand freier, individueller Entscheidung geworden. Dies gilt auch für die Auflösung von Ehe- und Partnerschaftsverhältnissen, denn „das Bestehen dieser Verpflichtungen [wird] stärker als früher an die Bedingungen der Gegenseitigkeit und den Fortbestand der emotionalen Zuneigung geknüpft. Die Auflösung von Partnerschaftsverhältnissen, seien sie informeller oder legalisierter Art, wird ebenfalls als Akt freier Entscheidung grundsätzlich respektiert, selbst wenn dadurch Folgeprobleme, z.B. für gemeinsame Kinder, entstehen" (Kaufmann 1995: 164 f.). Die durch Trennung und Scheidung der Eltern verursachten Folgeprobleme für Kinder sind zwar (zunehmend) kein Hinderungsgrund mehr für die Auflösung der elterlichen Paarbeziehung, aber diese Entwicklung kann nicht mit einer „Entpflichtung" der Eltern-Kind-Beziehung gleichgesetzt werden. „Die Verpflichtungen gegenüber den Kindern [...] erscheinen dem heutigen Bewußtsein eher umfassender und verbindlicher, so daß man in der Sprache der Institutionentheorie von einer Deinstitutionalisierung der Ehe und einer verstärkten Institutionalisierung der Elternschaft sprechen könnte" (ebd.). Kaufmann folgend wird nun Elternschaft (nicht Ehe) zum zentralen Anknüpfungspunkt öffentlicher Regulierungs- und Förderungsinteressen.

Die Deinstitutionalisierung der (Normal-)Familie wird an gesellschaftlichen Phänomenen wie sinkenden Eheschließungen, steigenden Ehescheidungen, sinkenden Geburtsziffern, zunehmenden nichtehelichen Lebensgemeinschaften und Ein-Elter-Familien etc. deutlich. Die Deinstitutionalisierung der „Normalfamilie" und die Vervielfältigung familialer Lebensformen haben unter anderem zur Reformbedürftigkeit des Kindschaftsrechts beigetragen (vgl. Teil II). Obgleich die beschriebenen Tendenzen unübersehbar sind, ist herauszustellen, dass „die Mehrzahl der Erwachsenen heiratet, die Mehrzahl der minderjährigen Kinder in Familien aufwächst, die Mehrzahl von diesen mit ihren verheirateten, zusammenlebenden Eltern. Zudem ist zu beachten, daß auf der normativen Ebene die Wertschätzung der „Normalfamilie" relativ ungebrochen ist" (Münder 1999: 17). Die Gesellschaft ist allerdings hinsichtlich Ehe und Familie weniger homogen geworden. Die kulturelle Liberalisierung und reale Vervielfältigung der familialen Lebensformen gehen auch mit Änderungen der vorherrschenden normativen Auffassungen einher, die nicht zuletzt in der Reform des Ehe-, Familien- und Kindschaftsrechts ihren Niederschlag fanden (vgl. Teil II). Das Familienverständnis ist vielfältiger und konfliktreicher geworden.

Kaufmann (1995) sieht Zusammenhänge zwischen der zunehmenden juristischen Regelung familialer Tatbestände, insbesondere im Ehe- und Ehescheidungsrecht, im Unterhaltsrecht, im Recht der elterlichen Sorge sowie dem korrespondierenden Jugendhilferecht und einer fortschreitenden Destabilisierung und Deinstitutionalisierung der traditionellen „Normalfamilie": „Die zahlreichen Reformen dieser Rechtsmaterien, insbesondere in den siebziger Jahren, haben ihrerseits Tendenzen der Optionserweiterung und der Pluralisierung familialer Lebensformen unterstützt, aber gleichzeitig auch staatliche Regelungskompetenz in familialen Angelegenheiten erhöht" (Kaufmann 1995: 183). Die durch Verrechtlichung familialer Beziehungen erleichterte Möglichkeit, auf außerfamiliale Schlichtungsinstanzen (Familiengerichte, Sozialämter, Jugendämter) zu rekurrieren, wird von Kaufmann als destabilisierender Faktor für traditionelle Familienformen benannt (ebd.). Staatliche Sozialpolitik steht vor dem Dilemma der (rechtlichen) Anerkennung zunehmender alternativer Familienformen einerseits und bevorzugter Unterstützung von traditionellen, besonders „leistungsfähigen" Familienformen andererseits:

„Im Einzelfalle mögen heute alternative Lebensformen plausibler sein als die Lebensformen der ‚Normalfamilie'. Aber die Rechtsordnung und mit ihr die Politik hat es vor allem mit der Ordnung der vorherrschenden Verhältnisse zu tun und steht angesichts solcher Wünsche stets vor dem Dilemma, wie weit die Anerkennung alternativer Lebensformen getrieben werden kann, ohne die in familialer Hinsicht im Regelfalle leistungsfähigere traditionelle Form der Familie ihres leitbildhaften Charakters zu entkleiden" (Kaufmann 1995: 225).

Für Kaufmann (1995: 225) bleibt die (sozialpolitische) Vorrangstellung der traditionellen „Normalfamilie" in der Rechtsordnung aus funktionalistischer Perspektive legitim: „Eine Gesellschaft, die nicht mehr in der Lage wäre, bestimmte Formen ihres Zusammenlebens deshalb zu privilegieren, weil sie sie als im Regelfalle sozial nützlicher ansieht, würde sich in Widersprüche verwickeln und ihren Mitgliedern Orientierungsleistungen vorenthalten, auf die sie im Regelfalle angewiesen sind" (ebd.).

Im neuen Kindschaftsrecht wird eine Zwischenlage zwischen Familieninstitutionen- und Familienmitgliederpolitik deutlich, denn zumindest rhetorisch wird einerseits eine Stärkung von Kinderrechten im Sinne einer emanzipatorisch motivierten Familienmitgliederpolitik vertreten, andererseits wird die Autonomie der Familie als Institution im Sinne bestehender Elternschaft verstärkt. Der Bezugspunkt selektiver Institutionalisierung durch staatliche Sozialpolitik für Familien hat sich allerdings verändert:

Die Elternschaft ist gegenüber der traditionellen Kombination von „Ehe und Elternschaft" in den Vordergrund getreten, indem sie Ausgangspunkt für zahlreiche rechtliche Regelungen wurde. Da davon auszugehen ist, dass der Staat nach wie vor seine Interessen auch im Bereich familialer Lebensformen durchzusetzen versucht, sind die veränderten Formen der staatlichen Einflussnahme im Sinne rechtlicher Steuerung von besonderem Interesse. In Form von Recht bestimmt der Staat die Rahmenbedingungen für die Gestaltung familialer Lebensformen, die mit den Interessen des Staates kompatibel sind.

Der politischen Steuerung durch Recht wird im steuerungstheoretischen Kontext zumindest teilweise Wirksamkeit zuerkannt, denn die Optionserweiterungen bezüglich familialer Lebensformen und damit die Destabilisierung der „Normalfamilie" werden u.a. auf die tendenzielle Verrechtlichung familialer Beziehungen zurückgeführt (Kaufmann 1995: 183). Die Tatsache, dass wohlfahrtsstaatliche beziehungsweise sozialpolitische Abläufe in der BRD vorwiegend rechtlich gesteuert werden und sich im weitesten Sinne auf die Beeinflussung sozialer Verhältnisse beziehen, lässt das Recht als zentrales sozialpolitisches Steuerungsmittel in den Mittelpunkt rücken.

Recht als sozialpolitisches Steuerungsmittel des Staates

Das neue Kindschaftsrecht ist Ausdruck einer spezifischen staatlichen Sozialpolitik, die sich auf die Gestaltung sozialer Verhältnisse im familialen Lebenszusammenhang bezieht. Im Rechtsstaat werden das Staatswesen und seine Organe selbst durch Recht konstituiert, so dass die Möglichkeiten und Grenzen aller Staatstätigkeit rechtlich geregelt werden. Der soziale Rechtsstaat ist dadurch gekennzeichnet, dass er auch sozial gestaltende Funktionen übernimmt, indem durch staatlich gesetztes Recht bestimmte (das heißt besonders förderungswürdige) soziale Verhaltensweisen bewirkt werden sollen. Gegenstand staatlicher Sozialpolitik sind insbesondere die Problemzusammenhänge, welche die allgemeinen Fragen der Reproduktion betreffen, zum Beispiel Sozialisation, Gesundheit, Wohnen, Qualifikation sowie subsidiäre Daseinssicherung. Für den Staat sind psychische, soziale und materielle Probleme erst dann bearbeitbar, wenn sich die „alltagsweltlichen Schwierigkeiten" in rechtlich handhabbare Formate transformieren lassen. „Das „gesellschaftliche Leiden" (Dreitzel 1972) muß aus der Sicht des Staates in juristische Schemata – die unabhängig von konkreten Problemen existieren – übersetzt werden, um einen offiziellen Status zu erhalten" (Müller/Otto 1980: 10).

Die Umsetzung von Bedürfnislagen in rechtlich definierte Ansprüche auf der Ebene der Verrechtlichung deutet an, welche Probleme wie staatlich bearbeitet werden sollen. Die zu- oder abnehmende Transformation von

Problemen in juristische Schemata verweist auf Phänomene, die analytisch als Ver- beziehungsweise Entrechtlichungsprozesse zu fassen sind. Allgemein wird von dem Phänomen der „Verrechtlichung" gesprochen, wenn die soziale Bedeutung des (geschriebenen) Rechts zunimmt. Als Gegenmodell der zunehmenden Verrechtlichung wurde in den 1980er Jahren eine politische Diskussion um mögliche Entrechtlichung geführt beziehungsweise begonnen (vgl. Voigt 1983). Die Folgen eines stets anwachsenden, durch Recht normierten Bereichs zu Lasten aller anderen Sozialbeziehungen standen im Zentrum der Kritik.[49] Bei der Beurteilung von Ver- und Entrechtlichungsprozessen beziehungsweise -forderungen ist (und war) der jeweilige Standpunkt ausschlaggebend: Wenn staatliche Steuerungsversuche mit Hilfe des Rechts als erwünschtes und geeignetes Mittel zur Ausbalancierung gesellschaftlicher Ungleichgewichte angesehen werden, zeig(t)en sich an vielen Stellen Verrechtlichungsdefizite. Wenn es stattdessen darum geht, die Steuerungsleistung des Marktes zu stärken, wurde und wird nach Möglichkeiten zum Abbau staatlich gesetzten Rechtes gesucht.[50]

Mit der Verrechtlichung sozialer Probleme in wohlfahrtsstaatlicher Konstellation werden Bedürfnislagen in rechtlich definierte Ansprüche umgesetzt und für den Staat bearbeitbar. Diese (zunehmende) Bearbeitung sozialer Probleme durch Akteure formaler Organisationen beziehungsweise Institutionen entspricht einem historischen Prozess der Verstaatlichung personenbezogener Dienstleistungsarbeit. Unentgeltliche Hilfeleistungen in informellen Sozialsystemen (zum Beispiel dem Familienhaushalt) wurden in der wohlfahrtsstaatlichen Entwicklung zunehmend substituiert (vgl. Offe 1987 bei Olk/Otto/Backhaus-Maul 2003).

In der historischen Betrachtung von familienpolitischer Gesetzgebung zeigen sich deutliche Ver- und Entrechtlichungsschübe, die sich auf einzelne Familienmitglieder und/oder die Familie als Institution beziehen.[51] Die Lebensverhältnisse von Paaren, Partnern, Eltern, Kindern sind der Bezugspunkt für rechtliches Handeln und politisches Gestalten, deren verfassungsrechtliche Vorgaben in den Bestimmungen der Artikel 2, 3, 6 GG festgeschrieben sind. Lebensverhältnisse und verfassungsrechtliches Verständnis haben sich im Laufe der Jahre geändert und damit auch die Ausgestaltung von Familien-, Ehe- und Kindschaftsrecht im BGB beeinflusst. Münder betont, dass „[d]er Gesetzgeber [...] kontinuierlich seine verbindlichen rechtlichen Vorgaben reduziert [hat] und es im steigenden Maße den Betroffenen selbst überlassen [ist], ihre familialen Lebensverhältnisse zu regeln" (Münder 1999: 13). Laut Gerlach (2000) verbietet sich aus Gründen der Gemeinwohlsicherung die „Entstaatlichung" oder der staatliche Rückzug auf dem „Politikfeld Familie" weitgehend (vgl. 2000: 141). Es deutet sich aber in diesem gesellschaftlichen Bereich trotzdem ein Abbau staatlicher Verantwortungsübernahme ab, auch wenn die Erfahrungen der letzten Jahrzehnte gezeigt haben, „daß Zahl, Stabilität und Leistungsfähigkeit von Familien zum Politikum werden könnten" (ebd.: 140).

„Vor dem Hintergrund der Erosion von ‚Normallagen' im Bereich Familie, des Rückgangs der Familiengröße und ihrer Stabilität, der erhöhten Scheidungszahlen, des Anstiegs der Zahl alleinerziehender Eltern, weniger Geburten und der wachsenden Bedeutung nichtehelicher Lebensgemeinschaften scheint die Entwicklung von Selbstregulierungsmechanismen wenig wahrscheinlich. Ebenso ist eine systematische Übernahme familialer Aufgaben durch andere Lebensgemeinschaften kaum zu erwarten" (Gerlach 2000: 140).

Für den familialen Kontext ist steuerungstheoretisch Folgendes besonders bedeutend:

„Während die Politik der ‚Verstaatlichung' im sozialen Bereich darauf abzielt, vor allem den Funktionsverlust familialer Sozialisationspotenzen zu kompensieren [...], zieht sich der Staat mit der Re-Privatisierungsstrategie aus der Verantwortung für die Bewältigung der Probleme zurück, indem er sie der Eigendynamik gesellschaftlicher Entwicklung überläßt [...], ohne jedoch dabei auf die hoheitliche Regelung der Rahmenbedingungen der ‚privaten' Problembearbeitung und der dabei entstehenden Konflikte zu verzichten" (Müller/Otto 1980: 10).

Die Entwicklungen von staatlicher Verantwortungsübernahme für die Gestaltung von Wohlfahrtsproduktion stehen im engen Zusammenhang mit ökonomischen Verwertungs-, Entwicklungs- und Entscheidungsprozessen. Für die Ausführungen zum Kindschaftsrecht ist besonders bedeutend, dass beide Prozesse gleichzeitig ablaufen können, denn im Rahmen der Reform wurden Prozesse der Entrechtlichung sowie der Verrechtlichung auf unterschiedlichen Ebenen (Staat, Recht, Verwaltung, Gericht, Interaktion) angeregt.

Sozialpolitische Steuerung durch das neue Kindschaftsrecht

Das neue Kindschaftsrecht wird im Folgenden auf unterschiedlichen steuerungstheoretisch relevanten Ebenen analysiert, um die sozialpolitische „Steuerungsrichtung" erfassen zu können, die der Gesetzgeber einschlägt. Die analytische Unterscheidung von Ebenen, auf denen sich die Steuerungsprozesse beschreiben lassen, geht auf Kaufmann (1988) zurück: „Der Begriff der Verstaatlichung ist der Gesellschaftsebene, derjenige der Vergesetzlichung der institutionellen Ebene, derjenige der Bürokratisierung der organisatorischen und interorganisatorischen, derjenige der Verrechtlichung sozialer Beziehungen der interaktiven Ebene zuzuordnen" (Kaufmann 1988: 102). Kaufmann geht davon aus, dass Verrechtlichungsprozesse sich wechselseitig verstärken und auf ein Mehrebenenmodell verweisen:

- *Verstaatlichung* (Zunahme zentral-staatlicher Kompetenzen zur rechtlichen Gestaltung gesellschaftlicher Lebensbereiche) bezieht sich auf die Gesellschaftsebene;
- *Vergesetzlichung* (Standardisierung, Generalisierung, Systematisierung und Differenzierung des Rechtes auf der Basis legislativer Akte) bezieht sich auf die institutionelle Ebene;
- *Verrechtlichung* sozialer Beziehungen (Handlungsweisen oder soziale Interaktionen verlaufen in an rechtlichen Normen orientierter Weise und verändern durch diese Form der sozialen Steuerung ihre Qualität) betrifft die Ebene der Interaktion;
- *Bürokratisierung* (Ausbau öffentlicher Verwaltung sowie Verrechtlichung von Beziehungen innerhalb und zwischen formalen Organisationen) die der (Inter-)Organisation und
- *Justizialisierung* (Tendenz, soziale Konflikte zu verrechtlichen und richterlicher Entscheidung zu unterwerfen) könnte als „Konfliktlösungsebene" bezeichnet werden (vgl. Kaufmann 1988: 75 ff.).

Die steuerungstheoretischen Unterscheidungskategorien der Ver- und Entrechtlichung, mit denen die Zu- beziehungsweise Abnahme der sozialen Bedeutung des (geschriebenen) Rechts analytisch gefasst werden kann, dienen vorerst als Analysekategorien. Die Frage, ob die Kindschaftsrechtsreform zu einer Verrechtlichung oder Entrechtlichung führt, lässt sich nicht übergreifend beantworten, sondern nur für die einzelnen Ebenen erörtern (Gesellschaft, Institution, Interaktion, (Inter-)Organisation, Konfliktlösung).

Auf der Gesellschaftsebene (Verstaatlichung) ist die zentralstaatliche Kompetenz zur rechtlichen Gestaltung gesellschaftlicher Lebensbereiche erweitert worden, indem der Bereich der Elternschaft außerhalb der Ehe mit rechtlichen Regelungen ausgestattet wurde, die denen ehelich geborener Kinder (fast) gleich sind (Möglichkeit der gemeinsamen elterlichen Sorge, namens-, erb- und unterhaltsrechtliche Ansprüche). Der Bereich der nachehelichen elterlichen Sorge wurde rechtlich in der Form gestaltet, dass die gemeinsame elterliche Sorge für gemeinsame minderjährige Kinder faktisch als Regelfall nach Trennung und Scheidung bestehen bleibt. Der Gesetzgeber gibt die „gemeinsame elterliche Sorge und Verantwortung" als Rahmenkonzept vor und nimmt gleichzeitig Kontrollmöglichkeiten zurück, damit die Eltern ihre Beziehung zum Kind autonom gestalten können. Schwab bezeichnet diese Tendenz im Scheidungsrecht als Deregulierung, weil „[...]der Staat als Wächter des Kindeswohls seine Wachtürme weit zurückverlegt" hat (Schwab 1998: 777).

Die familienrechtlichen Regelungen für nicht verheiratete Mütter wurden in der Weise verändert, dass der staatliche Zugriff nun durch Freiwilligkeit begrenzt ist (von der gesetzlichen Amtspflegschaft zur freiwilligen Beistandschaft). Die Autonomie nichtverheirateter Mütter soll gestärkt werden. Die Richtung rechtlicher Gestaltung familialen Zusammenlebens lässt sich mit „Deinstitutionalisierung" der „Normalfamilie" und tendenzieller Anerkennung alternativer familialer Lebensformen, insbesondere der Elternschaft, bezeichnen. Auch Zitelmann bringt das neue Kindschaftsrecht mit „Deregulierung" in Verbindung:

„Mit der Kindschaftsrechtsreform von 1997 kam es u.a. zur Neuregelung des Sorgerechts nach Trennung und Scheidung sowie zum gemeinsamen Sorgerecht für Kinder nicht miteinander verheirateter Eltern. Im Gegensatz zu den Reformen der 70er und 80er Jahre markieren diese Gesetzesänderungen einen tendenziellen Rückzug des staatlichen Wächteramtes. Nach Bekunden des Gesetzgebers setzt es auf eine Verwirklichung des ‚Kindeswohls' durch Stärkung der elterlichen Eigenverantwortung. Von Teilen der Fachöffentlichkeit wird dies als Deregulierung kritisiert, die sich zu Lasten des in Familie und Gesellschaft systematisch schwächer gestellten Kindes auswirken kann" (Zitelmann 2000: 240).

Die Sicherstellung (gemeinsamer) elterlicher Verantwortung für minderjährige Kinder wird, bei gleichzeitiger Rücknahme sozialstaatlicher Leistungen, Kontrolle und Verantwortung, in den Vordergrund gestellt. Obwohl der Staat seine Kompetenz zur rechtlichen Gestaltung nicht reduziert hat, wurden familiale Problemlagen nicht durch „Verstaatlichung", sondern durch Delegation von Verantwortung gelöst. Diese Verantwortungs-Delegierung an die Eltern wird durch Rechtsansprüche auf Beratung und Unterstützung flankiert. Im Bereich der Amtspflegschaft und bei der Trennung und Scheidung von Eltern sind Eingriffsmöglichkeiten des Jugendamtes deutlich zurückgenommen worden. Gestärkt wurde die institutionelle Beratungspflicht mit den Grundsätzen der Freiwilligkeit und partnerschaftlichen Kooperation. Diese „beraterischen" Interventionsmöglichkeiten können als staatliche Versuche interpretiert werden, die Fähigkeit der Eltern zur eigenverantwortlichen Selbstregulierung zu steigern.

Auf der institutionellen Ebene (Vergesetzlichung) wurden auf der Basis legislativer Akte einzelne Regelungen (zum Beispiel in BGB, SGB VIII, FGG und ZPO) inhaltlich verändert und zum Teil völlig neu gefasst oder auch aufgehoben (zum Beispiel Gesetze die am Status der Nichtehelichkeit anknüpften). Vergesetzlichung im Sinne von Standardisierung und Systematisierung des Rechtes wurde durch die Kindschaftsrechtsreform vollzogen, indem zum Beispiel die rechtlichen Sonderregelungen für Kinder, die außerhalb einer Ehe geboren wurden, weitgehend aufgehoben wurden. In einigen Regelungsbereichen wurde durch Streichungen die Regelungsdichte verringert. Schließlich sollte das Recht durch Systematisierung und Rechtsvereinheitlichung einfacher und überschaubarer werden, so dass alle Beteiligten besser überblicken können, mit welchen Materien, Folgen und Institutionen sie es in Fragen des Familienrechts zu tun haben (vgl. BMJ 1998). Eine Zunahme der Regelungstiefe lässt sich im Beratungs- und Vermittlungsbereich feststellen, da die Beratungspflichten des

Jugendamtes (vgl. §§ 17, 18, 52a SGB VIII) und die Vermittlungsmöglichkeiten des Familiengerichtes (vgl. §§ 52, 52a FGG) zugenommen haben.

Veränderungen auf der (inter)organisatorischen Ebene (Bürokratisierung) betreffen einerseits den Ausbau öffentlicher Verwaltung (organisatorische Ebene) und andererseits die Beziehungen zwischen den formalen Organisationen, zum Beispiel der Gerichte und Jugendämter (interorganisatorische Ebene). Die Kindschaftsrechtsreform führte zwar nicht bundesweit zum Ausbau öffentlicher Verwaltung, aber in den neuen Bundesländern mussten einige Bereiche des Jugendamtes (zum Beispiel Beistandschaft) erweitert werden, um den Aufgaben des neuen Kindschaftsrechts angemessen nachkommen zu können. Die Zuständigkeiten von Vormundschafts- und Familiengericht sind organisatorisch verändert worden; das Familiengericht ist nun einheitlich für alle Rechtsstreitigkeiten zuständig, die mit elterlicher Sorge, Umgangsrechten, Unterhalt (Ehe und Verwandtschaft), Betreuungsunterhalt und Abstammung zu tun haben (§ 621 ZPO). Ein neues einheitliches Familienverfahrensrecht beziehungsweise das sogenannte „große" Familiengericht wurde nicht verwirklicht, es bleibt bei der unterschiedlichen Behandlung der Familiensachen je nach Materie im ZPO- oder FGG- Verfahren (vgl. Teil III). Die Beziehungen zwischen Jugendämtern und Familiengerichten haben insbesondere durch das geänderte Verfahrensrecht eine Verrechtlichung erfahren (zum Beispiel § 1684 BGB; § 613 ZPO; §§ 52, 52a FGG; § 17 SGB VIII).

Auf organisatorischer Ebene ist es folglich zu Aufgaben- und Zuständigkeitsverschiebungen gekommen: Eine Ausweitung der öffentlichen Verwaltung erfolgt hauptsächlich in den Jugendämtern der neuen Bundesländer, weil es dort keinen vergleichbaren Bereich der Amtspflegschaft gab, der die Aufgaben der freiwilligen Beistandschaft übernehmen konnte. Auf der interorganisatorischen Ebene wurden zwischen Jugendämtern und Familiengerichten Kooperations- und Informationsstrukturen verrechtlicht. Mit der gesetzgeberischen Absicht, die familiale Selbstregulation zu steigern, sind Möglichkeiten zur „Pflichtberatung" abgeschafft worden. Die Arbeit in den Jugendämtern verlagert sich zunehmend auf „Kernaufgaben", wie Mitwirkung im familiengerichtlichen Verfahren (vgl. Teil IV).

Die Frage nach zu- oder abnehmender Justizialisierung könnte auch als „Konfliktlösungsebene" bezeichnet werden, da es darum geht, in welcher Form soziale Konflikte gelöst werden. Im Rahmen der Kindschaftsrechtsreform wurden außergerichtliche Konfliktlösungen und gerichtliche Vermittlungsverfahren eingeführt, die auf eine einvernehmliche Entscheidung der Streitparteien ohne richterliche Entscheidung abzielen (§§ 52, 52a FGG). Die Abschaffung des Zwangsverbundes von Scheidungs- und Sorgerechtsverfahren entzieht die Regelung elterlicher Sorge nach Trennung und Scheidung der richterlichen Entscheidung, wenn keine Anträge auf Sorgeregelung von den Eltern vorliegen (§ 623 ZPO). Dieser umgestaltete

Bereich könnte als tendenzielle Rücknahme der Justizialisierung interpretiert werden, da die von den Eltern getroffene Regelung der elterlichen Sorge respektiert wird (§ 1671 BGB). Durch „Entgerichtlichung" soll die Überlastung der Gerichte und die Überkomplizierung von Konflikten abgebaut werden. Zudem wirkt sich die Beteiligung der Entscheidungsbetroffenen in den sie selbst betreffenden Entscheidungsverfahren (angeblich) positiv auf die Akzeptanz der Verfahrensergebnisse aus.

Auf der interaktiven Ebene geht es um die Verrechtlichung oder Entrechtlichung sozialer Beziehungen. Bezugspunkt ist die Frage, ob Handlungsweisen oder soziale Interaktionen an rechtlichen Normen orientiert verlaufen. Die Verrechtlichung sozialer Beziehungen steht im engen Zusammenhang mit der Justizialisierung sozialer Konflikte, wenn diese (zum Beispiel in familialen Zusammenhängen) verrechtlicht und der richterlichen Entscheidung unterworfen werden. Durch die rechtliche Form der sozialen Steuerung verändern die sozialen Beziehungen ihre Qualität. Rechtsänderungen, zum Beispiel durch das neue Kindschaftsrecht, können das vorhandene Rechtsbewusstsein irritieren. Inhaltliche Bereiche, in denen soziale Beziehungen (Eltern-Kind-Beziehung) eine Verrechtlichung erfahren haben, sind das Umgangsrecht des Kindes, das verstärkt worden ist oder die Möglichkeit der gemeinsamen Sorge für Kinder, die nicht innerhalb einer Ehe geboren wurden beziehungsweise als Regelfall nach Trennung und Scheidung. Die verstärkten Förderungsmöglichkeiten zur eigenständigen Konfliktlösung zwischen Eltern deuten zwar eine „Entgerichtlichung" sozialer Konflikte an, verschieben die Interaktionen aber nicht ausschließlich in den Privatbereich, sondern in einen mediativen oder beraterischen Kontext (Zwangsberatung).

Zusammenfassend betrachtet hat das neue Kindschaftsrecht auf der Gesellschaftsebene nicht zu einer Reduzierung der staatlichen Kompetenz zur rechtlichen Gestaltung geführt, denn familiale Problemlagen wurden weder durch „Verstaatlichung" noch durch „Entstaatlichung", sondern durch Delegation von Verantwortung gelöst. Der Gesetzgeber hat den rechtlichen Rahmen gestaltet, in dem die (regulierte) Selbstregulation der familialen Lebenszusammenhänge stattfinden soll. Die Delegation von Verantwortung zeigt sich in der tendenziellen Rücknahme der Justizialisierung durch die verstärkten Möglichkeiten außergerichtlicher Konfliktlösungen und gerichtlicher Vermittlungsverfahren (Entgerichtlichung sozialer Konflikte). In eine ähnliche Richtung zielt die Verrechtlichung sozialer Beziehungen, insbesondere der Eltern-Kind-Beziehung, durch gestärkte Umgangsrechte und ausgeweitete Möglichkeiten der gemeinsamen elterlichen Sorge. Die Verantwortungs-Delegierung an Eltern wird durch erweiterte Rechtsansprüche auf Beratung und Unterstützung flankiert. Auf institutioneller und organisatorischer Ebene ist dementsprechend die Beratungspflicht der Jugendämter ausgeweitet worden. Die Beratung soll an den

Grundsätzen der Freiwilligkeit und partnerschaftlichen Kooperation ausgerichtet sein. Das Prinzip der Freiwilligkeit wird im Rahmen der eigenständigen Konfliktlösung zwischen Eltern durchbrochen, denn in diesem Kontext ist „Zwangsberatung" möglich: Konflikte zwischen den Eltern sollen in eigener Verantwortung einvernehmlich geregelt werden, allerdings in einem mediativen oder beraterischen Kontext. Die administrative Handlungsebene wird gestärkt, da die Problembearbeitung, wenn sie nicht im familialen Lebenszusammenhang geleistet werden kann, regelmäßig in den administrativen Kontext verwiesen wird.

Im Zusammenhang mit der Aktivierung elterlicher Verantwortlichkeit durch Beratung sind auch die verrechtlichten Kooperations- und Informationsstrukturen auf der interorganisatorischen Ebene zu betrachten. Auf der institutionellen Ebene der Vergesetzlichung wurden einzelne Regelungen schwerpunktmäßig inhaltlich verändert, neu gefasst oder aufgehoben, insbesondere Regelungen, denen eine Ungleichbehandlung nichtehelicher Kinder zugrunde lag. Auf organisatorischer Ebene kam es zu Aufgaben- und Zuständigkeitsverschiebungen.

Das neue Kindschaftsrecht führt folglich (tendenziell) zu einer Verrechtlichung sozialer Beziehungen und Problemlagen, ohne diese zu verstaatlichen sowie zu einer Vergesetzlichung sozialer Konflikte, ohne diese zu vergerichtlichen. Hauptaspekte des neuen Kindschaftsrechts sind die Informations-, Kooperations-, Vermittlungs- und Beratungstätigkeiten (soziale Dienstleistungen) auf (inter-)organisatorischer Ebene, die entscheidenden Einfluss auf die Inanspruchnahme von Rechten durch einzelne Familienmitglieder und die Ausgestaltung der Konflikt- und Problemlösung im Bereich der Eltern-Kind-Beziehung haben (können). Die Aktivierung eheunabhängiger elterlicher Verantwortung durch diese Leistungen ist als Hauptziel der Kindschaftsrechtsreform zu betrachten.

Sozialpolitische Aktivierung von Elternverantwortung als regulierte Selbstregulierung

In den neoliberalen Modernisierungstendenzen zeigt sich der „aktivierende" Staat, der sich mit Hinweis auf die (bürgerliche) Pflicht zu mehr „Selbstverantwortung" und „Eigenvorsorge" aus der sozialpolitischen Verantwortung zurückzieht. Der keynesianische Wohlfahrtsstaat gilt als kritikabel, denn als „Versorgermodell" „entmündige" dieser die BürgerInnen auf „wohlfahrtsexpertokratische" Weise. Der „selbstverantwortliche Kunde", der stattdessen sozialpolitisch etabliert werden soll, hat das Recht und die Pflicht, mit seinen nun als eigenen, individuellen Risiken dechiffrierten Problemlagen „verantwortungsvoll" umzugehen (vgl. Otto/Ziegler 2004: 126).

Strukturell erzeugte Problemlagen werden den einzelnen Individuen zugeschrieben, wobei der Staat die „Rahmenbedingungen" gestaltet, in deren

Kontext die Individuen (oder Familien) zur Bearbeitung ihrer Probleme und Konflikte aktiviert werden sollen. Die grundgesetzlich garantierte Zuständigkeit und private Verantwortung der Eltern für ihre Kinder kann sich für viele Familien von einem Privileg zu einer strukturellen Überforderung verkehren, wenn das familiale Netzwerk und die privaten Ressourcen nicht (mehr) zur Bewältigung der zunehmenden Probleme ausreichen.

Mit der sozialpolitischen Verantwortungsrhetorik zeichnet sich aus steuerungstheoretischer Sicht ein verändertes Modell staatlicher Steuerung ab. Das politische Handeln löst sich zunehmend von der Vorstellung der Gestalt- und Steuerbarkeit sozialer Probleme. Gefahren und Risiken werden zum Bezugspunkt politischen Handelns. Die Autonomie und Mündigkeit der BürgerInnen wird politisch gefordert und gefördert, was gleichzeitig eine kontinuierliche Rückführung von Risiken in die private Verantwortung bedeutet (vgl. Schmidt-Semisch 2000: 173).

Jemand „ist" nicht verantwortlich, sondern wird zur Verantwortung „gezogen", so dass der Zuschreibungsprozess als „Verantwortlichung" (vgl. Heidbrink 2003: 22) oder „Responsibilisierung" bezeichnet werden kann. Die Zuschreibung von „Verantwortung" bezieht sich auf die Idee freier, rational handelnder und vor allem handlungsfähiger Individuen. Bezüglich der elterlichen Verantwortung besteht die (Erziehungs-)Verantwortung gegenüber dem Kind (als Verantwortungsobjekt), dessen Beachtung, Pflege, Erziehung und Förderung Gegenstand der Verpflichtung ist. Der Staat (staatliches Wächteramt) ist als Adressat anzusehen, dem gegenüber (in bestimmten Fällen) Rechenschaft abgelegt werden muss beziehungsweise der die elterliche Verpflichtung (für das Kind) einfordern kann. Der juristische Verantwortungsbegriff hat die Übertretung einer definierten Rechtsnorm oder die Verletzung bestimmter Rechtsgüter zum Bezugspunkt, so dass die rechtliche Verantwortung aus „dem „Versagen vor einer Sollensanforderung" [resultiert], unabhängig davon, ob man der zugrunde liegenden Norm zugestimmt hat oder nicht. Verantwortung wird zugeschrieben und eingefordert, ohne Rücksicht darauf, ob der einzelne sich zu dieser Verantwortung bekennt oder nicht" (Kaufmann 1992: 42).

Heidbrink (2003) geht von unterschiedlichen Gründen für die „Konjunktur des Verantwortungsprinzips" aus: „So dient die Verwendung des Begriffs vor allem dem Zweck, in zunehmend uneindeutigen Zusammenhängen Handelnde für ihr schädliches Tun zur Rechenschaft zu ziehen oder sie zu vorsorgendem und präventivem Verhalten zu bewegen" (ebd.: 18). Durch das Delegieren von Verantwortung (für Kinder) wird derjenige, der sie überträgt, hier der Staat, von Entscheidungen entlastet, an denen er ein Interesse hat. Der Vorteil, der demjenigen, der die Verantwortung übernimmt (die Eltern), zuteil werden soll, besteht in den verfassungsrechtlich zugesicherten Förderungs-, Fürsorge und Schutzaufgaben des Staates bezüglich der Familie. Die Verantwortungs-Delegation im Kontext der Deinstitutionalisierung von gesellschaftlichen Problemlagen verspricht einen Zuwachs an Autonomie für diejenigen, die Verantwortung übernehmen, denn „[e]inseitige Abhängigkeiten von institutionellen und das heißt in unserer Kultur, meist hierarchischen Vorgaben lösen sich auf. An ihre Stelle tritt die Freiheit, die jeweiligen Systeme und Beziehungen selbst zu gestalten" (Buchinger 2001: 43). Der scheinbare Zuwachs an Freiheit und Autonomie geht einher mit erhöhten Anforderungen an die eigene Leistung und Verantwortung (vgl. ebd.: 44). Die Aufgabe, Autonomie und Verantwortlichkeit zu fördern, verbleibt bei den staatlichen Instanzen.

„Verantwortlichkeit" (responsibility)[52] ist aus funktionalistischer Sicht in den Zusammenhängen gefragt, in denen herkömmliche „Mittel der Definition und Kontrolle von Pflichten" versagen. „Verantwortlichkeit appelliert an die Selbstverpflichtung des Verantwortungsträgers im Sinne einer nichtprogrammierbaren Handlungsbereitschaft" (Kaufmann 1992: 75, Hervorhebungen im Original). Wenn die rechtliche Steuerungsleistung im familialen Kontext auf begrenzte Möglichkeiten der Handlungskoordination trifft und die Veränderungen der „Umweltvoraussetzungen" zur Verbesserung der familialen Wohlfahrtsproduktion politisch nicht geleistet werden, bleibt nur die Zuweisung von Verantwortlichkeit als Appell an die elterliche Handlungsbereitschaft. Der staatlichen Zuschreibung und Einforderung von persönlicher Verantwortlichkeit steht die Frage nach den persönlichen Fähigkeiten oder Möglichkeiten von Eltern gegenüber, die eben nicht die ihnen (zunehmend) zugerechneten Probleme und Konflikte lösen können. Im Kontext der Neujustierung von öffentlicher und privater Verantwortung stellt sich die Frage nach der Art und Weise, wie Familie in der aktuellen Gesellschaftsformation reguliert oder gesteuert wird: Durch staatliche Fremdsteuerung, autonome Selbstbestimmung oder (regulierte) Selbstregulierung der Familie.[53]

Gesellschaftliche Entwicklungen und staatliche Entscheidungen berühren familiale Verhältnisse unabhängig davon, ob dies beabsichtigt wird oder nicht. Die „Umweltabhängigkeit" familialer Lebenszusammenhänge setzt Familien einerseits in besonderer Weise der sich verändernden Gesellschaft aus und bietet andererseits sozialpolitische Anknüpfungspunkte und Steuerungsmöglichkeiten. Strukturelle Belastungen wie die anhaltende beziehungsweise steigende Arbeitslosigkeit, Armut, der demographische Wandel, geringe wirtschaftliche Wachstumsraten, Finanzierungsprobleme der öffentlichen Haushalte und der Sozialversicherungsträger sowie die hohen Belastungen von Wirtschaft, Arbeitnehmerinnen und Arbeitnehmern durch Steuern und Abgaben treffen Familien in verschärfter Weise. Hinzukommen erhöhte Anforderungen durch die Sozialpolitik des „aktivierenden Staates", der eine neue Verantwortungsteilung zwischen Bürger und Staat vorsieht: Die persönliche Verantwortung des Einzelnen, der Familie und des sozialen Umfeldes für das eigene Wohlergehen wird herausgestellt.

Aus funktionalistischer Sicht ist eine kohärente Politik zugunsten „der Familie" unwahrscheinlich, denn aufgrund unterschiedlicher sozialpolitischer Ziele und vielfältiger familialer Lebenszusammenhänge, kann nicht damit gerechnet werden, dass bestimmte rechtliche und politische Maßnahmen überall und im Hinblick auf alle Familien gleiche oder auch nur gleichsinnige Wirkungen zeitigen. Recht wird zwar allgemeingültig formuliert, trifft jedoch auf unterschiedliche soziale Prozesse, Dynamiken, Positionierungen etc. Aufgrund dieser tendenziellen „Steuerungsresistenz" familiärer Lebenszusammenhänge fordert Kaufmann (1995) die Anerkennung familialer Autonomie, nicht nur als „Gebot des Grundgesetzes", sondern auch aus Zweckmäßigkeitsgründen (ebd.).

Kaufmann (1995) bezeichnet in Anlehnung an systemtheoretische Überlegungen den Sachverhalt praktischer Autonomie der Familie mit dem Begriff der „familialen Selbststeuerungsfähigkeit", die aus familialer Solidarität und Flexibilität beziehungsweise aus den Leistungen der Familienmitglieder resultiert. Die Begründung familiale Solidarität ist nicht mehr selbstverständlich, sonders basiert auf individuellen Entscheidungen:

„Das Einschlagen einer ‚Familienkarriere', also die Wahl eines Partners und die Verfestigung dieser Beziehung bis zum Eheschluß und in ein- oder mehrfacher Elternschaft ist heute nicht mehr für jedermann und jede Frau selbstverständlich. Sie ist kein kulturell vorgegebener, sozusagen notwendiger Bestandteil weiblicher und männlicher Lebensentwürfe mehr, sondern eine Frage der Wahl, der individuellen Entscheidung geworden" (Kaufmann 1995: 165, Hervorhebungen im Original).

Die Entscheidung für „familiale Solidarität" beruht auf Vorentscheidungen, die mit anderweitigen Verzichtungen und ungewissen Folgen verbunden sind und damit als „riskant" bezeichnet werden können (vgl. ebd.). Die Veränderungen bedeuten zwar nicht, „daß sich die moralischen Grundlagen der Familie auf breiter Front auflösen [...], aber die Verbindlichkeit wird stärker konditionalisiert, an die freie Entscheidung für verbindliche Partnerschaft oder Übernahme der Elternrolle gebunden" (ebd., Hervorhebungen im Original). Je deutlicher davon ausgegangen wird, dass die Familiengründung eine Frage der individuellen Entscheidung (geworden) ist, desto mehr entdecken und bewerben politische Akteure der „neoliberalen Wende" den unbezahlten und unbezahlbaren Wert der Familie (wieder):

„Heute wie vor 20 Jahren entdecken politische Akteure die Familie (wieder) als Raum der Solidarität und Intimität gegenüber gesellschaftlichen Entsolidarisierungstendenzen (durch Markt, seine Leistungs- und Konkurrenzprinzipien) und bewerben ihren unbezahlbaren Wert mit über weite Strecken symbolischer Politik. Demgegenüber wird real eine (Arbeitsmarkt- und Sozial)Politik exekutiert, die nicht nur die beklagte gesellschaftliche Entsolidarisierung aktiv mit betreibt, sondern auch die materiellen und infrastrukturellen Grundlagen gelebter Familiensolidarität nicht ausreichend zur Verfügung stellt" (Redaktion Widersprüche 2004: 4).

Wie schon thematisiert, ist das Eingehen, Bestehen und Auflösen von Ehe- und Partnerschaftsverhältnissen ebenfalls vermehrt zum Gegenstand freier, individueller Entscheidung geworden. Die durch Trennung und Scheidung der Eltern verursachten Folgen für Kinder sind kaum noch ein Hinderungsgrund für die Auflösung der elterlichen Paarbeziehung. Kaufmann folgend wird nun Elternschaft (nicht Ehe) zum zentralen Anknüpfungspunkt öffentlicher Regulierungs- und Förderungsinteressen. „Elternpaare müssen nicht mehr identisch sein mit Liebes- bzw. Ehepaaren. Die innerhalb der Familie immer latent vorhandene Differenz zwischen Ehepaar und Elternpaar wird manifest und muß [...] anders gehandhabt werden, als wenn Ehe- und Elternpaar personell miteinander identisch sind. All das erhöht die Komplexität der Anforderungen an Elternschaft" (Buchinger 2001: 39).

Die Inkraftsetzung des neuen Kindschaftsrechts lässt sich auch als eine Reaktion auf die tatsächliche oder vermeintliche „Auflösung" von Ehe- und Partnerschaftsverhältnissen interpretieren. Mit dem neuen Kindschaftsrecht erfolgt eine verstärkte Institutionalisierung der Elternschaft, indem zum Beispiel ehelich und nichtehelich geborene Kinder weitgehend rechtliche Gleichstellung erfahren sollen, gemeinsame elterliche Sorge ohne und nach der Ehe möglich beziehungsweise zum Regelfall und das Recht des Kindes auf Umgang mit seinen Eltern ausgebaut wurde (vgl. Teil II). Gesetzgeberische Absicht ist, die Unterscheidung von „Paar-" und „Elternebene" stärker hervorzuheben, um eine einvernehmliche und gemeinsame Elternverantwortung zu fördern. Die Fragwürdigkeit politischer Steuerungsleistung bezüglich der Entscheidung für die Familiengründung (im Sinne von Elternschaft), wie sie Kaufmann (1995) thematisiert, lässt sich ebenso auf die politische Steuerungsfähigkeit der Ausgestaltung von Elternschaft ausweiten. Das neue Kindschaftsrecht ist als politischer Steuerungsversuch durch Recht bezüglich beider Bereiche zu interpretieren: Einerseits soll Elternschaft eheunabhängig gefördert werden, zum Beispiel durch die Gleichstellung von Kindern, die außerhalb einer Ehe geboren werden und durch die Möglichkeit der gemeinsamen elterlichen Sorge für nicht verheiratete Eltern. Andererseits wird die nacheheliche Elternverantwortung verstärkt eingefordert, zum Beispiel durch die Einführung der gemeinsamen Sorge nach Ehescheidung und verstärkte Umgangsrechte.

Mit dem neuen Kindschaftsrecht erfolgte nur begrenzt eine Zurücknahme staatlicher Fremdsteuerung zugunsten autonomer Selbstbestimmung der Familie. Es wurde ein politischer und rechtlicher Rahmen für „Selbstregulierungsprozesse" der Familie geschaffen, der den staatlichen Interessen zur Ausgestaltung „elterlicher Verantwortung" entspricht. Die Trennungs- und Scheidungsberatung soll eine Alternative zur gerichtlichen

Entscheidung sein: „Das Ziel ist die Konfliktlösung durch elterliche Selbstregulierung, ermöglicht durch die Beratung als Interventionsmittel. Hilfe zur Selbsthilfe ist zu geben" (Weisbrodt 2000: 40 f.). „Selbstregulierung" kann als ein spezifisches „Steuerungskonzept" betrachtet werden, in dem es um die Erreichung von Steuerungszielen weitgehend ohne direkte Beteiligung des Staates geht. Theoretischer Anknüpfungspunkt für die regulierte Selbstregulierung ist das rational handelnde Subjekt.

„Selbstregulierung" im Kontext des neuen Kindschaftsrechts kann auch als „regulierte Selbstregulierung" bezeichnet werden, weil die Selbstregulierungsprozesse in einem staatlich gesetzten Rahmen, beziehungsweise auf rechtlicher Grundlage erfolgen (vgl. Schulz/Held 2002:A-5): Der Staat gibt die Ziele normativ vor, die Zielverfolgung und Problembearbeitung wird bis in die familiären Lebensverhältnisse hinein delegiert. Alternative Lebensformen sind zwar weitgehend auf normativer Ebene gesellschaftlich legitimiert (zum Beispiel Ein-Elter-Familien und nichteheliche Lebensgemeinschaften), aber die aus diesen neuen familialen Lebenszusammenhängen resultierenden Konsequenzen und Problemlagen werden den Familienmitgliedern selbst überantwortet. Im Kontext der „De-Regulierung des Erwerbslebens" (Nachfrage nach flexiblen, hochmobilen anpassungsfähigen und fortbildungshungrigen ArbeitnehmerInnen) und der sozialpolitischen „Aktivierung" von Leistungsberechtigten werden familiale Arrangements erschwert und familiale Armutslagen verschärft, obgleich der öffentliche Erwartungsdruck auf Familien (Erziehung, Bildung, Verantwortung) erhöht wird. „Unter den Bedingungen prekärer und deregulierter Arbeitsverhältnisse ist eine kontinuierliche und verbindliche Verantwortungsübernahme anderen gegenüber (z.B. Kindern) nun aber gerade deutlich erschwert" (Richter 2004: 14 in Anlehnung an Nowak 2002).

Der tendenziellen Heterogenisierung familialer Lebensarrangements und damit verbundenen Vervielfältigung von Problemlagen, steht ein tendenzieller Rückbau von wohlfahrtsstaatlichen Unterstützungsarrangements gegenüber (vgl. Richter 2004: 7 f.). Der Abbau sozialstaatlicher Errungenschaften betrifft „Familie" als „Normalfamilie" wie auch als alternative Lebensform in vielfältiger Weise, insbesondere bezüglich der gegenwärtig politisch geforderten persönlichen Verantwortung jedes oder jeder Einzelnen.

Politischer Gestaltungswille und staatliche Verantwortung für soziale Probleme verändern sich dahingehend, dass zwar Zielentwicklung und Zielverfolgung weiterhin wichtige Komponenten staatlichen (Steuerungs-)Handelns sind, allerdings mit eingeschränkter Leistungsbereitschaft: „Sie solle im wesentlichen auf die Korrektur von Fehlallokationen, auf Prävention von Katastrophen und auf die Koordination des gesellschaftlichen Akteurs ausgerichtet sein. Sie sollen zudem lediglich als ein globaler Rahmen definiert sein, der den gesellschaftlichen Akteuren genügend Spielraum lässt, diesen Rahmen zu spezifizieren und umzusetzen" (Braun 2001: 113).

Die Steuerungsleistung des Staates soll erhöht werden, indem die Ausführung delegiert wird: „Dezentralisation, Delegation und Partizipation entwickeln das Selbstorganisationspotential der Gesellschaft und dürften zu wesentlich besseren Resultaten führen als eine Leistungsstruktur, die über die staatliche Bürokratie abgewickelt wird" (ebd.). Der Staat koordiniert folglich, indem er politische Orientierungen und Zieldefinitionen (zum Beispiel in Form von politischen Programmen oder Reformen) vorgibt und die Ausführung delegiert (an individuelle und kollektive Subjekte). Im „Steuerungsstaat" werden politische Steuerung und gesellschaftliche Selbstregelung kombiniert.

Der Staat, der sich aufgrund wirtschaftlicher Wandlungsprozesse aus der öffentlichen Verantwortung für soziale Problemlagen zurückzieht, bestimmt nach wie vor die Rahmenbedingungen für deren Bearbeitung; so regelt das neue Kindschaftsrecht die Rahmenbedingungen für die Wahrnehmung der elterlichen Verantwortung im Sinne staatlicher Interessen. Mit dem Begriff der Verantwortlichkeit wird auf personenbezogene Fähigkeiten verwiesen, die als Voraussetzung für Verantwortung anzusehen sind. Einer staatlichen Zuschreibung und Einforderung von persönlicher Verantwortlichkeit der Eltern, steht die Frage der Befähigung der Eltern gegenüber, wobei die Jugendämter mit ihren Informations-, Kooperations-, Vermittlungs- und Beratungsaufgaben eine wesentliche Rolle spielen. Ihr Einfluss auf Inanspruchnahme und Ausgestaltung der Leistungen, die die Fähigkeiten der Eltern zur Konflikt- und Problemlösung im Bereich der Eltern-Kind-Beziehung fördern (sollen), ist nach der Kindschaftsrechtsreform gestiegen. Die Jugendämter als öffentliche Träger der Kinder- und Jugendhilfe nehmen hinsichtlich des neuen Kindschaftsrechts eine zentrale Vermittler-Stellung zwischen „Staat" und „Familie" ein. Den JugendamtsmitarbeiterInnen obliegt es, wie sie diese Stellung und ihre Aufgabenwahrnehmung im Konkreten praktisch ausgestalten.

Kinder- und Jugendhilfe zwischen Staat und Familie

Jugendhilfe als ein Handlungsfeld der Sozialen Arbeit ist abhängig von sozialpolitischen und sozialstaatlichen Entwicklungen; sie wird folglich auch von staatlichen Umbauprozessen beeinflusst.

„Da Jugendhilfe in Deutschland ein öffentliches Gut darstellt, also einem wohlfahrtsstaatlichen Regime unterliegt, folgt ihre Entwicklung [...] einem nationalen Institutionalisierungspfad, für den die spezifische Verfasstheit des deutschen Sozialstaates und seiner Verwaltung einerseits sowie die spezifische Struktur des Dritten Sektors (manifestiert durch die freie Wohlfahrtspflege und andere freie Träger der Jugendhilfe) andererseits von konstitutiver Bedeutung sind" (Olk/Otto/Backhaus-Maul 2003: XXV in Anlehnung an Sachße 1995).

Olk, Otto und Backhaus-Maul (2003) beschreiben die Veränderungen als Versuche, „die Produktivität öffentlich gewährleisteter Sozialer Arbeit durch Restrukturierungsprozesse des komplexen Zusammenspiels unterschiedlicher Instanzen der Wohlfahrtsproduktion unter jeweils spezifischen gesellschaftlichen Rahmenbedingungen zu optimieren"[54] (ebd.: XXIII). Sozialstaatlich regulierte Leistungen bestimmen zwar weiterhin das Gesamtangebot der Kinder- und Jugendhilfe, aber gesellschaftliche Problemlagen werden zunehmend als individuelle Risiken dechiffriert, mit denen der Bürger als „selbstverantwortlicher Kunde" verantwortungsvoll, also risikominimierend und kostenreduzierend umzugehen hat. Die wachsenden gesellschaftlichen Spaltungen und Heterogenisierungen können oder sollen nicht mehr staatlich kompensiert werden. Die Ausgestaltung von Familie ist weitgehend von anderen Lebensbereichen und deren Entwicklungen (so auch von der Ökonomie) abhängig und steht somit in faktischer Abhängigkeit von den sich krisenhaft verändernden gesellschaftlichen Verhältnissen. Die Abhängigkeit innerfamilialer Prozesse von der „gesellschaftlichen Umwelt" lässt darauf schließen, dass die „nachfordistische" Gesellschaftsformation und der neoliberale Umbau des Sozialstaates (zum Beispiel von Sozialversicherungssystemen) mittelbare Belastungen für Eltern und ihre Kinder mit sich bringen, die durch die bestehenden Leistungen der Kinder- und Jugendhilfe nicht kompensiert werden können.

Die grundgesetzlich garantierte und staatlich geschützte Zuständigkeit und private Verantwortung der Eltern für ihre Kinder (Art. 6 GG) kann sich unter den veränderten Bedingungen staatlich-öffentlicher Verantwortungsübernahme für viele Familien von einem Privileg zu einer strukturellen Überforderung verkehren: Das familiale, private Netzwerk ist nicht mehr ausreichend zur Bewältigung der zunehmenden Probleme, denn den Eltern wird „die alleinige Verantwortung zur Bewältigung der Ungereimtheiten, Widersprüche und Unzulänglichkeiten einer modernen Lebensführung" überlassen (vgl. BMFSFJ 2002: 58).

Im elften Kinder- und Jugendbericht wird dagegen ‚in Ergänzung zur privaten Verantwortung und in Abhängigkeit von verfügbaren Ressourcen der Familie' gefordert, dass Politik und Gesellschaft die Bedingungen des Aufwachsens heute in öffentlicher Verantwortung so gestalten, dass die Entwicklung von Kindern und Jugendlichen auf dem Weg in die Selbstständigkeit innerhalb der Familie und aus ihr heraus – und im Bedarfsfall auch in prekären Familiensituationen – stabilisiert, gefördert und von ererbten Ressourcen unabhängig wird" (ebd.).

Die geforderte öffentliche Verantwortung soll zu der zunehmenden privaten Verantwortung hinzutreten, beziehungsweise konstitutiv in diese eingewoben sein. Ein Modernisierungsbedarf der Organisation sozialstaatlicher Leistungen ist unbestritten, aber es wird verstärkt auf Lücken im Versorgungssystem und auf fehlendes Wissen über die Wirkungen der Leistungen hingewiesen. „In den Vordergrund rücken muss die stärkere politische Gestaltung und Absicherung der sozialen Infrastruktur für Familien, Kinder und Jugendliche, verbunden mit einem Ausbau sozialer Dienstleistungen und Hilfen zur Stärkung eigener Ressourcen" (BMFSFJ 2002: 60). Anstatt eines Ausbaus sozialer Dienstleistungen in öffentlicher Verantwortung betrifft die zunehmende „Entstaatlichung" beziehungsweise (Re-)Privatisierung[55] auch den Bereich der (personenbezogenen) sozialen Dienstleistung (vgl. Kessl/Otto 2002):

> „Die Organisationsentwicklung im Bereich sozialer Dienstleistungen seit den 1980er Jahren fügt sich in einen weitreichenden Privatisierungsprozess ein, der in unterschiedlicher Geschwindigkeit und Ausprägung große Teile öffentlicher Infrastruktur [...] weltweit verändert. Dieser Entstaatlichungsprozess erfasst zunehmend den gesamten öffentlich verfassten Dienstleistungsbereich in den OECD-Staaten" (Kessl/Otto 2002: 123, Hervorhebungen im Original).

Die neoliberale Politik zielt neben der Verantwortungszuschreibung gegenüber einzelnen Individuen darauf ab, für die Soziale Arbeit einen wettbewerblichen Ordnungsrahmen zu schaffen, der die angebliche Überversorgung durch Angebot und Nachfrage regulieren will, obwohl die „Marktgesetze und Konkurrenzprinzipien [...] dem Sozialstaatsgebot des Grundgesetzes [widersprechen], das jene Gesellschaftsbereiche vor privatem Gewinnstreben schützt, die einen allgemeinen Bedarf unabhängig von der Kaufkraft decken, also nicht Angebot und Nachfrage unterliegen sollten" (Butterwegge 1999: 439).

Die Erbringung von (personenbezogenen) sozialen Dienstleistungen im Kontext Sozialer Arbeit wird zunehmend privatisiert und als Konsumptionsprozess umdefiniert:

> „Eine Konjunktur managerialer Instrumente, d.h. ein ‚Mehr an Markt und Wettbewerb', ist unübersehbar; das Verhältnis zwischen Anbietern und Nutzern wird zunehmend zum Konsumptionsprozess, d.h. zur Kaufs- und Verkaufssituation umdefiniert und die Nutzer sozialer Dienstleistungsangebote damit zu ‚Kunden' in einem ‚Quasi' oder ‚Pseudo-Markt' sozialer Dienstleistungserbringung [...]; die bisherige Bereitstellung von ‚Angeboten' soll zunehmend durch eine am Kunden ausgerichtete ‚Nachfrageorientierung', und staatliche Institutionen als bisherige Wohlfahrtsproduzenten durch private Dienstleistungsanbieter ersetzt werden" (Kessl/Otto 2002: 122).

Die Möglichkeiten der materiellen Privatisierung[56] öffentlicher Sozialaufgaben sind aufgrund deren sozialrechtlicher Kodifizierung begrenzt.[57] Deshalb richtet sich die regulative Politik in der Kinder- und Jugendhilfe (vorerst) auf die „Einführung von Wettbewerbselementen zwischen freien Leistungsanbietern" und die „Implementation betriebswirtschaftlicher Instrumente in deren Einrichtungen und Dienste" (vgl. Olk/Otto/Backhaus-Maul 2003: XLIV). Im Bereich sozialer Dienstleistungsproduktion sollen

Effizienzlücken und Kostendynamiken durch „Binnenrationalisierung" der Verwaltung reduziert werden (vgl. Teil III). Eine weitere Strategie ist, den Kostendruck im Bereich sozialer Dienste und Einrichtungen möglichst auszulagern, auch wenn dem Staat und den Kommunen unter sozialstaatlichen Bedingungen weiterhin die Gesamt- beziehungsweise Gewährleistungsverantwortung in der Jugendhilfe obliegt. „In sozialpolitischen Aufgabenfeldern geht es folglich um die Konzentration von Staat und Kommunen auf ihre Kernaufgaben und -kompetenzen und deren effiziente Organisation einerseits sowie ihren Rückzug aus der konkreten Leistungsproduktion bzw. dessen weitgehende Übertragung auf nichtstaatliche Leistungsanbieter andererseits" (Olk/Otto/Backhaus-Maul 2003). Die Leistungs- und Zuständigkeitsbereiche der Kinder- und Jugendhilfe werden zunehmend auf die rechtlich eindeutig fixierten Pflichtausgaben und reaktiven Interventionsmuster gegenüber eindeutigen Problemfällen beschränkt. Diese perspektivische Begrenzung der Aufgabenerfüllung widerspricht der Tatsache, dass Kinder- und Jugendhilfe ein bedarfsabhängiges Dienstleistungsangebot ist, welches prinzipiell allen zur Verfügung steht.

Das spezifische Verweisungsverhältnis von Sozialpolitik und Sozialer Arbeit und so auch der Kinder- und Jugendhilfe wird insbesondere im Kontext einer keynesianisch-sozialstaatlichen Gesellschaftsformation dadurch gekennzeichnet, dass Kinder- und Jugendhilfe als Handlungsfeld der Sozialen Arbeit zwar relativ autonom die Hilfebedürftigkeit als ihren spezifischen Ansatzpunkt selbst festlegt und professionell begründet, hierbei jedoch auch als eine „pädagogische Entlastung der Sozialpolitik" (Böhnisch 1982: 66) funktioniert. „Was die Sozialpolitik nicht lösen kann oder will, wird der Jugendhilfe zur pädagogischen Befriedung oder Verwaltung [...] zugewiesen" (Müller/Otto 1980: 8 f.). Innerhalb dieses Verweisungsverhältnisses sei davon auszugehen, dass Soziale Arbeit und damit auch die Kinder- und Jugendhilfe im Wesentlichen ein Instrument von Sozialpolitik[58] darstelle, beziehungsweise dass eine „strukturelle Koppelung von Sozialer Arbeit an die Vorgaben sozialpolitischer Imperative" bestehe (vgl. Schaarschuch 1995: 59). Müller und Otto (1980) kennzeichnen „sozialarbeiterische[s] Handeln als Teil der staatlichen Steuerstrategien" und betonen, dass Jugendhilfe beziehungsweise Soziale Arbeit „in einem untrennbaren Zusammenhang mit den Steuerungsstrategien und Funktionsproblemen des bürgerlichen Staates steht" (ebd.: 7). Sozialer Arbeit kommt die Aufgabe zu, innerhalb der sozialpolitisch festgelegten und geforderten Normalität, „handlungsfähige" und „normale" Subjekte hervorzubringen.

Vor dem entfalteten Hintergrund des als „integral" verstandenen Staates, ist der Zusammenhang von Sozialpolitik und Sozialer Arbeit, und damit auch der Jugendhilfe, weit enger zu fassen: Kinder- und Jugendhilfe kann als Teil des „Hegemonieapparates" betrachtet werden; der Staat wirkt durch sie hindurch mit dem Ziel der Hegemonialisierung als „Erzieher".

Zunehmend geht es nicht mehr darum, die aus gesellschaftlichen Veränderungen entstehenden gesellschaftlichen Spaltungen und Heterogenisierungen sozialpolitisch zu kompensieren:[59]

„So ist das Ziel staatlicher Sozialpolitik nicht mehr primär die Integration in ein Modell der Lohnarbeit, sondern das Management der Spaltung der Gesellschaft und die Schaffung flexibler Zonen zwischen Kern und Rand wird zur Aufgabe regulativer Sozialpolitik. Es kommt für sie nun nicht mehr darauf an, gegenüber den Subjekten eine bestimmte Form der Reproduktionssicherung durchzusetzen, sondern darauf, einen flexiblen Rahmen herzustellen, innerhalb dessen sich verschiedene Reproduktionsweisen herausbilden können, die mit dieser neuen Gesellschaftsform übereinstimmen, zumindest aber dieser nicht widersprechen" (Schaarschuch 1990, 1995: 59, Hervorhebungen im Original).

In diesem Kontext steht auch die Vervielfältigung familialer Lebensformen. Wenn Sozialpolitik im Kontext einer „nachfordistischen" Gesellschaftsformation als „regulatives Management der Flexibilität einer gespaltenen Gesellschaft" gefasst wird, gilt dieser Imperativ auch für die Kinder- und Jugendhilfe als Handlungsfeld der Sozialen Arbeit. „Sozialarbeit/Sozialpädagogik bleibt pädagogisches Instrument der sozialpolitischen Regulation, auch wenn die Instrumentalisierung nun weniger rigide erscheint" (Schaarschuch 1995: 59). Der vermeidliche Autonomiezuwachs hinsichtlich der inhaltlichen Ausrichtung Sozialer Arbeit steht im Kontext einer (neoliberal) veränderten Regulierungsstruktur, die auf eine rational kalkulierende Selbststeuerung der Individuen und Organisationen abzielt:

„[D]ie Instanzen sozialer Dienstleistungserbringung verlieren zunehmend ihren Status als Teil des zentralstaatlich verfassten sozialen Kontrollsystems bürgerlich-kapitalistischer Gesellschaften, allerdings nicht i. S. einer Überwindung sozialer Kontrollrealität an sich, sondern in deren Transformation hin zu einer Selbstregulation einzelner Organisationseinheiten als ‚kollektive Subjekte' wie durch sie hindurch einzelner Gesellschaftsmitglieder als ‚individuelle Subjekte'. Diese regulierte Autonomie befördert die Einbindung rational handelnder Subjekte in einem umfassenden ‚Ökonomisierungsprozess des Sozialen'" (Kessl/Otto 2002: 129 in Anlehnung an Bröckling/Krasmann/Lemke 2000, Hervorhebungen im Original).

Die Selbstregulation individueller und kollektiver Subjekte hat sich als effizienter erwiesen, als ausschließlich direkt-staatliche Regulierung. Für Schaarschuch (1995) ergibt sich für die Soziale Arbeit folglich „die Aufgabe einer Hinwendung auf die Gestaltung der allgemeinen Rahmenbedingungen der Reproduktion und zwar im ‚Mikrokosmos' der Lebenswelt, also die sozialpädagogische Absicherung all der Verhaltensweisen, die mit einer gespaltenen Gesellschaft kompatibel sind" (ebd.: 60, Hervorhebungen im Original). Folglich wird Sozialer Arbeit die sozialpolitische Aufgabe zugewiesen, die durch gesellschaftliche Spaltungen und Heterogenisierungen entstehenden und entstandenen sozialen Konflikte (und deren psychosozialen Auswirkungen) bis in die Familien hinein pädagogisch zu bearbeiten.[60]

Mit Blick auf das neue Kindschaftsrecht kann davon ausgegangen werden, dass soziale Konflikte und ihre psychosozialen Auswirkungen als Folgen gesellschaftlicher Spaltung und Heterogenisierungen (zum Beispiel in Form veränderter familialer Arrangements) in der Lebenswelt der Familienmitglieder sozialpädagogisch bearbeitet werden sollen, um gerade jene Verhaltensweisen abzusichern und zu unterstützen, die als gesellschaftlich kompatibel betrachtet werden. Zentral ist die Stimulierung oder Aktivierung der Verantwortungsübernahme beider Elternteile für ihre Kinder trotz Trennung, Scheidung oder nichtehelicher Elternschaft.

Die Kinder- und Jugendhilfe, besonders die Jugendämter, sind mit Inkrafttreten der Kindschaftsrechtsreformgesetze von 1998 vor neue und veränderte Aufgaben gestellt worden. Den Jugendämtern kommt eine Schlüsselposition bei der Implementation der reformierten Gesetze zu. Im Kontext veränderter Aufgabenwahrnehmung der Jugendämter nach dem neuen Kindschaftsrecht, geht es um die Frage, „wie" die ExpertInnen in Jugendämtern das neue Kindschaftsrecht verwirklichen beziehungsweise implementieren. Ziel ist die theoriegeleitete Rekonstruktion der spezifischen Art und Weise, in der das neue Kindschaftsrecht in die Praxis eingeflossen ist. Die Analyse der Verwirklichung des neuen Kindschaftsrechts in der Kinder- und Jugendhilfe erfolgt aus der Perspektive der Implementationsforschung. Die Implementationsperspektive ist besonders geeignet, um die komplexen (politischen) Prozesse von Gesetzgebung und Realisierung des Gesetzgebungsergebnisses in spezifischen Handlungsfeldern unter Beachtung der unterschiedlichen Akteure systematisch zu erfassen.

Im Folgenden geht es darum, die Implementationsperspektive für das kindschaftsrechtlich relevante Forschungsfeld der Kinder- und Jugendhilfe zu entfalten und einen forschungsmethodischen Zugang darzulegen, der die Handlungsorientierung der Implementationsträger, insbesondere der JugendamtsmitarbeiterInnen, in den Mittelpunkt stellt.

Die Implementation des neuen Kindschaftsrechts in der Kinder- und Jugendhilfe

Implementation bezeichnet im Rahmen von Administration und sozialwissenschaftlicher Forschung die Phase und den Prozess der Durchführung von Handlungs- oder Politikzielen. Schritte eines solchen Handlungs- oder Politikzyklus sind die Formulierung von Zielen, die auf deren Verwirklichung gerichteten Handlungsschritte und die sich einstellende Wirkung. Auch wenn diese Handlungsphasen in der Politik- und Verwaltungswirklichkeit vielschichtig verschlungen sind und eher einen zusammenhängenden „politisch-administrativen Prozess" darstellen, ist das Konzept der Implementation geeignet, weil die analytische Aufmerksamkeit auf Strukturen, Prozesse und Probleme der „Politikverwirklichung" gelenkt wird (vgl. Wollmann 1996).

„Mit Implementation ist die Durchführung bzw. Anwendung der im Prozess der Politikentwicklung entstandenen Gesetze und anderer Handlungsprogramme gemeint. Die Bedeutung der Implementation innerhalb des umfassenden politischen Prozesses, der sich von der Problemartikulation über Programmentwicklung und Implementation bis zur schließlichen Wirkung (impact) erstreckt, liegt in der ebenso banalen wie unbestreitbaren Tatsache, dass politische Programme die Ergebnisse administrativen Handelns nur sehr unvollständig bestimmen, d.h. dass ihre Wirkung wesentlich von der Art der Durchführung abhängt" (Mayntz 1980: 236).

Folglich sind die Durchführungsinstanzen und die Art der Durchführung von Handlungs- und Politikzielen implementationsrelevante Betrachtungskategorien. Der Gegenstandsbereich von Implementationsforschung ist die Erfassung von Regelmäßigkeiten bei der Durchführung von Maßnahmen zur Regulierung sozialer Probleme. Dieser Untersuchungsgegenstand wird wesentlich bestimmt aus der Differenz von Politik und Verwaltung, Programmsetzung und Programmrealisation, legitimierenden und ausführenden Instanzen (vgl. Bohnert/Klitzsch 1980). Die Implementationsforschung ist einerseits mit der Rechtstatsachenforschung und andererseits mit der steuerungsorientierten Politiktheorie und der sozialwissenschaftlichen Verwaltungsforschung verwandt, denn ihre Fragestellungen beziehen sich regelmäßig auf die Steuerungsfunktion von politisch-administrativen Systemen.

Die Implementation von Handlungs- und Politikzielen wird in dem Maße unsicher, wie die Formulierung der Ziele einerseits und deren Verwirklichung andererseits in die Zuständigkeit unterschiedlicher Akteure fallen. Dies trifft besonders auf die Gegebenheiten eines bundesstaatlichen Systems wie dem der BRD zu. Die Formulierung von Politikzielen in Gesetzen und Handlungsprogrammen liegt weitgehend beim Bund. Die Durchführung beziehungsweise Verwaltung der Gesetze und Handlungsprogramme ist hingegen überwiegend den Ländern, und innerhalb dieser den Kreis- und Stadtverwaltungen (als unterster Vollzugsebene) zugewiesen. Dadurch, dass unterschiedliche politische und administrative Ebenen, Sektoren und Akteure an der Verwirklichung von Gesetzen beteiligt sind, erweist sich Implementation als ein „langer Marsch durch die Institutionen", in dessen Verlauf die „oben" einmal formulierten Ziele vielfältig verändert, wenn nicht sogar verkehrt werden können (vgl. Wollmann 1996). In der Sozial-, Kinder- und Jugendpolitik sind unterschiedliche Akteure und Akteursgruppen an Implementationsprozessen beteiligt, da aufgrund der bestehenden Trägervielfalt öffentliche und nichtöffentliche Träger politische Ziele verwirklichen (vgl. Teil III).

Eine einheitliche, zielgenaue und reibungslose Implementation wird im steigenden Maße unwahrscheinlich, wenn den Implementationsinstanzen die Wahl der Handlungsmittel oder die Konkretisierung der Handlungsziele überlassen bleibt. Aber auch wenn eine stärkere Bindung der Implementationsinstanz über eine Ziel-Mittel-Verknüpfung vorliegt (zum Beispiel wenn-dann-Sätze in Leistungsgewährungsgesetzen), können noch erhebliche Unterschiede in der konkreten Ausgestaltung entstehen. Ein besonderer Handlungsfreiraum entsteht im Kontext von personenbezogenen (sozialen) Dienstleistungen, deren Leistungsfähigkeit wesentlich davon abhängt, ob Problemlagen „ganzheitlich" oder entlang der administrativen Zuständigkeiten zerstückelt wahrgenommen werden. Eine problemangemessene Implementation dieses Leistungstypus beinhaltet folglich auch Kooperations- und Koordinationsprozesse, die über administrative Zuständigkeitsgrenzen hinaus träger-, ressortübergreifend und interdisziplinär stattfinden (sollten). Die Kinder- und Jugendhilfe wird zunehmend als personenbezogene soziale Dienstleistung betrachtet (vgl. Teil III), so dass neben den einzelnen Leistungsangeboten auch die Kooperations- und Koordinationsprozesse in den Blick der Implementationsforschung geraten. Im kindschaftsrechtlichen Zusammenhang ist besonders interessant, wie die Implementationsinstanz „Jugendamt" in Kooperation mit anderen Trägern und Institutionen die Handlungsziele des reformierten Rechtes konkretisiert und mit welchen (regionalspezifischen) Handlungsmitteln die im Gesetz geforderten Angebote, Maßnahmen, Kooperationen etc. verwirklicht werden.

Implementation im engeren Sinne bezeichnet den Vorgang der Normanwendung. Implementation im umfassenden Sinne schließt dagegen den gesamten Prozess, mit unterschiedlichen Phasen, Handlungsfeldern und Akteuren ein (vgl. nachfolgende Abbildung 2). Das hier zugrunde gelegte Implementationsverständnis geht über die reine Normanwendung hinaus. Der politische Prozess der Gesetzgebung wird als konstitutive Phase für die spätere Durchführung des gesetzlichen Auftrags analysiert (vgl. Blankenburg/Voigt 1987; Bohnert/Klitzsch 1980; Mayntz 1980). Der Programmimplementationsprozess teilt sich analytisch in verschiedene Phasen (Problemartikulation, Zieldefinition, Programmentwicklung, Normanwendung im Implementationsfeld), denen spezifische Akteure oder Akteursgruppen zuzuordnen sind. Der (weitergefasste) Begriff der Implementation bezieht sich nicht nur auf das Handeln administrativer Vollzugsinstanzen, sondern gleichermaßen auf das unmittelbar auf die Programmimplementation oder das Gesetz reagierende Handeln der betroffenen Ziel- und AdressatInnengruppen. Diese erweiterte, über die reine Normanwendung hinausgehende Implementationsperspektive lässt sich mit dem bereits erläuterten Verständnis des Staates als konfliktstrukturiertes Kräftefeld verbinden. Diese Verknüpfung erweitert eine ansonsten eher funktionalistische und affirmative Implementationsperspektive, um eine „herrschaftssensible" Sichtweise. Die Implementation politischer Programme kann folglich im Kontext einer politischen Handlungslogik betrachtet werden, die eben nicht ausschließlich und an erster Stelle auf die Gemeinwohlproduktion abzielt, sondern ebenfalls oder sogar zuerst auf die Herrschaftssicherung (vgl. Mayntz 2001: 19 ff.).

In der nachfolgenden Abbildung (Abb. 2) wird der Stellenwert des politischen Prozesses (Policy Process) für die Implementation sichtbar (vgl. Mayntz 1980: 238). Vor der enggefassten Phase der Implementation (Normanwendung), in der Implementationsträger (Durchführungsinstanzen) und AdressatInnen (Zielgruppen) in einer Handlungssituation zusammenwirken, liegen die Phasen der Problemartikulation, der Zieldefinition und der Programmentwicklung. Diese drei Phasen werden von unterschiedlichen staatlichen und (im engeren Sinne) nicht-staatlichen Akteuren beeinflusst (vgl. Teil II). An der Problemartikulation sind unterschiedliche Akteure und Akteursgruppen der zivilen und politischen Gesellschaft beteiligt (Interessenverbände, WissenschaftlerInnen, PolitikerInnen, RichterInnen etc.). Zieldefinition und Programmentwicklung erfolgen im Rahmen des Gesetzgebungsprozesses, in dem verschiedene und zum Teil kontroverse Interessen, Annahmen und Ziele formuliert werden. Beteiligt sind staatliche Akteure, zum Beispiel Regierung und Ministerialbürokratie, oppositionelle ParteivertreterInnen, Bundestag und Bundesrat und nicht direkt staatliche Akteure, die in Arbeitsgruppen, Kommissionen und als Gutachter an den Vorarbeiten zu Gesetzesentwürfen beratend und begleitet mitwirken. In der Phase der „Programmentwicklung", das heißt im Prozess der Gesetzgebung und der Reformdiskussionen, wird besonders deutlich, wer mit welchen Interessen an der Implementation beteiligt war und welche Interessenkonflikte aufgetreten sind. Das beschlossene Programm wird im Implementationsfeld durch das Zusammenwirken der jeweiligen Implementationsträger (formale Organisationen) und der AdressatInnen implementiert, so dass es seine (Steuerungs-)Wirkung entfalten kann.

Abbildung 2: Phasen und Akteure im politischen Prozess der Programmimplementation

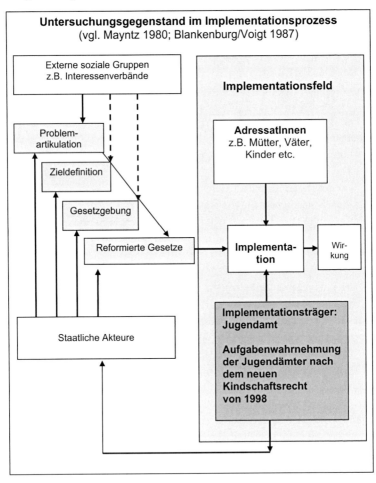

Die Implementation (im engeren Sinne), in der Implementationsträger und AdressatInnen zusammen den „Impact" erzeugen, ist, analytisch gesehen, eine eigene Phase im politischen Prozess. Die Anwendung und Wirkung von Programmen lässt sich nur dann sinnvoll betrachten, wenn die Phase der Programmentwicklung mit einbezogen wird, weil beide Phasen wechselseitig aufeinander bezogen sind:

„Zunächst wird die Programmentwicklung durch die Kenntnis der vorgegebenen Implementationsstruktur und die Antizipation von Schwierigkeiten im Vollzug inhaltlich beeinflußt. Die Merkmale des resultierenden Programms bestimmen wiederum die Vorgänge in der Implementationsphase wesentlich mit; entsprechend sind diese Vorgänge ohne ausdrücklichen Rückbezug auf die Programmentwicklung gar nicht ausreichend zu erklären" (Mayntz 1980: 239).

In diesem Sinne schließt die Implementationsforschung die Impact- oder Evaluationsforschungsperspektive (Wirkungsanalyse) mit ein. Daraus folgt allerdings nicht, dass immer eine exakte Wirkungsmessung stattfindet, da die Ursachen für Rechtswirkungen und „Rechtsversagen" auf unterschiedlichen Ebenen[61] liegen können (vgl. Röhl 1999: 413 ff.). Wenn Gesetze nicht auf die intendierte Weise wirken, können oft die Ursachen nicht zweifelsfrei den gesetzlichen Regelungen zugeordnet werden (vgl. Gusy 1999: 290). Aus der Wirkungsforschung zum Recht ist bekannt, dass die Aktivitäten der verschiedenen Sozialsysteme zwar „im Schatten des Rechts" erfolgen, aber nicht als durch Recht bewirkt angesehen werden können. Recht hat zwar Wirkungen, aber keine volle Wirkung, so dass die relative Wirkungslosigkeit als Normalfall gelten kann (vgl. Hof/Lübbe-Wolff 1999; Röhl 1999: 418; Wolff 1999: 497).

Weiter ist „zwischen der Feststellung von Wirkungszusammenhängen, die ein höheres oder geringeres Maß der Programmverwirklichung erklären können, und der Beurteilung des je erreichten Verwirklichungsgrades aus anderen, übergeordneten Gesichtspunkten" zu unterscheiden (Mayntz 1980: 240). Der konforme Vollzug (Gesetzgeberperspektive) von kindschaftsrechtlichen Regelungen ist folglich nur ein Bezugspunkt im Kontext einer Analyse veränderter staatlicher Steuerung. Der übergreifende analytische Kontext umfasst das spezifische Steuerungskonzept des „Steuerungsstaates" oder „aktivierenden Staates".

Prinzipiell steht einer Implementationsforschung das gesamte Spektrum sozialwissenschaftlicher Untersuchungslogik und empirischer Forschungstechniken zur Verfügung (vgl. Hucke/Wollmann 1980). Tatsächlich werden für Implementationsstudien eher wenig standardisierte, „qualitative" Vorgehensweisen, im Gegensatz zu quantitativen, hoch standardisierte Methoden genutzt. Der Vorteil einer solchen Herangehensweise ist die Offenheit gegenüber unerwarteten „Funden" und die eher „ganzheitliche" Erfassung des Untersuchungsgegenstandes. Eine umfassende Informationsgewinnung steht im Vordergrund, so dass eine Vielzahl von Forschungstechniken parallele Verwendung finden können.

Das methodische Vorgehen ist der spezifischen Struktur des Objektbereichs der Implementationsforschung geschuldet. Kennzeichnend für den Objektbereich ist die vielfältige Strukturiertheit von Zusammenhängen zwischen Merkmalen, die als Untersuchungsvariablen von Interesse sein könnten. Die zu untersuchenden Prozesse laufen in aller Regel in organisierten Zusammenhängen ab, die wesentlich von der inneren Struktur der Organisation wie auch von interorganisatorischen Beziehungsmustern beeinflusst werden. Innerhalb des Implementationsprozesses sind Handlungsmuster durch rechtliche Regelungen und Beziehungen vorstrukturiert. Die Ebenen sachlicher, organisatorischer und rechtlicher Strukturierung sind so miteinander verflochten, dass kaum eine Ebene des Problems unabhängig von den anderen beiden untersucht werden kann.

„Würde man etwa die Implementationsproblematik einseitig als Durchsetzung der durch Gesetzesentscheidungen legitimierten rechtlichen Normen begreifen, so ginge dies sowohl an der Frage der Organisation politischer Macht und Interessen im Vollzug als auch am Aspekt der Realisierbarkeit von Sachzielen vorbei. Es bliebe letztlich eine rein juristische Betrachtungsweise, die Implementation allein als Problem der Rechtmäßigkeit von Vollzugsakten interpretiert. Ebenso unangemessen sind auch die organisatorischen Perspektiven, die Implementation auf die Frage der Zweckmäßigkeit verschiedener Organisationsformen reduziert und dabei das Gewicht des Faktors Organisation gegenüber der organisatorischen Umwelt nicht erfassen kann sowie eine Erörterung von Implementation allein als von politischen Faktoren abgelöstes Sachproblem. Erst in der simultanen Behandlung aller drei Strukturebenen liegt die Chance sozialwissenschaftlicher Implementationsforschung" (Hucke/Wollmann 1980: 218, vgl. auch Wollmann 1979).

Der Vorteil der Implementationsperspektive liegt darin, dass der gesamte politische Prozess der Kindschaftsrechtsreform als Programm mit verschiedenen Phasen und Akteuren in den Blick gerät. Damit gelingt es, eine verkürzte Sicht zum Beispiel auf Reformergebnisse und Gesetzeswirkungen zu überwinden (vgl. Teil II). Zur Implementation des neuen Kindschaftsrechts wurden sogenannte qualitative Verfahren genutzt. Im Fokus der Erhebung stand eine bestimmte Gruppe von Akteuren, nämlich die ExpertInnen in den Jugendämtern, die als Implementationsträger die Anwendung des Programms „neues Kindschaftsrecht" maßgeblich beeinflussen. Der Untersuchungsgegenstand „neues Kindschaftsrecht" wird im Implementationsfeld „Kinder- und Jugendhilfe" systematisiert und „verortet".

Aufgabenwahrnehmung in Jugendämtern nach dem neuen Kindschaftsrecht

Der Untersuchungsgegenstand „Aufgabenwahrnehmung in Jugendämtern nach dem neuen Kindschaftsrecht" wird wesentlich bestimmt durch den politischen Prozess der Programmentwicklung (Gesetzgebung) und den administrativen Prozess der Programmanwendung in Jugendämtern (vgl. Bohnert/Klitzsch 1980). Im Zentrum der Ausführungen steht die Frage, welche empirisch rekonstruierbaren kindschaftsrechtlich relevanten Handlungsorientierungen der JugendamtsmitarbeiterInnen vorzufinden sind, beziehungsweise welche handlungsstrukturierende Wirkung die Implementation des neuen Kindschaftsrechts im Handlungsfeld der Kinder- und Jugendhilfe entfaltet hat. Am Beispiel von ExpertInnen in Jugendämtern findet eine Rekonstruktion von Handlungs- und Deutungsmustern (Handlungsorientierungen, Handlungsmaximen, Leitbilder, Deutungen, Selbstpositionierungen) statt, die im Zusammenhang mit den Veränderungen durch das neue Kindschaftsrecht stehen beziehungsweise kindschaftsrechtlich relevant sind.

Es handelt sich nicht um eine Untersuchung nach dem ex-ante/ex-post-Modell, sondern es geht um die von den JugendamtsmitarbeiterInnen wahrgenommenen Veränderungen durch die Kindschaftsrechtsreform und die Kompatibilität ihrer Handlungsorientierungen mit den reformierten Regelungen. Die objektiven Handlungsvorgaben (Gesetze) des neuen Kindschaftsrechts wurden als handlungsstrukturierender Aspekt mit den handlungsleitenden Orientierungen der befragten Jugendamtsmitarbeiter-Innen verglichen. Recht als durch Handeln produzierte Struktur oder Objektivität wirkt strukturierend auf und durch das Handeln der Akteure. Es ist davon auszugehen, dass die Jugendämter entscheidenden Einfluss auf die Inanspruchnahme von Rechten durch einzelne Familienmitglieder und die Ausgestaltung der Konflikt- und Problemlösung im Bereich der Eltern-Kind-Beziehung haben (können). Implementationsrelevante Faktoren auf (inter-)organisatorischer Ebene „Jugendamt" sind: Informationstätigkeiten, Kooperationstätigkeiten, Beratungstätigkeiten und Vermittlungstätigkeiten.

Die Kinder- und Jugendhilfe in ihrer kommunalspezifischen Struktur ist als „Implementationsfeld"[62] des neuen Kindschaftsrechts Gegenstand der Untersuchung (vgl. Teil III). Im Zusammenhang mit dem neuen Kindschaftsrecht stellen sich die Fragen, ob und wie die veränderte Gesetzeslage die Organisation der Angebote und die Zuständigkeiten in der Angebotsstruktur in der Kinder- und Jugendhilfe beziehungsweise des Jugendamtes beeinflusst; ob und wie sich die Kompetenzen oder Kompetenzanforderungen der Handelnden im Feld der Kinder- und Jugendhilfe verändert haben; ob und wie sich das Verhältnis zwischen Leistungsanbieter (Jugendämter u.a.) und Nachfrager beziehungsweise AdressatInnen (Mütter, Väter, Mädchen und Jungen) wandelt (vgl. Teil IV). In öffentlichen Verwaltungen ist davon auszugehen, dass aufgrund widersprüchlicher Anforderungen nie alle vollständig erfüllt werden können, sondern im besten Fall eine „balancierende Optimierung" stattfindet (vgl. Teil III). Abgesehen davon kann die Zweckmäßigkeit staatlicher Anordnungen nicht ohne weiteres vorausgesetzt werden, denn der Gesetzgeber kann nicht alle Folgen der von ihm erlassenen Gesetze voraussahnen.

Ob das neue Kindschaftsrecht als politisches Programm erfolgreich ist, steht im ursächlichen Zusammenhang mit dem Handeln von Akteuren auf drei unterschiedlichen Ebenen: Den rechtsetzenden Instanzen[63] (Gesetzgeber), den normausfüllenden und rechtsanwendenden Instanzen[64] (formale Organisationen) und den AdressatInnen[65] beziehungsweise EndnutzerInnen (natürliche Personen) (vgl. Röhl 1999: 413 ff.). Die Implementation der kindschaftsrechtlichen Regelungen wird dementsprechend beeinflusst durch: Die föderative Struktur der Bundesrepublik; die Besonderheiten des Feldes der Jugendhilfe, zum Beispiel dem Zusammenspiel von öffentlichen und freien Trägern; die Vielzahl der implementationsrelevanten Akteure (JugendamtsmitarbeiterInnen, RichterInnen, AnwältInnen etc.) und die Inanspruchnahmebereitschaft der Normadressaten, besonders, wenn es um Programminhalte mit Dienstleistungscharakter geht (Eltern, Kinder und andere Leistungsberechtigte). Es wird davon ausgegangen, dass die eigenständigen Handlungstendenzen der Akteure und die Art ihres Implementationsverhaltens im hohen Maße von den Merkmalen der Implementationsstruktur (Durchführungsinstanzen beziehungsweise Implementationsträger), der Programmstruktur beziehungsweise der Instrumententypik (Programmierungsart) sowie von den Merkmalen der Adressatenstruktur (Zielgruppen, Leistungs- oder Normadressaten) abhängig sind (vgl. Bohnert/Klitzsch 1980; Mayntz 1980: 242). Daraus folgt für das Kindschaftsrecht, dass die Ressourcen der (kommunalen) Leistungsanbieter, die politischen Entscheidungen der Kostenträger (Bund, Länder, Kommunen als Vertreter der „Allgemeinheit") und die Bedürfnisse der Leistungsadressaten die Quantität und Qualität der tatsächlich erbrachten Leistungen bestimmen.

Die unterschiedlichen Rahmenbedingungen der kommunalen Handlungsfelder bedingen spezifische Orientierungen und Verhaltensdispositionen, zum Beispiel etablierte Organisations- und Interessenstrukturen, bestehende Interaktionsverhältnisse etc. Folglich muss der Blick auf das neue Kindschaftsrecht durch den kommunalspezifischen Feldbezug erweitert werden. In Anlehnung an die Implementationsforschung lassen sich folgende zentrale Annahmen zusammenfassen:

- Prozesse der *Gesetzgebung* (Programmformulierung) sind von nicht zu unterschätzender Erklärungskraft für die Art der Gesetzesrealisierung, d.h. wenn Konflikte im Gesetzgebungsprozess ungelöst bleiben, werden diese auf die Implementationsträger verlagert (vgl. Teil II).
- Prozesse der *Gesetzesrealisierung* sind vom Zustand des betreffenden Implementationsfeldes und der Implementationsträger abhängig (z.B. kommunalspezifische Ausstattung an Personal, Ressourcen, Akteure vgl. Teil III).
- Prozesse der *Gesetzesrealisierung* sind weit stärker von Haltungen und Deutungen der Akteure sowie Merkmalen des Aushandelns und des Überzeugens gekennzeichnet, im Gegensatz zur strikten Anwendung formal fixierter Regelungen (Teil IV). Gesetze werden von den Akteuren interpretiert, konkretisiert und moduliert. Sie werden nicht „eins zu eins" realisiert, sondern durch die Interpretationsleistungen der Akteure und durch die konkrete Ausgestaltung von Ermessensspielräumen moduliert oder verändert. Besonders bei Zweckprogrammen im Kontext personenbezogener sozialer Dienstleistung sind die Gestaltungsspielräume entsprechend groß.

Aus diesen Annahmen folgt, dass rechtliche Neuerungen sich nicht schon durch das Inkrafttreten der betreffenden Gesetze vollziehen, sondern erst im institutionellen Implementationsprozess ihre Wirkung entfalten. Diese Gesetzesrealisierung kann je nach Handlungsorientierung der Akteure oder kommunalspezifischen Zustand des Implementationsfeldes unterschiedlich sein. Um ein vollständiges Bild der Gesetzesrealisierung zu bekommen, müssen die formellen Regeln (Gesetze) und die darauf reagierenden Handlungsweisen zusammen betrachtet werden. Folglich geben neben den einzelnen gesetzlichen Regelungen insbesondere die Handlungsorientierungen der JugendamtsmitarbeiterInnen Aufschluss über die Art und Weise der Verwirklichung des neuen Kindschaftsrechts.

Es geht um die soziale Steuerung des Handelns durch Recht, denn obwohl die Steuerungsleistung von Recht je nach AdressatInnen (formale Organisationen oder natürliche Personen) und Normierungstyp variiert, gestaltet es den Handlungsrahmen (Kontext), in dem Leistungen angeboten und in Anspruch genommen werden. Recht ist als ein zentraler Bezugspunkt für die Handlungskoordination zu betrachten.

Für die Steuerung von Akteuren formaler Organisationen/Institutionen (Jugendamt) sind neben dem Recht weitere organisations- und professionsspezifische Steuerungsmittel relevant, zum Beispiel materielle Ressourcen, Verwaltungsmodelle (klassisch bürokratisch oder nach den „Neuen Steuerungsmodellen"), Binnenorganisation (Hierarchien, Arbeitsorganisation, Personalwesen, Ressourcenverteilung etc.) sowie fachliche Qualifikation, Handlungsmaximen und Haltungen (Fortbildungen, inhaltliche Schwerpunktsetzung, Methoden, theoretische Bezugssysteme etc.). Für die Beeinflussung sozialer Verhaltensweisen von „Privatpersonen" beziehungsweise natürlichen Personen in privaten (Familien)Haushalten sind im kindschaftsrechtlichen Aufgabenkontext die „Steuerungsmittel" der JugendamtsmitarbeiterInnen relevant. Die Versuche der formal organisierten, professionellen Akteure, kindschaftsrechtlich relevante Situationen in einer Weise zu gestalten, dass sie den Zielen und Vorstellungen des Gesetzgebers entsprechen, stoßen auf handlungsrelevante Strukturen im System der Familie (Beziehungsgefüge) und in den einzelnen Personen (Wissen, Kompetenzen, Bedürfnisse, Interessen, Motive etc.). Die Handlungskoordination in Situationen, an denen mehrere Personen beteiligt sind, gilt aus steuerungstheoretischer Sicht als besonders problematisch.

Abbildung 3: Handlungsstrukturierende Wirkung des neuen Kindschaftsrechts im Handlungsfeld der Kinder- und Jugendhilfe am Beispiel der Jugendämter (eigene Darstellung)

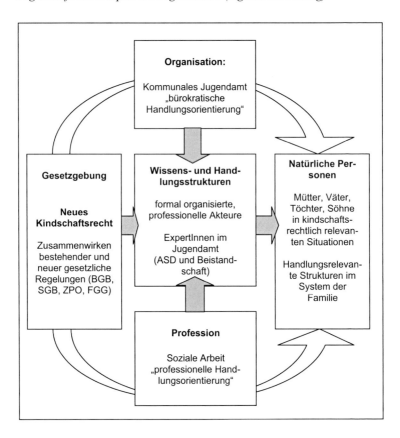

Handlungsorientierung und Handlungsstrukturierung durch Recht

Die Handlungskoordination im Kontext des neuen Kindschaftsrechts, also die Gestaltung kindschaftsrechtlich relevanter Situationen, zielt auf die Beeinflussung der Wohlfahrtsproduktion innerhalb von familialen Lebenszusammenhängen ab. Folglich geht es einerseits um die Steuerung administrativer Handlungsmuster von JugendamtsmitarbeiterInnen[66] und andererseits um die Beeinflussung sozialer Verhaltensweisen von „Privatpersonen", zum Beispiel von Eltern und Kindern. Die Steuerungsleistung des Rechts bezieht sich auf die Akteure formaler Organisationen/Institutionen des Wohlfahrtsstaates und durch diese hindurch oder direkt auf natürliche Personen in privaten (Familien-)Haushalten (vgl. Abb. 3). Die handlungsstrukturierende Wirkung des neuen Kindschaftsrechts ist insbesondere als Handlungskoordination durch Normierung und Handlungsstrukturierung durch Recht zu thematisieren. Bei der Betrachtung von Handlungskoordination sind unterschiedliche Erfolge erwartbar, je nachdem, ob es sich um formale Organisationen[67] (beziehungsweise deren VertreterInnen) oder natürliche Personen handelt. Im Gegensatz zum Bereich privater Lebensformen wird im Bereich formaler Organisation von einer Akzeptanzbereitschaft gegenüber rechtlicher Normierung ausgegangen.

Aus einer steuerungsanalytischen[68] Sicht ist das Problem der erfolgreichen Handlungskoordination bei der Betrachtung von Recht zentral (vgl. Kaufmann 1977, 1980, 1982, 1988, 1995). Es geht um das Zustandekommen von Handlungsketten, das heißt um den sozialen Tatbestand, dass spezifische Handlungen verschiedener Akteure im Regelfall erwartbare spezifische Anschlusshandlungen nach sich ziehen. Da im sozialen Rechts- und Sozialstaat die Bewirkung bestimmter sozialer Verhaltensweisen besonders bedeutend ist, stellt sich bei der Rechtsgestaltung die Frage nach der erfolgreichen Steuerung oder Handlungskoordination im Sinne des Zustandekommens von Handlungsketten. Handlungskoordination wird als soziale Steuerung durch Recht verstanden, durch die erwartbare Anschlusshandlungen im Horizont eines übergreifenden Zusammenhangs ermöglicht werden sollen. Handlungskoordination durch Normierung besteht typischerweise aus Kombinationen von Normierungstypen.[69] Sie beinhalten im Regelfall nicht ausschließlich Rechtssetzungsakte, sondern bedürfen zusätzlicher Maßnahmen, um wirksam zu werden (zum Beispiel neue Verwaltungsabteilungen, Behörden oder Kontrollorgane, Finanzmittel etc.).

Die Wirkungsketten zwischen Gesetz und AdressatInnen nehmen insgesamt an Länge zu und sind deshalb anfällig für Außeneinflüsse. Wenn Gesetze nicht auf die intendierte Weise wirken, können oft die Ursachen nicht zweifelsfrei den gesetzlichen Regelungen zugeordnet werden (vgl. Gusy 1999: 290). Die Länge der Handlungsketten bei sozialstaatlichen Interventionen wirft die Frage nach den Steuerungsmitteln auf. „Ob und unter welchen Bedingungen „Recht und Geld: Die Wirkungsmittel des Wohlfahrtsstaates" (Luhmann) tatsächlich geeignet sind, bestimmte Politikziele zu erreichen bzw. bestimmte Probleme zu lösen, bleibt umstritten. In der [...]steuerungstheoretischen Perspektive dient Recht primär der Handlungsnormierung, Geld der Handlungskontrolle" (Kaufmann 1988: 79). Dabei gelten Geld und Recht (neben Hierarchie, Macht und Ideologie) oft als zu unspezifisch, um in mehrstufiger Politikverwirklichung zweckmäßige Anschlusshandlungen sicherzustellen, da sie den Normadressaten weder eine angemessene Situationswahrnehmung noch adäquate Handlungskompetenzen vermitteln (Kaufmann 1988: 80). Insbesondere fehlt im Regelfall eine Gewährleistung von Handlungsbeurteilung.[70]

Kaufmann (1977, 1980, 1982, 1988, 1995) hat eine Systematik ausgearbeitet, um Steuerungsmöglichkeiten und Grenzen des Rechts im Bereich der Sozialpolitik zu verdeutlichen. Zentrales Ergebnis seiner Analysen ist, dass zu den „klassischen" Interventionsformen „Recht" und „Geld" personenbezogene soziale Dienstleistung im Sinne (sozial-)pädagogischer Interventionsformen als integraler Bestandteil moderner Sozialstaatlichkeit hinzukommt.[71] Der Staat kann mit dieser Interventionsform seine Steuerungskapazität und -reichweite in die Lebenssituationen der AdressatInnen erweitern (vgl. Kaufmann 1977).

Rechtlichen Regelungen wird eine Handlungsnormierungsfunktion[72] zugeschrieben, denn sie bestimmen Kriterien „richtigen" Handelns. Durch Definition von Sachverhalten und durch Subsumptionsregeln wird eine der Handlungskoordination förderliche Situationswahrnehmung bei den beteiligten Akteuren stimuliert. Als wichtige Bedingungen institutioneller Steuerung gelten Kompetenzen, Informationsformen und die Abwägung von Kosten und Nutzen.[73] Das Handeln von Akteuren ist nicht ausschließlich durch Recht zu steuern, sondern wird durch weitere Handlungsprämissen (zum Beispiel Routinen, fachliche Haltungen, administrative Zwänge) und Kriterien (zum Beispiel Zweckmäßigkeit und Gebrauchswert) bestimmt:

„Während im Rahmen kurzer Handlungsketten die Probleme der Handlungsnormierung, -kontrolle und -beurteilung u.U. ausschließlich interaktiv gelöst werden können (operationale Steuerung), setzt die Etablierung längerer Handlungsketten regelmäßig zusätzliche Vorkehrungen voraus, die mit dem Begriff der institutionellen Steuerung angesprochen werden. Es lassen sich verschiedene institutionelle Arrangements aufweisen, die unter bestimmten Bedingungen erfolgreiche Handlungskoordination wahrscheinlich machen. Unter institutionellen Arrangements seien dabei Konfigurationen von Normen (Rules) – im weitesten Sinne, unter Einschluss von z.B. Definitionen, Routinen und Handlungsmaximen – verstanden, die in einem bestimmten Handlungskontext (action arena) im Regelfall als Handlungsprämissen wirken" (Kaufmann 1988: 77).

Das Handeln des Staates als Rechts- und Sozialstaat vollzieht sich nicht ausschließlich über abstrakte rechtsstaatliche Handlungsmuster, sondern auch über zweckorientierte Maßnahmen:

„Die Form bürgerlicher Gesellschaftsformation wie der Zusammenhang von Staat und Gesellschaft ist aber nicht nur durch abstraktes Recht bestimmt, sondern zugleich immer auch durch konkrete, zweckbestimmte Handlungen des Staates, die die abstrakten rechtsstaatlichen Handlungsmuster ergänzen bzw. neben sie treten. Staatliches Handeln realisiert sich sowohl in der Anwendung abstrakt-genereller Gesetze über Konditionalprogramme als auch über konkret- situative Maßnahmen, die vorwiegend über Zweck- bzw. Finalprogramme gesteuert sind" (Müller/Otto 1980: 12).

Die (analytische) Unterscheidung von Konditional-[74] und Zweckprogrammierung[75] thematisiert die „Bedingungen der Problemselektion und der Entscheidungsprozesse innerhalb einer Administration" (ebd.). Es ist davon auszugehen, dass jede öffentliche Verwaltung sich aus Konditional-

und Zweckprogrammierungen zusammensetzt, die „nebeneinander und ineinander verschachtelt, die Prämissen des administrativen Entscheidungssystems definieren" (ebd.). Als „Programme" werden in diesem Zusammenhang mehr oder weniger verbindliche Festlegungen verstanden, nach denen Probleme oder Themen zugelassen und Entscheidungen getroffen werden. Die Art der Handlungsprogrammierung im Kontext von rechtlichen Regelungen bewirkt unterschiedlich große Interpretations- und Ermessensspielräume für das Handeln der Akteure. Die Reichweite von institutionellen handlungskoordinierenden Regelungen ist darüber hinaus selten allumfassend, so dass Handlungsspielräume verbleiben.

„Für die Nutzung der faktisch verbleibenden Handlungsspielräume sind jeweilige Handlungsorientierungen der Akteure von ausschlaggebender Bedeutung. Sie sind ihrerseits teilweise institutionell geprägt, so insbesondere durch vorgegebene Aufgaben oder Handlungszwecke, aber auch durch die Position innerhalb der Akteurskonstellation. Zugleich werden sie jedoch durch kontextunabhängige (sozialisationsbedingte oder historisch bedingte) Eigenschaften der individuellen und korporativen Akteure bestimmt" (Mayntz/Scharpf 1995: 52).

Verwaltungsabläufe im Kontext von Leistungsverwaltung verlaufen zweck- beziehungsweise finalprogrammiert, das heißt das „Handeln wird nicht durch externe Anlässe [...] und vorab feststehende Verknüpfungen von Tatbeständen und Folgen gesteuert, sondern durch oft relativ vage gehaltene Aufträge und Ziele, die dann in einer erfolgreichen („effektiven") und gleichzeitig wirtschaftlichen („effizienten") Weise durch Verwaltungshandeln zu realisieren sind" (Offe 2001: 433). Das Verwaltungspersonal hat, im Vergleich mit Konditionalprogrammen, größere Ermessensspielräume und ist weniger Formerfordernissen unterworfen (vgl. Teil III). Daraus folgt, „dass die Demarkationslinie zwischen „Politik" und „Verwaltung" unscharf wird" (Ritter 1997), denn final programmierte Verwaltungen entziehen sich den politischen Vorgaben und handeln nach eigenen, „von der Politik kaum zu überwachenden Zweckmäßigkeitskalkülen und vor Ort gewonnenen situativen Einschätzungen" (Offe 2001: 433). Ein weiteres Kennzeichen zweckprogrammierter Handlungsabläufe ist, dass die „Grenze zwischen Verwaltung und „Publikum" durchlöchert", und diese zum strategisch wichtigen Interaktionspartner wird (ebd.). Es geht „nicht mehr nur, wie bei der konditionalen Programmierung, [um] einfache Antragsteller und Empfänger von Bescheiden, sondern [um] eher gleichberechtigte Partner, die über Erfolg und Misserfolg des Verwaltungshandelns mitentscheiden" (ebd.). Das Anwachsen von Leistungsverwaltungen gilt als charakteristische Begleiterscheinung des Sozial- und Wohlfahrtsstaates.

Das gesamte Spektrum der sogenannten personenbezogenen Dienstleistungen, die bei der Festlegung eines Sachverhalts auf eine produktive Interaktion mit den AdressatInnen[76] angewiesen sind, fällt in den Bereich der Leistungsverwaltung oder ergebnisorientierten Administration, die nach zweckbestimmten Programmen oder mit Kombinationen aus zweckbestimmten und konditionalen Programmen gesteuert werden. Da personenbezogene soziale Dienstleistung zum größten Teil finalprogrammiert ist, kann davon ausgegangen werden, dass dem leistungserbringenden Personal beziehungsweise dessen unmittelbare Vorgesetzte innerhalb der Leistungsverwaltung relativ große Ermessensspielräume bleiben, die das inhaltliche Ergebnis des „Endprodukts" (Maßnahmen, Diensten und Leistungen) beeinflussen.

Die Wissens- und Handlungsstrukturen im Jugendamt sind als administrative Handlungsmuster nicht autonom, sondern rechtsstaatlich an das Kriterium der Legalität gebunden und eingebettet in die Organisationsstruktur der Verwaltung (vgl. Teil III). Die Reichweite von institutionellen handlungskoordinierenden Regelungen ist selten allumfassend, so dass auch für die MitarbeiterInnen des Jugendamtes Handlungsspielräume verbleiben.[77] Im neuen Kindschaftsrecht geht es insbesondere um die „Programmierung" personenbezogener sozialer Dienstleistungen (zum Beispiel Information, Beratung, Unterstützung und Vermittlung). Die Handlungskoordination der JugendamtsmitarbeiterInnen durch Regelungen des neuen Kindschaftsrechts erfolgt weitgehend über zweck- beziehungsweise finalorientierte Programme. Folglich sind die Interpretations- und Ermessensspielräume der JugendamtsmitarbeiterInnen relativ groß und für die Nutzung der faktisch verbleibenden Handlungsspielräume erweisen sich die jeweiligen Handlungsorientierungen der Akteure als bedeutend. Das Erkenntnisinteresse richtet sich dabei auf die Aufgabenwahrnehmung der JugendamtsmitarbeiterInnen. Die Handlungsstrukturierung durch Recht sowie die Handlungsorientierungen der JugendamtsmitarbeiterInnen bezogen auf die Rechtsverwirklichung sind von zentraler Bedeutung. Dabei ist zu beachten, dass das Handeln der JugendamtsmitarbeiterInnen in einem möglicherweise interessenselektiv wirksamen (organisatorischen, regionalspezifischen) Handlungsrahmen stattfindet (vgl. Meuser/Nagel 1991).

Die ExpertInnen in den Jugendämtern gehören zwei unterschiedlichen Bezugssystemen an, nämlich der Berufsgruppe mit ihren ethischen und professionellen Standards und der bürokratischen Organisation mit ihren spezifischen Standards (vgl. Teil III). Im Kontext einer zunehmenden Professionalisierung, verstanden als kollektive Bemühungen einer Berufsgruppe, die Konditionen und Methoden ihrer Arbeit zu definieren (zum Beispiel um die Produktion bestimmter Arbeitsleistungen zu steuern, eine gemeinschaftliche Denkhaltung zu entwickeln und berufliche Autonomie zu rechtfertigen), werden andere (nicht rechtliche) Steuerungsmittel oder Handlungsprämissen relevant, zum Beispiel Informationsstand, (fachliche) Kompetenzen, Definitionen, Routinen und (professionelle) Handlungsmaximen.

Final- oder zweckprogrammiertes Verwaltungshandeln kann sich den politischen Vorgaben entziehen und sich nach eigenen, beispielsweise professionellen Handlungsprämissen ausrichten. Es ist davon auszugehen, dass das neue Kindschaftsrecht die JugendamtsmitarbeiterInnen in unterschiedlichen Interessenlagen[78] berührt, die zugleich die Motivation beeinflussen, mit den neuen Regelungen umzugehen. Ein Gesetz wird nicht ausschließlich deshalb beachtet, weil es Gesetz ist, sondern man beachtet es zumindest auch und umso mehr, wenn und weil es der jeweils eigenen Interessenlage entspricht. So ist von vorhandenen Interessenlagen auszugehen, die die Gesetzeswirkung verstärken oder aber verbiegen und blockieren können (vgl. Gusy 1999: 291). Inhaltlich lassen sich kognitive und motivationale Aspekte von Handlungsorientierung unterscheiden. „Kognitive Orientierungen betreffen die Wahrnehmung von Handlungssituationen und ihrer kausalen Struktur, der verfügbaren Handlungsoptionen und erwartbaren Ergebnisse" (Mayntz/Scharpf 1995: 53). „Bei den motivationalen Aspekten der Orientierung handelt es sich um Antriebsfaktoren für sinnhaftes Handeln (im Sinne Max Webers) beziehungsweise – enger auf das strategische Handeln korporativer Akteure zugeschnitten – um Auswahlgesichtspunkte bei der Wahl zwischen Handlungsoptionen" (Mayntz/Scharpf 1995: 54).

Handlungsorientierung erfolgt nach Mayntz und Scharpf (1995: 55 f.) in drei Stufen. Interessen (funktionale Imperative) und Normen (normative Erwartungen) als externe Vorgaben müssen übernommen werden, um handlungsrelevant zu werden. Einer selektiven Verinnerlichung folgt eine dauerhafte Handlungsorientierung, bestehend aus stabilen (interessengeleiteten) Präferenzen und internalisierten Normen, die als situative Handlungsmotive in den konkreten Handlungssituationen aktiviert werden (situative Handlungsziele und Handlungsgründe). Die externen Vorgaben durch das neue Kindschaftsrecht können folglich erst nach der Verinnerlichung zu Handlungsorientierungen der ExpertInnen werden, die dann in spezifischen Situationen zu einer Problemwahrnehmung, Handlungsmotivation und Handlungsrichtung im Sinne des Kindschaftsrechts führen. Es ist nicht davon auszugehen, dass die Handlungsorientierungen der ExpertInnen in den Jugendämtern ausschließlich durch die rechtlichen Vorgaben bestimmt werden. Die Handlungsorientierung der ExpertInnen in den Jugendämtern wird durch (mindestens) drei spezifische Handlungskontexte geprägt: Dem rechtlichen, administrativen und professionellen Handlungskontext. Je nach professionellem Selbstverständnis und Organisationsform (Verwaltungsmodell) sind unterschiedliche Formen der Wissens- und Handlungsorientierung zu erwarten.

Strukturen, also die geänderten Gesetze, werden erst im Handeln der Akteure real und führen zu einer handlungspraktischen Strukturierung sozialer Felder, beispielsweise der Jugendhilfe. In diesem Sinne ist die soziale Realität weder als bloße Handlungskontingenz noch ausschließlich als

Strukturobjektivität zu verstehen, sondern als dynamischer Prozess handlungsförmiger „Strukturierung" (vgl. Giddens 1988: 290). Überindividuelle gesellschaftliche Strukturen (zum Beispiel Gesetze) und intentional handelnde Subjekte werden beide in rekursiven sozialen Handlungen oder Praktiken konstituiert, das heißt produziert und reproduziert. Der Handlungsbegriff bezieht sich einerseits auf das praktische Vermögen der beteiligten Subjekte, Veränderungen in der objektiven Welt zu bewirken (Strukturierung) und andererseits auf die vom Handeln produzierte Objektivität selbst (Struktur). Strukturen gelten nicht als abstrakte Muster, sondern in der Gestalt struktureller Elemente oder Momente sozialer Systeme (die diesem System Form geben oder für deren Ordnung sorgen) als Bedingung wie auch als Resultat des Handelns selbst.

„Die Begriffe ‚Struktur' und ‚Handeln' bezeichnen so die allein analytisch unterschiedenen Momente der Wirklichkeit strukturierter sozialer Handlungssysteme. Strukturen selbst existieren gar nicht als eigenständige Phänomene räumlicher und zeitlicher Natur, sondern immer nur in Form von Handlungen oder Praktiken menschlicher Individuen. Struktur wird immer nur wirklich in den konkreten Vollzügen der handlungspraktischen Strukturierung sozialer Systeme [...]" (Giddens 1988: 290).

Strukturen treten den gesellschaftlichen Akteuren als wirkliche oder antizipierte Handlungen anderer Akteure entgegen. Damit Strukturen praktisch wirksam werden können, müssen sie in das Bewusstsein der handelnden Individuen dringen beziehungsweise von diesen wahrgenommen werden. „Die Strukturen gewinnen zunächst Existenz in der Form von Elementen des Alltagswissens der Subjekte. In dieser Form entfalten sie handlungsorientierende Potenz, steuern und strukturieren sie das Handeln, um als Handeln selbst allererst Wirklichkeit in Raum und Zeit zu gewinnen" (Giddens 1988: 290).

Die Frage, wie die Rechtsverwirklichung des neuen Kindschaftsrechts in der Jugendhilfe, genauer in den Jugendämtern, stattfindet, ist erkenntnisleitend für die nachfolgenden Ausführungen. Das Ziel der Erfassung von Handlungsorientierungen und -strukturierungen verlangt ein methodisches Vorgehen, welches nachfolgend kurz erläutert wird. Es ging um die Erfassung unterschiedlicher Haltungen, Arten der Durchführung des gesetzlichen Auftrags beziehungsweise um die Abbildung der entstandenen Handlungsvielfalt (vgl. Teil IV).

Methodisches Vorgehen

Das methodische Vorgehen richtete sich einerseits auf das strukturelle Moment „neues Kindschaftsrecht" und andererseits auf die das Handlungs- oder Implementationsfeld strukturierenden handelnden Akteure, die ExpertInnen in den Jugendämtern. Die methodische Anlage der Untersuchung stützte sich auf induktiv-explorative „qualitative" Forschungsmethoden. Dabei stand eine umfassende Informationsgewinnung im Vordergrund, die der Komplexität und der spezifischen Struktur des Untersuchungsgegenstandes geschuldet ist. Die Erhebung wurde so angelegt, dass die formale Struktur (Gesetze) und die darauf reagierenden Handlungsweisen zusammen betrachtet werden können, um ein annähernd vollständiges Bild der Gesetzesrealisierung zu erhalten. Mit einer Dokumentenanalyse wurde die formale Struktur rekonstruiert.[79] Anhand von Dokumenten (Gesetzestexten, Kommentaren, Bundestags-Drucksachen, Stellungnahmen etc.) wurden die Gesetzgebungsgeschichte (Impulse, Ziele, Konflikte, Akteure etc.) und das „neues Kindschaftsrecht" als Programm analysiert (vgl. Teil II) sowie relevante Akteure und Zusammenhänge im Implementationsfeld erfasst (vgl. Teil III).

Weitere Analysen basieren auf quantitativen und qualitativen Daten aus der vom Bundesministerium der Justiz in Auftrag gegebenen „Begleitforschung zur Umsetzung der Neuregelungen zur Reform des Kindschaftsrechts" (Proksch 2000, 2001, 2002).[80] Diese Daten wurden unter Berücksichtigung ihres Erhebungskontextes interpretiert und als Ergänzung der eigenen Daten herangezogen (vgl. Teil IV).

Im Zentrum des methodischen Vorgehens stand eine Befragung von JugendamtsmitarbeiterInnen. Mit leitfadenorientierten ExpertInneninterviews wurden Daten kommunikativ erhoben; ergänzend sind Dokumente[81] analysiert worden. Aufgrund der auf Vorwissen basierenden Leitfadenformulierung und der Fallauswahl sind die erhobenen Daten vergleichbar. Methodisch folgten Datengewinnung und Datenanalyse den Ausführungen von Meuser und Nagel (1989, 1991, 1994, 1996, 1997). Die Qualität der Daten liegt in der Offenheit, Reichhaltigkeit und Breite des erhobenen Materials.

Die Regelungen des neuen Kindschaftsrechts bilden den formalen Hintergrund für die Aufgabenwahrnehmung in Jugendämtern, die als Implementationsträger das neue Kindschaftsrecht realisieren. Im Zentrum der Untersuchung stehen die Wissens- und Handlungsstrukturen der ExpertInnen im Jugendamt, die eine zentrale Funktion bei der Implementation einnehmen. Um dieses ExpertInnenwissen zu erheben und die handlungsleitenden Orientierungen der JugendamtsmitarbeiterInnen zu rekonstruieren, wurden leitfadengestützte Interviews mit ExpertInnen in Jugendämtern durchgeführt, deren Auswertung durch weitere Dokumentenanalysen ergänzt und methodisch kontrolliert worden ist.

Der Kontext, auf den ExpertInneninterviews[82] zielen, ist ein organisatorischer oder institutioneller Zusammenhang, der mit dem Lebenszusammenhang der darin agierenden Person gerade nicht identisch ist.[83] ExpertInnen gelten als Repräsentanten einer Organisation oder Institution, insofern sie die Problemlösungen und Entscheidungsstrukturen präsentieren und über ihr Handlungsfeld Auskunft geben können (vgl. Meuser/Nagel 1991). Damit sind ExpertInneninterviews auf die Generierung bereichsspezifischer Aussagen angelegt und nicht auf die Analyse von Basisregeln sozialer Handlungen. Gegenstand sind Wissensbestände im Sinne von Erfahrungsregeln, die das Funktionieren von sozialen Systemen bestimmen und damit explizit an sozialstrukturell bestimmte Handlungssysteme gebunden sind (vgl. Meuser/Nagel 1989: 24). „Insgesamt handelt es sich um die Erfassung von praxisgesättigtem Expertenwissen, des know how derjenigen, die die Gesetzmäßigkeiten und Routinen, nach denen sich ein soziales System reproduziert, enaktieren und unter Umständen abändern bzw. gerade dieses verhindern, aber auch der Erfahrung derjenigen, die Innovationen konzipiert und realisiert haben" (Meuser/Nagel 1997: 481). Bezogen auf die Implementation politischer Programme, wie das neue Kindschaftsrecht kann das Primat der Verwaltung gegenüber der Politik auch zur „Nicht- Implementation" führen (vgl. Meuser/Nagel 1994: 190).

Laut Meuser und Nagel (1989) dient das Verfahren des offenen, leitfadenorientierten ExpertInneninterviews der Analyse leitender Deutungsmuster institutionellen Handelns. In offenen Interviews werden Situationsdefinitionen des Experten, seine Strukturierung des Gegenstandes und seine Bewertungen erfasst (vgl. Dexter 1970 in Meuser/Nagen 1989). In diesem Zusammenhang ist Expertentum als relationaler Status zu sehen. Die ExpertInnen sind Teil des Handlungsfeldes, welches den Forschungsgegenstand ausmacht. „Der Expertenstatus wird in gewisser Weise vom Forscher verliehen, begrenzt auf die spezifische Fragestellung" (Meuser/Nagel 1989: 3). Im Kontext der Untersuchung wurde als ExpertIn angesprochen: Wer Verantwortung für die Implementierung des neuen Kindschaftsrechts im Jugendamt trägt und wer über einen privilegierten Zugang zu Informationen über Personengruppen und/oder Entscheidungsprozesse verfügt. Der Status des/der Experten/In wurde wissenssoziologisch (Schütz 1972; Sprondel 1979) sowie methodologisch bestimmt.[84]

Es geht einerseits um verschiedene Formen des Wissens, die sich in arbeitsteilig organisierten Gesellschaften herausbilden und vornehmlich an die Berufsrolle gebunden sind (Sprondel: „sozial institutionalisierte Expertise"). Andererseits wird der ExpertInnenstatus im methodologischem Sinne dem jeweiligen Forschungsinteresse folgend zugeschrieben, wobei die Zuschreibung an die „institutionalisierte Kompetenz zur Konstruktion von Wirklichkeit" gebunden ist (Hitzler/Honer/Maeder 1994 in Meuser/Nagel 1997: 484). Der ExpertInnenstatus ist folglich im Untersuchungskontext relational an die Tätigkeit im Jugendamt gebunden und wurde vorab institutionell-organisatorisch abgesichert zugeschrieben. Die Zuschreibung erfolgte über telefonisch befragte AmtsleiterInnen, die sozusagen als „gate keeper" fungierten (vgl. Merten 1997). Nicht die oberste Ebene einer Organisation (zum Beispiel JugendamtsleiterInnen), sondern eher die zweite oder dritte Ebene (AbteilungsleiterInnen, SachbearbeiterInnen etc.) bietet InterviewpartnerInnen, weil oft auf diesen Ebenen Entscheidungen vorbereitet und durchgesetzt werden. Dort liegt in der Regel umfangreiches und detailliertes Wissen über interne Strukturen und Ereignisse vor.[85]

Auf die Implementation des neuen Kindschaftsrechts bezogen, bildeten die ExpertInnen in den Jugendämtern die Zielgruppe für die Datenerhebung. Die Interviews waren darauf angelegt, dass die ExpertInnen Auskunft über ihr eigenes Handlungsfeld geben. Durch gezielte Variation der Stichprobe soll ein möglichst vollständiges Bild des Untersuchungsfeldes erreicht werden (vgl. Witt 2001). In diesem Zusammenhang hat das Kriterium der Repräsentativität die Bedeutung, das Untersuchungsfeld möglichst variantenreich abzubilden. Das qualitative Sample wurde durch eine systematische Kontrastierung von Fällen zusammengestellt, deren Vergleichsdimensionen für die Untersuchungsfragestellung relevant sind.[86]

Die Interviews gestalteten sich nicht völlig offen, sondern waren leitfadenorientiert beziehungsweise leitfadengestützt. Die Themenkontrolle wurde über eine leitfadenorientierte Gesprächsführung erreicht. „Eine leitfadenorientierte Gesprächsführung wird beidem gerecht, dem thematisch begrenzten Interessen des Forschers an dem Experten, wie auch dem Expertenstatus des Gegenübers" (Meuser/Nagel 1989: 8). Es reicht allerdings nicht aus, die Vergleichbarkeit der Interviews über die Generalthemen des Leitfadens und die Fallauswahl zu erzeugen. Ein weiterer Schwerpunkt lag auf dem kontrollierten Vorgehen in der Auswertung. Die vollzogenen Auswertungsschritte orientieren sich an den „Entdeckungsstrategien" von Meuser und Nagel (Verschriftlichung, Sequenzierung, Paraphrasierung, thematisches Ordnen, Kodieren, thematischer Vergleich, soziologische beziehungsweise sozialwissenschaftliche Konzeptualisierung und theoretische Generalisierung). Die Auswertung der ExpertInneninterviews richtete sich auf thematische Einheiten, also auf inhaltlich zusammengehörige, über die Texte verstreute Passagen. Mit dem Vorgehen des thematischen Vergleichs wurden Gemeinsamkeiten und Unterschiede feststellbar, die nicht nur durch Fallbeispiele, sondern durch typische Äußerungen dokumentiert werden. Ziel der Auswertung war im Vergleich der ExpertInneninterviews untereinander „das überindividuell-gemeinsame herauszuarbeiten, Aussagen über Repräsentatives, über gemeinsam geteilte Wissensbestände, Relevanzstrukturen, Wirklichkeitskonstruktionen, Interpretationen und Deutungsmuster zu treffen" (Meuser/Nagel 1989: 11).

Zusammenfassung und Fazit

Das neue Kindschaftsrecht steht im Zusammenhang mit staatlichen Interessen, die sich insbesondere auf die Elternschaft oder noch genauer auf die Elternverantwortung richten. Es wurde als sozialpolitische Aktivierung von Elternverantwortung durch Recht thematisiert. Der Staat in seiner Form als „Interventionsstaat" hat sich zur Aufgabe gemacht, durch (öffentliche) Verwaltung in gesellschaftliche Lebensprozesse „hineinzuregieren", um diesen politisch erwünschte „normale" Verläufe zu geben. Die Steuerungs- oder Regulierungskonzepte des „Interventionsstaates" entsprechen historisch der „fordistischen" Gesellschaftsformation und einem sozialdemokratisch-keynesianischen Hegemonieprojekt. Im Kontext einer sich verändernden Gesellschaft und einer veränderten staatlichen Regulation, hat sich auch die Art und Weise der staatlich-öffentlichen Verantwortungsübernahme gewandelt.

Der Staat, der sich aufgrund wirtschaftlicher Wandlungsprozesse aus der Verantwortung zurückzieht, bestimmt nach wie vor die rechtlichen und politischen Rahmenbedingungen, zum Beispiel für die Wahrnehmung der elterlichen Verantwortung. Das neue Kindschaftsrecht hat nur begrenzt zu einer Zurücknahme staatlicher Fremdsteuerung zugunsten autonomer Selbstbestimmung der Familie geführt. Es bietet eher einen politischen und rechtlichen Rahmen für „Selbstregulierungsprozesse" der Familie, die den staatlichen Zielvorstellungen zur Ausgestaltung „elterlicher Verantwortung" entsprechen. „Selbstregulierung" im Kontext des neuen Kindschaftsrechts wurde als „regulierte Selbstregulierung" gekennzeichnet, weil die Selbstregulierungsprozesse in einem staatlich gesetzten Rahmen beziehungsweise auf rechtlicher Grundlage erfolgen (vgl. Schulz/Held 2002:A-5). Der Staat als Gesetzgeber gibt die Ziele normativ vor, die Zielverfolgung und Problembearbeitung wird bis in die familiären Lebensverhältnisse hinein delegiert.

Einer staatlichen Zuschreibung und Einforderung von persönlicher Verantwortlichkeit der Eltern steht die Frage den Fähigkeiten und Möglichkeiten der Eltern gegenüber, wobei die Jugendämter mit ihren Informations-, Kooperations-, Vermittlungs- und Beratungsaufgaben eine wesentliche Rolle spielen. Ihr Einfluss auf Inanspruchnahme und Ausgestaltung der Leistungen, die die Fähigkeiten der Eltern zur Konflikt- und Problemlösung im Bereich der Eltern-Kind-Beziehung fördern (sollen), ist nach der Kindschaftsrechtsreform gestiegen. Die sozialpolitische Aktivierung eheunabhängiger Elternverantwortung ist ein zentrales Ziel, das der Staat mit dem neuen Kindschaftsrecht setzt.

Bei der Betrachtung von Recht als (sozialpolitisches) Steuerungsmittel sind verrechtlichte Handlungsweisen zentral: Es geht um durch Recht (mit-)bewirkte Handlungskoordination. Die Perspektive der Implementationsforschung wird genutzt, um die Kinder- und Jugendhilfe als Implementationsfeld des neuen Kindschaftsrechts systematisch zu erfassen. Der Vorteil dieser Vorgehensweise liegt darin, dass der gesamte politische Prozess der Kindschaftsrechtsreform mit seinen verschiedenen Phasen und Akteuren in den Blick genommen werden kann (vgl. Teil II). Damit gelingt es, eine verkürzte Sicht auf Reformergebnisse und Gesetzeswirkungen zu überwinden.

Für die Analyse des neuen Kindschaftsrechts und die Rekonstruktion der Aufgabenwahrnehmung in Jugendämtern sind folgende Annahmen erkenntnisleitend gewesen, die in Teil I ausführlich dargelegt wurden und nun noch einmal zusammengefasst werden:

- Der Staat zielt mit Sozialpolitik, sozialen Institutionen und Maßnahmen nicht nur auf das „Gemeinwohl", sondern auch auf Hegemonie ab. In sozialpolitischen Maßnahmen stecken „hegemoniale Botschaften", mittels derer bestimmte, mit den politischen Interessen kompatible Lebensführungen unhinterfragt hergestellt und aufrechterhalten werden (hegemonialer „Way of life"). Das neue Kindschaftsrecht kann als eine solche „hegemoniale Botschaft" gelesen werden, die insbesondere an Eltern minderjähriger Kinder gerichtet ist. Elternschaft statt Ehe wird zunehmend in den Fokus staatlicher Interessen gerückt. Kinder- und Jugendhilfe wirkt als Teil des staatlichen „Hegemonieapparates" zwischen Staat und Familie.

- Der „Staat" wird als „konfliktstrukturiertes Kräftefeld" betrachtet, in dem zeitlich begrenzte Kompromisse und Konsense getroffen werden, die als „materielles Substrat" hegemoniale Wirkung entfalten. Gesetzgebung ist aus dieser Perspektive ein Konsentierungsprozess, an dem unterschiedlichste gesellschaftliche Akteure mit zum Teil widersprüchlichen Interessen beteiligt sind. In Gesetzen sind die (konsentierten) widersprüchlichen Interessen der Akteure enthalten. Die widersprüchlichen Interessen können in Institutionen reproduziert werden beziehungsweise eine unerschöpfliche Quelle neuer Konflikte innerhalb von oder zwischen Institutionen sein.

- Die Analyse der objektiven Handlungsvorgaben des neuen Kindschaftsrechts und der Handlungsorientierungen der JugendamtsmitarbeiterInnen erfolgt aus einer Implementationsperspektive. Der Vorteil dieser Vorgehensweise liegt darin, dass der gesamte politische Prozess der Kindschaftsrechtsreform mit seinen verschiedenen Phasen und Akteuren in den Blick genommen werden kann. Die Art und Weise, wie Gesetze verwirklicht werden, ist abhängig von der Gesetzgebungsphase (Programmentwicklung), deren Ergebnis (Programmart) sowie vom Implementationsfeld und seinen Akteuren. Die Gesetzgebung selbst ist Teil des Untersuchungsgegenstandes. Damit gelingt es, eine verkürzte Sicht auf Reformergebnisse und Gesetzeswirkungen zu überwinden.

- Gesetze werden erst im Handeln der Akteure real und führen zu einer handlungspraktischen Strukturierung sozialer Felder. Die Analyse von Handlungsorientierungen relevanter Akteure ist unumgänglich bei der Rekonstruktion von Implementationsprozessen. Die handlungsleitenden Orientierungen der Akteure sind von besonderer Bedeutung, wenn den Implementationsinstanzen die Wahl der Handlungsmittel oder sogar die Konkretisierung der Handlungsziele überlassen bleibt (beispielsweise im Rahmen überwiegend zweckprogrammierter personenbezogener sozialer Dienstleistung). Bezogen auf die Handlungskoordination durch Recht sind Modulationen, Zielverschiebungen, Nebenwirkungen, Wirkungsverluste und Implementationswiderstände erwartbar.

Die Verwirklichung des neuen Kindschaftsrechts im Handlungsfeld der Kinder- und Jugendhilfe ist dem Einfluss vierer steuerungsrelevanter Faktoren ausgesetzt, die entweder jugendamtsextern oder -intern zuzuordnen sind. Die Inanspruchnahmebereitschaft von Eltern und Kindern hinsichtlich der Leistungsangebote von Jugendämtern, das neue Kindschaftsrecht als objektive Handlungsvorgabe, die professions- und organisationsbezogenen Handlungsvorgaben im Jugendamt sowie die Handlungsorientierungen der JugendamtsmitarbeiterInnen beeinflussen die Aufgabenwahrnehmung:

Tabelle 1: Steuerungsrelevanter Faktoren im Handlungsfeld der Kinder- und Jugendhilfe

	Jugendamtsextern	Jugendamtsintern
Implizit	Inanspruchnahmebereitschaft der (potentiellen) NutzerInnen Vgl. Teil IV	Haltungen, Deutungen und Handlungsorientierungen der JugendamtsmitarbeiterInnen Vgl. Teil IV
Explizit	Neues Kindschaftsrecht als objektive Handlungsvorgabe Vgl. Teil II	Professionsbezogene und organisationsbezogene Handlungsvorgaben Vgl. Teil III

Im folgenden Teil II geht es um die Konkretisierung des neuen Kindschaftsrechts (formale Struktur). Dabei wird vorerst auf die historische Entwicklung des Kindschaftsrechts im Rahmen des BGB und auf die Kindschaftsrechtsreform als Gesetzgebungsgeschichte eingegangen, um am „Reformergebnis" (dem neuen Recht) die normative Zielrichtung bzw. die Absichten des Gesetzgebers herauszuarbeiten. Die Zielrichtung oder Gesetzesphilosophie unterscheidet sich maßgeblich vom alten Recht, so dass eine praxisstrukturierende Wirkung der Reform zu erwarten ist.

In Teil III werden die Jugendämter als Implementationsträger des neuen Kindschaftsrechts und die Kinder- und Jugendhilfe als Implementationsfeld und -struktur dargestellt, um zu verdeutlichen, welche Akteure und Akteurskonstellationen die Implementation beeinflussen. Gesetzgebung ist nahezu immer Rechtsänderung und nur selten völlige Neuschöpfung. Auch das neue Kindschaftsrecht wirkt in einem schon geregelten Wirklichkeitsausschnitt. Neuregelungen sind notwendig darauf ausgelegt, neben und gemeinsam mit älteren, anderen Regelungen rechtsintern zu wirken (vgl. Gusy 1999: 290). Der bestehende Regelungskontext, auf den das neue Kindschaftsrecht stößt, ist das Handlungsfeld der Kinder- und Jugendhilfe, welches hinsichtlich seiner kindschaftsrechtlich relevanten Institutionen, Aufgaben und Verfahrensweisen analysiert wird.

In Teil IV geht es um die empirisch rekonstruierbare Aufgabenwahrnehmung sowie die Handlungsorientierungen der ExpertInnen in kommunalspezifischen Jugendämtern. Für die Verwirklichung des neuen Kindschaftsrechts stellt sich die Frage, welche Bedingungen im Handlungskontext „Jugendamt" und welche Handlungsprämissen (Definitionen, Routinen und Handlungsmaximen) der ExpertInnen in den Jugendämtern die Implementation des neuen Kindschaftsrechts beeinflussen. Die erhobenen qualitativen Daten sind daraufhin auszuwerten, ob und wie die JugendamtsmitarbeiterInnen das Handeln von Eltern (und Kindern) beeinflussen. Auf der Grundlage der leitfadenorientierten ExpertInneninterviews wurden Handlungsorientierungen der befragten JugendamtsmitarbeiterInnen rekonstruiert. In der Zusammenschau der Praxisbeschreibungen und anderen Daten kann auf handlungsstrukturierende Wirkungen des neuen Kindschaftsrechts geschlossen werden. Teil IV gliedert sich nach den Kategorien, die aus dem Datenmaterial entwickelt wurden. Auf der Ebene verschiedener inhaltlicher Kategorien oder Vergleichsdimensionen werden gemeinsam geteilte Wissensbestände und Varianten in den Handlungsorientierungen der Befragten deutlich.

II Neues Kindschaftsrecht als sozialpolitisches Programm

Das neue Kindschaftsrecht als Programm in der Kinder- und Jugendhilfe

Der Begriff „Kindschaftsrecht" ist gesetzgeberisch nicht definiert. Im engeren Sinne ist darunter der Teil des Familienrechts zu verstehen, der sich speziell mit den Rechtsbeziehungen zwischen Eltern und Kindern befasst (vgl. Oberloskamp 1991: 7). Dieser familienrechtliche Begriff, der auch das Vormundschafts- und Pflegschaftsrecht umfasst, ist klar abgegrenzt, da alle Regelungen im vierten Buch des BGB in den Abschnitten Verwandtschaft und Vormundschaft enthalten sind. Dem familienrechtlichen Begriff steht ein weiter gefasster Kindschaftsrechtsbegriff gegenüber, der alle Rechtsfolgen aufnimmt, die an die Verwandtschaft der Beteiligten geknüpft sind. Es werden folglich auch die prozessrechtlichen (Zeugnisverweigerungsrecht etc.) und vor allen Dingen die sozialrechtlichen (Kinder- und Jugendhilfe etc.) Auswirkungen der Verwandtschaft zum Kindschaftsrecht gezählt (vgl. Bauer/Schimke/Dohmel 1995: 164). Ein davon völlig abweichendes Verständnis von Kindschaftsrecht wird in der UN-Kinderrechtskonvention deutlich, in der Rechte aus der Sicht des Kindes formuliert sind, die somit das ganze Lebensspektrum von Minderjährigen erfassen.

Bei den Reformen des Kindschaftsrechts wurde zwar von dem familienrechtlichen Verständnis des Kindschaftsrechts ausgegangen, denn der Schwerpunkt der Änderungen lag im BGB, aber es ging auch um die Reformierung begleitender Verfahrensrechte sowie der Regelungen im Kinder- und Jugendhilferecht. Folglich ist im Untersuchungskontext vom kindschaftsrechtlichen Begriff des Gesetzgebers auszugehen. Im Untersuchungskontext ist das „neue Kindschaftsrecht" als „politisches Programm" in der Kinder- und Jugendhilfe ein Konstrukt in forscherischer Absicht, das mehrere Gesetze umfasst, jedoch nicht deckungsgleich mit der Gesamtheit der reformierten Gesetze ist.

Zentrale Bedeutung für eine an der Implementationsforschung orientierten Herangehensweise hat die begriffliche Kategorie des „Programms". Das zu implementierende Programm wird zum Maßstab der empirischen Analyse. Es bestimmt Handlungsziele, legt AdressatInnen und für die Ausführung Zuständige fest. Die Beziehung zwischen den Akteuren werden vorstrukturiert. Die konkrete, fassbare Einheit eines Programms liegt vor, wenn es sich zum Beispiel mit einem Gesetz deckt. In der Regel wird das Programm als Konstrukt des Forschers von diesem aus Elementen eines oder mehrerer Gesetze und anderer Quellen politischer Absichtserklärungen etc. zusammengestellt. Der gemeinsame Zielbezug stellt die übergreifende Klammer dar.

Das „neues Kindschaftsrecht" als Programm im Untersuchungskontext bezieht sich auf ausgewählte Gesetzesänderungen, die das Feld der Jugendhilfe strukturieren. Es geht um rechtlich umgestaltete Situationen, in denen das Jugendamt als Behörde tätig wird, zum Beispiel die Aufgabenwahrnehmung der Jugendämter in Fällen von Trennung und Scheidung (Beratung, Unterstützung, Vermittlung und Mitwirkung), in Fällen der Kindesgeburt außerhalb der Ehe (Beratung, Unterstützung, Beistandschaft und Beurkundung) sowie Informations- und Kooperationstätigkeiten. Im Kontext der Untersuchung bedeutet die Fokussierung der beiden Jugendamts-Handlungsfelder „ASD" und „Beistandschaft", dass all jene Gesetzesänderungen relevant sind, die die Situationen, in denen die JugendamtsmitarbeiterInnen tätig werden, (neu) strukturieren. Dies sind insbesondere folgende Regelungen und Aufgaben:

- Pflicht zur Information scheidungswilliger Eltern über Beratungsangebote (§ 17 III SGB VIII);
- Rechtsanspruch auf Beratung nach § 17 SGB VIII sowie die Möglichkeit der gemeinsamen elterlichen Sorge nach Trennung und Scheidung;
- Mitwirkung in Verfahren über die elterliche Sorge bei Getrenntleben der Eltern (§ 49a FGG);
- Rechtsanspruch auf Beratung von Kindern und Jugendlichen, umgangsberechtigten Elternteilen sowie weiteren Umgangsberechtigten (§ 18 III SGB VIII);
- Möglichkeit der Einrichtung einer Verfahrenspflegschaft für Kinder und Jugendliche (§ 50 FGG);
- Pflicht zur Information von Müttern nichtehelicher Kinder sowie auf Wunsch Beratung und Unterstützung (§ 52a SGBVIII);
- Beratung und Unterstützung bei der Ausübung der Personensorge (§ 18 I SGB VIII);
- Beistandschaft für alle alleinerziehenden Elternteile (§§ 1712-1717 BGB; § 57 SGB IV);
- Beurkundung von Sorgeerklärungen (§ 59 (1) 8 SGB VIII) sowie
- Auskunft über die Nichtabgabe von Sorgeerklärungen (§ 58a SGB VIII).

- Ziel ist, im Vergleich mehrerer Jugendämter verschiedene oder ähnliche Handlungsorientierungen zu rekonstruieren, die mit den Absichten und Zielen des Gesetzgebers verglichen werden (vgl. Teil IV).

Auch wenn das untersuchungsrelevante „Programm" als Forschungskonstrukt nur Teile des neuen Kindschafts- und Beistandschaftsrechts enthält, ist es notwendig, den Rechtsbereich „Kindschaftsrecht" in seiner Gesamtheit zu erfassen, um den Zielkontext, in dessen Zusammenhang alle Veränderungen stehen, zu verdeutlichen. Dieser Zielkontext wird mit dem Begriff der „Gesetzesphilosophie" beschrieben. Es geht darum, die „Philosophie" beziehungsweise die „hegemoniale Botschaft" des alten und des neuen Kindschaftsrechts zu analysieren und mit der offiziellen Gesetzgeberintention (normative Absichten) zu vergleichen. Es wurde untersucht, welche Interessen, Annahmen etc. hinter der neuen „Gesetzesphilosophie" stehen beziehungsweise in welchen konkreten Regelungen sich die übergreifende normative Zielrichtung des Regelwerks manifestiert.

Das Familien- und Kindschaftsrecht ist einer der am häufigsten veränderten Rechtsbereiche des BGB. Die letzten grundlegenden Änderungen des Rechtsgebietes (vor der Kindschaftsrechtsreform von 1998) hatten 1980 mit der damaligen „Reform des Rechts der elterlichen Sorge" stattgefunden. Mit jenen Änderungen sollte das Verhältnis zwischen Eltern und Kindern auf eine neue Basis gestellt werden. Der Begriff der „elterlichen Gewalt" wurde durch den der „elterlichen Sorge" ersetzt. In einer Reihe von Einzelregelungen versuchte der Gesetzgeber, patriarchalische Herrschaftsregelungen abzuschaffen und ein partnerschaftliches Zusammenleben in der Familie zu konstituieren. Die damalige Reform konnte jedoch das Kindschaftsrecht nicht dauerhaft befrieden; vier Faktoren riefen bald erneuten Reformbedarf hervor: Die gesellschaftlichen Entwicklungen beziehungsweise das sich wandelnde Verhalten der Menschen bezüglich familialer Lebensformen, zum Beispiel die Zunahme nichtehelicher Lebensgemeinschaften und der Anstieg der Scheidungsquote, verursachte Reformdruck auf den Gesetzgeber (1). Hinzu kam die Wiedervereinigung, in deren Zuge es zu Rechtsangleichungen kommen musste (2). Die UN- Kinderrechtskonvention von 1989 brachte wichtige Impulse für Gesetzesänderungen (3). Das Bundesverfassungsgericht (BVerfG) erklärte in einer Reihe von Entscheidungen wesentliche Aussagen des Sorgerechtsgesetzgebers von 1980 für verfassungswidrig (erstmals 1982) (4).

Der Gesetzgeber reagierte auf diese Entwicklungen mit einer Reihe von Reformvorhaben im Bereich des Kindschaftsrechts, die zusammengefasst in der Kindschaftsrechtsreform von 1998 verwirklicht wurden. So ist am 01. Juli 1998 das neue Kindschaftsrecht in Kraft getreten. Es handelte sich dabei um die größte familienrechtliche Reform in der Geschichte der Bundesrepublik seit dem ersten Eherechtsreformgesetz von 1976 (vgl. Salgo 1998a).

Die Einbettung des Kindschaftsrechts in das Familienrecht als Teil des BGB verbindet es mit dessen historischen Wurzeln. Aus diesem Grund wird ein Rückblick auf das Familienrecht sowie auf den damaligen gesellschaftlichen Hintergrund (bezogen auf die Idealvorstellungen von Familie) geworfen, um den historischen Hintergrund der Reformbedürftigkeit des Kindschaftsrechts zu beleuchten. Es geht vorerst um die historische Entwicklung des Kindschaftsrechts beziehungsweise von dessen Leitbildern als Teil des Familienrechts im BGB. Insbesondere die Regelungen und Entwicklungen des Nichtehelichenrechts, des Ehe- und Scheidungsrechts sowie des Elternrechts, der elterlichen Sorge und des Kindesrechts werden als kindschaftsrechtlich relevant thematisiert. Die „Gesetzesphilosophie" beziehungsweise die Leitbilder des damaligen Gesetzgebers können mit den Begriffen „patriarchalisch" und „bürgerlich" bezeichnet werden.

Das Kindschaftsrecht und seine historischen Leitbilder

Die Vorstellungen darüber, wie sich das Zusammenleben von Männern, Frauen und Kindern ideal gestaltet, sind veränderlich. Die Entwicklung eines „Normaltypus" von Familie wird dabei auch politisch und rechtlich gesteuert. Es stellt sich die Frage, wie die bürgerliche Kleinfamilie zum Normaltypus von Familie geworden ist und wie sich der historische Gesetzgeber des BGB 1900 von diesem Bild leiten ließ beziehungsweise es mitgeprägt hat. Ehe, Elternschaft, elterliche Sorge und Trennung/Scheidung werden hervorgehoben betrachtet, da die damaligen normativen Ziele und Leitbilder des Gesetzgebers in jenen Regelungen am deutlichsten werden.

Im 18. Jahrhundert war die Ehe eine sozialverbindliche Lebens- und Arbeitsform, die durch Gott und die Autorität der Kirche abgesegnet sowie durch die materiellen Interessen der in der Ehe Verbundenen erzwungen war. Eine gesicherte materielle Existenzbasis jenseits der Ehe war eher die Ausnahme. Die Einzelheiten des alltäglichen Zusammenlebens wurden den Ehepartnern vorgegeben, Abweichungen sanktioniert. Einschneidende Veränderungen erfolgten erst durch die Trennung von Familien- und Erwerbsarbeit, die sich im Laufe zunehmender Industrialisierung entwickelte. „Die Auflösung der materiellen Basis ehelicher Gemeinschaft (wurde) mit einer Überhöhung der moralischen und rechtlichen Grundordnung der Ehe beantwortet" (Beck/Beck-Gernsheim 1994: 22). Im Verlauf des 19. Jahrhunderts setzte sich, zumindest als Leitbild, allmählich die Norm der freien Partnerwahl und der wechselseitigen Liebe als ehestiftendes Motiv durch. Soweit das Einkommen des Mannes zur Versorgung der Familie ausreichte, wurden die Ehefrauen aus dem Erwerbsleben ausgegliedert (zunächst in den bildungsbürgerlichen Gesellschaftsschichten, später auch in Arbeiterfamilien).

Zum Leitbild der bürgerlichen Familie gehörte die Erwartung, dass jedermann zur Eheschließung nicht nur berechtigt, sondern in gewisser Weise verpflichtet war (vgl. Peuckert 1999: 43). Während noch 1871 die Ehelosigkeit in unteren Sozialschichten durch politisch-rechtliche Heiratsbeschränkungen und durch fehlende finanzielle Mittel erzwungen war, nahm der Anteil der Verheirateten an der Gesamtbevölkerung seit der Aufhebung der Heiratsverbote und der Universalisierungstendenz der Liebesheirat kontinuierlich zu. Zum Beispiel waren von den Angehörigen der Geburtskohorte der 30er Jahre des 20. Jahrhunderts über 90% die meiste Zeit ihres Lebens verheiratet. Mit der zunehmenden Popularität der Ehe als Grundlage der Familie verlor die nichteheliche Beziehung ihre Legitimationsgrundlage. So lässt die hohe Ledigenquote von 1871 (60%) darauf schließen, dass es zu dieser Zeit Paare gegeben hat, die wie Eheleute zusammenlebten. Diese nichtehelichen Lebensgemeinschaften wurden im Gleichzug mit der steigenden Ehelichenquote seltener und unterlagen verstärkt rechtlichen und sozialen Sanktionen (vgl. Peuckert 1999: 69).

Das bürgerliche Familienideal mit der Vorstellung der nichterwerbstätigen Hausfrau und Mutter ist gegen Ende des 19. Jahrhunderts normatives Orientierungsmodell für alle gesellschaftlichen Schichten und Klassen geworden. Aufgrund des Lebensstandards, zunächst nur von einem relativ kleinen Kreis privilegierter Bürgerlicher gelebt, führte das „Wirtschaftswunder" der 50er und 60er Jahre des 20. Jahrhunderts ausschlaggebend zu einer Etablierung und Generalisierung des modernen, bürgerlich gefärbten Familienmusters. Parteien und Kirchen trugen ebenfalls zur Propagierung und Verallgemeinerung des bürgerlichen Leitbildes bei, dass von jedem Menschen die legale, lebenslange, monogame Ehe zwischen Mann und Frau verlangte, die mit ihren gemeinsamen Kindern in einem gemeinsamen Haushalt leben, in der der Mann Hauptennährer und Autoritätsperson und die Frau Hausfrau und Mutter ist. Alternative Formen des Zusammen- oder Alleinlebens (Geschiedene, Nichteheliche Lebensgemeinschaften, Alleinlebende) wurden bestenfalls als Not- oder Ersatzlösungen toleriert oder diskriminiert (vgl. Peuckert 1999: 25).

Das moderne Ehe- und Familienmuster, die sogenannte moderne Kleinfamilie (auch Gattenfamilie oder privatisierte Kernfamilie), also die selbstständige Haushaltsgemeinschaft eines verheirateten Paares mit seinen unmündigen Kindern, wurde zu einer kulturellen Selbstverständlichkeit und von der überwiegenden Mehrheit der Bevölkerung gelebt, ohne dieses Modell in Frage zu stellen. Die hohen Heirats- und Geburtenziffern sowie die niedrigen Scheidungsziffern belegten die Dominanz der Familienform. Die Entstehung dieser Familienform wird als Ergebnis eines langfristigen „strukturell-funktionalen Differenzierungsprozesses von Gesellschaft" betrachtet[1] (vgl. Peuckert 1999). Der gesellschaftliche Differenzierungsprozess wurde zunehmend durch gesetzliche Regelungen gestützt und begleitet, die sich an eben jenem Leitbild der bürgerlichen Familie orientierten, auch wenn die Erfüllung des Idealbildes vorerst den meisten Familien aufgrund der randständigen sozioökonomischen Lage (niedrige Löhne, Arbeitslosigkeit) versagt blieb. Im Besonderen das Familienrecht[2] war und ist zentral, wenn es um die rechtliche Gestaltung der Beziehungen zwischen Eheleuten, Eltern und Kindern geht.

Das Familienrecht beinhaltet die verschiedensten Themen und erscheint deshalb nicht als geschlossenes Rechtsgebiet mit grundsätzlichen, verbindlichen, das gesamte Rechtsgebiet umfassenden Strukturen (vgl. Münder 1993, 1999a). In der Entstehungsgeschichte des Familienrechts wurde allerdings von geschlossenen (weltanschaulichen und ökonomischen) Vorstellungen ausgegangen, die aber nur unter Ausblendung von weiten Teilen der sozialen Realität möglich waren. Weltanschaulich war das Familienrecht auf die Vorstellungen der oberen Mittelschicht ausgerichtet, wo der Vater als Herr der Familie für diese zuständig war und entsprechende rechtliche Kompetenzen besaß. Ökonomisch war das Familienrecht auf den Mann der oberen Mittelschicht als Vermögensinhaber hin konzipiert.

Da die gesetzlichen Regelungen schon zum Zeitpunkt der Verabschiedung des Familienrechts sowohl ökonomisch der entstehenden Arbeitnehmergesellschaft nicht mehr entsprachen, als auch weltanschaulich nur auf eine schmale Gruppe der Bevölkerung ausgerichtet waren, ist es nicht verwunderlich, dass das Familienrecht in den letzten 100 Jahren der am meisten geänderte Teil des gesamten BGB war. Die Änderungen zielten zusammenfassend betrachtet in zwei Richtungen: Zum einen wurde eine Anpassung an sozioökonomisch bereits stattgefundene Entwicklungen vorgenommen, zum anderen wurde zugunsten einer Akzeptanz der Arrangements der Beteiligten vom gesetzlichen Leitbild abgerückt (vgl. Münder 1993; Schwenzer 1987).

Veränderungen unterschiedlicher Reichweite fanden in den 50er und 70er Jahren statt, die aber eine umfassende Reform des Kindschaftsrechts noch nicht ersetzen konnten.[3] Zusammenfassend lässt sich festhalten, dass das Familienrecht und die darin geregelten Bereiche Ehe, Elternschaft und Familie von der Gesetzgebung an (1900) nur einem kleinen Teil der Gesellschaft gerecht wurde, nämlich der idealtypischen bürgerlichen Kleinfamilie. Auch in den Zeiten, in denen sich diese Familienform aufgrund verbesserter wirtschaftlicher Verhältnisse für einen großen Teil der Bevölkerung (der BRD) realisieren ließ (1950er und 1960er Jahre), waren zum Beispiel die rechtlich geregelten Verhältnisse für sogenannte „uneheliche" Kinder diskriminierend und nicht verfassungsgemäß. Die hinter den Gesetzen stehenden normativen Absichten des Gesetzgebers des BGB von

1900 und des damaligen Kindschaftsrechts, waren „patriarchalisch" und am oberen Mittelstand orientiert, denn die rechtlich gestalteten Beziehungen zu (Ehe-)Frauen und Kindern (ehelichen wie nichtehelichen) folgte ausschließlich dem Ziel, dem männlichen Familienoberhaupt die Vormachtstellung sowie die ökonomischen Ressourcen zu sichern. Soziale Absicherung und Mitsprache von Frauen und Kindern war ursprünglich nicht vorgesehen. Die bis zur Kindschaftsrechtreform von 1998 vorgenommenen Teilreformen in einzelnen Bereichen des Familienrechts haben jenen historischen Rechtscharakter nicht ausreichend tilgen können, so dass eine umfassende Reform immer dringlicher wurde. Gesetze erweisen sich in der historischen Perspektive als gesellschaftliche Konstrukte, deren „Philosophie" oder „hegemoniale Botschaft" von den vorherrschenden Norm- und Wertvorstellungen maßgeblich beeinflusst wird.

Im Folgenden werden drei Bereiche des Familienrechts in ihrer historischen Entwicklung ausführlicher dargestellt, die für das Thema „neues Kindschaftsrecht" relevant sind: Das Nichtehelichengesetz, in dem Regelungen für nicht verheiratete Eltern und nichteheliche Kinder verankert waren; das Ehe- und Scheidungsrecht, das Regelungen für verheiratete und geschiedene Eltern enthält sowie Regelungen, die das rechtliche Verhältnis von Eltern, Kindern und Staat betreffen (Elternrecht, elterliche Sorge und Kindesrecht).

Nichtehelichenrecht
Gesellschaftliche Entwicklungen führten auch zur Reform des Nichtehelichenrechts, als die ehemalige Leugnung der verwandtschaftlichen Beziehungen zwischen Vater und nichtehelichem Kind unnötig wurde. Die bis dahin beabsichtigte Sicherung der uneingeschränkten Verfügung über das väterliche Vermögen konnte aufgehoben werden, da in der „Arbeitnehmergesellschaft" nur wenige Väter über große Vermögensmassen verfügten. Bis 1969 galten uneheliche Kinder als nicht verwandt mit ihrem Vater, so dass weder dem Kind noch dem Vater gegenseitige Erbansprüche zustanden. Seit der Einführung des Nichtehelichengesetz von 1970 wurde die Rechtsstellung des sogenannten „nichtehelichen Kindes" zwar verbessert, aber „[h]insichtlich der Erbfolge nach dem Vater gab es weiterhin zwei gravierende Unterschiede, die deutlich erkennen ließen, daß das nichteheliche Kind im Denken des damaligen Gesetzgebers das „unerwünschte Kind" war, nämlich den sogenannten Erbersatzanspruch und den vorzeitigen Erbausgleich" (von Luxburg 1998: 117).

Als eine Sonderregelung für nichteheliche Kinder wurde die Amtspflegschaft (§§ 1705, 1706, 1709 BGB) geschaffen, um die rechtliche Benachteiligung von nichtehelichen Kindern zu mildern. Dem nichtehelich geborenen Kind wurde neben der Mutter, die zwar das alleinige Sorgerecht innehatte, ein Amtspfleger für die Bereiche Vaterschaftsfeststellung, Geltendmachung von Unterhaltsansprüchen und zur Regelung von Erbansprüchen durch das Gesetz zugeordnet. Die Einschränkung des alleinigen Sorgerechts nichtverheirateter Mütter basierte auf dem Bild der hilfsbedürftigen jungen Mutter und des verantwortungslosen Vaters, wobei dem Jugendamt die Aufgabe zukam, Unterhalts- und Erbrechte für das Kind zu sichern (vgl. Schimke 1998: 55 f.). Die sozioökonomischen Aspekte, die viele Regelungen des BGB obsolet werden ließen, wurden allerdings weitgehend verdeckt von subjektiven Faktoren, moralischen Prinzipien, weltanschaulichen Wertentscheidungen und fortwirkenden Traditionen, die in ihrer Gesamtheit weitreichende Reformen verhinderten. Dies führte sogar zur Anrufung des BVerfG, welches allerdings die Reformen der 70er Jahre für verfassungsgemäß erklärte, aber in den nachfolgenden Jahren den Gesetzgeber zu weiteren Reformen auffordern musste, zum Beispiel bezüglich der Rechtsstellung nichtehelicher Kinder, des Ehenamensrechts und der gemeinsamen elterlichen Sorge von Eltern nichtehelicher Kinder.

Ehe- und Scheidungsrecht
Das Eherecht ist Teil des Familienrechts (§§ 1297 – 1588 BGB und EheG). Es beinhaltet die Ehewirkungen (Name, Haushaltsführung, Unterhalt), das Güterrecht, die Eheschließung und die Scheidung. Wie im gesamten Familienrecht weisen auch im Ehe- und Scheidungsrecht die ausführlichen güterrechtlichen Bestimmungen (§§ 1363 – 1563 BGB) auf eine ökonomische Determination hin. Für den Normalfall beinhaltete das Eherecht den Güterstand der „ehemännlichen Verwaltung und Nutznießung am Vermögen der Ehefrau". Sein Vermögen unterstand allein ihm. In der Vorstellungswelt des Gesetzgebers des BGB a.F.[4] war damit gesichert, dass den ehemännlichen Unternehmen entsprechend Kapital zugeführt wurde, über das der Mann verfügen konnte. Da der Ehemann so über die ökonomischen Ressourcen Alleinverfügungsgewalt besaß, hatte er auch im Übrigen weitreichende Rechte. Die Gesetze deckten sich mit dem normativen Verständnis der patriarchalischen Gesellschaft. Als „Ausgleich für die preisgünstige Kapitalverschaffung" war der Ehemann der Ehefrau zum Unterhalt verpflichtet. Da die Frau von der Ehe abhängig war, konnte gegen ihren Willen bei entsprechendem Wohlverhalten die Ehe nicht geschieden werden (Verschuldensprinzip, §§ 42 ff. EheG a.F.). Außerdem hatte sie für die Sicherung der Nachkommenschaft zu sorgen, um so den Bestand und die Vererbung des Unternehmens zu garantieren. Aus diesem Grund wurden (Ehe-)Frauen durch das Gesetz auf die Hausfrauen- und Mutterrolle festgelegt (§§ 1356, 1360 BGB a.F.). Die Struktur des Eherechts war für die Mehrzahl der abhängigen Beschäftigten, die keine Verfügungs- und Vererbungsmöglichkeiten hinsichtlich relevanter Vermögensmassen hatten, dysfunktional. Außerdem verstießen die Bestimmungen massiv gegen die Gleichheit von Mann und Frau (Art. 3 II GG), die aber erst 1958 als Gleichberechtigungsgesetz verbindlich wurde. Die Entscheidungsgewalt des Ehemannes, das Kündigungsrecht des Mannes für

Arbeitsverhältnisse der Frau, die Verwaltung und Nutznießung des Vermögens der Frau durch den Ehemann wurden beseitigt. Im Kindschaftsrecht stand nunmehr grundsätzlich beiden Ehegatten die elterliche Gewalt zu. Dennoch wurde die Ehefrau durch die Verpflichtung zur Haushaltsführung (§§ 1355 ff. BGB a.f.) weitgehend auf die Hausfrauenrolle festgelegt. Die massivsten Verstöße gegen den Gleichberechtigungsgrundsatz im Kindschaftsrecht musste das BVerfG beseitigen. Aber erst das 1. EheRG (1977) reagierte mit einem akzeptablen Gleichberechtigungsverständnis auf die Situation berufstätiger Ehefrauen. Seitdem gehen die allgemeinen Ehe-Wirkungen nicht mehr von der Ehefrau als Hausfrau aus, sondern die innerfamiliäre Aufgabenteilung wird den Eheleuten überlassen (§§ 1356, 1360 BGB). Ein weiterer Reformschwerpunkt war das Scheidungs- und Scheidungsfolgerecht.

Elternrecht und elterliche Sorge
Elterliche Sorge und Elternrecht betreffen unterschiedliche, durch den Gesetzgeber geregelte Bereiche im Verhältnis zwischen Eltern, Eltern und Kindern und Eltern, Kindern und Staat. Die elterliche Sorge ist im Familienrecht (BGB), das Elternrecht im GG geregelt. Das Elternrecht befasst sich mit der öffentlich-rechtlichen Beziehung zwischen den Eltern und dem Staat hinsichtlich des Kindesrechts. In Art. 6 II GG wird von der Pflege und Erziehung der Kinder als dem natürlichen Recht der Eltern und der ihnen zuvörderst obliegenden Pflicht gesprochen, über deren Betätigung die staatliche Gemeinschaft wacht (staatliches Wächteramt). Damit ist, einem liberalen Verfassungsverständnis[5] entsprechend, das Elternrecht zunächst ein Abwehrrecht gegen staatliche Eingriffe in die Erziehung des Kindes. Allerdings besteht eine Besonderheit, denn „eine Verfassung, welche die Würde des Menschen in den Mittelpunkt ihres Wertsystems stellt, kann bei der Ordnung zwischenmenschlicher Beziehungen grundsätzlich niemandem Rechte an der Person eines anderen einräumen, die nicht zugleich pflichtgebunden sind und die Menschenwürde des anderen respektieren" (BVerfGE 24: 144). Dementsprechend ist das Elternrecht ein Freiheitsrecht gegen staatliche Angriffe, den Eltern verliehen als fremdnütziges Recht im Interesse ihrer Kinder.[6] Die elterliche Sorge regelt im Gegensatz zum Elternrecht die privatrechtlichen Beziehungen zwischen Eltern und minderjährigen Kindern, sie ist deswegen im Zivilrecht, das heißt im Familienrecht des BGB's geregelt. Elternrecht und elterliche Sorge stehen in keinem unmittelbaren Zusammenhang. Wie die Rechtsverteilung zwischen Eltern und Kindern ist, lässt sich aus dem Elternrecht des Art. 6 II GG nicht ableiten, zum Beispiel auf welches Alter die Volljährigkeitsgrenze festgelegt wird, ob ab einem gewissen Lebensalter den Minderjährigen bestimmte Rechte zustehen etc. Getrennt nach ehelichen und nichtehelichen Kindern war die elterliche Sorge für die alten Bundesländer bis zum Inkrafttreten des neuen Kindschaftsrechts in den §§ 1626 – 1698

BGB und §§ 1705 – 1711 BGB normiert. Die elterliche Sorge bezieht sich auf minderjährige Kinder. Sie umfasst die Personen- und Vermögenssorge, die jeweils aus der tatsächlichen, faktischen Sorge und der gesetzlichen Vertretung bestehen (§§ 1626 ff. BGB). Das Personensorgerecht ist umfangreich, es umfasst alle persönlichen Angelegenheiten des Kindes, insbesondere Erziehung, Aufenthaltsbestimmung, Beaufsichtigung (§ 1631a BGB) sowie die sexuelle und die politisch-weltanschauliche Erziehung. Die elterliche Sorge endet mit der Volljährigkeit des Kindes.[7]

Kindesrecht und Kindeswohl
Eine autonome Stellung des Kindes ist weder im elterlichen Sorgerecht noch über das staatlich zu sichernde Kindeswohl systematisch gegeben. Mit dem Konzept der elterlichen Sorge hat der Gesetzgeber den Eltern hinsichtlich der Elternautonomie und der Persönlichkeitsentwicklung des Kindes umfangreiche Kompetenzen eingeräumt. Die aus verfassungsrechtlichen Vorgaben abzuleitende Verpflichtung des Gesetzgebers, die Persönlichkeitsentfaltung des Kindes auch im Verhältnis zu den Eltern zu gewährleisten, geschieht dadurch, dass für noch Minderjährige eigene subjektive Rechtspositionen begründet werden. In bestimmten Bereichen erlangen die Kinder Teilmündigkeit[8] vor der Volljährigkeit. Neben den gesetzlich formulierten Teilmündigkeiten wurde in Rechtslehre und Rechtsprechung die Rechtsfigur des sogenannten einsichtsfähigen Minderjährigen entwickelt, das heißt wenn das tatsächliche Verhalten - insbesondere in höchstpersönlichen Angelegenheiten - betroffen ist, können Minderjährige bei hinreichender Einsichtsfähigkeit in der konkreten, zur Entscheidung stehenden Angelegenheit selbst die entsprechende Entscheidung treffen. Dies bedeutet zugleich, dass die Zuständigkeit der Eltern diesbezüglich eingeschränkt wird. Beispiele sind die Entbindung des Arztes von der Schweigepflicht, Einwilligung in ärztliche Behandlungen, Ausübung des Zeugnisverweigerungsrechts etc. (vgl. Münder 1999: 136). Eine weitere Grenze der Ausübung der elterlichen Sorge ist das Wohl des Kindes (§ 1666 BGB), welches in Ausnahmesituationen Eingriffe in das Sorgerecht vorschreibt. Über den Kindeswohlbegriff nimmt der Staat sein Wächteramt wahr. An dieser Stelle findet eine Verknüpfung von Elternrecht und elterlicher Sorge statt, denn nur über das Wohl des Kindes kann der Staat in das private Erziehungskonzept der Eltern eingreifen. Die grundsätzliche umfangreiche elterliche Sorge im privaten Verhältnis von Eltern und Kindern lässt sich historisch aus den Ansichten des Gesetzgebers von 1900 über die Erziehung im Familienverbund erklären. Die elterliche Sorge wurde nach patriarchalischem Gesellschaftsverständnis als väterliche Gewalt geschaffen. Im Rahmen der privatrechtlichen Konstruktion des Familienrechts war die familiale Sozialisation der privaten Verfügungsgewalt des Familienvaters überlassen worden. Die 1900 geschaffene Konzeption von elterlicher beziehungsweise väterlicher Erziehungsgewalt wurde 1957

durch das Gleichberechtigungsgesetz (Eherecht) geändert (s.o.). Inhalte wurden erst später reformiert.[9] Die inhaltlichen Reformbestrebungen berücksichtigten allerdings nur die Entwicklung der Rechtsprechung, ohne zu einer konsequenten Verbesserung der Rechtsstellung Minderjähriger im Sinne von verbrieften Kinderrechten zu führen. Vor diesem Hintergrund blieb eine weitreichendere Reform des Kindschaftsrechts weiterhin erforderlich.

Zusammenfassend muss von einem rechtlichen Spannungsverhältnis zwischen Eltern (Erziehungsverantwortung gemäß Art. 6 II 1 GG[10]), Kindern (Grundrechtsträger mit anerkannten Persönlichkeitsrechten gemäß BVerfG-Urteil[11]) und Staat (Förderungsverpflichtung und staatliches Wächteramt gemäß Art. 6 II 2 GG) ausgegangen werden, das sich historisch entwickelt hat. Im Verhältnis von Eltern zum Staat beziehungsweise zu Dritten zeigt sich ein klassisch- liberales Abwehrrecht gegen staatliche Eingriffe und zugleich ein Schutzrecht. Das Elternrecht beziehungsweise die verfassungsrechtlich geschützte Erziehungsverantwortung der Eltern ist ein „quasi- treuhänderisches" Recht im Interesse des Kindes, zu dessen pflichtgebundener Ausübung die Eltern berechtigt sind.[12] Die staatliche Gemeinschaft hat über die Betätigung der elterlichen Verantwortung zu wachen (staatliches Wächteramt). Als Grundrechtsträger haben Kinder einen unmittelbaren Anspruch darauf, dass der Staat eingreift, wenn ihr Wohl konkret gefährdet ist. Das sogenannte staatliche Wächteramt beinhaltet folglich eine staatliche Schutzverpflichtung gegenüber dem Kind als Grundrechtsträger; eine Erziehungsreserve bei Kindesvernachlässigung oder elterlichem Erziehungsversagen; eine Schlichtungsfunktion bei Konflikten zwischen den Eltern bei Erziehungsfragen und eine Schutzfunktion bei Kindeswohlgefährdung durch missbräuchlicher Ausübung elterlicher Erziehungsrechte.

Der Einfluss der Familie auf die Sozialisationschancen der Kinder ist maßgeblich, weil der Staat unterhalb der Gefährdungsschwelle des Kindeswohls (§§ 1666, 1666a BGB) nicht in die verfassungsrechtlich geschützte elterliche Erziehung eingreift. Aus diesem Grund ist davon auszugehen, dass im Wesentlichen die Eltern beziehungsweise die Erziehungsberechtigten, darüber entscheiden, welche nicht-familialen Leistungen ein Kind in Anspruch nimmt (zum Beispiel Angebote der öffentlichen und freien Kinder- und Jugendhilfe). Mit der Einführung des neuen Kindschaftsrechts wurde die Autonomie der Eltern verstärkt, weil zum Beispiel in Trennungs- und Scheidungsfällen sowie bei der Geburt eines Kindes außerhalb einer bestehenden Ehe nicht mehr zwingend Kontakt zum Unterstützungssystem der Kinder- und Jugendhilfe hergestellt werden muss.

Das nächste Kapitel über die Gesetzgebungsgeschichte der Kindschaftsrechtsreform von 1998 zeigt, dass sich Gesetzesreformen über lange Zeiträume hinziehen können und von unterschiedlichsten Interessengruppen beeinflusst werden. Die beteiligten Interessengruppen vertreten ihre zum Teil unterschiedlichen Norm- und Wertvorstellungen beziehungsweise Ideale, die je nach Durchsetzungsmöglichkeit in die Gesetzgebung eingeflossen sind. Als eine Entwicklungsrichtung muss die tendenzielle Lockerung von Ehe und Elternschaft betrachtet werden, denn die Beziehung zwischen Elternteilen und Kindern wurde ehe-unabhängig gestärkt.

Die Gesetzgebungsgeschichte der Kindschaftsrechtsreform

Veraltete Gesetze „hinken" den gesellschaftlichen Vorstellungen hinterher und werden reformiert, um der gängigen Praxis zu entsprechen oder sie werden zu Impulsgebern für erwünschte gesellschaftliche Entwicklungen. Gesetzesreformen sind die Ergebnisse von (langandauernden) Prozessen, in denen unterschiedliche gesellschaftliche Kräfte (Politik, Wissenschaft, Interessengruppen) mitwirken. In Anlehnung an die Implementationsforschung ist der Gesetzgebungsprozess oder die Gesetzgebungsgeschichte zu analysieren, weil die verabschiedeten Gesetze als Ergebnis dieses Prozesses nur auf dessen Hintergrund, in ihren Strukturen und Zusammenhängen verständlich sind.

Recht kann, in Anschluss an Poulantzas, als materielles Substrat betrachtet werden, welches nach der Gesetzgebung als zeitlich begrenzter Konsens auf und durch Institutionen wirkt, also strukturelle Macht entfaltet. An der Gesetzgebung wirken Akteure mit, die im engeren Sinne dem Staat zuzurechnen sind (Regierung, Ministerialbürokratie, Abgeordnete in Bundestag und Bundesrat) und zivilgesellschaftliche Akteure, die im engeren Sinne nicht-staatlich und nicht (direkt) herrschaftsausübend sind (Kollektivakteure, wie politische Parteien, (Interessen-)Verbände, Vereine etc. und Einzelakteure, wie moralische oder fachliche Autoritäten, die ihre Interessen und ihr „Fachwissen" in die Gesetzgebung einbringen). Die Gesetzgebung ist ein Prozess, in dem unterschiedliche Akteure und Akteursgruppen ihre Interessen und ihr Wissen einbringen. Der integrale Staat,[13] der von Poulantzas (1978) als konfliktstrukturiertes Kräftefeld beschrieben wurde, in dem Akteure und Akteursgruppen ihre Konflikte durch zeitlich begrenzte und unterschiedlich tragfähige Kompromisse und Konsense lösen (ebd.: 116), lässt sich mit einer Implementationsperspektive verbinden, die eben nicht nur die Normanwendung betrachtet, sondern auch den politischen Prozess der Gesetzgebung (Problemartikulation, Zieldefinition, Programmentwicklung) als für die Wirkung konstitutive Phase analysiert (vgl. Blankenburg/Voigt 1987; Bohnert/Klitzsch 1980; Mayntz 1980). Die Implementation von Gesetzen und anderen Handlungsprogrammen ist Teil und Produkt des umfassenden Politikprozesses. Die Phase der Politikformulierung, die durch die Auseinandersetzung konkurrierender Interessen

um die Art der Problemdefinition und die Auswahl der sachlichen Problemlösungen geprägt ist, gehört ebenso zum Politikprozess.
Nach Bohnert, Klitzsch, Mayntz et al. beinhaltet der Implementationsprozess nicht nur die Umsetzung der ratifizierten Gesetze, sondern auch die vorhergehenden Phasen der Problemartikulation (Anlass zur Reform), die Zieldefinition (was die Reform bewirken soll) und die Rechtsentwicklung (Gesetzgebungsprozess beziehungsweise -geschichte). Aus der Analyse der Gesetzgebungsgeschichte wird deutlich, welche unterschiedlichen Positionen und alternativen Vorschläge es zu den später ratifizierten Gesetzen gegeben hat, warum diese verworfen wurden und auf welchem Wege es zur Einigung auf die ratifizierte Lösung gekommen ist. Im Weiteren ist davon auszugehen, dass die Reformdiskussionen über das Reformergebnis (die ratifizierten Gesetze) hinaus, auf die Verwirklichung in der Praxis wirken (Implementationsphase im engeren Sinne). Das Ausbleiben gewünschter Wirkungen oder das Auftreten von Nebenwirkungen kann auf die Reformdiskussion zurückgeführt werden, wenn ungelöste Konflikte auf die Praxisebene verlagert werden. Eine Analyse der Gesetzgebungsgeschichte ist notwendig, weil aus der Implementationsforschung bekannt ist, dass

„[d]ie Implementation von Gesetzen und anderen Handlungsprogrammen [...] ebenso wie die vorausgegangene Phase der Politikformulierung Teil und Produkt des umfassenderen Politikprozesses [ist]. Dieser ist geprägt durch die Auseinandersetzung konkurrierender Interessen um die Art der Problemdefinition und die Auswahl der sachlichen Problemlösungen. Der Konflikt unterschiedlicher Interessen und Akteure um Programminhalte bzw. Regelungen und um die Verteilung von Handlungs- und Einflusschancen ist mit Abschluss der Programmformulierung und Ratifizierung (political design) nicht beendet, sondern geht in der Implementationsphase weiter" (Bohnert/Klitzsch 1980: 202).

Bohnert und Klitzsch (1980) unterscheiden zwei interessenstrategische Varianten von Konflikten, die sich auf unterschiedliche Ebenen beziehen; auf die Programmentwicklungsebene und die Implementationsebene. Interessenkonflikte, die im Programmentwicklungsprozess oder während der Gesetzgebung auftreten, können dadurch gelöst werden, dass widersprüchliche Interessenlagen durch abstrakte Formelkompromisse überdeckt werden, so dass die konkrete Konfliktaustragung auf die Ebene der Implementation verlagert wird.[14] Bei der anderen Möglichkeit der Konfliktlösung kommt es bereits in der Entwicklungsphase zur Konfrontation mit daraus resultierenden Konsentierungsprozessen, die häufig zeitaufwendig und kompliziert sind. In diesem Fall wird die Implementationsphase eher konfliktentlastet.

Die Zugangsvoraussetzungen für die Einflussnahme während der Gesetzgebungsphase werden in der Regel nur von einflussreichen und konfliktfähigen Interessengruppen erfüllt: Voraussetzungen sind z.B. eine wirksam organisierte Lobby, fachliche Kompetenz, Gutachterpotential und wissenschaftliche Legitimation sowie Zugang zu Parlamenten, Regierungen, Parteien und Verwaltungen. Die wie auch immer geartete „Konfliktlösung" findet auf der Politik- oder besser Programmentwicklungsebene statt. Der „politische Kampf" kann sich nach Abschluss des parlamentarisch-politischen Prozesses der Programmentwicklung auf die Implementationsebene verlagern. Machtverhältnisse in der Implementationsstruktur (Justiz, Verwaltung, gesellschaftliche Implementationsträger) können sich von denen der Programmgeberinstanz (zum Beispiel Parlament) durchaus unterscheiden.

Die erste Phase im mehrstufigen Implementationsprozess (s.o.) ist die „Problemartikulation", in der es um den Reform-Anlass geht. Der Anlass zur Reform des Kindschaftsrechts ist eine Summe aus Impulsen von unterschiedlichsten Akteuren, die aus verschiedenen Perspektiven die rechtlichen Veränderungen angeregt haben. Die Phase der Gesetzgebung schließt daran an.

Reformimpulse für das neue Kindschaftsrecht (Problemartikulation)

Der Implementationsprozess des neuen Kindschaftsrechts beginnt nach einem erweiterten Implementationsverständnis mit der Problemartikulation (vgl. Abb. 2). Der Blick wird auf die unterschiedlichen Impulse gerichtet, die die Reformbestrebungen ausgelöst und gefördert haben oder unabdingbar werden ließen. Anlass für die Reform bildeten mehrere Ursachen gesellschaftlicher, wissenschaftlicher und rechtlicher Art (vgl. Münder 1998a; Salgo 1998a). Impulsgeber waren JuristInnen, PolitikerInnen, WissenschaftlerInnen sowie Frauen und Männer, Mütter und Väter, die sich gegen eine „Normalfamilie" entschieden haben und andere Formen der Partner- und Elternschaft leben.
- *Gesellschaft*: Als gesellschaftliche Impulse werden Phänomene gefasst, wie zum Beispiel die gestiegene Anzahl von Scheidungsfamilien und nichtehelichen Lebensgemeinschaften. Ein weiterer gesellschaftlicher Faktor war die deutsche Wiedervereinigung und die damit einhergehende Notwendigkeit der Vereinheitlichung des Familienrechts aufgrund des Einigungsvertrags (unterschiedliche Rechtslage in den neuen und alten Bundesländern zum Beispiel hinsichtlich der Amtspflegschaft und des Erbrechtes).
- *Wissenschaft*: Forschungsergebnisse zu Scheidungsfolgen, Umgang und Sorgerechtsformen sowie familialer Konfliktbearbeitung sind aus dem wissenschaftlichen Kontext maßgebliche Impulsgeber für die Reform gewesen. Hinzu kommen wissenschaftlich begleitete Modellprojekte zum Beispiel zu gerichtsnaher Beratung und Mediation.

- *Recht*: Das internationale Recht hat die Reform beeinflusst, zum Beispiel die 1992 in Deutschland in Kraft getretene UN- Kinderrechtskonvention. Weitere Einflussgrößen waren die nicht eingelösten Gebote des Grundgesetzes von 1949 bezüglich des Verfassungsauftrags aus Art. 6 V GG zur Gleichstellung „unehelicher" Kinder. Es folgten weitere Urteile des Bundesverfassungsgerichtes (BVerfG) zu Fragen der gemeinsamen elterlichen Sorge nach Trennung und Scheidung sowie für nichtehelich geborene Kinder, zur Interessenvertretung Minderjähriger und zur Kenntnis der eigenen Abstammung.

Es ist davon auszugehen, dass die genannten Phänomene sich gegenseitig beeinflussen: Gesellschaftliche Wandlungsphänomene, wie veränderte Familienformen, werden wissenschaftlich erforscht, Forschungsergebnisse wirken zum Beispiel in Form von Gutachten und Stellungnahmen auf die Rechtsprechung und Gesetzgebung; Rechtsurteile und Gesetze regulieren Lebenslagen gesellschaftlicher Gruppen.

Reformimpulse aus gesellschaftlich veränderten Familienformen
Der Gesetzgeber ging in der Vergangenheit von der Vorstellung aus, dass die Ehe der Regelfall personaler Bindung und von daher rechtlich zu schützen sei. Vor diesem Hintergrund betrachtete es der Gesetzgeber des Sorgerechtsgesetzes von 1980 noch als legitim und zum Wohle des Kindes, zwischen ehelichen und nichtehelichen Lebensgemeinschaften zu unterscheiden. Eltern und vor allem Väter waren ohne die rechtsverbindliche Ausgestaltung der Beziehung, also ohne Eheschließung, rechtlich schlechter gestellt. Die gesellschaftlichen Entwicklungen belegen inzwischen, dass nicht nur die Ehe eine verbindliche, dauerhafte Beziehung konstituieren kann; Familienformen haben sich gewandelt und sind vielfältiger geworden. Abgesehen davon sind die Scheidungsquoten gestiegen: 1970 wurde etwa jede fünfte Ehe geschieden und inzwischen wird es, bei noch steigender Tendenz, jede dritte (vgl. Schimke 1998: 7). Aus der zunehmenden Instabilität ehelicher Beziehungen gehen immer mehr „Scheidungskinder" hervor. Während die Ehe als dominante Beziehungsform ihre Anziehungskraft und Stabilität anscheinend verliert, ist für die sogenannten nichtehelichen Lebensformen ein Anstieg zu verzeichnen, so dass auch immer mehr Kinder in nichteheliche Lebensgemeinschaften hinein geboren werden. Der Bedeutungsverlust der „Versorger- und Hausfrauen-Ehe" wurde auch durch die hohen Arbeitslosenzahlen vorangetrieben sowie durch den Umstand, dass eine lebenslange Vollzeiterwerbstätigkeit immer unwahrscheinlicher wird. Befristete Arbeitsverträge und Teilzeitarbeit lassen die familiale Planungssicherheit schwinden. Es zeichnen sich demographische Veränderungsprozesse insbesondere in folgenden Bereichen ab: Heiratshäufigkeit, Geburtenzahlen und Ehescheidungen (vgl. Peuckert 1999: 27-29).

Der Rückgang der Heiratshäufigkeit zwischen 1960 und 1980 in der BRD lässt sich überwiegend auf eine abnehmende Heiratsneigung und nicht auf demographische Faktoren (Jahrgangsgrößen im heiratsfähigen Alter) zurückführen. Insgesamt ist ein kontinuierlicher Rückgang der Heiratshäufigkeit festzustellen, der sich in den alten und besonders in den neuen Bundesländern fortsetzt. Es wird nicht nur später, bezogen auf das Heiratsalter, sondern immer seltener geheiratet. Insbesondere im früheren Bundesgebiet steigt der Anteil derer, die ledig bleiben, wobei Männer stärker davon betroffen sind als Frauen (vgl. BMFSFJ 2001: 83; 2003: 65).

Im Gleichzug hat die nichteheliche Lebensgemeinschaft ihren Charakter des Abweichenden verloren; besonders zugenommen hat die Anzahl unverheirateter Paare in den mittleren Altersstufen, die ihr Zusammenleben als Alternative zur Ehe (nicht nur als Ehe auf „Probe") verstehen. Gerade in der Gruppe der 30-50-jährigen Frauen finden sich viele, die auch in einem Kind keinen Grund sehen, ihre Lebensform durch eine Heirat zu legalisieren (Meyer 1987 bei Peuckert 1999: 87). Sie entscheiden sich entweder aufgrund ihrer Erfahrungen mit alternativen Lebensformen langfristig gegen die Ehe oder aufgrund einer vorausgegangenen Scheidung wird die nichteheliche Lebensgemeinschaft zu einer attraktiven und langfristigen Alternative zur Zweit-Ehe.

Von den verbliebenen Eheschließungen sind immer weniger Erst-Ehen, das heißt es heiraten Paare, von denen einer oder beide Partner bereits einmal verheiratet waren. Durch die wachsende Zahl Geschiedener nimmt der Anteil der Folge-Ehen unter den Brautpaaren zu, obwohl die Wiederheirathäufigkeit nach Scheidung oder Verwitwung gesunken ist.

Eine Besonderheit der neuen Bundesländer (NBL) ist der vergleichsweise hohe Anteil der Brautpaare mit vorehelich geborenen Kindern. Die Neigung, erst einige Zeit nach Beginn der Elternschaft zu heiraten, hat in der ehemaligen DDR ab Mitte der siebziger Jahre im Zusammenhang mit der Einführung besonderer Vergünstigungen für Alleinerziehende stark zugenommen (vgl. BMFSFJ 2001: 79).

Deutschland gehört innerhalb Europas zu den Ländern mit der geringsten Geburtenrate (vgl. BMFSFJ 2001: 94). Anfangs war der Geburtenrückgang hauptsächlich die Folge des Rückgangs dritter und weiterer Kinder und des vor allem in den alten Bundesländern (ABL) gestiegenen Familiengründungsalters. Inzwischen nimmt in allen Bundesländern auch die Kinderlosigkeit zu.[15] Ein Großteil dieses Anstiegs ist auf die wachsende Zahl der Unverheirateten, insbesondere der Ledigen zurückzuführen. Der Anteil der nichtehelichen Geburten an den Lebendgeborenen hat sich erhöht: Die Nichtehelichenquote in den ABL ist von 4,7% (1965) auf 18,6% (2000) kontinuierlich gestiegen; in den NBL gab es sogar einen Anstieg von 11,6 (1960) auf 51,5% (2000). 1994 fand fast jede fünfte Familiengründung in Westdeutschland und mehr als jede zweite in Ostdeutschland außerhalb der Ehe statt (Schwarz 1997 bei Peuckert 1999: 107).

Die Scheidungszahlen steigen kontinuierlich, auch wenn zeitweise die Scheidungsanzahl zurückgeht: Die geringe Scheidungsquote von 1991 in den Neuen Bundesländern lässt sich zum Beispiel auf die Rechtsunsicherheit während der deutschen Wiedervereinigung zurückführen (vgl. BMFSFJ 2001: 90; 2003: 81). Bei jeder zweiten westdeutschen und bei fast 70% der ostdeutschen Ehescheidungen sind minderjährige Kinder betroffen. 1997 gab es in den ABL 135.000 und in den NBL 28.000 neue Scheidungskinder. Die Kindschaftsverhältnisse haben sich dementsprechend auch gewandelt. Nach den Ergebnissen des Mikrozensus von 1997 lebten in Deutschland von den insgesamt 15,6 Millionen Minderjährigen, 2,6 Millionen bei alleinstehenden, also ledigen, verheiratet getrenntlebenden, geschiedenen oder verwitweten Eltern, die einen Anteil von 17% aller Minderjährigen ausmachen (vgl. Peuckert 1999: 159).

Die Veränderungen der demographischen Merkmale und der Formen des Zusammenlebens werden begleitet von einem sich ebenfalls verändernden Leitbild des ehelich-familiären Verhaltens. Peuckert (1999) spricht in Anlehnung an Tyrell (1988) von einem Prozess der „Deinstitutionalisierung" des bürgerlichen Familienmusters, das heißt die normative Verbindlichkeit dieser Familienform nimmt ab (vgl. Teil I). Die Betrachtung der Familie als Institution umfasst dabei einen Komplex kultureller Leitbilder und sozialer Normen sowie daran anknüpfender Kontrollmechanismen. Die „Deinstitutionalisierung" lässt sich so auf mehreren Ebenen beschreiben (vgl. Peuckert 1999: 36 ff.): Kulturelle Legitimitätseinbußen der Normalfamilie; Abbau sozialer Normen und Kontrollmechanismen, die das Monopol der Ehe und Familie stützten; Nachlassen der informellen sozialen Kontrolle der Ehe- und Sexualmoral sowie Auflösung und Entkoppelung des bürgerlichen Familienmusters.[16] Insgesamt betrachtet nimmt der Typus der Normalfamilie (kernfamilialer Haushalt von zwei Erwachsenen mit ihren unmündigen Kindern) seit 1965 zahlen- und anteilsmäßig ab und wird durch eine Vielzahl anderer familialer und nichtfamilialer Lebensformen ergänzt. Die gleichzeitige „Deinstitutionalisierung" des bürgerlichen Ehe- und Familienmusters ist sowohl eine Folge des bereits erfolgten Wandels der Lebensformen als auch Auslöser dieser Tendenzen (vgl. Peuckert 1999: 39). Vor diesem Hintergrund war es nicht mehr aus den Lebensverhältnissen der Menschen zu rechtfertigen, Ehen und nichteheliche Lebensgemeinschaften beziehungsweise die aus diesen entstehenden Kinder rechtlich ungleich zu behandeln.

Eine weitere gesellschaftliche Entwicklung, die die Neugestaltung des Kindschaftsrechts beschleunigte, war die Wiedervereinigung Deutschlands. Die teilweise unterschiedlichen Familienpolitiken der ehemaligen DDR und der alten BRD haben historisch zu unterschiedlichen Lebenslagen von Familien geführt. Im Kontext der Gesamtuntersuchung ist dies bedeutend, weil mit der Reform des Kindschaftsrechts gleiches Recht auf ungleiche Voraussetzungen und Einstellungen in den alten und neuen

Bundesländern stößt, die zum Beispiel zu unterschiedlicher Akzeptanz und Nutzung von neuen Regelungen und Angeboten führen kann.

Obwohl immer wieder von offizieller DDR-Seite „Wesensunterschiede" zwischen der „sozialistischen" DDR-Familie und der „kapitalistischen" BRD-Familie propagiert wurden, gab es in der Familiengesetzgebung beider deutscher Staaten einige grundlegende Gemeinsamkeiten und Ähnlichkeiten (vgl. Schneider 1994). Auf beiden Seiten galten die auf Ehen beruhenden Familien als „Keimzelle" der Gesellschaft und waren staatlich besonders zu schützen und zu unterstützen. Allerdings wurde die DDR-Sozialpolitik eher auf die Förderung der Familie und die Sozialpolitik der BRD stärker auf die Förderung der Ehe ausgerichtet, was sich besonders an der Benachteiligung alleinerziehender Elternteile gegenüber kinderlosen Ehepaaren für die BRD aufzeigen lässt (vgl. Bast/Ostner 1992). In drei Bereichen lassen sich grundlegende Unterschiede zwischen der DDR und der BRD finden (vgl. Peuckert 1999): Das Verhältnis zwischen Familie und Staat, die Gleichberechtigung der Frau insbesondere der Ehefrau und Mutter und die Gewichtung bevölkerungspolitischer Fragen.

Das Verhältnis zwischen Familie und Staat ist in der BRD dadurch gekennzeichnet, dass einerseits eine Verpflichtung des Staates besteht, die Familie zu fördern, andererseits aber die staatlich geschützte Autonomie der Familie beziehungsweise ihr privater Charakter hervorgehoben wird. In der ehemaligen DDR wurden die Autonomie und Privatheit der Familie nur sehr eingeschränkt anerkannt. Die Richtung der Sozialisation und Erziehung der Kinder zur „sozialistischen Persönlichkeit" und zum „staatsbewussten Bürger" war inhaltlich vorgegeben (Art. 38 der Verfassung). Alle gesellschaftlichen Organisationen und Einrichtungen waren zur Mitwirkung an der Erziehung verpflichtet und sollten auch die Binnenbeziehung in der Familie im Sinne der „sozialistischen Moral" beeinflussen.

Die Gleichberechtigung der (Ehe-)Frau spielte in der DDR eine wesentlich bedeutsamere Rolle und gehörte zu den offiziellen Zielen der sozialistischen Gesellschaftspolitik. Ziel war die simultane Vereinbarkeit von Erwerbs- und Familientätigkeit. In der BRD war die rechtliche Gleichstellung der Frau zwar im GG verankert, aber wesentliche Ungleichheiten in der Rechtsstellung wurden erst 1976 mit dem 1. Eherechtsreformgesetz abgebaut (s.o.). Bis dahin war die Frau gesetzlich fixiert zuständig für Haushalt und Familie.

Die Familienpolitik zielte im Folgenden auf eine sukzessive Vereinbarkeit von Erwerbs- und Familientätigkeit: Ausstieg aus dem Erwerbsleben bei Geburt eines Kindes, Unterbrechung der Erwerbstätigkeit und Wiedereinstieg. Der Vergleich der Gewichtung bevölkerungspolitischer Fragen zeigt, dass man in der DDR von staatlicher Seite bemüht war, die Geburtenentwicklung zu fördern, um den Bevölkerungsstand zu sichern. Bei vollständiger Integration der Mütter in den Erwerbsprozess sollte das gleichzeitige Aufziehen mehrerer Kinder ermöglicht werden. Eltern wurden finanziell und zeitlich bei der Kinderbetreuung und -erziehung, durch den flächendeckenden Ausbau von Betreuungseinrichtungen wie Krippen, Kindergärten und Schulhorten entlastet. In der BRD richtete sich die Familienpolitik dagegen auf eine Verbesserung der familialen Bedingungen für die Erziehung und Versorgung der Kinder.

Zusammenfassen lässt sich mit Münder (1999a: 35), dass die Familienrechtsentwicklung in der früheren DDR „als Markpunkte die konsequente Beseitigung der gleichberechtigungs-rechtswidrigen Vorschriften, die Beseitigung der rechtlichen Benachteiligung des nichtehelichen Kindes und die rechtliche Aufwertung von Kindespositionen und des Kinderschutzes" hatte. Im Gegensatz zur BRD erfolgte hier ein radikaler Bruch mit dem Ehe- und Familienmodell des BGB von 1900. Allerdings wurde die institutionelle Auffassung über das Wesen der Ehe und der Familie im veränderten Gewand konzeptionell beibehalten und anstatt des konservativen, patriarchalen Gedankenguts mit sozialistischen Überlegungen aufgefüllt.

Die Reform des Kindschaftsrechts traf im wiedervereinigten Deutschland folglich auf unterschiedlich „geformte" Einstellungen zur Gestaltung des Familienlebens. Die Familienpolitik der Bundesrepublik hat die private Lebensführung zwar freigestellt, jedoch nur die Institution Ehe und Familie beziehungsweise Familie innerhalb einer Ehe besonders gefördert. Dagegen lag der Förderschwerpunkt in der DDR auf der Vereinbarkeit von Erwerb und Elternschaft beziehungsweise der Förderung der Familie. Daraus folgt, dass es für Mütter in der ehemaligen DDR selbstverständlich war, zu arbeiten und auch schon sehr kleine Kinder zum Beispiel in einer Krippe betreuen zu lassen. Die für die BRD typische „Versorger-Ehe", in der der Mann berufstätig ist und die Frau die Kinder betreut, war und ist dementsprechend seltener.

Die gesellschaftlichen Entwicklungen förderten die Neugestaltung folgender Rechtsbereiche: Die Gleichstellung von ehelich und nichtehelich geborenen Kindern; die Möglichkeit der gemeinsame Sorge für Eltern nach Trennung und Scheidung; die Möglichkeit der gemeinsamen Sorge auch für nicht verheiratete Eltern sowie die Aufhebung der Amtspflegschaft des Jugendamtes für Kinder, die außerhalb einer Ehe geboren wurden.

Neben den demographisch feststellbaren Veränderungen des familiären Zusammenlebens in der Gesellschaft, die die Gesetzesreformen unabdingbar werden ließen, haben auch rechts- und sozialwissenschaftliche Forschungsergebnisse verdeutlicht, dass die bestehenden rechtlichen Regelungen nicht mehr angemessen waren.

Reformimpulse aus Rechts- und Sozialwissenschaften
Der kontinuierliche Anstieg der Ehescheidungen seit 1960 (s.o.) führte zu einem intensiveren Forschungsinteresse der Sozial- und Humanwissen-

schaften in den letzten Jahren, deren Ergebnisse für den Bereich des Kindschaftsrechts von besonderer Bedeutung sind. Es werden ausgewählte Ergebnisse zum Beispiel der Scheidungsfolgenforschung dargestellt, die als weitere Reformimpulse den Gesetzgebungsprozess beeinflusst haben. Die Erkenntnisse beziehen sich beispielsweise auf das elterliche Konfliktniveau, die kindlichen Bewältigungsmöglichkeiten und die Bedeutung kontinuierlichen Kontakts zu den Eltern als Faktoren, welche die Scheidungsfolgen beeinflussen. Im neuen Kindschaftsrecht wurden Möglichkeiten der einvernehmlichen Konfliktregelung (Mediation), der Kinderbeteiligung und des Kontakterhalts zu den Eltern (gemeinsame elterliche Sorge, Umgangsrechte) geschaffen, die zum Teil auf die Ergebnisse der Scheidungsfolgenforschung zurückzuführen sind.

Viele Forschungsergebnisse unterstreichen, dass der Kontakt zu beiden Elternteilen nach Trennung und Scheidung für Kinder besonders wichtig ist. Es ist folglich nahe liegend, die gemeinsame elterliche Sorge nach der Scheidung als Regelfall zu setzen. Es gibt allerdings Hinweise aus Studien zu den Folgen des gemeinsamen Sorgerechts (vgl. Balloff/Walter 1991; Gründel 1995; Limbach 1989), dass der von Eltern gewählte Sorgerechtsform, in Bezug auf Häufigkeit und Qualität des Auftretens von Befindlichkeitsstörungen bei Kindern, weniger Bedeutung zuzumessen ist (vgl. Balloff 1996). Dem Konfliktniveau und Austragungsstil der Eltern wird mehr Bedeutung zugemessen, als der Wahl des Sorgerechtsmodells, so dass ein „psychosoziale[s] Konzept der Beibehaltung der gemeinsamen elterlichen Verantwortung" das juristische Sorgerechtsmodell ergänzen muss (vgl. Balloff 1996: 268).

Auf einen wichtigen Zusammenhang haben Menne und Weber (1998) hingewiesen: Wenn Kindern die Verarbeitung der Trennung und Scheidung ihrer Eltern nicht gelingt, können Scheidungsfolgen auftreten, die zum Einsatz von „Hilfen zur Erziehung" außerhalb des Elternhauses führen. Die Analyse der Daten des Statistischen Bundesamtes zeigte, dass ca. jedes zweite Kind, das Hilfen zur Erziehung außerhalb des Elternhauses erhält, aus einer Trennungs- und Scheidungsfamilie stammt. Diese Ergebnisse deuten an, dass die Jugendhilfe langfristig mit den Folgen von Trennung und Scheidung konfrontiert und auch finanziell belastet wird.

Durch die neuere empirische Sozialforschung ist die sogenannte „Broken-Home-These", welche auf einer vereinfachten kausalen Verknüpfung zwischen Elterntrennung und Entwicklungsstörungen des Kindes basiert, widerlegt worden (vgl. Fthenakis 1995; Niesel 1995). Inzwischen ist davon auszugehen, dass weniger das kritische Lebensereignis „Scheidung" für anhaltende kindliche Verhaltensauffälligkeiten verantwortlich ist, sondern vielmehr die Qualität des komplexen Bedingungsgefüges im gesamten Trennungsprozess. „Unter welchen personalen, situativen, milieubezogenen und gesellschaftlichen Bedingungen alle Beteiligten den Trennungsprozess vollziehen, bestimmt darüber, wie Kinder auf Trennung und Scheidung reagieren" (Buchholz-Graf 2000: 12).

Es sind nicht Trennung und Scheidung, die nach dem Erkenntnisstand der Forschung kindliche Verhaltensauffälligkeiten erzeugen, sondern es ist die Art der Konflikte in der Familie. In diesem Zusammenhang ist zu beachten, dass auch ohne Trennung und Scheidung ein „elterliches Konfliktniveau" vorhanden sein kann, welches nachhaltige Verhaltensauffälligkeiten erzeugt. Dies zeigen auch die Studien von Pfeiffer über die Folgen von beobachteter familialer Gewalt (vgl. Pfeiffer 2000). So ist schon lange nachgewiesen, dass die stark konfliktreiche Zeit vor der Trennung besonders belastend für Kinder ist (vgl. Haffner 1948; Hoffmann-Hausner/-Bastine 1995). Der Forschungsfokus hat sich inzwischen auf das elterliche Konfliktniveau und die verschiedenen Stile der Konfliktaustragung in Familien gerichtet (vgl. Offe 1992). Dabei gibt es viele offene Fragen, denn es ist bisher nicht ausreichend geklärt, wie sich „destruktive" und „konstruktive" Konflikte in Familien auswirken. Einigkeit besteht jedoch bezüglich der Annahme, dass Kinder gefährdet sind, wenn negative Interaktionen und destruktive Bewältigungsformen zwischen (Ehe-) Partnern vorliegen, unabhängig davon, ob die Eltern sich scheiden lassen. „Die Höhe und Kontinuität des elterlichen Konfliktniveau werden jedenfalls gegenwärtig in der Scheidungsfolgenforschung als wichtige Bedingung angesehen" (Buchholz-Graf 2000: 13).

Weitere Studien zeigen, dass Kinder sehr unterschiedlich auf die Trennung ihrer Eltern reagieren. Es wurden die personalen Faktoren des Kindes für die Bewältigung der Trennung untersucht, wobei Kinder zunehmend als „aktive Bewältiger" angesehen werden (vgl. Hetherington et al. 1991). Es wird betont, „dass Kinder auf alle Fälle Möglichkeiten brauchen, ihre Reaktionen auszudrücken, sei es in der Beratung oder in der Familie. Da Kinder sehr oft auf die Konflikte der Eltern mit Rückzug reagieren, stellt sich mit besonderer Dringlichkeit die Frage für entsprechende Settings außerhalb der Familie, z.B. in Beratung" zu sorgen (vgl. Buchholz-Graf 2000 in Anlehnung an Niesel 1995). Es wird deutlich, dass die Beteiligung von Kindern im Verfahren des Familiengerichtes oder des Jugendamtes ein besonderes Gewicht erhält und altersadäquate Beteiligungsformen im Gericht und in der Beratung entwickelt werden müssen.

Obwohl negative Scheidungsfolgen im Sinne einer Broken-Home-These relativiert wurden, sind sich ForscherInnen international einig, dass Trennung und Scheidung in vielen Fällen für die Kinder zu erheblichen Belastungen führt. Differenzierte Kenntnisse über die Auswirkungen von Trennung und Scheidung liegen aus der amerikanischen Scheidungsforschung vor, die auch hierzulande Beachtung finden (vgl. Furstenberg/Cherlin 1993; Fthenakis 1995; Niesel 1995) und deren Ergebnisse durch die Längsschnittstudie von Napp-Peters (1992, 1995) im Wesentlichen bestätigt wurden. Das zentrale Ergebnis aus dieser Untersuchung bezieht sich auf die Bedeutung eines kontinuierlichen Kontakts mit beiden Eltern für die psychosoziale Entwicklung und emotionale Stabilität des Kindes. „Bei Kindern, die den Kontakt zum getrennt lebenden Elternteil verloren hatten, waren Verhaltensauffälligkeiten und psychosoziale Störungen am stärksten ausgeprägt. Kinder dagegen, deren Eltern es gelungen war, auch nach der Trennung ihre Elternrolle gemeinsam oder in Absprache miteinander wahrzunehmen, hatten am wenigsten Schwierigkeiten, sich auf die veränderte Familiensituation einzustellen" (Napp-Peters 1992: 18). Zu ähnlichen Ergebnissen kommen auch andere Längsschnittuntersuchungen, in denen die kindliche Symptombelastung mit standardisierten Tests erhoben wurde (vgl. Schmidt-Denter/Beelmann 1995). Im Vergleich mit Kindern aus vollständigen Familien wiesen die Trennungskinder eine deutlich höhere Symptombelastung bezüglich kindlicher Verhaltensauffälligkeiten auf.

Mit dem Begriff „Parental Alienation Syndrom" (PAS) hat Gardner (1992) einen Sachverhalt beschrieben, der zeigt, dass elterliche Auseinandersetzungen zu traumatischen Entwicklungen bei Kindern führen können: PAS-Kinder lehnen, zumindest nach außen, einen Elternteil heftig ab (vgl. Kodjoe/Koeppel 1998; Ward/Campbell 1998). Besonders jüngere Kinder würden Partei für den näher stehenden Elternteil ergreifen; die kompromisslose Hinwendung zu einem Elternteil sei für diese Kinder eine Möglichkeit, mit Loyalitätskonflikten fertig zu werden. Wenn Eltern nicht fähig sind, trotz Trennung und Scheidung zu kooperieren oder in anderer Weise beide dem Kind als Eltern erhalten zu bleiben, könne es zu dieser Reaktion kommen, insbesondere wenn der vom Kind „bevorzugte" Elternteil versucht, den anderen aus dem Leben des Kindes auszugrenzen. Bei der Entwicklung des Syndroms spaltet das Kind seine Eltern in einen geliebten (guten) und einen angeblich gehassten (schlechten, bösen) Elternteil auf (vgl. Fischer 1998). Zur Auflösung dieser Konfliktsituation des Kindes wurden unterschiedliche kooperative Interventionsmodelle entwickelt, zum Beispiel ein Modell für Jugendhilfe und Familiengericht, das auf intensive Konfliktvermittlung und Mediation abzielt.

Die bis hier dargestellten Forschungsergebnisse zeigen deutlich, dass der Beratung von Eltern und Kindern, die in einer Trennungs- und Scheidungssituation sind, ein erhebliches Gewicht zukommt. In diesem Zusammenhang hat sich Mediation als Form der Konfliktlösung und -regelung in den letzten 15 Jahren verbreitet. Als deeskalierende Methode soll Mediation vor allem in zeitlicher Nähe zum gerichtlichen Verfahren eingesetzt werden. Die Untersuchung von Proksch (1995) weist darauf hin, dass fast die Hälfte der Paare (48%) mit Mediation eine einvernehmliche Sorge- und Umgangsregelung erzielten. Den Paaren ohne Mediation gelang im Vergleich nur zu 20% ein Einvernehmen. Diese Untersuchungsergebnisse werden auch durch ähnliche Studien in Jena und Regensburg bestätigt (vgl. Bastine/Weinmann-Lutz/Wetzel 1999; Buchholz-Graf et al.

1998). Allerdings zeigen neuere Evaluationsstudien aus den USA (vgl. Kitzmann et al. 1994), dass „die erhofften Unterschiede in der Befindlichkeit der Kinder, deren Eltern eine Scheidungsvereinbarung durch Mediation erlangt hatten und denen, die ein traditionelles Scheidungsverfahren durchlaufen hatten, [...] – wenn überhaupt vorhanden – nur gering" waren (Niesel 1995: 167). Auf dieser Grundlage wird eine familienpädagogische Erweiterung der Mediation unter verstärkter Einbeziehung der Kinder gefordert. Weitere Vorschläge für Beratung, die sich förderlich auf die gemeinsame Elternverantwortung auswirken könnten, liegen zum Beispiel von Blesken (1998) und Fischer (1998) vor.

Konzepte, die auf die Gerichtsnähe, das heißt die zeitliche und räumliche Integration von Beratung in die Familiengerichte beziehungsweise die Verfahren abzielen, basieren in der Regel auf einer Evaluationsstudie von Buchholz-Graf et al. (1998). Wie sich zeigte, wurden so auch Personen mit dem Beratungsangebot erreicht, die diesem zunächst skeptisch bis ablehnend gegenüber standen. Im Deutschen Bundestag (Februar 1997) ist während der Gesetzgebung die Frage nach einem ausreichenden Unterstützungsangebot für Trennungs- und Scheidungsfamilien diskutiert worden. In der Expertenanhörung kommentierte Buchholz-Graf:

„Um die besonders belasteten Kinder zu erreichen, brauchen wir dringend eine Intensivierung von Beratung für alle Phasen des Trennungs- und Scheidungsprozesses. Intensivierung meint hier zweierlei: Zum einen ein schnell, das heißt ohne große Wartezeiten, unbürokratisch, also ad hoc verfügbares Beratungsangebot und zum zweiten ein Angebot, das der großen Zahl von betroffenen Eltern und ihren minderjährigen Kindern Rechnung trägt" (Buchholz-Graf 2000: 16).

Die beschränkten Ressourcen von beratenden Einrichtungen und Gerichten erfordern eine koordinierte Zusammenarbeit zwischen den Verfahrensbeteiligten (vgl. Menne 1998). Oft wird eine kooperative und konstruktive Zusammenarbeit durch Missverständnisse beziehungsweise fehlende Information über den Aufgaben- und Arbeitsbereich der beteiligten Institutionen erschwert. Dies wurde in den Untersuchungen von Proksch (1998a, 1998b) festgestellt und von FachvertreterInnen aus Familiengerichten, Jugendämtern, Rechtsanwaltschaft und Beratungsstellen bestätigt (Tagung zur Umsetzung des neuen Kindschaftsrechts durch Kooperation, 12/99, Berlin). Eine Möglichkeit der Zusammenarbeit sind interdisziplinäre, fallübergreifende Arbeitskreise, die sich in einzelnen Gerichtsbezirken konstituiert haben (vgl. Salzgeber/Haase 1996).

Die Erkenntnisse aus sozialwissenschaftlichen Forschungen gaben Reformimpulse zu folgenden Rechtsbereichen:
- Gemeinsame Sorge als Regelfall: Nationale und internationale Erfahrungen und Forschungen könnten zumindest vorsichtig die Annahme rechtfertigen, dass die Fortführung der gemeinsamen elterlichen Sorge

ohne richterliche Entscheidung nach Trennung und Scheidung das Scheidungsverfahren und die Nachscheidungssituation entlastet (vgl. Balloff 1995, 1996; Fthenakis 1985, 1989). Die positive Wirkung auf die Kommunikation und Kooperation der Eltern würde damit auch das Kindeswohl fördern (vgl. Fthenakis 1985, 1989; Napp-Peters 1995, 1997; Nave-Herz 1992, 1995).

- Umgang mit beiden Elternteilen als Recht des Kindes: Erst die konfliktfreie Ausübung des Umgangsrechts kann das entsprechende Recht des Kindes beziehungsweise das Recht und die Pflicht der Eltern angemessen einlösen (vgl. Klenner 1995; Spangenberg 1997).
- Förderung einvernehmlicher Konfliktregelung durch Aussetzungsmöglichkeiten im Verfahren: Die aktive Förderung einvernehmlicher Konfliktregelungen durch Gerichte und Beratungsstellen der öffentlichen und freien Jugendhilfe soll zu einer Entlastung der Gerichte, aber auch zu einer Entlastung der Konfliktsituation in der Familie führen (vgl. Proksch 1998a, 1998b).
- Beteiligung von Kindern in der Beratung sowie im gerichtlichen Verfahren: Partizipation junger Menschen wird zunehmend als Voraussetzung einer effektiven Bewältigung psycho-sozialer Probleme betrachtet (vgl. Petersen 1999: 21 f.).
- Interdisziplinäre und institutionsübergreifende Kooperation wird als neue Chance und Notwendigkeit zur Sicherung des Kindeswohls und zur Konfliktregelung zwischen Eltern gesehen. Einerseits geht es um die Zusammenarbeit zwischen Jugendamt und Familiengericht, andererseits zwischen öffentlichen Jugendhilfeträgern, Familiengerichten und Beratungsstellen in freier Trägerschaft (vgl. Prestien 1995; Proksch 1998; Weber 1999; Willutzki 1998)

Einen weiteren Reformimpuls rechtlicher Art gab die Verabschiedung und spätere Ratifizierung der UN- Kinderrechtskonvention.

Reformimpulse aus internationalem Recht und Rechtsprechung des BVerfG
Unter dem Stichwort „rechtliche Reformimpulse" werden zum einen die Anregungen aus der UN-Kinderrechtskonvention und zum anderen aus der Rechtsprechung des Bundesverfassungsgerichtes zusammengefasst. Insbesondere die nicht eingelösten Gebote des Grundgesetzes von 1949 bezüglich des Verfassungsauftrags aus Art. 6 V GG zur Gleichstellung „unehelicher" Kinder und weitere Urteile des Bundesverfassungsgerichtes (BVerfG) haben die Reform vorangetrieben.

Das internationale Recht in Form der UN-Kinderrechtskonvention gab Anstöße für die Reform des Kindschaftsrechts. Am 20.11.1989 wurde von der Vollversammlung der Vereinten Nationen einstimmig das Übereinkommen über die Rechte des Kindes verabschiedet. Ziel war, das Kind als eigenständige Persönlichkeit zu schützen (protection) und zu fördern (provision) sowie sein Recht auf Beteiligung (participation) in allen es berührenden Angelegenheiten zu gewährleisten (vgl. National Coalition, 1996: 25). Die UN-Kinderrechtskonvention fasst in insgesamt 54 Artikeln die Bestimmungen für Kinder aus über achtzig Menschenrechtskonventionen einheitlich zusammen. In den folgenden vier grundlegenden Prinzipien werden die Grundwerte im Umgang mit Kindern, ihres Schutzes und ihrer Beteiligung verdeutlicht:

- Prinzip der Gleichbehandlung: Kein Kind darf aus Gründen des Geschlechts, aufgrund von Behinderungen, wegen seiner Staatsbürgerschaft oder seiner Abstammung benachteiligt werden (Art. 2).
- Prinzip des „besten Interesses" des Kindes: Bei politischen und gesellschaftlichen Entscheidungen sollen die Interessen und Belange der Kinder vorrangig berücksichtigt werden (Art. 3).
- Grundrecht auf Überleben und persönliche Entwicklung: Eine kindgerechte Grundversorgung mit sozialen Diensten soll garantiert werden (Art. 6).
- Achtung vor der Meinung des Kindes: Kinder sollen ihre Meinung frei äußern dürfen, sollen bei Erwachsenen Gehör finden und ihrem Alter entsprechend auch auf Entscheidungen Einfluss nehmen können (Art. 12).

Nach Abschluss des erforderlichen Ratifizierungsverfahrens ist die UN-Kinderrechtskonvention 1992 in Deutschland in Kraft getreten. Die damalige Bundesregierung gab dazu eine völkerrechtliche Erklärung ab, in der betont wurde, die UN-Kinderrechtskonvention zum Anlass zu nehmen, innerstaatliche Reformen einzuleiten (besonders bezüglich des Sorgerechts). Zugleich wurde erklärt, dass das Übereinkommen innerstaatlich keine Anwendung fände und die innerstaatlichen Vorschriften des Familienrechts nicht berührt seien.[17] In dieser widersprüchlichen Erklärung zeigt sich das Spannungsverhältnis zwischen UN-Kinderrechtskonvention und dem damaligen nationalen Recht, insbesondere zu denjenigen Konventionsartikeln, die Kindern eigenständige Rechte zuschreiben. Hervorzuheben sind das Recht des Kindes auf Umgang mit beiden Eltern (Art. 9) und die unmittelbare oder stellvertretende Beteiligung und Berücksichtigung des Kindeswillens in Gerichts- oder Verwaltungsverfahren (Art. 12).

Zusammenfassend waren folgende Forderungen aus der UN-Kinderrechtskonvention impulsgebend für die Reform des Kindschaftsrechts: Die Gleichstellung von ehelich und nichtehelich geborenen Kindern; das Recht des Kindes auf beide Eltern (Sorge- und Umgangsrecht) sowie die Beteiligung von Kindern in Gerichts- und Verwaltungsverfahren bis zur Möglichkeit der eigenständigen Interessenvertretung (Anwalt des Kindes; Verfahrenspfleger).

Konkrete Hinweise zur Reformbedürftigkeit des Kindschaftsrechts gaben die Urteile des Bundesverfassungsgerichtes, die zu verschiedenen Rechtsbereichen vorliegen. Im Folgenden werden die wichtigsten Reformimpulse aus den Urteilen zusammengefasst, zum Beispiel hinsichtlich der gemeinsamen elterlichen Sorge, der Interessenvertretung von Kindern, der Kenntnis der Abstammung, der Stellung des nicht verheirateten Vaters sowie der Stellung „nichtehelicher" Kinder.

Bereits zwei Jahre nach Inkrafttreten des Sorgerechtsgesetzes von 1980 erklärte das BVerfG eine wichtige Reformentscheidung für verfassungswidrig. Am 3.11.1982 wurde § 1671 IV 1 BGB a.f., wonach einem Elternteil nach der Scheidung die elterliche Sorge zwingend allein zugewiesen werden musste, vom Gericht für nichtig erklärt (vgl. BVerfGE 61: 358; NJW 1983: 101). Begründung war, dass der grundsätzliche Ausschluss eines gemeinsamen Sorgerechts geschiedener Ehegatten das grundrechtlich geschützte Elternrecht des Art. 6 II 1 GG verletzt. Damit wurde unter bestimmten Voraussetzungen die gemeinsame Sorge für geschiedene Eltern möglich und eine grundlegende Vorstellung des Gesetzgebers von 1980 negiert. Dieser ging davon aus, dass Scheidung das Ende einer Familie sei und es dem Kindeswohl am besten entspreche, wenn eine klare, schnelle Entscheidung zugunsten eines Elternteils getroffen würde. Demgegenüber wollte das Gericht dem Kind so weit wie möglich beide Eltern erhalten und den Eingriff in deren Rechte auf das Notwendigste begrenzen.

Im Jahre 1986 nahm das BVerfG grundsätzlich zur Interessenvertretung Minderjähriger im vormundschaftsgerichtlichen Verfahren Stellung. Es entschied, dass in Fällen, in denen Eltern aufgrund eines Interessenwiderstreites nicht geeignet sind, ihre Kinder vor dem Verfassungsgericht zu vertreten, ein Ergänzungspfleger zu bestellen sei (vgl. BVerfGE 72: 122). Das Richtungsweisende an dieser und ähnlichen Folgeentscheidungen war die Anerkennung des Umstandes, dass Kinder nicht immer angemessen vertreten werden und in Konfliktsituationen eine eigenständige Interessenvertretung brauchen (vgl. Salgo 1993). Auch wenn das Urteil wenig an der fachgerichtlichen Praxis verändert hat, wurde die Subjektstellung von Kindern gestärkt.

1989 formulierte das BVerfG erstmals ein Recht des Kindes auf Kenntnis der eigenen Abstammung im Abstammungsrecht und deklarierte die Regelungen für nicht grundrechtsgemäß, die dem Kind eine gerichtliche Klärung seiner Abstammung ausnahmslos verwehrten (BVerfGE 79: 256; FamRZ 1989: 255). Des Weiteren wurde entschieden, dass das Recht auf Kenntnis der eigenen Abstammung unzumutbar beeinträchtigt werde, weil nach § 1598 BGB dem Kind zwei Jahre nach Eintritt der Volljährigkeit, unabhängig von jeder Kenntnis die Ehelichkeitsanfechtung versagt wurde (BverfGE 90: 263; FamRZ 1994: 881; NJW 1994: 2475). Damit wurden wesentliche Teile des Abstammungsrechts außer Kraft gesetzt.

Der Gesetzgeber war aufgefordert, die Gesetze an diese Rechtsprechung anzupassen. Dies sollte ausdrücklich bis zum Ende der Legislaturperiode (1994-1998) geschehen sein.

Im Bereich des Nichtehelichenrechts hat das BVerfG die deutlichsten Reformimpulse gesetzt, wobei die Stellung des nichtehelichen Vaters im Mittelpunkt stand. 1981 hatte das Gericht die alleinige Sorge der Mutter für ihr nichteheliches Kind für verfassungsgemäß erklärt, weil mit dieser Regelung verhindert werden sollte, dass ein nichteheliches Kind in den Streit seiner Eltern gerät. Das BVerfG wich in seiner Entscheidung vom 7.5.1991 von dieser Sicht ab und erklärte den gesetzlichen Ausschluss der gemeinsamen Sorge für nichteheliche Kinder für verfassungswidrig. Die Verfassungswidrigkeit bestand darin, dass selbst dann keine rechtliche Möglichkeit der gemeinsamen Sorge für Eltern bestand, wenn diese mit dem gemeinsamen Kind zusammenlebten, beide bereit und in der Lage waren, die elterliche Verantwortung gemeinsam zu übernehmen und dies auch dem Kindeswohl entsprechen würde (vgl. BVerfGE 84: 186; FamRZ 1991: 913; NJW 1991, 1994).

Die der gemeinsamen Sorge in nichtehelichen Lebensgemeinschaften entgegenstehenden Vorschriften wurden nicht vom BVerfG aufgehoben, sondern es wurde dem Gesetzgeber überlassen, in welcher Weise dieser deren Verfassungswidrigkeit beheben wollte. Bis zur gesetzlichen Neuregelung wurden alle betreffenden gerichtlichen Verfahren ausgesetzt. Am 7.3.1995 entschied das BVerfG, dass Väter nichtehelicher Kinder generell Träger des verfassungsrechtlich geschützten Elternrechts sind. So wurden jene Regelungen zur Adoption nichtehelicher Kinder verfassungswidrig, die eine Einwilligung des nichtehelichen Vaters nicht erforderten.

Eine weitere verfassungswidrige Schlechterstellung nichtehelicher Kinder hat das BVerfG mit dem Beschluss vom 5.11.1991 festgestellt (vgl. BverfGE 85: 80; FamRZ 1992: 157). Es hat eine gegen Art. 6 V GG verstoßende Besserstellung ehelicher Kinder darin gesehen, dass diese durch die Zulassung der Revision eine höchstrichterliche Klärung von Zweifelsfragen in Unterhaltssachen erreichen könnten. Durch die Verfahrensbeteiligung bestehe außerdem die Möglichkeit auf das Ergebnis Einfluss zu nehmen. Das BVerfG hat die Erwartung geäußert, dass der Gesetzgeber Zuständigkeit und Instanzenzug für Unterhaltsklagen ehelicher und nichtehelicher Kinder vereinheitlicht. Aus dem verfassungsrechtlichen Gebot folgt danach die Pflicht des Gesetzgebers, bei jeder Regelung, die zwischen ehelichen und nichtehelichen Kindern differenziert, zu prüfen, ob es für die Ungleichbehandlung sachliche Gründe gibt.

Aus den Entscheidungen des BVerfG erfolgte ein reformbedürftiger Rechtszustand, denn wesentliche Teile des geltenden Kindschaftsrechts waren verfassungswidrig, ohne dass entsprechende Neuregelungen zur Verfügung standen. Rechtsunsicherheit und unerwünschte Verfahrensverzögerung waren die Folgen für die betreffenden Eltern. Für den Gesetzgeber entstand verfassungsrechtlich geforderter Handlungsbedarf (vgl. Schimke 1998).

Zusammengefasst mahnte das BVerfG in folgenden, das Kindschaftsrecht betreffenden Bereichen eine gesetzliche Neuregelung an: Die Möglichkeit der gemeinsame Sorge für Eltern nach Trennung und Scheidung; die Möglichkeit der gemeinsamen Sorge auch für nicht verheiratete Eltern; eine eigene Interessenvertretung für Kinder; das Recht auf Kenntnis der eigenen Abstammung für Kinder sowie die rechtliche Gleichstellung von ehelich und nichtehelich geborenen Kindern.

Die Reformimpulse beziehungsweise Problemartikulation aus gesellschaftlich veränderten Familienformen, Rechts- und Sozialwissenschaften, aus internationalem Recht und BverfG- Rechtsprechung haben den Gesetzgeber zur Reform des Kindschaftsrechts veranlasst. Die unterschiedlichen „Impulsgeber" sind im vorangegangenen Kapitel zwar analytisch getrennt worden, in der Realität haben sie sich aberwechselseitig beeinflusst: Gesellschaftliche Veränderungen, Forschungsergebnisse, bundesverfassungsgerichtliche Rechtsprechung und internationales Recht können als zusammenhängend und wechselseitig aufeinander bezogen betrachtet werden.

Mit den Begriffen „Gesetzgebungsprozess" und „Reformdiskussionen" werden Ablauf und Dauer der Gesetzgebung unter Berücksichtigung der beteiligten Akteure thematisiert. Im Kontext der Implementationsforschung wird diese Phase als „Programmentwicklung" bezeichnet und folgt der Phase der „Problemartikulation".

Reformdiskussion und Inhalte der Gesetzgebung (Programmentwicklung)

In der Phase der „Programmentwicklung", also während der Gesetzgebung und der Reformdiskussionen, wird besonders deutlich, wer mit welchen Interessen an der Implementation beteiligt war und welche Interessenkonflikte aufgetreten sind. Das geänderte Recht ist als materielles Substrat und erkämpfter Kompromiss zwischen den verschiedenen Akteuren und Akteursgruppen im Rahmen staatlicher Gesetzgebung anzusehen. Als „Arena" oder „strategisches Feld" ist der Staat der Ort, an dem sich die politischen und sozialen Auseinandersetzungen von Akteuren konzentrieren und verdichten und zu jeweils zeitlich begrenzten Kompromissen und Konsensen auf der Basis aktueller Machtverhältnisse führen (vgl. Schaarschuch 1999). Kompromisse bestehen dabei aus der Kombination verschiedener, oftmals kontroverser Interessen. Konsense gelten nur, solange sie nicht aufgekündigt werden. Aus den Ergebnissen der Implementations- und Wirkungsforschung und aufgrund der theoretischen Überlegungen zur Entstehung von Recht ist davon auszugehen, dass sich die kontroversen Interessen nach der Konsentierung während der Gesetzgebung in das Implementationsfeld, auf die Ebene der praktischen Rechtsverwirklichung durch verschiedene Institutionen (Jugendämter, Gerichte) verlagern. Die in den Institutionen reproduzierten widersprüchlichen Interessen bilden eine unerschöpfliche Quelle neuer Konflikte für die Akteure innerhalb der Institutionen wie auch zwischen ihnen. Die in den institutionalisierten Formen des Staates strukturell verkörperten Resultate der Auseinandersetzungen wirken auf die aktuellen Konflikte und Kämpfe sowie auf die Handlungschancen der beteiligten Akteure und Akteursgruppen zurück (vgl. Poulantzas 1978).

Die Reformdiskussionen und die Gesetzgebung sind ein Prozess, in dem unterschiedliche Akteure und Akteursgruppen ihre Interessen und ihr Wissen einbringen. Akteure der Gesetzgebung sind in erster Linie die jeweilige Bundesregierung, der Bundesrat und die Abgeordneten des deutschen Bundestages. Da die Reform des Kindschaftsrechts sich auf die realen Lebensverhältnisse vieler BürgerInnen auswirkt und es um Inhalte geht, die in einer breiten, disziplinübergreifenden Fachöffentlichkeit diskutiert wurden, waren eine Vielzahl von Akteuren beteiligt oder zumindest interessiert, die nicht zum engeren Kreis der üblichen Gesetzgebungsakteure gehörten. Dies zeigte sich in Form von Fachtagungsthemen, interessenverbandlich organisierten Diskussionsveranstaltungen, Medienbeiträgen und nicht zuletzt in den Anschreiben an einzelne Politiker oder Parteien. Die Auseinandersetzungen im Reformprozess waren durch parteipolitische Akzente und von der inhaltlichen Schwerpunktsetzung der beteiligten externen sozialen Gruppen geprägt (vgl. Teil I Abb. 2). Als solche externen Interessengruppen werden Kollektivakteure (politische Parteien, Vereine und Verbände) sowie Einzelakteure (moralische und fachliche Autoritäten) bezeichnet, die zwar nicht direkt Entscheidungsträger im Gesetzgebungsverfahren, aber „politikberatend" tätig waren, indem sie Stellungnahmen, Expertisen und Gutachten zu den Reforminhalten abgegeben haben. Dazu zählten im Verlauf der Kindschaftsrechtsreform zum Beispiel Frauenverbände, Männer- beziehungsweise Väterverbände, der Deutsche Paritätische Wohlfahrtsverband, Jugendämter, das Diakonische Werk, die Bundesarbeitsgemeinschaft der katholischen sowie der evangelischen Familienbildungsstätten,[18] Einzelpersonen mit Fachautorität in relevanten Themenbereichen[19] etc., um nur einige zu nennen.

Die Akteure, die zwischen Gesellschaft und Staat vermitteln, sind überwiegend organisierte Kollektivakteure, die auf die Repräsentation von Präferenzen und Interessen im Staat und gegenüber staatlichen Akteuren spezialisiert sind.[20] Einzelne „natürliche" Personen spielen nur dann eine Rolle, wenn sie zum Beispiel als Personen Eingaben an Petitionsausschüsse richten oder kraft moralischer oder fachlicher Autorität Inhalte staatlicher Herrschaftsausübung beeinflussen.

In der 12. Legislaturperiode (1990-1994) wurde von der damaligen Koalition vereinbart, die Rechte nichtehelicher Kinder umfassend zu prüfen. 1991 berief die Bundesregierung eine interdisziplinäre Arbeitsgruppe

"Nichtehelichenrecht" ein, die die Vorarbeiten an den Entwürfen beratend begleitet hat. Des Weiteren wurden Gutachten in Auftrag gegeben.[21] Drei Gesetzesentwürfe sind dem Bundestag in der 12. Legislaturperiode zugeleitet worden: Der Entwurf eines Gesetzes zur Abschaffung der gesetzlichen Amtspflegschaft und Neuordnung des Rechtes der Beistandschaft (vgl. BT-Drs. 12/7011), der Entwurf eines Gesetzes zur erbrechtlichen Gleichstellung nichtehelicher Kinder (vgl. BT-Drs. 12/7819) sowie der Entwurf eines Misshandlungsverbotsgesetzes (vgl. BT-Drs. 12/6343). Aufgrund politischer Widerstände besonders gegen die Erbrechtsgleichstellung nichtehelicher Kinder und gegen das Misshandlungsverbot kam keiner dieser Entwürfe zur Verabschiedung.

In der Koalitionsvereinbarung für die 13. Legislaturperiode war eine dem Kindeswohl dienende Reform des Kindschaftsrechts vorgesehen. Insbesondere ging es um die gemeinsame Sorge, das Umgangsrecht, ein verbessertes Unterhaltsrecht und die Aufhebung der gesetzlichen Amtspflegschaft für nichtehelich geborene Kinder. Es wurden fünf Gesetzesentwürfe erarbeitet und dem Bundestag zur Beschlussfassung vorgelegt: Das Kindschaftsrechtsreformgesetz vom 13.6.1996 (vgl. BT-Drs. 13/4899), das Beistandschaftsgesetz vom 24.3.1995 (vgl. BR-Drs. 13/892), das Erbrechtsgleichstellungsgesetz vom 21.3.1996 (vgl. BT-Drs. 13/4183), das Kindesunterhaltsgesetz vom 20.12.1996 (vgl. BR-Drs. 959/96) sowie das Minderjährigenhaftungsbeschränkungsgesetz vom 26.9.1996 (vgl. BT-Drs. 13/-5624). Zwei weitere Entwürfe hatten einen kindschaftsrechtlichen Bezug, nämlich der zum Eheschließungsrecht und zum Betreuungsrechtsänderungsgesetz.

Der Bundesminister der Justiz brachte am 20.6.1996 das Kindschaftsrechtsreformgesetz mit dem Regierungsentwurf, der Gegenäußerung des Bundesrates und der Entgegnung der Bundesregierung zur ersten Lesung in den Bundestag ein. Im Rechtsausschuss wurde der Gesetzesentwurf in zwei Anhörungen beraten und am 25.6.1997 zusammen mit den Entwürfen des Beistandschaftsgesetzes und des Erbrechtsgleichstellungsgesetzes mit einigen Änderungen gebilligt. Der Bundestag hat das Gesetzespaket am 25.9.1997 in zweiter und dritter Lesung verabschiedet; der Bundesrat stimmte dem Gesetz am 17.10.1997 zu, so dass es zum 1.7.1998 in Kraft treten konnte.[22] Aufgrund inhaltlicher Kontroversen war die Gesetzgebung des neuen Kindschaftsrechts ein langwieriger Prozess, der sich insbesondere in den Reformdiskussionen zeigt.

Inhalte der Reformdiskussion zum neuen Kindschaftsrecht
Ein wichtiger Bestandteil des Reformprozesses sind die Reformdiskussionen während der Gesetzgebung, weil spätere Widersprüche im Reformergebnis „Kindschaftsrecht" als Folgen der Einigungsprozesse innerhalb der Reformdiskussion zu betrachten sind (s.o.). In dieser Phase stoßen unterschiedliche Interessen aufeinander. Bis es zu einem Gesetzesentwurf

kommt, dem alle Beteiligten zustimmen und der ratifiziert werden kann, finden Konsentierungs- und Konfliktlösungsprozesse statt. Im Verlauf der Reform wurden unterschiedliche Inhalte kontrovers diskutiert, bevor Kompromisse geschlossen werden konnten. Im Bereich Trennung und Scheidung gaben folgende Themen Anlass zur Diskussion: Die gemeinsame Sorge als Regelfall, die Abschaffung des Zwangsverbunds von Scheidung und Sorgerechtsregelung, die Einführung von „Zwangsberatung" etc. Besonders deutlich sind die unterschiedlichen Positionen in den Stellungnahmen, die im Gesetzgebungsverfahren zu den unterschiedlichen Lösungen abgegeben worden sind (vgl. KindRG-E: 61). Verbände, die überwiegend die Interessen alleinerziehender Mütter vertraten, neigten dazu, den Zwangsverbund zwischen Scheidung und gerichtlicher Sorgeentscheidung beizubehalten und nur die gemeinsame Sorge ausdrücklich zuzulassen. Diese Argumentation ist auch in den Beiträgen des Bündnis 90/Die Grünen und der PDS zu finden, die jene Sorgerechtsform als am besten geeignet ansahen, die vor allem das Kind vor Konflikten schützt. Es bestand die Befürchtung, dass das gemeinsame Sorgerecht gegen den Willen eines Elternteils durchgesetzt und so zum „Kriegsschauplatz nachehelicher Auseinandersetzung" würde (vgl. Schenk, PDS, 25.9.1997). Entgegengesetzt dazu wollten zum Beispiel die Interessenverbände geschiedener Väter nicht nur den Zwangsverbund abschaffen, sondern eine Alleinsorge nach Scheidung nur bei nachgewiesener Kindeswohlgefährdung zulassen. Der Sorgerechtskommission im Deutschen Familiengerichtstag und der SPD-Fraktion im Bundestag ging es, abgesehen von unterschiedlichen Umsetzungsvorschlägen, insbesondere darum, einen „Sorgeplan" durchzusetzen, in dem die Eltern Vereinbarungen über die Ausübung der elterlichen Sorge vorlegen müssen.

In den teils heftigen Auseinandersetzungen ging es eher um den „Geschlechterkampf" als um die Perspektive des Kindes. Der Regierungsentwurf sah die gemeinsame elterliche Sorge, wenn auch nicht als „Regelfall", so doch als „Ausgangsfall" vor, der immer dann eintritt, wenn kein Elternteil die alleinige Sorge bei der Scheidung beantragt (vgl. Pofalla, Abstimmung des BT am 24.9.1997). Ein reines Antragsmodell mit Alleinentscheidungsbefugnis eines Elternteils, wurde vom Rechtsausschuss in ein verfahrensrechtlich modifiziertes Antragsmodell umgeändert. Dem Vorschlag des Bundesrates ist entsprochen worden, im Verfahrensrecht eine Anhörungs- und Hinweispflicht des Gerichtes in Fragen der elterlichen Sorge einzuführen, um sicherzustellen, dass, wenn gemeinschaftliche minderjährige Kinder betroffen sind, die Sorgerechtsproblematik nicht aus vordergründigen Motiven der Eltern ausgeklammert werden könne.

Der Gesetzgeber verfolgt mit dem neuen Kindschaftsrecht ausdrücklich das Ziel, deeskalierend auf die Eltern zu wirken, da aus der Scheidungsfolgenforschung bekannt ist, dass das elterliche Konfliktniveau das Ausmaß der (negativen) Auswirkungen von Trennung und Scheidung auf die Kinder bestimme. Die Entwicklung der Reform wurde durch eine teils heftige fachöffentliche Diskussion begleitet. Rummel (1997) hat im Rahmen seiner Analyse öffentlicher und fachöffentlicher Rhetorik zum Kindschaftsrecht zwei kontroverse Positionen herausgearbeitet (Rummel 1997: 202), die auch noch nach der vorerst abgeschlossenen Reform weiter bestehen: Die einen kritisieren, dass die Kinderrechte trotz verfahrensrechtlicher Stärkung zu wenig berücksichtigt würden und immer noch die Rechtsnormen als Rechte am Kind statt als Rechtsansprüche des Kindes konzipiert seien (vgl. zum Beispiel Jopt 1996). Die anderen beklagen, dass der Zwangsverbund zwar aufgelöst sei, bedauern aber die fehlende absolute Vorrangstellung der gemeinsamen Sorge, wenn ein Elternteil nach § 1671 BGB einen Antrag auf alleinige Sorge stelle (vgl. zum Beispiel Dickmeis 1998). Dann gibt es wiederum noch Stimmen, die einen eindeutigen Vorrang der gemeinsamen Sorge in der Rechtsprechung befürchten. Eine weitere Forderung bezieht sich auf die Einführung von Pflichtberatung als flankierende Maßnahme des neuen Rechts, weil viele Eltern im Interesse ihrer Kinder Hilfe benötigen, diese aber von sich aus zu selten in Anspruch nehmen könnten (zum Beispiel Salgo in der Anhörung des Deutschen Bundestages von 2/1997).

Im Bereich elterliche Sorge für Kinder nicht miteinander verheirateter Eltern hat der Gesetzgeber sichergestellt, dass die gemeinsame Sorge nicht gegen den Willen eines Elternteils, insbesondere nicht gegen den Willen der Mutter, erfolgen kann. Der Forderung beispielsweise von Väterverbänden, die gemeinsame Sorge immer automatisch mit der Geburt eines Kindes eintreten zu lassen, wurde nicht entsprochen. Ob der Gesetzgeber dem Auftrag des BVerfG hinsichtlich der Beachtung des Elternrechts nichtehelicher Väter ausreichend nachgekommen sei, steht weiterhin zur Debatte.

Im Bereich der Kinderrechte wurden subjektive Rechte, zum Beispiel die Rechtsstellung des Kindes beim Umgang, Verfahrensrechte, zum Beispiel die Verfahrenspflegschaft (Bestellung, Bezahlung, Qualifikation) sowie das Wegfallen der Kindesanhörung (durch die Auflösung des Zwangsverbundes) diskutiert. Insbesondere dem Bündnis 90/Die Grünen ging es um eine Stärkung der Rechte des Kindes als Grundrechtsträger und eigene Rechtspersönlichkeit sowie den Anspruch auf vollen Grundrechtsschutz. Das Wohl des Kindes würde eine Identität von Staats- und Kindesinteressen voraussetzen, die nicht mehr zeitgemäß sei und Kinder zu Objekten der Rechtsfürsorge mache (vgl. BT-Drs. 13/3341, 1995). Auch die SPD hätte eine stärkere Rechtssubjektivität und eine verbesserte materiell- und verfahrensrechtliche Stellung des Kindes begrüßt. Im Regierungsentwurf sowie in Beiträgen der FDP wird dagegen klar das Wohl des Kindes in den Mittelpunkt gestellt (vgl. Braun, Plenarprotokoll des Bundestages vom 20.6.1996). Die Ausgestaltung einer institutionalisierten Interessenvertretung von Kindern und Jugendlichen im Verfahren war umstritten (vgl. Salgo 1998a; Weber/Zitelmann 1998). Es ging hauptsächlich um die Verbindlichkeit der Bestellung eines Verfahrenspflegers durch den Richter, die Vergütung sowie die erforderliche Qualifikation der Interessenvertreter.[23]

Bezüglich des Umgangsrechts wurden der umgangsberechtigte Personenkreis und die Möglichkeiten der Durchsetzung von Umgangsrechten insbesondere für Kinder diskutiert. Im Regierungsentwurf wurde es abgelehnt, das Umgangsrecht als Recht des Kindes auszugestalten. Mit diesem Vorgehen sollten Konflikte und Durchsetzungsschwierigkeiten vermieden werden. Der Bundesrat und weite Teile der Fachöffentlichkeit waren der Auffassung, dass das Umgangsrecht dem Kind und den Eltern zustehen soll. Diese Auffassung setzte sich auch im Rechtsausschuss durch. Das Recht des Kindes auf Umgang mit seinen Eltern und anderen Bezugspersonen wurde von SPD und Bündnis 90/Die Grünen gefordert und begrüßt. Die Gestaltung der Umgangsrechte und -pflichten von Vätern wurde dagegen kritisiert. Es bestand die Befürchtung, dass die Umgangsrechte von Vätern gegen Mütter genutzt werden könnten, die dann in Folge der Rechtsänderung nur über die Feststellung einer Kindeswohlgefährdung einen Umgangsausschluss erwirken könnten.

Das Misshandlungsverbot von Kindern in der elterlichen Erziehung war Gegenstand heftiger Diskussionen und kontroverser Abstimmungen in Bundesrat und Bundestag. Der Gesetzgeber sah sich nicht in der Lage, die Grenze zwischen zulässigen Erziehungsmaßnahmen und verbotener Gewaltausübung schärfer zu ziehen. Verbände wie der Kinderschutzbund, Parteien (SPD, PDS, Bündnis 90/Die Grünen) und die Kinderkommission des Bundestages (Anfang der 1990er) forderten eine Grundsatznorm über einen gewaltfreien Erziehungsstil. Die für unzulässig erklärten Erziehungsmaßnahmen im § 1631 BGB wurden als nicht ausreichend angesehen, um Kinder zu schützen. Diese Kontroverse endete nicht mit der Kindschaftsrechtsreform von 1998 sondern erst 2000 nach dem Regierungswechsel.[24]

Im Bereich der rechtlichen Gestaltung lediger Mutterschaft wurde die Abschaffung der Amtspflegschaft und die Einführung der freiwilligen Beistandschaft weitgehend begrüßt; die Schaffung von Kontrollmöglichkeiten trotz Freiwilligkeit blieb dagegen umstritten. Bereits 1993 hatte die Bundesregierung den Entwurf eines Beistandschaftsgesetzes auf den Weg gebracht, welches aber in jener Legislaturperiode nicht verabschiedet und so erst im Rahmen der Gesamtreform beschlossen werden konnte. Der Gesetzgeber sah in der Beistandschaft nach wie vor eine Form der „Fürsorge im zivilrechtlichen Gewand" (vgl. BeistandschaftsG-E: 32). Damit wurde der vor allem von den kommunalen Spitzenverbänden und dem Bundesrat vertretene Vorschlag abgelehnt. Dieser sah vor, die Beistandschaft in das SGB VIII aufzunehmen und ausschließlich auf die Beratung des sorgeberechtigten Elternteils zu beschränken (vgl. Wiesner 1997: 34).

Im Bereich des Abstammungsrechts ist die Anfechtung der Vaterschaft neu geregelt worden. Die Rechtstellung der Mutter hat sich verbessert, denn obwohl der Regierungsentwurf das Anfechtungsrecht der Mutter noch von der Kindeswohlprüfung abhängig machen wollte, hat der Rechtsausschuss auf Anraten des Bundesrates die jetzt gültige Fassung angeregt, in der das mütterliche Anfechtungsrecht nicht von der Interessenlage des Kindes abhängig ist.

Das eher übergreifende Thema „Rolle des staatlichen Wächteramtes" hat unterschiedliche Berücksichtigung in den Reformentwürfen der Parteien gefunden. Die SPD wollte durch das staatliche Wächteramt Entwicklungsinteressen von Kindern gesichert wissen. In diesem Kontext stand die schon oben genannte Forderung nach einem Sorgeplan im Scheidungsverfahren, der sicherstellen sollte, dass konfliktträchtige Fragen zum weiteren Aufenthalt des Kindes, Umgangsfragen und Pflichtenverteilung etc. zwischen den Eltern geregelt und im Ergebnis festgehalten würden (vgl. von Renesse, Plenarprotokoll des Bundestages vom 20.6.1996). Die CDU/CSU setzte in diesem Zusammenhang auf Elternverantwortung und Autonomie (vgl. Falk, Plenarprotokoll des Bundestages vom 20.6.1996), und wollte verhindern, dass der Staat „hereinreden" dürfe, wenn Eltern sich bezüglich der Sorge einig seien (vgl. Pofalla, Plenarprotokoll des Bundestages vom 20.6.1996). Diese Haltung zeigte sich auch bei der Reform des Beistandschaftsgesetzes und des Erbrechtsgleichstellungsgesetzes, weil es ausdrückliches Ziel der CDU/CSU war, „den Staat zurückzunehmen und mehr Verantwortlichkeit auf die Eltern zu verlagern, um nicht nur die eigene Verantwortlichkeit zu stärken, sondern auch das sinnlose Hereinreden des Staates in bestimmte familiäre Angelegenheiten zurückzunehmen" (vgl. Pofalla, Plenarprotokoll des Bundestages vom 20.6.1996).

Die Einschätzungen, die von verschiedenen Akteuren (Politik, Fachwelt, Interessenverbände) nach (vorläufigem) Abschluss der Gesetzgebung abgegeben wurden, weisen auf weiterhin bestehende Konflikte und Befürchtungen hin.

Einschätzungen zum Reformergebnis „neues Kindschaftsrecht"
Aus den Redebeiträgen und der Abstimmung im Deutschen Bundestag zur Reform des Kindschaftsrechts am 25.9.1997 geht die jeweilige parteipolitische Zufriedenheit mit den neuen Regelungen hervor. Beispielsweise schätzte Pofalla (CDU/CSU) die Reform als „Meilenstein auf dem Weg zur substanziellen Fortentwicklung des Kindeswohls und die wohl größte kindschaftsrechtliche Reform der vergangenen 20 Jahre" ein. Von Renesse (SPD) bezeichnete den Reformentwurf ebenfalls als „notwendig, handwerklich gelungen, klug und wirklichkeitsnah und vor allem menschlich". Insgesamt wurde von der SPD eine große Übereinstimmung mit den eigenen Vorschlägen gesehen (90%), aber einige Punkte seien bis zum Schluss des Gesetzgebungsprozesses strittig geblieben, so dass es bei der Abstim-

mung Gegenstimmen und Enthaltungen gab. Noch am 25.9.1997 wurde auch über einen Änderungsantrag der SPD abgestimmt, der den „Sorgeplan" im Scheidungsverfahren forderte, obwohl die Anhörungs- und Belehrungspflicht in den Reformentwurf aufgenommen worden war. Als weiterer strittiger Punkt blieb die Grundsatznorm zum Gewaltverbot in der Erziehung. Aus ähnlichen Gründen war das Bündnis 90/Die Grünen nicht zufrieden mit dem Reformergebnis (vgl. Grießhaber). Die Regelungen zur gewaltfreien Erziehung, die Reform des Umgangsrechts und die Neuregelung der elterlichen Sorge stießen auf Kritik, obwohl auch viele Aspekte begrüßt wurden. Insgesamt bezeichnete Grießhaber aber die gesellschaftliche Situation von Müttern als nicht zufriedenstellend. Im Kontext der Regelungen zur gemeinsamen Sorge und zum Umgang wurden insbesondere Nachteile für Mütter und Kinder befürchtet („Den Vätern das Recht, den Müttern Pflicht und Verantwortung"). Während die FDP insgesamt mit dem Reformergebnis zufrieden war, kündigte die PDS einen Antrag auf Änderung des Grundgesetzes an, in dem das Recht des Kindes auf gewaltfreie Erziehung verbürgt werden sollte. In den Regelungen zur gemeinsamen Sorge sah Schenk erhebliches Konfliktpotenzial und eine Diskreditierung von Alleinerziehenden. Der Bundesminister der Justiz (Schmidt-Jortzig) bezeichnete das neue Kindschaftsrecht als kindgerecht, weil es die Hoffnungen, Chancen und Rechte des Kindes in den Mittelpunkt stelle.

Trotz der gegensätzlichen Positionen und Befürchtungen im Gesetzgebungsprozess war der Grundtenor von fachlichen AkteuerInnen und (Interessen-)Verbänden in Stellungnahmen zum neuen Kindschaftsrecht eher positiv. Der rechtliche Rahmen galt als gute Voraussetzung zum Beispiel für eine Deeskalation der sich trennenden Eltern. Die Frage, wie die juristischen und (sozial-)pädagogischen (oder psychologischen) Verfahrensbeteiligten in ihrem Handeln und in der Kooperation miteinander das Kindeswohl konkret verbessern könnten, wurde als entscheidend angesehen. Fegert (1999) mahnte zum Beispiel an, dass die interdisziplinären Kooperationen oft schon daran scheitern, dass übliche Arbeitsabläufe nicht auf Zusammenarbeit ausgerichtet seien, zum Beispiel weder zeitliche noch finanzielle Budgets dafür zur Verfügung stünden. Aus Angst vor zusätzlichen Belastungen würden Vernetzungsversuche auf Widerstände an den jeweiligen Fachgrenzen stoßen (vgl. ebd.: 11). Proksch (1998) betonte, dass eine Organisationsstruktur entwickelt werden müsse, um beispielsweise Konfliktvermittlung zu initiieren. Die partnerschaftliche Zusammenarbeit zwischen dem Familiengericht, der Rechtsanwaltschaft, dem Jugendamt und den Beratungsstellen sei nötig, um die normativen Absichten des Gesetzgebers zu verwirklichen. Jugendhilfe und Gerichte hätten die Aufgabe, die eigenverantwortliche Gestaltung der nachehelichen elterlichen Verantwortung durch eigene, einvernehmliche Vermittlungsregelungen der Eltern zu fördern beziehungsweise zu ermöglichen. Vermittlung solle den Eltern vom Gericht und der öffentlichen Jugendhilfe empfohlen und von der öffentlichen und freien Jugendhilfe geleistet werden (vgl. Proksch 1998b).

Schwab (1998) hat eine „Gewinner-Verlierer"-Bilanz gezogen, nach der die eindeutigen Gewinner des neuen Rechts die Väter seien, deren Rechtsposition auch dort, wo sie kein Sorgerecht bekämen, spürbar gestärkt würde. Ob dies zugunsten des Kindeswohls wirke, macht er vom Verhalten der Beteiligten und von den Gerichten abhängig, was nach seiner Einschätzung noch unbekannte Größen seien, denn die „Rechte, die zum Wohl des Kindes ausgeübt werden können, sind leider auch als Störpotential für eine unbelastete Entwicklung eines Kindes einsetzbar" (Schwab 1998: 777). Darüber hinaus seien für Schwab widersprüchliche Tendenzen in den Reformgesetzen spürbar, denn im Scheidungsrecht finde eine Deregulierung statt: „[D]er Staat als Wächter des Kindeswohls [hat] seine Wachtürme weit zurückverlegt". Dagegen wurden im Eheschließungsrecht verschärfte Regulierungen eingeführt, wenn es um die erhöhten Anforderungen an den Ehewillen zur Bekämpfung von „Scheinehen" gehe (ebd.).

Schimke (1998) ist davon ausgegangen, dass die Reform des Kindschaftsrechts nicht die grundsätzliche Neuorientierung mit sich bringe, die beispielsweise nach der UN-Kinderrechtskonvention geboten wären. Er begründete diese Befürchtung mit dem Scheitern der Bemühungen, ein Grundrecht des Kindes auf gesunde Entwicklung und zunehmende Selbstverantwortung, auf Erziehung, Unterstützung und Förderung durch die Eltern auf der Verfassungsebene in Art. 6 GG einzufügen. Trotz dieser Einschränkung könne die Reform berechtigt als Meilenstein der Gesetzgebung und als wichtigste Familienrechtsreform seit 20 Jahren bezeichnet werden. „Vor allem die erstmals erreichte Gleichstellung nichtehelicher und ehelicher Kinder bis hin zum Erbrecht, die Ausgestaltung des Umgangsrechts als Recht des Kindes und des Sorgerechts sind wichtige Eckpfeiler in einer kinderrechtlichen Betrachtungsweise familialer Prozesse, in der die Eltern als Eltern wichtig sind und nicht in ihrer jeweiligen Rolle als Eheleute, ledige Partner oder Geschiedene. Das neue Recht erkennt auch an, dass die Autonomie der Eltern ein wichtiger Garant für die Entwicklung der Kinder sein kann und zieht dementsprechend die Grenzen zwischen elterlicher Verantwortung und staatlicher Intervention an einigen Stellen neu. Andererseits werden Beteiligungsrechte der Kinder im gerichtlichen Verfahren bis hin zur Interessenvertretung (Anwalt des Kindes) jetzt erstmals im Sinne der UN-Kinderrechtskonvention ausformuliert" (vgl. Schimke 1998: 19).

Auf der Ebene von Interessenverbänden unterschiedlicher gesellschaftlicher Gruppen war die Resonanz eher skeptisch. Während zum Beispiel die Interessenverbände alleinerziehender Mütter eine stärkere Rechtsposition nicht verheirateter Väter befürchteten, gingen den Interessenvertretern der Väter die neu geschaffenen Regelungen nicht weit genug.[25] Der

ISUV/VDU e.V. bedauerte, dass das gemeinsame Sorgerecht doch kein „echter" Regelfall würde (1.7.1998). Der VAMV begrüßte die Abschaffung der Diskriminierung von Alleinerziehenden durch die Änderungen in Erbrecht und die Abschaffung der Amtspflegschaft (25.6.1998). Der VafK e.V. kritisierte das wenig „kinder- und väterfreundliche" Verhalten der Richter, die nicht für schnelle Umsetzung der neuen Umgangsrechte sorgen würden. Dagegen kritisierten Frauenhausmitarbeiterinnen (Köln 7.7.1999), dass viele gewalttätige Männer ihr Umgangs- und Sorgerecht missbrauchen würden, um ihre flüchtigen Frauen aufzuspüren und zu terrorisieren.

Die Zusammenstellung von Reaktionen zur und nach der Kindschaftsrechtsreform verdeutlicht strittig gebliebene Punkte und gibt erste Hinweise auf „Nebenwirkungen" des Programms. Aus der Implementationsperspektive ist das neue Kindschaftsrecht Ergebnis des Reformprozesses und Programm für den weiteren Verlauf der Implementation.

Das neue Kindschaftsrecht als Reformergebnis (Programm)

Das als politisches Programm in Kraft getretene neue Kindschaftsrecht ist das Ergebnis der vorangegangenen Gesetzgebungsgeschichte. Folglich sind Inhalte, Ziele und Regelungen des neuen Kindschaftsrechts Ergebnisse des Gesetzgebungsprozesses, in dessen Verlauf sich die Akteure über die inhaltliche Ausgestaltung der einzelnen Bereiche einigen mussten. Die Darstellung der Schwerpunkte des neuen Kindschaftsrechts dient als Rahmen für die „Programmanalyse". Es werden die für die Forschungsfrage relevanten Bereiche abgesteckt.[26]

Den Hauptbestandteil des neuen Familienrechts bildet die Kindschaftsrechtsreform, mit vier zentralen Gesetzen: Dem Kindschaftsrechtsreformgesetz (KindRG), dem Beistandschaftsgesetz (BeistandG), dem Gesetz zur erbrechtlichen Gleichstellung nichtehelicher Kinder (ErbGleichG) sowie dem Gesetz zur Vereinheitlichung des Unterhaltsrechts minderjähriger Kinder (KindUG) (vgl. Bäumel et al. 1998; Oberloskamp 1999). Zum erweiterten Verständnis der Kindschaftsrechtsreform zählen darüber hinaus das Gesetz zur Beschränkung der Haftung Minderjähriger (MHbeG), die Änderungen des Kinder- und Jugendhilfegesetzes (SGB VIII) und die Änderungen des Verfahrensrechts, insbesondere des Gesetzes zur freiwilligen Gerichtsbarkeit (FGG) und der Zivilprozessordnung (ZPO) (vgl. Baltz 1998: 257 ff.; Büttner 1998: 585). Da nicht nur das Kindschaftsrecht reformiert worden ist, sondern auch das Eheschließungsgesetz, wird von einer Familienrechtsreform gesprochen, zu der schließlich noch die Änderung des Betreuungsrechts zählt. Das Kindschaftsrechtsreformgesetz beinhaltet in seinen Grundzügen die Reform mehrerer Rechtsbereiche: Sie betrifft im Wesentlichen das Abstammungsrecht, das Sorge- und Umgangsrecht, das Namensrecht, das Adoptionsrecht und das Verfahrensrecht in kindschaftsrechtlichen Angelegenheiten (vgl. Wiesner 1998).

Im Mittelpunkt der Ausführungen stehen jene reformierten Regelungsbereiche, die das Handlungsfeld der Kinder- und Jugendhilfe betreffen. Mit den Änderungen im SGB VIII ist im Besonderen ein uneingeschränkter Beratungsanspruch in Fragen der Partnerschaft, Trennung und Scheidung sowie Beratung und Unterstützung von Erwachsenen, Kindern und Jugendlichen bei der Ausübung des Umgangsrechts zu nennen. Die Beurkundung von Sorgerechtserklärungen und die Mitwirkung in Vormundschafts- und Familiengerichtsverfahren gehört zu den neu geregelten Aufgaben innerhalb der Jugendhilfe. Die Beratungsaufgaben der Jugendämter haben sich quantitativ (Ausweitung des Angebots) und qualitativ (Beratungs- und Vermittlungsqualifikation) verändert und die Aufgaben der Jugendhilfe im gerichtlichen Verfahren sind ebenfalls neu ausgestaltet worden. Die Änderungen der ZPO und des FGG wirken sich auf Möglichkeiten der Beteiligung oder Einbeziehung von Personen in gerichtlichen und außergerichtlichen Verfahren aus und sind daher für die Frage der Rechtsverwirklichung entscheidend. Mit dem Beistandschaftsgesetz wurde die automatisch greifende Amtspflegschaft des Jugendamtes abgeschafft. An ihre Stelle ist eine für die Mütter freiwillige Beistandschaft des Jugendamtes mit dem Aufgabenkreis der Vaterschaftsfeststellung und der Geltendmachung von Unterhaltsansprüchen getreten. Eine Beistandschaft kann jeder Elternteil beantragen, wenn ihm die alleinige elterliche Sorge für den Aufgabenkreis der beantragten Beistandschaft zusteht.

Die Schwerpunkte des neuen Kindschaftsrechts befinden sich im Familienrecht des BGB (Abstammungsrecht, Recht der elterlichen Sorge, Umgangsrecht, Namensrecht, Unterhaltsrecht, Adoptionsrecht, Erbrecht, Eheschließungsgesetz etc.), Verfahrensrecht und im KJHG/SGB VIII.

Änderungen im BGB

Mit dem neuen Kindschaftsrecht wurde der zweite Abschnitt „Verwandtschaft" des vierten Buches – Familienrecht – im BGB systematisch und inhaltlich grundlegend verändert. Die systematischen Veränderungen beziehen sich auf die Aufhebung der Unterteilung in eheliche und nichteheliche Kinder. Inhaltlich am stärksten verändert wurden das Abstammungsrecht, das Sorgerecht und das Umgangsrecht. Weitere Änderungen sind u.a. im Namensrecht, im Unterhaltsrecht, im Adoptionsrecht und im Erbrecht vorgenommen worden. Die Amtspflegschaft wurde im Rahmen der Reform durch die freiwillige Beistandschaft ersetzt. Die Rechtsstellung eines Kindes wird nun im Wesentlichen bestimmt durch die Abstammung

(§§ 1591-1600e; 1754, 1755 BGB), die elterliche Sorge (§§ 1626-1698b; 1712-1717; 1754; 1773-1895; 1909-1921 BGB), Namensgebung (§§ 1616-1618; 1757 BGB), Unterhalt (§§ 1601-1615; 1615o; 1754-1755 BGB) und Erbrecht (§§ 1754, 1922-2385 BGB).[27]

Abstammungsrecht
Die Vorschriften des Abstammungsrechts wurden völlig neu gefasst. Anstelle der strikten Unterscheidung zwischen ehelicher und nichtehelicher Abstammung ist ein einheitliches Abstammungsrecht für alle Kinder getreten. Im § 1591 BGB wird die Frau, die das Kind geboren hat, als Mutter bestimmt.[28] Bei der Vaterschaft bleibt es trotz der Einheitlichkeit des Abstammungsrechts dabei, dass alle während der Ehe geborenen Kinder dem Ehemann der Mutter zugeordnet werden (§ 1592 I BGB).

Neben der Ehe wird die Vaterschaft wie bisher durch Anerkennung oder gerichtliche Feststellung begründet (§ 1592 II und III BGB). Diese Regelung trägt dem Umstand Rechnung, dass in einer nichtehelichen Beziehung sichere Kriterien fehlen, aus denen eine Vaterschaft hergeleitet werden könnte. Neu geregelt ist, dass die Vaterschaftszurechnung bei nachehelich geborenen Kindern auf die Fälle einzuschränken sei, in denen die Ehe durch Tod beendet werde (§ 1593 BGB). Im Falle der Ehescheidung wird nicht mehr davon ausgegangen, dass ein innerhalb einer bestimmten Frist geborenes Kind noch von dem früheren Ehemann der Mutter abstamme (vgl. KindRG-E: 53). Wenn schon vor der Geburt ein Scheidungsantrag anhängig war, der neue Partner der Mutter die Vaterschaft innerhalb eines Jahres nach Rechtskraft des Scheidungsurteils anerkennt und die Mutter des Kindes und der Ehemann zustimmen, wird das Kind nicht mehr dem früheren Ehemann, sondern dem neuen Partner zugerechnet. Gegenüber der früheren Regelung können aufwendige Vaterschaftsprozesse mit teuren Gutachten eingespart werden (vgl. Schimke 1998: 22 ff.).

Die Anerkennung der Vaterschaft (§§ 1594-1598 BGB) ist teilweise verändert worden. Die Rechtsstellung der Mutter wurde verbessert, denn die Vaterschaftsanerkennung ist nun von ihrer Zustimmung abhängig (§ 1595 I BGB). Die Zustimmung wird aus eigenem Recht erteilt und nicht als Vertreterin des Kindes. Wenn die Zustimmung verweigert wird, bleibt dem Vater nur der Weg über die Vaterschaftsfeststellung. Der Weg zur Vaterschaft ohne Ehe erfolgt also entweder über die Anerkennung des Vaters (beurkundete Erklärung vor dem Jugendamt, Standesamt oder Notar) und der Zustimmung der Mutter in Form einer öffentlichen Beurkundung (§§ 1592 II, 1594-1597 BGB) oder über die gerichtliche Feststellung aufgrund einer Klage vor dem Familiengericht von Vater, Mutter oder Kind (gesetzliche Vertretung) durch ein rechtskräftiges Urteil (§§ 1592 III, 1600d, e BGB; vgl. Oberloskamp 1998: 21).

Die Anfechtung der Vaterschaft (§ 1599-1600e) ist mit Blick auf die Rechtsprechung des BVerfG hinsichtlich des Recht des Kindes auf Kenntnis der eigenen Abstammung und die bisherige rechtliche Benachteiligung der Mutter grundlegend neu geregelt worden. Nach § 1600 I BGB gibt es nur ein einheitliches Anfechtungsrecht für Vater, Mutter und Kind, das grundsätzlich innerhalb von zwei Jahren nach Kenntnis der Umstände, die gegen die Vaterschaft sprechen, ausgeübt werden muss (§ 1600b I BGB). Dabei kann die Abstammungsfeststellung nicht „isoliert", das heißt ohne Rechtsfolgen nach sich zu ziehen, erfolgen, denn mit der Feststellung der Vaterschaft sind nicht nur emotionale Konsequenzen verbunden sondern auch rechtliche, wie zum Beispiel das Zeugnisverweigerungsrecht, die Strafbarkeit wegen Inzests etc. (vgl. KindRG-E: 57).

Recht der elterlichen Sorge
Die Neugestaltung des Rechts der elterlichen Sorge wird als Kernstück der Reform des Kindschaftsrechts bezeichnet (vgl. Schimke 1998: 25). Die Ziele der Gleichstellung ehelicher und nichtehelicher Kinder und der Stärkung von Kinderrechten bei gleichzeitiger Wahrung der Familienautonomie drücken sich besonders in dem problematischen Spannungsverhältnis zwischen elterlicher Erziehung, staatlichem Wächteramt und Subjektstellung des Kindes aus.

Der Inhalt der elterlichen Sorge umfasst nach wie vor Personensorge, Vermögenssorge und Vertretung des Kindes, allerdings mit einigen Modifikationen des § 1626 BGB: Die Begriffe „Vater" und „Mutter" sind durch „Eltern" ersetzt, und die Reihenfolge der Begriffe „das Recht und die Pflicht" ist in „die Pflicht und das Recht" umgetauscht worden. Damit will der Gesetzgeber die Gemeinsamkeit der elterlichen Verantwortung verdeutlichen, aber auch zum Ausdruck bringen, dass die Elternschaft stärker mit Pflichten als mit Rechten verbunden sei (vgl. Schwab/Wagenitz 1997: 1379). Die erzieherische Leitlinie des § 1626 II BGB wurde um einen dritten Absatz ergänzt, der den Umgang mit beiden Elternteilen und anderen wichtigen Bezugspersonen als grundsätzlich zum Kindeswohl gehörend formuliert.

Nach heftiger Diskussion und kontroverser Abstimmung in Bundestag und Bundesrat wurde im § 1631 II BGB ein Misshandlungsverbot formuliert, welches „entwürdigende Erziehungsmaßnahmen, insbesondere körperliche und seelische Misshandlungen" für unzulässig erklärt. Die vom Bundesrat vorgeschlagene Formulierung eines Gewaltverbotes, welches von der Fachwelt (zum Beispiel Sorgerechtskommission) unterstützt wurde, ist zum Reformzeitpunkt im Bundestag abgelehnt worden.

In § 1697a BGB wurde eine Auslegungsregel formuliert, die zwar dem Wortlaut nach nur die Gerichte bindet, tatsächlich aber zur Richtschnur für das Handeln aller Beteiligten (zum Beispiel Jugendämter, Eltern) werden könnte. Nach dieser Vorschrift trifft das Gericht, soweit nichts anderes bestimmt ist, im Kindschaftsrecht diejenige Entscheidung, die „unter Berücksichtigung der tatsächlichen Gegebenheiten und Möglichkeiten sowie der berechtigten Interessen der Beteiligten dem Wohl des Kindes am besten entspricht". Der dahinter stehende Rechtsgedanke ist, dass das Wohl des Kindes Prüfungsmaßstab für alles Handeln im Familienrecht sein solle (vgl. Schimke 1998: 27 f.).

Nach bisherigem Recht war das Sorgerecht systematisch getrennt in das Recht der elterlichen Sorge für eheliche und nichteheliche Kinder. In der Ehe hatten beide Eltern automatisch das Sorgerecht, bei nichtehelichen Kindern im Regelfall die Mutter, oft eingeschränkt durch die Amtspflegschaft. Die Mutter konnte auch den Umgang des nichtehelichen Vaters mit seinem Kind bestimmen, es sei denn, das Vormundschaftsgericht ließ den Umgang ausdrücklich zu. Väter hatten lediglich durch Legitimation oder Adoption des Kindes die Möglichkeit, sorgeberechtigt zu werden, allerdings im Falle der Adoption mit der Folge, dass die Mütter das Sorgerecht verloren. Nach neuem Recht besteht für nicht miteinander verheiratete Eltern eine grundsätzliche Neuregelung, denn sie können durch eine gemeinsame Sorgeerklärung erreichen, dass ihnen die elterliche Sorge gemeinsam zusteht (§ 1626a I BGB). Diese muss öffentlich durch einen Notar oder das Jugendamt (§ 59 I SGB VIII) beurkundet werden (§ 1626d BGB). Die gemeinsame Sorge kann nicht gegen den Willen eines Elternteils, insbesondere nicht gegen den Willen der Mutter, eintreten. Die beurkundende Stelle teilt die Abgabe von Sorgeerklärungen dem Jugendamt am Geburtsort des Kindes mit (§ 1626d II BGB) und wenn keine Sorgeerklärung abgegeben wurde, erteilt das zuständige Jugendamt auf Verlangen der Mutter eine schriftliche Auskunft darüber, dass keine gemeinsame Sorgeerklärung vorliegt („Negativattest" gemäß § 58a SGB VIII).

Der Hauptstreitpunkt der Reform war die Regelung der elterlichen Sorge nach Trennung und Scheidung. Nach § 1671 BGB a.F. entschied das Familiengericht von Amts wegen über die Frage, wem die elterliche Sorge nach der Scheidung zustehen sollte. Wenn sich nicht verheiratete Eltern trennten, gab es keine Sorgerechtsprobleme, da eine gemeinsame Sorge nicht möglich war. Die Entscheidung des Familiengerichts erging als Folgesache im Verbund mit dem eigentlichen Scheidungsprozess (Zwangsverbund) und war an das Kindeswohl gebunden. Grundsätzlich sollte das Sorgerecht nur einem Elternteil übertragen werden.[29]

Die neue Rechtslage lässt sich als ein „Antragsmodell mit verfahrensrechtlichen Modifikationen" beschreiben (vgl. Schimke 1998: 33). In § 1671 BGB ist die elterliche Sorge für den Fall geregelt, in dem den Eltern die gemeinsame elterliche Sorge zusteht, diese aber nicht nur vorübergehend getrennt leben. Es gibt keinen Unterschied mehr zwischen Ehe und nichtehelicher Lebensgemeinschaft oder zwischen Getrenntleben und Scheidung. Es besteht nur noch die Möglichkeit der gerichtlichen Sorgerechtsregelung, wenn ein Elternteil diese beantragt. Wenn kein Antrag gestellt wird, bleibt die gemeinsame elterliche Sorge nach der Trennung bestehen.[30] Der Antrag muss nicht die Übertragung der alleinigen elterlichen Sorge beinhalten, sondern kann auf Teilbereiche beschränkt werden, so dass nur für die jeweilig strittige Angelegenheit eine gerichtliche Regelung gefunden wird. Dem Antrag ist stattzugeben, wenn der andere Elternteil zustimmt, wobei Kinder nach Vollendung des 14. Lebensjahres der Übertragung widersprechen können (§ 1671 II BGB). In diesem Fall oder auch, wenn der andere Elternteil dem Antrag nicht zustimmt, prüft das Gericht die Kriterien des § 1671 II 2 BGB. Die elterliche Sorge kann auf einen Elternteil übertragen werden, wenn dies dem Wohl des Kindes am besten entspricht. So besteht für nicht sorgeberechtigte Väter (zum Beispiel nach Trennung von der Mutter) die Möglichkeit (§ 1672 I BGB), durch einen Antrag die Alleinsorge zu erhalten, wenn die Mutter dem Antrag zustimmt oder die Übertragung dem Wohl des Kindes dient.

Aufgrund des Antragsprinzips wurde im Verfahrensrecht das Sorgerechtsverfahren aus dem sogenannten Zwangsverbund herausgenommen. Um zu vermeiden, dass Eltern aus vordergründigen Motiven die Sorgerechtsproblematik im Scheidungsverfahren ausklammern, hat der Gesetzgeber eine Anhörungs- und Hinweispflicht des Gerichts in Fragen der elterlichen Sorge geschaffen. Ebenso werden Angaben in die Scheidungsantragsschrift aufgenommen, ob gemeinschaftliche minderjährige Kinder vorhanden sind. Wenn dem so ist, hört das Gericht die Eltern zur elterlichen Sorge an und weist auf bestehende Beratungsmöglichkeiten der Jugendhilfe hin (§§ 613 I; 622 ZPO). Das Gericht soll das Jugendamt schon zu Beginn, das heißt bei Rechtsanhängigkeit des Verfahrens, über die Scheidungssache informieren und den Eltern frühzeitig Beratung anbieten. Das Jugendamt ist verpflichtet, die Eltern über das Leistungsangebot der Jugendhilfe im Fall der Trennung und Scheidung zu unterrichten (§ 17 III SGB VIII). Nach der Trennung gibt § 1687 BGB Hinweise zu Ausgestaltung der gemeinsamen elterlichen Sorge. Es ist eine Alleinentscheidungsbefugnis in Dingen des täglichen Lebens für denjenigen Elternteil vorgesehen, bei dem das Kind lebt. Das Gesetz unterscheidet dabei zwischen Angelegenheiten von erheblicher Bedeutung (gemeinsame Entscheidung), Angelegenheiten des täglichen Lebens (alleinige Entscheidung) und Angelegenheiten der tatsächlichen Betreuung (alleinige Entscheidung beim Umgang).

Die Stellung von sogenannten „sozialen Eltern" wurde im Rahmen der Reform vorsichtig modifiziert. Dies betrifft zum Beispiel das Verhältnis von Stief- und Pflegeeltern zu den biologischen Eltern. Neuerlich haben auch Pflegeeltern das Recht, mit der Zustimmung der Eltern die Übertragung von Angelegenheiten der elterlichen Sorge zu beantragen (§ 1630 III BGB). Verändert wurde die sogenannte Verbleibsanordnung des § 1632 IV BGB, nun hat das Gericht mehr Spielraum bei der Prüfung, ob das Kind in der Pflegefamilie bleiben kann. Eine ähnliche Regelung ist in §

1682 BGB auch für Stiefeltern (oder vergleichbare Personen) vorgesehen (vgl. Schimke 1998: 37 f.).

Umgangsrecht
Nach altem Recht war das Recht auf Umgang mit dem Kind für Elternteile, die durch Scheidung, Sorgerechtsentzug oder Nichtehelichkeit das Sorgerecht verloren oder nie bekommen hatten, unterschiedlich ausgestaltet. Bei unverheirateten Eltern bestimmte die Mutter den Umgang mit dem Kind. Gegen ihren Willen konnte der Vater ein Umgangsrecht nur gerichtlich erstreiten, wenn zwischen ihm und seinem Kind eine soziale Beziehung bestanden hatte. Im Vergleich mit den unehelichen hatten umgangsberechtigte Väter nach einer Scheidung oder dem Verlust des Sorgerechts eine deutlich stärkere Rechtsstellung, denn das Umgangsrecht stand diesen Vätern als eigenes Recht zu und konnte nur ausgeschlossen werden, wenn die Ausübung des Umgangs das Kind gefährdete. Das Umgangsrecht war insgesamt als Recht der Eltern an ihrem Kind ausgestaltet, während die Interessen des Kindes oder anderer Bezugspersonen keine gesetzliche Bedeutung hatten. Der Gesetzgeber hat das Umgangsrecht einheitlich neu geordnet (vgl. Schimke 1998: 38 ff.).

Die Auffassung des Bundesrates (und der Fachöffentlichkeit), Kinder nicht nur als Objekte des elterlichen Umgangs zu sehen, sondern ihnen ein eigenständiges Recht auf Umgang mit jedem Elternteil und anderen Bezugspersonen einzuräumen, hat sich im Gesetzgebungsverfahren durchgesetzt (§ 1684 I BGB). Mit dieser Ausformulierung ist eine Signalwirkung beabsichtigt (vgl. Schwab/Wagenitz 1997: 338): Im Vordergrund steht der Appell an die Eltern, ihr Bewusstsein zu ändern und die Bedeutung des Umgangs für ihre Kinder zu sehen. Für Kinder soll die klare Formulierung die Artikulation von Umgangsbedürfnissen erleichtern, flankierend dazu wurde § 18 III SGB VIII neu formuliert, wonach Kinder, Eltern und andere Umgangsberechtigte einen Anspruch auf Beratung und Unterstützung bei der Ausübung dieses Rechtes haben. Durch die Neufassung des § 1685 BGB ist der Kreis der Umgangsberechtigten erweitert worden: Großeltern, Geschwister, Stiefeltern, frühere Stiefeltern oder Pflegeeltern des Kindes haben ein Umgangsrecht, wenn es dem Wohl des Kindes dient, das heißt Voraussetzung ist eine bestehende Beziehung zum Kind, die aus der Sicht des Kindes aufrecht erhalten werden sollte.

Im § 1684 IV 3 und 4 BGB ist geregelt, dass das Familiengericht anordnen kann, den Umgang nur in Anwesenheit eines mitwirkungsbereiten Dritten durchführen zu lassen. Dieser Dritte kann auch das Jugendamt oder ein freier Träger der Jugendhilfe sein. Mit diesem sogenannten „beschütztem Umgang" soll auch in jenen Fällen Umgang ermöglicht werden, in denen eine Gefahr für das Kind bestehen könnte (zum Beispiel Kindesmisshandlung, Kindesentziehung, Kontakt nach Beziehungsabbruch etc.). Den Eltern soll signalisiert werden, dass auch in schwierigen Situationen

Kontakt möglich sei. Die Umgangsbegleitung soll von den Jugendhilfeträgern als qualifizierte sozialpädagogische Aufgabenstellung im Sinne des § 18 III SGB VIII angesehen und ausgestaltet werden (vgl. Schimke 1998: 41).

Die Ausübung des Umgangsrechts ist häufig problembelastet; die Interessenlage des sorgeberechtigten Elternteils kann darauf ausgerichtet sein, den Umgang mit dem anderen Elternteil zu unterbinden. Schon dem alten Recht entsprechend enthält der § 1684 II BGB eine sogenannte „Wohlverhaltensklausel", nach der die Eltern alles zu unterlassen haben, was das Verhältnis des Kindes zum jeweils anderen Elternteil beeinträchtigt oder die Erziehung erschwert. Da in der Realität vielfach gegen dieses Gebot verstoßen wurde, hat der Gesetzgeber eine Reihe von Regelungen (materielles Recht, Verfahrensrecht) getroffen, die helfen sollen, die Streitfälle im Umgangsrecht zu befrieden (vgl. Schimke 1998: 41 f.). Im materiellen Recht bekommt das Familiengericht die Möglichkeit, neben Einschränkung und Ausschluss des Umgangs, durch Anordnungen die Beteiligten zur Erfüllung der Wohlverhaltenspflicht anzuhalten (§ 1684 III 2 BGB). Darüber hinaus kann das Gericht nun lediglich den Vollzug des Umgangsrechts einschränken, ohne sofort in das gesamte Recht eingreifen zu müssen (§ 1684 IV 1 BGB). Damit soll vermieden werden, dass Umgangseinschränkungen, die im Interesse des Kindes vorgenommen wurden, von den beteiligten Eltern als Sieg oder Niederlage gewertet würden (vgl. KindRG-E: 106). Im Verfahrensrecht besteht nun auch die Möglichkeit der Vollstreckung des Umgangsrechts (vgl. Schwab/Wagenitz 1997: 1381). Allerdings wird in § 33 FGG die Gewaltanwendung gegen ein Kind zur Durchsetzung des Umgangsrechts ausgeschlossen.

Davon ausgehend, dass freiwillig erzielte Umgangsregelungen einer vom Gericht aufgezwungenen Regelung vorzuziehen sind, wurde in den §§ 52, 52a FGG ein aufwendiges Vermittlungsverfahren für die Regelung von Streitigkeiten in Kindschaftssachen und speziell bei Umgangskonflikten eingeführt. Dieses Vermittlungsverfahren zielt darauf ab, Einvernehmen zwischen den Eltern über die Ausübung des Umgangs zu erreichen, um die Belastung der Kinder möglichst gering zu halten. Der Hinweis auf mögliche Rechtsfolgen[31] der Vereitelung oder Erschwerung des Umgangs soll den nötigen Druck zum „Wohlverhalten" erzeugen. Im Rahmen dieser Neuregelung wird dem Gericht eine völlig neue Aufgabe zugewiesen, denn neben der streitentscheidenden Funktion hat der Richter die Aufgabe der Vermittlung in einem gesetzlich ausformulierten Verfahren und soll selbst mit Hinweis auf Beratungsstellen der Jugendhilfe auf das Einvernehmen der Beteiligten hinwirken (§ 52 FGG).

Namens-, Unterhalts-, Adoptions- und Erbrecht
Nach altem Recht erhielt das eheliche Kind den Ehenamen seiner Eltern als Geburtsnamen. Wenn es keinen Ehenamen gab, konnten die Eltern den

Namen des Vaters oder der Mutter zum Geburtsnamen des Kindes bestimmen. Ein nichteheliches Kind erhielt kraft Gesetzes den Namen, den seine Mutter zum Zeitpunkt der Geburt führte (vgl. KindRG-E: 33). Im neuen Recht ist die Unterscheidung nach ehelichen und nichtehelich geborenen Kindern aufgehoben. Das Recht folgt nun dem Prinzip, dass das Namensrecht Ausfluss des Sorgerechts ist und deshalb die jeweiligen Sorgerechtsinhaber den Geburtsnamen des Kindes bestimmen können. Daraus ergibt sich, dass gemäß § 1616 BGB der Ehename der Eltern der Geburtsname des Kindes wird. Haben die Eltern die gemeinsame Sorge, aber keinen Ehenamen bestimmt, so können sie den Namen der Mutter oder des Vaters zum Geburtsnamen bestimmen.[32] Dies gilt auch für nicht verheiratete Eltern. Steht die elterliche Sorge einem Elternteil allein zu, dann bekommt das Kind dessen Namen als Geburtsnamen (§ 1617a I BGB). Allerdings besteht nun auch die Möglichkeit, dem Kind den Namen des anderen Elternteils zu erteilen, wenn dieser einwilligt. Ist das Kind über fünf Jahre alt, so bedarf es auch dessen Einwilligung (§ 1617a II, § 1617c I BGB). Die Namensänderung bei Stiefkindern ist erleichtert worden, um die Integration von Stiefkindern in neu gegründete Familien zu erleichtern: Mit Einwilligung des anderen Elternteils und des über fünf Jahre alten Kindes, können der allein sorgeberechtigte Elternteil und sein neuer Ehegatte dem Kind ihren Ehenamen erteilen beziehungsweise anfügen oder vorausstellen (§ 1618 I BGB).

Im Unterhaltsrecht wurden die Regelungen für alle Kinder vereinheitlicht (§§ 1601-1615 BGB). Die bisher gültigen Sonderregelungen für Kinder nicht verheirateter Eltern sind (fast) vollständig abgeschafft. Es gibt nun zwei Möglichkeiten, den Unterhaltsbedarf vom minderjährigen, nicht im Haushalt des unterhaltspflichtigen Elternteils lebenden Kindern geltend zu machen: Über den statistischen, individuell berechneten Festbetrag gemäß § 1610 BGB auf der Grundlage von Unterhaltstabellen (zum Beispiel Düsseldorfer Tabelle des OLGs) oder über einen Individualunterhalt auf der Grundlage eines altersstufenabhängigen Regelbetrags (§ 1612a BGB) nach der Regelbetrags-Verordnung. Ein „vereinfachtes Verfahren" (§§ 645ff ZPO) soll dabei eine unproblematische Geltendmachung ermöglichen, in dem der Unterhalt bis zum Eineinhalbfachen des Regelbetrags durch den Rechtspfleger festgesetzt werden kann. Die individuellen Unterhaltssätze werden mit den Regelbeträgen dynamisiert, so dass eine gerichtliche Anpassung entfällt (vgl. Schimke 1998: 44 f.).

Abgesehen von einigen Detailregelungen enthält das neue Adoptionsrecht zwei wesentliche Änderungen (vgl. Schimke 1998: 46 ff.). Erstens ist zur Annahme des Kindes nun immer die Einwilligung beider Eltern gefordert (1747 I 1 BGB). Die Unterscheidung zwischen ehelichen und nichtehelichen Kindern ist damit aufgehoben und dem Elternrecht des nicht verheirateten Vaters wird Rechnung getragen. Über eine vorläufige und auf die Einwilligungsbefugnis beschränkte Vaterschaftsvermutung ist ein frühes Adoptionsverfahren möglich (Voraussetzungen des § 1600d II 1 BGB; § 1747 I 2 BGB). Wenn Eltern nicht das gemeinsame Sorgerecht haben, kann der Vater also pränatal in die Adoption einwilligen oder die Einwilligung kann ohne dessen Fehlverhalten ersetzt werden (§ 1748 IV BGB), wenn das Kind sonst unverhältnismäßige Nachteile hätte. Die zweite wichtige Änderung ist, dass künftig die Möglichkeit entfällt, das eigene Kind zu adoptieren, denn mit dieser Maßnahme konnten nach dem alten Recht alle verwandtschaftlichen Beziehungen zum anderen Elternteil ausgeschlossen werden (§ 1741 II BGB).

Im Rahmen des Erbrechtsgleichstellungsgesetzes wurden alle Sonderregelungen für nichteheliche Kinder beseitigt, insbesondere der Erbersatzanspruch. Auch neben Kindern eines Vaters aus einer Ehe und neben seiner Ehefrau erbt ein Kind der ledigen Mutter als Erbe erster Ordnung (§ 1924 I BGB). Weitere Änderungen im BGB beziehen sich auf das Eheschließungsgesetz, das Minderjährigenhaftungsbeschränkungsgesetz und das Betreuungsrechtsänderungsgesetz, die im Untersuchungskontext nicht weiter erläutert werden.

Verfahrensrecht und Zuständigkeit der Gerichte

Die Reform des Kindschaftsrechts hat für die Gerichte weitreichende Veränderungen gebracht. Es sind Zuständigkeiten, Verfahrensweisen und Aufgaben geändert worden, unter anderem aufgrund der rechtlichen Gleichstellung ehelicher und nichtehelicher Kinder. Der Gesetzgeber hat zwar kein einheitliches Familienverfahrensrecht geschaffen, aber weite Teile des bestehenden Verfahrensrechts reformiert. Die Gleichstellung ehelicher und nichtehelicher Kinder erfolgte verfahrensrechtlich in erster Linie durch die erweiterte Zuständigkeit der Familiengerichte. Die Zuständigkeit der Familiengerichte ist so auf alle Verfahren zur elterlichen Sorge, Umgang und Unterhalt erweitert worden. Neben den verlagerten Zuständigkeiten sind es vor allem die neuen Aufgaben und Möglichkeiten, deren Verwirklichung von den Familiengerichten abhängig ist. Ob die Familienrichter Eltern in Trennung und Scheidung zur Nutzung der Beratungsangebote informieren und motivieren, wie mit Anträgen auf alleinige elterliche Sorge umgegangen wird und ob sie ihren Anhörungs- und Vermittlungsaufgaben bei Umgangsstreitigkeiten gerecht werden, ist von der Aufgabenwahrnehmung der FamilienrichterInnen abhängig. Die Bestellung von Verfahrenspflegern, die Aussetzung des Verfahrens zur einvernehmlichen Konfliktlösung sowie die Anordnung von beschütztem Umgang sind weitere Regelungen, deren Verwirklichung davon abhängig ist, ob die Richterschaft diese Möglichkeiten nutzt.

Die materiellen Vorschriften der elterlichen Sorge wurden dahingehend verändert, dass statt des bislang im Ehescheidungsverfahren geltenden Zwangsverbunds nun ein Antragsverbund eingeführt wurde (s.o.). Das Familiengericht entscheidet demzufolge nur noch auf Antrag über die

Ausgestaltung der elterlichen Sorge. Die Sorgerechtsanträge im Falle der Trennung sind zu prüfen (§ 1671 BGB) und beide Ehegatten zur Regelung der Sorge im Rahmen der Scheidung (§ 613 ZPO) anzuhören. Das Jugendamt muss in Kenntnis gesetzt werden, wenn im Scheidungsfall minderjährige Kinder betroffen sind, damit es seiner Informations- und Beratungspflicht nachkommen kann (§ 622 II 1 ZPO i. V. m. § 17 III SGB VIII).

Zuständigkeiten und Verfahrensgrundsätze im kindschaftsrechtlichen Verfahren
Für den Gesamtkomplex von Familie und Kindern sind zwei Abteilungen im Amtsgericht zuständig: Das Familiengericht und das Vormundschaftsgericht (mit unterschiedlichen Rechtszügen). Entscheidungen, die die elterliche Sorge und den Umgang betrafen, waren vor der Kindschaftsrechtsreform unsystematisch teils dem Familiengericht, teils dem Vormundschaftsgericht vorbehalten. Dies führte zu schwierigen Abgrenzungsproblemen, die nicht nur wegen der verfassungsrechtlichen Garantie des gesetzlichen Richters (Art. 101 I GG), sondern auch hinsichtlich der Zulässigkeit der Rechtsmittel und des Instanzenzugs praktische Bedeutung hatten. Das alte Verfahrensrecht war dadurch gekennzeichnet, dass zwischen ehelichen und nichtehelichen Kindern unterschieden wurde.[33]

Nach der neuen Zuständigkeitsregelung sind nun ausschließlich die Familiengerichte mit folgenden Aufgaben betraut beziehungsweise gemäß § 23b I GVG sachlich zuständig:
- Verfahren über die elterliche Sorge für eheliche und nichteheliche Kinder inklusive Einzelmaßnahmen sowie über das Umgangsrecht, auch für Maßnahmen nach 1666 BGB;
- Sämtliche Unterhaltsansprüche, die auf Ehe beziehungsweise Verwandtschaft beruhen;
- Unterhaltsansprüche gemäß §§ 1615k-m BGB, insbesondere Betreuungsunterhaltsansprüche der nicht verheirateten Mutter gegen den Vater des Kindes;
- Abstammungsverfahren: Vaterschaftsfeststellungen und Vaterschaftsanfechtungen (vgl. von Luxburg 1998: 98).
- Die Vormundschaftsgerichte sind nach der Reform weiterhin zuständig für Vormundschaftsangelegenheiten für Minderjährige, Adoptionsverfahren, Betreuungs- und Unterbringungssachen.

Hinsichtlich des Instanzenzugs unterscheidet sich das Familiengericht vom Amtsgericht: Gegen Entscheidungen des Familiengerichts geht die Berufung oder Beschwerde zum Oberlandesgericht (OLG), von dort zum Bundesgerichtshof (BGH). Der Rechtszug gilt seit der Kindschaftsrechtsreform auch für die Verfahren, die vom Vormundschaftsgericht zum Familiengericht übertragen wurden. Im Rahmen der Kindschaftsrechtsreform wurde allerdings das sogenannte „große" Familiengericht nicht verwirklicht, das heißt es bleibt bei der unterschiedlichen Behandlung der Familiensachen je nach Materie im ZPO- oder FGG- Verfahren (vgl. Büttner 1998: 585).

Die Familiengerichte sind zuständig, wenn die Regelung der elterlichen Sorge erforderlich ist. In verfahrensrechtlicher Hinsicht liegt die Regelung der elterlichen Sorge bei Trennung und Scheidung zwischen zwei Komplexen: Dem allgemeinen Scheidungsrecht und dem Sorgerecht.

„In dem für das BGB maßgebliche Verfahrensgesetz, der ZPO, kommt dies dadurch zum Ausdruck, dass die Scheidung der Ehe (§§ 606 ff. ZPO) als ‚Ehesache', die Regelungen über das Sorgerecht und den Umgang als ‚andere Familiensachen' (§ 621 ZPO) bezeichnet wird. Hinsichtlich der inhaltlich anzuwendenden Verfahrensvorschriften verweist § 621a ZPO für die Sorgerechtsangelegenheiten generell auf das FGG, so dass die besonderen Verfahrensvorschriften des FGG [...] hier zur Anwendung kommen" (Münder 1999: 172).

Sorgerechts- und Umgangsfälle werden nach dem FGG verhandelt. Die sachliche Zuständigkeit der Familiengerichte für die gesamten Trennungs- und Scheidungsangelegenheiten beziehungsweise Familiensachen ist in §§ 600-644 ZPO geregelt. Dazu gehören die allgemeinen Vorschriften für das Verfahren in Ehesachen (§§ 606-620g ZPO), allgemeine Vorschriften für das Verfahren in sogenannten anderen Familiensachen wie zum Beispiel elterliche Sorge, Umgang eines Elternteils etc. (§ 621 ZPO), spezielle Vorschriften für das Verfahren in Scheidungs- und Folgesachen (§§ 622-630 ZPO), spezielle Vorschriften für sogenannte Kindschaftssachen, zum Beispiel Anfechtung der Vaterschaft etc. (§ 640 ZPO) und Verfahren über den Unterhalt Minderjähriger (§§ 641l-644 ZPO) (vgl. ebd.: 61).

Die örtliche Zuständigkeit wird gemäß § 606 ZPO so geregelt, dass der gemeinsame gewöhnliche Aufenthaltsort der Ehegatten maßgeblich ist. Liegt dieser nicht gemeinsam vor, so ist der gewöhnliche Aufenthaltsort des Ehegatten, der mit den gemeinsamen minderjährigen Kindern tatsächlich zusammen lebt, ausschlaggebend. Dies gilt für die Scheidung ebenso wie für Personensorgerechtsangelegenheiten. Wenn bereits eine Ehesache, zum Beispiel ein Scheidungsverfahren, anhängig ist, dann wird die „Gesamtproblematik" vor einem Gericht verhandelt (§ 621 II ZPO), das heißt vor jenem Familiengericht, an dem schon die Ehesache zur Verhandlung steht (vgl. ebd.: 145).

Vom allgemeinen Zivilprozess abweichend wird das Scheidungsverfahren nicht durch Klage, sondern durch Antrag (§ 622 ZPO) eingeleitet. Die Parteien werden demzufolge als Antragssteller und Antragsgegner bezeichnet. Der Antrag muss Angaben darüber enthalten, ob gemeinsame minderjährige Kinder vorhanden sind. Gemäß § 625 ZPO besteht Anwaltszwang, das heißt, der Scheidungsantrag kann nur von einem Rechtsanwalt eingereicht werden. Folglich muss der Antragsteller sich immer durch einen Anwalt vertreten lassen. Wenn der Antragsgegner nicht durch einen Anwalt vertreten ist, wird ihm in der Regel vom Gericht, von Amts wegen, ein Anwalt als Beistand zur Wahrnehmung seiner Rechte zugeordnet (§ 625 ZPO). Im Unterschied zum allgemeinen Zivilprozess besteht im Scheidungsverfahren der Untersuchungsgrundsatz anstatt der Parteimaxime. Der Untersuchungsgrundsatz beinhaltet, dass das Familiengericht gemäß § 616 ZPO von Amts wegen untersuchen kann und nicht nur die Parteien selbst dafür verantwortlich sind, die rechtlich relevanten Tatsachen in das Verfahren einzubringen. Dem Scheidungsantrag folgt grundsätzlich nur eine Entscheidung über die Scheidung selbst. Andere mit der Scheidung zusammenhängende Gegenstände, wie zum Beispiel Ehegattenunterhalt, Ehewohnung, Hausrat, Versorgungsausgleich, elterliche Sorge und Umgangsrecht, werden nur im sogenannten Verbundverfahren (§ 623 ZPO) entschieden, wenn entsprechende Anträge gestellt wurden. Aber auch wenn die gleichzeitige und gemeinsame Entscheidung beantragt wird, bleibt es bei den für die einzelnen Verfahrensgegenstände geltenden Verfahrensregelungen. Das Gesetz über die freiwillige Gerichtsbarkeit (FGG) kommt neben der ZPO zur Anwendung. Rechtsmittelverfahren richten sich dementsprechend nach den Bestimmungen dieser unterschiedlichen Verfahrensordnungen.

Gemäß § 620 ZPO sind Fälle geregelt, die per einstweiliger oder vorläufiger Anordnung beschleunigt verhandelt werden können (Eilentscheidung), zum Beispiel Verfahren im Zusammenhang mit elterlicher Sorge, Umgang, Herausgabe des Kindes an den anderen Elternteil oder bei Herausnahme des Kindes aus der Familie aufgrund von Kindeswohlgefährdungen (Gefahr im Verzug). Wenn unverzügliches Einschreiten notwendig ist, kann nicht abgewartet werden, bis die vorgesehenen Ermittlungen durchgeführt wurden. Die vorläufige Entscheidung wird zum Beispiel aufgrund der eidesstattlichen Versicherung des Jugendamtes (§ 15 II FGG) getroffen; von der Anhörung Beteiligter kann vorerst abgesehen werden. Allerdings gebietet es sich, die Anhörungen von Kind und Jugendamt unverzüglich nachzuholen, wenn dies wegen der besonderen Eilbedürftigkeit im Vorfeld nicht möglich war (vgl. Heilmann 2002: 271 ff.).

In Personensorgerechtsangelegenheiten wird das Familiengericht nach dem FGG tätig. Im Gegensatz zu den Verfahren nach der ZPO, in denen „die jeweils beteiligten Parteien „Herren des Verfahrens" sind und damit von deren Agieren abhängig ist was geschieht, ist im FGG- Verfahren das Gericht „Herr des Verfahrens": Es wird von amtswegen tätig, es entscheidet selbständig über die Einleitung, über den Gegenstand, über den Umfang des Verfahrens (Offizialmaxime). Das Gericht muss gemäß § 12 FGG von amtswegen die erforderlichen Tatsachen feststellen (Inquisitionsmaxime)" (Münder 1999: 145). Im sogenannten Amtsverfahren muss das Gericht das Verfahren von Amts wegen einleiten und in Gang halten, sobald es auf irgendeine Weise Tatsachen erfährt, die eine nicht von einem Antrag abhängige Maßnahme rechtfertigen können. Im Unterschied zum Antragsverfahren, zum Beispiel nach Beantragung der Scheidung oder der alleinigen elterlichen Sorge, kann das Amtsverfahren durch jedermann angeregt werden (beispielsweise wenn das Kindeswohl gefährdet ist).

Eine wesentlicher Verfahrensgrundsatz in kindschaftsrechtlichen Verfahren ist der Amtsermittlungsgrundsatz, der im Zusammenhang mit dem verfassungsrechtlich verankerten staatlichen Wächteramt (Art. 6 II 2 GG) zu betrachten ist. Da der Staat über die Betätigung des Elternrechts wacht, legt der Gesetzgeber die Verantwortung für kindschaftsrechtliche Verfahren in die Hände des Gerichts und nicht, wie im Zivilprozess, in die der Verfahrensbeteiligten. Gemäß § 12 FGG hat das Gericht von Amts wegen die Aufgabe, die zur Feststellung der Tatsachen erforderlichen Ermittlungen durchzuführen und die geeigneten Beweise zu erheben (vgl. Heilmann 2002: 258). Das Verfahren der freiwilligen Gerichtsbarkeit (FGG) ist im Vergleich zum förmlichen, in allen Einzelheiten geregelten Zivilprozess (ZPO) freier gestaltet und hat gesetzlich eine gewisse Beweglichkeit erhalten, die es dem Gericht ermöglicht, die Bedürfnisse der jeweils zu erledigenden Angelegenheiten zu berücksichtigen. „Damit ist das gerichtliche Handlungsfeld hinsichtlich der materiellen und der formellen Normen durch einen ansonsten eher für das sozialpädagogische Handlungsfeld typische offene Regelungsstruktur gekennzeichnet" (Münder et al. 2000: 210). Folgende allgemeine Verfahrensgrundsätze lassen sich zusammenfassend von der Rechtsdogmatik ableiten: Amtsverfahren, Amtsermittlungsgrundsatz (§ 12 FGG), Protokoll und Rechtszug. Es gelten grundsätzlich umfangreiche Anhörungspflichten. Besondere Bedeutung hat die Anhörung im gerichtlichen Verfahren, denn das Gericht hat gemäß § 50a FGG die Eltern und nach § 50b FGG das Kind persönlich anzuhören[34] (vgl. Münder 1999: 145 f.). Die Anhörung dient der Sachverhaltsaufklärung und der Beachtung des verfassungsrechtlich geschützten Elternrechts sowie dem Anspruch auf rechtliches Gehör (Art. 103 GG). Die Anhörung weiterer Personen ist möglich, insbesondere wenn Personen mit der Sozialisationssituation der Minderjährigen vertraut sind (ErzieherInnen, LehrerInnen, Freunde, Bekannte). Die Anhörung des Jugendamtes als sozialpädagogische Fachbehörde ist ausdrücklich vorgeschrieben (§ 49a I 2 FGG), weil davon ausgegangen wird, dass RichterInnen nicht unbedingt über die erforderliche pädagogische Sachkompetenz verfügen. Darüber hinaus kann das Gericht einen Gutachter anfordern, wenn die gewonnenen Informationen nicht ausreichen (zum Beispiel ein kinderpsychologisches Gutachten).

Die Verfahren können sich in die Länge ziehen, gerade weil viele Aspekte in Personensorgerechtsangelegenheiten zu berücksichtigen sind. Die Beachtung der Kindesinteressen erfordert, dass Kinder vor Belastungen, die Gerichtsverfahren mit sich bringen, weitgehend zu schützen sind. Das kindliche Zeitempfinden ist besonders zu beachten (vgl. Heilmann 1998). Das Familiengericht muss zwar einerseits das Verfahren so gestalten, „dass es möglichst zuverlässig die Grundlagen einer am Kindeswohl orientierten Entscheidung erkennen kann", andererseits muss es „dem besonderen Gebot der Verfahrensbeschleunigung gerecht werden" (vgl. Heilmann 2002: 259), um psychische Belastungen durch das Verfahren und faktische Präjudizierung zu verhindern. Verfahrensbeschleunigung ist besonders wichtig in kindschaftsrechtlichen Verfahren, in denen Bindungen des Kindes die Gerichtsentscheidung maßgeblich beeinflussen können. Das Gebot der Verfahrensbeschleunigung richtet sich insbesondere an die professionellen Verfahrensbeteiligten (Gericht, Jugendamt, Verfahrensbevollmächtigte, Sachverständige, Verfahrenspfleger etc.), die selbst keine Ursache für vermeidbare Verfahrensverzögerungen sein dürfen (Selbstkontrolle) und aktiv zur Beschleunigung des Verfahrens beitragen sollen (Beschleunigungsfunktion), zum Beispiel durch einen „frühen ersten Termin" und „angemessen kurze gerichtliche Fristen" (vgl. Heilmann 2002: 260 f.).

Neue Aufgaben nach dem reformierten Verfahrensrecht
Seit dem Inkrafttreten des neuen Kindschaftsrechts haben FamilienrichterInnen neue Aufgaben und Möglichkeiten im Verfahren: Im Scheidungsfall muss es nun auf Beratungsmöglichkeiten hinweisen (§ 613 ZPO). Das Verfahren kann im Sorgerechtsstreit ausgesetzt werden, um eine außergerichtliche Einigung zu ermöglichen (§ 52 FGG). Es besteht nach neuer Rechtslage die Möglichkeit, an Beratungsstellen oder Mediationsstellen weiter zu verweisen. Die RichterInnen können darüber hinaus eine VerfahrenspflegerIn bestellen (§ 50 FGG), um die Position des Kindes im Verfahren zu stärken. Im umgangsrechtlichen Streitfall besteht die Möglichkeit geschützten oder begleiteten Umgang anzuordnen (§ 1684 BGB). Der Umgang ist auch durch Zwangsgeld oder Gewaltanwendung gegen den vereitelnden Elternteil (§ 33 FGG) durchzusetzen. In diesem Fall ist vorgesehen, dass der Zwangsgeldanordnung auf Antrag ein Vermittlungsverfahren vorausgeht (§ 52 FGG). Das Gericht hat die Möglichkeit, VertreterInnen des Jugendamtes zur Teilnahme zu bitten.

Die Stellung von Kindern im Gerichts- und Verwaltungsverfahren war nach der alten Rechtslage nur schwach ausgeprägt. Vor diesem Hintergrund ist die Ausweitung von Kinderrechten im Verfahren von entscheidender Bedeutung. Der Gesetzgeber hat neue, wenn auch umstrittene Möglichkeiten der Interessenvertretung und Beteiligung von Kindern geschaffen. Die UN-Kinderrechtskonvention formuliert, dass Kinder in allen sie betreffende Gerichts- oder Verwaltungsverfahren entweder unmittelbar oder durch einen Vertreter gehört werden sollen. Daran angelehnt wurde in § 50 FGG eine Regelung geschaffen, nach der das Gericht einen Verfahrenspfleger für das Kind bestellen kann, wenn dies zur Interessenwahrnehmung erforderlich ist. Die Bestellung liegt im Ermessen des Gerichtes. Das Ziel war, eine flexible Regelung zu schaffen, die es dem Gericht gestattet, einem Minderjährigen bei Bedarf eine Person im Verfahren beizustellen, die eindeutige Interessenvertretung zugunsten des Minderjährigen betreibt, ohne dass den Eltern zuvor das Sorgerecht entzogen zu werden braucht. Bestellung, Auswahl und Finanzierung des Verfahrenspflegers in Kindschaftssachen ist dem Verfahrenspfleger in Betreuungssachen nachgebildet, das heißt es gibt kein förmliches Bestellungsverfahren; das Gericht wählt nach Ermessen eine geeignete Person aus. Die Kosten übernimmt zunächst die Staatskasse, können aber dann von den Verfahrensbeteiligten nach Maßgabe der Kostenvorschriften als Auslagen erhoben werden (vgl. KindRG-E: 132).

Das gültige Verfahrensrecht ist, bis auf wenige Ausnahmen, vom Zwang zur richterlichen Entscheidung in streitigen Verfahren geprägt. Diese Art von Verfahren wird in Familien- und Kindschaftssachen nicht als vorteilhaft betrachtet, da sie sich tendenziell eher streitverschärfend als konfliktlösend auswirke (vgl. Schimke 1998: 49 ff.). Dem Ziel, möglichst vielen Kindern beide Eltern durch tragfähige, konsensuelle Arrangements zu erhalten, wird die gerichtliche Streitentscheidung meist nicht gerecht. Vom Gesetzgeber wurden im FGG neue Regelungen geschaffen, die die eigenständige Konfliktlösung durch Eltern vor der richterlichen Entscheidung fördern sollen. Hintergrund ist die Annahme, dass einvernehmliche Regelungen in Sorge- und Umgangsverfahren für alle Beteiligten akzeptabler sind als ein Richterspruch. In § 52 I 1 FGG wird das Gericht in Kindschaftssachen verpflichtet, möglichst früh im Verfahren auf ein Einvernehmen der Beteiligten hinzuwirken. Gemäß § 52 II 2 FGG soll das Gericht auf die Möglichkeit der Beratung durch die Träger der Jugendhilfe hinweisen, denn ein einvernehmliches Konzept ist für die Wahrnehmung der Elternverantwortung besonders bedeutsam. Es kommt zu einer rechtlichen Verschränkung von außergerichtlicher Beratung und gerichtlicher Problemlösung. Die Möglichkeit des Gerichts, das Verfahren jederzeit auszusetzen, wenn bei den Eltern Bereitschaft zur außergerichtlichen Beratung besteht oder diese zu einem Einvernehmen kommen können, verdeutlicht, dass der Vermittlung gegenüber der gerichtlichen Entscheidung Vorrang eingeräumt wird. Für den schwierigen Bereich der Umgangsregelung hat der Gesetzgeber in § 52a FGG eine Spezialregelung geschaffen, die ein aufwendiges Vermittlungsverfahren vorsieht. Im Kontext von Vermittlung wird der Vorrang elterlicher Verantwortung vor staatlichem Eingriff besonders betont (vgl. Schimke 1998: 53).

Änderungen im Kinder- und Jugendhilferecht

Das SGB VIII hat der Jugendhilfe eine eher familienunterstützende Funktion zugewiesen, die dazu geführt hat, dass sich die Jugendhilfeträger zunehmend als Dienstleistungsorganisationen verstehen. An die Stelle obrigkeitlicher Bevormundung sollte die partnerschaftliche Zusammenarbeit mit Familien und das Angebot von Unterstützungsleistungen in problematischen Situationen treten (vgl. Baltz 1996: 167). Mit dem breiten Leistungskatalog des SGB VIII soll sich der Grundsatz des Vorrangs staatlicher Hilfe gegenüber staatlichen Eingriffs in die familiäre Autonomie erfüllen (vgl. Wiesner 1997: 29). Das Kindschaftsrecht nimmt diese Entwicklung auf, zum Beispiel in dem im Verfahrensrecht auf die Beratungsleistungen nach SGB VIII Bezug genommen wird. Es besteht ein enger Zusammenhang zwischen der kindschaftsrechtlichen Ausgestaltung von Rechten und Pflichten innerhalb der Familie und der staatlichen Intervention in diese Familien.

Freiwillige Beistandschaft statt Amtspflegschaft
Nach altem Recht wurde in den alten Bundesländern dem nichtehelichen Kind neben der Mutter, die das alleinige Sorgerecht hatte, ein Amtspfleger für die Bereiche Vaterschaftsfeststellung, Geltendmachung von Unterhaltsansprüchen und zur Regelung von Erbansprüchen durch Gesetz zugeordnet (§§ 1705, 1706, 1709 BGB a.F.). Die gesetzliche Amtspflegschaft konnte nur auf Antrag der Mutter vom Gericht aufgehoben werden. Da eine entsprechende Regelung auf dem Gebiet der ehemaligen DDR nicht eingeführt wurde, bestand bis zur Verabschiedung des neuen Kindschaftsrechts eine unterschiedliche Rechtslage. Quantitativ war die Amtspflegschaft eine wesentliche Aufgabe der Jugendämter. Aufgrund des überholten Bildes von jungen, ledigen, hilfsbedürftigen Müttern, das der gesetzlichen Amtspflegschaft zugrunde lag, wurde diese zunehmend als Eingriff in das Sorgerecht nichtehelicher Mütter kritisiert (vgl. von Luxburg 1998: 111 ff.; Schimke 1998: 55 ff.).

Mit dem neuen Recht wurden die gesetzliche Amtspflegschaft (§§ 1705-1710 BGB a.F.) und die Beistandschaft in Fragen der elterlichen Sorge (§§ 1685-1692 BGB a.F.) abgeschafft. Die „freiwillige Beistandschaft" ersetzt diese Regelungen und gilt für alle Kinder gleichermaßen (§§ 1712-1717 BGB). Es ist ein Hilfsangebot, das nur nach Antrag eintritt und keine Einschränkungen der elterlichen Sorge beinhaltet. Voraussetzung ist ein schriftlicher Antrag eines Elternteils (§ 1712 BGB), der dem Jugendamt vor oder nach der Geburt zugeht (§ 1714 BGB). Antragsberechtigt sind nur Alleinsorgeberechtigte (durch ledige Mutterschaft oder Sorgerechtsübertragung) oder nach § 1776 BGB berufene Vormünder (§ 1713 BGB). Inhaltlich umfasst die Beistandschaft die Feststellung der Vaterschaft und die Geltendmachung von Unterhaltsansprüchen beziehungsweise nur eines von beiden (§ 1712 I BGB). Beistand wird grundsätzlich das Jugendamt (§ 1712 BGB). Gemäß § 52a SGB VIII ist das Jugendamt verpflichtet, Müttern, die nicht mit dem Vater des Kindes verheiratet sind, unverzüglich nach der Geburt Unterstützung anzubieten. Beratungsinhalte sind detailliert festgelegt und umfassen auch die Beratung zur Möglichkeit der gemeinsamen Sorge (§ 52a I 5 SGB VIII). Der Mutter muss ein persönliches Gespräch angeboten werden, das in der Regel in ihrer persönlichen Umgebung stattfinden sollte.

Trennungs- und Scheidungsberatung gemäß § 17 SGB VIII
Nachdem das Antragsmodell bei Trennung- und Scheidung an die Stelle des Amtsverfahrens zur Regelung der elterlichen Sorge getreten ist, entfällt für Eltern die Notwendigkeit, staatliche Hilfen in Anspruch zu nehmen. Durch die verfahrensrechtliche Modifizierung des Antragsmodells sollen die Eltern zur Gestaltung der elterlichen Sorge gerichtlich angehört und auf Beratungsmöglichkeiten hingewiesen werden (§ 613 ZPO). Es ist eine Verzahnung des familiengerichtlichen Verfahrens mit den Angeboten der Jugendhilfe vorgesehen, die durch die in § 17 III SGB VIII gesicherte frühzeitige Unterrichtung des Jugendamtes über die Rechtsanhängigkeit von Scheidungssachen zum Ausdruck kommt. Jugendämter sollen so in die Lage versetzt werden, frühzeitig Kontakt zu den Eltern aufzunehmen. Das Leistungsangebot „Trennungs- und Scheidungsberatung" (§ 17 SGB VIII) ist nun als Anspruchsnorm statt als „soll" -Vorschrift formuliert und damit für die Jugendämter verpflichtend. Die Beratung ist unter angemessener Beteiligung der betroffenen Minderjährigen durchzuführen (vgl. von Luxburg 1998: 21 f.; Schimke 1998: 60 f.). Durch die Abschaffung des Amtsverfahrens tritt die Mitwirkung gemäß § 50 SGB VIII im familiengerichtlichen Verfahren bei Trennung der Eltern gegenüber der Beratungsaufgabe zurück. Mitwirkung findet nur noch dann statt, wenn durch den Antrag eines Elternteils ein Sorgerechts- oder Umgangsrechtsverfahren angeregt wird.

Unterstützung gemäß § 18 SGB VIII
Die Änderungen im BGB haben Auswirkungen auf § 18 SGB VIII, denn die Vermittlungsaufgabe nach § 1711 IV BGB a.F., wonach das Jugendamt zwischen dem Vater eines nichtehelichen Kindes und der sorgeberechtigten Mutter zu vermitteln hatte, wurde abgeschafft. Diese Aufgabe ist in § 18 III SGB VIII übernommen worden. Jedoch sind die Änderungen des § 18 III SGB VIII, die auf die neuen Vorschriften zum Umgangsrecht (s.o.) zurückzuführen sind, wichtiger: Kinder, Jugendliche, Eltern und andere Umgangsberechtigte (§ 1685 BGB) haben Anspruch auf Beratung und Unterstützung bei der Ausübung des Umgangs. Es besteht nach wie vor die Verpflichtung des Jugendamtes, bei der Herstellung von Umgangskontakten und bei der Ausführung von Umgangsregelungen zu vermitteln und in geeigneten Fällen Hilfestellung zu leisten (§ 18 III 4 SGB VIII). Diese Bestimmung entspricht nun dem neuen § 1684 BGB, der in besonderen Fällen „beschützten Umgang" vorsieht. Es gehört zu den Aufgaben des Jugendamtes, nach eigener Einschätzung zu beurteilen, ob in schwierigen Fällen eine Durchführung des Umgangs unter Anwesenheit eines Dritten ermöglicht werden kann (vgl. von Luxburg 1998: 22 f.; Schimke 1998: 62f).

Zusammenfassung und Fazit

In älteren Reformen der kindschaftsrechtlichen Rechtsmaterie ging es unter anderem um die Gleichberechtigung der Frau und um die erleichterte Ehescheidung (Reform von 1977) sowie um eine emanzipierte Konstruktion des Eltern-Kind-Verhältnisses (Reform von 1980). Die Ziele der aktuellen Reform von 1998 sind vielfältiger. Im Vordergrund stand die gründliche Neuordnung der Stellung des nichtehelichen Kindes und damit verbunden eine moderne Konzeption des Kindschaftsrechts, die auf das gesamte Familienrecht zurückwirkt. Die Ehe verliert in erheblichem Maße ihre das Kindschaftsrecht strukturierende Kraft, die gemeinsame Elternschaft, gleichgültig ob mit „Lebensgemeinschaft" verbunden oder nicht, avanciert zu einer vom Recht berücksichtigten Paarbeziehung. Die rechtliche Schwerpunktverlagerung von der Ehe zur Elternschaft zeigt sich besonders in den Regelungen zum gemeinsamen Sorgerecht und zum Umgang mit dem Kind. In Konfliktfällen zwischen Eltern gilt die richterliche Entscheidung nicht mehr als beste Form der Konfliktregelung, so dass eigenständigen und einvernehmlichen Konfliktlösungen zwischen den Streit-Parteien der Vorzug gegeben wird.

Elternschaft wird auch ohne Ehe rechtlich geschützt und unterstützt, zum Beispiel durch Beratung, Vermittlung, Beurkundung und Beistandschaft. Die Geburt eines Kindes außerhalb einer bestehenden Ehe wird vom Gesetzgeber nicht mehr als automatischer Hinweis auf Unterstützungsbedürftigkeit der Mutter und Schutzbedürftigkeit des Kindes interpretiert. Kindesinteressen wurden zum Beispiel bei der Neuordnung des Kindesunterhaltsgesetzes, der Regelung der elterlichen Sorge bei Trennung und Scheidung und des Umgangsrechts berücksichtigt.

Die normativen Absichten und Zielvorstellungen des Gesetzgebers lassen sich zusammenfassend benennen: Die Rechte des Kindes sollen verbessert, Kindesinteressen und Kindesschutz gestärkt werden. Durch die Schaffung der VerfahrenspflegerIn (Anwalt des Kindes) will der Gesetzgeber Kinderrechte mobilisieren. VerfahrenspflegerInnen vertreten die Interessen von minderjährigen Kindern in Verfahren, in denen die Rechte des Kindes wesentlich betroffen sind (vgl. Münder 1998a). Die rechtliche Gleichstellung ehelich und nichtehelich geborener Kinder ist ein weiterer Beitrag zur Stärkung von Kinderrechten. Im Sinne der Kinder soll auch die Einführung der gemeinsamen elterlichen Sorge als Regelfall nach Trennung und Scheidung wirken. Die Gesetzesreform folgte dem Gedanken, dass Ehe und Partnerschaft zwar enden können, aber Elternschaft immer lebenslang bestehe, nicht aufkündbar sei und die elterliche Verantwortung beider Elternteile bestehen bleiben solle.

Die Rechtspositionen der Eltern ist gestärkt worden. Eine Erhöhung der elterlichen Autonomie und größere Gestaltungsspielräume für Eltern will der Gesetzgeber dadurch erreichen, dass er gesetzliche Vorgaben, wie zum Beispiel den sogenannten Zwangsverbund (die automatische Regelung des Sorgerechts im Scheidungs- und Trennungsfall) oder die Amtspflegschaft abgeschafft hat und es den Eltern überlässt, diese Angelegenheiten selbst zu regeln. Es wird auf die selbstregulativen Kräfte und Fähigkeiten der Eltern vertraut, mit Konflikten konstruktiv umzugehen. Ein Ziel der Reform ist, dass Eltern trotz der mit Scheidung verbundenen Belastung für die Entwicklungsinteressen ihrer Kinder möglichst selbst, ohne staatliche Eingriffe Verantwortung übernehmen und dazu allenfalls durch fachliche Beratung unterstützt werden. Der Staat hat sich ein Stück aus den Angelegenheiten der Scheidungsfamilien zurückgezogen, die Neuorientierung der Familienmitglieder und die notwendigen Regelungen im Alltag sind Privatangelegenheit der Familien selbst, wenn kein Familienmitglied eine Entscheidung des Familiengerichts (§ 1671 BGB) will. Die Regelung der elterlichen Sorge ist so genommen durch das neue Recht privatisiert worden und bietet mehr Freiräume für persönliche Entscheidungen. Das neue Recht soll Schutz vor unnötigen staatlichen Eingriffen bieten. Das Jugendamt unterbreitet den Eltern Leistungsangebote; es bietet ihnen Beratung und Unterstützung an, statt in ihre Rechte einzugreifen. Das sogenannte staatliche Wächteramt wird auf ein Minimum reduziert und an strenge Voraussetzungen geknüpft. Die Autonomie der Eltern wird als möglicher Garant für die Entwicklung der Kinder rechtlich anerkannt, so dass die Grenze zwischen elterlicher Verantwortung und staatlicher Intervention neu gezogen ist. Der Angebotscharakter der Jugendhilfe wird gegenüber dem eigenständigen Handlungscharakter betont. Richtungsweisend war in diesem Zusammenhang schon das Inkrafttreten des SGB VIII (vgl. Münder 1998a).

Der Gesetzgeber hat mehr gerichtliche und außergerichtliche Vermittlungsmöglichkeiten vorgesehen, damit Eltern sowie Kinder und Jugendliche ihre jeweiligen Konflikte und Probleme kooperativ bewältigen können. Die Eltern sind dazu angehalten, ihre Konflikte selbstverantwortlich zu regeln, um nicht länger durch behördliche und gerichtliche Entscheidungen in ihrer Autonomie beeinträchtigt zu werden (vgl. Münder 1998a; Schäfer 1999). Schließlich soll das Recht einfacher und überschaubarer werden, so dass alle Beteiligten besser überblicken können, mit welchen Materien, Folgen und Institutionen sie es in Fragen des Familienrechts zu tun haben (vgl. BMJ 1998).

Die Leitgedanken der Kindschaftsrechtsreform sind:
- Stärkung der Rechte aller Kinder ohne Rücksicht darauf, ob ihre Eltern verheiratet oder nicht verheiratet sind. Neben der Verbesserung der Kinderrechte soll das Kindeswohl auf bestmöglichste Art und Weise gefördert werden.
- Respektierung der Autonomie der Familie, insbesondere der Scheidungsfamilie durch den Staat. Dies bedeutet Schutz vor unnötigen staatlichen Eingriffen, soweit dies mit dem Kindeswohl vereinbar ist.

- Recht der Kinder auf Umgang mit beiden Eltern und sonstigen Bezugspersonen. Recht der Kinder auf Sorge und Betreuung durch beide Eltern, insbesondere, wenn die Eltern getrennt sind.
- Förderung der Elternverantwortung bei Trennung und Scheidung.
- Anspruch auf Beratung und Hilfe für Eltern und Kinder durch die Jugendämter.
- Unterstützung statt amtlicher Bevormundung nicht verheirateter Mütter.
- Beendigung der Diskriminierung nicht verheirateter Väter.
- Das geltende Recht soll, etwa durch Vermeidung unnötiger Überschneidungen und Doppelregelungen, einfacher und überschaubarer werden (vgl. von Luxburg 1998; Schimke 1998).

Die normativen Absichten des Gesetzgebers haben ihren Niederschlag in unterschiedlichen Rechtsbereichen gefunden: Die Gleichstellung von ehelichen und nichtehelichen Kindern im Gesetz erforderte eine Änderung in vielen Rechtsbereichen, zum Beispiel im Sorge-, Umgangs-, Verfahrens-, Namens-, Erb-, Unterhalts- Adoptiv und Abstammungsrecht. In diesen Themenbereich gehört auch die Stärkung der Rechtsstellung nicht verheirateter Väter bei Sorge- und Umgangsregelungen. Im Vordergrund steht eine eigenständige, möglichst einvernehmliche Konfliktregelung zwischen Eltern. Konflikte sollen mithilfe von Gericht und Jugendamt entschärft werden. Dieses Vorhaben zeigt sich in den Regelungen, die das Scheidungsverfahren betreffen sowie in den Bereichen Sorge- und Umgangsrecht. Beratung und Vermittlung sind die Mittel, mit denen diese Idee umgesetzt werden soll. Der Beziehungserhalt für Kinder ist ein weiteres Thema der Reform. Sorge- und Umgangsrecht sind so gestaltet, dass sie die Aufrechterhaltung von Kontakten zu wichtigen Bezugspersonen gewährleisten sollen. Mittel sind Beratung, Vermittlung und begleiteter Umgang, aber auch Zwangsmittel, wenn es zur Umgangsvereitlung kommt. Es erfolgte eine weitgehend symbolische Stärkung der Rechtsstellung des Kindes, aber auch eine konkrete Verbesserung durch Umgangs- und Verfahrensrechte. Insbesondere in der Jugendhilfe geht es zunehmend um Unterstützung statt Bevormundung, um Dienstleistung statt Fürsorge. Beratungsangebote und freiwillige Beistandschaft sind als Beispiele zu nennen.

Nach dem Gesetzeserlass sind die „Kämpfe" um die Durchsetzung von Interessen auf der Ebene der Gesetzgebung in Form von (zeitlich begrenzten) Kompromissen und Konsensen zwar befriedet, aber diese Kämpfe können sich auf die Ebene der praktischen Rechtsverwirklichung durch verschiedene Institutionen (Jugendämter, Gerichte) verlagern. Ein Ergebnis der Wirkungsforschung zum Recht, das sich auf die Frage nach Erfolgsbedingungen von Gesetzen bezieht, fasst Gusy (1999) in einer These zusammen:

„Was die Gesetze wollen, steht nicht im Gesetz selbst. Das Gesetz enthält seinen Wortlaut, aber nicht seinen Sinn und Zweck. Der Kampf um das Recht ist nicht zuletzt der Kampf um den Zweck. Dies gilt umso mehr, wenn wichtige Schritte des Gesetzgebungsverfahrens intransparent blieben [...] Hier ist der Kampf um den Zweck zugleich der Kampf um die Deutungshoheit. Er hört mit dem Gesetzeserlass nicht auf. Und er fängt bisweilen mit dem Gesetzeserlass erst an. So können Gesetze nachträglich zu Zwecken gelangen, welche im Gesetzgebungsverfahren unbekannt waren oder nur eine Nebenrolle gespielt haben. ‚Der' Gesetzeszweck ist ex ante nicht selten unbekannt, oft umstritten und am Ende durch Kompromisse verwässert" (Gusy 1999: 289).

Es ist davon auszugehen, dass die im Recht strukturell verkörperten Resultate der Auseinandersetzungen im Gesetzgebungsprozess in die institutionalisierten Formen des Staates hineinwirken und so aktuelle Konflikte um Rechtsdeutung verursachen. Die Institutionen reproduzierten jene widersprüchlichen Interessen und bilden so eine unerschöpfliche Quelle neuer Konflikte um die Deutungshoheit. Die Konflikte können zwischen Akteuren innerhalb der Institutionen wie auch zwischen Akteuren unterschiedlicher Institutionen oder Einzelakteuren stattfinden. Im folgenden Teil III werden die Institutionen, die als Implementationsträger für die Regelungen des neuen Kindschaftsrechts wirken, in den Mittelpunkt gestellt. Das Handlungsfeld, in dem das neue Kindschaftsrecht seine handlungsstrukturierende Wirkung entfaltet, ist das der Kinder- und Jugendhilfe. Das Jugendamt als sozialpädagogische Fachbehörde und Teil der kommunalen Sozialverwaltung wird als Implementationsträger für das neue Kindschaftsrecht im Handlungsfeld der Kinder- und Jugendhilfe tätig. Es ist davon auszugehen, dass die bestehenden Handlungsorientierungen der JugendamtsmitarbeiterInnen die Interpretation von „Gesetzeszwecken" und die Ausgestaltung von Handlungsspielräumen in der Verwirklichung des Kindschaftsrechts je nach Kompatibilität beeinflussen beziehungsweise modulieren.

III Jugendämter als Implementationsträger des neuen Kindschaftsrechts

Die Kinder- und Jugendhilfe als Implementationsfeld

Die Analyse des institutionellen Handlungsrahmens ist für die Implementation des neuen Kindschaftsrechts zentral, denn unterschiedliche Rahmenbedingungen in den kommunalen Handlungsfeldern können spezifische Orientierungen und Verhaltensdispositionen bedingen (zum Beispiel etablierte Organisations- und Interessensstrukturen, bestehende Interaktionsverhältnisse etc.). Die Merkmale des Implementationsfeldes sind für die Implementation des neuen Kindschaftsrechts bedeutend, denn Prozesse der Rechtsverwirklichung sind vom Zustand des betreffenden Implementationsfeldes abhängig (z.b. Verfasstheit des Feldes, etablierte Organisations- und Interessensstruktur, bestehende Interaktionsverhältnisse, Ressourcen etc. vgl. Teil I). Das Implementationsfeld des neuen Kindschaftsrechts und das Handlungsfeld der Kinder- und Jugendhilfe sind nicht deckungsgleich. Sie überschneiden sich in den Bereichen, in denen die Änderungen des neuen Kindschaftsrechts den Handlungskontext der Kinder- und Jugendhilfe betreffen. Es ist davon auszugehen, dass die organisatorischen Strukturen und professionellen Handlungsorientierungen der Akteure in der Kinder- und Jugendhilfe die Implementation beeinflussen, wenn sie als Implementationsträger Teil der Implementationsstruktur[1] sind. Das Jugendamt steht als Implementationsträger des neuen Kindschaftsrechts im Mittelpunkt der Analyse. Weitere Implementationsträger wie das Familiengericht oder freie Träger der Kinder- und Jugendhilfe werden thematisiert, da sie in Kooperation mit dem Jugendamt als Implementationsstruktur wirken. Dem zugrunde liegenden, über die reine Normanwendung hinausgehenden Implementationsverständnis nach, ist der politische Prozess der Gesetzgebung als konstitutive Phase für die spätere Durchführung des gesetzlichen Auftrags zu betrachten (vgl. Blankenburg/Voigt 1987; Bohnert/Klitzsch 1980; Mayntz 1980). Dem Zusammenwirken der Akteure im Implementationsfeld wird eine besondere Bedeutung zugemessen. Die eigenständigen Handlungstendenzen der Akteure und die Art ihres Implementationsverhaltens sind im hohen Maße von den Merkmalen der Implementationsstruktur (Implementationsträger), der Programmstruktur beziehungsweise der Instrumententypik (Programm) sowie von den Merkmalen der AdressatInnenstruktur (Zielgruppen, Leistungs- oder NormadressatInnen) abhängig (vgl. Bohnert/Klitzsch 1980; Mayntz 1980: 242). Daraus folgt für das Kindschaftsrecht, dass die Ressourcen der (kommunalen) Leistungsanbieter, die politischen Entscheidungen der Kostenträger (Bund, Länder, Kommunen) und die Bedürfnisse der Leistungsadressaten die Quantität und Qualität der tatsächlich erbrachten Leistungen beziehungsweise die Art der Aufgabenwahrnehmung bestimmen. Ob die Handlungsstrukturierung durch das Programm „neues Kindschaftsrecht" erfolgreich ist, steht im ursächlichen Zusammenhang mit dem Handeln von Akteuren auf drei unterschiedlichen Ebenen: Den recht setzenden Instanzen (Gesetzgeber, vgl. Teil II), den normausfüllenden und recht anwendenden Instanzen (formale Organisationen) sowie den AdressatInnen beziehungsweise EndnutzerInnen (natürliche Personen) (vgl. Röhl 1999: 413 ff.). Zu den über den Erfolg staatlicher Programmimplementation entscheidenden Merkmalen des Implementationsfeldes gehören die dort herrschenden Regelungsstrukturen, die als „Gesamtheit aller vorhandenen Gesetze, Verfügungen, Rechtsauslegungen, Sitten und Normen, Traditionen und stabilisierten erfolgreichen Strategien der Konfliktbeseitigung und der Kooperation - all jenes, welches konkretes Handeln und konkrete Einstellungen der in diesem Bereich agierenden Personen und Organisationen beeinflusst oder bestimmt" verstanden werden (Bohnert/Klitzsch 1980: 207). Staatliche Politik trifft im Implementationsfeld auf historisch gewachsene und durch Interessenkämpfe der Beteiligten entstandene Regelungskontexte.

Von grundlegender Erkenntnis leitender Bedeutung ist die Annahme, dass Implementation nicht nur Durchführung und Vollzug programmvorgegebener Vorschriften und Bestimmungen beinhaltet, sondern immer auch ein Stück Interpretation und „Reformulierung" von Politik- und Programmzielen umfasst.[2] Es bedarf einer zusätzlichen Übertragungsleistung von Seiten der Durchführungsinstanzen, um politische Ziele und Absichten im praktischen Handeln und Wirken zu realisieren. Die Übertragungsleistung der Organisation fällt umso schwerer ins Gewicht, je zeitveränderlicher und instabiler die Probleme sind, die mithilfe der Programmimplementation gelöst werden sollen (vgl. Bohnert/Klitzsch 1980).

Neben der Übertragungsleistung organisationsangehöriger Implementeure (der JugendamtsmitarbeiterInnen), entstehen unterschiedlich gestaltbare Handlungsspielräume im Kontext zweckprogrammierter Leistungsverwaltung (vgl. Teil I). Da (personenbezogene) soziale Dienstleistungen im Handlungsfeld der Kinder- und Jugendhilfe zum größten Teil zweckprogrammiert sind, kann davon ausgegangen werden, dass dem leistungserbringenden Personal beziehungsweise deren unmittelbaren Vorgesetzten innerhalb der Leistungsverwaltung relativ große Ermessensspielräume bleiben, die das inhaltliche Ergebnis des Endproduktes (Maßnahmen, Diensten und Leistungen) beeinflussen. Weitere Handlungsspielräume entstehen im Kontext personenbezogener sozialer Dienstleistungen, weil deren Leistungsfähigkeit wesentlich davon abhängt, ob Problemlagen „ganzheitlich" oder entlang der administrativen Zuständigkeiten zerstückelt wahrgenommen werden. Für deren problemangemessene Implementation sind träger-, ressortübergreifende und interdisziplinäre Kooperations- und Koordinationsprozesse über administrative Zuständigkeitsgrenzen hinaus relevant. Es stellt sich die Frage, wie nicht (nur) durch formale oder hierarchische Beziehungen verknüpfte Einzelakteure oder Akteure in Organisationen zur notwendigen aufgabenbezogenen Kooperation im Programmimplementationsprozess zusammenfinden, da selbst in administrativen Akteurssystemen nicht nur hierarchische, sondern vielmehr Beziehungen auf gleicher Ebene (beispielsweise Netzwerke[3]) für den Implementationsprozess von Bedeutung sind. Relevante Kategorien sind nicht „Weisung" und „Befolgung", sondern „Motivation", „Anreiz", „Information", „Aushandlung" etc. (vgl. Mayntz 1980: 13). Im Kontext des neuen Kindschaftsrechts sind zum Beispiel die Kooperations- und Koordinationsprozesse zwischen den Implementationsinstanzen „Jugendamt" und „Familiengericht" von zentraler Bedeutung.

Im Fokus der Untersuchung steht eine bestimmte Gruppe von Akteuren, nämlich die ExpertInnen[4] in den Jugendämtern, die als Implementationsträger die Anwendung des Programms „neues Kindschaftsrecht" maßgeblich beeinflussen. Neben deren Aufgabenwahrnehmung ist die Inanspruchnahmebereitschaft der AdressatInnen ein relevantes Kriterium für die Realisierung des Programms. Hinsichtlich der Implementation von Programminhalten mit „Dienstleistungscharakter", also nicht nur regulativer Programminhalte, die sich durch bürokratisch-hoheitliche Handlungsformen gegenüber den NormadressatInnen durchsetzen lassen, ist eher die Inanspruchnahmebereitschaft als die Folgebereitschaft der AdressatInnen relevant. Es stellt sich die Frage, inwieweit die Programmdurchsetzung durch die Behörden gefördert wird und auf welche realen Durchsetzungschancen diese Bestrebungen bei den AdressatInnen stoßen. Aufgrund der Analyse des Programms „neues Kindschaftsrecht" wird deutlich, dass die JugendamtsmitarbeiterInnen auf „Motivation", „Information" und „neue Wege" setzen müssen, um die ProgrammadressatInnen zu erreichen. Ursächlich für geringe Rechtswirkungen und „Rechtsversagen" ist häufig die Fehlannahme, dass ein Leistungsangebot der Verwaltung von selbst Nachfrage bei den AdressatInnen auslösen würde (vgl. Röhl 1999). AdressatInnen beziehungsweise EndnutzerInnen der Normen können sich dagegen als resistent erweisen. Gesetze über Sozialleistungen müssen zum Beispiel mobilisiert werden, die Inanspruchnahme ist also vom Tätigwerden der Implementationsinstanzen abhängig. Subjektive Hindernisse der LeistungsadressatInnen wie Informationsdefizite, Rechtsunkenntnis, Schwellenangst, fehlende Handlungskompetenz, fehlendes Rechts- und Anspruchsbewusstsein senken die „Inanspruchnahmebereitschaft". Ein weiterer Einflussfaktor ist die Akzeptanz und Plausibilität der Ziele, die mit dem Recht bewirkt werden sollen (vgl. Röhl 1999: 413 ff.). Die Ziele oder Leitgedanken der Kindschaftsrechtsreform beziehen sich insbesondere auf die Ausgestaltung der Verantwortung nicht oder nicht mehr miteinander verheirateter Eltern für ihre Kinder (vgl. Teil II). Die eigenständigen Handlungstendenzen der Akteure und die Art ihres Implementationsverhaltens sind folglich nicht nur von den Merkmalen der Implementationsstruktur (s.o.) und der Programmart beziehungsweise Instrumententypik abhängig, sondern auch von den Merkmalen der AdressatInnenstruktur. Die Rahmenbedingungen des Handlungsfeldes können auch in diesem Zusammenhang spezifische Orientierungen und Verhaltensdispositionen bedingen (vgl. Bohnert/Klitzsch 1980: 201). So können zum Beispiel Vorurteile der Leistungsadressaten gegenüber dem Jugendamt als „Kontrollbehörde" für die Inanspruchnahmebereitschaft hinsichtlich der freiwillig ausgestalteten Beratungsangebote hinderlich sein.

Die „Modulation" (vgl. Deleuze 1993; Schnurr 1998: 363 f.) der reformierten Gesetze beziehungsweise der Gesetzeszwecke erfolgt im Implementationsfeld durch die Implementationsträger im regionalspezifischen Handlungskontext, das heißt, der durch das neue Kindschaftsrecht beabsichtigte Innovationsprozess verläuft weitgehend unvorhersehbar aufgrund:
- Der Interpretations- und Übertragungsleistungen der Akteure hinsichtlich der Gesetze beziehungsweise Gesetzeszwecke;
- der Ausgestaltung gesetzlicher Handlungsspielräume durch die Akteure zum Beispiel infolge von Zweckprogrammierungen;
- der Ausgestaltung der Kooperation zwischen den Implementationsträgern und
- der Ausgestaltung des Kontaktes zu den (potenziellen) NutzerInnen der Leistungen.

Die Interpretation von Politikzielen und die Ausgestaltung von rechtlichen Handlungsspielräumen durch die JugendamtsmitarbeiterInnen werden durch organisatorische und professionelle Aspekte[5] beeinflusst, da die JugendamtsmitarbeiterInnen zwei unterschiedlichen Bezugssystemen angehören, nämlich der Berufsgruppe mit ihren ethischen und professionellen Standards und der bürokratischen Organisation mit ihren Verwaltungsvorgaben. Zudem dürfen administrative Vollzugsinstanzen wie das Jugendamt nicht nur als Instrumente der Implementation spezifischer Programme begriffen werden, da sie in der Regel weitere Aufgabenbereiche und Legitimationsgrundlagen bedienen. Das beinhaltet die Möglichkeit, sich zumindest bezogen auf Teilbereiche der Programme distanziert verhalten zu können.

„Konformer Vollzug ist nicht ihr einziges und oft nicht einmal ein dominantes Handlungsziel; Ziele wie die Vermeidung unnötigen Aufwands, die Schonung eigener Ressourcen, die Vermeidung belastender Konflikte können für Behördenhandeln von mindestens derselben Bedeutung sein – mit absehbaren Folgen für die Implementation" (Mayntz 1980: 12). Die Aufgaben des Jugendamtes als Implementationsträger und administrative Vollzugsinstanz sind umfassender, das heißt die kindschaftsrechtlichen Regelungen/Aufgaben stellen nur einen kleinen Ausschnitt dar. Fachliche Orientierungen und Entwicklungen beeinflussen die Aufgabenwahrnehmung in den Jugendämtern. Darüber hinaus sind Jugendämter auch immer im Kontext kommunaler Sozialverwaltung zu betrachten, deren Vorgaben und Strukturen auf die Form der Aufgabenwahrnehmung wirken. Die kommunalspezifische Organisation der Jugendämter ist folglich ein weiterer Einflussfaktor sowie die Kooperation mit Gerichten und Einrichtungen in freier Trägerschaft im Implementationsfeld.

Das Implementationsfeld des neuen Kindschaftsrechts

Im Mittelpunkt der Analyse steht das Jugendamt als öffentlicher Träger der Kinder- und Jugendhilfe mit seiner spezifischen Regelungsstruktur als Implementationsträger des neuen Kindschaftsrechts. Familiengerichte oder Einrichtungen in freier Trägerschaft werden flankierend betrachtet, weil sie als weitere Implementationsträger für das neue Kindschaftsrecht und als Kooperationspartner des Jugendamtes im Implementationsfeld wirken und die Aufgabenwahrnehmung in Jugendämtern beeinflussen.

Träger der öffentlichen Kinder- und Jugendhilfe sind diejenigen Gebietskörperschaften, die aufgrund des Gesetzes Jugendämter, Landesjugendämter und oberste Landesjugendbehörden zu errichten haben. Das SGB VIII gebietet den örtlichen und überörtlichen Trägern der Kinder- und Jugendhilfe in § 69 III die Errichtung eines Jugendamtes beziehungsweise Landesjugendamtes. Das SGB VIII benennt in § 69 I die örtlichen und überörtlichen Träger der öffentlichen Jugendhilfe. Örtliche Träger sind öffentlich-rechtliche Gebietskörperschaften, also die Kreise, die kreisfreien Städte und teilweise auch kreisangehörige Gemeinden. Wer überörtlicher Träger ist, bestimmt das Landesrecht (§ 69 I 2 SGB VIII). Leistungen der Jugendhilfe werden neben dem Jugendamt als öffentlichen Träger der Kinder- und Jugendhilfe auch durch Einrichtungen „Dritter" erbracht. In § 3 SGB VIII wird deutlich, dass die Jugendhilfe durch das Nebeneinander von öffentlichen und freien Trägern geprägt ist und den Bürgern eine Trägervielfalt geboten werden soll. Gemäß § 4 SGB VIII sind die Träger zu partnerschaftlicher Zusammenarbeit angehalten. Mit der Einführung des Kinder- und Jugendhilferechts als Sozialleistungsgesetz (SGB VIII), wurden Rechtsansprüche für BürgerInnen begründet. Die Leistungserbringung öffentlicher Träger erfolgt nachrangig gegenüber der nichtöffentlicher Träger, allerdings liegt die „letzte Verantwortung darüber, ob und was in der Jugendhilfe geschieht, [...] beim öffentlichen Träger" (Münder 2000: 49). Die Leistungserbringung und -abwicklung erfolgt im „jugendhilferechtlichem Dreiecksverhältnis" aus Jugendamt, Leistungsberechtigten und Einrichtung (vgl. Münder 2000: 173 ff.). Leistungserbringung und -abwicklung sind in §§ 74, 77, 78a-78g SGB VIII normiert. Wenn Dritte die Leistungen erbringen, weil der leistungsberechtigte Bürger im Rahmen seines Wunsch- und Wahlrechts (§ 5 SGB VIII) Einrichtungen in freier Trägerschaft nutzt, kann sich der Rechtsanspruch trotzdem nur gegen den öffentlichen Träger richten.

Es ist davon auszugehen, dass je nach landes- und kommunalspezifischer Trägerstruktur die Implementationsstruktur für das neue Kindschaftsrecht variiert. So können Landesjugendämter die kommunalen Jugendämter unterschiedlich stark unterstützen (Informationsmaterial, Tagungen, Fortbildungen) oder kommunale Jugendämter in unterschiedlichem Umfang Aufgaben an freie Träger delegieren (vgl. Teil IV).

Für die Gerichte als Implementationsträger sind vor allen Dingen die veränderten Zuständigkeiten und Verfahrensregeln von Bedeutung. Der Gesamtkomplex „Familie und Kinder" wird in Abteilungen der Amtsgerichte, nämlich im Familien- und Vormundschaftsgericht bearbeitet. Die Aufgaben und Arbeitsweisen der Amtsgerichte sind durch das Gerichtsverfahrensgesetz (GVG) festgelegt. In Aufbau und Struktur sind die Amtsgerichte zu unterscheiden nach Größe, Einzugsgebiet, Dezernatszuschnitt,[6] personellen und sächlichen Ressourcen (vgl. Münder et al. 2000: 210 ff.). Von Bedeutung ist, dass die Zuständigkeitsbereiche der Gerichte nur selten mit denen der Jugendämter übereinstimmen. So können in Landkreisen mehrere Amtsgerichte für einzelne Kreisteile zuständig sein. Für die Kooperation zwischen Jugendämtern und Gerichten bedeutet die Inkongruenz der Einzugsgebiete, dass einige Jugendämter mit mehreren Amtsgerichten und einige Amtsgerichte mit mehreren Jugendämtern kooperieren müssen. Mit dem neuen Kindschaftsrecht hat eine (sachliche) Zuständigkeitsverlagerung zwischen Vormundschafts- und Familiengericht stattgefunden. Daraus folgt, dass in der Regel personelle Veränderungen stattgefunden haben, vorausgesetzt, es handelt sich nicht um besonders kleine Amtsgerichte, in denen eine RichterIn für alle kindschaftsrechtliche Angelegenheiten zuständig war und ist. Die personellen Veränderungen können zur Folge haben, dass Erfahrungswerte und Routinen sich erst (wieder) langsam aufbauen müssen. Zunächst zeigt die folgende Abbildung 4 das spezifische Implementationsfeld für das neue Kindschaftsrecht mit dem strukturierten Akteurssystem der Vollzugsinstanzen Jugendamt und Familiengericht sowie den formal vorgesehenen Akteuren beziehungsweise weiteren faktisch wirksamen Akteuren, die nicht oder nicht zwingend vom Gesetzgeber vorgesehen waren (z.B. Banken, Schulen, Behörden etc.).

Abbildung 4: Spezifisches Implementationsfeld des neuen Kindschaftsrecht (eigene Darstellung).

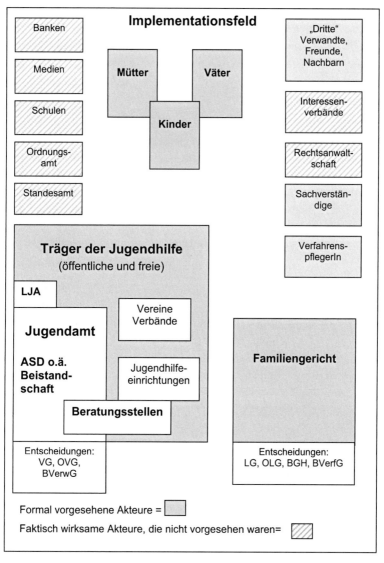

Die reformierten gesetzlichen Regelungen beziehen sich auf Mütter, Väter und Kinder, die sich in Trennung und/oder Scheidung befinden sowie auf die Situation, dass ein Kind außerhalb der Ehe geboren wird. Mütter, Väter und Kinder sind dabei nicht immer unmittelbare NormadressatInnen, denn viele Regelungen verpflichten die beteiligten Institutionen zur Leistungserbringung. Ob die Leistungsanspruchsberechtigten die Angebote der Beratung, Unterstützung und Vermittlung in Anspruch nehmen, ist vorwiegend von den Informations- und Motivationsstrategien der beteiligten Institutionen (Jugendämter und Familiengerichte) abhängig. Der Gesetzgeber hat Informationswege verpflichtend auferlegt (vgl. Teil II). Wie wirksam die Informationen sind und ob sie die vom Gesetzgeber beabsichtigten Wirkungen haben, ist von vielen Faktoren abhängig. Die Art und Weise der Information, Motivation und Beratung, die subjektiven Sichtweisen und Situationswahrnehmungen der Eltern sowie die allgemeine Akzeptanz der Leitgedanken können ursächlich für die Inanspruchnahmebereitschaft gegenüber den Angeboten sein. Insbesondere für die Jugendämter verlagern sich die Aufgaben in Richtung Angebotsorientierung, Beratung, Vermittlung und Kooperation (vgl. Teil I). Neben den „privaten Endverbrauchern" der kindschaftsrechtlichen Regelungen sind institutionelle Akteursgruppen beziehungsweise Akteurssysteme im Implementationsfeld wirksam.

Für die Verwirklichung von Regelungen des neuen Kindschaftsrechts im Handlungsfeld der Kinder- und Jugendhilfe sind aus der Perspektive der Implementationsforschung folgende Akteure und Akteurssysteme bedeutend (vgl. Teil I, Abbildung 2).
- *Jugendämter* und *(Familien-)Gerichte* als Durchführungsinstanzen beziehungsweise Implementationsträger: Eine besondere Bedeutung kommt den Aushandlungsprozessen und Überzeugungsstrategien zwischen den agierenden Organisationen zu, denn die Prozesse, die durch staatliche Regulierung verändert werden sollen (zum Beispiel Kooperationen stiften, Entscheidungsverfahren verändern, Informationsprozesse initiieren etc.) können im qualitativen Sinne nicht verordnet werden. Trotz Kooperationstreffen kann beispielsweise die Zusammenarbeit verweigert oder trotz festgelegtem Informationsweg können die wichtigen Informationen zurück- oder vorenthalten werden (vgl. Bohnert/Klitzsch 1980).
- *Einrichtungen in freier Trägerschaft* als Durchführungsinstanzen: Die Implementation erfolgt nur teilweise durch öffentliche Verwaltung (administrative Struktur). Gesellschaftliche Akteure, die in keiner unmittelbaren Weisungsbeziehung zur Programmgeber- und Steuerungsinstanz stehen, wirken auch als Implementeure für bestimmte kindschaftsrechtliche Regelungen. Dies sind zum Beispiel freie Träger der Jugendhilfe, die mit anerkannter Legitimation öffentliche Aufgaben

wahrnehmen, in spezifischer Beziehung zum Staat stehen und mit einem relativ hohen Maß an Handlungsautonomie ausgestattet sind.
- *Mütter, Väter und Kinder* sowie weitere Einzelpersonen als AdressatInnen, Leistungsberechtigte, „Endverbraucher" der Regelungen beziehungsweise (potenzielle) NutzerInnen: „Motivation", „Anreiz", „Information", „Aushandlung" etc. sind die relevanten Kategorien für die „Inanspruchnahmebereitschaft", denn viele kindschaftsrechtliche Leistungen bestehen als freiwillige Angebote.

Kommunalspezifische Einflussfaktoren in Form von Akteurssystemen oder Einzelakteuren (Interessenverbände, Banken, Ämter etc.): Die Akteure zu benennen, die im Implementationskontext auftreten können, ist schon ein Ergebnis der Untersuchung, denn im (regional)spezifischen Implementationsfeld wirken Akteure, die über die formal vorgesehenen Beziehungen hinausgehen. So beeinflussen beispielsweise Banken in einigen Kommunen faktisch die Inanspruchnahmebereitschaft von Müttern bezogen auf das sog. Negativattest, in welchem das Jugendamt bestätigt, dass keine gemeinsame Sorgeerklärung mit den Kindsvater abgegeben wurde.

Das Zusammenwirken der Implementationsträger Jugendamt, Familiengericht und Einrichtungen in freier Trägerschaft sowie die Inanspruchnahmebereitschaft der AdressatInnen beziehungsweise Endverbraucher beeinflussen beziehungsweise erzeugen gemeinsam die Implementation der reformierten Gesetze.

Das Jugendamt als Implementationsträger

Das Jugendamt ist in der Regel die zentrale jugendhilfepolitische Institution auf lokaler Ebene. Die Kinder- und Jugendhilfe gilt als Teil des Implementationsfeldes beziehungsweise der Implementationsstruktur für das neue Kindschaftsrecht. Das Jugendamt, als öffentlicher örtlicher Träger der Kinder- und Jugendhilfe, wird als Implementationsträger in den Mittelpunkt gestellt, weil davon auszugehen ist, dass die reformierten Gesetze zu erheblichen Veränderung im Handlungsfeld der Kinder- und Jugendhilfe führen (können). Die (regional)spezifischen Schwerpunktsetzungen in der Angebotsstruktur der Kinder- und Jugendhilfe und die Handlungsorientierungen der JugendamtsmitarbeiterInnen können unterschiedlich kompatibel mit den neuen Regelungen des Kindschaftsrechts sein.

Die zentralen Regelungsstrukturen des Jugendamtes sind von besonderem Interesse. Das Jugendamt wird einerseits als sozialpädagogische Fachbehörde für personenbezogene soziale Dienstleistungen und andere Aufgaben im Handlungsfeld der Kinder und Jugendhilfe betrachtet, denn die Handlungsorientierungen der MitarbeiterInnen des Jugendamtes sind von fachlichen Maximen und professionellen Standards der Kinder- und

Jugendhilfe beziehungsweise der Sozialen Arbeit geprägt. Andererseits wird das Jugendamt als Teil der kommunalen Sozialverwaltung thematisiert, weil die organisatorischen oder „bürokratischen" Strukturen und Steuerungsmittel gleichfalls die Handlungsorientierungen der JugendamtsmitarbeiterInnen beeinflussen. Die Tätigkeit der JugendamtsmitarbeiterInnen gilt auch als geprägt durch die Charakteristika der Sozialen Arbeit als staatlich vermittelte Profession[7], „deren staatlicher Auftrag in der Implementation von Pflichten qua Organisationssystemen besteht" (White 2000: 24).

Die fachlichen Handlungsmaximen in der Kinder- und Jugendhilfe sind aus ihrem historischen Entstehungskontext heraus als ambivalent zu bezeichnen, da sie als in einem Spannungsfeld von „Hilfe" und „Kontrolle" entstanden gelten. Das Jugendamt ist seit seiner im RJWG gesetzlich fixierten Institutionalisierung einerseits durch die Merkmale „obrigkeitsstaatlicher Disziplinierung und Kontrolle" (Bönisch/ Dickerhoff/Kuhlen 1973: 32) geprägt, und knüpft andererseits als „sozialpädagogische Institution" am Hilfeaspekt an (vgl. Schmidt 2001: 831).

Die historische Zusammenführung der Aufgabenbereiche Jugendfürsorge und Jugendpflege durch das RJWG stand unter dem starken Einfluss des Jugendfürsorgegedankens, so dass auf kommunaler Ebene die Jugendhilfe vorrangig unter den Aspekten der Sozialhilfe und Armenfürsorge eingeordnet wurde. Das Jugendamt ist „seit seiner Entstehung geprägt von dem Spannungsverhältnis, einerseits Teil der öffentlichen (kommunalen) Sozialverwaltung zu sein, die ihr Handeln vorrangig an klassischen Notlagen sowie Formen abweichenden Verhaltens orientiert und andererseits mit dem Aspekt der Förderung eine fachlich orientierte Erziehungsbehörde zu sein, die unter dem Aspekt der Einheit der Jugendhilfe ihre Arbeit an der Bildung, Erziehung, Förderung und Integration der Jugend ausrichtet" (ebd.: 832). Die Einrichtung selbstständiger Jugendämter seit 1924 beziehungsweise 1953 „wurde und wird „als Fremdkörper in der Verwaltung" empfunden und „als unzulässige[r] Eingriff in die kommunale Selbstverwaltung und Verwaltungsorganisation" bewertet (Hasenclever 1978: 17)" (ebd.: 833).

Die MitarbeiterInnen des Jugendamtes handeln im *Verwaltungskontext* und als *Fachbehörde*, denn die Struktur des Jugendamtes ist vor allem geprägt durch die gegensätzlichen Ziele und das unterschiedliche Selbstverständnis von Verwaltung und Pädagogik „welches eine Kontrastierung genuin fachlicher Standards mit denjenigen der Administration erforderlich macht" (Thiersch 1977; Otto 1991 zitiert ebd.). Die „Subsumption des sensiblen fachlichen und hochgradig politischen Bereichs der Kinder- und Jugendhilfe unter verwaltungsrationale Handlungsvollzüge und damit die Dominanz „einseitig-obrigkeitsstaatlichen Denkens" (Schneider 1964), das sich weniger an sozialpädagogischen Leistungen als an eingriffsorientierten Maßnahmen orientiert" wird als Kernproblematik des Jugendamtes bezeichnet (vgl. ebd.). Die MitarbeiterInnen im Jugendamt sind folglich (mindestens) zwei differenten Handlungslogiken gleichzeitig unterworfen, die für die Tätigkeiten im Feld der Sozialen Arbeit typisch sind, weil deren Professionalisierung auch von staatlicher Regulierung und öffentlicher Finanzierung abhängig ist:

„Sie agieren häufig im administrativ-rechtspflegerischen Bereich der sozialen Kontrolle bzw. sozialpolitischen Interventionen sowie im Bereich der beratenden, bildenden und therapeutischen Interventionen [...]. Juristische und hermeneutische Handlungslogiken stoßen dabei gewissermaßen aufeinander. Bei letzterer steht die Respektierung der Autonomie der Lebenspraxis der Klienten im Mittelpunkt sozialarbeiterischen Handelns. Im administrativ-bürokratischen Bereich der rechtspflegerischen Praxis der sozialen Kontrolle geht es hingegen darum, eine öffentlich festgestellte und begründete Nicht-Aufgabe der Autonomie durch erfolgreiche Normverletzung zu destruieren, sie jedoch auf der Ebene des Normsystems zu restituieren. Beides gleichzeitig zu tun, zeichnet Sozialarbeiterhandeln aus" (Dewe/Otto 2001: 1406 in Anlehnung an Nölke 2000).

Das Jugendamt wird nachfolgend als sozialpädagogische Fachbehörde für personenbezogene soziale Dienstleistungen im Handlungsfeld der Kinder- und Jugendhilfe und als organisatorischer Teil der kommunalen Sozialverwaltung thematisiert.

Das Jugendamt als sozialpädagogische Fachbehörde der Kinder- und Jugendhilfe

Das Jugendamt ist als sozialpädagogische Fachbehörde für alle Aufgaben der Kinder- und Jugendhilfe zuständig. Die Bedeutung des Jugendamtes im kommunalen Handlungsfeld ist durch eine besondere Verfasstheit gekennzeichnet, denn einerseits wird über die Bezeichnung „sozialpädagogische Fachbehörde" die Sonderstellung gegenüber der allgemeinen kommunalen Verwaltung deutlich, andererseits ist das Jugendamt ein selbstständiges Amt innerhalb der Kommunalverwaltung, das sich durch seine zweigliedrige Organisation hervor hebt (vgl. Schmidt 2001: 835). Folglich ist das Jugendamt als Organisationseinheit der Kommunalverwaltung den sozialadministrativen Steuerungsinstrumenten unterworfen, unterscheidet sich aber von anderen Ämtern insbesondere durch folgende Aspekte:
- Die Aufgaben des Jugendamtes sind in einem speziellen Gesetz vorgegeben (im SGB VIII vom 3.10.90/1.1.91, zuvor im JWG).
- Das SGB VIII gibt den örtlichen Trägern respektive Kreisen und kreisfreien Städten das Jugendamt als fachliche Organisationseinheit vor (§ 69 III SGB VIII). Einschlägige Kommentare vertreten die Auffassung, dass dies ein zulässiger Eingriff in die Verwaltungskompetenz der Länder sei. Das Jugendamt müsse deshalb als selbstständige Organisa-

tionseinheit innerhalb der Kommunalverwaltung organisiert sein, dem alle Aufgaben nach SGB VIII zuzuordnen sind (vgl. Kreft 2001: 182).

- Das Jugendamt ist aus den üblichen Verwaltungsabläufen und kommunalpolitischen Entscheidungsmechanismen herausgelöst, weil es im SGB VIII zweigliedrig angelegt wurde (§ 70 I SGB VIII), das heißt die Aufgaben des Jugendamtes werden durch den Jugendhilfeausschuss und durch die Verwaltung des Jugendamtes wahrgenommen. Gemäß §§ 70, 71 SGB VIII werden die Kompetenzen zwischen der Verwaltung des Jugendamtes, dem Jugendhilfeausschuss und der sogenannten Vertretungskörperschaft, zum Beispiel Kreistag, Stadtverordnetenversammlung, Stadtrat o.ä., geregelt. Rechtlich gesehen ist der Jugendhilfeausschuss gegenüber der Verwaltung des Jugendamtes das übergeordnete Gremium (vgl. § 70 II SGB VIII). Die Vertretungskörperschaft ist das übergeordnete Organ im Verhältnis zum Jugendhilfeausschuss beziehungsweise zur Jugendamtsverwaltung.
- Das Jugendamt steht im Spannungsfeld zwischen therapeutischen und fürsorgerischen Arbeitsansätzen. Einerseits ist die individuelle An- und Einpassung der Klienten an/in vorgegebene gesellschaftliche Rahmenbedingungen Aufgabe (zum Beispiel historische Grundlegung der Familienfürsorge). Andererseits besteht nach einem kritisch-politischen Selbstverständnis das Ziel, eine Veränderung der gesellschaftlichen Lebensbedingungen zu bewirken beziehungsweise das Jugendamt mit ausdrücklich politisch-aufklärerischem Selbstverständnis wirken und auftreten zu lassen (vgl. Wagner 1996).

Den öffentlichen örtlichen Trägern respektive Jugendämtern obliegt die Gesamt- sowie die Planungsverantwortung für ein fachliches Angebot an Veranstaltungen, Einrichtungen und Diensten, das dem SGB VIII entspricht. „Damit beschränken sich die Anforderungen an das Jugendamt keineswegs allein auf die Infrastrukturentwicklung, vielmehr stellt das Jugendamt die zentrale Planungs- und Steuerungsagentur für die Jugendhilfe und damit die Belange der jungen Menschen und ihrer Familien dar" (Schmidt 2001: 834). Drei wesentliche Funktionen oder Aufgabenbereiche der Jugendämter sind folglich die Gesamtverantwortung, die Finanzierung der Leistung der Träger und die eigene Leistungserbringung (vgl. BMFSFJ 2002: 68). Das Jugendamt hat gegenüber den AdressatInnen die Garantenposition inne (§ 3 II SGB VIII) sowie die Gesamtverantwortung für die Leistungen (§ 79 SGB VIII). Diese Aufgaben können nicht übertragen werden. Die Durchführung von Maßnahmen kann dagegen auf nicht öffentliche Träger übertragen werden. Die bedarfsgerechte Sicherstellung des Angebotes, die Ermöglichung des Wunsch- und Wahlrechts sowie die Einhaltung von Standards und die Durchführung der Planung bleiben Aufgabe des öffentlichen Trägers, denn Kinder- und Jugendhilfe ist ein bedarfsabhängiges Dienstleistungsangebot, welches prinzipiell allen zur Verfügung steht. Für die Kinder- und Jugendhilfe lassen sich fachliche Handlungsorientierungen und Aufgaben beschreiben, die insbesondere im SGB VIII verankert sind. Die (historische) Entwicklung der Aufgabenwahrnehmung in der Kinder- und Jugendhilfe erfolgte von der Fürsorge- zur Leistungsorientierung, obschon beide Orientierungen nach wie vor relevant sind. Nachfolgend geht es um die fachliche Aufgabenwahrnehmung im Feld der Kinder- und Jugendhilfe.

Kinder- und Jugendhilfe

In der Entwicklungsgeschichte der Kinder- und Jugendhilfe lassen sich verschiedene Entwicklungsmuster identifizieren (vgl. Bock/Seelmeyer 2001: 987 f.): Es hat eine Verrechtlichung stattgefunden, denn es wurden zunehmend Maßnahmen und Aufgaben der Kinder- und Jugendhilfe gesetzlich festgeschrieben. Zudem wurden Rechtsansprüche auf individuelle Leistungen sowie auf soziale Infrastruktur geschaffen. Die Verlagerung der weitgehend familialen zur organisationsförmigen Erbringung von Sozialisations-, Erziehungs- und Versorgungsleistungen durch ein zunehmend ausdifferenziertes Einrichtungssystem öffentlicher und freier Träger ist als Institutionalisierung zu bezeichnen. Die inhaltliche Ausrichtung der Kinder- und Jugendhilfe entwickelte sich (handlungsfeldspezifisch) von der reinen Kontrolle und Disziplinierung zur Ausrichtung auf Sozialisation, Erziehung und Bildung. Mit dieser zunehmenden Pädagogisierung der Handlungsfelder ging auch eine Verberuflichung und Professionalisierung einher, die von der Entstehung erster Ausbildungsstätten bis zur Anhebung der Ausbildung von Sozialarbeitern/Sozialpädagogen auf Fachhochschul- und Hochschul-/Universitätsebene vorangetrieben wurde. Die Entwicklung von sozialpädagogischen Konzepten, Theorie- und Praxisansätzen sowie eines professionellen Selbstverständnisses führt(e) zu veränderten Ansprüchen an Arbeitsbedingungen und -inhalte.

Die benannten Entwicklungsmuster beeinfluss(t)en auch die Aufgabenwahrnehmung der Fachkräfte, die im Handlungsfeld der Kinder- und Jugendhilfe tätig sind. Durch sozialwissenschaftliche Forschung wurde zum Beispiel das Jugendamt als Instanz sozialer Kontrolle definiert und seine aktive Rolle in Stigmatisierungsprozessen erkannt. Auf der Grundlage von wissenschaftlichen Erkenntnissen wurde

„[d]ie ‚Pädagogisierung' des Jugendamtes [...] gefordert, damit es sich zu einer qualifizierten Fachbehörde entwickeln kann. Zielbestimmungen für die Jugendhilfe enthielten zum Beispiel die Schlagworte: Leistung statt Eingriff, Prävention statt Reaktion, Demokratisierung statt Bevormundung, Ursachenbekämpfung statt Symptombearbeitung, Aktivierung statt Passivierung, Ganzheitlichkeit statt Segmentierung, Hilfe zur Selbsthilfe statt Therapeutisierung" (Fieseler/Herborth 2001: 131).

Die Kinder- und Jugendhilfe umfasst ein breites Spektrum an Aufgaben, Handlungs- und Arbeitsfeldern. Sie hat den gesellschaftlichen Auftrag, Sozialisationsbedingungen für Kinder, Jugendliche und ihre Familien öffentlich zu organisieren und zu gestalten. Dieser Auftrag ist im Kinder- und Jugendhilfegesetz (SGB VIII) festgeschrieben, welches den inhaltlichen Kernbereich des Jugendhilferechtes darstellt und 1990/91 als Ergebnis langandauernder Reformbemühungen in Kraft getreten ist. Die Gesetzgebung wurde von Zielbestimmungen und Prinzipien beeinflusst, die mit Begriffen wie Angebots- und Lebensweltorientierung belegt sind. Sogenannte Strukturmaximen der Jugendhilfe benennt der achte Jugendbericht: „Lebensweltorientierte Jugendhilfe konkretisiert sich innerhalb der unterschiedlichen Arbeitsfelder in Entwicklungen, die sich in Strukturmaximen beschreiben lassen, in Strukturmaximen wie Prävention, Regionalisierung, Alltagsorientierung, Partizipation, Integration" (BMFSFJ 1990: 85). Darüber hinaus besteht insbesondere für die Jugendämter eine aus dem staatlichen Wächteramt resultierende „Eingriffsorientierung", die im achten Jugendbericht als „Widerspruch von Hilfe und Kontrolle" beschrieben wurde (ebd.). Das Jugendamt ist Träger des staatlichen Wächteramtes. Der örtliche Träger muss im Zuge seiner Gewährleistungspflicht und Planungsverantwortung eine Jugendhilfeinfrastruktur bereitstellen, die es ermöglicht, im Rahmen des staatlichen Wächteramtes tätig zu werden (Schutzauftrag der Kinder- und Jugendhilfe).

Der elfte Kinder- und Jugendbericht (2002) benennt zwei Prinzipien des rechtlich kodifizierten Leistungsgefüges der Kinder- und Jugendhilfe: Zum einen bestehen Rechtsansprüche auf individuelle Hilfen und zum anderen geht es um allgemeine Förderung beziehungsweise Infrastrukturleistungen im Sinne von sozialräumlich organisierten Hilfen (vgl. BMFSFJ 2002: 63). Als fachliche Eckwerte einer modernen Kinder- und Jugendhilfe werden Lebensweltorientierung, Dienstleistungsorientierung und Professionalität markiert (ebd.). Lebensweltorientierung bedeutet „die konsequente Hinwendung zu und Orientierung an den Lebenslagen und Lebensverhältnissen sowie den Deutungsmustern der Adressatinnen und Adressaten" (ebd.). Mit dem Begriff der Dienstleistungsorientierung wird „die Struktur und Qualität der Interaktion zwischen den Fachkräften und den Adressatinnen und Adressaten in den Mittelpunkt [gerückt] und [...] deren „Ko-Produzenten-Rolle" [betont]. Dies beruht auf der Einsicht, dass Hilfe, Unterstützung, Förderung, Erziehung und Bildung nur gemeinsam mit den Nutzerinnen und Nutzern denkbar sind" (ebd.: 64). Professionalität drückt sich darin aus, „dass Kompetenz für fachliches Handeln im Feld der Kinder- und Jugendhilfe gezielt erworben, erlernt und eingeübt werden muss und dafür entsprechende Institutionen, systematisierte Wissensbestände und bewährte Handlungsmuster zur Verfügung stehen müssen. Professionalität verweist darüber hinaus auf den kompetenten Umgang mit komplexen und oftmals in sich widersprüchlichen Anforderungen und Aufgaben und auf hierfür zur Bewältigung notwendigen institutionellen und fachpolitischen Voraussetzungen" (ebd.). Mit den benannten Prinzipien wird versucht, ein Verständnis von Kinder- und Jugendhilfe zu überwinden, das „durch eine kontrollierend-fürsorgliche Haltung dominiert war. Dessen ungeachtet bleibt es Aufgabe der Kinder- und Jugendhilfe, Kinder und Jugendliche vor der Gefährdung ihres Wohls zu schützen [...] und diesen Schutz ggf. auch gegen den Willen der Eltern zu veranlassen" (ebd.).

Merchel (2001) benennt generelle Orientierungen, die sich auch als Reformlinien in den Regelungen des KJHG/SGB VIII widerspiegeln (ebd.: 68 ff.): Der Charakter der Kinder- und Jugendhilfe hätte sich dahingehend verändert, dass sich der Handlungsschwerpunkt von der Fürsorge zur Dienstleistung verschoben hat. Im SGB VIII würden diskursive Steuerungsformen und Verfahrensgarantien hervorgehoben anstatt einer Leistungsgewährung, die als einseitig geprägter hoheitlicher Verwaltungsakt stattfindet. Mit der Zuerkennung von Beteiligungsrechten, der Subjektstellung der Leistungsberechtigten und auf Aushandlung gerichteten Verfahrensregelungen werde der „koproduktive" Charakter sozialer Dienstleistung betont. Die Kinder- und Jugendhilfe hätte sich vom reaktiven Handeln zu „lebensweltorientierten präventiven Angeboten" entwickelt, das bedeutet beispielsweise, dass das Gefüge des sozialen Umfelds von Kindern bei der Planung der Jugendhilfe-Infrastruktur zu erhalten und zu fördern ist. Die Schutzfunktionen für Kinder und Jugendliche, die unter dem Begriff des staatlichen Wächteramtes zu fassen sind, würden so ausgestaltet, dass der Angebotscharaker von Jugendhilfeleistungen eingebunden wird; Normsetzung und Hilfeangebote gelten im SGB VIII als miteinander verknüpft (ebd.: 73).

Mit dem KJHG/SGB VIII hat eine „Sozialpädagogisierung des Jugendhilferechts" stattgefunden, denn die Reformgeschichte des KJHG/-SGB VIII ist etwas, „was man einen nachhaltigen Sieg der Sozialpädagogik nennen könnte; [...] insofern ihre Kategorien und Begrifflichkeiten unübersehbar darin Eingang gefunden haben" (Hornstein 1997: 27). „Die Beschreibung sozialpädagogischer Leistungen sowie die Benennung sozialpädagogischer Ziele und Verfahrensweisen markieren ein Identifikationsangebot an die sozialpädagogische Profession. Dies erlaubt eine Auseinandersetzung mit dem Gesetz, bei der eher nach den Handlungsoptionen als nach den Handlungsbegrenzungen gefragt wird" (Merchel 2001: 66 f.). Das SGB VIII ist neben den benannten fachlichen Handlungsmaximen und Prinzipien als maßgeblicher Faktor für die Handlungsstrukturierung und -orientierung der JugendamtsmitarbeiterInnen im Handlungsfeld der Kinder- und Jugendhilfe zu betrachten.

Handlungsorientierungen und Aufgaben nach dem SGB VIII
Mit der Einführung des KJHG/SGB VIII (1990/91) ist ein detaillierter Aufgaben- und Leistungsbereich der Kinder- und Jugendhilfe definiert

worden, der auch als neue Anforderungen die Jugendämter betraf. Das Ziel des Gesetzgebers war, ein präventives Leistungsgesetz zur Förderung der Entwicklung von Kindern und Jugendlichen zu schaffen und den „Perspektivwechsel der Jugendhilfe vom staatlichen Eingriff zur staatlichen Dienstleistung" zu unterstreichen (vgl. Wiesner 1991a: 345). Gemäß § 1 III SGB VIII gehört zu den Grundzielen und Verpflichtungen der Jugendhilfe: Junge Menschen in ihrer individuellen und sozialen Entwicklung zu fördern und Benachteiligungen zu vermeiden oder abzubauen, Eltern und andere Erziehungsberechtigte bei der Erziehung zu beraten und zu unterstützen, Kinder und Jugendliche vor Gefahren für ihr Wohl zu schützen und dazu beizutragen, positive Lebensbedingungen für junge Menschen und ihre Familien sowie eine kinder- und familienfreundliche Umwelt zu erhalten oder zu schaffen. Die Jugendhilfe tritt mit pädagogischen und wirtschaftlichen Leistungen ein, wenn akute individuelle Schwierigkeiten bei jungen Menschen und ihren Familien erkannt werden. Individuelle Problemlagen, die zum Beispiel ihre Ursache in Trennung und Scheidung der Eltern, Notlagen bei nichtehelicher Geburt etc. haben können, sind Ausgangspunkt für Leistungen der Kinder- und Jugendhilfe.

Jugendhilfe ist gemäß § 2 SGB VIII der Oberbegriff für alle Leistungen (§§ 11-41) und anderen Aufgaben (§§ 42-60) nach dem SGB VIII (vgl. Wiesner/Zarbock 1991). Der Begriff der Leistung beinhaltet, dass das Angebot von den BürgerInnen erkennbar gewünscht sein muss. Gegen den Willen der Leistungsberechtigten ist eine Leistung nicht möglich. Die inhaltliche und methodische Ausrichtung des SGB VIII orientiert sich dabei an sozialpädagogischen Handlungsansätzen und am Persönlichkeitsrecht der LeistungsbezieherInnen. Folglich müssen die Leistungsberechtigten für Vorstellungen der Jugendhilfe „gewonnen" werden. Für die fachlich fundierten Vorstellungen ist zu „werben" beziehungsweise es werden gemeinsame Vereinbarungen und Arrangements mit den Leistungsberechtigten getroffen.

Münder geht von folgenden Strukturelementen des SGB VIII aus: Jugendhilfe ist eine sozialpädagogische Sozialleistung durch eine sozialpädagogische Fachbehörde. Die Kernbereiche des SGB VIII (zweites Kapitel des SGB VIII) sind demnach sozialpädagogisch ausgerichtet, was sich auch darin zeigt, dass die Angebote nicht einseitig vom Jugendamt realisiert werden können, sondern nur dann, wenn die Leistungsberechtigten diese Angebote wollen. Diese Orientierung zeigt sich besonders im Wunsch- und Wahlrecht der Leistungsberechtigten (§ 5 SGB VIII), die demnach nicht Objekte staatlichen Handelns sind, sondern die Jugendhilfe als Unterstützungstätigkeit zur Selbstverwirklichung nach eigenen Vorstellungen nutzen können (Mitwirkung und -bestimmung). Die Datenschutzvorschriften (viertes Kapitel des SGB VIII) weisen ebenfalls auf die Subjektstellung der Leistungsberechtigten hin, deren informationelle Selbstbestimmung zu wahren ist (vgl. Münder: 2000).

Leistungsberechtigt nach SGB VIII sind in der Regel die Personensorgeberechtigten, das bedeutet Träger des Rechtsanspruchs – zum Beispiel auf individuelle Hilfen zur Erziehung (§§ 27 ff.) – sind in den meisten Fällen die Eltern. Es wird deutlich, dass der Gesetzgeber zwar den Subjektstatus der Eltern gestärkt hat, aber Minderjährige weiterhin als „Erziehungsobjekte" gelten können, die nur punktuell beteiligt (§ 8 SGB VIII) oder in Entscheidungsprozesse mit einbezogen werden[8] (§ 36 SGB VIII).

Die anderen Aufgaben beinhalten neben Bereichen der Jugendhilfe, die nicht unmittelbar mit den BürgerInnen selbst zu tun haben, solche, in denen der öffentliche Träger auch ohne oder gegen den Willen der Betroffenen handeln kann. Dem Inhalt nach dienen die anderen Aufgaben durchaus der (Für-)Sorge Minderjähriger, indem der Staat seinem Wächteramt nachkommt. Es zeigt sich die sogenannte Eingriffsseite der Jugendhilfe. Münder (2000) stellt heraus, dass

„die Kinder- und Jugendhilfe eine zweifache, in der Sache nach widersprüchliche Aufgabe [hat]: zum Einen, konsequent an den Wünschen der Betroffenen ausgerichtet Sozialleistungen zu erbringen, zum Anderen, ausgerichtet an dem (vom öffentlichen Jugendhilfeträger definierten) Wohl des Kindes die anderen Aufgaben wahrzunehmen und in diesem Zusammenhang auch gegen den Willen der rechtlich Zuständigen zu intervenieren" (ebd.: 40).

Die Begriffe Eingriff und Leistung benennen zwei Pole, an denen sich die Handlungsorientierungen der in der Kinder- und Jugendhilfe Tätigen ausrichten. Das Konzept fürsorglicher Bevormundung von BürgerInnen und die sogenannte Eingriffsorientierung haben ihre historischen Wurzeln im (R)JWG.

Von der Fürsorge- zur Leistungsorientierung in der Kinder- und Jugendhilfe
Wichtige strukturelle Elemente und grundlegende Vorgaben im SGB VIII werden erst aus historischer Perspektive verständlich, denn das SGB VIII ist als (vorläufiges) Ergebnis einer historischen Entwicklungslinie vom RJWG und JWG zum aktuellen Kinder- und Jugendhilfegesetz zu betrachten. Die historischen Aufgaben der Jugendhilfe lassen sich mit „Sicherheit, Ordnung und Fürsorge" titulieren, die Wurzeln liegen im Polizei- und Ordnungsrecht (vgl. Münder 2000: 30 ff.). Organisatorischer Mittelpunkt war das Armen- und Fürsorgeamt. 1922 wurde das Reichsjugendwohlfahrtsgesetz nach längeren Vorarbeiten verabschiedet, es trat 1924 in Kraft. Im Kontext der Wirtschaftskrise wurden im selben Jahr aber gerade die neuen oder erweiterten Aufgaben der Jugendwohlfahrt wieder außer Kraft gesetzt (bis zur Novelle von 1953). Inhalte des RJWGs bezogen sich neben der Etablierung einer eigenständigen Behörde für die Angelegenheiten der Jugendwohlfahrt auf den jugendfürsorgerischen Bereich. Für nichteheliche Kinder[9] war das Jugendamt als Amtsvormund vorgesehen, der

Pflegekinderschutz (Pflegekinderaufsicht, Heimaufsicht) wurde verbessert und vereinheitlicht und das Jugendamt hatte an der Fürsorge für gefährdete Kinder (Schutzaufsicht, Jugendgerichtshilfe, Fürsorgeerziehung) mitzuwirken. Die Gesetzgeber fanden einen Kompromiss zwischen der Auffassung einerseits, dass Erziehung zunehmend zu vergesellschaften sei und der Ansicht andererseits, dass der Familienerziehung beziehungsweise den freien, insbesondere konfessionellen Verbänden, der Vorrang einzuräumen sei.

Nach der nationalsozialistischen Gesetzgebung erklärten die Besatzungsmächte 1945 das alte RWJG für anwendbar, so dass das RJWG in seiner 1924 gewollten Form uneingeschränkt in Kraft trat und erst 1953 novelliert wurde. Während in der DDR die Jugendhilferechtsentwicklung einen anderen Weg nahm, wurde in der BRD 1961 eine Novelle verabschiedet, die aus dem RJWG das JWG mit neuer Paragrafenfolge machte. Inhaltlich kam es zu keinen maßgeblichen Veränderungen. Im Wortlaut zeigte sich die traditionelle Auffassung und Konzeption von Jugendhilfe in sicherheits- und ordnungspolitischer Ausrichtung, Kinder und Jugendliche waren Objekte eines Handelns, das einerseits an Sicherheits- und Ordnungsgesichtspunkten ausgerichtet war und andererseits in fürsorgerischer Absicht stattfand. Das Konzept der Fürsorglichkeit beruhte auf einem Schutzverständnis, welches sich als intervenierender Eingriff gegen die Betroffenen richtete. Es wurde nicht mit, sondern für die Betroffenen gearbeitet. Das JWG wurde dementsprechend in weiten Teilen den Anforderungen an eine leistungsorientierte Jugendhilfe nicht mehr gerecht. Bei allen weiteren Reformbemühungen ging es darum, das neue Jugendhilferecht als Leistungsrecht auszugestalten, das von den Rechtsansprüchen der Betroffenen ausgeht und deren Partizipation in den Mittelpunkt stellt. Repressive Momente sollten zurückgedrängt und Jugendhilfe nach den Grundsätzen moderner Leistungsverwaltung mit präventiven Ansprüchen und Möglichkeiten aufgebaut werden. Nach fast 30-jährigen Reformbemühungen wurde das JWG durch das KJHG/SGB VIII abgelöst. Erst 1990 wurde die Jugendhilferechtsreform mit der Verabschiedung des „Gesetzes zur Neuordnung des Kinder- und Jugendhilferechts" (vorläufig) beendet.

Verglichen mit dem JWG sind wichtige inhaltliche Änderungen zu benennen. Mit der Beseitigung der freiwilligen Erziehungshilfen und der Fürsorgeerziehung (für die meist die LJÄ zuständig waren) sowie mit der umfassenden sachlichen Zuständigkeitserklärung der örtlichen Jugendämter für fast alle Aufgaben des Gesetzes (§ 85 SGB VIII), fand eine Konzentration der Jugendhilfeaktivitäten bei den kommunalen Jugendämtern statt. Die Artikel des SGB VIII dokumentieren den Abbau repressiver Maßnahmen, der sich in der Praxis teilweise schon vollzogen hatte (Rückgang der Fürsorgeerziehung und der angeordneten Beistandschaften). Als Gegenstück zum Abbau repressiver Maßnahmen benennt das SGB VIII nun präventive sozialpädagogische Angebote ausführlich und es gelten umfassende allgemeine Förderungsangebote. Die Gesetzesreform „hinkte" teilweise der real existierenden Jugendhilfe hinterher und schrieb diese Entwicklungen sozusagen nur noch nachträglich gesetzlich fest. Allerdings ist davon auszugehen, dass es auch kommunale Jugendhilfeträger gegeben hat, die sich erheblich umstellen mussten, um das SGB VIII als Leistungsrecht zu verwirklichen.

In den Handlungsorientierungen von JugendamtsmitarbeiterInnen können fürsorgliche Konzepte nach wie vor bedeutend sein, denn in einigen Jugendämtern, so befürchtete Wiesner (1991), setzt sich die Programmatik des SGB VIII nur langsam durch, so dass wir bald in „zwei Welten" leben: „Einer schönen Scheinwelt dieses Gesetzes und der realen Wirklichkeit, die weit hinter diesen Anforderungen zurück bleibt" (Wiesner/Zarbock 1991).

Der Gesetzeswortlaut des SGB VIII stellt Sozialpädagogik und Sozialleistung in den Vordergrund. Der Charakter der Sozialleistung zeigt sich im Wunsch- und Wahlrecht der Leistungsberechtigten (§ 5 SGB VIII) und bei der Mitwirkung im Hilfeplanverfahren (§ 36 SGB VIII). Die Betroffenen sind nicht mehr Objekte staatlichen Handelns, sondern es wird deutlich, dass „Jugendhilfe [...] Unterstützungstätigkeit zur Selbstverwirklichung nach eigenen Vorstellungen" sein soll (vgl. Münder 2000: 35). Die Jugendhilfeleitungen werden durch umfangreich ausgestaltete Rechtsansprüche der BürgerInnen begründet. Die Zuordnung des KJHG zum SGB unterstreicht den Sozialleistungscharakter des reformierten Kinder- und Jugendhilferechts.

Neben den Leistungsangeboten lassen sich aber auch noch Elemente eines ordnungsrechtlichen Verständnisses und einer autoritativen Fürsorglichkeit finden, die in der Tradition des RJWG und JWG stehen.[10] Münder verdeutlichte 1996, dass das SGB VIII in bestimmten Teilen nicht dem Konzept einer sozialpädagogisch orientierten Sozialleistung folgt, weil die Inanspruchnahme nicht davon abhängig ist, ob diese von den Leistungsberechtigten gewünscht wird. Die Wahrnehmung von Aufgaben erfolgt dann unabhängig von den Vorstellungen und Wünschen der AdressatInnen (vgl. Münder 1996). Im Gegensatz zu den „eingriffsorientierten" Aspekten der Kinder- und Jugendhilfe wird die Berücksichtigung der Wünsche und Vorstellungen der AdressatInnen beziehungsweise die „Nachfrageorientierung" in der Kinder- und Jugendhilfe hervorgehoben, wenn diese als soziale Dienstleistung konzeptualisiert wird.

Dienstleistungsorientierung in der Kinder- und Jugendhilfe
„Dienstleistung" als Handlungsform hat eine zentrale Stellung im Rahmen einer sich verändernden Jugendhilfe (vgl. BMFSFJ 1994):

„Ausgangspunkt sind die veränderten Problem- und Bedürfniskonstellationen von Kindern und Jugendlichen, die ein neues Verhältnis von Adressaten, Profession und Organisation, eine paradigmatische ‚Umsteuerung der Jugendhilfe' erforderlich machen. Im Zentrum der Überlegungen steht ‚die Situativität und Kontextualität, die Optionen und Aktivitäten des nachfragenden Subjekts'. Ausgehend von einer prinzipiellen Nachfrageorientierung werden ‚veränderte Funktionsbestimmungen und Organisationsmodelle' notwendig. Die zentrale Herausforderung liegt für die Jugendhilfe darin, ein eigenständiges fachliches Profil zu entwickeln, das dem Perspektivenwechsel von einem staatlichen bzw. parastaatlichen Eingriff hin zu einer sozialen Dienstleistung entspricht" (Schaarschuch/Flösser/Otto 2001: 269).

Kinder- und Jugendhilfe wird in wesentlichen Teilen als öffentlich organisierte personenbezogene Dienstleistungsarbeit kategorisiert. Die Bereitstellung und Erbringung sozialpädagogischer Leistungen durch das Fachpersonal der Sozialen Arbeit bzw. der Jugendhilfe gilt als von den Besonderheiten der Dienstleistungsproduktion geprägt (vgl. Olk/Otto/ Backhaus-Maul 2003:IX). In der Interaktion zwischen Dienstleistungsproduzent und -konsument geht es darum, Lebensumstände, Lebensqualität und Befindlichkeit zu beeinflussen. Mit dem Begriff der Dienstleistungsorientierung wird die Interaktion zwischen Fachkräften und AdressatInnen sowie deren Struktur und Qualität fokussiert. Die gemeinsame Erbringung der Leistung mit den NutzerInnen gilt als Voraussetzung für erfolgreiche Hilfe, Unterstützung, Förderung, Erziehung und Bildung.

Seit Mitte der 1990er Jahre finden sich Ansätze von Dienstleistungskonzeptionen, die „ihren Bezugspunkt im Verhältnis von Produktion und Konsumption personenbezogener Dienstleistung lokalisieren" (Schaarschuch/Flösser/Otto 2001: 271). Im Zentrum steht die Nachfrage des Nutzers, die als Ausgangspunkt für den sozialstaatlichen Bereich personenbezogener sozialer Dienstleistung (re)formuliert werden soll. Diese Ansätze basieren auf mikrosoziologischen und interaktionstheoretischen Bestimmungsversuchen von Dienstleistung, die die charakteristische Interaktionsgebundenheit von Dienstleistungserbringung in den Mittelpunkt stellen (vgl. Badura/Gross 1977). Funktionalistische oder makrotheoretische Ansätze der Dienstleistungstheorie betonen die übergreifende gesellschaftliche Bedeutung von Dienstleistungstätigkeiten für die Reproduktion von Gesellschaften, die in der Bewachung und Reproduktion von Normalzuständen beziehungsweise Normalverläufen gesehen wird (vgl. Berger/Offe 1980): „Während „herstellende" Arbeiten auf die gesellschaftliche Erfüllung der physischen Überlebensbedingungen ausgerichtet sind, beziehen sich Dienstleistungstätigkeiten auf die Erhaltung bzw. Modifikation der Formen, also der institutionellen und kulturellen Rahmenbedingungen, unter denen die erstgenannte Funktion erfüllt wird" (Olk/Otto/Backhaus-Maul 2003: XIV). Folglich geht es bei Dienstleistungsarbeit „nie um die unmittelbaren Klienten- beziehungsweise Nutzerinteressen und Bedürfnisse allein", denn immer werden auch von „Dritten erwartete Normalzustände und -verläufe mit bestätigt und damit die Normalisierungs- und Überwachungsfunktion von Dienstleistungsarbeit realisiert" (ebd.: XV). Aus funktionalistischer beziehungsweise funktionstheoretischer Perspektive kann Kinder- und Jugendhilfe als „Normalisierungsarbeit" rekonstruiert werden, allerdings beginnen sich die Grundlagen sozialstaatlicher Normalitätskonstruktionen (Normalbiographien einer „fordistischen Gesellschaftsformation") aufzulösen.

Die Bedürfnisse, Motive und Interessen der „Konsumenten" sind für die Interaktion relevant, da die „Produzenten" auf Kooperation und Ko-Produktion angewiesen sind. Jugendhilfe wird aber als öffentliche Aufgabe betrachtet, weil sie auch Normalisierungs- beziehungsweise Integrationsarbeit leistet. Als „doppeltes Mandat" wird dieser spezifische Charakter der Kinder- und Jugendhilfe thematisiert. Es kann im Kontext von personenbezogener sozialer Dienstleistung nicht nur um die unmittelbaren Interessen und Bedürfnisse der NutzerInnen allein gehen, sondern auch immer um die Sicherstellung von Normalzuständen beziehungsweise Normalverläufen, also den „gesellschaftlichen Auftrag" (vgl. Olk/Otto/Backhaus-Maul 2003: XXI). Es ist sogar möglich, gegen die unmittelbar geäußerten Wünsche und Interessen bestimmter AdressatInnengruppen zu handeln, zum Beispiel wenn vom Jugendamt das staatliche Wächteramt zum Schutze des Kindeswohls vertreten wird. Ein „Zwang zum Konsum" von Jugendhilfeleistungen kann auch entstehen, wenn treuhänderisch im „wohlverstandenen Interesse" der AdressatInnen gehandelt wird (ebd.:). Merchel (2001) kritisiert, dass die strukturelle Ambivalenz der Kinder- und Jugendhilfe mit dem Dienstleistungsbegriff verdrängt würde: Auch wenn der Dienstleistungsbegriff als Leitkonzept für eine an Subjektstellung der AdressatInnen und Partizipation ausgerichteten Jugendhilfe produktiv sei, bestünde die Gefahr, die strukturelle Ambivalenz der Jugendhilfe zwischen der Verpflichtung, Kinder und Jugendliche zu schützen und dabei auch bestimmte Normen durchsetzen zu müssen, und dem an angebotsorientierten Leistungen ausgerichteten Selbstverständnis der Jugendhilfe zu verdecken: „Der erfolgreiche Einzug des Dienstleistungsbegriffs ist allerdings verbunden mit der Gefahr seiner unreflektierten Verwendung, die die historisch gewachsenen, strukturellen und funktionalen Ambivalenzen, mit denen die Jugendhilfe ausgestattet ist, aus dem Bewusstsein verdrängt" (Merchel 2001: 69). Die Aufgabenwahrnehmung der Jugendämter erfolgt trotz „Leistungs-, Angebots- und Dienstleistungsorientierung" der Kinder- und Jugendhilfe nach wie vor in einem Spannungsfeld zwischen autoritativer Fürsorglichkeit und Interessen- oder Bedürfnisorientierung.

Die Aufgabenwahrnehmung in der Kinder- und Jugendhilfe lässt sich in einen professionsbezogenen Handlungskontext stellen.

Professionelle Aufgabenwahrnehmung

Es ist davon auszugehen, dass das berufliche Handeln von JugendamtsmitarbeiterInnen von bürokratischen, professionellen, autonomen, evtl. auch betriebswirtschaftlichen Orientierungen geprägt ist. Professionen können als berufliche Machtstrukturen verstanden werden (vgl. White 2000: 9 ff.). Die Existenz von „Professionen" wird als „Strukturmerkmal und Spezifikum moderner Marktgesellschaften" sowie als „Institutionalisierung eines bestimmten wissenschaftsbasierten Handlungsmusters für die Bearbeitung von Aufgaben der Personenveränderung" betrachtet (vgl. Dewe/Otto 2001: 1407). Professionalismus bezeichnet nach Sommerfeld und Haller (2003) eine spezifische Form der Kontrolle der Leistungserbringung im Rahmen bezahlter Arbeit, „dort wo die Beschaffenheit der Problemstellung professionelles Handeln notwendig macht [...]. Diese Form unterscheidet sich von anderen Formen der Kontrolle, wie z.b. Markt oder Bürokratie. Professionalismus ist unmittelbar mit der Struktur des professionellen Handelns verbunden und eine auf diese Struktur hin entwickelte soziale (Sinn-)Konstruktion. Diese Form der Kontrolle repräsentiert insofern die professionelle Rationalität" (ebd.: 65 f.). Die Form der Kontrolle professionellen Handelns in der Sozialen Arbeit besteht im Wesentlichen „aus der Verbindlichkeit normativer Standards über die Leistungserbringung, einer gesteigerten Begründungsverpflichtung in Verbindung mit kollegialer und reflexiver (Selbst-)Kontrolle vor dem Hintergrund spezifischen und mindestens teilweise kanonisierten Wissens, dessen Erwerb über die Ausbildung und das erworbene Diplom nachgewiesen wird, sowie einer Selbstverpflichtung zur Weiterentwicklung der leistungsbezogenen Aspekte der Arbeit" (ebd.: 66).

Aufgrund konstitutiver Unsicherheitsquellen und eines nicht behebbaren Mangels an kausalen Verfahrensweisen erfordert die Struktur professionellen Handelns ein hohes Maß an Autonomie und Unabhängigkeit des professionellen Akteurs (vgl. ebd.). Die Autonomie professionellen Handelns im Kontext der Sozialen Arbeit wird durch die staatlich definierten Ziele und Zwecke[11] begrenzt, allerdings bestimmen SozialpädagogInnen und SozialarbeiterInnen die „Arbeitsmittel", mit denen sie staatlich gesetzte Zwecke erreichen wollen, weitgehend selbst (technische Autonomie). Am Beispiel von professionell interpretierbaren Ermessensspielräumen wird deutlich, dass JugendamtsmitarbeiterInnen die Art und Weise (Mittel) der Aufgabenerfüllung selbst bestimmen können (vgl. White 2000: 10 f.).

Ziel professionellen Handelns ist in der Regel, das Verhalten von Personen in Hinsicht auf rationalere Handlungstypen zu reorganisieren. Der Umgang mit Personen und Symbolen gilt als zentrales Strukturprinzip professionalisierten Handelns, wenn nach der Logik professioneller Intervention gefragt wird (vgl. auch Abbott 1988). Es geht um

„ein personenbezogenes, kommunikativem Handeln verpflichtetes stellvertretendes Agieren auf der Basis und unter Anwendung eines relativ abstrakten, Laien nicht zugänglichen Sonderwissensbestandes sowie einer praktisch erworbenen hermeneutischen Fähigkeit der Rekonstruktion von Problemen defizitären Handlungssinns. Ziel professioneller Intervention ist es, über eine sozial legitimierte sowie institutionalisierte Kompetenz eine ‚bessere' Problemwahrnehmung und in deren Folge eine (Verhaltens-)Veränderung bei den Klienten herbeizuführen" (Dewe/Otto 2001: 1407 f.).

Die Begründungskontexte für professionelles Handeln sind wissenschaftliche Theorien, können aber auch „Kunstlehren, Systeme von Rechtsnormen und religiöse Moralsysteme" sein (vgl. ebd.: 1411). Das Professionswissen wird kategorial als Bestandteil des praktischen Handlungswissens im Sinne von „Können" zugeordnet und nicht als unmittelbar aus dem Wissenschaftswissen abgeleitetes Wissen betrachtet. Dieser moderne Professionsbegriff liegt nach Dewe und Otto (2001) quer zu tradierten Professionstypologien, denn er stellt die Potenzialität der professionellen Handlungsqualitäten in der Sozialen Arbeit in den Mittelpunkt der Analyse:

„Professionalität materialisiert sich gewissermaßen in einer spezifischen Qualität sozialpädagogischer Handlungspraxis, die eine Erhöhung von Handlungsoptionen, Chancenvervielfältigung und die Steigerung von Partizipations- und Zugangsmöglichkeiten aufseiten der Klienten zur Folge hat. Reflexive, wissenschaftsbasierte Professionalität findet ihren Ausdruck sowohl in analytischen als auch in prozesssteuernden Kapazitäten des Handelnden, dessen Autonomie stets situativ in der Bearbeitung des ‚Falles' konstituiert bzw. realisiert wird" (ebd.: 1400).

Aus einer solchen handlungsstrukturellen Perspektive geht es um die Verhältnisbestimmung von Wissen, Können und Reflexion beziehungsweise die Frage, wie die Deutungs- und Handlungskompetenz von SozialpädagogInnen „durch die Aneignung und Verwendung wissenschaftlichen Wissens und seine berufspraktische Transformation in Professionswissen verändert bzw. verbessert werden kann" (Dewe/Otto 2001: 1405). Professionelles Handeln bezieht sich auf komplexe, systematisch nichtstandardisierbare Problemstellungen, die im Kontext personenbezogener sozialer Dienstleistungen unter „Ko-Produktion" der Klientel erbracht werden.

Aus dem wissenschaftsbasierten Handlungswissen der sozialpädagogischen Profession heraus haben sich fachliche Handlungsorientierungen in der Praxis der Sozialen Arbeit entwickelt, die auch im Jugendamt wirksam geworden sind. Das Handeln in Jugendämtern unterlag in den meisten Handlungsfeldern bis in die 1980er Jahre hinein einem deutlich wahrnehmbaren Wandlungsprozess, der sich in grundlegenden Umorientierungen widerspiegelt: „Leistung statt Eingriff, Prävention statt Reaktion, Flexibilisierung statt Bürokratisierung, Demokratisierung statt Bevormundung [...] sind entsprechend dem Verständnis einer dienstleistungsorientierten Fachbehörde die neuen Handlungsmaximen" (Schmidt 2001: 834 in Anlehnung an Kreft 1991). Es geht um Handlungsmaximen wie (Dienst) Leistung, Prävention, Demokratisierung, Ganzheitlichkeit, Integration,

Partizipation, Lebenswelt- und Alltagsorientierung beziehungsweise Sozialraumorientierung. Erfahrungsgemäß belastende Situationen und kritische Lebensereignisse sind der Ausgangspunkt für Unterstützungsangebote, die als Sozialleistungen konsequent an den Wünschen der NutzerInnen auszurichten sind. Andererseits muss auch weiterhin eine kontrollierend-fürsorgliche Eingriffsorientierung im Kontext des staatlichen Wächteramtes aufrechterhalten werden. „Die handlungsverpflichtende gleichzeitige Gültigkeit der hermeneutisch-therapeutischen Handlungslogik und der des normensichernden Rechtshandelns führt in beruflichen Handlungsabläufen von Sozialarbeitern dazu, dass sich beide Orientierungen gegenseitig begrenzen" (Dewe/Otto 2001: 1407). Auch wenn in der Kinder- und Jugendhilfe der „koproduktive" Charakter sozialer Dienstleistung und auf Aushandlung gerichtete Verfahrensregelungen stärker berücksichtigt werden, spielt hoheitliches Verwaltungshandeln weiterhin eine Rolle.

Als „Kunde" von Kinder- und Jugendhilfe tritt neben den unmittelbaren NutzerInnen/AdressatInnen immer auch die „Allgemeinheit", zum Beispiel repräsentiert durch Gesetzgeber und politische Gremien, auf. „Produkte" und Zielsystem der Jugendhilfe werden nicht von unmittelbaren NutzerInnen/AdressatInnen, sondern im politischen Gesetzgebungsprozess festgelegt (vgl. Olk/Otto/Backhaus-Maul 2003: XXIII). „Das Resultat solcher politischer Aushandlungsprozesse ist ein bestimmtes, politisch gewolltes Niveau der Gewährleistung, dass im Gesetzgebungsprozess konkretisiert wird. Die Umsetzung dieser politisch festgelegten Gewährleistungsziele der Jugendhilfe obliegt zunächst einmal den öffentlichen Sozialverwaltungen, insbesondere den kommunalen Jugendämtern" (ebd.). Zusammengenommen bestimmen die Bedürfnisse der LeistungsadressatInnen, die Ressourcen der (kommunalen) Leistungsanbieter und die politischen Entscheidungen der Kostenträger (Bund, Länder, Kommunen als Vertreter der „Allgemeinheit"), die Quantität und Qualität der tatsächlich erbrachten Leistungen. Administrative Handlungen müssen rechtsförmig legal beziehungsweise normadäquat und gleichzeitig zweckmäßig, das heißt am Einzelfall gebrauchswertorientiert sein.

Das administrative Eingebundensein der Kinder- und Jugendhilfe gewinnt für professionstheoretische Überlegungen einen immer höheren Stellenwert (vgl. Kulbach/Wohlfahrt 1994), denn moderne Soziale Arbeit als personenbezogene Dienstleistungsarbeit gilt als „staatlich vermittelte" (vgl. White 2000) oder „staatlich mitkonstruierte" Profession (vgl. Krüger 1984). Das Jugendamt ist folglich auch als Teil der kommunalen Sozialverwaltung mit entsprechenden Handlungsorientierungen zu thematisieren.

Das Jugendamt als organisatorischer Teil der kommunalen Sozialverwaltung

Die sozialpolitischen Aufgaben der Kommunen erstrecken sich auf Pflichtleistungen und freiwillige Leistungen im Rahmen der kommunalen Selbstverwaltung sowie auf Auftragsangelegenheiten, die Bund und Länder an die Kommunen delegieren. Die Leistungen nach dem SGB VIII/-KJHG sind Pflichtleistungen der kommunalen Selbstverwaltung. Das Recht auf kommunale Selbstverwaltung gilt für Gemeinden oder Gemeindeverbände[12] und besteht darin, „alle Angelegenheiten der örtlichen Gemeinschaft im Rahmen der Gesetze in eigener Verantwortung zu regeln" (Art. 28 II GG). Aufgrund des Selbstverwaltungsrechts der Gemeinden wird die Organisation öffentlicher sozialer Dienste von unterschiedlichen politischen, ökonomischen, geographischen und lokalen Bedingungen beeinflusst. Gemeinden und Gemeindeverbände sind Leistungsträger und Ausführungsbehörde für Teile der Jugendhilfe. In der gesamten Sozialadministration ist die Unterscheidung zwischen Leistungsträgern beziehungsweise Finanzträgern (Gebietskörperschaften, Selbstverwaltungskörperschaften) und den ausführenden (Leistungs-)Behörden üblich.

Zur kommunalen Sozialverwaltung zählen die klassischen Ämter des Dezernats „Soziales": Jugendamt, Sozialamt, Gesundheitsamt und Amt beziehungsweise Abteilung für Soziale Dienste. Das Jugendamt ist die zentrale jugendhilfepolitische Institution auf kommunaler Ebene, die in die kommunale Sozialverwaltung eingegliedert ist. Jugendhilfe ist ein „originärer Aufgabenbereich kommunaler Sozialpolitik [...], der zugleich eine besondere Aufgabe der kommunalen Sozialverwaltung darstellt" (Schmidt 2001: 834). Im Jugendamt geht es folglich um Soziale Arbeit innerhalb der öffentlichen Sozialverwaltung. Das berufliche Handeln im Sozialbereich kann nicht auf die personenbezogenen Handlungsvollzüge reduziert werden, denn administrative und politische Aspekte sind nicht nur Rahmenbedingungen oder externe Bestimmungsfaktoren. Vielmehr fungieren die organisatorischen Vorgaben in den Handlungsfeldern sozialer Berufsarbeit als unverzichtbare Bestandteile der Handlungs- und Entscheidungsstrukturen (vgl. Kulbach/Wohlfahrt 1994). In diesem Sinne geht es auch immer um das Spannungsverhältnis zwischen fachlichem und administrativem Handeln, um einen strukturellen Rollenkonflikt, in dem Sozialpädagogen arbeiten, wenn sie in einem Arbeitsfeld mit administrativen Anteilen tätig sind.

Kommunales Handeln wird über sozialadministrative Vorgaben gesteuert. Darunter ist zum Beispiel die Organisation der Entscheidungsvorbereitung, Entscheidungsfindung und des Entscheidungsvollzugs bezüglich aller Leistungen und Verpflichtungen im System der sozialen Sicherheit und Daseinsvorsorge, so auch in der Jugendhilfe, zu verstehen. Die Organisation der Bewirtschaftung, der erforderlichen Finanzmittel und die Verwaltung des Personals und der Sachmittel für die Einrichtungen,

Dienste und Veranstaltungen innerhalb dieses Systems werden ebenfalls über administrative Vorgaben gesteuert. Zu den Steuerungsinstrumenten kommunalen und staatlichen Handelns gehören Recht, Finanzen, Planung und Organisationsvorgaben (vgl. Kreft 1996). Die Verwaltung der jeweiligen Gebietskörperschaft kann die ihr zufallenden Aufgaben nur erfüllen, wenn die Mittel hierfür ausreichen. Diese Mittel werden über die Steuergesetzgebung und die Teilnahme am allgemeinen Wirtschaftsverkehr erlangt, wobei überwiegend über Steuern sowie Gebühren und Beiträge Mittel eingezogen werden.

Als Teil der kommunalen Sozialverwaltung ist das Jugendamt deren organisatorischen Vorgaben teilweise unterworfen. Die Organisation der Sozialverwaltung, des Jugendamtes und der Aufgabenwahrnehmung durch Sozialdienste auf kommunaler Verwaltungsebene ist unterschiedlich, es können aber auch übergreifende Merkmale beschrieben werden. Die Aufgabenwahrnehmung in der kommunalen Sozialverwaltung wird als „bürokratisch" gekennzeichnet. Die Steuerung des Verwaltungshandelns erfolgt durch Recht, insbesondere nach Vorgaben des SGB I und X. Im Kontext „neuer Steuerungsmodelle" für Verwaltungshandeln und einer zunehmenden Ökonomisierung wird die Modernisierung der kommunalen Sozialverwaltung vorangetrieben.

Kommunale Sozialverwaltung

Der Aufbau der Gemeindeverwaltung umfasst i.d.R. drei Ebenen: Ämter, die zu Dezernaten oder Referaten gebündelt werden, die dem Hauptverwaltungsbeamten als Verwaltungschef unterstehen. Die kommunale Sozialverwaltung besteht im Kern aus den Ämtern „Sozialamt", „Jugendamt" und „Gesundheitsamt", die ihren Ursprung in der Armenpflege haben. Die organisatorische Struktur der kommunalen Sozialverwaltung ist unterschiedlich, da diese sich regionalspezifisch aufgrund der jeweiligen finanziellen und politischen Besonderheiten sowie der Größe der Städte und Kreise herausgebildet hat. Mehrere Ämter werden zu einem Geschäftsbereich zusammengefasst aber häufig sind Sozial-, Jugend- und Gesundheitsamt nicht in einem Dezernat zusammengefasst. In verschiedenen Kommunen verteilen sich sogar diese drei Ämter auf drei verschiedene Dezernate. Der Dezernatsaufbau hängt dabei von der Größe der Kommune und der Anzahl der Ämter ab, die unterschiedliche Aufgaben wahrzunehmen haben. Obwohl das Fachgebiet „Soziales, Gesundheit und Jugend" in der Regel das Aufgabengebiet des Sozialdezernenten umfasst, ist keine einheitliche Organisationsstruktur zu finden (vgl. Kulbach/Wohlfahrt 1994: 87). Die traditionelle Sozialverwaltung weist folgende Gliederungsprinzipien auf (vgl. Kühn 1994; Wohlfahrt 2001): Gliederung nach den in Gesetzen genannten Aufgaben; Gliederung in Außen- und Innendienst; Gliederung der Fallbearbeitung nach Buchstaben- und Bezirkssystemen;

Aufgliederung nach Berufsgruppen sowie Konzentrierung der Aufgaben in einem zentral gelegenen Amt. Den Ämtern obliegt die ihnen gesetzlich aufgetragene Gesamtverantwortung in dem jeweiligen Tätigkeitsbereich, die sie durch Vorhalten eigener Dienstleistungen oder durch Abtretung an andere Träger wahrzunehmen haben. Durch die sich wandelnden Bedarfe und Problemlagen verändern sich auch die Anforderungen an die öffentliche Sozialverwaltung, die durch entsprechende Struktur- und Funktionsänderungen reagieren muss. „In einigen Kommunen wurden organisatorischen Änderungen durchgeführt, andere haben sich an Neuorganisationsmodellen beteiligt, eine dritte Gruppe orientiert sich an den durch das Reichsjugendwohlfahrtsgesetz festgelegten Organisationsstrukturen" (Kulbach/Wohlfahrt 1994: 97). In den 1970er Jahren wurde die Neuorganisation der sozialen Dienste diskutiert und angeregt. Der Ausgangspunkt waren die veränderte gesellschaftliche Funktion und die Aufgabenerweiterung von Sozialer Arbeit: Neben den sogenannten „klassischen Aufgaben der subsidiären Daseinssicherung und der Intervention mit dem Ziel der Kontrolle und Integration sozial Abweichender, haben Beratung und Therapie, sowie die Verminderung von Defiziten in der sozialen Infrastruktur und im Sozialisationssektor immer mehr an Bedeutung gewonnen" (Fieseler/Herborth 2001: 134). Vor dem Hintergrund dieses Aufgabenzuwachses und eines gewandelten beruflichen Selbstverständnisses kam es zu einer Problematisierung der historisch gewachsenen, höchst unterschiedlichen Organisationsstrukturen, die durch bürokratische Handlungsmuster gekennzeichnet waren (vgl. ebd.). Bürokratische Organisationsstrukturen[13] der kommunalen Sozialverwaltung wurden als Barrieren für methodische Sozialarbeit kritisiert. Die bürokratische Organisation mit ihren spezifischen Merkmalen geriet zunehmend in die Kritik, so dass in mehreren „Reformwellen" bestimmte Bereiche umgestaltet worden sind. Die Reformbewegung der Neuorganisation Sozialer Dienste wurde von politischen Modernisierungsinteressen, fachlichen Expansionsintentionen und verwaltungsinternen Rationalisierungserfordernissen vorangetrieben. Eine bürgernähere Gestaltung des sozialen Dienstleistungsangebots war ein Ziel der Reform (Dezentralisierung). Olk, Otto und Backhaus-Maul (2003) benennen drei Reformkomponenten:

„(1) Die traditionelle Aufspaltung des Hilfevollzuges in Innen- und Außendienst sollte aufgehoben werden. Die Sozialarbeiter sollten die ihre Fachkompetenz betreffenden Probleme selbständig und eigenverantwortlich bearbeiten und die Verwaltungskräfte sich auf administrative Aufgaben beschränken. (2) Um die ‚Klientennähe' zu verbessern, wurden regionalisierte Teams gebildet, in denen Sozialarbeiter und Verwaltungsfachkräfte gemeinsam für den Aufgabenanfall in einem bestimmten sozialräumlichen Einzugsgebiet (Stadtteil) verantwortlich gemacht wurden. (3) Um eine ‚ganzheitliche' Problembearbeitung zu erreichen, wurde die klassische Familienfürsorge in einen Allgemeinen Sozialdienst (ASD) überführt" (ebd.: XXVII).

Seit Mitte der 1980er Jahre besteht die Forderung nach höherer Effektivität und Effizienz sozialer Dienste. Es wurde die Übernahme betriebswirtschaftlicher Denkweisen empfohlen und unter Begriffen wie „Sozialmanagement", „Lean Management" und „Qualitätsmanagement" diskutiert (vgl. Fieseler/Herborth 2001: 140). Seit den 1990er Jahren werden in den Kommunalverwaltungen Reformbemühungen unternommen, die mit dem Label des „new public managements" versehen sind, um dem „Legitimitätsverlust kommunalen Verwaltungshandelns und den Vorwürfen der Ineffektivität, Ineffizienz sowie fehlender Nachfrageorientierung entgegenzuwirken" (vgl. Schmidt 2001: 836). Für die Sozial- beziehungsweise die gesamte Kommunalverwaltung werden neue Organisations- und Steuerungsmodelle diskutiert und verwirklicht, die sich unter finanziellem Einsparungsdruck mit neuen Steuerungsformen auseinandersetzen und die Kommunalverwaltung zum „Dienstleistungsunternehmen" umgestalten (vgl. ebd.). Die herkömmliche Verwaltungsorganisation wird im Kontext der Reformdiskussionen kritisiert.[14] Im Kontext „Neuer Steuerung" der kommunalen Verwaltung geht es um

„eine Enthierarchisierung des politisch-administrativen Systems durch die Bildung relativ unabhängiger und eigenverantwortlicher Organisationseinheiten und eine neue Rollenaufteilung zwischen Politik und Verwaltung, gekennzeichnet durch ein professionelles Management an der politischen Spitze und eine eigenverantwortliche Dienstleistungsproduktion im Verwaltungsbereich (vgl. Jann 2001). Die Einführung von Markt und Wettbewerb und die Stärkung der Kundenorientierung [sollen] den Anpassungsdruck erzeugen, der geeignet ist, um Leistungssteigerungen und Kostensenkungen im Bereich der Produktion öffentlicher Leistung durchzusetzen (vgl. Nullmeier 2001)" (Olk/Otto/Backhaus-Maul 2003: XXXI).

Die Ziele der Verwaltungsmodernisierung beziehen sich auf eine stärkere Orientierung am Ergebnis beziehungsweise am „Produkt". Eine verstärkte Kostentransparenz soll das Kostenbewusstsein der MitarbeiterInnen wecken und zu sparsamen Handeln anreizen. Mit dem Abbau von Bürokratie, insbesondere von Hierarchie-Ebenen sollen Wege verkürzt und Verantwortung verlagert werden, wobei von klar geregelter Verantwortlichkeit mehr Wirtschaftlichkeit erwartet wird. Durch „Wettbewerb" erhofft man sich eine Steigerung der Effizienz und durch Motivation ein höheres Leistungspotential der MitarbeiterInnen (vgl. Fieseler/Herborth 2001: 140). Nach Wohlfahrt (2001) entwickelt sich die Sozialverwaltung zunehmend zu einem zentralen Leistungskoordinator der sozialen Dienstleistungserstellung, der zugleich rationalisiert und standardisiert wird.

„Die sich abzeichnende neue Ordnungsstruktur im Sozialsektor lässt sich als Mix aus Wettbewerb, Kooperation und Hierarchie beschreiben. Regulation bleibt auch weiterhin Bestandteil der Organisationsbeziehungen im Sozialbereich und dass sich die Sozialverwaltung ausschließlich auf moderierende Funktionen zurückzieht ist wenig wahrscheinlich. Eher ist zu erwarten, dass in einem ‚aktivierenden Staat' und bei einer ‚aktivierenden Sozialverwaltung' ein Zugewinn an hierarchisch geprägten Gestaltungsfunktionen und damit auch an regulativen Aufgaben zu verzeichnen sein wird" (Wohlfahrt 2001: 1792 f.).

Die Jugendämter als Teil der kommunalen Sozialverwaltung müssen sich mit diesen neuen Organisations- und Steuerungsformen auseinandersetzen, zum Beispiel mit der outputorientierten Steuerung, gemäß derer, Planung, Durchführung und Kontrolle des Verwaltungshandelns strikt an den beabsichtigten und tatsächlichen Ergebnissen zu orientieren sind.

Das Jugendamt als Organisationseinheit
Das Jugendamt als Teil der kommunalen Sozialverwaltung ist unter Planungs-, Gewährleistungs- und Finanzierungsgesichtspunkten die zentrale Institution der Kinder- und Jugendhilfe. Es sind Jugendamtsformen auf Kreis- beziehungsweise Stadtebene (Kreisjugendämter/Stadtjugendamt), auf kreisangehöriger Gemeindeebene (regionalisiertes Jugendamt) sowie in Stadtstaaten (Bezirksjugendämter) zu unterscheiden (vgl. BMFSFJ 2002). Organisatorische Unterschiede zwischen kommunalen Jugendämtern beziehen sich zum Beispiel auf die Position innerhalb der kommunalen Verwaltung und auf die Zuordnung der Jugendhilfeaufgaben in der Organisation der Kommunalverwaltung. Münder (2000) bezeichnet die Zusammenfassung der Aufgaben der Kinder- und Jugendhilfe in einem eigenständigen Amt als wesentliche Bedingung für die Entwicklung einer professionellen Jugendhilfe (vgl. ebd.: 162). Unterschiedliche Landesausführungsgesetze zum SGB VIII und die kommunale Selbstverwaltungshoheit ermöglichen den örtlichen Trägern trotz ausdrücklicher Zuständigkeitsbenennung in § 69 III SGB VIII sehr differenzierte Organisationsmodelle. Folglich kann der hohe Anteil von eigenständigen Jugendämtern als empirischer Nachweis der „Sinnhaftigkeit und Angemessenheit der Wahrnehmung der öffentlichen Jugendhilfeaufgaben in einer zusammenhängenden Organisationseinheit" gewertet werden (BMFSFJ 2002: 68, Hervorhebung im Original).

In den neuen Bundesländern wurden mit dem JHOG die rechtlichen Voraussetzungen für die Überführung der alten Referate „Jugendhilfe" in örtliche Jugendämter geschaffen. „95% der Städte und Kreise (etwas weniger Städte) in den neuen Bundesländern bildeten eigene Jugendämter, bei 98% war die Strukturierung der Verwaltung Anfang 1991 abgeschlossen" (INJUS 1992 in BMFSFJ 1994: 315).

Bezüglich der Ausstattung, der Aufgabenwahrnehmung und der Leistungsfähigkeit besteht ein erhebliches Gefälle zwischen verschiedenen Jugendämtern (vgl. Kreft/Lukas et al. 1993). Die quantitativ unterschiedlichen Zuständigkeiten, die von Städten mit hunderttausenden Einwohnern bis zu

Jugendämtern kreisangehöriger Gemeinden mit etwas über 25.000 Einwohnern variieren, sind ursächlich für dieses Gefälle. Qualitative Unterschiede sind ebenfalls feststellbar: Die Bandbreite „reicht von hoch innovativen Jugendämtern, die u.a. in fast allen neuen Handlungsfeldern tätig sind, die zudem ihre Arbeit [...] immer wieder an neuen Standards zeitgemäßer Jugendhilfe ausrichten, bis hin zu [...] innovationsresistenten Verwaltungen der Jugendämter" (Kreft/Lukas et al. 1993: 378). Als zentralen Grund gibt Münder (2000) das verfassungsrechtlich gesicherte Selbstverwaltungsrecht der Kommunen an, das den einzelnen Gebietskörperschaften die quantitative und qualitative Ausgestaltung jenseits der bundesgesetzlichen Rahmenvorgaben überlässt. Dem Gebot, alle Aufgaben nach dem SGB VIII in dem Jugendamt der jeweiligen Kommunalverwaltung organisatorisch zusammenzufassen, wird nicht überall entsprochen. Aufgabenbereiche wie zum Beispiel Kindergarten- oder Hortbereich sind teilweise beim Schulbereich angesiedelt oder Kultur- und Sportämter erfüllen Aufgaben der Jugendarbeit.

Als Bundesgesetz enthält das SGB VIII kaum Bestimmungen über die Organisation der Verwaltung des Jugendamtes, denn diese fällt grundsätzlich in die Kompetenz der Landesgesetzgebung; die Ländergesetze bieten allerdings selten detaillierte Regelungen. Die Ausgestaltung fällt somit in kommunale Autonomie. Es kann zwar zu unterschiedlichsten Organisationsformen kommen, aber nach Münder (2000) lassen sich in vielen Jugendämtern ähnliche Organisationsstrukturen finden, die auf herkömmlichen Verwaltungsprinzipien beruhen. Der Aufbau ist dabei vertikal und hierarchisch, die horizontale Gliederung erfolgt ressortmäßig in Abteilungen (zum Beispiel Verwaltung, Kindertagesbetreuung, allgemeine Förderung, soziale Dienste und zentrale Einrichtungen), in denen sich die klassischen Arbeitsfelder der Jugendhilfe finden lassen (vgl. Münder 2000: 166 ff.). „Durch das vertikale Gliederungsprinzip wird die Verwaltung nach Kompetenzträgern (Amts-, Abteilungs-, Gruppenleiter, Sachbearbeiter) abgestuft; [...]. Auch für die Verwaltung des Jugendamtes gelten diese grundlegenden Strukturmerkmale" (Fieseler/Herborth 2001: 138).

Im Kontext der Verwaltungsmodernisierung wurden insbesondere die Jugendämter umstrukturiert und neu organisiert, denn „[k]aum ein anderer Bereich der Kommunalverwaltung ist in den letzten 25 Jahren durch Aufgabenzuwächse und verändertes Bewusstsein derart an die Grenzen dieser Strukturen gestoßen, wie die Jugendhilfe. Der Aufgabenzuwachs und die präventive Orientierung der Jugendhilfe waren mit der traditionellen Behördenorganisation nicht mehr zu bewältigen" (ebd.: 139). Die organisatorischen Änderungen richteten sich beispielsweise auf die Einführung regionaler Zuständigkeiten (statt traditionellen Buchstabensystemen), das Angebot ganzheitlicher Hilfen (Entspezialisierung) und die Einrichtung von Außenstellen (bürgernahe Aufgabenwahrnehmung).

Die Einführung neuer Steuerungsmodelle bezieht sich auch auf die Jugendämter beziehungsweise die Fachressorts der Jugendhilfe. Die KGSt hat speziell für die kommunalen Jugendämter Reformkonzepte entwickelt (vgl. KGSt-Bericht 1994, 1996), mit denen zum Beispiel „Dienstleistungs- und Kundenorientierung, Output-Steuerung, Markt und Wettbewerb zu zentralen Modernisierungsbegriffen auch im Bereich der Jugendhilfe" wurden[15] (Olk/Otto/Backhaus-Maul 2003: XXXVII). Für den Bereich der Kinder- und Jugendhilfe werden Produkte als entscheidende Grundlage eines Systems output-orientierter Steuerung eingeführt (Produktpläne und Produktbeschreibungen), um die Wirtschaftlichkeit, die Bürgernähe und die Leistungsfähigkeit der Jugendhilfeverwaltung zu steigern (vgl. ebd.). Für die Jugendämter, die im Kontext der Einführung neuer Steuerungsmodelle die Aufbauorganisation ihrer Verwaltung grundlegend umgestaltet haben, bedeutet dies oft, dass sie als eigenständiges Amt aufgelöst wurden. Wohlfahrt unterscheidet idealtypisch zwei Modelle der Zuordnung der bisherigen Jugendamtsaufgaben, „nämlich einerseits die Zusammenfassung mit Bildung und Kultur, andererseits die Integration in einen Fachbereich „Soziale Dienste". Darüber hinaus gibt es Kommunen, die sehr große Fachbereiche gebildet haben, welche all diese Aufgaben enthalten. Des Weiteren wurden in einigen Kommunen die Aufgaben der Jugendhilfe institutionell voneinander getrennt [...]" (Wohlfahrt 2001: 1789). Nach Merchel (2001) besteht das Problem

„nicht so sehr [in der] modern gewordenen Umbenennung von Jugendämtern in ‚Fachbereiche' o.ä. Schwierigkeiten für das organisatorische Zentrum und für das Profil der Jugendhilfe entstehen dadurch, dass bereits einige Kommunen im Rahmen der Verwaltungsmodernisierung oder aufgrund anderer politischer Opportunitätserwägungen die Organisationsregelungen des KJHG durchbrochen haben, ohne dass dies mit rechtlichen oder politischen Sanktionen verbunden gewesen wäre. [...] Auch in der Zusammenlegung der Jugendhilfe mit anderen Teilen der Verwaltung mit der Folge, dass für die Adressaten [...] die Jugendhilfe als ein für sie ansprechbares Organisationssegment gar nicht mehr sichtbar ist, wird der Sinn des KJHG unterlaufen, und die Gefahr der Erosion des Jugendhilfeprofils wird intensiviert" (ebd.: 75 f.).

Die Reformprogrammatik der KGSt hat auch kritische Einwände und Bedenken hervorgerufen, die sich einerseits auf die grundsätzliche Übertragbarkeit betriebswirtschaftlicher Konzepte und Instrumente auf den Bereich der Kinder- und Jugendhilfe und andererseits auf Diskrepanzen zwischen den Anforderungen/Reformkriterien der Neuen Steuerungsmodelle und den gewachsenen Kriterien, Erbringungs- und Steuerungsstrukturen der Kinder- und Jugendhilfe nach dem KJHG beziehen (vgl. Olk/Otto/Backhaus-Maul 2003: XXXVIII). Ein weiterer organisatorischer Aspekt, der kommunalspezifisch unterschiedlich ausgestaltet wurde, ist die Wahrnehmung von Jugendhilfeaufgaben durch einen Sozialdienst. Die meisten Jugendämter haben einen allzuständigen „sozialpädagogischen Basisdienst" im Rahmen der Neuorganisation sozialer Dienste eingerichtet.

Der ASD als Basisdienst und Organisationseinheit
Die Aufgaben der Kinder- und Jugendhilfe werden zum überwiegenden Teil im organisatorischen Kontext von Sozialdiensten, zum Beispiel dem ASD (Allgemeiner Sozialdienst) wahrgenommen. Es stand häufig zur Diskussion, wie die „sozialpädagogische Basisarbeit" in der Verwaltung des Jugendamtes zu organisieren sei. Durch einen sozialpädagogischen Basisdienst soll gesichert werden, „dass alle Menschen in einem Jugendamtsbezirk sowohl durch die Leistungen des Jugendamtes als auch im Bereich der anderen Aufgaben (zum Beispiel bei der Sicherung des Kindeswohls) erreicht werden" (Münder 2000: 167). Als Basisdienst wird üblicherweise ein Allgemeiner Sozialdienst (oder allgemeiner sozialer Dienst; Sozialpädagogischer Dienst) organisatorisch eingerichtet. Der Aufgabenumfang und die organisatorische Zuordnung des ASD variiert. Es wird zum Teil als sinnvoll betrachtet, in einer zentralen Anlaufstelle auch Leistungen zu erbringen, die nicht zum Aufgabenbereich der Kinder- und Jugendhilfe gehören, sondern zum Beispiel der Sozial- und Gesundheitshilfe zuzurechnen sind. Die Hilfegewährung basiert auf einer aufgesplitterten Rechtsgrundlage, wenn Leistungsansprüche nach SGB VIII/KJHG, BSHG oder JGG bearbeitet werden.

Der ASD ist das Kernstück behördlicher Angebote von Kommunen und Kreisen zur Unterstützung und Entlastung von Familien, Minderjährigen oder Alleinstehenden (Alleinerziehenden) und Älteren in schwierigen Lebenslagen. Diese können in materieller Not, Erziehungsproblemen oder Vereinsamung bestehen, so dass der ASD „der am umfassendsten angelegte soziale Dienst [ist], der ganzheitliche und einheitliche Hilfe leisten und sicherstellen muss. [Er] schafft annähernd gleiche Ausgangschancen für die Bevölkerung von Städten und Kreisen" (vgl. DV Empfehlungen). Mit dieser Funktionszuschreibung erhält der ASD eine über die Einzelfallhilfe hinausweisende Aufgabe zur Verbesserung von Lebenslagen. Aus dem Handlungsprinzip der ganzheitlichen Arbeit im Wohngebiet folgt, dass bei Hilfebedarf nur der ASD als Anlaufstelle im behördlichen Leistungssystem zuständig sein soll. Weiterführende oder ergänzende Hilfen werden durch ihn eingeleitet oder organisiert.

Die Bearbeitung der Aufgaben erfolgt weitgehend dezentralisiert in Außenstellen des ASD in den jeweiligen Stadtteilen. Hausbesuche, Sprechstunden und Unterstützung sozialer Gruppenarbeit prägen neben Berichtswesen und Stellungnahmen den Berufsalltag der Fachkräfte. Entsprechend seiner Geh-Struktur kommt dem ASD auch die Aufgabe zu, Hilfebedürftige ausfindig zu machen, die zum Beispiel aus Scham ihre Situation geheim halten oder aus Unwissenheit nicht um Hilfe bitten beziehungsweise sich selbst gar nicht als hilfebedürftig einstufen (vgl. Proksch

1994: 11). Die soziale Hilfe des ASD ist als Hilfe zur Selbsthilfe konzipiert und somit als Hilfe auf Zeit angelegt, um „die Eigenkräfte des Hilfeempfängers zur selbständigen Bewältigung seiner schwierigen sozialen Situation zu entfalten und zu fördern und sie für eine eigenverantwortliche Lebensgestaltung einzusetzen (BVerwG 23, S. 153)" (Proksch 1994: 29). Proksch führt aus, dass sich „diese Zielvorstellung [...] an dem vor allem durch die Art. 1-3 von der Verfassung verfolgten Menschenbild (orientiert), das dem Staat verwehrt, Leistungsberechtigte nach seinen Vorstellungen zu bessern oder zu bevormunden" (ebd: 29).

Der soziale Dienst ist oft die (organisatorische) Einheit für die Fachkräfte der Sozialen Arbeit zur Wahrnehmung ihrer Jugendhilfeaufgaben innerhalb der kommunalen Sozialadministration. Der ASD ist organisatorisch überwiegend dem Jugend- oder Sozialamt zugeordnet, zum Teil besteht er aber auch als selbstständige Einheit (Amt für Soziale Dienste), denn die zentrale Funktion der Bezirkssozialarbeit beziehungsweise des ASD wird nicht überall als Basis der gesamten Jugendamtsarbeit betrachtet und im Jugendamt angesiedelt. Seit Inkrafttreten des SGB VIII verstärkte sich die Tendenz, den ASD als Aufgabe des Jugendamtes auszugestalten. Das Recht der kommunalen Selbstverwaltung, der kommunale Gestaltungsanspruch und historisch unterschiedliche Entwicklungen stehen weiterhin in Konkurrenz zum SGB VIII (vgl. Wagner 1996). Die Organisationsformen innerhalb des öffentlichen Hilfssystems von Kommunen und Kreisen sind regional unterschiedlich (vgl. Müller 1994; Kreft/Lukas et al. 1993).

Das Handeln von ASD und JugendamtsmitarbeiterInnen wird von den organisatorischen Begebenheiten und den vorherrschenden Steuerungsinstrumenten in der kommunalen Sozialverwaltung beeinflusst.

Bürokratische Aufgabenwahrnehmung

Ein Merkmal bürokratischer Organisation neben der Amtshierarchie ist die Handlungsstrukturierung und -orientierung nach einem System abstrakter Regeln, dass das Zusammenwirken der MitarbeiterInnen durch Regeln, Gesetze oder Verwaltungsreglements ordnet, legitimiert und überprüfbar macht. Das Handeln von öffentlichen Verwaltungsträgern wird durch die Rechtsförmigkeit und die Bindung an Rechtsvorschriften beeinflusst. Die korrekte Rechtsanwendung im föderal strukturierten öffentlichen Sektor gilt als eine Stärke im Kontext der Dienstleistungserbringung.

„Das deutsche Modell des öffentlichen Sektors ist durch seine föderale Struktur geprägt, die einen hohen Aushandlungsbedarf zwischen einer Mehrzahl unterschiedlicher Akteure erzeugt. Diese föderalstaatliche Struktur ermöglicht eine stark ausgeprägte Dezentralität der Dienstleistungsproduktion und einen breiten Einsatz freigemeinnütziger und privatwirtschaftlicher Produzenten zur Erfüllung öffentlicher Aufgaben. Dementsprechend liegen die Stärken des deutschen Modells vornehmlich in einer korrekten Rechtsanwendung und einer verlässlichen Produktion von Dienstleistungen, insbesondere wenn es sich um Standarddienstleistungen eines plural organisierten und dezentral strukturierten Dienstleistungssektors handelt. Schwächen liegen jedoch in den Kostenstrukturen, in der geringen Kundenorientierung sowie einem verkürzten legalistischen Qualitätsverständnis und einer geringen Innovationsdynamik" (Oppen/Wegener 1997 zitiert nach Olk/Otto/Backhaus-Maul 2003: XXXVI).

Die Defizite der klassischen bürokratischen Steuerung mit den herkömmlichen Instrumenten Recht und Hierarchie sollen mit der Einführung neuer Steuerungsmodelle in der kommunalen Verwaltung behoben werden. Es ist davon auszugehen, dass sich die Handlungsorientierungen von MitarbeiterInnen der kommunalen Sozialverwaltung respektive des Jugendamtes einerseits weiterhin an Recht und Gesetz sowie Zuständigkeitsstrukturen ausrichten, aber andererseits auch zunehmend nach Kriterien neuer Steuerung, zum Beispiel Dienstleistungs- und Kundenorientierung, Wirtschaftlichkeit, Output-Steuerung, Markt und Wettbewerb. Verwaltungshandeln in kommunalen Sozialverwaltungen beziehungsweise Jugendämtern wird durch Recht gesteuert, zum Beispiel auch durch die rechtlichen Vorgaben des Sozialgesetzbuchs.

Steuerung von Verwaltungshandeln durch Recht
Über das Sozialstaatsprinzip ist der Staat verpflichtet, die annähernd gleichmäßige Förderung des Wohls aller Bürger und die annähernd gleichmäßige Verteilung der Lasten grundsätzlich zu erstreben (vgl. Kulbach/Wohlfahrt 1994). Die Grundrechte sind nicht nur Freiheitsrechte, die den einzelnen vor staatlichen Übergriffen schützen, sondern sie beinhalten auch soziale Anspruchsrechte. Die Anspruchsrechte werden durch weitere Gesetze verwirklicht (zum Beispiel das SGB). Verwaltung und Rechtsprechung sind bei der Auslegung von unbestimmten Rechtsbegriffen und bei der Ermessensausübung an das Sozialstaatsprinzip gebunden. Für die Kinder- und Jugendhilfe lassen sich die Verwaltungstätigkeiten als Versorgung, Leistungsgewährung, öffentliche Sicherheit und Planung beschreiben. Verwaltung ist mehreren Grundsätzen verpflichtet. Nach dem Grundsatz der Gewaltenteilung sind Tätigkeiten, die weder Rechtsprechung noch Gesetzgebung sind, als vollziehende Gewalt zu bezeichnen. In diesem Sinne hat die Verwaltung den staatlichen Willen praktisch zu vollziehen (vgl. Kulbach/Wohlfahrt 1994; Suckow 1992).

Mit dem Rechtsstaatsprinzip ist die Verwaltung an Recht und Gesetz gebunden (Art. 20 III GG) und das Handeln der Verwaltung hat den Grundrechten zu entsprechen (Art. 1 III GG). Auf diesem Hintergrund haben sich durch die Rechtsprechung des Bundesverfassungsgerichtes weitere verfassungsrechtliche Grundsätze für das Verwaltungshandeln herausgebildet. Der Grundsatz der Gesetzmäßigkeit besagt, dass jede Verwaltungsmaßnahme mit Recht und Gesetz übereinstimmen muss. Das Gesetz hat vor allen anderen Rechtsquellen Vorrang. Der Grundsatz des Gesetzesvorbehalts beinhaltet, dass der Gesetzgeber alle wesentlichen Grundfragen, die den Bürger elementar betreffen, selbst zu entscheiden hat. Der Grundsatz der Zweckmäßigkeit besagt, dass jedes Verwaltungshandeln sachgerecht und zweckmäßig, das heißt Zweck erfüllend sein muss. Für die Sozialverwaltung sind besonders der Gleichheitsgrundsatz und der Grundsatz der Verhältnismäßigkeit von Bedeutung. Der Gleichheitsgrundsatz verbietet der Verwaltung jedes willkürliche Handeln. Verhältnismäßigkeit schreibt vor, dass zwischen Weg und Ziel des Verwaltungshandelns ein vernünftiges Verhältnis liegen muss.[16]

Verwaltungshandeln geschieht im Sinne des öffentlichen Rechtes als hoheitliche Verwaltung. Die Verwaltung vertritt die Interessen der Allgemeinheit und des Gemeinwohls und kann diese auch gegen den Willen des Bürgers durchsetzen. Unterschieden wird in diesem Zusammenhang zwischen obrigkeitlicher und schlicht hoheitlicher Verwaltung. Obrigkeitliche Verwaltung gestaltet sich als Eingriffsverwaltung (verbietend, gebietend, Zwang androhend) in Form von Verwaltungsakten, die einer gesetzlichen Ermächtigung bedürfen. Die Leistungsgewährung gehört ebenfalls zum obrigkeitlichen Handeln. Die Leistungsverwaltung vollzieht sich außerdem durch Beratung, Auskunft etc. Der Verwaltungsträger bedient sich zwar des öffentlichen Rechts, nicht aber des Verwaltungszwangs oder des Verwaltungsaktes, so dass schlichthoheitliche Verwaltung vorliegt. Auf diesem Wege wird nicht in die Freiheitssphäre des Bürgers eingegriffen, sondern es werden Leistungen erbracht oder Einzelne und Gruppen gefördert.

Das Handeln von öffentlichen Verwaltungsträgern wird nicht nur durch die Rechtsförmigkeit, sondern auch über die Bindung an Rechtsvorschriften beeinflusst. Die gebundene Verwaltung hat keinen Handlungsspielraum. Zahlreiche gesetzliche Regelungen billigen jedoch der Verwaltung einen Entscheidungsspielraum zu, damit diese die zweckmäßigste Entscheidung auswählen kann. Besonders im sozialen Bereich ist die Komplexität der Lebensumstände so umfangreich, dass für einen gesetzlichen Tatbestand mehrere Rechtsfolgen rechtmäßig sein müssen. Der Bürger hat zwar nicht das Recht eine bestimmte Entscheidung von der Verwaltung zu verlangen, aber er hat einen subjektiv öffentlichen Anspruch auf eine fehlerfreie Ermessensausübung. In diesem Zusammenhang wird zwischen gebundenem und freiem Ermessen unterschieden. Gebundenes Ermessen liegt bei gesetzlichen Soll-Vorschriften vor, freies Ermessen bezieht sich auf Kann-Vorschriften. Die Ausübung des Ermessens ist gerichtlich überprüfbar, das heißt sie muss dem Zweck der Ermächtigungsnorm im Gesetz entsprechen. Bei der Ausübung sind regelmäßig die Grundsätze der Zweckmäßigkeit, Gleichheit und Verhältnismäßigkeit zu beachten. Die Auslegung unbestimmter Rechtbegriffe durch die Verwaltung unterscheidet sich grundsätzlich von der Ermessensausübung. Es geht darum, den inneren Gehalt eines unbestimmten Rechtsbegriffs zu erkennen und die richtige Entscheidung über angemessene Maßnahmen oder Auslegungen zu treffen. Verwaltungsentscheidungen werden mit der Prüfung der rangniedrigsten Vorschrift begonnen. In Zweifelsfällen wird die jeweils höhere Rechtsverordnung herangezogen, wobei das ranghöhere Recht vorgeht. Leistungsgewährung und Leistungsverwaltung nach dem SGB VIII erfolgt als Verwaltungshandeln der JugendamtsmitarbeiterInnen, das den allgemeinen Grundsätzen des Leistungsrechts und des Verwaltungsverfahrens genügen muss.

Tätigkeitsverpflichtungen nach Vorgaben des SGB
Der Umstand, dass das KJHG als achtes Buch Bestandteil des SGB ist, verdeutlicht, dass die Jugendhilfe als Sozialleistung konzipiert wurde, für die auch die allgemeinen Grundsätze des Leistungsrechts (SGB I) und des Verwaltungsverfahrens (SGB X) gelten. Sozialleistungen nach dem SGB können als Dienstleistungen (Auskunft, Beratung), Sachleistungen (Heilbehandlung, Förderung) oder Geldleistungen (Arbeitslosengeld, Sozialhilfe) gewährt werden. Trotz der Besonderheiten des Kinder- und Jugendhilferechts handelt es sich rechtlich um die Erbringung von Sozialleistungen, die den Kategorien des Sozialleistungsrechts entsprechen müssen: „Das Jugendamt ist keine Behörde jenseits oder außerhalb des Rechts. Vielmehr ergibt sich aus dem Prinzip der Gesetzmäßigkeit des Verwaltungshandelns, dass Richtschnur auch des Handelns des Jugendamtes die rechtlichen Vorgaben sind" (Münder 2000: 57).

Die sozialen Rechte des Bürgers ergeben sich aus §§ 1 bis 10 SGB I. Nach dem Sozialstaatsprinzip dient das Sozialrecht im materiellen Sinne der Beseitigung sozialer Benachteiligungen Einzelner oder ganzer Bevölkerungsgruppen sowie der materiellen Absicherung und der Verbesserung der Chancengleichheit. Da sozial Benachteiligte häufig ihre Rechte nicht kennen, verpflichtet der Gesetzgeber die Leistungsträger (Behörden, Körperschaften und Anstalten des öffentlichen Rechtes) zur Aufklärung im Rahmen ihrer Zuständigkeit, zum Beispiel in Merkblättern, Broschüren etc. Ferner sind die zuständigen Stellen verpflichtet, über alle Angelegenheiten des SGB Auskunft zu erteilen und ihrer Beratungspflicht über Rechte und Pflichten aus dem SGB nachzukommen (§§ 13, 14, 15 SGB I).

Im zweiten Kapitel des SGB VIII (§§ 11-41) wird ausdrücklich festgestellt, dass es um Sozialleistungsrecht geht. Neben formulierten Rechtsansprüchen finden sich Programmsätze, Aufgabenzuweisungen und objektive Rechtsverpflichtungen. Programmsätze haben die geringste rechtliche Wirkung, denn der Gesetzgeber beschreibt mit allgemeiner Formulierung seine programmatischen Vorstellungen zu Leistungserbringungsart, Ziel und Inhalt der Bestimmungen. Auch wenn diese sehr allgemein formuliert sind, enthalten sie eine rechtliche Aufgabenzuweisung an den öffentlichen Jugendhilfeträger. So werden die einzelnen Aufgaben dem Feld der Jugendhilfe zugewiesen und die öffentlichen Jugendhilfeträger unterliegen einer objektiven Rechtsverpflichtung mit einem weiten Gestaltungsspielraum, in diesem Feld tätig zu sein. „Sie [die öffentlichen Träger der Jugendhilfe] haben damit einen Gestaltungsauftrag. Die Nichttätigkeit auf diesen Gebieten (was faktisch wohl nicht vorkommt) bzw. die minimalisierte Aufgabenwahrnehmung, die ein Leerlaufen bedeuten würde, wäre ein Rechtsverstoß gegen dieses objektive Recht" (Münder 2000: 52, Hervorhebung im Original).

Die rechtlich verbindlichsten Verpflichtungen des öffentlichen Jugendhilfeträgers ergehen aus subjektiven Rechtsansprüchen von BürgerInnen. „Bei Vorliegen der Voraussetzungen bestehen Ansprüche auf Leistungen, unabhängig davon, ob der öffentliche Träger dies jugendhilfepolitisch will und ob er dafür (hinreichende) Finanzmittel zur Verfügung gestellt hat" (Münder 2000: 53). Wenn der Gesetzgeber auf der Ebene der objektiven Rechtsverpflichtung Leistungen begründet hat, anstatt diese als subjektive Rechtsansprüche zu formulieren, ist dies dem Kostenfaktor geschuldet: Die objektive Rechtsverpflichtung erlaubt dem öffentlichen Jugendhilfeträger, der Aufgabenzuweisung in der ihm kommunal- und finanzpolitisch möglichen Form nachzukommen. Bei der zum Teil schwierigen Auslegung im konkreten Fall (objektive Rechtsverpflichtung oder subjektiver Rechtsanspruch) ist gemäß § 2 SGB I sicherzustellen, dass die sozialen Rechte möglichst weitgehend verwirklicht werden. Im Zweifelsfall sind die öffentlichen Träger nicht nur berechtigt oder verpflichtet, sondern die Bürger haben einen Leistungsanspruch. Darüber hinaus enthält das SGB VIII eine Reihe subjektiver Rechtsansprüche von Leistungsberechtigten (Minderjährige, Personensorgeberechtigte, junge Volljährige). Rechtsansprüche zeichnen sich in der Regel durch zwei Elemente aus, nämlich durch die vom Gesetz benannten Tatbestandsvoraussetzungen und (bei deren Vorliegen) durch die ebenfalls benannten Rechtsfolgen, die dann zur Anwendung kommen. Laut Münder ist für das Kinder- und Jugendhilferecht bezeichnend, „dass sowohl auf der Tatbestands- wie auf der Rechtsfolgenseite häufig nicht sehr präzise Begriffe, sogenannte unbestimmte Rechtsbegriffe verwendet werden" (Münder 2000: 54). Dies ist dem Gegenstandsbereich des Jugendhilferechts geschuldet, denn es handelt sich, wie oben bereits ausgeführt, um personenbezogene Dienstleistungen, so dass sich der Anspruch auf Beratung und Unterstützung nicht im Einzelnen festlegen lässt. Es besteht demnach eine geringe Verbindlichkeit bezüglich der Intensität, des Umfangs und der methodischen Ausrichtung der Leistung.

Oft stehen den „*harten Rechtsansprüchen*", „*weiche Leistungen*" gegenüber. So ergibt sich aus dem Kinder- und Jugendhilferecht die wesentliche Aufgabe, die unbestimmten Rechtsbegriffe „auf der Basis sozialpädagogischer, human- und sozialwissenschaftlicher Erkenntnisse und Erfahrungen in den konkreten Sachverhalten anzuwenden" (ebd.). In den gesetzlichen Regelungen lassen sich drei unterschiedliche Rechtsqualitäten des

Anspruchs unterscheiden, mit denen der öffentliche Träger in unterschiedlichen Verbindlichkeitsgraden zur Tätigkeit verpflichtet wird: Ein zwingender Rechtsanspruch, der den öffentlichen Träger bei vorliegenden Voraussetzungen zur Leistung verpflichtet. Ein Regelrechtsanspruch (Soll-Vorschriften), der bei vorliegenden Voraussetzungen dazu führt, dass der öffentliche Träger im Regelfall leisten muss. Sowie ein Ermessensanspruch (Kann-Vorschriften), der es dem Ermessen der Behörde überlässt, ob und wie diese leistet. Beim Vorliegen der Voraussetzungen ist der öffentliche Träger zur Erbringung einer Leistung berechtigt. Pflichtgemäßes Ermessen darf nur in strenger Bindung an die Ziele der jeweiligen Rechtsnorm ausgeübt werden und ist an rechtsstaatliche Grundsätze gebunden. Es besteht ein Anspruch auf pflichtgemäße Ausübung des Ermessens gemäß § 39 I 2 SGB I. Bei der Ermessensausübung ist der Gleichheitsgrundsatz und die Selbstbindung der Verwaltung, zum Beispiel durch Verwaltungsvorschriften, besonders zu beachten. Sachliche Gründe dürfen berücksichtigt werden, so zum Beispiel die Lage der Finanzmittel. Ermessen hat die Verwaltung auch, wenn objektive Rechtsverpflichtungen bestehen, die dem öffentlichen Träger einen weiten Gestaltungsspielraum belassen.

Im Falle bestehender Rechtsansprüche, unabhängig vom Verbindlichkeitsgrad, entsteht zwischen dem öffentlichen Jugendhilfeträger und dem leistungsberechtigten Bürger ein Sozialleistungsverhältnis, bei dessen Realisierung die Bestimmungen des allgemeinen Teils (SGB I) und des Verfahrensrechts (SGB X) gelten. Verfahrensvorschriften dienen der Sicherung und Beachtung der Rechte von Bürgern (vgl. Münder 2000: 57). In ihnen sind Schritte, Vorgehensweisen und Methoden enthalten, mit denen rechtliche Vorgaben planmäßig umgesetzt werden. In der Kinder- und Jugendhilfe geht es vornehmlich um sozialpädagogische Sozialleistungen (im Gegensatz zu Geldleistungen), die nicht einfach quantifizierbar und messbar sind. Folglich ist die Leistungserbringung schwer kontrollierbar, insbesondere da das Gesetz selbst oft mit unbestimmten rechtlichen Begriffen hinsichtlich der Voraussetzungen und der Rechtsfolgen arbeitet (vgl. ebd.: 57).

Das Verfahren der Sozialleistung gliedert sich systematisch in die Abschnitte Verwaltungsverfahren, Widerspruchsverfahren und Gerichtsverfahren: „Aufgrund der Tatsache, dass in der Jugendhilfe relativ wenig streitige Verfahren (Widerspruch, Klage) durchgeführt werden, ist das Verwaltungsverfahren, das von der Jugendhilfebehörde selbst betrieben wird, besonders wichtig" (Münder 2000: 58). Das Verwaltungsverfahren gemäß §§ 30 ff. SGB I und §§ 1-85 SGB X beinhaltet die Antragstellung (zum Teil formlos durch Willensbekundung), die Sachverhaltsermittlung von Amts wegen, das Recht auf Akteneinsicht für alle Beteiligten, eine Mitwirkungspflicht für Leistungsberechtigte, Anhörungsrechte, Datenschutzrechte und die Entscheidung, die nach dem behördeninternen Verfahren an den Leistungsberechtigten ergeht. Auf der Grundlage eines mit

Rechtsmittelbelehrung versehenen Bescheides kann ein Widerspruchsverfahren und anschließend ggf. ein Gerichtsverfahren eingeleitet werden. Für den Bereich des KJHG/SGB VIII sind allerdings Besonderheiten zu beachten, die von der klassischen Struktur des Sozialleistungsverfahrens abweichen. Ein Aspekt ist die Antragstellung, denn gemäß § 40 SGB I können die Ansprüche auf Leistungen unabhängig von einem Antrag entstehen. „Der Verzicht auf den Antrag macht deutlich, dass das Jugendamt seine Verwaltungsstruktur so zu gestalten hat, dass ihm ein offensives, präventives, aktives Handeln möglich ist" (Münder 2000: 61). Eine weitere Besonderheit der Leistungserbringung nach SGB VIII ist die kooperative Entscheidungsfindung beziehungsweise der kooperative Verfahrensstil aufgrund der Vielzahl unbestimmter Rechtsbegriffe und der Stellung der Leistungsberechtigten/Leistungsempfänger als „Ko-Produzenten" der Leistung. Der „Erfolg" vieler Leistungen ist abhängig davon, ob und in wieweit die Leistungsberechtigten bereit und motiviert sind, an der Umsetzung der Leistung mitzuwirken.

Um den erfolgreichen und effizienten Einsatz von Leistungen geht es auch im Kontext neuer Steuerungsmodelle des Verwaltungshandelns. Die traditionell bürokratischen Steuerungsmittel der kommunalen Sozialverwaltung werden zum Teil von betriebswirtschaftlichen Steuerungsmitteln abgelöst.

Von der bürokratischen zur betriebswirtschaftlichen
Aufgabenwahrnehmung
Das „New Public Management" beziehungsweise die „neuen Steuerungsmodelle" haben im Kontext von staatlichen Bewältigungsversuchen der mehr oder weniger schweren Finanz- und Legitimationskrisen eine prominente Stellung erlangt.

„Die Idee (oder die Ideologie) ist, staatliche Aufgaben mittels der Einführung von marktförmigen Steuerungsmechanismen effizienter zu gewährleisten. Da es keinen wirklichen bzw. naturwüchsigen Markt bisher in den von Professionen bearbeiteten gesellschaftlichen Arbeitsfeldern gibt, wird ein Quasi-Markt dadurch hergestellt, dass der Staat (das politisch-administrative System) als Nachfrager von Leistungen sich definiert und auftritt, die es auf einem (zumindest der Ideologie nach) deregulierten Markt einkauft. [...] Die Fiktion des Marktes und die mit dem ‚Markt' mitlaufende semantische Zuschreibung gesteigerter Effizienz und Effektivität [...] lösen vorderhand einige Legitimationsprobleme des Staates bzw. verlagern sie auf die Leistungserbringer (u.a. die Professionen)" (Sommerfeld/Haller 2003: 64).

Mit den neuen Steuerungsmodellen und der Einführung unternehmensbezogenen resp. betriebswirtschaftlichen Denkens in der kommunalen Sozialverwaltung und so auch im Jugendamt treten weitere handlungsorientierende Kriterien (zum Beispiel „Geld") neben die traditionellen Steuerungsinstrumente „Recht" und „Hierarchie": „Basiert sozialstaatlich verfasste Soziale Arbeit im wesentlichen auf dem Steuerungsmedium Recht, so beruht die Perspektive einer Ökonomisierung Sozialer Arbeit auf dem Steuerungsmedium Geld" (Schaarschuch 1996: 16). Unter finanziellem Einsparungsdruck setzen sich die kommunalen Sozialverwaltungen mit neuen Organisations- und Steuerungsmodellen auseinander und werden zum Teil zu „Dienstleistungsunternehmen" umgestaltet. Nach Wohlfahrt (2001) lassen sich die neuen Ordnungsstrukturen im Sozialsektor als „Mix aus Wettbewerb, Kooperation und Hierarchie" beschreiben, weil Regulation auch weiterhin Bestandteil der Organisationsbeziehungen im Sozialbereich bleibt. Folglich ist zu erwarten, dass für die „aktivierende Sozialverwaltung" des veränderten Sozialstaates (vgl. Teil I) ein Zugewinn an hierarchisch geprägten Gestaltungsfunktionen und damit auch an regulativen Aufgaben entsteht (ebd.: 1792 f.). Hierarchien innerhalb der Behörden, die Instanzenwege und Kontrollbefugnisse bestimmen, werden abgebaut. Es findet eine Zusammenführung der Ergebnis- und Ressourcenverantwortung auf Fachbereichs- beziehungsweise Amtsebene statt, während Kompetenzen im Rahmen vereinbarter Leistungs- und Finanzziele auch auf die Sachbearbeiterebene zu delegieren sind. Die Schaffung von relativ unabhängigen Organisationseinheiten soll eine eigenverantwortliche Dienstleistungsproduktion im Verwaltungsbereich fördern. Eine Erhöhung von Fachverantwortung, Selbstständigkeit, Risikobereitschaft und Motivation der MitarbeiterInnen soll durch die neuen Organisations- und Steuerungsformen erreicht werden. Ein maßgeblicher Schwerpunkt wird auf die Kostensenkungen gelegt: Effizienz, Kostentransparenz, Kostenbewusstsein, sparsames Handeln sowie Markt und Wettbewerb werden zu zentralen Begriffen auch im Bereich der Jugendhilfe. Die „Budgetierung" löst die kameralistische Haushaltsführung der kommunalen Sozialverwaltung ab und soll das Kostenbewusstsein erhöhen sowie einen flexibleren Einsatz von Geldern ermöglichen.

Neben der Effizienz geht es auch um die Steigerung der Effektivität. Das Handeln der MitarbeiterInnen soll sich stärker am Leistungsergebnis orientieren; es erfolgt eine Steuerung über den sogenannten Output, gemäß derer die Planung, Durchführung und Kontrolle des Verwaltungshandelns strikt an den beabsichtigten und tatsächlichen Ergebnissen zu orientieren ist. Produkte werden als entscheidende Grundlage eines Systems outputorientierter Steuerung eingeführt (Produktpläne und Produktbeschreibungen), um die Wirtschaftlichkeit, die Bürgernähe und die Leistungsfähigkeit der Jugendhilfeverwaltung zu steigern. Neben der Leistungsbereitschaft der kommunalen Sozialverwaltung (Strukturqualität) und dem Leistungsergebnis (Ergebnisqualität) erfährt der potenzielle Nachfrager oder Konsument der Leistung eine Aufwertung im Prozess der Leistungserbringung (Prozessqualität), denn dieser muss als „externer Faktor" mit einbezogen werden, damit „die Leistungsbereitschaft nicht nutzlos vergeht" (Olk/

Otto/Backhaus-Maul 2003: XVII). Nur wenn die Leistung nachgefragt wird kann ein Nutzeffekt, zum Beispiel „bessere Information" oder „Veränderung der motivationalen Basis" des Nachfragers, entstehen. Das Handeln der JugendamtsmitarbeiterInnen soll sich folglich zunehmend am Kunden,[17] Konsumenten beziehungsweise Nachfrager orientieren.

In der Fachöffentlichkeit wird die verstärkte Einbeziehung betriebswirtschaftlichen Denkens und die Einführung neuer Steuerungsinstrumente kritisch betrachtet, aber teilweise auch als Chance für einen Zugewinn an Fachlichkeit und Bürgerorientierung gewertet. Aus fachlicher Sicht sind die Zustände in „sozialstaatlichen Institutionen Sozialer Arbeit" ebenfalls als kritikwürdig einzuschätzen, aber deren Ökonomisierung wird nicht unbedingt als Verbesserung angesehen: „Bürokratie, Schwerfälligkeit, Innovationsfeindlichkeit, Ineffektivität, Klientelisierung und mangelnde Bedürfnisgerechtigkeit sind Zustände, die dringender Abhilfe bedürfen. Dennoch ist es erstaunlich, mit welcher Vehemenz und in welcher Breite sich seit einiger Zeit eine Orientierung auf die Mechanismen der Ökonomie – Markt und Betriebswirtschaft – durchsetzt" (Schaarschuch 1996: 12 f.). Ortmann (1996) benennt Probleme, die mit der Einführung neuer Steuerungsformen in der Sozialen Arbeit beziehungsweise Kinder- und Jugendhilfe entstehen (vgl. Fieseler/Herborth 2001: 144). Die angestrebte „Ökonomisierung des Sozialen" hätte weitreichende Veränderungen zur Folge, die nach fachfremden und für die Soziale Arbeit unsinnigen Kriterien ausgerichtet seien:

„Er betont den Unterschied zwischen Pädagogik und der Erbringung (personenbezogener) Dienstleistungen: Der Pädagoge kann sein ‚Produkt' nur erstellen in einem Prozess wechselseitigen Verstehens zwischen ihm und den Jugendlichen; Bildungsprozesse sind nicht in einem technischen Sinne steuerbar (‚strukturelles Technologiedefizit'); Ziel-Mittel-Überlegungen sind für pädagogische Prozesse nicht anwendbar, weil die Pädagogik ein hermeneutischer Prozess ist, der auf das Bewusstsein der Menschen einwirkt; der Effizienzmessung pädagogischer und beratender Prozesse sind Grenzen gesetzt, die auch mit den neuen Steuerungsmethoden nicht überwindbar seien" (ebd.).

Die Gefahren, die in einer „Ökonomisierung des Sozialen" (vgl. Bröckling et al. 2000) durch die Einführung betriebswirtschaftlichen Denkens und marktförmiger Steuerung in Handlungsfeldern der Sozialen Arbeit, so auch der Kinder- und Jugendhilfe, begründet liegen, fassen Olk, Otto und Backhaus-Maul (2003) zusammen (ebd.: XXXIX f.): Die Transformation komplexer Arbeits- und Leistungsansätze der Jugendhilfe in Produkte wird als problematische Tendenz der Verdinglichung und Nivellierung von fachlichen Standards betrachtet. Es bestehen erhebliche Einwände gegen die Einführung der Kundenmetapher in den Bereich der Kinder- und Jugendhilfe, denn das Konstrukt des mit Geld ausgestatteten, „souveränen Kunden", der die Leistung seiner Wahl konsumiert, entspricht i.d.R. nicht den realen Klientenbeziehungen (zum Beispiel zu unterprivilegierten oder unfreiwilligen Klienten). Ein Steuerungskreislauf aus Produktbildung, Kosten-Leistungs-Rechnung und betriebswirtschaftlichem Controlling ist kaum mit der gesetzlich geregelten Steuerungs- und Planungsdynamik des SGB VIII/KJHG abgestimmt (zum Beispiel Jugendhilfeplanung, individuelle Hilfeplanung, kommunaler Jugendhilfeausschuss, freigemeinnützige Leistungserbringung). Folglich würden insbesondere jugendhilfespezifische Institutionalisierungsformen und Steuerungsmechanismen vernachlässigt. Fieseler und Herborth (2001) nennen weitere Risikofaktoren (ebd.: 143), zum Beispiel eine verkürzte Zielsetzung auf finanzielle Mitteleinsparung durch „Deckelung" der Ausgaben, wobei die Sparpolitik vermeintlich sachbezogen verpackt wird. Eine Tendenz der Deprofessionalisierung ist mit der zunehmenden „Verbetriebswirtschaftlichung" zu befürchten (vgl. Schmidt 1996). Die zunehmende Ausrichtung der kommunalen Sozialverwaltung an ökonomischen und betriebswirtschaftlichen Steuerungsmitteln kann zu Konflikten mit fachlichen und rechtlichen Handlungsorientierungen führen.

Zusammenfassung und Fazit

Ziel des vorangegangenen Abschnitts war, den administrativen Handlungsrahmen für die Implementation des neuen Kindschaftsrechts zu analysieren und das theoretisch und empirisch erfasste Implementationsfeld zu beschreiben. Das Jugendamt stellt den administrativen, institutionellen und fachlichen Kontext für die Implementation des neuen Kindschaftsrechts. In Teil I wurde bereits dargelegt, dass die administrative Handlungsebene durch die rechtlichen Änderungen des neuen Kindschaftsrechts gestärkt wurde, da die Problembearbeitung, wenn sie nicht im familialen Lebenszusammenhang geleistet werden kann, regelmäßig in den administrativen Kontext verwiesen wird. Die Regelungsstrukturen in Jugendämtern sind zum einen hinsichtlich fachlich-professionsbezogener Aspekte und zum anderen bezüglich der bürokratisch- organisatorischen Strukturen beschrieben worden, weil davon auszugehen ist, dass die Gegebenheiten im Handlungsfeld der Kinder- und Jugendhilfe sowie der kommunalen Sozialverwaltung das konkrete Handeln und die Einstellungen der in diesem Bereich agierenden Personen beeinflussen (vgl. Bohnert/Klitzsch 1980: 207). Da die bestehenden Regelungsstrukturen als Merkmal des Implementationsfeldes über die Programmimplementation des neuen Kindschaftsrechts mit entscheiden, geht es auch um die Kompatibilität der Prämissen des zivilrechtlichen Kindschaftsrechts und des öffentlich-rechtlichen Jugendhilferechts. Während sich die Logik des Zivilrechts vornehmlich an der Privatautonomie und den individuellen Gestaltungsmöglichkeiten der einzelnen Rechtssubjekte ausrichtet, geht es in der Logik des sozialrechtlichen Jugendhilferechts um den Unterstützungs- und Hilfebedarf von Kindern, Jugendlichen und deren Eltern. „Wenn somit die kindschaftsrechtlichen Reformen möglicherweise den Strukturen, Logiken und Prämissen des Zivilrechts durchaus adäquat sind, so bedeutet dies nicht, daß sie mit den Logiken, Strukturen und der Programmatik der Jugendhilfe automatisch kompatibel sind" (Münder 1998: 343). Mit dem an Autonomie, Eigenverantwortung und Einvernehmlichkeit der Eltern ausgerichteten neuen Kindschaftsrecht wird eine versöhnungsorientierte, neutrale Handlungsorientierung der JugendamtsmitarbeiterInnen gefördert. Diese Handlungsorientierung widerspricht einer interessenorientierten Kinder- und Jugendhilfe: „Da Jugendhilfe wegen der Kinder und Jugendlichen veranstaltet wird, und da Kinder und Jugendliche gegenüber Erwachsenen – auch gegenüber ihren Eltern – strukturell unterlegen sind, hat Jugendhilfe [...] interessenorientiert zu sein und sich nicht mit „Neutralität" zu begnügen" (Münder 1998: 344). „Interessenorientierung" in der Kinder- und Jugendhilfe ist von der alten (autoritativen) Fürsorglichkeit zu unterscheiden, deren Bezugspunkt die Vorstellungen der professionell Tätigen sind und nicht die Wünsche und Vorstellungen der Betroffenen.

„Die Fürsorglichkeit erwächst dabei der durchaus ernst zu nehmenden Sorge für andere, sie will für andere etwas tun, nach Möglichkeit natürlich mit ihnen, ggf. aber auch gegen sie, zu ihrem ‚Besten'. Deutlich wird dies dort, wo Jugendhilfe Aufgaben wahrnimmt unabhängig davon, ob die Betroffenen diese wollen oder beantragt haben. Sozialpädagogik dagegen orientiert sich an dem Wunsch- und Wahlrecht der Leistungsberechtigten, versucht diese für die Vorstellungen zu gewinnen, verzichtet u.U. auf das ‚Beste' und ‚begnügt sich' mit dem, was mit den Bürgerinnen und Bürgern vereinbart wird" (Münder 1998: 344).

Die fachlich-professionsbezogenen Handlungsorientierungen der JugendamtsmitarbeiterInnen sind von Dienstleistungs- oder Interessenorientierung einerseits und (fürsorglicher) Eingriffsorientierung andererseits geprägt. Ziele und Zwecke des professionellen Handelns im Jugendamt werden durch den Staat als Gesetzgeber weitgehend vorgegeben, die Art und Weise der Leistungserbringung, insbesondere die Interpretation von Ermessensspielräumen erfolgt autonom beziehungsweise unter professionsspezifischer Kontrolle. Die bürokratisch-organisatorischen Handlungsorientierungen der JugendamtsmitarbeiterInnen sind einerseits durch die klassischen Steuerungsmittel Recht (Legitimität und Überprüfbarkeit) und Hierarchie (Zuständigkeit, Instanzenwege) sowie andererseits durch die Einführung neuer Steuerungsmodelle von eher betriebswirtschaftlichen Handlungsformen beeinflusst. Die beiden Referenzsysteme für Handlungsorientierungen werden auch als „Professionalismus" und „Managerialismus" bezeichnet, die sich einerseits auf sozialstaatliche und andererseits auf marktförmige Handlungsmaximen beziehen (vgl. Sommerfeld/Haller 2003; White 2000). Professionelle und ökonomische Rationalitäten bestehen nebeneinander innerhalb von Organisationen, in denen professionelle soziale Dienstleistungen erbracht werden (vgl. Sommerfeld/Haller 2003: 67). „Es ist die Kombination zweier Dimensionen, die den Kontext der organisationellen Regime professioneller Praxis kennzeichnet: die rationelle Verwaltung bürokratischer Systeme sowie die Expertise und der Ermessensspielraum der Professionellen im Hinblick auf die Kontrolle der Inhalte der von ihnen erbrachten Dienstleistungen" (White 2000: 16 in Anlehnung an Clarke/Langan 1993). Der spezifische Kontext im Jugendamt wird folglich durch zwei verschiedene Modi koordiniert: Einerseits „die „bürokratische Koordination" als effiziente, unparteiliche Verwaltung, die routinisierte outputs bereitstellt" und andererseits „die „professionelle Koordination", d.h. eine Expertise, die mehr darstellt als bloße Verwaltungskompetenz und die sich auf eine spezifische Wissensbasis sowie Fähigkeiten sowohl zur Analyse der Ursachen sozialer Probleme als auch zu ihrer Lösung stützen kann" (White 2000: 16, Hervorhebung im Original). Die Grenze beider Koordinationsmodi bildet der politische Wille im Rahmen repräsentativer Demokratie, durch die verschiedene gesellschaftliche Interessen vermittelt werden (ebd.: 17). Schnurr (1998) beschreibt ein Balanceproblem zwischen Rechtmäßigkeit, Wirtschaftlichkeit und Fachlichkeit, das sich insbesondere auch für JugendamtsmitarbeiterInnen stellt (ebd.: 380 in Anlehnung an Pitschas 1994). Nach Schnurr (1998) ist eine Form von Professionalität nötig, die in der Lage ist, mit verschiedenen Rationalitäten und Anforderungen der Ökonomie, des Rechts, der Verwaltung, der Organisation, der Wissenschaft, der Politik und des Alltags (im Sinne von Lebensentwürfen und Bedürfnissen der AdressatInnen) umzugehen (vgl. ebd.: 380).

Beide Handlungsorientierungen (fachliche wie auch organisationsbezogene) gelten zunehmend für SozialpädagogInnen, wie auch für Verwaltungsfachkräfte. Zum Beispiel müssen sich die klassischen Verwaltungsfachkräfte der Beistandschaft (früher Amtspflegschaft) zunehmend an Dienstleistungs- und Beratungsgrundsätzen orientieren, weil mit dem neuen Kindschaftsrecht traditionell-fürsorgliche Eingriffsmöglichkeiten zurückgenommen wurden. Für die sozialpädagogischen Fachkräfte werden dagegen betriebswirtschaftliche Handlungsorientierungen relevant, wenn mit der „Budgetierung" das Kostenbewusstsein erhöht und der Einsatz von Geldern flexibilisiert werden soll. Die sozialstaatlichen Interventionsformen verlagern sich von „Geldtransferleistungen" beziehungsweise ökonomischen Interventionen zunehmend auf „Wissenstransferleistungen" beziehungsweise pädagogische Interventionsformen, wie zum Beispiel Beratung (vgl. Kaufmann 1988, 1995). Der Anspruch auf Beratung und Unterstützung lässt sich nicht im Einzelnen festlegen. Es kommt zu einer zunehmend geringeren Verbindlichkeit bezüglich der Intensität, des Umfangs und der methodischen Ausrichtung der Leistung, so dass die fachliche Interpretationsleistung des Dienstleisters und die kooperative Entscheidungsfindung mit den leistungsberechtigten NutzerInnen an Bedeutung gewinnt beziehungsweise gewinnen könnte. Der „Erfolg" vieler Leistungen des SGB VIII ist abhängig davon, ob und inwieweit die Leistungsberechtigten bereit und motiviert sind, an der Umsetzung der Leistung mitzuwirken. Um die Rechtsansprüche auf personenbezogene soziale Dienstleistungen zu realisieren, müssen die Rechte mobilisiert werden, das heißt die Inanspruchnahme durch die Anspruchsberechtigten ist durch Information und Motivation zu fördern.

Die Kategorie der *Dienstleistung* gewinnt aus fachlich-professioneller wie auch aus organisationsbezogen-betriebswirtschaftlicher Sicht an Bedeutung.[18] Die Wirkung personenbezogener Dienstleistung hängt entscheidend von den Bedürfnissen, Interessen und der Mitwirkungsbereitschaft der NutzerIn ab, so dass der zentrale Wirkungswert von Kooperation und „Ko-Produktion" im Prozess der Erbringung personenbezogener Dienstleistungen zunehmend beachtet wird. Der Begründungszusammenhang der Dienstleistungsorientierung ist allerdings jeweils unterschiedlich: Einerseits geht es um die Legitimation von Dienstleistungshandeln über den Gebrauchswert, den Nutzen und die (Problem-)Angemessenheit der Leistung für die NutzerInnen. Andererseits ist eher der Tauschwert von Leistungen vordergründig, wenn der potenzielle Nachfrager oder Konsument der Leistung als „externer Faktor" eine Aufwertung im (betriebswirtschaftlichen) Prozess der Leistungserbringung erfährt, der mit einbezogen werden muss, damit die Leistungsbereitschaft der Behörde nicht nutzlos vergeht. Die erwünschte „Bürgernähe" wird zum einen mit „Lebensweltorientierung", zum anderen mit „Wirtschaftlichkeit" begründet.

Viele Programminhalte des neuen Kindschaftsrechts besitzen einen „Dienstleistungscharakter", das heißt die Inanspruchnahmebereitschaft der AdressatInnen ist eine wichtige Verantwortung für die Realisierung des Programms. Die Programmverwirklichung durch das Jugendamt muss aktiv befördert werden, um die realen Durchsetzungschancen der Programminhalte zu verbessern. Die Problematik von Angeboten mit Dienstleistungscharakter im Kontext des neuen Kindschaftsrechts wird besonders deutlich, wenn JugendamtsmitarbeiterInnen Trennungs- und Scheidungsberatung konstatieren: „[D]ann kommen die Leute oder sie kommen auch nicht" (10a). Den Verwaltungsfachkräften, die nach dem neuen Beistandschaftsrecht ebenfalls freiwillig in Anspruch zu nehmende Beratungsleistungen anbieten, ergeht es ähnlich, denn „mehr als die Hälfte der angeschriebenen Leute kommen nicht" (5b). Auch in Bezug auf kindschaftsrechtliche Regelungen zeigt sich erneut, dass ein Leistungsangebot von selbst noch keine Nachfrage auslöst (vgl. Röhl 1999). Gesetze über Sozialleistungen müssen mobilisiert werden.

IV Aufgabenwahrnehmung in Jugendämtern nach dem neuen Kindschaftsrecht

Die empirische Rekonstruktion der Aufgabenwahrnehmung in Jugendämtern

Im ersten Teil der Untersuchung wurde herausgearbeitet, dass das neue Kindschaftsrecht (tendenziell) zu einer Verrechtlichung sozialer Beziehungen und Problemlagen führt, ohne diese zu verstaatlichen; und zu einer Vergesetzlichung sozialer Konflikte, ohne diese zu vergerichtlichen. Die zentralen Begriffe, an denen sich diese Entwicklungslinien in den Aussagen der JugendamtsmitarbeiterInnen ablesen lassen, sind „Elternverantwortung", als Synonym für die Ausgestaltung sozialer Beziehungen in der Familie nach rechtlichen „Rahmenvorgaben", und „Einvernehmen", als Leitgedanke für eine außergerichtliche Konfliktlösung durch Vermittlung. Dem Beratungsansatz wird gegenüber der juristischen Intervention der Vorrang eingeräumt, gerichtliche Entscheidungen gelten als „Ersatzhandlungen" (vgl. Oberloskamp 2002: 9).

Es ist davon auszugehen, dass Informations-, Kooperations-, Vermittlungs- und Beratungstätigkeiten entscheidenden Einfluss auf die Inanspruchnahme von Rechten durch einzelne Familienmitglieder und die Ausgestaltung der Problem- und Konfliktlösung im Bereich der Eltern-Kind-Beziehung haben (können). Die Bedeutung personenbezogener sozialer Dienstleitungen (als sozialpolitische Transferleistungen) nimmt auf der administrativen Ebene zu, weil die Verwirklichung der gesetzlichen Regelungen, also die konkrete Ausgestaltung, auf dieser Ebene geleistet wird. Die Gestaltungsfreiräume auf administrativer Ebene wurden durch zunehmend zweckorientierte Handlungsprogramme und größere Ermessensspielräume vergrößert. Das Personal ist weniger Formerfordernissen unterworfen, so dass zweckprogrammierte Verwaltungen sich den politischen Vorgaben entziehen und nach eigenen, „von der Politik kaum zu überwachenden Zweckmäßigkeitskalkülen und vor Ort gewonnenen situativen Einschätzungen" handeln können (vgl. Offe 2001: 433). Informations-, Beratungs- und Vermittlungsprozesse sind als Handlungsprogramme überwiegend zweckorientiert. Die unterschiedlichen Handlungsorientierungen, Gesetzesinterpretationen und Situationseinschätzungen der JugendamtsmitarbeiterInnen sind bezüglich einer Rechtsverwirklichung relevant, die den politischen Erwartungen und rechtlichen Vorgaben des Gesetzgebers entsprechen soll.

In der Kinder- und Jugendhilfe hat auch durch das neue Kindschaftsrecht ein Perspektivwechsel stattgefunden, der sich folgendermaßen beschreiben lässt: „Statt bei bereits aufgetretenen Erziehungsproblemen mit staatlichen Eingriffen zu reagieren, sollen präventiv die Eigenkräfte der Familie gestärkt und unterstützt werden" (Hauck 2000: 2). Dieser Perspektivwechsel wurde bereits durch das SGB VIII angeregt und mit der Kindschaftsrechtsreform weiter vorangetrieben (vgl. BT-Dr. 13/4899 und 13/8511). Beratungsleistungen der Kinder- und Jugendhilfe sind verstärkt worden (zum Beispiel in §§ 17, 18 SGB VIII). Schimke (1998) beschreibt die Veränderungen in der Jugendhilfe durch das Kindschaftsrecht folgendermaßen:

„Die Regelungen im neuen Kindschaftsrecht werden die Grundlagen der Jugendhilfe in wesentlichen Teilen verändern. Im Bereich der Amtspflegschaft und bei der Trennung und Scheidung von Eltern sind Eingriffsmöglichkeiten des Jugendamtes deutlich zurückgenommen worden. Gestärkt wurde die Beratungspflicht mit den Grundsätzen der Freiwilligkeit und partnerschaftlichen Kooperation. Dies bedeutet einen weiteren Schritt in der Familien unterstützenden Konzeption der Jugendhilfe, die im KJHG angelegt ist und jetzt konsequent fortgeführt wird. Andererseits sind mit dem Anwalt des Kindes nach § 50 FGG, dem Umgangsrecht als Recht des Kindes und den entsprechenden Beratungsansprüchen nach § 18 KJHG neue Rechte für Kinder und Jugendliche begründet worden, die mit dieser Konzeption nur schwer in Einklang zu bringen sind. Die Jugendhilfe wird sich mit einem neuen Verhältnis von Eingriff und Leistung auseinandersetzen müssen" (Schimke 1998: 63).

Folglich stehen sich in der Kinder- und Jugendhilfe zwei gegensätzliche Handlungsorientierungen entgegen: Familienunterstützung und Interessenvertretung für Kinder. Interessenvertretung ist hier in einem umfassenden Sinne zu verstehen, das heißt,. sie reicht von der Sicherung des Kindeswohls über die Vertretung der wohlverstandenen Interessen von Kindern bis zu „anwaltschaftlichen" Vertretung des Kindeswillens.

Die handlungsleitenden Orientierungen der befragten JugendamtsmitarbeiterInnen, die kindschaftsrechtlich relevant sind, wurden im Rahmen der Untersuchung themenspezifisch rekonstruiert. Zentral sind die von den JugendamtsmitarbeiterInnen wahrgenommenen Veränderungen durch die

Kindschaftsrechtsreform und die Kompatibilität ihrer Handlungsorientierungen mit den reformierten Regelungen. Recht, als durch Handeln produzierte Struktur oder Objektivität, wirkt strukturierend auf und durch das Handeln der Akteure, hier der befragten JugendamtsmitarbeiterInnen. Die handlungsstrukturierende Wirkung des neuen Kindschaftsrechts wird wesentlich bestimmt durch die Differenz von Politik beziehungsweise gesetzgeberischer Absicht (vgl. Teil II) und Verwaltung beziehungsweise handlungsleitenden Orientierungen in Jugendämtern (vgl. Teil III), sozusagen von der Aufteilung in legitimierende und ausführende Instanzen (vgl. Bohnert/Klitzsch 1980). Da die Verwirklichung politischer Absichten, so auch des Gesetzgebers, weit stärker von Merkmalen des Aushandelns und des Überzeugens gekennzeichnet sind, als von Prozessen des strikten Anwendens formal fixierter Regelungen, stehen die handlungsleitenden Orientierungen der Implementeure im Mittelpunkt der Betrachtung (Deutungen, Selbstverständnis, AdressatInnenbild, Haltungen zu spezifischen Leitformeln etc.). Weitere handlungsstrukturierende Faktoren erwachsen aus den organisatorischen Rahmenbedingungen, weil Prozesse der Rechtsverwirklichung vom Zustand des betreffenden (regionalspezifischen) Implementationsfeldes beziehungsweise dessen Ressourcen abhängig sind (vgl. Teil III).

In diesem Teil des Buches werden die Ergebnisse der Datenauswertung dargestellt. Es geht um die Frage, „wie" die ExpertInnen in Jugendämtern das neue Kindschaftsrecht verwirklichen beziehungsweise implementieren. Ziel der vorliegenden Untersuchung ist die theoriegeleitete Rekonstruktion der spezifischen Art und Weise, in der das neue Kindschaftsrecht in die Jugendhilfepraxis eingeflossen ist, d.h. die spezifische Aufgabenwahrnehmung in Jugendämtern nach dem neuen Kindschaftsrecht, die aus den erhobenen Daten rekonstruiert werden konnte. Für die nachfolgend dargestellten Ergebnisse kann nicht der Status „abschließender Befund" erhoben werden, da es zum Befragungszeitpunkt zu früh war, um die Implementation als abgeschlossen zu betrachten. Folglich handelt es sich eher um eine Momentaufnahme in einem komplexen Veränderungsprozess. Es geht um die Erfassung themenspezifischer Spektren von Deutungen und Selbstzuordnungen der Befragten sowie deren Praxen der Rechtsverwirklichung.

Die *Ergebnisse* der Datenauswertung und theoriegeleitete Interpretation speisen sich aus drei „Vergleichsebenen":
- *Vergleich der Aufgabenwahrnehmung in Jugendämtern mit den Regelungen des neuen Kindschaftsrechts (Ebene I):* Es liegt eine Vielzahl von kleinteiligen Ergebnissen und konkreten Gestaltungsbeispielen der befragten JugendamtsmitarbeiterInnen aus dem ASD und der Beistandschaft vor, mit denen die praktische Verwirklichung der Gesetzesänderungen des Kindschaftsrechts durch das Jugendamt dargestellt wird.

Auf dieser Ebene können Aussagen dazu getroffen werden, wie die Rechtsänderungen praktisch wirksam geworden sind, welche Hindernisse und Probleme bestanden beziehungsweise wie diese im regionalspezifischen Kontext gelöst wurden. Regionalspezifisch unterschiedliche Arten der Aufgabenwahrnehmung zeichneten sich ab und werden herausgearbeitet. Je größer die vom Gesetzgeber belassenen Handlungsspielräume der einzelnen Regelungen sind, desto mehr unterschiedliche Ausgestaltungen sind auf der administrativen Ebene möglich. Ziel war, das Untersuchungsfeld möglichst variantenreich zu erfassen. Die Ergebnisse sind als „praxisgesättigte" Darstellung der Aufgabenwahrnehmung zu betrachten.

- *Vergleich der Handlungsorientierungen in Jugendämtern nach dem neuen Kindschaftsrecht (Ebene II):* Themen- oder regelungsbereichsbezogen lassen sich unterschiedliche und ähnliche Handlungsorientierungen, Haltungen und Erfahrungen der JugendamtsmitarbeiterInnen typisieren. Die Vergleichsdimensionen wurden aus dem Datenmaterial rekonstruiert. Insbesondere an den rekonstruierten Handlungsmaximen, Selbstverständnissen und AdressatInnenbildern wird deutlich, dass die unterschiedlichen Handlungstendenzen der Akteure die Implementation des neuen Kindschaftsrechts beeinflussen.

- *Theoriegeleitete Kontextualisierung der Aufgabenwahrnehmung in Jugendämtern als Neujustierung staatlich-öffentlicher und familial-privater Verantwortung (Ebene III):* Am Beispiel „neues Kindschaftsrecht" werden veränderte Formen gesellschaftlicher Regulation oder Steuerung aufgezeigt (vgl. Teil I). Die aktuellen sozialpolitischen Rationalitäten und Regulierungsstrukturen werden als „Regieren aus der Distanz" beschrieben. Der sozialpolitische Rückbau staatlich-öffentlicher Verantwortung bei gleichzeitiger Einforderung familial-privater Verantwortung sowie der scheinbare Zuwachs an Freiheit und Autonomie wird abschließend aus einer an Foucault angelehnten „gouvernementalitäts-analytischen" Perspektive betrachtet.

Die Aufgabenwahrnehmung nach dem neuen Kindschaftsrecht

Schlüsselbegriffe der veränderten Jugendamtsaufgaben sind Beratung, Unterstützung und Vermittlung (zum Beispiel in §§ 17, 18 SGB VIII). Dies gilt mit unterschiedlichen Akzenten für die Arbeit des ASD und der Beistandschaft. Die Kontrollmöglichkeiten der Jugendämter sind weitgehend zurück genommen worden. Im Gegenzug wurden die Rechtsansprüche von Eltern/Elternteilen auf Beratung und Unterstützung verstärkt. Der Anspruch der Mütter und Väter richtet sich in der Regel auf Beratungsleistungen, d.h. auf eine soziale Dienstleistung im Sinne von § 11 SGB I. „Ihr

Inhalt lässt sich nicht exakt vorausbestimmen. Was Beratung erbringt, wird von dem Zusammenwirken der Leistungsberechtigten mit dem die Beratung anbietenden Leistungserbringer abhängen" (Hauck 2000: 6). Es handelt sich folglich um „harte" Rechtsansprüche auf „weiche" Leistungen,[1] da der Anspruch zwar einklagbar ist, aber die regional- und personalspezifische Ausgestaltung der Beratung und Unterstützung in den einzelnen Jugendämtern stattfindet und somit variabel ist. In den Kategorien *„Beratung, Vermittlung und Mitwirkung"* und *„Beratung, Beistandschaft und Beurkundung"* werden die Aussagen der befragten JugendamtsmitarbeiterInnen zu zwei kindschaftsrechtlich relevanten Bereichen erfasst: Es geht um die Elternverantwortung nach Trennung und Scheidung, beziehungsweise die Beratung, Unterstützung, Vermittlung und Mitwirkung der Jugendämter in diesen Fällen sowie um die Elternverantwortung nach Kindesgeburt außerhalb der Ehe beziehungsweise die Beratung, Unterstützung und Beurkundung der Jugendämter in diesen Fällen. Zu themenspezifischen Zusammenhängen werden Haltungen, Positionierungen und Erfahrungen der JugendamtsmitarbeiterInnen rekonstruiert. Aus dem empirischen Material der Experteninterviews wurden Daten zu folgenden Themen gewonnen:

- *Organisatorische und personelle Anforderungen* des neuen Kindschaftsrechts, die auf regionalspezifische Organisationsformen, Aufgabenteilungen, Personalausstattungen und Personalqualifikationen innerhalb der Jugendämter treffen.
- *Information* als Voraussetzung für eine Aufgabenwahrnehmung nach dem neuen Kindschaftsrecht und als Aufgabe der JugendamtsmitarbeiterInnen.
- *Kooperation* als Voraussetzung für eine Aufgabenwahrnehmung nach dem neuen Kindschaftsrecht und als Aufgabe der JugendamtsmitarbeiterInnen.
- *Beratung, Vermittlung und Mitwirkung* als besondere Formen der Unterstützung durch den ASD in Fällen von Trennung und Scheidung von Eltern minderjähriger Kinder.
- *Beratung, Beistandschaft und Beurkundung* als besondere Formen der Unterstützung durch „Verwaltungsabteilungen" in Fällen von Kindesgeburt außerhalb der Ehe oder bei Alleinsorge.

Beratung als ein Zentralbegriff in der Sozialen Arbeit und der Jugendhilfe kann als pädagogische oder psychosoziale Intervention betrachtet werden. Es handelt sich im weitesten Sinne um eine problemzentrierte Interaktion zwischen Ratsuchendem und Berater, mit dem Ziel, Wissensrückstände aufzuarbeiten, Alternativen aufzuzeigen und Entscheidungshilfen zu geben. Beratung wird interpretiert als ein aufklärendes Verfahren (Entscheidungshilfen, Orientierung), als ein befähigendes, motivierendes Verfahren oder als ein kooperatives und unterstützendes Verfahren (vgl. Hottelet

1996). Übereinstimmung herrscht in der Ansicht, dass Beratung nur stattfindet wenn ein Klient Beratung wünscht, wenn er in der Lage ist, den interaktionalen Prozess der Beratung als verbalen Dialog einzugehen und durchzuhalten, und wenn der Berater keinen Einfluss darauf nimmt, wann, wie und für was sich der Klient während oder nach der Beratung entscheidet. Diese „nondirektive" Haltung von Beratern sowie die Freiwilligkeit der Inanspruchnahme wird durch die Änderungen im Kindschaftsrecht teilweise durchbrochen, wenn Eltern die gemeinsame elterliche Sorge intensiv „nahe gelegt" wird oder sie vom Familienrichter zur „Zwangsberatung" geschickt werden.

Ein konstitutiver Bezugspunkt von Beratung ist der gesetzliche Auftrag an die Soziale Arbeit.[2] Leitnorm ist § 1 des Sozialgesetzbuches (SGB I-Allgemeiner Teil) mit dem Hinweis auf Beratung als Hilfe zur Selbsthilfe. § 14 SGB I begründet ausdrücklich den Anspruch auf eine umfassende und sorgfältige Beratung. Darüber hinaus regeln u.a. die §§ 8 II, 124 und 126 BSHG sowie die §§ 17, 18, 21, 51, 52a und 53 des SGB VIII die Beratungsaufgaben. Die Beratungspflicht ist dem Grunde nach ausreichend abgesichert; Umfang und Qualität bleiben aber offen, sie ergeben sich aus dem Sinn und Zweck der Gesetze und sind vom jeweiligen Fall her zu bestimmen. Wenn es im Rahmen des SGB VIII um Beratungs- und Unterstützungsleistungen geht, sind diese in der Regel persönliche Hilfen als Dienstleistung im Sinne von § 11 SGB I. Nach Kunkel ist Beratung begrifflich als eine Form der Unterstützung zu fassen: „Beratung ist eine verbale Hilfe bei der Bewältigung von Problemen, seien sie rechtlicher oder tatsächlicher Art (Rechts- und Lebensberatung)" (Kunkel 1998: 195). Unterstützung ist, zum Beispiel im Zusammenhang mit Leistungen nach § 18 I SGB VIII, eine über den verbalen Rat hinausgehende Hilfe („helfende Beziehung"). „Sie umfaßt Information, Begleitung, Belehrung, Recherche, Berechnung, Mitwirkung bei der Korrespondenz" (ebd.). Die Unterstützungspflicht des Jugendamtes, die sich aus § 17 II SGB VIII ergibt, geht ebenfalls über die Beratungspflicht (§ 17 I SGB VIII) und die Paragrafenüberschrift hinaus (Beratung in Fragen der Partnerschaft, Trennung und Scheidung), denn sie erfordert „aktive Mithilfe („Entwicklungshilfe") für ein Sorgerechtskonzept" (Kunkel 1998: 188). Eine Beratung geht in der Regel der Unterstützungsleistung voraus.

Vermittlung als Aufgabe oder Leistung der Jugendhilfe hat das Ziel, eine eigenständige, außergerichtliche Konfliktlösung, insbesondere in Trennungs- und Scheidungssituationen, zu fördern:

„Vermittlung ist ein systemischer, zeitlich begrenzter, stufig strukturierter, zukunftsorientierter Prozeß mit dem Ziel, Kommunikation und Kooperation zwischen den Konfliktparteien zu fördern, vorhandene Ressourcen zu fördern, die Ausbildung von Alternativen und Optionen zu maximieren und eine Vereinbarung zwischen den Parteien auf der Grundlage ihrer subjektiven Interessenlage zu erreichen, die von beiden Seiten als fair akzeptiert werden kann. Mit Hilfe eines unparteiischen und neutralen Vermittlers erarbeiten die Eltern selbst eigenverantwortete und einvernehmliche Regelungen ihrer aktuellen Konflikte unter Beachtung ihrer subjektiven Bedürfnisse und Interessen. Sie schaffen damit die Grundlage, zukünftige Streitfragen ebenfalls selbständig und einvernehmlich zu regeln" (Proksch 1998: 20).

Der „Vermittler" ist weder Schlichter, noch Therapeut, d.h. er versucht nicht, Entscheidungen aufzuzeigen oder sie den Konfliktparteien aufzuzwingen, sondern soll ein „Brückenbauer" sein, mit dessen Hilfe die Parteien in die Lage versetzt werden, ihre Konflikte zukunftsbezogen, gemeinsam und eigenständig zu lösen, zu verringern oder zu steuern (vgl. Proksch/BMFSFJ 1998: 30). Als Vorteil von „Vermittlung" wird benannt, dass diese Vorgehensweise zur „qualitativen Verbesserung von Justizgewährleistung durch Justizentlastung und durch eigenverantwortliche Teilnahme der Parteien, qualitative Verbesserung von jugendhilferechtlicher Mitwirkung in streitigen Verfahren durch Aktivierung familialer Ressourcen und Hilfe zur Selbsthilfe" führt (ebd.). Proksch (1998) fordert eine neues Aufgabenverständnis in der Kinder- und Jugendhilfe:

„Nach dem Verständnis des KJHG scheint eine Neudefinition der Aufgabe der Jugendhilfe bei Trennung und Scheidung unumgänglich. Weder ist der ‚besser geeignete' Elternteil zu bestimmen, noch ist die ‚am wenigsten schädliche Alternative zum Schutz von Wachstum und Entwicklung' (Goldstein/Freud/Solnit 1974, 49) zu bestimmen, vielmehr ist zusammen mit den Eltern die Regelung zu finden, die dem ‚Wohl des Kindes' am besten dienen kann [...]. Staatliches Tätigwerden in familiären Konfliktfällen muß deshalb vorrangig darauf gerichtet sein, den Ausgleich zwischen den beiden eigenständigen Rechtspositionen beider Eltern vorzunehmen, ohne ihren Vorrang als Erziehungsträger anzutasten. Daher hat der Staat vor dem Eingriff zu versuchen durch helfende und unterstützende Leistungen die einvernehmliche elterliche Konfliktregelung zu befördern (Bverf-GE 24 [...])" (Proksch/BMFSFJ 1998: 27f).

Es ist fraglich, wie dieses neue Aufgabenverständnis, das eine neutrale Vermittlerstellung von den JugendamtsmitarbeiterInnen verlangt, mit den anderen Aufgaben des Jugendamtes, beispielsweise dem Schutz des Kindeswohls, zu vereinbaren ist. Vermittlung wird nur durch eine Kindeswohlgefährdung begrenzt.[3] Aufgabe der JugendamtsmitarbeiterInnen ist, insbesondere bei der Mitwirkung in strittigen Sorge- und Umgangsrechtsverfahren, die Bereitschaft zur Vermittlung[4] bei den Eltern zu wecken, so dass diese aktiv am Vermittlungsprozess mitarbeiten. Der zentrale Ansatzpunkt für Vermittlung zwischen den Eltern ist die gemeinsame Verantwortung, die sie für ihr Kind oder ihre Kinder tragen, auch wenn sie sich als Paar trennen.

Die Möglichkeiten staatlicher Intervention sind zurückgenommen worden, um den Eltern eine größere Autonomie hinsichtlich der Regelung von Konflikten zu übertragen. Es wird davon ausgegangen, dass eigenständig erarbeitete Problemlösungen wirkungsvoller sind, als Fremdentscheidungen durch Gerichte. „Kooperative Vermittlung (Mediation) ist „Hilfe zur Selbsthilfe". Sie hilft Eltern eigene, einvernehmliche Konfliktregelungen zu finden. Kooperative Vermittlung fördert elterliche Kooperation und Kommunikation. Sie entlastet damit Eltern und Kinder in für sie oft schwer handhabbaren Krisensituationen" (Proksch 1998: 7).

Fragt man im technischen Sinn, welche Arbeitsbelastungen und welche Entlastungen durch die Kindschaftsrechtsreform für die Kinder- und Jugendhilfe entstehen, dürfte sich nach Wiesner kein Ausgleich ergeben (vgl. tabellarische Aufgabenbilanz Tabelle 2).

„Insgesamt ergibt sich aus dieser Aufgabenbilanz eindeutig, daß die Jugendhilfe, also die Jugendämter, aber auch freie Träger, durch die Kindschaftsrechtsreform zusätzlich belastet werden. Vor dem Hintergrund der derzeitigen Haushaltssituation ist jedoch zu befürchten, daß diese Aufgaben mit dem vorhandenen Personal bewältigt werden müssen. Voreilige Prognosen von Kämmerern und Hauptämtern, die Kindschaftsrechtsreform führe wegen der Abschaffung der gesetzlichen Amtspflegschaft zu einer Entlastung der Jugendämter, entbehren jedoch nach dieser Gegenüberstellung jeder Grundlage. Vielleicht kann diese Aufgabenbilanz wenigstens dazu beitragen, einen weiteren Personalabbau in den Jugendämtern zu verhindern – auch dies wäre in vielen Fällen bereits ein Fortschritt" (Wiesner 1998: 281).

Es fallen zwar Aufgaben der Jugendhilfe weg, zum Beispiel mit der Abschaffung der Amtspflegschaft für nichteheliche Kinder und der rückläufigen Mitwirkung im gerichtlichen Verfahren, doch dafür kommen auch neue Aufgaben, zum Beispiel der Information, Beratung und Vermittlung hinzu. Im Vergleich führt das neue Familienrecht in einer Aufgabenbilanz eher zu Mehrbelastungen der Jugendhilfe, wenn davon auszugehen ist, dass die neuen Aufgaben mit dem gleichen Personal zu tragen sind (vgl. Wiesner 1998: 280 ff.). Zusammengefasst zieht Wiesner für die Jugendämter folgende Aufgabenbilanz nach der Reform des Kindschaftsrechts:

Tabelle 2: Aufgabenbilanz für das Jugendamt (vgl. Wiesner 1998: 285)

Vor der Reform	Nach der Reform	Kostenfolgen (Gesetzesbegründung)
Amtspflegschaft für nichteheliche Kinder (volljähriger Mütter)	Beistandschaft für alle alleinerziehenden Elternteile Pflicht zur Information von Müttern nichtehelicher Kinder sowie auf Wunsch Beratung und Unterstützung (§ 52a SGBVIII)	Alte Bundesländer: Zahlen künftig deutlich unter der Hälfte der bisherigen Amtspflegschaft, aber keine gleichstarke Entlastung, da Beistandschaft vor allem in schwierigen Fällen beantragt wird. § 52a fordert nicht unerheblichen Personaleinsatz. Dafür ist das freiwerdende Personal einzusetzen. Neue Bundesländer: Mehrbelastung durch Beistandschaft wird (mindestens) ausgeglichen durch geringeren Sozialhilfeaufwand aufgrund von Unterhaltszahlungen nach Vaterschaftsfeststellung.
Beratung nach § 17 SGBVIII als „Soll"- Leistung	Rechtsanspruch auf Beratung nach § 17 SGB VIII	
	Pflicht zur Information scheidungswilliger Eltern über Beratungsangebote (§ 17 III SGB VIII)	
Rechtsanspruch auf Beratung umgangsberechtigter Elternteile (§ 18 III SGBVIII)	Rechtsanspruch auf Beratung des Kindes und Jugendlichen, des umgangsberechtigten Elternteils sowie weiterer Umgangsberechtigter (§ 18 III SGB VIII)	
	Beteiligung des Jugendamts am „begleiteten" Umgangsrecht (§ 1684 III BGB)	
Mitwirkung in Verfahren über die elterliche Sorge nach Scheidung und bei Getrenntleben der Eltern (§ 49a FGG)	Mitwirkung in Verfahren über die elterliche Sorge bei Getrenntleben der Eltern (§ 49a FGG)	
	Beurkundung von Sorgeerklärungen (§ 59 I 8 SGB VIII)	Nach der Regierungsbegründung geben 10% der nicht verheirateten Eltern eine Sorgeerklärung ab, dies sind 12.000 Beurkundungen bei 600 Jugendämtern.
	Auskunft über die Nichtabgabe von Sorgeerklärungen (§ 58a SGB VIII), Nachfrage beim Jugendamt des Geburtsorts (§ 87c VI SGB VIII)	Regierungsbegründung: Keine nennenswerten Mehrkosten, da nicht damit zu rechnen ist, dass die Auskunft in großer Zahl begehrt wird.
	Treuhänderische Rückübertragung des Unterhaltsanspruchs an das Kind oder den Jugendlichen (§ 94 IV SGB VIII)	
	Protokollierung einer Erklärung des Unterhaltsschuldners über die Höhe des zu lastenden Unterhalts (§ 59 I Satz 1 Nr. 9 SGBVIII)	

Organisation, Personalbedarf und Personalqualifikation

Die Organisation der Jugendamtsverwaltung ist nicht im Bundesgesetz SGB VIII geregelt.[5] Laut Münder (2000: 166) sehen auch die Ländergesetze meist keine detaillierteren Bestimmungen vor. Demzufolge liegt die Gestaltung in kommunaler Autonomie, die ganz unterschiedliche kommunalspezifische Organisationsformen hervorbringt (vgl. Kreft/Lukas et al. 1993). Da sich die Organisationsformen oft an den herkömmlichen Verwaltungsprinzipien orientieren, bestehen zumeist ähnliche Organisationsstrukturen. „Ein vertikaler (hierarchischer) Aufbau und eine horizontale (ressortmäßige) Gliederung (Abteilungen). In den ressortmäßig gegliederten Abteilungen finden sich oft die klassischen Arbeitsfelder der Jugendhilfe wieder, was nicht selten einen integrativen Ansatz erschwert" (Münder 2000: 166, Hervorhebungen im Original). Der übliche sozialpädagogische Basisdienst ist der ASD (allgemeiner sozialer Dienst, allgemeiner Sozialdienst oder sozialpädagogischer Dienst, früher Familienfürsorge). Dieser soll die Menschen im Jugendamtsbezirk erreichen, sowohl mit den Leistungen des Jugendamtes als auch mit „anderen Aufgaben", zum Beispiel der Sicherung des Kindeswohls. Eine Trennung von Innen- und Außendienst ist in einigen Jugendämtern noch anzutreffen; der Außendienst ist für die sozialpädagogische/sozialarbeiterische Tätigkeit mit den BürgerInnen zuständig, der Innendienst entscheidet Verwaltungsfragen. Zum Teil wurden diese organisatorischen Trennlinien im Kontext von Dezentralisierung des ASD durchbrochen, der Bereich der Beistandschaften, Beurkundungen und Unterhaltssachen wird allerdings weiterhin regelmäßig zentral organisiert. Die Organisation und Aufgabenteilung innerhalb der Jugendämter ist regionalspezifisch unterschiedlich und musste folglich im Untersuchungskontext mitbeachtet werden (vgl. Teil III).

Die Erscheinungsformen und Entwicklungen jedes einzelnen Jugendamtes in der BRD hängt von vielen lokalen Variablen ab, die der historische Gesetzgeber des RJWG und der Novelle von 1953, bei der Forderung nach einer flächendeckenden Einführung von Jugendämtern weder vorgegeben noch vorausgesehen hatte (vgl. Lukas/Kreft et al. 1993; Müller 1994; Vogel 1960). Auch wenn das SGB VIII Qualitätsstandards eingeführt hat, sind regional unterschiedliche historisch gewachsene Organisationsformen ebenso zu erwarten, wie Unterschiede nach Stadt und Land (Größe, Ausstattung, Infrastruktur), Unterschiede in der Aufteilung der Pflichtaufgaben (Eigentätigkeit der Jugendämter oder Delegation an freie Träger), Unterschiede in der fachlichen Kompetenz und dem professionellen Selbstbewusstsein sowie nach steuergeldabhängiger Leistungsfähigkeit (vgl. Müller 1994). Insbesondere die Jugendämter in den neuen Bundesländern haben im Vergleich mit den Jugendämtern in den alten Bundesländern mit besonderen (Personal-)Problemen zu kämpfen. Die regionalspezifische Organisation und Aufgabenteilung ist u.a. abhängig von den zur Verfügung stehenden Ressourcen (Geld, Personal, Qualifikation, Räume, Trägerstruktur). Die Rahmenbedingungen wie Fläche, Lage, Einwohnerzahl[6] und -dichte bestimmen zum Teil den Zugang zu diesen Ressourcen mit (zum Beispiel durch Steuereinnahmen). Eine besondere Herausforderung hinsichtlich der Angebotsversorgung stellen Landkreise mit großer Fläche und geringer Einwohnerzahl.[7] In der Untersuchung werden Landkreisjugendämter[8] (LK) und Stadtjugendämter (S) als organisatorische Untergruppen unterschieden, weil die organisatorischen Anforderungen jeweils unterschiedlich sind.

Forschungslogisch wurden verschiedene kindschaftsrechtlich neu gestaltete Situationen unterschieden und ausgewählt, in denen das Jugendamt beziehungsweise MitarbeiterInnen unterschiedlicher Jugendamtsabteilungen tätig sind. Dies sind Situationen beziehungsweise Fälle, in denen es um Trennung und Scheidung von Eltern minderjähriger Kinder, Umgangs- und Sorgerechtsstreitigkeiten, Probleme der status- und unterhaltsrechtlichen Absicherung von Kindern oder gemeinsame Sorge bei nichtehelich geborenen Kindern geht. Diese Aufgaben werden von organisatorisch getrennten und regionalspezifisch unterschiedlich gestalteten „Abteilungen" im Jugendamt wahrgenommen:

- Der Aufgabenbereich des *ASD* beziehungsweise des Sozialpädagogischen Dienstes[9] und der sachlich diesem Bereich zugeordneten Beratungsstellen, bezieht sich auf die rechtlich neu gestalteten Aufgaben der Information, Beratung und Vermittlung in Trennungs- und Scheidungsfällen mit minderjährigen Kindern oder bei Sorge- und Umgangsstreitigkeiten sowie der Mitwirkung im familiengerichtlichen Verfahren.
- Der Aufgabenbereich der *Beistandschaft*[10] leistenden Abteilungen oder Sachgebiete der Jugendämter beinhaltet im Regelfall auch Beurkundungen, Beratung in Unterhaltsfragen u.ä. Die freiwillige Beistandschaft ist rechtlich neu gestaltet und löst die gesetzliche Amtspflegschaft für nichtehelich geborene Kinder ab. Damit verbunden sind erweiterte Informations- und Beratungsaufgaben. Eine weitere neue Aufgabe ist die Beurkundung der gemeinsamen elterlichen Sorge nicht verheirateter Eltern nach ausführlicher Beratung und Rechtsbelehrung.

Die Auswertung der Daten zeigt, dass das neue Kindschaftsrecht, entgegen der Erwartungen von Experten, eher *nicht* zu Umorganisationen innerhalb der Jugendämter geführt hat. Aber einige JugendamtsmitarbeiterInnen fragen sich, ob organisatorische Veränderungen nötig gewesen wären.

Umorganisation durch das neue Kindschaftsrecht
„[E]s [kann] da auch gar keine Umorganisation geben" (2a).
„[G]ibt es nicht Dinge, die sich aus dem neuen Kindschaftsrecht ergeben, die man hier umorganisieren müsste" (9al).

„Bei uns hat sich nichts umorganisiert, aber wir sind immer mal wieder am Überlegen" (9a).

Es sind allerdings organisatorische Unterschiede zwischen den Jugendämtern vorhanden, die kindschaftsrechtlich relevante Bereiche betreffen. In den Orten, die eine separate Trennungs- und Scheidungsberatungsstelle unterhalten, wurde diese schon vor der Reform eingerichtet. In der Regel ist der ASD beziehungsweise der Sozialpädagogische Dienst für die Trennungs- und Scheidungsberatung zuständig, die zentral oder dezentral in Außenstellen und Stadtteilzentren geleistet wird. „Hausbesuche" und „Außensprechstunden" sind Möglichkeiten, die zum Teil weiten Wege für die AdressatInnen zu verkürzen. Ein Personalmehrbedarf ist (bis jetzt) nicht entstanden, da die Beratungs- und Mitwirkungsfälle quantitativ rückläufig sind. Veränderte Qualifikationsanforderungen für MitarbeiterInnen des ASD ergeben sich aus der verstärkten Vermittlungsaufgabe in Trennungs- und Scheidungskonflikten.

Die Aufgaben der Beistandschaft und Beurkundung werden in der Regel der Abteilung „Verwaltung" zugerechnet, die sich zentral im Jugendamt befindet. In diesem Bereich ist es eher zu internen Verschiebungen von Aufgaben und zu einem Personalmehrbedarf im Kontext von Beratungs- und Beurkundungsaufgaben gekommen.

Personalbedarf und Personalausstattung: „[...]Am liebsten hoffen wir, mehr Stellen zu bekommen, mehr Qualität" (7al)
Im Bereich der Personalausstattung hat es infolge der Kindschaftsrechtsreform, insbesondere in den Jugendämtern der neuen Bundesländer Veränderungen gegeben, da für die Einführung der neuen Beistandschaft in der Regel nicht genügend Personal vorhanden war. Die Einführung des neuen Kindschaftsrechts hat zu einer Personalmangelsituation in den neuen Ländern geführt, denn im Bereich der Beistandschaft hat das neue Kindschaftsrecht einen Personalmehrbedarf ausgelöst. Die Ablösung des Modells „Amtspflegschaft" für Kinder, die nicht in einer Ehe geboren wurden, sollte durch die freiwillige Beistandschaft laut Gesetzgeber personalneutral umgesetzt werden, da die „alten Amtspfleger" nun die Beistandschaftsfälle bearbeiten würden. Dies lässt sich für Jugendämter in den alten Bundesländern zum Teil verwirklichen. Allerdings gilt dies nicht für Jugendämter in den neuen Bundesländern, da auf dem Gebiet der ehemaligen DDR die Amtspflegschaft nach der deutschen Wiedervereinigung nicht eingeführt wurde.

Personalbedarf nach Einführung der freiwilligen Beistandschaft
„Der Personalstand [...] ist geblieben, jeder hat seinen Personenkreis behalten, die sind

aufgeteilt nach Buchstaben des Nachnamens. Hat sich nichts verändert. Das ist gleich geblieben" (B I6b 183-185).
„[...] Aus der Sicht der alten Bundesländer, [...] [ist] dieses Gesetz [...] personalneutral [...], Amtspflegschaft fiel ja damit weg. Und die Amtspfleger waren ja da. Und die Amtspfleger sollten dann die Beistandschaften übernehmen vor dem Hintergrund: na ja gut, wenn die Fallzahlen dann unter die der Amtspflegschaften fallen, dann muss man natürlich gucken, aber man hat gesagt, auf keinen Fall wären sie über diesen Fallzahlen der Amtspflegschaften. Aber jetzt haben wir gefragt, bei uns gab es keine Amtspflegschaft [...] Was ist mit dieser Aussage auf die neuen Bundesländer bezogen, wo es die Amtspfleger nicht gibt?" (AL I7al/b 206-222).

Bei der Umstellung der Amtspflegschaft auf die freiwillige Beistandschaft ist damit zu rechnen, dass in den neuen Bundesländern, besonders in einwohnerarmen Landkreisen, größere Probleme bestanden und bestehen, eine quantitativ und qualitativ ausreichende Personalausstattung zu erreichen. Die Möglichkeiten, die durch die neue Beistandschaft entstandenen Personalprobleme zu lösen, unterscheiden sich je nach Jugendamt: Teilweise wurde der Urkundsbereich frühzeitig ausgeweitet, um die zunehmende Nachfrage nach der Beurkundung der gemeinsamen elterlichen Sorge durch nicht verheiratete Eltern auszugleichen und es wurden intern Aufgaben umverteilt (alte Bundesländer). In anderen Jugendämtern (neue Bundesländer) musste der Personalbestand aufgestockt bzw. neues qualifiziertes Personal für die Beistandschaft eingestellt werden.

Für den Bereich des ASD gibt es keine Hinweise auf Personalmehrbedarf durch das neue Kindschaftsrecht, wohl aber auf Personalprobleme, die auch schon vor der Reform bestanden und nach der Reform eine neue Brisanz erreichten: Wenn der ASD mit einer so geringen MitarbeiterInnenzahl ausgestattet ist, dass hauptsächlich „Notfälle" wie zum Beispiel Kindeswohlgefährdungen bearbeitet werden, kann die Trennungs- und Scheidungsberatung kaum durchgeführt werden, weil die Kapazitäten fehlen. Vor dem beschriebenen Hintergrund sind die ASD-MitarbeiterInnen froh, wenn Eltern sich von anderen Beratungsstellen beraten lassen.

Personalprobleme im ASD
„[...] im Grunde die Leute, die diese Trennungs- und Scheidungsberatung wirklich kriegen sollten, – und die wir eigentlich anbieten müssen, es ist einfach unsere Pflicht auch – fallen bei uns einfach hinten runter, das müssen wir ganz klar so sagen, wir haben die Zeit einfach nicht. Also, im Moment ist es alles so, dass wir sagen können, wir sind im Moment nur noch Feuerwehr und versuchen noch das aller, aller, allerallerdringendste und notwendigste an Unterbringung und irgendwelchen Maßnahmen irgendwie zu machen, ansonsten, solche Dinge schieben wir gerne auf, ja, müssen wir irgendwie aufschieben, leider, wir werden den Leuten überhaupt nicht gerecht" (A I8a/b 526-541).
„Wir sind auch nicht ganz unglücklich, wenn die Leute auch woanders sich beraten lassen, weil wir eben das einfach zeitlich nicht hinbekommen" (A I8a/b 603-605).

Das neue Kindschaftsrecht stellt die Jugendämter nicht nur vor veränderte Anforderungen hinsichtlich der quantitativen Personalausstattung, sondern auch vor neue Qualifikationsanforderungen.

Personalqualifikation: „[W]ir [sind] gelernte Verwaltungsleute und keine Sozialarbeiter" (1b)
Im ASD sind in der Regel sozialpädagogische Fachkräfte beschäftigt, die die Beratung in Trennungs- und Scheidungsfällen auch vor der Kindschaftsrechtsreform geleistet haben. Ein weitgehend neuer Aspekt ist die „Vermittlung" zwischen streitenden Parteien, das bedeutet eine eher mediative Herangehensweise, die nach dem neuen Kindschaftsrecht erforderlich ist. In einem Kommentar zum SGB VIII werden die Qualifikationsanforderungen an Fachkräfte der Trennungs- und Scheidungsberatung folgendermaßen beschrieben:

„Als Regelqualifikation ist die staatliche Anerkennung als Diplom-Sozialpädagoge/in oder Diplom-Sozialarbeiter/in vorauszusetzen. Insbesondere der Studienschwerpunkt Familienhilfen schafft bei Vermittlung beraterischer Kompetenzen und familienrechtlicher Kenntnisse geeignete Grundlagen für die Beratung in Trennungs- und Scheidungsphasen von Familien. Trennungs- und Scheidungsberatung ist immer auch Beziehungsarbeit und erfordert neben sachlichen und methodischen Kenntnissen in erheblichem Maße persönliche Kompetenz. Dazu gehört die Bereitschaft, sich auf die Gefühle von Eltern und Kindern einzulassen, eigene Gefühle zu reflektieren und Supervision, Fach- und kollegiale Beratung anzunehmen" (Schulz 2001: 27f).

Des Weiteren werden intensive berufsbegleitende Fortbildungen gefordert, insbesondere zur Vertiefung der Kenntnisse in Methoden der Gesprächsführung und Verhaltensmodifikation, der Entwicklungsbedürfnisse von Kindern und Jugendlichen sowie in rechtlichen Fragen der Sozialleistungen (vgl. ebd.: 28).

Als Beistände, Urkundspersonen und BeraterInnen in Unterhaltsangelegenheiten sind regelmäßig Verwaltungsfachkräfte tätig. Mit der Abschaffung der gesetzlichen Amtspflegschaft und der Einführung der freiwilligen Beistandschaft sowie weiterer Beratungsverpflichtungen, hat eine tendenzielle „Sozialpädagogisierung" der Aufgaben stattgefunden, obwohl beraterische Qualifikationen in der Regel nicht vorhanden sind. Mit den neuen Regelungen sind Anforderungen hinsichtlich der Informationen zu den Beratungsangeboten (Öffentlichkeitsarbeit) und der Durchführung der Beratung selbst gestiegen, denn die Beistandschaft ist freiwillig. Münder erwartet Fortbildungsbedarf bei den Beiständen, zum Beispiel hinsichtlich bürgerorientierter Beratungskompetenz, da Aspekte wie Kommunikationsfähigkeit sowie ein Beratungs- und Unterstützungsklima an Bedeutung gewinnen (vgl. 1998: 348). Die Gesetzesphilosophie des Beratungsvorrangs und der Elternautonomie stellen neue Kompetenzanforderungen an die JugendamtsmitarbeiterInnen des Sachgebiets Unterhalt/Beistandschaft:

„Bei der Beratung und Unterstützung ohne formelle Beistandschaft kommt dem Aufbau eines Vertrauensverhältnisses zwischen Klient und Berater/in besondere Bedeutung zu. Früher war die Aufgabenerledigung auch noch weniger von der Kenntnis und Beherrschung von Techniken der Gesprächsführung und des Konfliktmanagements abhängig als heute aufgrund des neuen Aufgabenprofils. Es bedarf besonderer Kompetenzen, die Erwartungen der Klienten zu erfassen, sie gemeinsam mit den Klienten auf ihre Realisierbarkeit hin zu überprüfen, unrealistische Erwartungen zurückzuweisen, dabei aber das Hilfe- und Unterstützungsangebot aufrecht zu erhalten" (LWV Baden 2001: 272).

Das neue Kindschaftsrecht hat im Bereich der Trennungs- und Scheidungsberatung (ASD) und in der Beistandschaft zu neuen Anforderungen geführt, die eine spezifische Qualifikation der Mitarbeiter unabdingbar machen und das Fachkräftegebot des § 72 I 2 SGB VIII unterstreichen. Die Beistände werden in besonderer Weise mit eher „fachfremden" Anforderungen konfrontiert, indem Information (zum Beispiel in Form von Öffentlichkeitsarbeit), Motivation und Beratung vermehrt zu ihren Aufgabenbereichen gehören. Es ist festzustellen, dass sich die Aufgaben von SozialarbeiterInnen und Verwaltungskräften, die historisch eher in einem Spannungsverhältnis stehen, tendenziell annähern, da nun auch Verwaltungsfachkräfte vermehrt beraterisch beziehungsweise problem- und konfliktorientiert tätig werden müssen.

Informationen zum neuen Kindschaftsrecht: „[W]as heißt das neue Kindschaftsreformgesetz" (10a)
Die vom neuen Kindschaftsrecht veränderten Regelungen können nur dann verwirklicht werden, wenn entsprechende Qualifizierungen der Mitarbeiter durch Fort- und Weiterbildung erfolgt sind und die neuen Wissensbestände erschlossen werden. Die Wege der neuen Wissensbestände in das Jugendamt waren sehr unterschiedlich. Während einige JugendamtsvertreterInnen am Gesetzgebungsprozess beteiligt waren und deshalb frühzeitig Informationen zum neuen Kindschaftsrecht in das Jugendamt hinein tragen konnten, haben andere lediglich die Gesetzesblätter erhalten und sich autodidaktisch informiert und vorbereitet. Die häufigste Art der Information von JugendamtsmitarbeiterInnen war die Teilnahme an Fortbildungen. Im Kontext von Fortbildung unterschieden sich die Jugendämter nach Zugangsmöglichkeiten zu den Veranstaltungen und nach Teilnehmerzahl. Die Teilnehmerzahlen variierten von einigen JugendamtsmitarbeiterInnen, die dann als Multiplikatoren die Informationen im Amt verbreiten, bis zu allen JugendamtsmitarbeiterInnen. Einige Jugendämter konnten eigene Fortbildungen organisieren, indem sie die entsprechenden „Informanten" (z.B.: Wiesner, Münder oder Willutzki) als Referenten ein-

geladen haben. Die Bedeutung der Landesjugendämter als Informationsquelle für die Jugendämter war landesabhängig.

Fortbildung zum neuen Kindschaftsrecht: „[W]as steckt da für eine Philosophie hinter?" (10a)
Fortbildungen waren eine wichtige Maßnahme für die befragten JugendamtsmitarbeiterInnen, um sich auf das neue Kindschaftsrecht vorzubereiten. Die meisten Jugendämter haben ihre Mitarbeiter durch Fortbildungen auf die Veränderungen durch das neue Kindschaftsrecht vorbereitet. Dies trifft für Mitarbeiter im Aufgabenbereich des ASD, wie der Beistandschaft gleichermaßen zu. Erhebliche Unterschiede bestehen hinsichtlich des Fortbildungszeitpunktes (vor oder nach dem Inkrafttreten) und der Anzahl der MitarbeiterInnen, die teilnehmen durften (von nur Einem bis zu Allen). Folgende Varianten sind im Datenmaterial vertreten:

- *Eigene Fortbildung für alle MitarbeiterInnen*: Jugendämter konnten es sich leisten ReferentInnen einzuladen und alle MitarbeiterInnen an der Fortbildung teilnehmen zu lassen.
- *Mitmachen bei Nachbarkommunen:* Für benachbarte Kommunen bestand zum Teil die Möglichkeit, JugendamtsmitarbeiterInnen an den internen Fortbildungen größerer Kommunen teilnehmen zu lassen.
- *Externe Fortbildung für wenige MitarbeiterInnen*: Bei einem knappen Fortbildungsbudget durften z. T. nur wenige MitarbeiterInnen, hier aus der Beistandschaft, zu externen Fortbildungen fahren, die dann später versuchten, dass Wissen intern an ihre KollegInnen weiterzugeben.
- *Autodidaktische Fortbildung*: Eine weitere „kostengünstige" Möglichkeit war, sich autodidaktisch auf die rechtlichen Veränderungen vorzubereiten.

Während einige schon am Entwicklungsprozess der Reform beteilig waren und so sehr rechtzeitig Informationen bekamen, waren Andere besorgt, überhaupt noch rechtzeitig die nötigen Qualifikationen zu erwerben. Der Vergleich der Aussagen zum Thema „Fortbildung" macht deutlich, dass nach Größe der Kommunen und nach Lage in den neuen oder alten Bundesländern unterschiedliche Möglichkeiten und Zugänge bestanden: Je nachdem, ob informelle Kontakte zu größeren Kommunen oder Fortbildungsanbietern bestehen oder eigene Mittel zur Verfügung stehen, um ReferentInnen einzuladen, unterscheiden sich die Zugänge zu Informationen sehr deutlich.

Informationsweitergabe im Jugendamt: „[W]ie transportieren wir das hier ins Amt?" (10a)
Die internen Informationswege wurden von Jugendamt zu Jugendamt unterschiedlich organisiert. Es wurden interne Fortbildungen, Arbeitsgruppen und Arbeitsschwerpunkte organisiert, um die Veränderungen zu diskutie-

ren und alle MitarbeiterInnen mit ausreichenden Informationen zu versorgen. In manchen Jugendämtern fand die interne Öffentlichkeitsarbeit über einzelne Multiplikatoren oder schriftliche Umläufe statt. Einige JugendamtsvertreterInnen hatten schon sehr frühzeitig die Gelegenheit, über inhaltliche Konsequenzen nachzudenken und das weitere Vorgehen zu planen, weil sie schon während des Gesetzgebungsverfahrens Informationen erhalten und ausgewertet haben. Eine Reaktionsform war, themenbezogen Schwerpunkte und interne Arbeitsgruppen zu bilden, um alle MitarbeiterInnen rechtzeitig zu informieren und die Umstellung auf die neuen Regelungen zu erleichtern.

Die Bildung von themenbezogenen Schwerpunkten und Arbeitsgruppen, um die inhaltlichen Veränderungen zu diskutieren und innerhalb der Arbeitsbereiche (ASD oder Beistandschaft) bekannt zu machen, geht über die üblichen internen Informationsformen, wie schriftliche Umläufe und Multiplikatorentätigkeiten nach Fortbildungen, hinaus. Die Kindschaftsrechtsreform wurde in Stadt 10 zum Anlass genommen, um einen Beratungsleitfaden für die Trennungs- und Scheidungsberatung zu entwickeln. Der Beratungsleitfaden dient der Verbreitung der „Gesetzesphilosophie" unter den MitarbeiterInnen und standardisiert den Beratungsablauf. Insgesamt ist die bestehende Organisationsstruktur durch die Kindschaftsrechtsreform kaum verändert worden. Die Veränderungen in kindschaftsrechtlich relevanten Bereichen beziehen sich eher auf Informationsverpflichtungen, Kooperationsnotwendigkeiten, Angebotsentwicklungen der Jugendämter und das Selbstverständnis der JugendamtsmitarbeiterInnen.

Information

Mit dem neuen Kindschaftsrecht wurden Informations- und „Werbungsaufgaben" (Münder 1998) für die Leistungen der Kinder- und Jugendhilfe ausgeweitet. Die Kontaktaufnahme zwischen BürgerInnen und Jugendamt hat sich maßgeblich verändert, da der zwangsweise Zugang über die gesetzliche Amtspflegschaft und die gesetzlich vorgegebene Mitwirkung in Trennungs- und Scheidungsfällen abgeschafft worden sind. Stattdessen sind dem Jugendamt in beiden Tätigkeitsfeldern umfangreiche Informationsverpflichtungen auferlegt worden. Die Art und Weise der Information und des Angebots wird zunehmend darüber entscheiden, ob die jeweiligen AdressatInnen die Angebote nutzen (vgl. ebd.: 341). Dass die Jugendämter als Leistungsanbieter um die LeistungsadressatInnen aktiv werben und diese zur Inanspruchnahme ihrer Rechte motivieren müssen, ist für die JugendamtsmitarbeiterInnen neu. Eltern in Trennungs- und Scheidungssituationen müssen keine Beratung in Anspruch nehmen, im Fall der gemeinsamen elterlichen Sorge ist das Jugendamt nicht mehr am Scheidungsverfahren beteiligt. Für Frauen, die ein Kind außerhalb einer bestehenden Ehe bekommen, ist die freiwillige Beistandschaft ein Angebot, das sie nutzen können, wenn sie es möchten. In beiden Fallgruppen geht es allerdings auch um die Rechte der betroffenen Kinder. Der Gesetzgeber geht davon aus, dass die Informations- und Motivationsleistungen dazu beitragen, dass Eltern und Elternteile die jeweiligen Situationen kindgerechter gestalten können.

Die vielfältigen und komplizierten Regelungen des neuen Kindschaftsrechts, die die Elternautonomie stärken sollen, machen es unerlässlich, die Beteiligten bei den anstehenden Fragen zu beraten und sie bei der Entwicklung und Durchführung ihrer Entscheidungen zu unterstützen. Aus diesem Grund ist es vorgesehen, dass von den verantwortlichen Stellen sichergestellt wird, die Eltern oder Elternteile von den entsprechenden Leistungen auch in Kenntnis zu setzen. „Es ist nun Aufgabe der Jugendämter, dieser Informationspflicht in geeigneter Weise nachzukommen. Um Elternteile auch dafür zu motivieren, im Interesse ihrer Kinder Beratungsangebote in Anspruch zu nehmen, sollte diese Information auch optisch und graphisch so gestaltet sein, dass sie bei den Eltern Interesse und Nachdenklichkeit erzeugt und nicht einfach in den Papierkorb wandert" (Wiesner 1998). Die Informationsverpflichtung betrifft den ASD ebenso, wie die Beistandschaft. Gemäß § 17 SGB VIII müssen die Jugendämter über die Trennungs- und Scheidungsberatungsangebote informieren und gemäß § 52a SGB VIII sind die Beistände zur Information von ledigen Müttern verpflichtet.

Informationswege in die Öffentlichkeit: „[W]as sind denn nun die wesentlichen Dinge?"(6b)
Die ersten Reaktionen seitens der Jugendämter bezogen sich hauptsächlich auf Informationen zum Thema neues Kindschaftsrecht. Nachdem sich die Jugendämter selbst über Gesetzesblätter, Fortbildungen und Tagungen informiert hatten, stellte sich die Frage, welche dieser Informationen extern verbreitet werden mussten beziehungsweise in welcher Form die Informationen zugänglich gemacht werden sollten. Aufgrund der rechtlichen Verpflichtung zur Information der LeistungsadressatInnen sind alle befragten Jugendämter tätig geworden, um zum Beispiel Eltern in Trennungs- und Scheidungssituationen oder ledige Mütter über die Leistungsangebote zu informieren. Die Ausgestaltung der Informationspflichten ist jedoch regionalspezifisch unterschiedlich, da das Gesetz einen erheblichen Gestaltungsspielraum hinsichtlich der Art und Weise der Information belässt. Neben den rechtlich festgelegten Inhalten variiert die Ausgestaltung in Stil, Umfang, Inhalt und Angebot.

Die Erstellung von verschiedenen Materialien wurde von fast allen JugendamtsvertreterInnen, ob vom ASD oder von der Beistandschaft, als eine der ersten Reaktionen auf die Reform thematisiert:

- *Hilfsmittel:* Es wurden statistische Erhebungsverfahren und Formblätter (z.B. Elternbriefe) entwickelt, um die Umstellung auf das neue Recht zu vereinfachen und Folgen besser einschätzen zu können.
- *Informationsmittel:* Es wurden Broschüren und Faltblätter für die AdressatInnen (Mütter, Väter, Kinder) entworfen, um gemäß des neuen Rechtes informieren und reagieren zu können.
- *Informationsveranstaltungen*: Es wurde an öffentlichen Informationsveranstaltungen, zum Beispiel von Gleichstellungsbeauftragten, Frauennetzwerken und Arbeitskreisen teilgenommen, um AdressatInnen und andere Professionen zu informieren. Zum Teil wurde auch über Artikel in den Stadtzeitungen zum neuen Kindschaftsrecht informiert.
- *Beratungsleitfaden:* In einer Stadt wurde ein dezidierter Beratungsleitfaden entworfen, der den einzelnen MitarbeiterInnen ermöglicht, eine vergleichbare Beratung zu leisten, die den neuen Regelungen entspricht.

Die Jugendämter kommen ihrer Informationsverpflichtung gemäß § 17 III SGB VIII am häufigsten schriftlich, in Form von Elternbriefen nach. Aus der Untersuchung von Proksch (2002) wird allerdings deutlich, dass die Jugendämter als Informanten zu wichtigen kindschaftsrechtlichen Regelungen in Trennungs- und Scheidungssituationen im Vergleich mit RechtsanwältInnen und Medien (Zeitung, Funk, TV) von den Eltern als weniger bedeutend eingeschätzt werden (Proksch 2002: 190 ff.).

Elternbriefe zur Trennung und Scheidung: „Wir haben gehört, dass Ihr Euch scheiden lassen wollt" (10a)
Die Jugendämter haben in der Regel mit den zuständigen Familiengerichten Vereinbarungen getroffen, so dass sie ihrer Informationspflicht (gemäß § 17 III SGB VIII[11]) nachkommen können. Die ausgewerteten Elternbriefe unterscheiden sich in Informationsgehalt, Umfang, Schreibstil und angebotener Beratung:
- *Informationsgehalt:* Mehr oder weniger ausführlich werden die gesetzlichen Grundlagen des Leistungsangebotes und der Information benannt. In den meisten Elternbriefen wird auf die gemeinsame elterliche Sorge als mögliche oder übliche Sorgeform hingewiesen.
- *Umfang:* Einige Jugendämter schicken viele Broschüren und Informationsblätter mit, andere Jugendämter halten die Informationsbriefe bewusst kurz.
- *Schreibstil:* Der Schreibstil in den Elternbriefen der Jugendämter ist z.T. „persönlich" bis „einfühlsam". In anderen Briefen werden Eltern freundlich „belehrt". Einer der Briefe wirkt wenig „einladend". Einem Jugendamt gelingt es, ein unaufdringliches Unterstützungsangebot in unkomplizierter Sprache zu offerieren.

- *Beratungsangebot:* Die Jugendämter bieten in ihren Elternbriefen Beratung und/oder Unterstützung zur Regelung oder Wahrnehmung der elterlichen Sorge an. Zum Teil wird über das Leistungsangebot der Jugendhilfe unterrichtet oder über den Beratungsanspruch informiert. Als Ziel der Beratung wird ein „einvernehmliches Sorgekonzept" genannt. Auf die Bedeutung der Trennungs- und Scheidungssituation für Kinder beziehungsweise auf das Kindeswohl wird in einigen Briefen hingewiesen. Die Elternverantwortung wird betont. Zum Teil wird auf Beratungsmöglichkeiten in freier Trägerschaft hingewiesen.

Nicht nur im Kontext von Trennung und Scheidung bestehen Informationsverpflichtungen der Jugendämter, denn auch im Fall einer Kindesgeburt außerhalb der Ehe, haben sich die Informationsverpflichtungen aufgrund der Abschaffung der gesetzlichen Amtspflegschaft verändert. Diese Veränderungen durch die Kindschafts- und Beistandschaftsrechtsreform betreffen die JugendamtsmitarbeiterInnen, die in den Abteilungen für Amtsvormundschaft, Beistandschaft, Unterhaltssachen und Beurkundung tätig sind.

Informationsbriefe zur Geburt eines Kindes außerhalb der Ehe:
„Eine andere Möglichkeit da Bewusstseinsweckung zu machen,
hat man eigentlich nicht gesehen" (6b)
Im Kontext der freiwilligen Beistandschaft wird die Informationsweitergabe an die Mütter von außerhalb der Ehe geborenen Kindern als besonders wichtig angesehen, denn die Jugendämter sind nicht mehr „automatisch" für die status- und unterhaltsrechtliche Absicherung dieser Kinder zuständig. Das Tätigwerden der Beistände erfolgt ausschließlich auf Antrag der Mütter, deren Handlungsautonomie durch das neue Kindschafts- und Beistandschaftsgesetz gestärkt wurde. Der Informationsweg im Falle einer Kindesgeburt außerhalb der Ehe beginnt in den Standesämtern, die die Kindesgeburt den zuständigen Jugendämtern melden (§ 21b I PstG). Gemäß § 52a SGB VIII sind die Jugendämter verpflichtet, „unverzüglich nach der Geburt eines Kindes, dessen Eltern nicht miteinander verheiratet sind, der Mutter Beratung und Unterstützung insbesondere bei der Vaterschaftsfeststellung und der Geltendmachung von Unterhaltsansprüchen des Kindes anzubieten. Eine der befragten JugendamtsmitarbeiterInnen beschreibt, dass die Anschreiben in der Regel vier Wochen nach Erhalt der Standesamtmitteilung versendet werden, um die Frauen in der Anfangsphase der Mutterschaft nicht zu überfordern. Der Inhalt der Informationsbriefe ist nach § 52a I SGB VIII weitgehend festgelegt. Neben dem Beratungs- und Unterstützungsangebot muss das Schreiben an die Mütter Informationen über die Bedeutung und Möglichkeiten der Vaterschaftsfeststellung, die Möglichkeit, die Verpflichtung zur Erfüllung von Unterhaltsansprüchen oder zur Leistung einer an Stelle des Unterhalts zu gewähren-

den Abfindung nach § 59 I 1 beurkunden zu lassen, die Möglichkeit, eine Beistandschaft zu beantragen und deren Rechtsfolgen sowie zu der Möglichkeit der gemeinsamen elterlichen Sorge, beinhalten. Das Jugendamt hat der Mutter ein persönliches Gespräch anzubieten, das in der Regel in der persönlichen Umgebung der Mutter stattfinden soll, wenn diese es wünscht. Die Informationsverpflichtung wird von den Jugendämtern in Form von Serienbriefen und/oder Broschüren wahrgenommen.

Die ausgewerteten Elternbriefe, unterscheiden sich in Informationsgehalt, Umfang, Schreibstil und angebotener Beratung:

- *Informationsgehalt:* Mehr oder weniger ausführlich werden die gesetzlichen Grundlagen des Leistungsangebotes und der Information benannt. Je nachdem, ob die Information in im Brief oder in einer beigelegten Broschüre erfolgt, gestalten sich die Elternbriefe unterschiedlich ausführlich. Werden Elternbrief und Broschüre zusammen ausgewertet, lässt sich feststellen, dass die gesetzlich geforderten Informationen weitgehend enthalten sind.
- *Umfang:* Unterschiedliche Haltungen der JugendamtsmitarbeiterInnen beziehen sich auf den Umfang des Informationsmaterials. Zum Beispiel erfolgt eine umfassende Information mit dem Elternbrief und weiteren Broschüren. Der Personalbogen zur Einrichtung einer Beistandschaft wird ebenfalls mit gesendet. Andere Jugendämter beschränken die Informationen bewusst, weil befürchtet wird, dass zu viele Informationen dazu führen, dass nichts davon gelesen wird. Zum Beispiel wird im Landkreis 5 nur der Elternbrief und ein kurzes Merkblatt verschickt.
- *Schreibstil:* Der Schreibstil in den Elternbriefen der Jugendämter ist „persönlich" oder „förmlich", wirkt aber z.T. auch „amtsdeutsch".
- *Beratungsangebot:* Die Jugendämter bieten z.T. in ihrem Informationsmaterial Beratung und Unterstützung außerhalb der Beistandschaft an. Dabei „informiert, berät und unterstützt" das Jugendamt beziehungsweise die jeweilige Abteilung, „vor und nach der Geburt" eines Kindes, zu „Fragen zur Feststellung der Vaterschaft", „Unterhaltsfragen", „Beistandschaft zur Feststellung der Vaterschaft und/oder zum Geltendmachen von Unterhaltsansprüchen des Kindes", „Beurkundungen, zum Beispiel von Vaterschaftsanerkennungen, notwendigen Zustimmungen und Unterhaltsverpflichtungen" sowie „Fragen zur Möglichkeit der gemeinsamen elterlichen Sorge und Beurkundung entsprechender Sorgeerklärungen".

Das Thema Öffentlichkeitsarbeit ist mit dem neuen Kindschaftsrecht insgesamt dringlicher geworden, denn „[o]ffensive Öffentlichkeitsarbeit ist erforderlich, um die Trennungs- und Scheidungsberatung als neues Leistungsangebot der Jugendhilfe bei den Betroffenen bekanntzumachen, damit sie frühzeitig von diesen in Anspruch genommen werden kann. Insbesondere wird es wichtig sein, über die neuen Angebote und die veränderte Arbeitsweise der öffentlichen Jugendhilfe zu informieren. Hierfür bietet sich über den Einzelfall hinaus die Informationsvermittlung durch Vorträge, Veranstaltungen (zum Beispiel Elterninformationsabende), Pressearbeit, Informationsbroschüren und die Zusammenarbeit mit am familiengerichtlichen Verfahren Beteiligten in interdisziplinären Arbeitskreisen an" (Schulz 2001: 28).

Öffentlichkeitsarbeit: „[...] den Blick, der möglicherweise Betroffenen schon mal darauf zu wenden, also Aufklärung zu betreiben" (6b)
Zum Thema „Öffentlichkeitsarbeit" zu veränderten Aufgaben des Jugendamtes wurde deutlich, dass viele der befragten JugendamtsmitarbeiterInnen die Notwendigkeit sehen, auf diesem Gebiet tätig zu werden. Allerdings finden Informationsveranstaltungen nur selten statt und wenn, dann mit einem eher grundsätzlichen Themenrahmen, um anderen Institutionen gegenüber (zum Beispiel Schulen) die Aufgabenbereiche der Jugendämter zu verdeutlichen. Neben den Zielen der „Imageaufbesserung" und der „Rollenverdeutlichung" des Jugendamtes, geht es auch um die Darstellung als dienstleistende Profession. Allerdings findet ein offensiver Umgang mit den Informationen zum neuen Kindschaftsrecht nach Aussagen der JugendamtsmitarbeiterInnen nicht statt. Dies gilt für den Bereich der Trennungs- und Scheidungsberatung, wie für den Bereich der Beistandschaften gleichermaßen. Die großflächige Verteilung von Informationsmitteln (Merkblätter und Broschüren) wird als eine Form der Öffentlichkeitsarbeit betrachtet.

Zum Thema „neues Kindschaftsrecht" wurde zum Teil an öffentlichen Informationsveranstaltungen, zum Beispiel von Gleichstellungsbeauftragten, Frauennetzwerken, ProFamila oder VAMV teilgenommen. Eine andere Möglichkeit der Öffentlichkeitsarbeit ist die Teilnahme an Arbeitskreisen anderer ProfessionsvertreterInnen, um die neuen Regelungen und die veränderte Rolle des Jugendamtes zu verdeutlichen und die Veröffentlichung von Artikeln in den jeweiligen Stadt- oder Landkreiszeitungen, die kostenlos in alle Haushalte kommt.

Eltern oder Elternteile in Trennungs- und Scheidungssituationen beziehungsweise Mütter nach Geburt eines Kindes außerhalb der Ehe werden allerdings nicht nur von „offizieller Seite" informiert. Die befragten JugendamtsmitarbeiterInnen des ASD und der Beistandschaft beschreiben, dass die AdressatInnen auch über informelle Informationswege von den Beratungs- und Unterstützungsmöglichkeiten der Jugendämter erfahren.

Kooperation

Vor, während und nach InKraftTreten des neuen Kindschaftsrechts haben viele Autoren eine verstärkte Dringlichkeit zur Zusammenarbeit von verschiedenen, an Trennungs- und Scheidungsverfahren beteiligten Disziplinen, Professionen oder Institutionen thematisiert (Prestien 1995; Proksch 1998; Rexilius 2001; Weber 1999; Weisbrodt 2000; Willutzki 1998). Es ist unumstritten, dass Idee und Formulierung des Kindschaftsrechts neue Anforderungen an die mit Trennung und Scheidung befassten Institutionen richten, die für deren Aufgabenverständnis und Kooperation neue Maßstäbe setzen. Das Kindschaftsrecht fasst die Aufgaben von Familiengericht, Anwaltschaft und Jugendhilfe neu und fordert ein Umdenken im Aufgabenverständnis der beteiligten Institutionen, in dem es dem Beratungsansatz den Vorrang vor dem juristischen Interventionsansatz gibt. Durch diese Normierungen werden für Justiz, Anwaltschaft und Jugendhilfe Orientierungen und Ziele formuliert, die nur realisiert werden können, wenn das jeweilige Aufgabenverständnis und die Kooperationsform kritisch bedacht und neu konzipiert werden. Laut des Beschlusses des Landesjugendhilfeausschusses Rheinland-Pfalz vom 28.6.1999 sollte eine gleichberechtigte Zusammenarbeit der beteiligten Professionen erzielt werden.

Das bisherige Verständnis von Familiengericht, Rechtsanwälten, Jugendämtern und Beratungsstellen war weitgehend gekennzeichnet durch Ressortdenken, ein Nebeneinander, mangelnde Information und Abstimmung, ein jeweils unterschiedliches Verständnis der Professionen bezüglich der zu erfüllenden Aufgaben sowie hierarchische Prinzipien, insofern verbindliche Entscheidungen jeweils vom Familiengericht getroffen wurden. Die Forderung nach einer verstärkten Zusammenarbeit zum Wohle des Kindes wurde von verschiedenen Seiten laut.

Gegenüber der Praxis in der Vergangenheit sind nach dem neuen Kindschaftsrecht neue Kooperationsformen wichtig (vgl. Beschluss des Landesjugendhilfeausschusses Rheinland-Pfalz vom 28.6.1999): Den betroffenen Kindern (auch nach Trennung und Scheidung) beide Eltern zu erhalten, müsse Ziel aller Beteiligten sein. Dem entspreche eine kollegiale Haltung gegenüber den anderen beteiligten Institutionen und Respektierung der jeweils geltenden Arbeitsprinzipien. Bei alldem gelten das Wohl des Kindes und seine Rechte als vorrangiger Maßstab. Auch das Recht der Eltern müsse sich an diesem Maßstab orientieren. Beratung durch die Jugendhilfe („runder Tisch") und Entscheidungsfindung durch das Gericht (hoheitliches Verfahren) erscheinen als mögliche Formen von Konfliktlösungen, die jeweils eigenen Prinzipien folgen. Welche Form der Konfliktregelung im einzelnen Fall greift beziehungsweise greifen soll, sei durch Abstimmung und Kommunikation zwischen den beteiligten Institutionen zu klären. Die Formen der Zusammenarbeit sollten sich auf den Einzelfall ebenso wie auf die institutionelle Ebene beziehen. Einer gelungenen Kooperation stehen allerdings oft institutionelle und/oder persönliche Hindernisse entgegen, wie sie Fegert (1999) benennt:

„Häufig sind bei allen Lippenbekenntnissen zur interdisziplinären Zusammenarbeit schon allein die üblichen Arbeitsabläufe nicht darauf eingerichtet, interdisziplinäre Kooperation wirklich zu realisieren. Dies beginnt damit, daß häufig weder zeitliche noch finanzielle Budgets für die Zusammenarbeit über die Fachgrenzen hinaus zur Verfügung stehen. Wenn die vielgerühmte Vernetzung also stattfindet, findet sie häufig als private zusätzliche Leistung der Akteure statt, oftmals nicht im Rahmen der Dienstzeit, vielfach sogar gegen einen gewissen Widerstand der jeweiligen Institutionen und immer verbunden mit einer zusätzlichen Belastung. Interdisziplinäre Zusammenarbeit ist deshalb häufig nicht primär attraktiv und schon gar nicht arbeitsökonomisch, selbst wenn sie für die Interessenlage der Kinder objektiv effizienter wäre" (Fegert 1999: 11).

Zu den persönlichen Kooperationshindernissen sind individuelle Einstellungen, Meinungen und Vorbehalte zu zählen. „Häufig sind solche gegenseitigen Einschätzungen von Berufsgruppen reziprok, d.h. daß eine Berufsgruppe durchaus unbedingt mit der anderen zusammenarbeiten möchte oder von dieser anerkannt werden möchte, während die andere eher Distanz sucht oder umgekehrt. Auf der vordergründigen Ebene ist zwar allen Beteiligten die Rolle und Funktion bestimmter Professionen bei der Kooperation bekannt, gleichzeitig werden aber auch andere Erwartungen und Wünsche an die Kompetenz solcher Professionen delegiert" (Fegert 1999: 12).In der Praxis scheint eine Verstärkung der Dringlichkeit zur Kooperation durch das neue Kindschaftsrecht nicht so umfassend spürbar zu sein. Das neue Kindschaftsrecht hat zusammenfassend betrachtet zwar einen erhöhten Kooperationsbedarf geschaffen, aber nicht zu einer verstärkten Kooperation zwischen den befragten Jugendämtern und möglichen Kooperationspartnern geführt. In der Praxis der Jugendämter wird eine verstärkte Dringlichkeit zur Kooperation nur teilweise und eher themenbezogen wahrgenommen. Während von FachautorInnen gehofft wurde, dass eine Impulswirkung vom neuen Kindschaftsrecht ausginge, kann dies aus der Praxis der befragten JugendamtsmitarbeiterInnen nicht bestätigt werden. Stattdessen sind unterschiedliche Kooperationshindernisse je nach Institution oder Profession deutlich geworden.

Kooperation im Einzelfall: „Was gut läuft bei uns, ist wirklich der telefonische Draht" (5a)
Kooperation im Einzelfall ist eine gängige Form der Abstimmung zwischen einzelnen Vertretern von Institutionen. Diese Kooperationsform ist vor der Kindschaftsrechtsreform üblich gewesen und hat sich kaum verändert. Die Kooperation im Einzelfall findet nach Angaben der befragten JugendamtsmitarbeiterInnen mit RichterInnen, PsychologInnen, AnwältIn-

nen und ErzieherInnen (Kindergarten oder Kita) statt. Dies sind persönliche, informelle, meist telefonische Kontakte. Deutlich wird aber auch, dass diese informellen Kontakte im Einzelfall von persönlichen Sympathien abhängig sind. Eine Art „stille Kooperation", die nur über Blickkontakte abläuft, wird besonders thematisiert. Diese Form der einzelfallbezogenen Zusammenarbeit scheint sich in Gerichtsverfahren zu bewähren, ist aber besonders abhängig von persönlichen Sympathien. Da die meisten beschriebenen Kontakte informell und von persönlichen Sympathien geprägt sind, ist diese Kooperationsform eher störanfällig und nicht auf andere Personen übertragbar. Auch wenn es wichtig ist, in Einzelfällen schnelle Abstimmungen zu erzielen, wird deutlich, dass es an personenunabhängigen, eher auf institutioneller Ebene stattfindenden, Kontakten fehlt.

Einzelfallübergreifende Zusammenarbeit auf institutioneller Ebene:
„[...] mein Eindruck: Jeder wartet auf den anderen" (5a)
Mit einigen ProfessionsvertreterInnen findet neben der einzelfallorientierten Kooperation auch institutionelle Kooperation statt, beziehungsweise wird die Zusammenarbeit von den befragten JugendamtsmitarbeiterInnen als notwendig betrachtet. In der Praxis lassen sich nur selten regelmäßige Arbeitskreise finden, in denen VertreterInnen der oben genannten Institutionen gemeinsam zusammentreffen. Üblich sind dagegen Informationstreffen von JugendamtsvertreterInnen mit den einzelnen Personengruppen, die aber eher unregelmäßig bei „Bedarf" initiiert werden. Da vonseiten der Jugendämter, insbesondere der ASD- MitarbeiterInnen, ein solcher Bedarf anlässlich des neuen Kindschaftsrechts gesehen wurde, kam es zumindest zu vermehrten Versuchen, sich mit VertreterInnen anderer Institutionen zu treffen. Auf der Grundlage des neuen Kindschaftsrechts sind insbesondere vier Personengruppen zu nennen, mit denen VertreterInnen des Jugendamtes auf institutioneller Ebene zusammenarbeiten sollten beziehungsweise ein Klärungsbedarf besteht: Die Richterschaft der Amts- beziehungsweise Familiengerichte, die Rechtsanwaltschaft, Beratungsstellen in freier Trägerschaft und die Verfahrenspflegschaft.

Austausch mit der Richterschaft: „[...] dann kommt's manchmal vor, dass die anderen sagen: ‚Was wollen die denn von uns?'" (7al)
Die Versuche, vonseiten der Jugendämter zu oben genannten Themen Austausch und Abstimmungsprozesse mit den Gerichten zu initiieren, sind sehr unterschiedlich verlaufen. Zusammenfassend lässt sich feststellen, dass weit weniger Abstimmung zwischen Jugendamt und Familiengericht stattgefunden hat, als auf Grundlage der gesetzlichen Veränderungen zu vermuten gewesen wären. Für einige Jugendämter war die Reform zwar der Anlass, offensiv auf die Gerichte zuzugehen und Abstimmungsbedarf zu formulieren, insbesondere hinsichtlich der Umgangsbegleitung. Allerdings war dieses Vorgehen unterschiedlich erfolgreich: Während in einer

Kommune die Zusammentreffen erfolgreich stattfinden, stoßen andere JugendamtsmitarbeiterInnen auf massive Ablehnung von Seiten der Richter. Der Austausch findet größtenteils „regelmäßig unregelmäßig" statt. Die Themen aus dem neuen Kindschaftsrecht sind dabei nicht ausschließlich der Anlass. Diese Form der Zusammenarbeit wird als ein „zäher" Prozess aber auch als unproblematisch beschrieben.

Austausch mit der Rechtsanwaltschaft: „[...] oft auch Antreiber und Frontenmacher zwischen den beiden Elternteilen!" (10a)
Die Aussagen der befragten JugendamtsmitarbeiterInnen zeigen eine Bandbreite positiver und negativer Erfahrungen mit der Rechtsanwaltschaft. Deutlich wird, dass Rechtsanwälte einen erheblichen Einfluss auf die Eltern haben und den Verlauf des gerichtlichen Verfahrens ebenso beeinflussen, wie die Bereitschaft der Eltern sich vom Jugendamt beraten zu lassen. Unterstützen die jeweiligen Anwälte den Gang zur Beratung, sind die Eltern eher bereit, diese anzunehmen. Dieser große Einfluss zeigt sich leider auch an negativen Beispielen. Wenn Rechtsanwälte ihrer durch das neue Kindschaftsrecht veränderten Rolle nicht gerecht werden, werden Beratungsprozesse gestört oder verhindert und die „Fronten" im familiengerichtlichen Verfahren verschärft. Traurige Folge so misslungener Verfahren ist dann das „Gezerre an den Kindern". Kooperations- und Informationskontakte zwischen Jugendämtern und Rechtsanwaltschaft sind selten und in der Regel einzelfallbezogen. Von interdisziplinären Kooperationsformen wie „Gespräche am runden Tisch", die Rexilius (2001: 117) zum Beispiel zum Wohle des Kindes fordert oder die von Proksch empfohlene „moderierende Funktion" der Rechtsanwaltschaft (Proksch 1998: 91), haben die befragten JugendamtsmitarbeiterInnen kaum berichtet.

Zusammenarbeit mit Beratungsstellen in freier Trägerschaft: „Wir sind hier eigentlich so eine Stelle, die jeder aufsuchen kann und nicht so eine Behörde, wie ein Jugendamt [...]." (1a)
In der Praxis der befragten Jugendämter deutet sich nicht an, dass Beratungsstellen in freier Trägerschaft durch die Kindschaftsrechtsreform vermehrt ihr Beratungsverständnis oder ihre Aufgabenzuteilung verändert haben. Eine Zusammenarbeit zwischen dem ASD und den Beratungsstellen wird in drei verschiedenen Themenbereichen benannt: „Überweisungsfälle", „Trägervielfalt" und „Aufgabenteilung". Wenn es um „Überweisungsfälle" geht, spielen zwei Argumentationen eine besondere Rolle: Kompetenz/Kompetenzgrenzen und Zeit. Fälle, in denen die JugendamtsmitarbeiterInnen an ihre Kompetenzgrenzen gelangen, werden an andere Beratungsstellen überwiesen, die überwiegend in freier Trägerschaft sind. Der Faktor Zeit wird neben den Kompetenzgrenzen mit benannt. Es geht darum, einen über längere Zeit andauernden Beratungsprozess anzubieten, der das zeitliche Kontingent des ASD überschreitet (4-5 Beratungsstunden).

Es können drei Vorgehensweisen der befragten JugendamtsmitarbeiterInnen typisiert werden, um die „Trägervielfalt" zu gewährleisten und den Eltern Wahlmöglichkeiten hinsichtlich der Trennungs- und Scheidungsberatung zu eröffnen: Die erste Variante besteht darin, dass das Gericht eigenständig eine Liste mit verschiedenen Beratungsadressen an Eltern verschickt, die sich scheiden lassen wollen, so dass Eltern zu diesem frühen Zeitpunkt von ihrem Wunsch- und Wahlrecht nach § 5 SGB VIII Gebrauch machen können. Die Standard-Variante ist, dass in dem Anschreiben der Jugendämter (Elternbrief) an die trennungs- und scheidungswilligen Eltern auf andere Beratungsstellen in freier Trägerschaft hingewiesen wird. Als dritte Möglichkeit wird im Beratungsgespräch selbst erstmals oder erneut auf andere Beratungsmöglichkeiten hingewiesen, um Wahloptionen zu verdeutlichen. In den Aussagen der JugendamtsmitarbeiterInnen wird deutlich, dass in einigen Orten eine klar organisierte Aufgabenteilung hinsichtlich der Beratungstätigkeit zwischen Jugendämtern und freien Trägern besteht, so dass der ASD die erste Anlaufstelle für trennungs- und scheidungswillige Eltern ist. Zum Teil bestehen Kooperationsvereinbarungen zwischen Jugendämtern und freien Trägern hinsichtlich der Beratungsbereiche: Trennungs- und Scheidungsberatung wird vom ASD geleistet, Erziehungsberatung o.ä. bieten freie Träger an.

„Indirekte Kooperationspartner": „[D]enn es ist ja Interesse da, die entsprechenden Dinge durchzusetzen" (7b)
Für die Jugendamtsbereiche „Trennungs- und Scheidungsberatung" und „Beistandschaft" lassen sich auch eher „indirekte Kooperationspartner" benennen, die zwar nicht direkt mit dem Jugendamt kooperieren, aber die Inanspruchnahmebereitschaft der LeistungsadressatInnen beeinflussen. Im Kontext von Trennungs- und Scheidungsberatung, freiwilliger Beistandschaft und „Negativattesten" deutet sich an, dass die Inanspruchnahmebereitschaft der jeweiligen AdressatInnen durch das Handeln von Akteursgruppen beeinflusst werden kann, die nicht zu den formal vorgesehenen Implementationsträgern gehören (zum Beispiel LehrerInnen, Sozialämter und Unterhaltsvorschusskassen) (vgl. Teil III Abb. 4). Diese Akteursgruppen wirken als „indirekte" Kooperationspartner der Jugendämter, das bedeutet, es findet zwar nur selten direkte institutionelle Kooperation statt, aber dem Jugendamt wird zugearbeitet, indem die LeistungsadressatInnen zur Inanspruchnahme der Leistung motiviert werden.

Überregionale Kooperation: „[D]er Austausch eben halt: Ihr macht das so, wir machen das so (1b)
Neben den Kooperationsformen auf regionaler Ebene arbeiten einige Jugendämter auf überregionaler Ebene mit anderen öffentlichen Jugendhilfeträgern zusammen. Die überregionale Kooperation der öffentlichen Träger der Kinder- und Jugendhilfe findet anscheinend eher „sporadisch" und

themenbezogen statt. Ein regelmäßiger systematischer Austausch auf dieser Ebene wird von den befragten JugendamtsmitarbeiterInnen kaum benannt.

Beratung, Vermittlung und Mitwirkung in Fällen von Trennung und Scheidung von Eltern minderjähriger Kinder sind Aufgaben der Jugendämter, die im Mittelpunkt der Untersuchung standen. Im Kontext dieser Aufgaben wird das kindschaftsrechtliche Ziel der Aktivierung von Elternverantwortung besonders deutlich.

Beratung in Trennungs- und Scheidungsfällen

Der Beratungs- und Unterstützungsleistung für Eltern und ihre Kinder in Trennungs- und Scheidungssituationen wird nach dem neuen Kindschaftsrecht verstärkt Bedeutung zugemessen. Ziel ist die Entwicklung möglichst einvernehmlicher und gemeinsamer Konzepte zur Wahrnehmung der elterlichen Sorge beziehungsweise der Elternverantwortung, um die Beziehung beider Eltern zu den Kindern aufrecht zu erhalten. Zur Bewältigung von Konflikten und Krisen in Trennungs- und Scheidungssituationen werden Vermittlungsleistungen angeboten. Vermittlung kann vorgerichtlich im Kontext von Beratung oder verfahrensbegleitend durch das Gericht und die Jugendhilfe in strittigen Sorge- und Umgangsrechtsfällen stattfinden. Die Aufgaben der Jugendämter in Trennungs- und Scheidungssituationen lassen sich mit „Beratung, Unterstützung, Vermittlung und Mitwirkung" zusammenfassen. Zentraler Bezugspunkt der Aufgabenwahrnehmung ist die Elternverantwortung, das bedeutet, die Eltern sollen nach dem neuen Kindschaftsrecht in ihrer gemeinsamen elterlichen Verantwortung gestärkt werden, auch wenn sie als (Ehe)Paar auseinander gehen. Einerseits geht es um den Bindungserhalt,[12] andererseits um eine systemische Betrachtungsweise[13] der Ausgestaltung und Veränderung einzelner Familien. Mit Hilfe von Beratungsleistungen der Kinder- und Jugendhilfe sollen Eltern einvernehmliche Regelungen der elterlichen Sorge und des Umgangs treffen, um eine gerichtliche Konfliktentscheidung zu vermeiden. Hintergrund ist die Annahme, dass einvernehmliche Regelungen in Sorge- und Umgangsverfahren für alle Beteiligten akzeptabler sind als ein Richterspruch. „Die Stärkung der Elternautonomie bedeutet für die Eltern zunächst einmal mehr eigene „Entscheidungsautonomie", aber noch nicht gleichzeitig vorhandene Entscheidungskompetenz. Vielmehr „generiert" die verstärkte „Entscheidungsautonomie" in vielen Fällen zunächst Beratungsfragen. Dies war aber ein wichtiges Ziel des Gesetzgebers des KindRG. Entscheidend für eine gelingende nacheheliche Elternschaft ist vor allem eine unterstützende Beratungs-Intervention der scheidungsbegleitenden Berufe. Die Fähigkeit von Eltern zur eigenverantwortlichen Konfliktregelung ist nachhaltig zu fördern. Sie müssen in die Lage versetzt und motiviert werden, ihre Konflikte selbständig und einvernehmlich zu regeln, statt sie zur

"Fremdentscheidung" an Dritte zu delegieren. Hierfür bedarf es angemessener, geeigneter Beratungsangebote" (Proksch 2002: 409).

Im neuen Kindschaftsrecht ist Vermittlung eine zentrale Möglichkeit zur einvernehmlichen Konfliktlösung. Das Gesetz stellt das Leitbild der einvernehmlichen Scheidung in den Vordergrund (§ 1566 BGB und § 630 ZPO). Zur einvernehmlichen Scheidung gehört die Einigung der Ehegatten über die verschiedenen Scheidungsfolgen. Im Sinne eines protektiven Rechts soll ein gesellschaftlicher Wandel initiiert werden, der auf Ergebnissen der Scheidungsforschung fußt (vgl. Teil II). Es gilt als erwiesen, dass jahrelange Streitigkeiten der Eltern die Entwicklung der Kinder in der Regel beeinträchtigen (von Luxburg 1998: 131). Trennungs- und Scheidungsvermittlung oder Mediation ist als eine besondere Variante der konsensualen Trennungs- und Scheidungsberatung zu bezeichnen. In der Mediation geht es um die einvernehmliche und eigenverantwortliche Regelung von trennungs- und scheidungsbedingten Fragen, Konflikten und Problemen durch die Trennungs- und Scheidungsparteien selbst.[14]

Die neue Rechtslage bei Trennung und Scheidung lässt sich als ein „Antragsmodell mit verfahrensrechtlichen Modifikationen" beschreiben (Schimke 1998). Gemäß § 1565 I BGB kann eine Ehe geschieden werden, wenn sie gescheitert ist. Die Ehe ist gescheitert, wenn die Lebensgemeinschaft der Ehegatten nicht mehr besteht und nicht erwartet werden kann, dass die Ehegatten sie wiederherstellen. Das Gesetz sieht grundsätzlich drei Möglichkeiten vor: Vor Ablauf eines Trennungsjahres, nach Ablauf eines Trennungsjahres und nach Ablauf von drei Jahren des Getrenntlebens. In § 1671 BGB ist die elterliche Sorge für den Fall geregelt, in dem den Eltern die gemeinsame elterliche Sorge zusteht, diese aber nicht nur vorübergehend getrennt leben. Es gibt keinen Unterschied mehr zwischen Ehe oder nichtehelicher Lebensgemeinschaft oder zwischen Getrenntleben und Scheidung. Es besteht nur noch die Möglichkeit der gerichtlichen Sorgerechtsregelung, wenn ein Elternteil dies beantragt. Wenn kein Antrag gestellt wird, bleibt die gemeinsame elterliche Sorge nach der Trennung bestehen. Von dieser Regelung unangetastet bleibt der Fall der Gefährdung des Kindeswohls nach § 1666 BGB, in dem das Gericht auch zukünftig von Amts wegen tätig wird.

Wenn ein Elternteil die alleinige elterliche Sorge beantragt, muss der Antrag nicht die Übertragung beziehungsweise Überlassung der alleinigen elterlichen Sorge zum Gegenstand haben, sondern kann auf Teilbereiche beschränkt werden, so dass nur für die jeweilig strittige Angelegenheit eine gerichtliche Regelung gefunden wird. Dem Antrag auf Übertragung[15] der alleinigen elterlichen Sorge nach Trennung und Scheidung auf ein Elternteil ist stattzugeben, wenn der andere Elternteil zustimmt, wobei Kinder nach Vollendung des 14. Lebensjahres der Übertragung widersprechen können (§1671 II BGB). In diesem Fall oder auch, wenn der andere Elternteil dem Antrag nicht zustimmt, prüft das Gericht die Kriterien des §

1671 II 2 BGB. Folglich kann die elterliche Sorge auf einen Elternteil übertragen werden, wenn dies dem Wohl des Kindes am besten entspricht. So besteht nach dem neuen Kindschaftsrecht für nicht sorgeberechtigte Väter (zum Beispiel nach Trennung von der Mutter) gemäß § 1672 I BGB die Möglichkeit, durch einen Antrag die Alleinsorge zu erhalten, wenn die Mutter dem Antrag zustimmt oder die Übertragung dem Wohl des Kindes dient. Aufgrund des Antragsprinzips wurde im Verfahrensrecht das Sorgerechtsverfahren aus dem sogenannten Zwangsverbund herausgenommen, das bedeutet, dass im Scheidungsverfahren eine gerichtliche Entscheidung über die elterliche Sorge regelmäßig nicht mehr zu treffen ist, es sei denn, ein Elternteil stellt einen Sorgerechtsantrag. Auch wenn im Scheidungsverfahren Fragen der elterlichen Sorge nicht zu entscheiden sind, will der Gesetzgeber die Interessen von Kindern und Jugendlichen durch gewisse verfahrensrechtliche Vorkehrungen schützen.

Nach § 622 II 1 ZPO muss im Scheidungsantrag angegeben werden, ob gemeinsame minderjährige Kinder vorhanden sind. Das Gericht ist dann nach § 17 III SGB VIII verpflichtet, diesen Umstand dem Jugendamt mitzuteilen, damit dieses die Eltern über das Leistungsangebot nach § 17 II SGB VIII unterrichten kann. Das Gericht soll das Jugendamt schon zu Beginn, das bedeutet bei Rechtsanhängigkeit des Verfahrens, über die Scheidungssache informieren, um die Beratung frühzeitig den Eltern anzubieten. Das Jugendamt ist dann verpflichtet, die Eltern über das Leistungsangebot der Jugendhilfe zu unterrichten (§ 17 III SGB VIII).

Eine Anhörungs- und Hinweispflicht des Gerichts in Fragen der elterlichen Sorge wurde geschaffen, um zu vermeiden, dass Eltern aus vordergründigen Motiven die Sorgerechtsproblematik im Scheidungsverfahren ausklammern. Wenn gemeinschaftliche minderjährige Kinder vorhanden sind, hört das Gericht die Eltern zur elterlichen Sorge an und soll auf bestehende Beratungsmöglichkeiten der Jugendhilfe hinweisen (§§ 613 I; 622 ZPO). „Die Anhörung soll bewirken, daß die Eltern die Frage der elterlichen Sorge unter Umständen nicht aus dem Scheidungsverfahren ausblenden" (Hauck 2000: 3). Nachdem das Antragsmodell bei Trennung und Scheidung an die Stelle des Amtsverfahrens zur Regelung der elterlichen Sorge getreten ist, entfällt für Eltern die Notwendigkeit, staatliche Hilfen in Anspruch zu nehmen. Durch die verfahrensrechtliche Modifizierung des Antragsmodells werden die Eltern zur Gestaltung der elterlichen Sorge gerichtlich angehört und auf Beratungsmöglichkeiten hingewiesen (§ 613 ZPO). Es findet eine Verzahnung des familiengerichtlichen Verfahrens mit den Angeboten der Jugendhilfe statt, die durch die in § 17 III SGB VIII gesicherte frühzeitige Unterrichtung des Jugendamtes über die Rechtsanhängigkeit von Scheidungssachen zum Ausdruck kommt. Jugendämter sollen so in die Lage versetzt werden, frühzeitig Kontakt zu den Eltern aufzunehmen. Das Leistungsangebot Trennungs- und Scheidungsberatung (§ 17 SGB VIII) ist nun als Anspruchsnorm statt als „soll"-Vorschrift formuliert und damit für die Jugendämter verpflichtend. Die Beratung ist unter angemessener Beteiligung der betroffenen Minderjährigen durchzuführen. Ist eine gerichtliche Entscheidung hinsichtlich der Übertragung der Alleinsorge auf ein Elternteil zu treffen, soll das Gericht die Beteiligten nach § 52 FGG auf Beratungsmöglichkeiten im Rahmen der Jugendhilfe hinweisen. Bei Entscheidungen im Rahmen des Umgangsrechts beruht die gerichtliche Hinweispflicht auf § 52 a III FGG. Das Jugendamt ist in derartigen Verfahren nach § 49a I 4 und 7 FGG in Verbindung mit § 50 SGB VIII zu beteiligen (Mitwirkung des Jugendamtes). Durch die Abschaffung des Amtsverfahrens tritt die Mitwirkung des Jugendamtes nach § 50 SGB VIII im familiengerichtlichen Verfahren bei Trennung der Eltern gegenüber der Beratungsaufgabe zurück. Mitwirkung findet nur dann statt, wenn durch den Antrag eines Elternteils ein Sorgerechtsverfahren angeregt wird, in anderen Scheidungsverfahren wird das Jugendamt nicht mehr gehört. Das Beratungsangebot (§ 17 SGB VIII) ist so gestaltet, dass es für die Eltern freiwillig ist.

Die Inanspruchnahmebereitschaft der Eltern für diese Beratungsleistung ist maßgeblich von den Informations- und Motivationsstrategien der Familiengerichte und Jugendämter abhängig. Ziel ist, die Eltern bei der Entwicklung eines einvernehmlichen Konzeptes für die Wahrnehmung der elterlichen Sorge zu unterstützen. „Es muss darum gehen, eine möglichst einvernehmliche Regelung zu finden, damit der Konflikt relativ geringe Auswirkungen auf das Kind hat. Wie Langzeituntersuchungen gezeigt haben [...], ermöglicht dies, daß Kinder positive Beziehungen zu beiden Eltern behalten, was die bestmögliche Verwirklichung des Kindeswohls bedeutet" (Münder 1999: 168). Diese Regelungen sollen den Kinder zugute kommen, indem ihnen trotz Trennung und Scheidung, beide Elternteile (idealtypisch) erhalten bleiben. Außerdem zielen die Beratungsangebote darauf ab, das Konfliktniveau zu senken, um die Kinder zu entlasten:

„Partnerschaftsberatung ist für das Jugendhilferecht deshalb von erheblicher Bedeutung, weil Kinder und Jugendliche in großer Zahl unter den Konflikten ihrer Eltern leiden, insbesondere bei Trennungen und/oder Scheidungen. Im 10. Jugendbericht werden diese negativen Folgen erneut beschrieben. Mit dem Angebot der Beratung und Unterstützung in Fragen der Partnerschaft, Trennung und Scheidung nach § 17 wird ein spezielles Angebot zur Förderung der Erziehung in der Familie als Regelaufgabe der Jugendhilfe festgeschrieben. Damit hat der Gesetzgeber der Tatsache Rechnung getragen, daß von den jährlich etwa 165 000 Scheidungen 130 000 minderjährige Kinder betroffen sind, für die es meist besonders schwer ist, die Entscheidung ihrer Eltern zu verstehen und zu verkraften, weil ihr – in der Regel – bis dahin den Eltern entgegengebrachtes Vertrauen schwer erschüttert wird und sich daraus erhebliche Persönlichkeitsstörungen herleiten, wie z.B. ausgeprägte Störungen im Sozialverhalten bis hin zur sozialen Isolation" (Hauck 2000: 3).

Von den oben genannten Auswirkungen sind auch „nichteheliche" Kinder betroffen, wenn die Lebensgemeinschaften ihrer unverheirateten Eltern auseinander gehen.

Das gültige Verfahrensrecht ist, bis auf wenige Ausnahmen, vom Zwang zur richterlichen Entscheidung in streitigen Verfahren geprägt. Diese Art von Verfahren wird in Familien- und Kindschaftssachen als wenig vorteilhaft angesehen, da sie sich tendenziell eher streitverschärfend als konfliktlösend auswirken. Die gerichtliche Streitentscheidung wird meist dem Ziel, möglichst vielen Kindern beide Eltern durch tragfähige, konsensuelle Arrangements zu erhalten, nicht gerecht. Vom Gesetzgeber wurden im FGG neue Regelungen geschaffen, die die eigenständige Konfliktlösung durch Eltern vor der richterlichen Entscheidung fördert. In § 52 I 1 FGG wird das Gericht in Kindschaftssachen verpflichtet, möglichst früh im Verfahren auf ein Einvernehmen der Beteiligten hinzuwirken. Gemäß § 52 I 2 FGG soll das Gericht auf die Möglichkeit der Beratung durch die Träger der Jugendhilfe hinweisen, denn ein einvernehmliches Konzept ist für die Wahrnehmung der Elternverantwortung besonders bedeutsam. Dass der Vermittlung gegenüber der gerichtlichen Entscheidung Vorrang eingeräumt wird, verdeutlicht auch die Möglichkeit des Gerichts, das Verfahren jederzeit auszusetzen, wenn bei den Eltern Bereitschaft zur außergerichtlichen Beratung besteht oder diese nach Ansicht des Gerichtes zu einem Einvernehmen kommen können (§ 52 II FGG). Es kommt zu einer Verschränkung von außergerichtlicher Beratung und gerichtlicher Problemlösung.

Für den schwierigen Bereich der Umgangsregelung hat der Gesetzgeber in § 52a FGG eine Spezialregelung geschaffen, die ein aufwendiges Vermittlungsverfahren vorsieht. Auf Antrag eines Elternteils kann gemäß § 52a FGG ein gerichtliches Vermittlungsverfahren durchgeführt werden, wenn der andere Elternteil die Durchführung einer gerichtlichen Verfügung über den Umgang mit dem gemeinschaftlichen Kind vereitelt oder erschwert. Das Gericht erörtert mit den Eltern die möglichen Folgen für das Wohl des Kindes, wenn das Umgangsrecht nicht wahrgenommen wird. Das Gericht kann auf mögliche Rechtsmittel (Zwangsmittel, Einschränkung und Entzug der elterlichen Sorge) und Beratungsmöglichkeiten der Jugendhilfe hinweisen. Das Jugendamt kann gebeten werden, an dem Termin teilzunehmen. Im Kontext dieser Regelung wird der Vorrang elterlicher Verantwortung vor staatlichem Eingriff besonders betont. Die beabsichtigte Wirkung der Regelung ist allerdings nicht nur davon abhängig, ob die betreffenden Eltern die Beratung wahrnehmen, sondern ob es in diesem Rahmen tatsächlich gelingt, tragfähige, einvernehmliche Lösungen zu erarbeiten und diese auch später im alltäglichen Leben durchzusetzen. Hierzu bedarf es einer inneren Bereitschaft, sich zum Wohle des Kindes zu einigen.

Im folgenden Kapitel wird die aus dem Datenmaterial rekonstruierte Aufgabenwahrnehmung der Jugendämter in Trennungs- und Scheidungsfällen nach dem neuen Kindschaftsrecht dargestellt. Die Darstellungen basieren auf den Aussagen der befragten JugendamtsmitarbeiterInnen (ASD, Sozialpädagogischer Dienst oder Trennungs- und Scheidungsberatungsstelle). Zentrale Themen sind:
- Beratung und Unterstützung bei Trennung und Scheidung
- Beratung und Mitwirkung in strittigen Sorge- und Umgangsfällen
- Elterliche Sorge nach Trennung und Scheidung
- Umgang nach Trennung und Scheidung
- Kinderbeteiligung, Kindesinteressen und Kindeswohl nach Trennung und Scheidung

Beratung und Unterstützung bei Trennung und Scheidung: „[D]ie Elternverantwortung soll gestärkt werden" (10a)

Das SGB VIII hat der Trennungs- und Scheidungsberatung[16] Impulse gegeben und Standards geschaffen, die durch das neue Kindschaftsrecht noch weiter in Richtung Beratung, Unterstützung und Vermittlung ausgebaut wurden. In der Trennungs- und Scheidungsberatung geht es darum, günstige Bedingungen dafür zu schaffen, dass „beide Eltern sich auch nach der Trennung und Scheidung für ihre elterlichen Aufgaben verantwortlich fühlen" (Hauck 2000: 4). Die Verbindung des Scheidungsverfahrens mit Beratungsangeboten der Jugendhilfe (Verhandlungsverbund) erfolgt über § 622 ZPO und § 17 SGB VIII. Wenn in einem Scheidungsverfahren gemeinschaftliche minderjährige Kinder beteiligt sind, teilt das Gericht Namen und Anschriften dem Jugendamt mit, damit es die Eltern über das Leistungsangebot (§ 17 II SGB VIII) unterrichtet. Laut Bundesrat wurde die Änderung des § 17 SGB VIII notwendig, weil die rechtliche Neuordnung der elterlichen Sorge von mehr Elternautonomie geprägt ist. Die Regelung der sorgerechtlichen Verhältnisse ist damit offen für unterschiedliche Gestaltungsmöglichkeiten, deren praktische Ausgestaltung den Ausbau und die Qualifizierung des vorhandenen Beratungsangebots der Jugendhilfe erfordert. Dem erhöhten Beratungsbedarf von Eltern soll dadurch Rechnung getragen werden, dass die Beratung in Fragen der Partnerschaft, Trennung und Scheidung nach § 17 SGBVIII (wie auch die Beratung bei der Ausübung der Personensorge oder des Umgangsrechts § 18 I und IV SGB VIII) nicht nur als Soll-Leistung, sondern als Anspruchsleistung ausgestaltet wird. Da in der Praxis im Rahmen der Trennungs- und Scheidungsberatung trotz § 8 I SGB VIII die Beteiligung der von Trennung und Scheidung der Eltern betroffenen Kinder und Jugendlichen unterschiedlich gehandhabt wird und großenteils unterbleibt, ist in § 17 II SGB VIII deren Beteiligung bei der Erarbeitung außergerichtlicher Sorgepläne und von Sorgerechtskonzepten für gerichtliche Verfahren grundsätzlich verpflichtend vorgesehen (BT-Drs.: 13/4899: 163).

Die Kindschaftsrechtsreform hat noch eine zweite Verknüpfung zwischen Scheidungsverfahren und Beratungsangebot der Jugendhilfe hergestellt: Gemäß § 613 I ZPO soll das Gericht das persönliche Erscheinen der Ehegatten anordnen. Sind gemeinschaftliche minderjährige Kinder vorhanden, hört das Gericht die Ehegatten auch zur elterlichen Sorge an und weist auf bestehende Möglichkeiten der Beratung durch Beratungsstellen und Dienste der Träger der Jugendhilfe hin. Damit der Richter seiner Informationsverpflichtung nachkommen kann, muss das Jugendamt umfassende und aktuelle Informationen über das Beratungsangebot zur Verfügung stellen. Die Formulierung „Leistungsangebote der Jugendhilfe nach Abs. 2" in § 17 SGB VIII beziehungsweise „Möglichkeiten der Beratung durch Beratungsstellen und Dienste der Träger der Jugendhilfe" in § 613 ZPO I stellt klar, dass Eltern nicht nur über die Beratungsmöglichkeiten der Jugendämter selbst, sondern auch über die Beratungsmöglichkeiten bei Beratungsstellen freier Träger zu informieren sind.

Laut § 17 I SGB VIII haben Mütter und Väter im Rahmen der Jugendhilfe den Anspruch auf Beratung in Fragen der Partnerschaft, wenn sie für ein Kind oder einen Jugendlichen zu sorgen haben oder tatsächlich sorgen. Die Vorschrift wendet sich ausschließlich an „Mütter und Väter". „Durch die Nichterwähnung von Kindern und Jugendlichen wird verdeutlicht, daß die Beratung vornehmlich Beziehungskonflikte zwischen den Partnern zum Inhalt haben wird. Damit wird jedoch nicht ausgeschlossen, daß auch Kinder und Jugendliche in den Beratungsprozeß einbezogen werden. Im Falle des Absatzes 2 ist dies jetzt ausdrücklich vorgesehen" (Hauck 2000: 5). Den Anspruch auf Beratungsleistung haben Mütter und Väter jeweils für sich allein, das bedeutet sie brauchen nicht miteinander verheiratet zu sein und nicht miteinander zu leben. „Eine Beratung nur eines Elternteils ist daher denkbar, auch wenn es zumeist wünschenswert sein dürfte, daß beide Teile an der Beratung teilnehmen" (ebd.).

Tatbestandliche Voraussetzung für den Anspruch auf Beratung ist, dass die Mutter oder der Vater für ein leibliches Kind oder Jugendlichen zu sorgen haben oder tatsächlich sorgen, das bedeutet, wenn der Elternteil die elterliche Sorge gemäß § 1626 I 1 BGB innehat oder wenn ein Elternteil „tatsächlich" für ein Kind sorgt, ohne Inhaber der elterlichen Sorge zu sein (zum Beispiel im Rahmen der Umgangsausübung § 1684BGB). „Leistungsempfänger sind zwar die Eltern, adressiert ist die Leistung aber an das Kind, denn die Elternschaft ist Voraussetzung der Partnerschaftsberatung" (Kunkel 1998: 186). Der Anspruch der Mütter und Väter ist auf eine Beratung gerichtet, d.h. auf eine soziale Dienstleistung im Sinne von § 11 SGB I. Die Anspruchsberechtigten können die Beratungsleistung „formlos beantragen", indem sie die Beratungsstelle aufsuchen und ihr jeweiliges Problem vortragen:

„Eine Beratung liegt vor, wenn ein vom Ratsuchenden relativ klar vorgetragenes Problem bearbeitet werden soll, wobei für die psychosoziale Beratung in Fragen der Partnerschaft, Trennung und Scheidung vom familiensystemischen Ansatz auszugehen ist, der in das Zentrum der Intervention die Beziehungen der Mitglieder zueinander und zu anderen stellt und somit am Beziehungsverhalten, insbesondere an der familiären Kommunikation ansetzt. Dabei sollen in bestimmten Bereichen des familiären Lebens neue Formen des Umgangs miteinander gefunden und geprobt werden. Es bedarf daher eines nach fachlichen Anforderungen besetzten Beratungsdienstes, der auch einen familientherapeutischen Hintergrund besitzt (sog. Institutionelle Beratung)" (Hauck 2000: 7).

Zudem umfasst der § 17 SGB VIII neben der psychosozialen Beratung auch die Rechtsberatung[17] im Zusammenhang mit Partnerschaftskonflikten, weil die Beratung eine enge Verbindung zu den durch das neue Kindschaftsrecht geschaffenen rechtlichen Gestaltungsmöglichkeiten aufweist (zum Beispiel gemeinsame elterliche Sorge, Umgangsrechte, einvernehmliche Konfliktlösung). Die Beratung soll u.a. helfen, im Falle der Trennung oder Scheidung die Bedingungen für eine dem Wohl des Kindes oder des Jugendlichen förderliche Wahrnehmung der Elternverantwortung zu schaffen. Die durch die Kindschaftsrechtsreform geänderte Vorschrift basiert auf einem neuen Verständnis von Ehescheidung: „Während das herkömmliche „Desorganisationsmodell" im Falle der Scheidung vom Ende der Familie und der familialen Beziehungen sowie vom Bruch der Bindungen ausging, versteht das „Reorganisationsmodell" in der Trennung und Scheidung Krisen, die Familien nicht beenden, sondern die eine grundlegende Umgestaltung familialer Lebensverhältnisse und Beziehungen zur Folge haben. Scheidung stellt sich somit als eine Übergangsphase dar, in der sich die Familie wieder neu organisiert" (Hauck 2000: 8). Die Beratung soll sich im Rahmen einer familialen Neuorganisation verstärkt am Wohl des Kindes[18] ausrichten (ebd.). Nach Hauck (2000) ist der Kindeswohlbegriff an dieser Stelle „handlungsorientiert beziehungsweise aufgabenorientiert", im Gegensatz zur „entscheidungsorientierten" Interpretation in § 1671 II 2 BGB, zu verstehen: „Aus Sicht der Jugendhilfe bedeutet „Kindeswohl" deshalb auch, Hilfestellung zu geben bei der Schaffung angemessener Bedingungen, die es dem Kind ermöglichen, während und nach der Scheidung familiare Identität und die Bindung zu beiden Elternteilen bewahren zu dürfen" (ebd.: 8 f.). Mit Hilfe der Beratungsleistung für Eltern sollen förderliche Bedingungen für das Kind geschaffen werden, die die „typischen Reaktionen"[19] der Kinder auf Trennungs- und Scheidungssituationen verhindern oder vermindern. Die Unterstützungspflicht nach § 17 II SGB VIII geht, nach Kunkel (1998), „über die Beratungspflicht nach Abs. 1 und die Paragraphenüberschrift hinaus und erfordert aktive Mithilfe („Entwicklungshilfe") für ein Sorgerechtskonzept" (Kunkel 1998: 188).

Der Deutsche Verein für öffentliche und private Fürsorge (DV) hat Empfehlungen für die Trennungs- und Scheidungsberatung und zur Mitwirkung in familiengerichtlichen Verfahren herausgegeben.[20] Im Kontext der Trennungs- und Scheidungsberatung sieht der Deutsche Verein die

Verpflichtung der Jugendhilfe, Müttern und Vätern, die für Kinder und Jugendliche zu sorgen haben, Hilfen anzubieten, mit denen „Wege zur Fortführung der Partnerschaft (Ambivalenzphase)" offengehalten und „bei Entscheidung für die Trennung Bedingungen für eine dem Wohl des Kindes oder des Jugendlichen förderliche Wahrnehmung der Elternverantwortung" geschaffen werden (Hauck 2000: 9). Es geht um die Begleitung und Unterstützung von Eltern und Kinder bei der Veränderung und Umgestaltung der familialen Beziehungs- und Lebensverhältnisse, die sich an folgender Leitvorstellung orientieren soll: „[A]ls Partner zwar getrennt, als Eltern aber in gemeinsamer Verantwortung" (ebd.: 10). Die gemeinsame Elternverantwortung wird unabhängig von der Sorgeform gesehen, obschon sich aus der gemeinsamen elterlichen Verantwortung auch ein einvernehmliches Konzept zur Wahrnehmung der elterlichen Sorge entwickeln lassen sollte. Ziel ist, dass „Eltern selbstbestimmt und eigenverantwortlich ihre fortbestehenden Beziehungen zu den Kindern ordnen und gestalten können" (ebd.).

Aufgabe der Jugendhilfe ist, das Beratungsangebot an die entsprechenden Eltern heranzutragen und diese zur Inanspruchnahme zu motivieren. Ein früher Beratungszeitpunkt wird vom DV als förderlich betrachtet, weil „die Krise der Familie gegebenenfalls noch im Rahmen der Partnerschaftsberatung wirksam verarbeitet werden kann" oder zum Zeitpunkt des Trennungsbeschlusses, „weil bereits die Trennungsgestaltung für das Kind prägend ist" (ebd.). Künftig hat also nicht nur das Jugendamt die Eltern über Beratungsangebote zu informieren (§ 622 ZPO, § 17 III SGB VIII), auch den Richter selbst trifft eine Informationsverpflichtung gegenüber den Eltern. Es wird davon ausgegangen, dass in der Praxis die erste Alternative größere Bedeutung gewinnt, da diese Information bereits zu Beginn des Scheidungsverfahrens erfolgen muss, also ein längerer Zeitraum für die Beratung verbleibt und somit die Motivation der Eltern höher eingeschätzt wird, entsprechende Beratungsangebote in Anspruch zu nehmen. Der Hinweis des Richters auf die Beratungsangebote der Jugendhilfe erfolgt hingegen erst im Rahmen der mündlichen Verhandlung, also zu einem Zeitpunkt, zu dem das Verfahren bereits lange andauert und die Eltern auf das Scheidungsurteil warten.

Ob die Interessen des Kindes im Scheidungsverfahren gewahrt werden oder ob die Elternautonomie auf Kosten von Kindern erhöht wird, hängt nun allein von der Elternanhörung zur Ausgestaltung der gemeinsamen elterlichen Sorge und der Nutzung der Beratungsangebote der Jugendhilfe durch die Eltern ab. Allerdings bleibt es den Eltern freigestellt, diese Angebote zu nutzen.

Ausgestaltung der Trennungs- und Scheidungsberatung: „Wir bieten persönliche Gespräche in unserem Amt" (3a)
Welche Stellen oder Einrichtungen die Beratungsleistung nach § 17 SGB VIII anbieten sollen, lässt der Gesetzestext offen. Die Trennungs- und Scheidungsberatung gehört zu den in § 2 II 4 SGB VIII genannten Leistungen und damit können sie sowohl von freien, wie auch von öffentlichen Trägern erbracht werden: „Inhalt, Methoden und Arbeitsformen der Beratung sind nicht vorgegeben, so daß über § 3 Abs. 1 die Beratung durch soziale Dienste der Jugendämter, Erziehungs- und Familienberatungsstellen öffentlicher und freier Träger, Eheberatungsstellen und speziellen Beratungsstellen für Scheidungs- und Trennungsprobleme gleichrangig nebeneinander möglich ist. Wie und durch wen die Leistung erbracht wird, richtet sich nach den örtlichen Begebenheiten" (Hauck 2000: 12f). In der Regel bieten die Jugendämter in den untersuchten Kommunen „ihre" Beratung (ASD, Sozialpädagogischer Dienst oder spezielle Beratungsstelle für Scheidungs- und Trennungsprobleme) als erste „Anlaufstelle" an. Allerdings wird mit Beratungsstellen in freier Trägerschaft zusammengearbeitet. Ein Problem für die Übertragung der Trennungs- und Scheidungsberatung in freie Trägerschaft ergibt sich aus dem Rechtsberatungsgesetz, denn für die freien Träger der Jugendhilfe ist die Rechtsberatung und Rechtsbetreuung im Rahmen ihrer Zuständigkeit nicht zulässig, das bedeutet, nicht durch § 3 I RBerG abgedeckt. Folglich scheint es ausgeschlossen zu sein, dass Träger der freien Jugendhilfe eine fachkundige Trennungs- und Scheidungsberatung leisten können, da diese eine gleichzeitige Rechtsberatung mit einschießen sollte (vgl. Hauck 2000: 7).

Wie im Einzelnen die Unterstützungsleistungen gestaltet werden, lässt der § 17 II SGB VIII ebenfalls offen: „Aus Sinn und Zweck der Norm wird aber ein Beratungsprozeß erforderlich sein, um ein einvernehmliches Konzept für die Wahrnehmung der elterlichen Sorge zu entwickeln. Die Erarbeitung der Konzeption erfordert eine angemessene Zeit, setzt das Interesse beider Parteien und auch ihrer Prozessvertreter voraus" (Hauck 2000: 12).

Mit den Aussagen der JugendamtsmitarbeiterInnen lässt sich illustrieren, in welcher Form die Beratung nach § 17 SGB VIII angeboten wird. Die von den Jugendämtern angebotene Beratung findet in der Regel im Amt beziehungsweise in den zuständigen Beratungsstellen des Stadtteils oder Bezirks statt. Zum Teil werden auch Hausbesuche angeboten. In flächenmäßig großen Landkreisen weisen die Jugendämter besonders auf die Beratungsangebote in freier Trägerschaft hin, wenn es keine Außenstellen oder Außensprechzeiten des Jugendamtes gibt. Damit wird gewährleistet, dass die Anfahrtswege nicht zu weit werden. Ein einheitliches Konzept für den Beratungsablauf gibt es in zwei Jugendämtern. In der Regel wird die Beratung durch eine JugendamtsmitarbeiterIn geleistet. Als eine Veränderung der Trennungs- und Scheidungsberatung nach der Kindschaftsrechtsreform wurde in einem Jugendamt allerdings die „Beratung zu zweit" eingeführt, um besonders in strittigen Fällen sich gegenseitig kontrollieren und absichern zu können.

Zusammenfassend wird deutlich, dass der § 17 SGB VIII die inhaltliche und organisatorische Ausgestaltung so offen lässt, dass sich regionalspezifische Formen entwickeln können. Das Jugendamt als öffentlicher Träger nimmt oft eine Vorrangstellung ein, auch wenn mit freien Trägern zusammengearbeitet oder auf deren Beratungsstellen hingewiesen wird. Gemäß der Gewährleistungspflicht (§ 79 SGB VIII) hat das Jugendamt für die erforderlichen und geeigneten Einrichtungen zu sorgen und im Rahmen seiner Planungsverantwortung den Bedarf an Beratung zu prüfen. Würden die Eltern in Trennungs- und Scheidungssituationen regelmäßig, wie vom Gesetzgeber vorgesehen, die Beratungsleistung in Anspruch nehmen, müsste das Beratungsangebot noch erheblich ausgebaut werden.

Beratungsangebote der Jugendämter bei Trennung und Scheidung:
„Das wird sehr wenig angenommen" (8a)
Aufgrund der Freiwilligkeit der Beratungsangebote kommt der Inanspruchnahmebereitschaft der Eltern ein hoher Stellenwert zu, wenn es um die Beratung bei Trennung und Scheidung geht. Stellen beide Elternteile keinen Antrag auf Regelung der elterlichen Sorge, sind die JugendamtsmitarbeiterInnen nach neuem Kindschaftsrecht nicht mehr in das Verfahren involviert, sondern haben lediglich eine Informationspflicht den Eltern gegenüber. Wenn Eltern das Beratungsangebot nicht annehmen, wird davon ausgegangen, dass es keine Probleme mit der Regelung der elterlichen Sorge gibt. Die Unterlagen werden vernichtet, wenn sich die Eltern nicht melden. Während das Jugendamt vor der Kindschaftsrechtsreform an jedem Scheidungsfall beteiligt war, ist es in einigen Kommunen nur noch eine Beratungsstelle unter vielen, die ausgewählt werden kann.

In den befragten Jugendämtern wurde durchgängig die Erfahrung gemacht, dass die Eltern nicht beziehungsweise selten auf das Beratungsangebot der Jugendämter reagieren.

> *Eltern nehmen das Beratungsangebot selten an*
> „[...] Der Großteil nimmt das nicht an, und dann sind wir ja auch in dem Verfahren nicht mehr involviert" (A I6a 142-148).
> „[...] Die meisten kommen zu dem Zeitpunkt nicht" (S I9a/b 307-317).
> „[...] Ja, nur das wird halt weniger in Anspruch genommen. Klar, in dem Moment, wo es Probleme gibt mit der Umsetzung, dass die Leute sich dann beraten lassen, das ist klar" (A I2a 111-115).
> „[...] Melden sie sich nicht, gehen wir davon aus, dass das auch glatt geht und dann wird das auch vernichtet, und wenn einer einen Antrag stellt, sind wir ja sowieso beteiligt" (A I4f 128-134).

> „Das wird sehr wenig angenommen. Also aus meiner Erfahrung kann ich sagen, keine zehn Prozent. Sehr, sehr wenig. [...]. Also, ich denke im Höchstfall zehn Prozent. Das ist wirklich nicht viel" (A I8a/b 175-184).

Es wird als Nachteil der neuen Regelung angesehen, dass sich nicht mehr alle Eltern beim Jugendamt melden müssen, wenn sie die gemeinsame elterliche Sorge belassen oder ein davon abweichendes Konzept einvernehmlich vorlegen:

> „[D]urch das Inkrafttreten des Kindschaftsreformgesetzes, ist natürlich was passiert, was den Zugang wesentlich schwerer macht, als eben durch die gemeinsame elterliche Sorge, diese in Anführungsstrichen „Zwangsberatung" durch das Jugendamt entfallen ist. Und die Jugendhilfe und die Gerichte zusammen eigentlich gefordert sind sich Gedanken darüber zu machen, wie es denn gelingt auch weiterhin diese 90%, die sich jetzt nicht melden, zumindest zu so einer grundsätzlichen Beratung an einen Tisch zu kriegen, gemeinsam, und deutlich zu machen: Was heißt denn das, wenn ihr euch jetzt trennt, was passiert mit dem Kind und, diese einzelnen Aspekte aufzuzeigen, und dann zu sagen: OK, und jetzt könnt ihr euch überlegen, ist das irgendwas, von dem ihr glaubt, das ihr euch da sonst noch mit auseinandersetzen wollt, [...]gibt es einige Punkte, wenn nicht, ist auch gut. Aber das zu mindestens zu tun [...]" (A I6a 427-452).

Der Zugang zu Eltern und vor allem zu den Kindern in Trennungs- und Scheidungssituationen wurde für die Jugendämter erheblich erschwert. Es wird deutlich, dass die meisten Eltern im Verlauf ihrer Trennung und Scheidung keine Beratungshilfe in Anspruch genommen haben. Die Aussagen der JugendamtsmitarbeiterInnen können durch die Ergebnisse der bundesweiten Elternbefragung von Proksch (2002) ergänzt werden: Er resümiert, dass Beratungshilfen des Jugendamts im Verlauf von Trennung und Scheidung von den Eltern nur zögerlich in Anspruch genommen wurden (vgl. Proksch 2002: 187).

Bedeutung der Trennungs- und Scheidungsberatung: „[D]as ist Prävention" (5a)

In mehreren Interviews wird der Zusammenhang von Trennungs- und Scheidungserfahrungen und späteren Hilfen zur Erziehung gesehen und zum Teil auch statistisch belegt. Eine verstärkte Beratung wird als geeignetes Mittel angesehen, um die Folgen von Trennung und Scheidung für Kinder abzumildern. Trennungs- und Scheidungsberatung wird als Prävention angesehen, die weitergehende Jugendhilfemaßnahmen (Hilfen zur Erziehung) verhindern und somit Kosten einsparen kann. Stief-Eltern-Familien werden als besonders problematisch hervorgehoben.

Trennungs- und Scheidungsberatung als Prävention:
> „Die Fälle, die wir in „Hilfen zur Erziehung" haben, die auch in Heimen untergebracht

sind, sind oft Kinder, die aus Trennungssituationen kommen, und so gesehen [...] würde ich perspektivisch schon sagen, kann man daran arbeiten, dass es Kindern besser geht, mit der Situation klarzukommen" (A I4f 843-847).

„[D]as ist Prävention. Wenn wir uns angucken, [...] wieviel Kinder hier in Jugendhilfemaßnahmen eingebunden sind, ob es Fremdunterbringung ist, ob das die ganze Palette der ambulanten Betreuungsmaßnahmen für Familien und Kinder ist. Ich [...] denke, 98 % sind Scheidungskinder, [...] die sind ja alle mal hier Fälle als Scheidungsfamilien gewesen. Wenn man da schon sozusagen, Beratung im umfassenden Sinne [machen würde], [...] dann müsste das nicht so sein, denk ich. Und da, denk ich, wird ein Stück weit auch an der falschen Stelle gespart" (A I5a 743-755).

„Und das einzige, was wir halt immer feststellen, das so Stiefelternverhältnisse problematisch sind. Einfach, weil wir die meisten Kinder, die wir unterbringen und die in irgendwelchen Jugendhilfemaßnahmen sind, sind Kinder aus Stiefelternverhältnissen. Das ist schon mal ganz klar." (A I1a 1184-1189)

„[W]ir wollten [vor der Kindschaftsrechtsreform], dass die nicht sorgeberechtigten Elternteile wesentlich stärker eingebunden werden auch nach einer Trennung, in die Verantwortung für das Kind. Und das auch aus dem nicht unverständlichen Grund [...] des Öffentlichen Jugendhilfeträgers, das er gesagt hat, dass der Großteil der Kinder und Jugendlichen, die wir im Bereich der Hilfe zur Erziehung haben, sind eben halt Kinder aus Trennungsfamilien, und der Bruch der Trennung ist häufig auch ein Bruch gewesen, in der sozialen Entwicklung eines Kindes und wenn wir an dem Punkt hier qualifizierte Arbeit machen[...], wenn wir das qualifiziert anbieten, und uns das gelingt, in der Breite tatsächlich auch durchzuführen, dann wird das Einfluss haben, auch auf die Hilfen zur Erziehung" (A I6a 408-424).

Da die Beratung in Trennungs- und Scheidungssituationen vom Gesetzgeber als wichtiges Mittel zur Stärkung der Elternverantwortung und Sicherung des Kindeswohls betont wurde, ist die geringe Inanspruchnahmebereitschaft der Eltern durchaus kritisch zu betrachten. Die rechtliche Stellung der Jugendämter hat sich verändert. Auch vor der Kindschaftsrechtsreform mussten die Jugendämter die Eltern in Trennungs- und Scheidungssituationen zur Inanspruchnahme der Beratungsleistung motivieren, aber in der Regel haben alle Eltern Kontakt zum Jugendamt bekommen, da die Mitwirkung des Jugendamtes in Scheidungsfällen obligatorisch war. Nach der Kindschaftsrechtsreform müssen die Jugendämter die Eltern motivieren, damit diese den Kontakt zum Jugendamt herstellen. An dieser Situation ist problematisch, dass die Kinder regelmäßig aus dem Blickfeld der Jugendämter verschwinden. Der Bezugspunkt der Handlungsorientierung verlagert sich vom Kind zu den Eltern. Aber auch die Aufgabe der Mitwirkung hat sich qualitativ und quantitativ verändert.

Beratung und Mitwirkung in strittigen Sorge- und Umgangsrechtsfällen:
„[D]ie sind wirklich heftig, weil da geht es um alles" (1a)

Die Beratungsverpflichtung der Jugendämter erstreckt sich nicht nur auf die Trennungs- und Scheidungsfälle, in denen die gemeinsame elterliche Sorge weiterhin besteht, sondern insbesondere auf strittige Fälle. Das bedeutet einerseits, dass es um Trennungs- und Scheidungsfälle geht, in denen ein oder beide Elternteile nicht einvernehmliche Anträge auf Übertragung beziehungsweise Überlassung der alleinigen elterlichen Sorge stellen und andererseits Fälle der Umgangsregelung, in denen ein Elternteil (meist die Mutter) die alleinige elterliche Sorge inne hat und der umgangsberechtigte Elternteil (meist der Vater) sein Recht auf Umgang mit dem Kind einklagt. Die Beratung durch das Jugendamt hat das Ziel, zwischen den strittigen Parteien zu vermitteln und auf Konsens und Einvernehmen hinzuwirken. Mütter und Väter haben in diesen Fällen eine Anspruchsberechtigung auf „Trennungs- und Scheidungsberatung" gemäß § 17 SGB VIII beziehungsweise gemäß § 18 III SGB VIII haben Eltern, Kinder und sonstige Personen mit Umgangsrechten ein Recht auf Beratung und Unterstützung bei der Ausübung des Umgangsrechts. Dabei sind Kinder angemessen zu beteiligen (§ 8 I SGB VIII). Die Jugendämter sind den Eltern gegenüber verpflichtet, über ihre Beratungs- und Unterstützungsangebote zu informieren. Die Jugendämter werden in der Regel über die Anhängigkeit streitiger Sorge- und Umgangsrechtsfälle informiert und nehmen daraufhin den Kontakt zu Eltern und Kindern auf (vgl. Proksch 2002: 284). Das Jugendamt ist in Form von Mitwirkung (§ 50 SGB VIII i. V. m. §§ 49, 49a FGG) am gerichtlichen Verfahren beteiligt, wenn vor dem Familiengericht ein Antrag auf Übertragung der alleinigen elterlichen Sorge oder zur Regelung des Umgangs gestellt wird.

Im Verfahren zur Übertragung der Alleinsorge auf einen Elternteil oder zur Regelung des Umgangs findet folglich eine Verknüpfung mit den Beratungsangeboten der Jugendhilfe statt, deren Rechtsgrundlage der § 52 FGG ist. Gemäß § 52 FGG soll das Gericht so früh wie möglich und in jeder Lage des Verfahrens auf ein Einvernehmen der Beteiligten hinwirken, wenn das Verfahren die Person eines Kind betrifft. Es soll die Beteiligten so früh wie möglich anhören und auf bestehende Möglichkeiten der Beratung durch die Beratungsstellen und -dienste der Träger der Jugendhilfe, insbesondere zur Entwicklung eines einvernehmlichen Konzept für die Wahrnehmung der elterlichen Sorge und der elterlichen Verantwortung hinweisen (§ 52 I FGG). Soweit dies nicht zu einer für das Kindeswohl nachteiligen Verzögerung führt, soll das Gericht das Verfahren aussetzen, wenn die Beteiligten bereit sind, außergerichtliche Beratung in Anspruch zu nehmen oder nach freier Überzeugung des Gerichts Aussicht auf ein Einvernehmen der Beteiligten besteht; in diesem Fall soll das Gericht den Beteiligten nahe legen, eine außergerichtliche Beratung in Anspruch zu nehmen (§ 52 II FGG). Im Rahmen von strittigen Sorge- und Umgangsrechtsverfahren sind Eltern bei der eigenverantwortlichen Lösung ihrer Konflikte zu unterstützen.

Nach neuem Kindschaftsrecht hat das Erzielen einer einvernehmlichen Regelung (gemeinsame oder alleinige elterliche Sorge nach Trennung und Scheidung, Umgang) zwischen streitenden Eltern eine Vorrangstellung. Die Eigenverantwortung der Eltern wird in diesem Kontext als bedeutend für das Wohlergehen der Kinder angesehen. Der vom SGBVIII (1991) begonnene Wechsel vom rein juristischen Interventionsmodell zur sozialpflegerischen Intervention durch Beratung (§§ 17, 18, 27 SGB VIII), wurde durch die Kindschaftsrechtsreform ausgeweitet. Der Gesetzgeber hat im FGG neue Regelungen geschaffen, die die eigenständige Konfliktlösung der Eltern vor der richterlichen Entscheidung fördern sollen. Hintergrund ist die Annahme, dass einvernehmliche Regelungen in Sorge- und Umgangsverfahren für alle Beteiligten akzeptabler sind als ein Richterspruch. Beratung und Mitwirkung waren schon vor der Reform des Kindschaftsrechts, nämlich seit Inkrafttreten des SGB VIII zwei Aufgabenbereiche im Jugendamt, über deren Ausgestaltung diskutiert wurde. Mit dem neuen Kindschaftsrecht hat die Diskussion um diese zwei Aufgabenbereiche aktuelle Impulse bekommen und die Aufgabenwahrnehmung hat sich auf verschiedenen Ebenen verändert:

- *Quantitative Veränderung der Mitwirkung (Wegfall der obligatorischen Mitwirkung):* Da der Zwangsentscheidungsverbund gelöst wurde, haben sich die Mitwirkungsfälle erheblich reduziert. Für die Fälle, in denen die Eltern die gemeinsame elterliche Sorge nach Trennung und Scheidung behalten, besteht keine Mitwirkungspflicht mehr.
- *Qualitative Veränderung der Mitwirkung:* Die wenigen Trennungs- und Scheidungsfälle, in denen eine Mitwirkung der Jugendämter gefordert ist, sind dafür hochstrittig und arbeitsintensiv.
- *Organisatorische Veränderungen von Beratung und Mitwirkung:* Die Frage, ob Beratungs- und Mitwirkungsleistungen aus rechtlichen und fachlichen Gründen organisatorisch zu trennen sein oder in Personalunion stattfinden dürfen, wurde neu gestellt.
- *Inhaltliche Veränderung der Mitwirkung:* Durch Beratung und Vermittlung soll eine möglichst einvernehmliche Regelung mit den Eltern erarbeitet werden Der Inhalt von Mitwirkung (meist ein schriftlicher Bericht) hat sich dahingehend verändert, dass keine wertenden Stellungnahmen, sondern neutrale Konsens- beziehungsweise Problembeschreibungen angefertigt werden. Die Beratungshaltung hat sich in vielen Jugendämtern dahingehend verändert, dass sie sich im Spannungsfeld zwischen Elternteilen und Kindern als neutral und versöhnungsorientiert verstehen, um das Einvernehmen der Eltern zu fördern. Gegenüber der systemischen Sichtweise und der Vermittlerposition, tritt die Orientierung am Kindeswohl zurück.

Die gesetzlichen Regelungen in strittigen Sorge- und Umgangsfällen sind so gestaltet, dass in der Aufgabenwahrnehmung die Haltung der JugendamtsmitarbeiterInnen und RichterInnen zum Tragen kommt. Je nach internen Regelungen der regionalspezifischen Institutionen und nach Kooperationsverhältnissen zwischen ihnen, entwickelt sich die Aufgabenwahrnehmung im Rahmen des Gesetzes unterschiedlich. Beispiele sind die Organisation von Mitwirkung und Beratung, die inhaltliche Ausgestaltung des Berichts, der Beratung und der Mitwirkung sowie der Umgang mit „geschickten" Beratungsfällen.

Mitwirkung in Trennungs- und Scheidungsfällen: „Das sind dann auch ziemliche Granaten" (10a)
Im § 50 SGB VIII ist die Mitwirkung des Jugendamtes in Verfahren vor den Vormundschafts- und Familiengerichten festgelegt. Es hat sie bei allen Maßnahmen, welche die Sorge für die Person von Kindern und Jugendlichen betreffen, zu unterstützen (§ 50 I SGB VIII) und insbesondere über angebotene und erbrachte Leistungen zu unterrichten. Erzieherische und soziale Gesichtspunkte sollen, bezogen auf die Entwicklung des Kindes oder des Jugendlichen, eingebracht und auf weitere Hilfsmöglichkeiten hingewiesen werden (§ 50 II SGB VIII). Hält das Jugendamt zur Abwendung einer Gefährdung des Kindeswohls ein Tätigwerden für erforderlich, so muss es das Gericht von sich aus anrufen (§ 50 III SGB VIII).[21] Die in Betracht kommenden Verfahren sind in dem Gesetz über die freiwillige Gerichtsbarkeit in § 49 FGG für das Vormundschaftsgericht und § 49a FGG für das Familiengericht im Einzelnen aufgeführt. Die Anhörung des Jugendamtes wird dem Gericht in den aufgeführten Fällen vorgeschrieben, das bedeutet, die Mitwirkungspflicht der Jugendämter ist das Äquivalent zur Anhörungspflicht des Gerichtes (§ 50 SGB VIII i. V. mit §§ 49, 49a FGG).

Bei Trennungs- und Scheidungsverfahren besteht eine Mitwirkungspflicht des Jugendamtes nur dann, wenn ein Elternteil beim Familiengericht einen (streitigen) Antrag auf Übertragung der alleinigen elterlichen Sorge[22] gemäß § 1671 BGB stellt, bei streitigen Umgangsregelungen[23] gemäß §§ 1632 II, 1684, 1685 BGB oder wenn das Wohl des Kindes nach § 1666 BGB gefährdet ist. Die Mitwirkungsaufgabe der Jugendämter in Trennungs- und Scheidungsverfahren konzentriert sich in der Regel auf die Beratungsleistungen nach §§ 17 und 18 SGB VIII. Darüber hinaus ist das Jugendamt auch in diesen Fällen verpflichtet, das Gericht über angebotene und erbrachte Leistungen zu unterrichten, erzieherische und soziale Gesichtspunkte zur Entwicklung des Kindes einzubringen und auf weitere Möglichkeiten der Hilfe hinzuweisen.

Im Vergleich mit der Zeit vor der Kindschaftsrechtsreform, bekommen die Jugendämter nur noch wenige Mitwirkungsfälle nach § 50 SGB VIII, wenn es um Trennung und Scheidung geht. Die wenigen Trennungs- und

Scheidungsfälle, in denen eine Mitwirkung der Jugendämter gefordert ist, sind dafür hochstrittig. Diese wenigen aber hoch strittigen Mitwirkungsfälle erfordern einen großen Zeitaufwand. Die Personengruppe der hochstrittigen Eltern hat sich nach der Kindschaftsrechtsreform für die JugendamtsmitarbeiterInnen nicht verändert. Der Unterschied ist, dass nun auf einer anderen Rechtsgrundlage gestritten wird. Die hochstrittigen Mitwirkungsfälle können über Jahre andauern.

Mitwirkungsfälle sind strittiger geworden
„[D]iese 10 % sag ich mal, strittiger Fälle, vielleicht also zwischen 5 und 10 %, würde ich mal sagen, ist die Quote, die sind wirklich heftig, weil da geht es um alles. Um die Kinder, um das Geld, um Haus und Einrichtung [...]" (A I1a 189-203).
„Unser Eindruck ist eher so, dass die [Eltern], die sich nicht einig sind, eigentlich auch sehr hoch strittig sind, in aller Regel. Also, nicht wie früher, da wusste man immer nicht, was kommt auf einen zu, wenn man so eine Sache übernimmt. Heute weiß man eigentlich, eine strittige Sorgerechtsregelung, die ist wirklich strittig" (A I5a 200-205).
„[...] das sind natürlich dann die Fälle, die entsprechend sehr, sehr schwierig und kompliziert und haarig sind. Die entsprechend wesentlich mehr Zeitaufwand erfordern" (A I8a/b 186-191).
„[D]ie [Fälle], die uns Kopfzerbrechen und Arbeit machen, dass sind ja sowieso die, die sich nicht auseinandersetzen und irgendwann zum Konsens kommen [...]" (A I2a 380-384).
„Und dann kann man das aber auch absehen, dann geht es zum Amtsgericht, dann geht es zum Oberlandesgericht. Dann streiten die sich hin und her über Jahre zieht sich das denn hin, und letztlich bringt das für die Kinder nichts [...]" (A I1a 446-453).

Als Ursache für den äußerst hohen Strittigkeitsgrad der Mitwirkungsfälle werden häufig ungelöste Konflikte aus der Paarbeziehung der Eltern angesehen. Schon 1998 hat Wiesner eine solche Verschiebung in der Arbeitsbelastung der Jugendämter erwartet: Rückläufigkeit der Mitwirkung im gerichtlichen Verfahren bei steigender Arbeitsbelastung durch besonders streitbelastete Fälle.

Von der Beratung zur Mitwirkung: „Das war meine Dienstleistung, und nun kommt die Mitwirkung" (10a)
Dem Jugendamt kommt eine doppelte Aufgabe zu, nämlich im Rahmen von §§ 17, 18 SGB VIII als Berater und Helfer für die Betroffenen in Fragen des Umgangs, der Partnerschaft, der Trennung und Scheidung und im Rahmen der Familiengerichtshilfe nach § 50 als „Helfer" für das Gericht (vgl. Hauck 2000: 13).[24] Kunkel sieht im Gegensatz zum DV keinen Rollenkonflikt zwischen Beratungs- und Gerichtshilfe, „wenn diese Rollen offengelegt und ihre gemeinsame Zielsetzung erklärt werden. Diese Klarheit behindert die Vertraulichkeit des Beratungsgesprächs nicht, sondern schafft erst die Voraussetzung für ein vertrauensvolles Gespräch [...]. Die

Offenheit im Beratungsgespräch kann nicht durch die Verschlossenheit gegenüber dem Gericht erkauft werden" (Kunkel 1998: 190). Nach Kunkel (1998) ist „[d]ie Hilfe für das Gericht [...] kein Gegensatz zur Hilfe für das Kind, weil die Unterstützung des Gerichts nur im Hinblick auf das Kind erfolgt. Aus dieser Sicht ist Gerichtshilfe über das Gericht transportierte Jugendhilfe [...]. Die Entscheidung des Gerichts ist in gleichem Maße „Jugendamtshilfe", wie die Tätigkeit des JA „Gerichtshilfe" ist und beide zusammen Kinderhilfe sind" (ebd.: 481). Gemeinsames Ziel der unterschiedlichen Arbeitsansätze von Jugendhilfe (Beratungshilfe) und Familiengericht (Entscheidung) ist beziehungsweise sollte sein, möglichst günstige Bedingungen für die weitere Entwicklung der Kinder zu schaffen. „Die Mitwirkung darf die Leistungen der Jugendhilfe nicht gefährden. Jugendhilfeleistungen und die Wahrnehmung anderer Aufgaben müssen sich ergänzen" (Proksch 2002: 277).

Während mit dem Inkrafttreten des SGBVIII (1991) schon der Wechsel vom rein juristischen Interventionsmodell zur sozialpflegerischen Intervention über die Beratung nach §§ 17, 18, 27 SGB VIII begonnen wurde, hat das neue Kindschaftsrecht die Priorität der Beratung gegenüber den weiteren Verpflichtungen des Jugendamtes, zum Beispiel Mitwirkung im familiengerichtlichen Verfahren gemäß § 50 SGBVIII, verstärkt. Die Beratungsaufgabe des Jugendamtes einerseits und die Mitwirkungspflicht andererseits haben dazu geführt, dass die Gerichte die „liebgewonnene Praxis mit der Inanspruchnahme des Jugendamtes als Erfüllungsgehilfe des Familiengerichtes, der seiner Weisungsbefugnis unterstellt sei" fortgesetzt haben (Willlutzki 1998: 136). Diese Rollenzuweisung an die Jugendämter hatte zur Konsequenz, dass die Gerichte „Zuarbeit" in Form von (wertenden) Stellungnahmen (Entscheidungsvorschläge) einforderten und Form, Umfang, Inhalt und Fristen für die Mitwirkung festlegten, obwohl gemäß § 50 SGBVIII das Jugendamt eigenverantwortlich über die Mitwirkung zu entscheiden hat. Ein solches Rollenverständnis störte das für Beratung notwendige Vertrauensverhältnis zu den Eltern und ließ den Beratungsvorrang in den Hintergrund treten. „Da die Unterstützung des Gerichts dem JA als eigene Aufgabe zugewiesen ist, ist es nicht Hilfsorgan des Gerichts; nur in dem gesetzlich vorgegebenen Rahmen des § 50 kann das Gericht vom JA Aufgabenerfüllung einfordern. Die Unterstützung ist Hilfe bei der Tatsachenermittlung und Hilfe bei der Bewertung dieser Tatsachen, insoweit also Gutachten [...]. Die Unterstützung durch das JA ist eine Art „sachverständige Amtshilfe"" (Kunkel 1998: 481f). Daraus folgert Kunkel, dass das Gericht dem Jugendamt keine Weisung zur Art und Weise der „konkret zu entfaltenden Tätigkeit" geben kann (ebd.). Mit dem neuen Kindschaftsrecht hat sich eine solche Rollenzuweisung vollständig überlebt. Das sogenannte sozialpflegerische Interventionsmodell ist in den Vordergrund getreten.

Bereits kurz nach Inkrafttreten des SGB VIII wurde das Verhältnis von Beratung (§§ 17, 18 SGB VIII) und Mitwirkung (§ 50 SGB VIII) innerhalb der Jugendhilfe kontrovers diskutiert. Dabei ging es um die Frage, ob die Aufgabenerledigung „in Personalunion" oder in „strikter Personaltrennung" stattfinden sollte (Proksch 2002: 298). Münder nimmt 2000 zu der Frage der Organisation von Beratung und Mitwirkung folgendermaßen Stellung: „Abgesehen davon, dass sich der hier deutlich werdende klassische Rollenkonflikt nicht „wegorganisieren lässt", spricht gegen eine regelmäßige Trennung beider Aufgaben auch die damit verbundene erneute Belastung der betroffenen Familien durch Personalwechsel" (Münder 2000: 90f).

Die Frage nach der Gestaltung von Beratung und Mitwirkung stellt sich auch den befragten JugendamtsmitarbeiterInnen: „[S]oll man das trennen oder soll man das nicht trennen?" (1a). Im Datenmaterial zeigen sich zwei unterschiedliche Argumentations- und Organisationsweisen: Einerseits haben sich Jugendämter gegen eine (regelmäßige) personelle Trennung der Beratungs- und Mitwirkungstätigkeit entschieden: „[...] wenn die einen Sorgeantrag stellen, kann ich auch schlecht sagen, „jetzt gehen Sie mal zu einem Kollegen" [...]" (S I9a/b 412-414). Das in der Trennungs- und Scheidungsberatung aufgebaute Vertrauen der Eltern wird hier höher bewertet, als der Nutzen der Trennung beider Aufgabenbereiche. Es ist dann die Aufgabe des Beraters, den Wechsel von Beratung zu Mitwirkung zu verdeutlichen. Andererseits werden die Beratungsleistungen und die Mitwirkung aus rechtlichen und fachlichen Gründen organisatorisch strikt getrennt. Der Unterschied zwischen der Dienstleistung „Beratung" und der Pflichtaufgabe „Mitwirkung" wird den Eltern dabei besonders verdeutlicht, in dem nicht nur ein personeller Wechsel vollzogen wird, sondern das Kind eindeutig in den Mittelpunkt der Mitwirkungstätigkeit gerückt wird. „[D]ie Beratung ist ja eine Dienstleistungsangelegenheit und die Mitwirkung ist eine Verpflichtung" (A I10a 592-594). „[...] das war meine Dienstleistung, und nun kommt die Mitwirkung, [...] das ist meine Pflichtaufgabe[...]eure schmutzige Wäsche habt ihr beim Kollegen gelassen, die interessiert mich nicht, und ihr überlegt euch jetzt, was ihr wollt, wo ihr hin wollt" (A I10a 596-604).

Ausgestaltung der Mitwirkung: „Die Mitwirkung besteht eigentlich darin, dass wir den Bericht machen" (2a)
Die Ausgestaltung der Mitwirkung durch die Jugendhilfe wurde bereits nach Inkrafttreten des SGB VIII kontrovers zwischen Familiengerichten und Jugendämtern diskutiert. „Uneinheitlich war insbesondere die Bewertung der Unterrichtungspflicht des Jugendamtes gegenüber dem FamG gemäß § 50 Abs. 2 SGB VIII und demzufolge auch die Bewertung der Mitwirkung" (Proksch 2002: 277). Es ist zu berücksichtigen, dass es laut OLG-Beschluss (28.10.1991) in erster Linie Aufgabe des Gerichts ist, für

sich den Sachverhalt zu ermitteln, der ihm erst eine Entscheidung erlaubt (vgl. Hauck 2000: 14). Der DV hat 1992 in seinen Empfehlungen zur Ausgestaltung der Trennungs- und Scheidungsberatung betont, dass „es nicht Aufgabe der Jugendhilfe sein kann, dem Familiengericht gegenüber Empfehlungen abzugeben, bei welchem Elternteil das Kind „besser aufgehoben" ist" (zitiert nach Hauck 2002: 15). Allerdings erwarten RichterInnen nach wie vor einen Verfahrens- und Entscheidungsvorschlag vom Jugendamt (vgl. Proksch 2002: 278). Dagegen wird das insbesondere durch das neue Kindschaftsrecht veränderte Selbstverständnis der JugendamtsmitarbeiterInnen an der Ausgestaltung der Mitwirkung sichtbar: Da nun die Hauptaufgabe darin besteht, Einvernehmen zwischen den beteiligten Eltern herzustellen, geht es um Vermittlung und nicht darum, für die Gerichte den „geeigneteren Elternteil" zu ermitteln und in ihrer Stellungnahme Entscheidungen zu treffen oder vorzubereiten. Der einvernehmlichen außergerichtlichen Konfliktlösung zwischen den Eltern wird eine hohe Bedeutung zugemessen, da davon ausgegangen wird, dass so entstandene Lösungen dem Kindeswohl am ehesten entsprechen. Die Aufgabe der Jugendhilfe im Spannungsfeld zwischen Elternteilen und den Kindern wird als neutral und versöhnungsorientiert beschrieben (§ 52 FGG, §§ 17, 18 SGB VIII) (vgl. Münder 1998: 51).

Als Beratungsverlauf und Beratungsergebnis sind verschiedene Konstellationen benennbar: Wenn sich die Eltern auf ein Konzept zur Wahrnehmung der Elternverantwortung geeinigt haben, wird dieses als Vorschlag zur elterlichen Sorgeregelung dem Gericht mitgeteilt. Wurde im Beratungsprozess kein einvernehmliches Ergebnis erreicht, müssen Art und Umfang der Informationsweitergabe an das Gericht mit den Eltern erörtert werden. Die Informationsweitergabe selbst, kann als schriftlicher Bericht erfolgen, der „in seinen Einzelheiten mit den Eltern erarbeitet und von ihnen unterzeichnet ist" (Hauck 2002: 15). Eine weitere Möglichkeit der Informationsweitergabe ist die mündliche Erörterung mit allen Verfahrensbeteiligten: „Diese kann nach Rücksprache mit den Eltern von der Mitarbeiterin oder dem Mitarbeiter der Jugendhilfe im Hinblick auf das Bestehen einer gemeinsamen Elternverantwortung zur Klärung der insoweit noch offenen Streitpunkte beim Gericht angeregt werden" (ebd.).

In den Interviews mit JugendamtsmitarbeiterInnen sind folgende Aspekte zur Ausgestaltung der Mitwirkung besonders hervorgehoben worden: Die Mitwirkungsverpflichtung der Jugendämter erfolgt in der Regel in schriftlicher und nicht in persönlicher Form. Als Berichtsinhalte werden Gesprächsergebnisse, also Gemeinsamkeiten, Einvernehmen und Konflikte der Eltern beschrieben. Als besonders wichtig wird die Beendung der ermittelnden Zuarbeit der Jugendämter angesehen, die die Gerichte zu Veränderungen zwingt. In einigen Jugendämtern wurden auch schon vor der Kindschaftsrechtsreform keine wertenden Stellungnahmen abgegeben, sondern neutrale Beschreibungen der Situation zwischen den streitenden Eltern. Die veränderte Haltung wird auch am Sprachgebrauch (von der Stellungnahme zur Unterrichtung zum Konsensbericht) und an der inhaltlichen Ausgestaltung (nicht den „besseren" Elternteil benennen, sondern ein gemeinsames Konzept erarbeiten) der Mitwirkung deutlich.

Ausgestaltung der Mitwirkung
„[W]ir sind ja sowieso immer am Verfahren beteiligt, wenn wir eine Stellungnahme abgeben. [...]. Die Mitwirkung besteht eigentlich darin, das wir den Bericht machen" (A I2a 367-375.
„[Wenn] es zu gemeinsamen Gesprächen kommt, unterstreiche ich auch eben da, wo Gemeinsamkeiten sind oder Einvernehmen ist oder wo Ansätze dazu sind. Und in der Stellungnahme meistens ist es so, [...] dass ich das beschreibe, dass die Konflikte auf der Paarebene liegen und dadurch die Verantwortung auf der Elternebene blockiert wird, [...]" (A I4f 959-970).
„[Die] Unterrichtung heißt ja nach [§] 50 KJHG, das Jugendamt [...] unterrichtet das Familiengericht über die Leistungen und Angebote, die es der Familie gemacht hat und was dabei heraus gekommen ist. Und wir haben auch für diesen Zweck ein Formular für die Kollegen entwickelt, wo wir so sagen, die Mitwirkung sollte das und das und das beinhalten also, die Unterrichtung sollte die und die Überschriften haben und wenn ihr wollt, wenn ihr glaubt, das es der Sache dient, dann sagt ruhig, [...] der und der ist am besten geeignet. Aber ihr müsst es nicht, weil darum geht es nicht. [...]aber so etwas musste sich erst mal auch einfinden bei den Kollegen hier, die es ja auch gewohnt waren zu sagen, ich muss am Ende sagen, so und so ist es, das [...] geht ja auch mit einem anderen Blick und mit einer anderen Haltung zusammen" (A I10a 350-383).
„Für uns war es Normalität keine Stellungnahme abzugeben, sondern ein Rechtsgutschreiben darüber, noch mal die Position der Eltern darzustellen. Um zu zeigen, dass sie sich nicht ganz einig sind oder einig sind" (A I9a/b 599-602).
„Der Sprachgebrauch ist ja auch ein anderer geworden. Also ich sag mal, wir haben früher Stellung genommen, für oder gegen ein Elternteil, [...] dann haben wir uns als Berichterstatter verstanden, eben einen Bericht zu machen, um die Entscheidung wirklich beim Gericht auch anzusiedeln, während wir jetzt ganz klar auf den Konsens zielen zwischen den Elternteilen, eben ein gemeinsames Konzept zu [...]" (A I2a 435-444).

In Fällen, in denen Eltern im Rahmen der Mitwirkung das Gesprächsangebot des Jugendamtes nicht in Anspruch nehmen, kann das Jugendamt nur dem Familiengericht mitteilen, dass kein Gespräch stattgefunden hat:[25] „[W]enn sie[die Eltern] keine Beratung in Anspruch nehmen, dann zwingen wir ja auch niemanden, dann können wir auch nur mitteilen, die haben sich leider nicht zum Gespräch eingefunden. Das ist natürlich sehr schade" (A I2a 105-107). Zu beachten ist, dass „Trennung allein und Verweigerung der Kontaktaufnahme zum Jugendamt [...] für sich noch keinen Hinweis auf eine Kindeswohlgefährdung dar[stellen]" (Hauck 2002: 17). Kunkel schlägt vor, dass in Sorgerechtsfällen, in denen das Jugendamt "seiner Stellung als Fachbehörde nicht genügen kann, weil sich die Eltern der Beratung verweigert haben", die Bestellung eines Verfahrenspflegers für das Kind (gemäß § 50 FGG) angeregt werden sollte (Kunkel 1998: 192).

Wenn die Eltern das Gesprächsangebot der öffentlichen Jugendhilfe nicht wahrgenommen haben, besteht in der Gerichtsverhandlung die Möglichkeit, Kontakt zwischen dem Jugendamt und den streitenden Eltern herzustellen, indem der Familienrichter die Beratung „anordnet".

Vermittlung oder „Zwangsberatung" in Sorge- und Umgangsrechtsfällen: „[W]enn der Ball noch mal zurückgeworfen wird" (5a)
Der Gesetzgeber hat bei der elterlichen Sorge beziehungsweise beim Umgangsrecht grundsätzlich darauf gesetzt, dass „die Betroffenen selbst am besten wissen, welches eine situations- und sachangemessene Regelung ist. Rechtliche Grenze für das Einvernehmen der Betroffenen wäre nur § 1666 BGB" (Münder 1998: 66). Das Familiengericht hat gemäß § 52 FGG mehrere Möglichkeiten, auf das Einvernehmen streitender Eltern hinzuwirken. Das Gericht hat seit der Kindschaftsrechtsreform „eine besondere, über die allgemeine Pflicht zur gütlichen Beilegung von rechtlichen Konflikten hinausgehende Verpflichtung [...], im Interesse des betroffenen Kindes auf ein Einvernehmen der Beteiligten hinzuwirken, sie so früh wie möglich anzuhören und auf bestehende Möglichkeiten der Beratung hinzuweisen" (Proksch 2002: 261). Gemäß § 52 II FGG kann das Familiengericht ein Verfahren auch aussetzen, um den streitenden Parteien die Nutzung eines außergerichtlichen Beratungsangebotes nahezulegen, um eine einvernehmliche Regelung der elterlichen Sorge oder des Umgangs herbeizuführen („Zwangsberatung"). Die hohen Anforderungen an die Konsensfähigkeit der Betroffenen soll durch verstärkte Beratung im Vorfeld flankiert werden, um die Fähigkeiten der Eltern zur selbstständigen Konfliktlösung zu fördern. Münder problematisiert diese sogenannte „Zwangsberatung": „Neue Aspekte für die Beratungstätigkeit ergeben sich möglicherweise daraus, daß zukünftig die Menschen nicht mehr immer von sich aus, letztlich aus eigenem Antrieb die Beratungsstellen aufsuchen, sondern daß sie zur Beratung geschickt, ja mehr oder weniger intensiv zur Beratung gedrängt werden [...]. So können Beratungsstellen mit Personen konfrontiert werden, die letztlich nicht freiwillig, sondern heftig gedrängt die Beratung aufsuchen. „Zwangsberatung" ist in der Beratungstätigkeit bisweilen ein „rotes Tuch"" (Münder 1998: 66f). Für die Träger der Jugendhilfe entsteht eine Herausforderung, sich mit der Situation auseinanderzusetzen, dass Menschen zur Beratung kommen, weil sie von Gericht geschickt worden sind, obwohl sie vom Gericht eine Entscheidung erwartet haben (ebd.: 67).

In der Praxis findet die Möglichkeit der Verfahrensaussetzung, mit dem Ziel der „Zwangsberatung" zur einvernehmlichen Konfliktlösung, nur selten Anwendung (vgl. Proksch 2002: 261). In den Jugendämtern stößt die Aussetzung des Verfahrens zum Zwecke der Beratung auf unterschiedliche Haltungen. Die befragten JugendamtsmitarbeiterInnen haben wenig Erfahrung mit der gerichtlich auferlegten Beratung sammeln können, da die Familiengerichte die Möglichkeit der Verfahrensaussetzung eher selten nutzen. Auf der Grundlage dieser eher geringen praktischen Erfahrungen positionieren sie sich einerseits positiv, denn die Zwangsberatung wird als Chance gesehen, den streitenden Eltern zu einer eigenständigen Konfliktregelung zu verhelfen und andererseits negativ, da es „nichts bringt", wenn die innere Vermittlungsbereitschaft der streitenden Parteien fehlt.

Positionierungen zur „Zwangsberatung"
„Ich find es eigentlich nicht schlecht, weil es hat schon eine andere Qualität, glaub ich, wenn der Ball noch mal zurückgeworfen wird. ... Es gibt ihnen [den Eltern] auch noch mal eine Chance, denk ich" (A I5a 587-593).
„Zwangsberatung würde das ja nicht zwangsläufig bedeuten, sondern [...] der Richter wird ja noch mal feststellen: „Ich hab, vielleicht auch mit dem Amt für Soziale Dienste, das Gefühl, da ist noch was zu holen. Mach das doch noch mal.""(A I10a 516-521).
„[E]s gibt eben dann die Anregung vom Gericht: [...] Und wenn sie uns dann bisschen kennen lernen und wir kriegen das hin, dann funktioniert das auch. Es gibt wirklich ganz wenig Sachen, wo wir irgendwie auch passen müssen, weil wir mit den Leuten nicht weiter kommen oder die mit uns, je nachdem, wie man das betrachtet" (A I1a 437-444).
„Damit habe ich eher schlechte Erfahrungen gemacht. [...] Das kommt vor, [...] ganz klar, dass die [Richter] sagen, „also so geht das hier nicht weiter, sie lassen sich jetzt gefälligst noch mal beraten" aber das ist in den meisten Fällen, wenn die Bereitschaft vorhanden ist. Man kann niemanden dazu zwingen und wenn die innere Bereitschaft einfach nicht da ist, bringt das überhaupt nichts. Also, es mag selten mal vorkommen, dass es einige doch so ein bisschen läutert oder einige doch sehen: Mensch, jetzt muss ich mich vielleicht doch noch mal wieder zusammenreißen, sonst komm ich hier nicht weiter. Also, letztendlich ist das sehr fruchtlos, muss ich sagen" (A I8a/b 609-625).

Im Zusammenhang mit diesen „gerichtlich geschickten" Beratungsfällen wird betont, dass eher die „richtigen" Beratungsstellen dafür zuständig sein sollten, da das SozialarbeiterInnenwissen für die oft konfliktreichen Fälle nicht ausreichen würde.

„Wobei ich dann auch denk, es gehört dann auch wirklich in die Beratungsstelle. [...]Weil [...] wenn die erst mal vor Gericht gestanden sind mit dieser Problematik, dann ist da wirklich auch mehr als, sag ich mal in Anführungsstrichen, Sozialarbeiter-Know-how [gefragt], das reicht oft nicht aus, wirklich, weil da ganz andere Mechanismen laufen, Verletzungen, die dann wirklich auch [...] Berater und Psychologen einfach besser drauf haben, wir haben auch einfach die Zeit nicht" (A I5a 593-601).

Vermittlung: "Wollen Sie dass der Richter das für Sie entscheidet? (9a)
In Vermittlungsprozessen nutzen einige der befragten JugendamtsmitarbeiterInnen „Druckmittel": Sie drohen damit, dass den Eltern die Entscheidung über „private" Angelegenheiten „aus der Hand genommen wird", wenn sie sich nicht einigen können. Ansatzpunkt und Druckmittel für die Erzielung von Einvernehmen zwischen streitenden Eltern ist die „Drohung", dass eine dritte, fremde Person (zum Beispiel die FamilienrichterIn) die Entscheidung trifft, wie das Problem zu lösen sei, obwohl es in den elterlichen Verantwortungsbereich fallen würde.

Druckmittel zur einvernehmlichen Konfliktlösung

„In unserem Anschreiben steht drin, die Beratung ist freiwillig, wobei wir dann schon Druck ausüben können, „Wollen Sie, dass der Richter das für Sie entscheidet, wies weitergeht?", oder so" (A I9a/b 390-392).

„Was wollen Sie, wollen Sie die Entscheidung aus der Hand geben? Dann legt der Richter das fest. Oder wollen Sie, weil das Ihr Kind ist, Ihr gemeinsames Kind, dafür Sorge tragen, dass das Jugendamt den Bericht nur noch ablegt. Ohne das jemand Fremdes ihre Sachen entscheidet. Ich mein, das ist auch Druck" (S I9a/b 394-397).

„Und wenn das [die Einigung] auch nicht gelingt, dann muss ein Richter eine Entscheidung treffen, und das wiederum [...] passt nicht zum Grundrecht. Das wäre ein Eingriff ins Elternrecht und widerstrebt ja eigentlich dem Grundrecht. Ich versuche sie dann in der Richtung aufzuschließen: „Muss das sein, das jemand anderes Ihnen sagt, was Sie zu tun und zu lassen haben?"" (A I4f 596-605).

„[D]ann sagen wir ihnen [den Eltern] auch, dass sie dann leider die Entscheidung aus ihrer Hand geben. Und ob sie das dann wollten. Also, ich denk, dann entscheiden Dritte über das, was sie eigentlich selber am besten wissen müssten" (A I5a 576-578).

Wenn die streitenden Eltern bereit sind, sich in Beratung zu begeben, werden die Chancen auf eine einvernehmliche Regelung von den JugendamtsmitarbeiterInnen zum Teil hoch eingeschätzt, vorausgesetzt, die BeraterInnen vertreten eine positive Grundhaltung zum mediativen Ansatz und zur gemeinsamen elterlichen Sorge. Nicht alle der befragten JugendamtsmitarbeiterInnen teilen diese positive Haltung gegenüber der gemeinsamen elterlichen Sorge, denn das Beibehalten der gemeinsamen elterlichen Sorge nach Trennung und Scheidung bedeutet nicht per se, dass die Eltern sich die Verantwortung für ihre gemeinsamen Kinder teilen.

Elterliche Sorge nach Trennung und Scheidung:
„Durch das Recht alleine [...] passiert natürlich erst mal wenig" (6a)

Der Gesetzgeber hat sich radikal vom Modell des alten Rechts abgewandt: Die Scheidung beziehungsweise die Trennung der Eltern tangiert die gemeinsame elterliche Sorge überhaupt nicht. Konsequenterweise ist die Sorgerechtsregelung nicht mehr regelmäßig Gegenstand des Scheidungsverbundes. Eine Prüfung von Amts wegen entfällt. Das Familiengericht befasst sich erst auf einen Antrag der Eltern beziehungsweise eines Elternteils hin mit der Sorgerechtsregelung (Antragsgrundsatz).[26] Die neuen Regelungen in Fällen von Trennung beziehungsweise Scheidung erfuhren im Laufe des Gesetzgebungsverfahrens gewisse Ergänzungen. Die Mehrheit der Abgeordneten im Rechtsausschuss des Deutschen Bundestages vertrat den Standpunkt, „daß durch Ausgestaltung des Verfahrens sichergestellt werden kann und muß, daß die Eltern sich bewußt für die gemeinsame Sorge entschieden haben". Das Familiengericht soll die Eltern in jedem Fall zur elterlichen Sorge anhören und auf bestehende Möglichkeiten der Beratung durch die Beratungsstellen und Dienste der Träger der Jugendhilfe hinweisen, auch wenn kein Antrag auf Sorgerechtsregelung anlässlich der Scheidung gestellt wurde (§ 613 I 2 ZPO). Dabei soll das Gericht mit den Eltern klären, wo das Kind seinen Lebensmittelpunkt haben wird, wie der Umgang mit dem anderen Elternteil ausgestaltet werden soll und ob die Barunterhaltspflicht des mit dem Kind nicht zusammenlebenden Elternteils geregelt ist. Die elterliche Autonomie hinsichtlich der Ausgestaltung der elterlichen Sorge nach Trennung und Scheidung findet ausschließlich durch die Anhörungs- und Hinweispflichten der Gerichte eine Begrenzung. Für Schwab findet so im Scheidungsrecht eine Deregulierung statt: „[...]der Staat als Wächter des Kindeswohls [hat] seine Wachtürme weit zurückverlegt" (Schwab 1998: 777), denn in § 1671 BGB wird dem Konsens der Eltern ein großes Gewicht eingeräumt. Wenn kein Antrag auf Sorgerechtsregelung vorliegt, wird grundsätzlich von einem einvernehmlichen Arrangement ausgegangen beziehungsweise wenn ein einvernehmlicher Sorgeantrag vorliegt, ist diesem stattzugeben.

Seit dem Inkrafttreten des neuen Kindschaftsrechts kommt es nun im großen Umfang zur Beibehaltung der gemeinsamen elterlichen Sorge nach Scheidung, weil es für die Abänderung der gemeinsamen elterlichen Sorge eines Antrags an das Familiengericht bedarf. Die gemeinsame elterliche Sorge ist faktisch zum „Regelfall" geworden, auch wenn zwischen der gemeinsamen und der alleinigen elterlichen Sorge kein Regel-Ausnahme-Verhältnis besteht. Über ¾ der Eltern stellen im Rahmen der Scheidung keinen Antrag auf Regelung der elterlichen Sorge und behalten so die gemeinsame elterliche Sorge.[27] Rein quantitativ hat sich die gemeinsame elterliche Sorge im Sinne des Gesetzgebers durchgesetzt. Allerdings lässt sich von der großen Anzahl gemeinsam sorgender Eltern nicht auf die qualitative Ausgestaltung der Sorgeform schließen.

Das „Regelfallmodell" fortbestehender gemeinsamer elterlicher Sorge erfährt nach Absicht des Gesetzgebers eine jugendhilferechtliche wie eine verfahrensrechtliche Abstützung (vgl. Salgo 1999: 48), denn in allen Scheidungsfällen, in denen minderjährige Kinder der Scheidungswilligen vorhanden sind, teilt das Familiengericht dem Jugendamt Name und Anschrift der Parteien mit, damit das Jugendamt die Eltern über die Leistungsangebote der Jugendhilfe unterrichten kann, auch wenn die Eltern keine Sorgerechtsregelung begehren (§ 17 III SGB VIII). Allerdings besteht keine Pflicht zur Inanspruchnahme von Beratung beziehungsweise zur Geltendmachung des Rechtsanspruchs auf Beratung. Die Trendmeldungen aus der Jugendhilfepraxis zeigten schon 1999, dass die überwiegende Anzahl der Eltern keinen Gebrauch von diesem Rechtsanspruch macht (Salgo 1999: 48), was auch von den befragten JugendamtsmitarbeiterInnen bestätigt wird. Die Verweigerung der Inanspruchnahme von Beratung stellt allerdings, so Schulz (2001), keinen Hinweis auf eine Gefährdung des Kindeswohls dar (Schulz 2001: 26). Demzufolge obliegt die „Sicherung des Kindeswohls in nicht strittigen Scheidungsverfahren [...] somit zunächst ausschließlich dem/der Richter/in. Er/sie hört dazu die Eltern gemäß § 613 ZPO zur elterlichen Sorge an, informiert sie über die Beratungsangebote der Jugendhilfe und informiert die Jugendämter" (Proksch 2002: 277).

Mit der Neuregelung der elterlichen Sorge nach Trennung und Scheidung folgt der Gesetzgeber der Ansicht, dass es für die betroffenen Kinder das Beste sei, wenn sich ihre Eltern auch nach der Scheidung einvernehmlich um deren Angelegenheiten kümmern, und dass die gemeinsame elterliche Sorge der geeignete Rahmen für dieses elterliche Einvernehmen sei. Wenn die gemeinsame Sorge der Eltern fortbesteht, würde bei Kindern am wenigsten das Gefühl entstehen, ein Elternteil zu verlieren. Die Alleinsorge eines Elternteils würde dagegen das Kind dem anderen Elternteil entfremden und der Verlust der elterlichen Sorge wirke demotivierend, so dass auch die Umgangsrechte nicht mehr wahrgenommen würden.

Die Abschaffung des Zwangsverbundes von Scheidung und Sorgerechtsregelung soll konfliktentschärfend wirken und die Chancen auf das Fortbestehen der gemeinsamen elterlichen Sorge erhöhen (BT-Drs. 13/4899: 62f). Durch die verfahrensrechtliche Ausgestaltung (Anhörung, Beratungsangebot) soll dagegen sichergestellt werden, „dass das Wohl des Kindes im Scheidungsverfahren nicht aus dem Blick gerate" (Proksch 2000: 109). Der Gesetzgeber erhoffte sich mit dieser Regelung,

„daß die gemeinsame elterliche Sorge nach der Scheidung insbesondere zu vermehrtem Kontakt der Kinder mit dem Elternteil führt, der außerhalb der Familie lebt. Dies deswegen, weil aufgrund der gemeinsamen elterlichen Sorge dieser Elternteil auch zukünftig an wichtigen Entscheidungen [...] bezüglich der Kinder zu beteiligen ist. Zum Teil ist damit die – allerdings etwas kleinere – Erwartung verbunden, daß durch die gemeinsame elterliche Sorge und die damit gegebene Einflußmöglichkeit auf die Erziehung des Kindes die Bereitschaft des außerhalb der Familie lebenden Elternteils zur Erfüllung von Unterhaltsverpflichtungen steigt" (Münder 1999: 166).[28]

Die gemeinsame elterliche Sorge kann seit der Kindschaftsrechtsreform durch Heirat (vor und nach der Geburt des Kindes) oder durch Abgabe einer Sorgerechtserklärung (vor oder nach der Geburt des Kindes) begründet werden. Eine Beendigung der gemeinsamen elterlichen Sorge[29] ist nur durch gerichtliche Entscheidung möglich, wenn ein Elternteil die Alleinsorge beantragt (§ 1671 I und II BGB) oder von Amts wegen, wenn das Kindeswohl gefährdet ist (§ 1671 III BGB). Der § 1671 BGB gilt jetzt für alle Eltern, denen die elterliche Sorge gemeinsam zusteht, das heißt die Vorschrift unterscheidet nicht mehr zwischen Getrenntleben und Scheidung der Eltern, wie das vorher geltende Recht. Für getrennte oder geschiedene Eltern mit gemeinsamer elterlicher Sorge gilt grundsätzlich, dass sie die elterliche Sorge in gegenseitigem Einvernehmen zum Wohl des Kindes ausüben müssen und sich bei Meinungsverschiedenheiten einigen sollen (§ 1627 BGB).

Für die Beendigung der gemeinsamen Sorge hat der Gesetzgeber eine hohe Hürde aufgestellt, denn dem (strittigen) Antrag auf Alleinsorge ist nur stattzugeben, wenn zu erwarten ist, dass die Aufhebung der gemeinsamen Sorge und die Übertragung auf den Antragsteller dem Wohl des Kindes am besten entspricht. Diese Regelung birgt die Gefahr, dass Eltern die gemeinsame elterliche Sorge beibehalten, obwohl sie selbst eine andere Lösung favorisieren. Andererseits werden aufgrund der hohen gesetzlichen Anforderungen an einen Antrag auf Alleinsorge, die Sorgerechtsfälle strittiger, weil die AntragstellerInnen versuchen, den anderen Elternteil abzuqualifizieren, um die elterliche Sorge allein überlassen zu bekommen. Eine „Nebenwirkung" der hohen Hürde für die richterliche Erteilung der Alleinsorge ist, dass sich Elternteile, die die alleinige elterliche Sorge begehren, zum Teil vor der Trennung schon an das Jugendamt wenden, um ihre Erfolgschancen abschätzen zu können.

Die Frage, ob die gemeinsame elterliche Sorge beider Elternteile oder die Alleinsorge eines Elternteils „besser" für die betroffenen Kinder ist, kann nur im Einzelfall und nicht abstrakt „aus Prinzip" beantwortet werden. Aus diesem Grund räumt der § 1671 BGB dem Konsens der Eltern ein großes Gewicht ein, in dem, wenn kein Antrag vorliegt, von einem einvernehmlichen Arrangement ausgegangen wird, so dass einem einvernehmlichen Sorgeantrag stattzugeben ist. Während Oelkers (OLG Rostock) betont, dass der Antrag auf Übertragung der Alleinsorge, das Fehlen der Kooperationsbereitschaft signalisiert und die Aufhebung der gemeinsamen Sorge indizieren kann, insistieren einige der JugendamtsmitarbeiterInnen und RichterInnen grundsätzlich auf Beibehaltung der gemeinsamen elterlichen Sorge. Es zeigt sich allerdings auch, dass das Gericht in einigen Trennungs- und Scheidungsfällen die gemeinsame elterliche Sorge den Eltern „auferlegt" (vgl. Proksch 2002), obwohl die Ausübung der gemeinsamen elterlichen Sorge am ehesten dem Wohl des Kindes dient, wenn diese auf elterlichem Konsens beruht. „Die zwangsweise Verordnung des gemeinsamen Sorgerechts kann sogar dazu führen, daß sich der Streit um das Kind auf andere „Schlachtfelder" verlagert" (Oelkers 1999: 5).

Die Jugendämter sind nach dem Willen des Gesetzgebers an der Auswahl des „Sorgemodells" beteiligt, in dem sie zu den unterschiedlichen Sorgeformen informieren und beraten: Im Kontext von Trennungs- und Scheidungsberatung können sie auf eine einvernehmliche Regelung der Sorge hinwirken und die Eltern über die Folgen der jeweiligen Sorgeform informieren. Weiter können sie die Eltern zur Ausgestaltung der jeweiligen Sorgeform beraten. Voraussetzung für die Beratung ist allerdings die Inanspruchnahmebereitschaft der Eltern.

In strittigen Fällen ist davon auszugehen, dass die Beratungs- und Entscheidungspraxis von Jugendämtern und Gerichten durch die persönliche Haltung der Fachkräfte geprägt ist. „Welche Aspekte unter dem Stichpunkt des Wohls des Kindes bei der Entscheidung über die elterliche Sorge von Bedeutung sind, hängt davon ab, wie jeweils die verschiedenen human- und sozialwissenschaftlichen Erkenntnisse gewichtet werden. Gegenwärtig spielen die Beziehung, Bindung, der Kontinuitätsgrundsatz einerseits und die sogenannte systemtheoretische, systemische, familiendynamische Theorie auf der anderen Seite eine Rolle" (Münder 1999: 169). Für die Alleinsorge eines Elternteils könnte die entstandene soziale Bindung zum hauptsorgenden Elternteil sprechen.[30] Wenn das Familiengericht zu dem Ergebnis gekommen ist, dass die Aufhebung der gemeinsamen elterlichen Sorge dem Wohl des Kindes am besten entspricht, hat es zu untersuchen, ob die Übertragung der Alleinsorge auf den Antragsteller in Betracht kommt. Aus einer familiensystemischen Haltung würde die gemeinsame elterliche Sorge bevorzugt werden.[31] Im Rahmen sozialwissenschaftlicher Forschungen wurde zwar gezeigt, dass Kinder die Trennung ihrer Eltern besser bewältigen können, wenn ihre Eltern miteinander kooperieren und sich in den die Kinder betreffenden Fragen einvernehmlich einigen, doch ist nach wie vor strittig, „ob eine konfliktfreie Erziehung eher durch die gemeinsame oder die alleinige elterliche Sorge zu erreichen ist" (Proksch 2002: 111). Ob die gemeinsame elterliche Sorge zu häufigeren Umgangskontakten zwischen Kindern und nicht hauptbetreuendem Elternteil führt, ist ebenfalls umstritten (ebd.).

In Fällen strittiger Sorgerechtsanträge zeigt sich, dass die Beratungs- und Entscheidungspraxis von Jugendämtern und Gerichten durch unterschiedliche Haltungen der Fachkräfte geprägt ist, sodass entweder der Beziehung und Bindung des Kindes an die haupterziehende Person (vgl. Kontinuitätsgrundsatz) oder der familiensystemischen Trennung von Paar- und Elternebene mehr Gewicht beigemessen wird. Je nachdem wird eher die alleinige oder die gemeinsame elterliche Sorge als kindeswohlförderlicher betrachtet. Die Haltungen der befragten JugendamtsmitarbeiterInnen zur gemeinsamen elterlichen Sorge sind unterschiedlich aber überwiegend positiv, denn die gemeinsame elterliche Sorge wird theoretisch als Möglichkeit gesehen, gerade Väter mehr in die Verantwortung für ihre Kinder einzubinden.

Gemeinsame elterliche Sorge als „Regelfall": „[...] gemeinsame Sorge ist sozusagen immer das Beste" (9s)

Nach der Begründung zum Kindschaftsrechtsreformgesetz wollte der Gesetzgeber keine Entscheidung darüber treffen, „ob der gemeinsamen elterlichen Sorge von geschiedenen (oder getrennt lebenden) Eltern der Vorzug gegenüber der Alleinsorge eines Elternteils gegeben werden sollte. Er wollte mit dieser Regelung vielmehr dafür sorgen, daß in erster Linie Eltern selbst darüber entscheiden, wie sie es denn zukünftig mit der elterlichen Sorge halten wollen (BT-Drs. 13/4899, S.63). Der Grundgedanke dieses Konzeptes ist der, daß es für die Kinder in den meisten Fällen am sinnvollsten ist, wenn sich die Eltern einvernehmlich über die Handhabung der elterlichen Sorge verständigen" (Münder 1999: 166). Münder betont, dass die Entscheidung zur Regelung der elterlichen Sorge nicht aus Prinzipien abgeleitet werden kann, „sondern daß im Zentrum jeweils die genaue Auseinandersetzung mit dem Einzelfall stehen muß" (ebd.: 170). Obwohl nach Münder zwischen gemeinsamer elterlicher Sorge oder alleiniger elterlicher Sorge kein Regel-Ausnahme-Verhältnis besteht, ist zu befürchten, dass § 1671 BGB „als ein „Prinzip" dahingehend (miß-)verstanden wird, daß die gemeinsame elterliche Sorge der Regelfall, der Grundsatz sei und deswegen vorrangig sei – auch wenn erhebliche Differenzen und Kommunikationsstörungen zwischen den Eltern bestehen" (ebd.). Eine ähnliche Position vertritt Oelkers (Richter am OLG Rostock), der die Frage, ob die gesetzliche Neuregelung das gemeinsame Sorgerecht zum Regelfall macht oder ob es sich, wie zuvor, um eine von mehreren rechtlich und tatsächlich gleichwertigen Sorgerechtsformen handelt, eindeutig beantwortet: „Der Gesetzgeber [...] ist indes nicht davon ausgegangen, die Reform mache das gemeinsame Sorgerecht zum Regelfall. Deshalb darf die gemeinsame elterliche Sorge den Eltern von den Gerichten jetzt auch nicht aufgezwungen werden" (Oelkers 1999: 1). Die Sorgerechtsformen dürfen nicht abstrakt beurteilt werden. Zwar ist im Prinzip die gemeinsame Wahrnehmung der elterlichen Verantwortung dem Kindeswohl eher förderlich, aber Trennung und Scheidung sind keine abstrakten Fälle, in denen grundsätzlich entschieden werden kann (vgl. ebd.).

Am 29.9.1999 hat der BGH eine Entscheidung formuliert, die den Vorrang gemeinsamer elterlicher Sorge gegenüber der Alleinsorge eines Elternteils und die gesetzliche Vermutung, dass die gemeinsame elterliche Sorge im Zweifelsfall die beste Form der Wahrnehmung elterlicher Verantwortung sei, relativiert: „Einer solchen Regelung stände bereits entgegen, dass sich die elterliche Gemeinsamkeit nicht verordnen lässt. Wenn sich die Eltern bei Fortbestehen der gemeinsamen Sorge fortwährend über die das Kind betreffenden Angelegenheiten streiten, kann dies zu Belastungen führen, die mit dem Wohl des Kindes nicht vereinbar sind. In solchen Fällen, in denen die gemeinsame Sorge praktisch nicht ‚funktioniert' und es den Eltern nicht gelingt, zu Entscheidungen im Interesses des Kindes zu gelangen, ist der Alleinsorge eines Elternteils der Vorrang zu geben (vgl. BT-Drs. 13/4899, S. 63)" (Proksch 2002: 127). Die Frage, ob die gemeinsame elterliche Sorge als Regelfall zu betrachten ist wird als ungeklärt beschrieben:

> „Man liest ja auch Unterschiedliches in der Theorie, was ist gemeinsame Sorge. Mal liest man, ich sag es mal mit einfachen Worten: „Nicht aufs Auge drücken", dann liest man aber wieder „man muss die Eltern einfach dazu befähigen und sie müssen selbst da hineinwachsen"" (A1 und A2 I3a/b 458-464).

Da über ¾ der Eltern nach Trennung und Scheidung die gemeinsame elterliche Sorge behalten, ist dieses Sorgemodell zumindest faktisch zum „Regelfall" geworden. In unterschiedlicher Ausprägung nach Bundesländern wird die gemeinsame elterliche Sorge den Eltern vom Familiengericht oder OLG auch durch Richterspruch „auferlegt"[32] (vgl. Proksch 2002: 54 ff.). Die Erfahrungen der JugendamtsmitarbeiterInnen mit dem Konzept der gemeinsamen elterlichen Sorge als „Regelfall" nach Trennung und Scheidung sind folglich nicht nur vom Verhalten der Eltern (Antragstellung) und der Haltung der Fachkräfte im Jugendamt abhängig, sondern auch von der Urteilspraxis der FamilienrichterInnen, die bei Sorgerechtsanträgen diesen stattgeben oder auf das Bestehen bleiben der gemeinsamen elterlichen Sorge insistieren. Die Positionierungen der befragten JugendamtsmitarbeiterInnen sind gegensätzlich:

- Für die Einen ist die gemeinsame elterliche Sorge klar als Regelfall erkennbar und positiv zu bewerten, weil nicht mehr bei jeder Scheidung „automatisch" um das Sorgerecht gestritten werden muss. Die gemeinsame elterliche Sorge als Regelfall hat die positive Folge, dass streitende Eltern ihre Konflikte nicht mehr so leicht auf die Frage der elterlichen Sorge verlagern können, weil diese grundsätzlich gemeinsam verbleibt, wenn dies nicht dem Wohl des Kindes widerspricht.
- Die Anderen teilen eine eher kritische Haltung gegenüber der gemeinsamen elterlichen Sorge und verbinden mit dem Regelfall eher negative Erfahrungen. Die während der Reformdiskussion aus der „Praxis" geäußerten Befürchtungen, dass den Eltern diese Sorgeform auferlegt würde, werden als bestätigt angesehen. Darüber hinaus wird die gemeinsame elterliche Sorge sogar als Konfliktpotenzial und Überforderung für die Eltern betrachtet, die diese Sorgeform durch Richterspruch „auferlegt" bekommen.

Eine konsequent positive Grundhaltung der beratenden JugendamtsmitarbeiterInnen gegenüber diesem Sorgekonzept scheint erheblich zur Beibehaltung der gemeinsamen elterlichen Sorge bei Eltern in Trennungs- und Scheidungssituationen beitragen zu können. Im Datenmaterial zeigt sich, dass zum Teil eine prinzipielle Haltung für die regelmäßige Beibehaltung der gemeinsamen elterlichen Sorge vertreten wird, die nicht dem Willen des Gesetzgebers und des BGH entspricht.

Positive Grundhaltung
„[A]uch bei den strittigen Sachen ist es so, dass man eine Menge biegen kann. Ich bin immer erstaunt, wie schwierige Dinge, die sich so sehr hochgeschaukelt haben, dann geht's plötzlich doch, wenn man lange genug Atem hat und aushält [...] mit welchen Möglichkeiten wir als Jugendamt doch auch intervenieren können, dass es funktioniert. Und dazu ist auch die Grundhaltung wichtig. Weil, die Grundhaltung unserer Sozialarbeiter ist ganz klar, gemeinsame Sorge ist sozusagen immer das Beste und wenn jemand kommt mit einem Antrag auf alleinige elterliche Sorge, ist immer der Tenor zu sagen: „Kannst du nicht gemeinsam versuchen?" Und es geht nur, wenn ganz viele Sachen dagegen sprechen, ansonsten müssen sie sich einigen. Und wenn sich beide einigen, ist das sozusagen eine Entscheidung an der sie beide teilnehmen" (S I9a/b 329-348).

Negative Erfahrungen
„Es hat sich aber auch gezeigt, einfach jetzt in der Praxis mittlerweile, dass eben diese [...] grundsätzliche gemeinsame Sorge der Eltern absolut nicht der Weisheit letzter Schluss ist. [...]. Das war also dann, weil einfach so gesagt wurde, es ist jetzt die Neuerung da und das Gesetz sagt es jetzt so und da gibt es jetzt überhaupt kein Vertun mehr und da werden sie große Schwierigkeiten haben, selbst wenn eine Frau oder ein Mann dann wirklich da schon schwerwiegende Gründe hatten, oder wenn es dann auch so war, dass die sehr, sehr strittig waren die Parteien, nein, es wurde grundsätzlich für gemeinsames Sorgerecht entschieden" (A I8a/b 204-216).

Teilweise wird die neue Regelung auch als gesetzliche Bestätigung realer Verhältnisse betrachtet, weil die meisten Eltern, die sich trennen oder scheiden, sich auch schon vor der Gesetzesreform verantwortlich geeinigt und gemeinsam die Verantwortung für ihre Kinder weitergetragen hätten. Andererseits wird in den Aussagen der JugendamtsmitarbeiterInnen deutlich, dass die gemeinsame Verantwortung der Eltern für ihre Kinder nicht per Gesetz zu verordnen ist. Aus den Beratungserfahrungen der befragten JugendamtsmitarbeiterInnen werden Reaktionen aus der Bevölkerung zur gemeinsamen elterlichen Sorge deutlich.

(K)ein Bewusstseinswandel per Gesetz
„Das [die gemeinsame Sorge] kann man eben nicht verordnen" (1a).
„[Das] hat sich, [...] nur ganz, ganz schwer durchgesetzt" (A I2a 67-75).
„Durch das Recht alleine [...], passiert natürlich erst mal wenig. Unvereinbare Positionen kann man auch durch eine Rechtsgeschichte [nicht regeln]. [...] dieses Bewusstsein, das ist erst noch zu schaffen. Irgendwie. Da ist die Praxis sicherlich gefordert, dass müsste gefördert werden" (A I6a 583-593).
„[...] ich finde [...] es einfach wichtig, dass Eltern, Eltern bleiben, auch wenn sie sich als Partner, also als Ehepartner, nicht mehr verstehen, aber sie haben die Verantwortung

für das Kind. Und ich denke, das ist auf jeden Fall vom Gesetz her die richtige Richtung. Es wird noch eine Zeit dauern, bis das auch sich richtiggehend etabliert hat, dass man eben sagt, OK wir haben beide die elterliche Sorge, wir sind beide dafür verantwortlich" (A I2a 410-419).
„Also ich merke, dass das Bewusstsein der Leute sich wandelt, auch vor dem Hintergrund, das man es bespricht. [...] Das heißt noch lange nicht dass es funktioniert, dass die das auch leben können, aber es ist erst mal der erste Schritt. Und ich find sie sollten es probieren" (S I9a/b 350-359).

Auch Oelkers (Richter am OLG Rostock) betont, dass „[e]in neues Gesetz [...] noch keine neuen Menschen [macht]. Es kann nicht ad hoc die Einstellung der Eltern zur Sorgeproblematik verändern, sondern nur allmählich Einfluß auf die Bewusstseinslage der Betroffenen nehmen, Denkanstoß für sie sein. Wer schon vor der Reform in der Lage war, das Sorgerecht nach der Trennung mit dem anderen Elternteil gemeinsam auszuüben, ist dies auch heute. Gleiches gilt dann aber auch für den umgekehrten Fall" (Oelkers 1999: 2).

Gemeinsame elterliche Sorge als „Kuhhandel": „Wir streiten nicht, aber dafür krieg ich das...." (5a)
Die Neufassung der §§ 1671 BGB und 623 ZPO bewirkt, dass das Gericht über die Regelung der elterlichen Sorge in Scheidungsverfahren nur noch auf Antrag einer Partei zu entscheiden hat. Die im Regierungsentwurf vorgesehene Ablösung des Entscheidungsverbunds (Zwangsverbund) durch das Antragsprinzip, nachdem eine Entscheidung über die elterliche Sorge anlässlich der Scheidung nur auf Antrag eines Elternteils getroffen wird, hat in der Fachöffentlichkeit und bei den Ländern Kritik hervorgerufen. Befürchtet wurde vor allem, dass die Interessen des Kindes anlässlich der Scheidung ausgeblendet werden und viele Eltern, die die gemeinsame Sorge wählen, sich nicht bewusst dafür entscheiden, weil von ihnen kein aktives Tun verlangt wird. Zudem wird im Scheidungsverfahren weder das Kind selbst, noch das Jugendamt angehört (vgl. Wiesner 1998). Die Anhörung des Jugendamts im Scheidungsverfahren (§ 49a FGG i. V. mit § 50 SGB VIII) findet nicht mehr statt, weil nicht mehr von Amts wegen über die elterliche Sorge entschieden wird. Durch die Beibehaltung der obligatorischen Angaben in der Antragsschrift, ob gemeinsame Kinder vorhanden sind, wird dem Gericht ermöglicht, seiner Anhörungs- und Hinweispflicht nachzukommen (§ 622 ZPO Scheidungsantrag) beziehungsweise werden weitere Informations- und Anhörungspflichten ausgelöst.

Die durch das Antragsverfahren gestärkte Verantwortung der Eltern setzt voraus, dass diese das Wohl ihrer gemeinsamen Kinder im Scheidungsverfahren nicht aus dem Blick verlieren, sondern sich bewusst und in Kenntnis der rechtlichen Gestaltungsmöglichkeiten entscheiden, ob sie von einem Antrag auf Sorgerechtsregelung absehen. Das Gericht muss daher, auch wenn eine Entscheidung von Amts wegen nicht mehr regelmäßig vorgesehen ist, zu einem möglichst frühen Zeitpunkt der mündlichen Verhandlung die Frage des Sorgerechts mit den Parteien erörtern. Es hat die Eltern über die rechtlichen Folgen ihrer jeweiligen Entscheidung aufzuklären und sie auf weitere Beratungsmöglichkeiten durch öffentliche oder freie Träger der Jugendhilfe (§ 17 SGB VIII) hinzuweisen. Nur so könne, laut Bundesrat, gewährleistet werden, dass Eltern die künftige Gestaltung des Sorgerechts nicht aus vordergründigen Motiven im Scheidungsverfahren ausklammern, sondern zur Wahrung des Kindeswohls eine bewusste Entscheidung für den Fortbestand der gemeinsamen Sorge und für den Wunsch nach einer gerichtlichen Regelung treffen (BT-Drs. 13/4899: 160f). Der Rechtsausschuss des Bundestages ist den Bedenken gefolgt und hat die zwei Vorschläge des Bundesrates übernommen, die darauf hinzielen, das Scheidungsverfahren mit Hinweisen auf Beratungsangebote der Jugendhilfe zu verknüpfen sowie den Richter dazu zu verpflichten, die Eltern zur elterlichen Sorge anzuhören. „Sie [die Eltern] sollen sich bewusst und in Kenntnis der rechtlichen Gestaltungsmöglichkeiten entscheiden, welche Regelung der elterlichen Verantwortung/Sorge sie nach ihrer Scheidung praktizieren wollen. Demzufolge ist in § 613 Abs. 1 Satz 1 ZPO vorgeschrieben, dass das Gericht das persönliche Erscheinen der Ehegatten anordnen und sie anhören soll" (Proksch 2002: 264). Nach § 613 II ZPO hört das Gericht die Ehegatten auch zur elterlichen Sorge an und weist auf bestehende Möglichkeiten der Beratung durch die Beratungsstellen und Dienste der Träger der Jugendhilfe hin. Dabei kann das Gericht die Frage der elterlichen Sorge mit den Eltern erörtern und sie über die rechtlichen Folgen ihrer Entscheidung aufklären. Hierdurch soll zugleich sichergestellt werden, dass das Gericht die notwendigen Informationen erhält, wenn im Einzelfall zur Wahrung des Kindeswohls aufgrund schwerwiegender Interventionsgründe gemäß §§ 1666, 1666a BGB die Einleitung des Verfahrens von Amts wegen erforderlich wird.

Die Erfahrungen der JugendamtsmitarbeiterInnen zeigen deutlich, dass sich Eltern trotz gemeinsamer elterlicher Sorge über wesentliche Dinge nicht einig sind. Obwohl die richterliche Anhörungs- und Hinweispflicht in § 613 ZPO normiert ist, zeichnen sich ausreichend Fälle ab, in denen die Eltern eben nicht bewusst das Modell der gemeinsamen elterlichen Sorge wählen, sondern dieses aus anderen Motiven beibehalten. Es wird beschrieben, dass die gemeinsame elterliche Sorge nach Trennung und Scheidung teilweise als Ergebnis eines „Kuhhandels" zustande kommt. In vielen Fällen werden die Eltern, die keinen Antrag auf Regelung der elterlichen Sorge stellen, nicht vom Gericht angehört[33] (vgl. Proksch 2002). Die FamilienrichterInnen nutzen die Anhörungsmöglichkeiten des § 613 ZPO nicht in dem Maße, wie es sich der Gesetzgeber vorgestellt hatte, um zu erreichen, dass Eltern, die keinen Antrag auf Sorgeregelung stellen, eine bewusste Entscheidung für den Fortbestand der gemeinsamen Sorge treffen. Der Verweis auf die Informations- und Beratungspflicht der Jugendämter kann die Unterlassung der Anhörung nicht rechtfertigen, wenn von den meisten Eltern das Beratungsangebot nicht in Anspruch genommen wird.

Der „Kuhhandel"
„Der Anteil, der sozusagen unwissend sagt, OK, keiner muss den Antrag stellen, also bleiben wir beim gemeinsamen Sorgerecht, oft stellt es sich so als unüberlegt heraus. Also, einfach dieses gar nicht wissen, was bedeutet gemeinsames Sorgerecht beibehalten. „Ja, ja. wir wollen ja nicht streiten, also lassen wir es." Oder oft diese Kuhhandel, die man ja auch von früher kennt, sind natürlich ein Stück weit auch wieder [da]: „Ich behalt das Auto, du behältst die Wohnung, und die Kinder können, können.... Wir streiten nicht, aber dafür krieg ich das, weil ich kämpfe nämlich nicht ums Sorgerecht." So. Das ist oft, und es gibt nicht wenig Fälle, wo die drei Monate geschieden sind, die haben das gemeinsame Sorgerecht und dann geht das los. Dann sind sie sich eigentlich nie einig gewesen über Besuchsregelung, dann sind sie sich nie einig gewesen..., möglicherweise sind sie sich einig, wo der Lebensmittelpunkt der Kinder ist, aber über alles Drumherum: Was muss mir nun derjenige freiwillig sagen, wozu hab ich ein Recht?" (A I5a 127-146).

Weder gesetzliche Regelungen noch richterliche Urteile bieten eine Garantie für die Aufrechterhaltung der elterlichen Verantwortung beider Elternteile, sondern allenfalls den Rahmen dafür. Wesentliches Kriterium ist die Ausgestaltung der gemeinsamen elterlichen Sorge, das heißt wie das Sorgemodell „gelebt" wird. Die Erfahrungen der JugendamtsmitarbeiterInnen mit der Ausgestaltung gemeinsamer elterlicher Sorge zeigen deutlich, dass sich die hohen Erwartungen des Gesetzgebers nicht erfüllen, weil faktisch die Alleinsorge gelebt wird. Die gemeinsame elterliche Sorge bleibt folglich in einer nicht benennbaren Anzahl von Fällen bestehen, ohne dass sie verwirklicht wird.

Ausgestaltung der gemeinsamen elterlichen Sorge: „[T]rotzdem sitzt einer alleine an mit den Kindern und mit der ganzen Verantwortung" (1a)
Die vorhergehenden Ausführungen zum Modell der gemeinsamen elterlichen Sorge zeigen, dass der theoretisch bezweckte Erhalt der gemeinsamen Elternverantwortung und der Beziehung beider Eltern zum Kind nicht per gesetzlicher oder richterlicher Regelung „verordnet" beziehungsweise gesteuert werden kann, denn die praktische Ausgestaltung des Sorgemodells ist damit nicht gesichert. Aus den Praxisbeschreibungen der JugendamtsmitarbeiterInnen wird sichtbar, dass die Beibehaltung der gemeinsamen elterlichen Sorge nach Trennung und Scheidung nicht bedeutet, dass die Eltern sich einig sind, kooperieren und gemeinsam die Elternverantwortung übernehmen.

Die Erfahrungen der JugendamtsmitarbeiterInnen mit der Ausgestaltung der gemeinsamen elterlichen Sorge zeigen, dass sich eine ausgeglichene Verantwortungsübernahme beider Elternteile oft nicht bestätigen lässt: Die Kinder leben anscheinend unverändert oft nach Trennung und Scheidung bei den Müttern. In vielen Fällen scheint eine ausgeglichene Aufgabenverteilung zwischen Müttern und Vätern nicht zu erfolgen. Trotzdem wird mit der gemeinsamen elterlichen Sorge die Hoffnung verbunden, gerade Väter mehr in die Verantwortung für ihre Kinder einzubinden.

Trotzdem hat nur einer die Verantwortung
„[D]ie [Eltern] haben gemeinsames Sorgerecht, weil das eben gesetzlich so vorgesehen ist und trotzdem sitzt einer alleine an mit den Kindern und mit der ganzen Verantwortung. Das gibt es denn ja häufig, wo uns dann Mütter auch fragen: Was soll das eigentlich alles?" (A I1a 1071-1074).
„Ich glaub das sind bestimmt auch über 90%, wo die Frauen die Kinder haben und ganz selten, wo die Kinder bei den Vätern leben" (A I1a 795-796).
„[E]s gibt auch Fälle, wo gemeinsame elterliche Sorge praktisch gemacht wird aber letztlich nicht durchgeführt wird, weil die Mutter die Kinder hat und auch alles alleine regelt und die Väter sich dann trotzdem nicht kümmern. Also diese Intention, die man vielleicht mal hatte, die Väter da mehr einzubinden, weil ja überwiegend die Frauen immer das Sorgerecht bekommen haben, dass kann man einfach nicht anordnen" (A I1a 487-499).
„[...] Also das eine ist halt eine Bestimmung, die auch so durchgezogen wird, aber diese Idee, die da hintersteht, praktisch demjenigen, der die Kinder nicht hat, mehr in die Verantwortung zu nehmen, die erfüllt sich, glaub ich, nicht" (A I1a 1088-1101).
„Auch da macht man die unterschiedlichsten Erfahrungen, da gibt es wieder Mütter, die haben die gemeinsame Sorge, da soll der andere soviel leisten und machen, wo wir sagen, das ist eigentlich auch nicht Sinn und Zweck der gemeinsamen Sorge. Und der andere beklagt sich wieder, der macht ja gar nichts, der müsste..." (A1 I3a/b 470-473).
„Früher war es ja häufiger so: Die Trennung war da, das Kind blieb bei der Mutter, Mutter hat die Sorge bekommen und Vater war nicht mehr existent für die Kinder. War echt wie vom Erdboden verschwunden gewesen. [...] Aber ich denke, dadurch wird einfach mehr Verantwortlichkeit auch beim Vater angebunden" (A I2a 424-428).

Neben den Fällen, in denen zwar formal die gemeinsame elterliche Sorge besteht, aber nicht gelebt wird, gibt es auch Fälle, in denen die gemeinsame elterliche Sorge genutzt wird, um erneuten Streit zu provozieren beziehungsweise den anderen Elternteil zu stören. Aus fehlenden Absprachen über die Ausgestaltung scheinen sich häufiger Konflikte zu entwickeln, in denen auch ein falsches Verständnis von Elternverantwortung und gemeinsamer elterlicher Sorge deutlich wird. Darüber hinaus wird die gemeinsame elterliche Sorge sogar als Konfliktpotenzial und Überforderung für die Eltern betrachtet:

Provokation von Streit

„Es gibt viele Männer, die gesagt haben, OK, das ist jetzt mal eine Chance, auch einen Teil von Verantwortung zu übernehmen und die, die so weit sind, dass sie das realisieren, die kriegen das auch meistens hin. Und andere nützen das eher als Störmanöver und sagen: „Ich hab gemeinsames Sorgerecht und ich will auch bestimmen, was mit meinen Kindern passiert, wo sie zur Schule gehen und dann sind wir natürlich da auch wieder mit drin" (A I1a 487-499).

„Verantwortung heißt nicht, dass die [Väter] irgendwie bestimmen wo es lang geht. [...] Das wird dann so eine Art Forderung und wo denn gesagt wird, „wieso, ich hab das gemeinsame Sorgerecht, also will ich mich da auch einmischen". Und dann sagen wir: Moment mal!" (A I1a 511-521).

„[D]ie gemeinsame Sorge ist ja auch wirklich ein Konfliktpotenzial, dass dann irgendwann immer da ist und die [Eltern] dann einfach in dieser Situation eben den Dingen einfach überhaupt nicht gerecht werden können, weil es einfach eine Überforderung ist" (AL I8a/b 1222-1225).

Typische Problemfälle der Ausgestaltung gemeinsamer elterlicher Sorge nach Trennung und Scheidung deuten sich an, wenn es um Dokumente o.ä. geht, die von beiden Elternteilen unterschrieben werden müssen.

Typische Problemfälle

„[...] die Gründe, die bei uns angeführt werden, warum kein gemeinsames Sorgerecht mehr geht: Er hat nicht mitgewirkt, er hat keine Unterschrift gegeben, die ja fristgemäß für diesen Kinderausweis oder [...] ich wollte ein Konto anlegen für mein Kind, konnte ich nicht [...]" (A2 I3a/b 1155-1159).

„Also, ich denke, das einzige was fehlt, sind so Anpassungen an andere Gesetze, also wenn ich mir vorstelle, dass so bestimmte Sachen wie Schulen, die brauchen dann immer zwei Unterschriften, [...]" (A I1a 1037-1048).

„[D]as kann ich auch nachvollziehen, bei Elternteilen, die sagen: „Alles läuft irgendwie gut, der Mann kümmert sich eigentlich um die Kinder und dann [brauche] ich auf einmal irgendwie von dem jetzt eine Unterschrift, weil ich einen Ausweis haben will, das gibt nur Ärger." Und das gibt auch meistens Ärger" (A I1a 1065-1069).

Zur Ausgestaltung der gemeinsamen elterlichen Sorge nach Trennung und/oder Scheidung gibt der Gesetzgeber Hinweise, um das Konfliktniveau zwischen den Eltern zu reduzieren. Die Entscheidung des Gesetzgebers, die gemeinsame Sorge nach Trennung oder Scheidung fortbestehen zu lassen, wenn keiner der Elternteile einen Antrag auf Zuweisung der Alleinsorge stellt, führt leicht zur Annahme, dass die Ausgestaltung der elterlichen Sorge von diesem Ereignis unberührt bleibt. Allerdings gestaltet sich die gemeinsame Sorge nach Trennung oder Scheidung anders. Bis zur Trennung/Scheidung besteht die gemeinsame Sorge in ihrer umfassenden Form, das heißt, Eltern haben hinsichtlich aller Angelegenheiten Einvernehmen zu erzielen. Angesichts der Tatsache, dass die Eltern nun voneinander getrennt leben und das Kind in der Regel den Lebensmittelpunkt bei einem Elternteil hat, wären Eltern mit einer solchen Ausgestaltung der gemeinsamen Sorge wohl überfordert. Der Gesetzgeber hat für die Zeit nach der Trennung oder Scheidung die gemeinsame elterliche Sorge in § 1687 BGB besonders ausgestaltet.

Nach der Trennung gibt § 1687 BGB Hinweise zu Ausgestaltung der gemeinsamen elterlichen Sorge. Auch für geschiedene Eltern mit gemeinsamer elterlicher Sorge gilt grundsätzlich, dass sie die elterliche Sorge in gegenseitigem Einvernehmen zum Wohl des Kindes ausüben müssen. Bei Meinungsverschiedenheiten müssen sie versuchen, sich zu einigen. Im täglichen Leben könnte dieses Erfordernis den Elternteil übermäßig belasten, bei dem sich das Kind gewöhnlich aufhält. Daher sieht das neue Kindschaftsrecht zur Flankierung der neuen Regelung die Alleinentscheidungsbefugnisse in Angelegenheiten des täglichen Lebens für den Elternteil vor, bei dem sich das Kind mit Einwilligung des anderen Elternteils oder aufgrund einer gerichtlichen Entscheidung gewöhnlich aufhält (§ 1687 I BGB). Bei Entscheidungen in Angelegenheiten, deren Regelung für das Kind von erheblicher Bedeutung sind, bleibt ihr gegenseitiges Einvernehmen erforderlich (§ 1687 I BGB). Können sie sich in einer einzelnen Angelegenheit oder in einer bestimmten Art von Angelegenheiten der elterlichen Sorge, deren Regelung für das Kind von erheblicher Bedeutung ist, nicht einigen, kann das Familiengericht auf Antrag eines Elternteils die Entscheidungsbefugnis für diesen Teil der Sorge einem Elternteil überlassen. Das Gesetz unterscheidet folglich zwischen Angelegenheiten von erheblicher Bedeutung (gemeinsame Entscheidung), Angelegenheiten des täglichen Lebens (alleinige Entscheidung) und Angelegenheiten der tatsächlichen Betreuung (alleinige Entscheidung beim Umgang).

Kommt es bei der Ausübung der gemeinsamen elterlichen Sorge nach Trennung und Scheidung zu Streitigkeiten zwischen den Elternteilen, so entscheidet das Familiengericht. Gemäß § 1628 BGB besteht die Möglichkeit, das Entscheidungsrecht auf ein Elternteil zu übertragen, wenn sich die Eltern in einer einzelnen Angelegenheit oder in einer bestimmten Art von Angelegenheiten der elterlichen Sorge, deren Regelung für das Kind von erheblicher Bedeutung ist, nicht einigen. Das Familiengericht entscheidet auf Antrag eines Elternteils und kann die Übertragung beziehungsweise Überlassung mit Beschränkungen oder Auflagen verbinden (Beschränkung der gemeinsamen elterlichen Sorge). Umgekehrt kann das Familiengericht die Alleinentscheidungsbefugnis in Angelegenheiten des täglichen Lebens einschränken oder ausschließen, wenn dies zum Wohle des Kindes erforderlich ist (§ 1687 II BGB). „Die Beschränkung der elterlichen Sorge ist eine Möglichkeit nach dem Grundsatz der Verhältnismäßigkeit die geS zwar zu behalten, jedoch in bestimmten Entscheidungsbereichen die Alleinentscheidungsbefugnis einem Elternteil insoweit zu übertragen. Überwiegend finden sich Beschränkungen bei der Aufenthaltsbestimmung, Entscheidungen zur Schule oder zur Gesundheit" (Proksch 2002: 114).

Beratung zur Ausgestaltung der gemeinsamen elterlichen Sorge:
„[...] keine Angst, dass sich immer jemand einmischt" (1a)
In § 1687 I BGB sind die Befugnisse des Elternteils geregelt, bei dem sich das Kind regelmäßig aufhält, auch wenn ein gemeinsames elterliches Sorgerecht besteht. Leben gemeinsam sorgende Eltern nicht nur vorübergehend getrennt, so ist bei Entscheidungen in Angelegenheiten von erheblicher Bedeutung, ihr gegenseitiges Einvernehmen erforderlich.[34] Der Elternteil, bei dem sich das Kind mit Einwilligung des anderen Elternteils oder aufgrund einer gerichtlichen Entscheidung gewöhnlich aufhält, hat die Befugnis zur alleinigen Entscheidung in Angelegenheiten des täglichen Lebens. Im Gesetzgebungsprozess wurde vom Rechtsausschuss beschlossen, dass die Alleinentscheidungsbefugnis[35] eines Elternteils bei gemeinsamer elterlicher Sorge so gestaltet sein muss, dass der Elternteil, bei dem das Kind lebt, nicht ständigen Auseinandersetzungen über Detailfragen mit dem anderen Elternteil ausgesetzt werden darf. Die Alleinentscheidungsbefugnis soll aber nicht so weit gehen, dass die gemeinsame elterliche Sorge zur leeren Hülle wird. Der Umfang der Alleinentscheidungsbefugnis ist möglichst klar zu regeln (vgl. BT-Drs. 13/8511: 67). Entscheidungen des täglichen Lebens sind in der Regel solche, die häufig vorkommen und die keine schwer abzuändernden Auswirkungen auf die Entwicklung des Kindes haben. Solange sich das Kind mit Einwilligung dieses Elternteils oder aufgrund einer gerichtlichen Entscheidung bei dem anderen Elternteil aufhält, hat dieser die Befugnis zur alleinigen Entscheidung in Angelegenheiten der tatsächlichen Betreuung.[36] Um Streitigkeiten der Eltern hinsichtlich der Einstufung bestimmter Entscheidungen als Grundsatzangelegenheiten oder als Fragen der Alltagssorge vorzubeugen, lassen sich Hinweise zur Interpretation der Begriffe in der Regierungsbegründung finden.

Aufgrund der Orientierungs- und Gestaltungsmöglichkeiten ist es notwendig, Eltern individuell zu beraten und auf die Kompetenzverteilung nach Trennung und Scheidung hinzuweisen. Im Rahmen von Beratung sollten gemeinsame Lösungsmöglichkeiten für die Kategorien Grundsatzangelegenheit und Alltagssorge entwickelt werden (vgl. Schwab 1998 FamRZ). Die Beschreibungen der JugendamtsmitarbeiterInnen verdeutlichen, dass eine Beratung zu den Ausgestaltungsmöglichkeiten der gemeinsamen elterlichen Sorge nach Trennung und Scheidung besonders wichtig ist. Die Beratung bietet:
- *Klärung:* Die Eltern erhalten ein Beratungsangebot gemäß § 17 SGB VIII, in dessen Verlauf geklärt werden soll, wie Grundsatzangelegenheiten und Alltagssorge gestaltet werden können beziehungsweise welche Themen zwischen den Eltern geklärt werden sollten, um die gemeinsame elterliche Sorge konfliktarm auszugestalten.

- *Informationen:* In der Beratung des Jugendamtes soll den Eltern und Kindern vermittelt werden, dass es die Möglichkeit gibt, auch nach einer Trennung gemeinsam für die Kinder zu sorgen. Dabei wird oft deutlich, dass Eltern, die die gemeinsame elterliche Sorge nach Trennung und Scheidung behalten haben, nicht unbedingt darüber informiert sind, was dies im alltäglichen Leben bedeutet.
- *Sicherheit:* Die neuen gesetzlichen Regelungen werden teilweise als eine gute Grundlage betrachtet, um Eltern zu beraten und ihnen auch Sicherheit hinsichtlich der Ausgestaltung des Sorgemodells geben zu können.

Beratung zur Ausgestaltung der gemeinsamen elterlichen Sorge:
„Das bieten wir ihnen [den Eltern] aber auch an, zu sagen, das umfasst ja auch diese Regelung der besonderen und der Alltagsangelegenheiten, und da weisen wir dann schon immer noch mal darauf hin zu sagen, und da mag es dann nachher, wenn ihr getrennt seid, auch irgendwann mal Probleme geben, auch beim Sorgerecht. Ihr könnt gleich zum Richter laufen und könnt das da regeln lassen, nur mit uns kommt ihr dann trotzdem wieder in Kontakt, also spart euch das Geld und kommt gleich her und dann kucken wir" (A I10a 647-653).
„[W]ir versuchen, denen das einfach auseinander zu bröseln, sag ich mal, was das eigentlich bedeutet. Das es nicht darum geht, demjenigen, der die Kinder da hauptsächlich hat, immer nur ans Zeug zu flicken, sondern das es auch um Unterstützung geht, und dass es auch zum Beispiel gut sein kann, wenn die Kinder zum Arzt müssen, und die Mutter muss mal arbeiten oder so, wenn der Vater so was dann übernimmt. Also solche Punkte, wo man wirklich konkret sagen kann, Hilfestellung für das Kind, Entlastung der Mutter, wenn man das so übertragen will" (A I1a 524-532).
„[F]ür uns ist halt wichtig, also dieser Beratungsaspekt und dass eben wir auch Eltern sagen können, wenn sie die Kinder haben, [...] müssen sie keine Angst haben, dass da jetzt immer sich jemand einmischt und die müssen das wirklich alles möglichst im Detail absprechen. Das ist denn eben auch schon wichtig, und das ist eben auch gesetzlich jetzt fest verankert. Vorher war das ja immer so ein bisschen heikel" (A I1a 1028-1034).
„Ich denke, es gibt auch [für] Elternteile, die die Kinder betreuen, auch einfach mehr Sicherheit, dass sie wissen OK, auch wenn es ein gemeinsames Sorgerecht gibt, dass meiste was im Alltag passiert, kann ich natürlich selbst entscheiden. Und dann, wenn es um Schulwechsel geht, Ausbildung, dann müssten wir uns halt noch mal verständigen. Aber das klappt ja auch in den meisten Fällen" (A I1a 779-784).
„Ich sag immer zu den Eltern, eigentlich ist es egal, wie sie es machen, aber was auf dem Papier steht ist gar nicht so wichtig, wesentlich ist dann ja wie sie es leben. Auch eine alleinige Sorge für die Mutter aus nur praktischen Gründen, wo der Vater genau weiß, er ist nicht außen vor, ist doch OK" (A2 I3a/b 1175-1178).

Wenn weder Beratungsleistungen der Jugendhilfe noch gerichtliche Beschränkungen eine konfliktarme Ausgestaltung der gemeinsamen elterlichen Sorge in Aussicht stellen beziehungsweise die Eltern so zerstritten sind, dass sie ausschließlich die Alleinsorge erreichen möchten, kann das Familiengericht die gemeinsame elterliche Sorge beenden. Von den befragten JugendamtsmitarbeiterInnen wird die Sichtweise vertreten, dass es um die Ausgestaltung des Sorgemodells geht, die gelingen muss und nicht um die gesetzliche oder gerichtliche Festlegung. Die gerichtliche Überlassung der Alleinsorge eines Elternteils kann dem Kindeswohl förderlicher sein, als die konflikthafte Beibehaltung der gemeinsamen Sorge, wenn die Eltern zu keinem Einvernehmen finden. Die Ausübung der alleinigen elterlichen Sorge ist allerdings mit der besonderen Verantwortung verbunden, dem anderen Elternteil den Umgang mit dem gemeinsamen Kind zu ermöglichen und damit dem Recht des Kindes auf Umgang Geltung zu verschaffen.

Alleinige elterliche Sorge nach Trennung und Scheidung: „Wenn einer unbedingt die alleinige will, geht er weiter" (3a)
Eine Beendigung der gemeinsamen elterlichen Sorge ist unabhängig davon wie sie entstanden ist (Heirat oder Sorgeerklärung), nur durch gerichtliche Entscheidung auf Antrag eines Elternteils möglich (§ 1671 I und II BGB) oder von Amts wegen, wenn nach § 1666 BGB das Kindeswohl gefährdet ist (§ 1671 III BGB). Zu einer gerichtlichen Entscheidung über die elterliche Sorge im Kontext von Trennung und Scheidung der Eltern kommt es nur noch, wenn ein Elternteil einen Antrag auf Zuweisung der Alleinsorge stellt. Voraussetzung dafür ist, dass die Eltern nicht nur vorübergehend getrennt leben. Dies bedeutet, dass der Antrag auch von Elternteilen gestellt werden kann, die (ohne verheiratet zu sein) die gemeinsame Sorge innehaben. Andererseits kann eine solche Entscheidung auch künftig „anlässlich der Scheidung" erfolgen, wenn nämlich ein Elternteil im Zusammenhang mit dem Scheidungsverfahren den Antrag auf Zuweisung der Alleinsorge stellt. Ausschließlich in diesem Fall kommt es zum Entscheidungsverbund, der allerdings kein gesetzlicher Zwangsverbund mehr ist. Es ist Sache der Elternteile, zu entscheiden, ob beide oder einer von ihnen einen Alleinsorge- Antrag stellt oder nicht. Antragsberechtigt sind nach § 1687 BGB nur die Elternteile, nicht das Jugendamt oder das Kind. Das Jugendamt kann nur eine Entscheidung über die elterliche Sorge nach § 1666 BGB anregen.

Gemäß § 1671 II BGB ist einem Antrag auf Übertragung beziehungsweise Überlassung der Alleinsorge stattzugeben, soweit der andere Elternteil zustimmt, es sei denn, dass das Kind das 14. Lebensjahr vollendet hat und der Übertragung widerspricht.[37] Dem Antrag ist ferner stattzugeben, wenn zu erwarten ist, dass die Aufhebung der gemeinsamen Sorge und die Übertragung auf den Antragsteller dem Wohl des Kindes am besten entspricht. Die beiden Voraussetzungen stehen alternativ zueinander, das heißt, dass einem Antrag, der abzulehnen ist, weil das vierzehnjährige Kind einer gemeinsamen Elternentscheidung widerspricht, stattgegeben werden kann, wenn die Übertragung der alleinigen elterlichen Sorge auf den Antragsteller dem Wohl des Kindes am besten entspricht. Damit hat der Gesetzgeber eine hohe Hürde für die Beendigung der gemeinsamen Sorge aufgestellt, die die Gefahr birgt, dass Eltern die gemeinsame elterliche Sorge beibehalten, obwohl sie selbst eine andere Lösung favorisieren. „Geht man vom Gesetzeswortlaut und von den Intentionen des Gesetzgebers aus, so ist festzustellen: Die Hemmschwelle für diese Anträge hat sich ganz erheblich erhöht! Es kann nicht mehr ausreichen, daß der ständig betreuende Elternteil nach der Trennung erklärt, die Kinder lebten jetzt bei ihm und er beanspruche deshalb die alleinige elterliche Sorge" (von Luxburg 1998: 17). In der richterlichen Praxis vor der Kindschaftsrechtsreform reichte vielen Gerichten die Tatsache der Trennung bereits aus, um die elterliche Sorge dem ständig betreuenden Elternteil zu übertragen. Seit der Reform ist es eher die gemeinsame elterliche Sorge, die zum faktischen „Regelfall" geworden ist (s.o.).

In einem der ersten obergerichtlichen Entscheidungen (OLG Oldenburg, 10.7.1998) wurde vertreten, dass die Voraussetzungen zur Beibehaltung der gemeinsamen elterlichen Sorge nicht (mehr) gegeben sind, „wenn über unterschiedliche Auffassungen zu einzelnen Fragen der Kindesbetreuung hinaus auch der zwischen den Eltern zu fordernde Grundkonsens zerstört" ist (Proksch 2002: 127). Das OLG Dresden hat am 27.2.2002 Folgendes entschieden: „Die Aufhebung der gemeinsamen elterlichen Sorge entspricht dem Wohl des Kindes am besten, wenn die Eltern nicht mehr die Fähigkeit und die Bereitschaft aufbringen können, in den Angelegenheiten der Kinder zu deren Wohl zu kooperieren" (Proksch 2002: 128). Alleinsorge eines Elternteils wird als Möglichkeit oder Notwendigkeit betrachtet, den fortwährenden Streit zwischen Eltern über die das Kind betreffenden Angelegenheiten zu vermeiden, um die Belastung für die Kinder zu mindern. Proksch bezweifelt, dass die Alleinsorge geeignet ist, um den fortwährenden Streit der Eltern über grundsätzliche Fragen zur Entwicklung des Kindes zu beenden, da die bisherigen Ergebnisse seiner Elternbefragung gezeigt hätten, dass das Streitpotenzial zwischen allein sorgenden Eltern in vielfacher Hinsicht deutlich höher (geblieben) ist als bei gemeinsam sorgenden Eltern (Proksch 2002: 128). Allerdings ist eher zu bezweifeln, dass ein anderes Sorgemodell erheblich streitende Eltern befrieden könnte.

Will ein Elternteil im Kontext der neuen Rechtslage im Zuge der Ehescheidung oder im isolierten Verfahren die elterliche Sorge auf sich allein übertragen lassen, muss er in einem gesonderten Antrag darlegen, dass die Aufhebung der gemeinsamen elterlichen Sorge und die Übertragung auf den Antragsteller dem Kindeswohl am besten entspräche[38] (vgl. von Luxburg 1998: 16). „Es wird nicht ausreichen vorzutragen, daß derzeit zwischen den Eltern ein erhebliches Streitpotential vorhanden ist. Man wird vielmehr darlegen müssen, daß eine Beseitigung der Konflikte auch mit

Hilfe von Beratung nicht zu erwarten und die gemeinsame Wahrnehmung der elterlichen Verantwortung nicht mehr möglich ist" (ebd.: 17). Anschließend muss der Antragsteller begründen, warum es nicht genügt, nur einen Teil der elterlichen Sorge zu übertragen (Beschränkung der gemeinsamen Sorge). „Aus diesen Überlegungen folgt: In den Fällen, in denen der Aufenthalt des Kindes außer Streit steht, wird in Zukunft die Aufhebung der gemeinsamen elterlichen Sorge eher die Ausnahme sein" (ebd.). In dem neu gestalteten Verfahren besteht außerdem für den Antragsteller das Risiko, dass der Antrag auf Beendung der gemeinsamen elterlichen Sorge als gegen seine eigene Erziehungsfähigkeit sprechend ausgelegt wird. Folglich wird der Antragsteller möglichst erhebliche Gründe für die Aufhebung der gemeinsamen Sorge und gegen die Erziehungsfähigkeit des anderen Elternteil vorbringen, um sich diesem Risiko nicht auszusetzen (vgl. ebd.: 18). Zwar ist in der amtlichen Begründung des Gesetzgebers ausgeführt, dass die Antragsteller nicht darzulegen brauchen, dass sie selbst „der bessere Elternteil sind" (BT-Drucks. 1348/99: 99), aber darin wird deutlich, dass der Gesetzgeber die Praxis streitiger Sorgeauseinandersetzungen wenig kennt. „Häufig wird nicht einmal vorgetragen, daß der Antraggegner zwar gut, der Antragsteller aber besser zur Erziehung geeignet sei. In aller Regel läuft der Vortrag beider Parteien darauf hinaus, den anderen Elternteil massiv abzuqualifizieren" (von Luxburg 1998: 18).

Aufgrund der hohen gesetzlichen Anforderungen an einen Antrag auf Alleinsorge ist es nicht verwunderlich, dass die Sorgerechtsfälle, in denen die befragten Jugendämter mitwirken, als strittiger beschrieben werden. Die AntragstellerInnen versuchen, den anderen Elternteil abzuqualifizieren, um die alleinige elterliche Sorge zugesprochen zu bekommen.

Die Sorgerechtsfälle sind strittiger geworden
„Es ist strittiger geworden. Das haben die Eltern auch verstanden, dass man nur eine Chance [auf alleinige elterliche Sorge] hat, wenn man richtig was auffährt" (S I9a/b 326-327).
„[...] Nach dem Motto, man muss also ganz furchtbar viele negative Dinge aufzählen, dann möglichst Drogenkonsum und Gewalt und was weiß ich noch alles. Dann noch dokumentieren, so ungefähr, damit man auch ja so ein Antrag durchbekommt" (A I8a/b 231-239).

Oelkers (Richter am OLG Rostock) dagegen betont, dass sich die Fähigkeit zu kooperativem Verhalten darin äußert, „daß die Eltern in der Lage sind, persönliche Interessen und Differenzen zu übergehen, und sich nur auf das Kindeswohl konzentrieren können. Hinzu kommen muß die Bereitschaft, den anderen Elternteil als Erzieher und gleichwertigen Bindungspartner des Kindes zu respektieren" (Oelkers 1999: 5). Er geht davon aus, dass mangelnde Kooperationsfähigkeit und Kooperationswilligkeit der Eltern nicht zur gemeinsamen elterlichen Sorge führen können, denn „[w]er davon ausgeht, dass einander entfremdete oder sogar feindselig gegenüberstehende Eltern nur aufgrund der gerichtlichen Anordnung, künftig zusammenarbeiten, zum Konsens finden, unterschätzt die durch die Trennung hervorgerufenen Gefühle. Wut, Zorn Verachtung und Enttäuschung bestimmen die Auseinandersetzung um das Kind. Daß es nicht zu Lasten des Kindes gehen soll, wenn man den Eltern in dieser emotional aufgeladenen Zeit das gemeinsame Sorgerecht gleichsam von oben herab verordnet, ist kaum vorstellbar" (ebd.). In diesem Sinne ist es zweitrangig, worum sich die Eltern im Einzelnen streiten, denn schon die Absicht eines Partners, der nach der Trennung keinen Kontakt zum anderen mehr wünscht, zeigt die fehlende Kooperationsbereitschaft. „Schon der Antrag auf Übertragung der Alleinsorge signalisiert das Fehlen der Kooperationsbereitschaft. Er indiziert, daß die Aufhebung der gemeinsamen Sorge dem Kindeswohl am besten entspricht" (ebd.).

Das Handeln der FamilienrichterInnen beeinflusst die Chancen der Elternteile, einen Antrag auf Alleinsorge „durchzubekommen", erheblich. Die Praxis der Amtsgerichte und einzelner RichterInnen scheint unterschiedlich zu sein und reicht von der grundsätzlichen Beibehaltung der gemeinsamen elterlichen Sorge bis zu Beendigung, wenn nur ein Elternteil einen Antrag stellt (Antragstellung als Konfliktzeichen).

Beendigung der gemeinsamen elterlichen Sorge
„[...] das war bei uns hier in der Praxis dann so, dass es [...] unwahrscheinlich schwierig war, überhaupt einen Alleinsorgeantrag durchzubekommen [...]" (A I8a/b 204-216).
„[...], bei den anderen ist das so, dass im Regelfall tatsächlich eine Antragstellung ausreichend dafür ist, eine alleinige elterliche Sorge festzulegen wenn es nicht im Verfahren seitens des Gerichtes gelingt da noch mal eine andere Position reinzubringen, beziehungsweise durch unsere Beratung [...]" (A I6a 220-228).

Im Verfahren auf Übertragung beziehungsweise Überlassung der Alleinsorge wird die Verbindung zu den Beratungsangeboten der Jugendhilfe hergestellt, um die Entwicklung eines einvernehmlichen Konzepts für die Wahrnehmung der elterlichen Sorge und Verantwortung zu erzielen. Auf diesem Wege kann versucht werden, zumindest einen einvernehmlichen Antrag auf Alleinsorge eines Elternteils zu erarbeiten. Wenn ein Elternteil die Alleinsorge erstritten hat, können sich die Streitigkeiten auf Fragen der Umgangsregelung verlagern. Mit der Kindschaftsrechtsreform wurden auch in diesem Kontext erweiterte Beratungs-, Vermittlungs- und Unterstützungsmöglichkeiten geschaffen.

Umgang nach Trennung und Scheidung:
„[U]nd das sind im Regelfall auch hochgradig streitige Verfahren"
(6a)

Der Umgang des Kindes mit Mutter und Vater gehört zum Wohl des Kindes. Diese Generalklausel in § 1626 BGB ist neu, denn der Umgang der Eltern mit dem Kind definiert sich als Recht des Kindes und als Pflicht der Eltern ihm gegenüber, aber auch als Recht jedes Elternteils gegenüber dem anderen Elternteil und gegenüber jedem Dritten. „Umgangsberechtigt ist also jeder Elternteil, gleichgültig ob er die Personensorge [...] hat oder nicht hat (also auch im Fall der Entziehung des Personensorgerechts nach § 1666 Abs. 1 BGB) und gleichgültig, ob Alleinsorge oder gemeinsame Sorge besteht, wenn das Kind sich überwiegend beim anderen Elternteil aufhält" (Kunkel 1998: 204f). Der Umgang gilt als „Ausdruck der fortbestehenden Verantwortung beider Eltern für ihr Kind trotz ihrer Trennung oder Scheidung als Eheleute" (Proksch 2002: 132). Mit dem Umgang soll im Interesse des Kindes die Beziehung zu beiden Eltern aufrechterhalten werden. „Für eine gedeihliche seelische Entwicklung des Kindes und auch für seine möglichst störungsfreie psychische Bewältigung der elterlichen Trennung ist es für das Kind sehr bedeutsam, seine Bindungen zu beiden Eltern aufrechterhalten zu können. In diesem Sinn ist auch das Recht der Eltern aus Art. 6 Abs. 2 Satz 1 GG ein elterliches „Pflichtrecht" und insoweit grundsätzlich kindzentriert zu gestalten und auszuüben" (ebd.).

Im § 1684 BGB wird die Generalklausel konkretisiert. Dem subjektiven Umgangsrecht des Kindes steht die Pflicht zum Umgang beider Eltern und das Recht jedes Elternteils auf Umgang mit dem Kind gegenüber. Gemäß § 1684 I BGB ist jeder Elternteil zum Umgang verpflichtet und berechtigt, das heißt, sie haben auch eine entsprechende Pflicht den Umgang zu fördern:

- Kinder haben ein Recht auf Umgang unabhängig davon, ob die Eltern verheiratet sind oder nicht;
- jeder Elternteil hat die Umgangspflicht und das Umgangsrecht unabhängig davon, ob verheiratet oder nicht;
- der Umgang kann nur vom Familiengericht eingeschränkt oder ausgeschlossen werden, wenn das Kindeswohl gefährdet ist;
- die gerichtliche Anordnung von begleitetem Umgang ist möglich.

Der § 1685 BGB erweitert das Umgangsrecht auf Großeltern, Geschwister und andere Bezugspersonen, so dass Kinder, Jugendliche, Mütter, Väter und andere Umgangsberechtigte gemäß § 1685 BGB und § 18 III SGB VIII einen Anspruch auf Beratungs- und Unterstützungsleistungen[39] bei der Ausübung des Umgangs haben. Der § 18 III 3 SGB VIII benennt keinen homogenen AdressatInnenkreis für die Beratungs- und Unterstützungsleistung, sondern vermischt die „Parteien" des Umgangsverfahrens: Umgangsberechtigt sind Eltern (Umgangsberechtigt nach § 1684 I BGB), andere Umgangsberechtigte (§ 1685 I und II BGB), Personen, in dessen Obhut sich das Kind befindet (Personen, gegen die sich das Umgangsrecht richtet, zum Beispiel Pflegeeltern) und Personensorgeberechtigte (zum Beispiel Elternteile). Umgangsberechtigte haben ein eigenes Recht auf Beratung und Unterstützung durch das Jugendamt. Die Unterstützung nach § 18 III 2 SGB VIII dient dem Umgangsrecht des Kindes, d.h. das Jugendamt muss die Umgangsberechtigten dazu bewegen, dass sie von ihrem Umgangsrecht Gebrauch machen. In § 18 III 3 SGB VIII geht es um die Unterstützung der Ausübung des Umgangsrechts, d.h. das Jugendamt hilft, dass „der Umgang im Alltag kindeswohlverträglich stattfindet und daß eine emotionale und soziale Beziehung zu Umgangsberechtigten aufgebaut werden kann" (Kunkel 1998: 207).

„Das Umgangsrecht des Elternteils richtet sich sowohl gegen den anderen Elternteil als auch gegen das Kind. Ist das Kind nicht umgangswillig, hat der Umgangsberechtigte gegen das JA einen Anspruch auf Unterstützung aus Satz 3 [...]. Das Kind hat einen Anspruch gegen das JA aus Satz 2 auf Unterstützung dabei, daß der Umgang kindeswohlverträglich ist [...]. Aus Satz 1 hat das Kind einen Anspruch gegen das JA darauf, daß es beraten und praktisch unterstützt wird, um sein Umgangsrecht aus § 1684 Abs. 1 BGB mit dem Elternteil verwirklichen zu können" (Kunkel 1998: 205).

Die Unterstützung nach § 18 III 4 SGB VIII kann sich auch auf die „Informationen über die persönlichen Verhältnisse des Kindes" gemäß § 1686 BGB beziehen, denn der persönliche Umgang wird durch den Anspruch auf Auskunft ergänzt (vgl. Kunkel 1998: 205). Das Recht auf Auskunft ist nicht Ersatz für die fehlende elterliche Sorge, sondern steht unabhängig von der Sorgeregelung dem „Elternteil zu, der das Kind nicht in seiner Obhut hat" (Proksch 2002: 163). Das Jugendamt ist verpflichtet, die Beratungs- und Unterstützungsleistungen zu erbringen und zur Herstellung von Umgangskontakten sowie bei der Ausführung von Umgangsregelungen zu vermitteln und Hilfestellungen zu bieten (§ 18 III 4 SGB VIII). Folglich ist das Jugendamt zu behördlicher Mediation verpflichtet, denn das Jugendamt soll vermitteln, „wenn der umgangsberechtigte Elternteil Auskunft nach § 1686 BGB verlangt, aber nicht erhält. Regeln die Eltern den Umgang nicht von sich aus, soll das JA den Kontakt knüpfen und helfen, ihn zu stabilisieren. Haben die Eltern einvernehmlich den Umgang vereinbart oder hat das Familiengericht gem. § 1684 Abs. 3 und 4 BGB eine Umgangsregelung getroffen, muß das JA bei der praktischen Umsetzung helfen" (Kunkel 1998: 208).

Die Unterstützungsleistung des Jugendamtes kann sich auch auf die Umsetzung eines gerichtlich angeordneten beschützten Umgangs beziehen. Im Rahmen von begleitetem oder beschütztem Umgang geht es um die Ermöglichung von Umgangskontakten in besonders schwierigen und konflikthaften Fällen. Ein völliger Ausschluss des Umgangs kommt nur in

Betracht, wenn selbst die Umgangsbegleitung das Wohl des Kindes nicht gewährleisten kann. Die Ausübung des Umgangsrechts ist häufig problembelastet, wenn der sorgeberechtigte Elternteil versucht, den Umgang mit dem anderen Elternteil zu unterbinden, weil die Konflikte zwischen ihnen nicht bewältig sind. Schon dem alten Recht entsprechend enthält der § 1684 II BGB eine sogenannte „Wohlverhaltensklausel", nach der die Eltern alles zu unterlassen haben, was das Verhältnis des Kindes zum jeweils anderen Elternteil beeinträchtigt oder die Erziehung erschwert. Da in der Realität vielfach gegen dieses Gebot verstoßen wurde, hat der Gesetzgeber eine Reihe von Regelungen (materielles Recht, Verfahrensrecht) getroffen, die helfen sollen, die Streitfälle im Umgangsrecht zu befrieden. Im materiellen Recht bekommt das Familiengericht die Möglichkeit (neben Einschränkung und Ausschluss des Umgangs), durch Anordnungen die Beteiligten zur Erfüllung der Wohlverhaltenspflicht anzuhalten (§ 1684 III 2 BGB). Darüber hinaus kann das Gericht nun lediglich den Vollzug des Umgangsrechts einschränken, ohne sofort in das gesamte Recht eingreifen zu müssen (§ 1684 IV 1 BGB). Damit soll vermieden werden, dass beteiligte Eltern Umgangseinschränkungen, die im Interesse des Kindes vorgenommen wurden, als Sieg oder Niederlage werten (vgl. KindRG-E 106).

Das Gesetz regelt nicht mehr den „persönlichen" Umgang, sondern nur noch den Umgang mit dem Kind: „Danach ist die Streitfrage, ob zum persönlichen Umgang auch Briefkontakte oder Telefongespräche gehören, geklärt. Zum Umgang gehört dies jedenfalls und kann auch gerichtlich geregelt werden" (von Luxburg 1998: 37). Als Inhalt des Umgangsrechts werden „der regelmäßige, zeitlich begrenzte Kontakt durch Besuche, Briefe und Telefonate, aber auch gemeinsame Wochenenden, Reisen und sonstige Unternehmungen" verstanden (vgl. Kunkel 1998: 205). „Art und Maß des Umgangs vereinbaren die Eltern; einigen sie sich nicht, entscheidet (auch ohne Antrag) das Familiengericht nach Anhörung des JA (§ 1632 Abs. 2, §§ 1684, 1685 BGB, § 49a Abs. 1 FGG)" (ebd.). Im Verfahrensrecht besteht nun auch die Möglichkeit der Vollstreckung des Umgangsrechts (vgl. Schwab/Wagenitz 1997: 1381). Die familiengerichtliche Entscheidung zum Umgang kann, im Gegensatz zur elterlichen Einigung, zwangsweise durchgesetzt werden. Als vorrangiges Zwangsmittel kommt Zwangsgeld in Betracht, allerdings ist auch Gewaltanwendung gegen ein Elternteil möglich (§ 33 I und II FGG). In § 33 II FGG wird die Gewaltanwendung gegen ein Kind zur Durchsetzung des Umgangsrechts ausgeschlossen.

Davon ausgehend, dass freiwillig erzielte Umgangsregelungen einer vom Gericht aufgezwungenen Regelung vorzuziehen sind, wurde in den §§ 52, 52a FGG ein aufwendiges Vermittlungsverfahren für die Regelung von Streitigkeiten in Kindschaftssachen und speziell bei Umgangskonflikten eingeführt. Dieses Vermittlungsverfahren zielt darauf ab, Einvernehmen zwischen den Eltern über die Ausübung des Umgangs zu erreichen, um die Belastung der Kinder möglichst gering zu halten und streitverschärfende Maßnahmen der Zwangsvollstreckung zu vermeiden. Der Hinweis auf mögliche Rechtsfolgen der Vereitelung oder Erschwerung des Umgangs sollen den nötigen Druck erzeugen: Wechsel des Sorgerechts bei beharrlicher Verweigerung des Umgangs mit dem anderen Elternteil; Zwangsmittel; Änderung der Umgangsregelung. Im Rahmen dieser Neuregelung wird dem Gericht eine völlig neue Aufgabe zugewiesen. Neben der streitentscheidenden Funktion hat es die Aufgabe der Vermittlung in einem gesetzlich ausformulierten Verfahren; der Richter soll mit Hinweis auf Beratungsstellen der Jugendhilfe auf das Einvernehmen der Beteiligten hinwirken (§ 52 FGG). Auf Antrag eines Elternteils kann gemäß § 52a FGG ein gerichtliches Vermittlungsverfahren durchgeführt werden, wenn der andere Elternteil die Durchführung einer gerichtlichen Verfügung über den Umgang mit dem gemeinschaftlichen Kind vereitelt oder erschwert. Das Gericht erörtert mit den Eltern die möglichen Folgen für das Wohl des Kindes, wenn das Umgangsrecht nicht wahrgenommen wird. Das Gericht kann auf mögliche Rechtsmittel und Beratungsmöglichkeiten der Jugendhilfe hinweisen. Das Jugendamt kann gebeten werden, an dem Termin teilzunehmen. Die Verwirklichung der gerichtlichen Umgangsvermittlung nach § 52a FGG ist vom Informationsstand und von der Antragstellung der Elternteile abhängig.

Die rechtliche Neugestaltung des Umgangs zwischen Eltern und Kindern durch die Kindschaftsrechtsreform beeinflusst die Aufgabenbereiche des Jugendamtes vielfach. Die Jugendämter haben mit der Thematik „Umgang" zu tun, wenn ein Kind oder Elternteil Beratung und Unterstützung (§ 18 III SGB VIII) einfordert oder Elternteile das Umgangsrecht vor dem Familiengericht einklagen beziehungsweise einen Vermittlungsantrag gemäß § 52a FGG stellen. Für die Jugendämter sind folgende Regelungsbereiche relevant:
- *Umgangs- und Auskunftsrechte nach §§ 1626, 1684, 1685, 1686 BGB:* Das Jugendamt ist verpflichtet, Beratungs- und Unterstützungsleistungen zu erbringen, Umgangskontakte herzustellen sowie bei der Ausführung von Umgangsregelungen zu vermitteln und Hilfestellungen zu bieten (§ 18 III 4 SGB VIII). Das Jugendamt ist zu behördlicher Mediation verpflichtet, um zwischen den Umgangsberechtigten zu vermitteln und bei der praktischen Umsetzung zu helfen.
- *Mitwirkung in strittigen Umgangsverfahren nach § 50 SGB VIII:* Die Mitwirkung in strittigen Umgangsverfahren zielt auf einvernehmliche außergerichtliche Konfliktlösung zwischen den Eltern ab.
- *Vermittlungsverfahren nach §§ 52, 52a FGG:* Davon ausgehend, dass freiwillig erzielte Umgangsregelungen einer vom Gericht aufgezwungenen Regelung vorzuziehen sind, wurde ein aufwendiges Vermittlungsverfahren für die Regelung von Streitigkeiten in Kindschaftssa-

chen und speziell bei Umgangskonflikten eingeführt. Dieses Vermittlungsverfahren zielt darauf ab, Einvernehmen zwischen den Eltern über die Ausübung des Umgangs zu erreichen, um die Belastung der Kinder zu reduzieren.

- *Umgangsbegleitung gemäß § 1684 IV BGB:* Die Umgangsbegleitung gilt als wichtiges Instrument der Umgangsvermittlung. Umgangsbegleitung hat zum Ziel, dass auch in schwierigen Fällen Kinder und Jugendliche die Möglichkeit bekommen, ihr Recht auf eine Beziehung zu beiden Eltern oder anderen wichtigen Bezugspersonen auch nach der Trennung der Eltern wahrzunehmen.

Von den befragten JugendamtsmitarbeiterInnen wird berichtet, dass die Fälle, in denen ein Umgangsverfahren angeregt wird, zugenommen haben.

Mitwirkung in strittigen Umgangsfällen: „[D]a gibt's das neue Recht, und jetzt will ich aber" (6a).
Die Umgangsfälle erweisen sich nach der Erfahrung der JugendamtsmitarbeiterInnen als zunehmend, hochstrittig und arbeitsintensiv. Es sind häufig sogenannte Altfälle, die nach der Reform erneut aktuell geworden sind, da umgangsberechtigte Elternteile auf bessere Durchsetzungschancen hoffen. Als problematische Fallkonstellationen werden auf ihr Umgangsrecht „pochende" Väter, umgangsvereitelnde Mütter sowie Eltern nach verletzungsreichen Trennungen betrachtet. Von den befragten JugendamtsmitarbeiterInnen wird berichtet, dass die Fälle, in denen ein Umgangsverfahren angeregt wird, zugenommen haben. In der Regel sind es nichtsorgeberechtigte Väter, die aufgrund der verbesserten Rechtslage, ihr Recht auf Umgang (erneut) gerichtlich regeln beziehungsweise durchsetzen lassen wollen. In diesen Fällen sind die Jugendämter im Rahmen ihrer Mitwirkungspflichten (§ 50 SGB VIII) beteiligt, bieten Beratung und Unterstützung an (§ 18 III SGB VIII zum Beispiel i.V.m. § 52 FGG) oder werden in Vermittlungsverfahren (§ 52a FGG) vom Familiengericht hinzugebeten. Die Beratung nach § 18 III SGB VIII wird aber auch vor der Antragstellung bei Gericht genutzt. Nach einem „Anfrage-Boom" umgangsberechtigter Väter[40] im Anschluss an die Kindschaftsrechtsreform, hat sich die Nachfrage nach Beratung zu Umgangsrechten normalisiert. Das Konfliktpotenzial der (wieder aktuell gewordenen) Umgangsfälle ist das Insistieren auf „das Recht", welches auch genutzt wird, um negativ auf die alten Beziehungen einzuwirken. Von einigen JugendamtsmitarbeiterInnen wird berichtet, dass es (zunehmend) Fälle gibt, in denen von Elternteilen eine Verbindung zwischen Unterhaltszahlungen und Umgangsrechten gesehen wird.

Zunahme strittiger Umgangsfälle
„Wenn ich den Unterhalt zahl, dann will ich auch mein Kind sehen!" (A I1a 38-41).
„Die Verfahren haben auch deutlich zugenommen, und das sind im Regelfall auch hoch-

gradig streitige Verfahren. Weil, wenn man sich die Vorgeschichten anguckt, auch der Grad der Verletzung im Regelfall so groß ist, dass dann da eine einvernehmlich Regelung schwer zu erreichen ist" (A I6a 245-250).
„Was eindeutig natürlich zugenommen hat, [sind] Umgangsverfahren nicht verheirateter Eltern, also insbesondere der ehemaligen nichtehelichen Väter, die ja sonst eine andere Rechtsposition gehabt haben [...]" (A I6a 238-245).
„Zur Zeit sehe ich das noch eher stärker so noch unter dem Aspekt der Wahrnehmung von Rechten von Elternteilen, bei dem das Kind nicht lebt, also bestimmte Sachen reinzuklagen und stärker auf die Position, „ich hab aber das Recht" [...]" (A I6a 510-526).
„Ich glaube in den Bereichen, wo noch so alte Wunden sind, die irgendwo nicht gelöst und geklärt sind, und wo man immer noch mal übers Kind versucht, da den Pfeil reinzuschießen, da noch mal Zwietracht zu säen. Ich glaube, das ist [es] ja oft mit den Umgangsrechten, was problematisch ist [...]" (A I10a 661-673).
„[...] Das also ganz, ganz viele nichteheliche Väter kommen, davon haben wir wirklich sehr viele Fälle, das ist ein Anstieg von mindestens 50% Prozent, die einfach teilweise ihre Kinder seit Jahren nicht gesehen haben, weil es einfach am Widerstand der Mutter gescheitert ist, sie so auch keine Möglichkeiten hatten vor Gericht. Also das sind wirklich viele Fälle jetzt" (A I8a/b 373-381).
„[A]lso wie dies Gesetz rauskam, da gab es richtig [...] einen Boom. Viele haben angerufen: „Wir wollen das und das jetzt machen und das und das durchsetzen!" Das ist einfach abgeflaut. Also, ich denke, das ist jetzt [...] wieder auf ein normales Maß zurückgekommen. [...] Das war so, dass die gesagt haben: Oh, das ist eine neue Gesetzesänderung und da werd ich jetzt was machen! Und dann haben wir sie ja beraten, was das eigentlich bedeutet, [da] haben ja auch viele halt einen Rückzieher gemacht, und so sehr wollten sie das Kind dann auch wieder nicht" (A I1a 810-831).
„Wir nehmen natürlich Kontakt zu den Müttern auf und versuchen da zu vermitteln. Erst mal Einzelgespräche, versuchen dann auch gemeinsame Gespräche. Oftmals scheitert es absolut am Widerstand der Mütter. [...]. Also, viele Väter gehen auch vor Gericht. Das haben wir ganz, ganz oft. Die sagen, ich lasse mich da nicht mehr abspeisen, ich hab das Recht und ich möchte mein Kind sehen. Und das ist sehr, sehr oft jetzt so der Fall. Wo dann auch das oftmals so endet, dass dann auch die Väter Recht bekommen [...]" (A I8a/b 383-395).

Insbesondere die umgangsberechtigten Elternteile (meist Väter) fordern mehr und häufigeren Umgang, so dass vor allem die Jugendämter einen erhöhten Beratungsbedarf feststellen. Die Konflikte mit den hauptbetreuenden Elternteilen (in der Regel die Mütter) haben sich durch die neue Rechtslage verschärft: „Hier haben sich offenbar insoweit Umgangskonflikte verschärft, als mehr umgangsberechtigte Eltern (ohne elterliche Sorge) als vor der Reform des Kindschaftsrechts, insbesondere nicht miteinander verheiratet (gewesen) Eltern, ihr Recht auf Umgang gemäß § 1684 Abs. 1, 2. Alt. BGB beanspruchen, der hauptbetreuende Elternteil dem aber oft nur sehr zurückhaltend und zögerlich nachkommt" (Proksch 2002.: 227). Nach Aussagen von RichterInnen und RechtsanwältInnen wird in

Umgangsverfahren häufig heftiger gestritten als vor der Reform des Kindschaftsrechts, doch „bedeute das eher eine Zunahme der Spannungen in den schon bislang schwierigen Fällen als eine zahlenmäßige Erhöhung der verschärften Fälle" (ebd.: 227).

Positionierungen zu den neuen Umgangsrechten: „[D]as Recht bietet eine Plattform dafür" (6a)
Die befragten JugendamtsmitarbeiterInnen positionieren sich zum Teil unterschiedlich zu den erweiterten Umgangsrechten und Umgangsverpflichtungen. Der Umgang von Kindern mit ihren Vätern wird als grundsätzlich wichtig betrachtet. Das neue Recht gilt als „Plattform" für die Ermöglichung oder den Erhalt des Umgangs von Kindern mit wichtigen Bezugspersonen gesehen. Wichtigste Voraussetzung ist allerdings die einvernehmliche Regelung zwischen den beteiligten Erwachsenen. In der praktischen Ausgestaltung wird die Gefahr gesehen, dass zum Beispiel der vom Vater gerichtlich erzwungene Umgang zu Lasten des Kindes verläuft, wenn der andere Elternteil, hier die Mutter, nicht „mitwirkt". Umgangsvereitlung, zum Beispiel durch allein sorgeberechtigte Mütter wird von einigen RichterInnen so streng bewertet, dass die rechtlich möglichen Zwangsmittel zumindest schon angedroht, wenn auch nicht umgesetzt wurden:

Positive Bewertung
„Also, die reine rechtliche Geschichte, die wird nicht ausreichen. Aber das Recht bietet eine Plattform dafür, das zu tun, insofern ist das auch sinnvoll, tatsächlich, dass das so rechtlich verankert worden ist" (A I6a 541-544).
„Ich finde, das ist schon wirklich ein ganz enormer Vorteil, was da eben auf rechtlichem Wege möglich ist. Das [Umgangsrecht] einzuklagen und so weiter, auch wenn das natürlich nicht schön ist, [...], aber manchmal bleibt eben da keine andere Möglichkeit. Manche Mütter sehen es jetzt einfach nicht ein, und ich finde schon, da kommt es richtig dann wirklich den Kindern zugute" (A I8a/b 1124-1129).
„Da hat der Gesetzgeber ja dann auch im Grunde genommen auf die gegebene Realität reagiert und hat gesagt, du hast als Sorgeberechtigter dafür zu sorgen, dass dein Kind Umgang haben kann. Also hast du das nicht zu entfremden. [...]" (A I10a 686-692).
Negative Bewertung
„[...] Es ist für den Vater gut, aber wenn man wieder auf das Kind guckt, wir wissen alle: Der [Andere] muss mitwirken, wenn er das nicht tut, ist das Kind wieder im Konflikt" (A1 I3a/b 602-609).
„[...] Für die Mütter ist das natürlich auch... völlig in Aufruhr, [...] wo sie sagen: „Mein Gott, er will doch nun nicht, der Kleine und er weint immer und was soll ich denn tun? Und ich kann ihn doch nicht zwingen. Und jetzt wird mir ja angedroht, wenn ich das nicht irgendwie hinbekomme, dass er zum Vater geht, dann muss ich 50.000,-- DM bezahlen" oder irgendwie so was. [...]" (A I8a/b 1146-1165).

Erfolgreiche Umgangsregelung: „[Es] geht auch viel um Verlässlichkeit"
(1a)
Von den befragten JugendamtsmitarbeiterInnen werden verschiedene Faktoren benannt, die als Voraussetzungen für eine erfolgreiche Umgangsregelung zwischen sorgeberechtigtem und umgangsberechtigtem Elternteil gelten können.

- *Einvernehmen:* Das Einvernehmen zwischen den Eltern oder zumindest die Mitwirkungsbereitschaft des sorgeberechtigten Elternteils gilt als besonders wichtig, um den Umgang für Kinder so wenig belastend wie möglich zu gestalten.
- *Verlässlichkeit:* Die Verlässlichkeit des Umgangsberechtigten in der Umgangsausgestaltung ist wichtig, um den Umgangswillen und die Mitwirkungsbereitschaft des sorgeberechtigten Elternteils zu erhalten und den Kindern Enttäuschungen zu ersparen.
- *Zeitpunkt:* Die Unterstützung zu einem früheren Zeitpunkt im Konfliktverlauf ist wichtig, um das (noch) geringere Konfliktniveau für eine einvernehmliche Regelung zu nutzen, wenn zum Beispiel noch kein Antrag beim zuständigen Familiengericht gestellt wurde.
- *Vorausschauende Beantragung:* Die vorausschauende Beantragung von Umgangsregelungen ist besonders wichtig, um kurzfristige Umgänge zu „Stoßzeiten" (Ferien, Feiertage, Geburtstage etc.) zu vermeiden. Der Zeitpunkt der Antragstellung beim zuständigen Gericht hat ebenfalls Auswirkungen, denn RichterInnen lehnen zu kurzfristige Beantragung von Umgängen vor langfristig „bekannten" Terminen (z.B. Weihnachten) zum Teil prinzipiell ab.
- *Kindeswille:* Die Mitwirkungsbereitschaft der Kinder gilt als Voraussetzung für den Umgang. Der Kindeswille sollte bei Umgangsregelungen immer ausreichend berücksichtigt werden, um Belastungen für die Kinder zu vermeiden. Es wird aber auch von der rigiden Haltung der FamilienrichterInnen berichtet, die grundsätzlich den Umgangsanträgen zustimmen beziehungsweise Umgang auch gegen Kindeswille und Jugendamtsempfehlungen durchsetzen.
- *Umgangsbegleitung:* Der begleitete Umgang wird z.T. in strittigen Fällen als Mittel zur Entlastung der Kinder eingesetzt, damit die durch den Umgang entstehenden Loyalitätskonflikte abgemildert werden.

Probleme mit dem Umgang
„[Es] geht auch viel um Verlässlichkeit, also, man kann nicht einerseits erwarten, von der Mutter z.B., dass die die Kinder vorbereitet, auf diese Besuchskontakte und denn wird das irgendwie eine Stunde vorher abgesagt: Ich muss arbeiten! Und das passiert dann drei Mal, da können wir auch nicht sagen, das ist irgendwie in Ordnung, das ist verantwortungsbewusst. Und das versuchen wir ja dann dem Elternteil schon klar zu machen, dass da auch natürlich gewisse Erwartungen auch mit dran hängen, auch gerade von Seiten der Kinder" (A I1a 834-843).

"Vor den Ferien haben wir auch immer noch Blitzanträge für Umgang, weil sie verreisen wollen. Oder drei Tage vor Weihnachten, also, jetzt ist Heilig Abend, jetzt müsst ich auch mal. Aber da haben die Richter auch die Positionen gefunden: Zu kurzfristig, das weiß jeder, wann jedes Fest ansteht" (A1 I3a/b 1196-1201).

"Also, sie [die Richter] machen es zum Teil auch gegen unsere Empfehlung. Ich denk, da ist mehr so bürokratisch: „Hat ein Recht". Ich denk, da ist die Messlatte sehr hoch angesetzt, wenn es nicht [...]gegen das Kindeswohl spricht, warum soll es dann da nicht hin? Also, das heißt [...], wenn es da nicht misshandelt, missbraucht oder vernachlässigt wird, dann ist es zumutbar" (A I5a 663-672).

"Das Problem ist ja, selbst wenn das Kind sich für den Umgang entscheidet, muss es ja danach wieder zurück in den Haushalt. Das ist das, wo es ihnen so schlecht mit geht. Und irgendwo muss es ja den Vätern schlecht damit gehen, die wissen das ja. Die freuen sich natürlich drauf auf die Begegnung mit dem Kind, wissen aber, das Kind muss ja wieder zurück in diesen mütterlichen Haushalt und was hat es dann da – ich sag jetzt mal – „auszuhalten". Da kommt ja irgendwas, irgendeine Reaktion. Darum ist dieses begleiten oder beschützen, ist eine gute Sache" (A1 und A2 I3a/b 734-742).

Im Kontext von strittigen Umgangsfällen kann vom Gericht Umgangsbegleitung angeordnet werden, um zwischen den streitenden Parteien zu vermitteln. Umgangsbegleitung hat zum Ziel, dass auch in schwierigen Fällen Kinder und Jugendliche die Möglichkeit bekommen, ihr Recht auf eine Beziehung zu beiden Eltern oder anderen wichtigen Bezugspersonen, auch nach der Trennung der Eltern, wahrzunehmen. Der begleitete Umgang bietet eine möglichst spannungsarme Situation, in der sich der Umgang an den „Bedürfnissen und Möglichkeiten des Kindes [orientieren], aber auch die Möglichkeiten der beteiligten Erwachsenen berücksichtigen" soll (LJA Rheinland-Pfalz 2001: 85).

Begleiteter Umgang als Instrument zur Umgangsvermittlung:
„Anschubmöglichkeit für die Eltern" (2a)
Der in § 1684 IV BGB geregelte Umgang mit dem Kind, der nach Anordnung des Familiengerichtes „nur stattfinden darf, wenn ein mitwirkungsbereiter Dritter anwesend ist", wird auch als begleiteter oder beschützter Umgang bezeichnet.[41] Willutzki (2003) kommt nach Sichtung von Rechtsprechung und Literatur zu dem Schluss, dass „der betreute Umgang einen geradezu sensationellen Aufschwung genommen hat", weil dieser nun ausdrücklich in das Gesetz aufgenommen, die Möglichkeiten zum Umgangsausschluss verringert und weil die Umgangsrechte „nichtehelicher" Väter erweitert wurden (ebd.: 50). In den Interviews mit den Jugendamtsmitarbeiterinnen war der begleitete oder beschützte Umgang ein häufig angesprochenes Thema, auch wenn die Umgangsbegleitung (der Einschätzung Willutzkis zum Trotz) bundesweit nicht oft angeordnet oder beantragt wurde (vgl. Proksch 2002: 234 ff.). Die JugendamtsmitarbeiterInnen beschreiben ähnliche Indikationen oder Zwecke von Umgangsbegleitung.

In der Regel geht es um die Anbahnung von Kontakten zwischen dem Kind und dem umgangsberechtigten Elternteil sowie um den Aufbau von Sicherheit und Vertrauen:

- *Anschubmöglichkeit:* Die Umgangsbegleitung wird als „Anschubmöglichkeit" für Umgangskontakte betrachtet und wird in strittigen Fällen eingesetzt, um Konsens zwischen den Eltern zu erzeugen. Anbahnung der Umgangskontakte ist insbesondere dann nötig, wenn der Kontakt zwischen dem Kind und der umgangsberechtigten Person erst (wieder) aufgebaut werden muss.
- *Sicherheit und Vertrauen:* Es geht in der Regel um das Sicherheitsgefühl der (allein)sorgeberechtigten Elternteile und um den Vertrauensaufbau des Kindes zum umgangsberechtigten Elternteil, insbesondere wenn zwischen den Umgangskontakten ein langer Zeitraum liegt und die Kinder noch sehr jung sind.

> *Begleiteter Umgang*
>
> „Also ich sehe ihn so als Anschubmöglichkeit für die Eltern, wo wir den Anschub leisten, danach bieten wir die Gespräche an, versuchen herauszufinden, wo liegt die Hemmschwelle, warum, weshalb kann es nicht laufen? [...]" (A I2a 161-166).
>
> „Dient ja in der Regel auch zur Anbahnung, das heißt nun gerade bei diesen nichtehelichen Eltern, ist das ja häufig so, dass über Jahre wenig oder kein Kontakt stattgefunden hat. [...]" (A I9a/b 451-456).
>
> „[...] Dass es da jetzt aufgebaut wird und gerade diese Anbahnungsphasen ja auch wichtig sind, dass man die ein Stück weit begleitet, und ich sag mal der Mutter, ein Stück weit Sicherheit verschafft und das ganze auf den Weg bringt" (A I9a/b 451-456).
>
> „[...] dem sorgeberechtigten Elternteil auch die Angst nehmen, dass da irgendetwas passiert, ja, außer Kontrolle geraten könnte" (A I5a 277-279).
>
> „Vertrauen zum Kind aufbauen steht im Vordergrund. [...]" (A I5a 277-279).

Aus den Aussagen der befragten JugendamtsmitarbeiterInnen wird deutlich, dass die Handhabung der Umgangsbegleitung von Jugendamt zu Jugendamt höchst unterschiedlich ist. Während die Indikation oder der Zweck von Umgangsbegleitung ähnlich beschrieben wird, variieren die Anlässe (gerichtliche Anordnung oder außergerichtliche Leistung) und die „Rollen" des Jugendamtes bei der Durchführung.

Fälle von Umgangsbegleitung: „[W]enn so Vorbehalte entweder gegen den Vater oder die Mutter bestehen" (2a)
Umgangsbegleitung (außergerichtlich oder gerichtlich angeordnet) wird durchgeführt, wenn es von einem (sorgeberechtigten) Elternteil gegen den anderen (umgangsberechtigten) Elternteil Vorbehalte gibt, die nicht im Rahmen von Beratung oder im Gerichtsverfahren ausgeräumt werden können. Aus der Praxis des Kinderschutzbundes heraus beschreibt Stephan (2000) diese Problematik:

"Die Praxis der strittigen Umgangsfragen bewegt sich in der Regel zwischen den Polen Umgangsvereitelung des Elternteils, bei dem das Kind lebt, und Fehlverhalten des Umgangsberechtigten. Dazu kommen extreme Trennungskonflikte, die man meistens nicht einer Partei allein anlasten kann. Das Familiengericht ist in der misslichen Lage, die bestehenden Vorwürfe nicht überprüfen zu können, während gleichzeitig durch den in der Regel bereits nicht mehr stattfindenden Umgang ein hoher Handlungsdruck besteht" (Stephan 2000: 142).

Von den JugendamtsmitarbeiterInnen wurden diese Vorbehalte zum Teil näher beschrieben, es geht dabei um Übertragung von Krankheiten, Übertragung von Parasiten (Flöhe, Läuse etc.) sowie Gefahren wie Verletzungen, Verwahrlosung (dreckige Kleidung), Kindesentziehung, Misshandlung oder Missbrauch. Folglich geht es um die verschiedensten Ängste allein sorgeberechtigter Elternteile, insbesondere bei Kleinkindern und nach langer Kontaktunterbrechung. Umgangsbegleitung wird angeboten, um den Vorwürfen und Vorbehalten gegenüber dem umgangsberechtigten Elternteil entgegenzuwirken. In dem beschützten Rahmen der Umgangsbegleitung kann der Kontakt zwischen Kind und Elternteil aufgebaut werden, ohne neuen Konfliktstoff zu erzeugen. Wenn der Kontakt zwischen Kind und umgangsberechtigtem Elternteil über lange Zeit unterbrochen war, dient die Umgangsbegleitung in der Regel dazu, Vertrauen aufzubauen und die Ängste des sorgeberechtigten Elternteils um das Wohl des Kindes zu mildern. Die Anschuldigungen, die der sorgeberechtigte Elternteil gegen den umgangsberechtigten Elternteil erhebt, werden auch als Zeichen gedeutet, dass die Umgangskontakte nicht gelungen sind. Die Umgangsbegleitung wird auch zur Aufklärung genutzt, ob zum Beispiel Kleinkinder tatsächlich während des Umgangs nicht ausreichend gepflegt werden.

Die Fälle, in denen Umgangsbegleitung durchgeführt wird, lassen sich nach Falltypen charakterisieren. In der Handreichung des Landesjugendamts Rheinland-Pfalz (2001) werden Fallkonstellationen benannt, die insbesondere für die Umgangsbegleitung in Betracht kommen. Dies sind Fälle, in denen der Verdacht auf oder die Bestätigung von sexuellem Missbrauch oder körperlicher/psychischer Misshandlung vorliegt; wenn zwischen Kind und einem Elternteil kein oder kein intensiver Kontakt bestanden hat oder dieser längere Zeit zurückliegt; wenn Eltern kontakt- und kommunikationslos sind, bis hin zur aggressiven Feindseligkeit; wenn bei Elternteilen Sucht oder psychische Erkrankungen vorliegen; wenn Kindesentziehung zu befürchten ist oder wenn bei Kindern gravierende Ängste oder Loyalitätskonflikte vorliegen. Willutzki (2003) benennt vier verschiedene Fallkonstellationen (ebd.: 51 f.): Umgangsanbahnung, konfliktgefährdete Übergabe, Zweifel an der pädagogischen Eignung des Umgangsberechtigten sowie gefährdende Anlässe aus der Vergangenheit.[42]

Die Rolle des Jugendamtes bezüglich der Umgangsbegleitung wird sehr unterschiedlich interpretiert. Einige Jugendämter delegieren die Aufgabe an freie Träger oder Privatpersonen, andere Jugendämter führen die

Umgangsbegleitung in der Regel selbst durch. Die befragten JugendamtsmitarbeiterInnen vertreten ebenfalls unterschiedliche Sichtweisen bezüglich der Aufgabe, die das Jugendamt im Zusammenhang mit der Umgangsbegleitung gemäß § 1684 IV BGB hat. Die Gesetzesauslegungen variieren, wie in der Fachliteratur, von: „Jugendämter können von den Gerichten verpflichtet werden", bis zu „Jugendämter können, als mitwirkungsbereite Dritte, nicht verpflichtet werden". Der Anlass oder die Initiative für die Durchführung von Umgangsbegleitung unterscheidet sich von Jugendamt zu Jugendamt:

- *Gerichtliche Anordnung:* Gerichtlich angeordnete Umgangsbegleitung wird von Jugendämtern selbst durchgeführt oder an Dritte delegiert. Ziel der Umgangsbegleitung ist, dass die Eltern zu einer eigenständigen Umgangsregelung befähigt werden.
- *Außergerichtliches Angebot:* Als außergerichtliches Angebot wird der Umgang ohne gerichtliche Anordnung von JugendamtsmitarbeiterInnen begleitet. In einem Landkreis wird schon seit 1995 „Umgang auf neutralem Boden" als außergerichtliches Unterstützungsangebot durchgeführt.
- *Außergerichtliches Angebot oder aufgrund gerichtlicher Anordnung:* Der dritte Typ von Jugendämtern bietet Umgangsbegleitung als außergerichtliche Unterstützung an (begleiteter oder erarbeiteter Umgang), bekommen aber auch gerichtlich angeordnete oder „beschützte" Umgänge zugewiesen.

Auch in der Handreichung des Landesjugendamts Rheinland-Pfalz (2001) wird herausgestellt, dass der begleitete Umgang gemäß § 1684 IV 4 BGB vom Familiengericht angeordnet werden kann oder unmittelbar durch die Kinder- und Jugendhilfe nach § 18 III SGB VIII als Umgangsrechtsunterstützung stattfindet (ebd.: 85).

Initiative und Durchführung

„Das [wird] also wirklich sehr viel vermehrt [...] von Gerichten [...] angeordnet" (A I5a 215-216).

„Es gibt dann ja vom Gericht [eine] Festlegung und der Sozialarbeiter guckt dann, wie kann ich das lösen" (B I7al/b 636-638).

„[D]ass wir zum begleiteten Umgang verpflichtet werden? Also, das gehört mit zu unserem Aufgabenbereich" (A I2a 138-140).

„[W]enn wir dann wirklich auch Dinge initiieren und wirklich organisieren, dann ist es eigentlich eher nach Gerichtsbeschlussfindung, also sonst würde es auch wieder unsere Arbeit einfach sprengen" (A I8a/b/al 445-448).

„Von der internen Organisation ist das z.Zt. so, dass wir begleitetes Umgangsrecht hier selber in den Fällen durchführen, wo wir im familiengerichtlichen Verfahren von vornherein beteiligt gewesen sind [...]" (A I6a 85-93).

„Also wir bieten denen [Eltern] das an und sagen, wir probieren das halt mal so, wenn

das anders nicht geht" (A I1a 592-593). „Also ich wüsste nicht, dass wir mal einen Fall hatten, wo das irgendwie angeordnet wurde, dass das stattfindet. Also wir schlagen das vor in kritischen Fällen und das hat sich auch bewährt" (A I1a 610-612).
„Ich würde nicht sagen, weder beschützt noch begleitet, ich würde sagen, „Umgang auf neutralem Boden". Wo jemand schon irgendwo im gewissen Abstand dabei ist, aber nicht so im reinen geschütztem Umgang [...]" (A I4f 461-474).
„Teils, Teils. Also Angeordnet oder auch erarbeitet, im Gespräch" (A I9a/b 451).
„Wir haben unterschieden für uns zwischen begleiteten und beschützten Umgang, im Gesetz steht beschützter Umgang. [...] Und begleiteter Umgang, so formulieren wir es jetzt, das machen wir so aus freien Stücken oder auch nur einmal, oder vielleicht zweimal, aber dann ist es schon erledigt. Beschützter Umgang ist das jetzt, was per Gericht festgelegt wird, wo es wirklich nicht anders geht" (A2 I3a/b 326-331).

Die Aufgabe der Jugendämter in Fällen der Umgangsbegleitung wird in der einschlägigen Fachliteratur uneinheitlich beschrieben. Während nach Kunkel (1998) das Familiengericht das Jugendamt nicht zur Umgangsbegleitung verpflichten kann, weil der Träger der Jugendhilfe auch selbst mitwirkungsbereit sein muss (ebd.: 208), geht von Luxburg (1998) davon aus, dass das Gericht die Teilnahme eines Mitarbeiters des Jugendamtes am begleiteten Umgang verbindlich anordnen kann, um die Umgangsdurchführung sicherzustellen, wenn keine „mitwirkungsbereiten Dritten" vorhanden sind (von Luxburg 1998: 36). Willutzki (2003) stellt heraus, dass die Regelung „anfänglich in der Familiengerichtsbarkeit zum Teil zu Missverständnissen geführt [hat], weil man geglaubt hat, dass das Familiengericht berechtigt sei, beim Fehlen anderweitiger mitwirkungsbereiter Personen das Jugendamt zur Durchführung des betreuten Umgangs zu verpflichten" (ebd.: 51). Diese Verpflichtung des Jugendamtes auf Anordnung des Gerichtes gibt es nicht, auch wenn die Rechtsprechung „die Berechtigung zur Verpflichtung des Jugendamtes im Rahmen des § 1684 Abs. 4 BGB aus der durch die Kindschaftsrechtsreform neu gefassten Regelung in § 18 Abs. 3 SGB VIII abgeleitet [hat], wonach die öffentliche Jugendhilfe bei der Ausführung gerichtlicher Umgangsregelungen in geeigneten Fällen Hilfestellung leisten soll. Diese Auffassung ist nicht richtig" (ebd.). Das Familiengericht hat zwar die Befugnis, die Ausgestaltung des Umgangs so zu regeln, dass er nur im Beisein eines mitwirkungsbereiten Dritten stattfinden darf, aber das Jugendamt kann nur mit der Durchführung betreut werden, wenn es mitwirkungsbereit ist. Das Gericht kann die Mitwirkung, so Willutzki, nicht erzwingen, denn die „Verpflichtung des Jugendamtes, bei der Ausführung der gerichtlichen Anordnung des betreuten Umgangs die notwendige Hilfestellung zu leisten, kann nur von den Eltern selbst erreicht werden" (ebd.). Aus dieser Argumentation heraus, kann das Jugendamt den vom Familiengericht angeordneten betreuten Umgang ablehnen, „wenn es diese Maßnahme nicht als geeignet ansieht, um das Kindeswohl zu sichern" (ebd.). Wenn das Jugendamt dagegen den betreuten Umgang als geeignet ansieht, muss es zwar die Kosten tragen, aber nicht die Maßnahme selbst durchführen. Das Landesjugendamt Rheinland-Pfalz (2001) verdeutlicht in seiner Handreichung zum Thema Umgangsbegleitung, dass es grundsätzlich die Aufgabe des Jugendamtes ist, „die personellen, organisatorischen und finanziellen Voraussetzungen für den Begleiteten Umgang unter Berücksichtigung des örtlichen Bedarfs zu erbringen. Beteiligen sich Träger der freien Jugendhilfe an der Erbringung der Leistung der Kinder- und Jugendhilfe, obliegt es dem Träger der öffentlichen Jugendhilfe, Vereinbarungen über die Finanzierung (Fachleistungsstunde bzw. Pauschale) zu treffen" (ebd.: 85). Eine weitere Frage ist, wer die Umgangsbegleitung aus fachlicher Sicht durchführen sollte: Qualifizierte Fachkräfte oder Privatpersonen aus dem kindlichen Umfeld.

Fachkräfte oder Privatpersonen für „[...] eine sehr, sehr anspruchsvolle Aufgabe" (8a)
Die Haltungen der JugendamtsmitarbeiterInnen sind gegensätzlich, wenn es darum geht, ob Fachkräfte oder Privatpersonen den begleiteten Umgang durchführen sollten. Zum einen wird die Ansicht vertreten, dass es widersinnig ist, eine Beziehung mit Hilfe des Jugendamtes aufzubauen. Als UmgangsbegleiterInnen werden Personen aus dem privaten Umfeld des Kindes vermittelt. Zum anderen wird betont, dass die Umgangsbegleitung eine so anspruchsvolle Tätigkeit sei, die nur von qualifizierten Fachkräften durchzuführen ist.

Positionierungen zur Durchführung von Umgangsbegleitung
„[D]as ist auch [...] eine rein inhaltliche Sicht, weil wir auch sagen, welch Unsinn eine Beziehung durch das Beisein eines Jugendamtmitarbeiters regeln zu wollen, und wir sind gerne behilflich dabei zu kucken, wie kann das innerhalb der Familie oder im Kindergarten, wo es also wirklich akute soziale Kontakte gibt, möglicherweise gut gelöst werden, aber wir machen es grundsätzlich nicht [...]" (A I10a 396-405).
„Und es hat sich eben auch gezeigt, einfach dass es auch eine sehr, sehr anspruchsvolle Aufgabe ist, für die man schon sehr qualifizierte Menschen braucht, und das ist einfach ein Irrglaube, dann zu sagen, dass kann ja auch irgendwo die Oma machen, oder irgendwie eine Bekannte oder so was [...]" (A I8a/b 428-436).

Auch nach Ansicht von Schimke (1998) sollte die Umgangsbegleitung „als eine qualifizierte sozialpädagogische Aufgabenstellung im Sinne des § 18 Abs. 3 KJHG angesehen und entsprechend ausgestaltet werden" (ebd.: 41). Für Willutzki können auch private Personen die Umgangsbegleitung durchführen, wenn es eine Vertrauensperson beider Eltern ist: „Natürlich kann dieser mitwirkungsbereite Dritte eine Vertrauensperson der Eltern sein, und zwar beider Eltern, der aus ihrem familiären Umfeld oder ihrem Freundeskreis kommt" (Willutzki 2003: 50). Die mit Privatpersonen verbundene Problematik ist, dass „jedem Praktiker [...] klar sein [dürfte], dass die Chance, aus diesem Bereich eine Person zu finden, die das Vertrauen beider Elternteile genießt, ausgesprochen gering ist" (ebd.: 50 f.). Aus den unterschiedlichen Gesetzesinterpretationen und Haltungen heraus haben sich regionalspezifische Ausgestaltungen der Umgangsbegleitung entwickelt. Einige Jugendämter

- führen den begleiteten Umgang in der Regel selbst durch,
- führen den begleiteten Umgang nicht durch, aber delegieren den begleiteten Umgang an Freie Träger,
- führen den begleiteten Umgang nicht durch, aber delegieren den begleiteten Umgang an (Privat)Personen im Umfeld des Kindes,
- führen den begleiteten Umgang selbst durch oder delegieren ihn aufgrund von spezifischen Einzelfallanforderungen zum Beispiel an Freie Träger.

Die Umgangsbegleitung ist nicht nur ein Instrument zur Umgangsvermittlung, sondern dient dem Kindesschutz. Kinder und Sorgeberechtigte können mit Hilfe der Umgangsbegleitung Vertrauen auf- und bestehende Ängste abbauen. Willutzki (2003) hebt besonders hervor, dass „der Sinn und Zweck des betreuten Umgangs sich nicht in einer Überwachung erschöpfen kann, sondern dass er seinen Zweck nur erfüllen kann, wenn er mit dem neuen Zauberwort der Kindschaftsrechtsreform angereichert wird, und das heißt Beratung, Beratung, Beratung!" (ebd.: 52). Inwieweit die Umgangsbegleitung in den befragten Jugendämtern konzeptionell mit Beratung verknüpft wird, kann anhand der Interviews nicht geklärt werden. Es ist davon auszugehen, dass zumindest die außergerichtlich vereinbarten Umgangsbegleitungen in Beratungsleistungen eingebettet sind. Die Interviews zeigen deutlich, dass der begleitete Umgang in den meisten Kommunen zum Kooperationsthema zwischen Familiengerichten, öffentlichen und freien Jugendhilfeträgern geworden ist. Wenn es um die Regelung und Durchsetzung von Umgangsrechten geht, kommt es besonders auf den Willen des Kindes an. Die Beteiligung von Kindern an Beratungsprozessen und die Interessenvertretung in gerichtlichen Verfahren bei Sorgerechts- und Umgangsstreitigkeiten stellen weitere Kernstücke der Kindschaftsrechtsreform dar, an denen die Kinder- und Jugendhilfe beteiligt ist.

Kinderbeteiligung, Kindeswohl und Interessenvertretung: *„[S]o hat der Gesetzgeber was Schönes gewollt" (9a)*

Mit der Kindschaftsrechtsreform sollten auch die Rechte der Kinder gestärkt werden. Im Kontext von Trennung und Scheidung sind dies insbesondere Rechte auf angemessene Beteiligung in Beratungsprozessen (§ 17 II SGB VIII) zur Trennung und Scheidung der Eltern sowie Rechte auf Umgang (§ 1684 I BGB) und Umgangsunterstützung (§ 18 III SGB VIII). Das von Trennung und Scheidung betroffene Kind oder der Jugendliche sind bei der Konzeptentwicklung zur elterlichen Sorge „angemessen zu beteiligen" (Hauck 2000: 11). „Bei dem Konzept der Alleinsorge ebenso wie bei dem der gemeinsamen Sorge fordert [§17 SGB VIII] Abs. 2 die Einbeziehung des Kindes nunmehr ausdrücklich, obwohl diese Verpflichtung schon nach § 8 Abs. 1 Satz 1 besteht [...]. Dennoch ist die Regelung sinnvoll, weil sie allen Beteiligten deutlich macht, daß das Kind einzubeziehen ist" (Kunkel 1998: 189). Auch Proksch (2002) betont, dass erfahrungsgemäß „eigenverantwortlich und selbständig erarbeitete, gemeinsame elterliche Regelungen für Kinder entlastender und im Ergebnis tragfähiger [sind], wenn sie unter angemessener Beteiligung der betroffenen Kinder und Jugendlichen entwickelt" wurden (Proksch 2002: 285). Die dem Entwicklungsstand entsprechende Kinderbeteiligung „an allen sie betreffenden Entscheidungen" (§ 8 I 1 SGB VIII), „muss daher eine wichtige Maxime im Jugendamt sein", und ist, unbeschadet der Regelung in § 50b FGG, „an keine Altersgrenze gebunden und einer weiten Auslegung zugänglich" (ebd.).

Die Beteiligungsrechte von Kindern und Jugendlichen im Kindschaftsrechtsverfahren sind gestärkt worden, in dem ein Kind, das das vierzehnte Lebensjahr vollendet hat, dem Antrag eines Elternteils auf Übertragung der alleinigen Sorge gemäß § 1671 II 1 BGB widersprechen kann. Der § 50b FGG regelt, dass das Kind im Verfahren nach § 1671 BGB vom Gericht zu hören ist (vgl. Hauck 2000: 11f). Im Falle der Fortführung der gemeinsamen elterlichen Sorge nach Trennung und Scheidung ist im neuen Recht eine unmittelbare Beteiligung der hiervon betroffenen Kinder nicht mehr vorgesehen. Die Abschaffung der Kindesanhörung und Jugendamtsbeteiligung für die überwiegende Anzahl der Fälle, die im alten Recht in jedem Falle obligatorisch waren, lassen sich kaum mit der Zielsetzung der Bundesregierung vereinbaren (vgl. Salgo 1999: 49): „Die Rechte des Kindes sollen verbessert und das Kindeswohl soll auf bestmögliche Art und Weise gefördert werden" (vgl. BT-Drs. 13/4899: 1). Die Rechte von Kindern und Jugendlichen nach dem Kindschaftsrecht stellen sich folgendermaßen dar:

- *Beteiligung in Beratungsprozess* (§ 17 II SGB VIII): Die Beteiligung von Kindern, die seit Inkrafttreten des SGB VIII in § 8 geregelt wird, ist für die Jugendämter kein neues Konzept, sondern wurde auch schon vor der Kindschaftsrechtsreform diskutiert und praktiziert. Im Falle der Fortführung der gemeinsamen elterlichen Sorge nach Trennung und Scheidung lassen sich allerdings die meisten Eltern nicht, wie vom Gesetzgeber vorgesehen, beraten. So hat das Jugendamt in der Regel keinen Kontakt mehr zu den betroffenen Kindern und kann diese auch nicht beteiligen.
- *Anhörung* im gerichtlichen Verfahren (§ 50b FGG i. V. m. § 1671 II BGB in strittigen Sorgerechtsverfahren): Die obligatorische Anhörung des Kindes im Scheidungsverfahren findet nicht mehr statt, wenn nicht über das Sorgerecht verhandelt wird (ca. 70% der Fälle in 2000).

- *Interessenvertretung* im gerichtlichen Verfahren (§ 50 FGG): Aufgrund dieser Regelung kann auch bei Sorgerechts- und Umgangsverfahren dem Kind ein Verfahrenspfleger zur Seite gestellt werden, sofern die Eltern entgegengesetzte Anträge bei Gericht stellen und ein Interessenkonflikt mit dem Kind droht. Die Ergebnisse von Proksch wie auch die der Befragung von JugendamtsmitarbeiterInnen weisen in die Richtung, dass der Verfahrenspfleger im Scheidungsverfahren keine große Bedeutung erlangt hat.
- *Schutz und Beachtung des Kindeswohls* (§§ 1666, 1697a BGB): Die Generalklausel „Kindeswohl" gilt nach § 1697a BGB für alle Entscheidungen im Rahmen der elterlichen Sorge und des Umgangs. Die Kindschaftsrechtsreform wird im Bereich Trennung, Scheidung und Umgang von den befragten JugendamtsmitarbeiterInnen eher nicht mit dem Kindeswohl in Verbindung gebracht, obwohl das Beratungsangebot nach § 17 II SGB VIII „verstärkt am Wohl des Kinder auszurichten" ist.
- *Umgang* (§§ 1626 III, 1684 I BGB) und Umgangsunterstützung (§ 18 III SGB VIII): Das eigenständige Recht des Kindes auf Umgang wird von JugendamtsmitarbeiterInnen eher als symbolisches Recht verstanden, da es nur geringe praktische Relevanz entfaltet (die wenigsten Kinder kommen eigenständig zum Jugendamt). Im Kontext von Umgangsregelungen wird die Bedeutung des Kindeswillens allerdings besonders hervorgehoben, weil den Kindern die Umgangsregelungen, die die Eltern verabredet haben, ab einem gewissen Alter nicht einfach „auferlegt" werden können.

Die eher symbolisch gestärkte Rechtsstellung von Kindern durch die Kindschaftsrechtsreform hat punktuell zu verbesserten Möglichkeiten geführt, die Eltern und Fachkräfte nutzen können, um Kindesrechte zu verwirklichen. Von einer systematischen rechtlichen Verbesserung der Stellung von Kindern als Rechtssubjekte kann allerdings nicht ausgegangen werden. Die JugendamtsmitarbeiterInnen müssen sich verstärkt um die Unterstützung der Eltern in ihrer gemeinsamen Verantwortung für ihre Kinder bemühen. Verbesserungen für Kinder sind folglich hauptsächlich über die Eltern zu erreichen. Handlungsorientierender Bezugspunkt sind nach dem neuen Kindschaftsrecht die Eltern (beziehungsweise die Elternverantwortung) und weniger die Kinder. Nach Fegert (1999) ist es im Zusammenhang justizieller Verfahren nicht so einfach, betroffenen Kindern und Jugendlichen eine ihnen zustehende Beteiligung am Verfahren sicherzustellen und ihnen Gehör zu verleihen. Trotz der geforderten und zum Teil zu ratifizierenden Partizipationsrechten von Kindern, wird häufig zum Wohle der Kinder eher über deren Köpfe hinweg kooperiert und entschieden als mit ihnen zusammen (Fegert 1999: 8).

Kinderbeteiligung in der Trennungs- und Scheidungsberatung:
„Fragen Sie doch mein Kind!" *(1a)*
Für eine Kinderbeteiligung spricht nach Proksch, „dass Eltern gemeinsam mit ihren Kindern/Jugendlichen die entsprechenden Informationen oder Hilfen erhalten, die Eltern benötigen, um (weiterhin) ihre elterliche Verantwortung einvernehmlich und kindeswohlgemäß gestalten zu können. Ferner könnte durch die Beteiligung sehr deutlich ins Bewusstsein der Eltern gelangen bzw. im Bewusstsein bleiben, dass ihre Kinder ihre gemeinsame Hilfe und Unterstützung gerade in der Nachehezeit brauchen" (vgl. Proksch 2002: 285). Durch die Möglichkeit, dass Eltern sich ohne Regelung der elterlichen Sorge trennen und scheiden lassen können, also die gemeinsame elterliche Sorge ohne gerichtliche Entscheidung oder Beratung zu behalten, hat das Jugendamt in der Regel keinen Kontakt mehr zu den betroffenen Kindern und können diese auch nicht beteiligen. In strittigen Sorge- und Umgangsrechtsfällen, die gerichtlich geregelt werden, haben die Jugendämter regelmäßig die Möglichkeit, Kinder zu beteiligen. Wie und wann Kinder an den Beratungsprozessen in Trennungs- und Scheidungsfällen beteiligt werden sollten, ist in den befragten Jugendämtern, aufgrund gegensätzlicher Haltungen, unterschiedlich geregelt. Die Positionen variieren von „Kinder werden grundsätzlich einbezogen, weil die Meinung der Kinder ausschlaggebend ist" (Position I) bis zu „Kinder werden nicht einbezogen, weil Entscheidungen Erwachsenensache sind" (Position II). Wichtiges Kriterium ist für alle JugendamtsmitarbeiterInnen das Alter der Kinder: Ab 14 Jahren werden Kinder anscheinend regelmäßiger einbezogen (Gericht und Jugendamt).

Position I: Kinder sind grundsätzlich zu beteiligen
„[G]rundsätzlich haben wir sie [die Kinder] immer mit einbezogen, so ist es für uns kein neuer Ansatz. Die Kollegen und Kolleginnen, die das vielleicht eher nicht gemacht haben, die sind jetzt einfach mit im Boot" (A I10a 762-764).
„[...] wenn ein Kind mit 14 sich eindeutig positioniert und die Elternteile streiten, dann wird schon großes Gewicht drauf gelegt. Und wir gucken dann, ob das auch so zum Wohl des Kindes ist, wobei, wenn sich ein Kind zu einem Elternteil positioniert, aus welchen Gründen auch immer, hat es wenig Zweck dagegen zu gehen. [...]" (A I4f 943-958).
„Wir schreiben ja in dem Text immer: Können in die Beratung mit einbezogen werden. Das heißt natürlich auch, je nach Alter der Kinder. Also das war ja vorher auch nicht anders, dass die Meinung des Kindes ganz ausschlaggebend ist. Wo möchte es leben? Wie stellt es sich Besuche vor? Wie wünscht es sich Besuche und, und, und" (A I5a 509-517).

Zum Teil wurden Kinder und Jugendliche auch schon vor der Kindschaftsrechtsreform im Beratungsprozess beteiligt. Die Reform hat diese Praxis noch weiter verstärkt. Kinder und Jugendliche bekommen ein Gespräch angeboten, das ohne die Eltern stattfindet, und mit Kleinkindern wird eher „spielend" gesprochen. Die Gespräche sind für die Kinder freiwillig. Eine Weigerung der Eltern, die Gespräche mit den Kindern ohne ihr Beisein durchzuführen, wird als Problemhinweis betrachtet, an dem mit den Eltern gearbeitet wird. Die Gespräche sind als Entlastung für die Kinder gedacht.

Position II: Kinder werden aus Entscheidungen herausgehalten
„Also Eltern haben ja immer so eine Forderung: Fragen Sie doch mein Kind! Und dieses: Meine Tochter sagt Ihnen schon, wo sie leben will, und derjenige, der das Kind nicht hat, sagt: Das wird doch beeinflusst, das müssen Sie doch sehen! Und denn ist schon wieder so ein Konfliktpunkt da. Und das versuchen wir halt irgendwie aufzulösen, dass wir schon sagen, die Eltern haben treffen die Entscheidung" (A I1a 253-260).
„Wir haben eine klare Position, wir beziehen ein Kind nicht ein, was den Bereich Sorgerecht und Trennung und Scheidung direkt angeht. Wir beziehen die Kinder nur ein, um mit ihnen darüber zu sprechen und nicht zu fragen, sondern um ihnen zu erklären, dass es eine Entscheidung zwischen uns Erwachsenen ist. Und das sie mit uns darüber reden können und wir auch mit ihnen darüber reden, aber nicht bei den Entscheidungen" (S I9a/b 573-579).

Die Problematik der Beteiligung von Kindern in Trennungs- und Scheidungsfällen ist, dass Kinder in Loyalitätskonflikte gebracht werden könnten, wenn sie gefragt würden, bei welchem Elternteil sie bleiben möchten. Aufgrund der Erfahrung, dass streitende Eltern versuchen ihre Kinder in die Entscheidungsprozesse „mit rein zu ziehen", wird eine ablehnende Haltung der JugendamtsmitarbeiterIn begründet. Kinder werden aus dem Beratungsprozess „herausgehalten", solange es um die Einigung zwischen streitenden Eltern geht, um Kinder nicht unter den Elternkonflikten leiden zu lassen. Zu einem späteren Zeitpunkt, wenn eine Einigung nicht möglich ist und das Familiengericht entscheidet, wird der Kindeswille mit einbezogen. Beteiligung von Kindern und Jugendlichen findet nicht nur im Rahmen der Trennungs- und Scheidungsberatung statt, sondern vielmehr bei strittigen Umgangsfragen.

Kinderbeteiligung in Umgangsfragen: „[A]uch das Kind sehen, ob es bereit ist zu Kontakten" (2a)
Während der Kindeswille in Sorgerechtsfragen als weniger bedeutend bezeichnet wurde, da die Entscheidungen zur Ausgestaltung der elterlichen Sorge vornehmlich von den Eltern zu treffen sei, wird die Bedeutung des Kindeswillens im Kontext von Umgangsregelungen besonders hervorgehoben. Dem Alter entsprechend werden Kinder in Umgangsfragen beteiligt, weil ihnen die von Eltern verabredeten Umgangsregelungen ab einem gewissen Alter nicht einfach „auferlegt" werden können. Wenn ein Kind keinen Umgang mit dem Umgangsberechtigten will, könne es, nach An-

sicht einiger JugendamtsmitarbeiterInnen, auch nicht dazu gezwungen werden.

Kinderbeteiligung
„Bei Umgangsfragen immer" (A2 I3a/b 1507-1508).
„Das haben wir aber schon immer so gehandhabt, dem Alter entsprechend und auch, was sie soweit verstanden haben, die Kinder, entsprechend mit einzubeziehen. Sie können auch einen Neunjährigen, auch wenn er noch nicht vor Gericht praktisch so berücksichtigt wird, aber sie können auch einem Neun-Jährigen nicht vorsetzen, du hast künftig das und das in der und der Form den Kontakt zu halten. Das geht einfach nicht. [...] man muss auch das Kind sehen, ob es bereit ist zu Kontakten" (A I2a 125-136).
„[W]enn so ein Kind absolut nicht will, dann will es eben nicht. Fertig. Aber wenn es sich mit Händen und Füßen wehrt, dann kann auch kein Richter der Welt da was machen" (A I8a/b 1162-1165).

Seit der Kindschaftsrechtsreform besteht für Kinder und Jugendliche erstmalig ein eigenes Beratungsrecht gemäß § 18 III 1, 2 SGB VIII, nachdem sie auch ein eigenes Recht auf Umgang erhalten haben. „Aufgabe der Jugendämter ist es, die Kinder und Jugendlichen darin zu unterstützen, daß die Personen, die zum Umgang mit ihnen berechtigt sind (Eltern, Großeltern, Geschwister, Stiefelternteile und Pflegepersonen) von diesem Recht zum Wohl der Kinder auch Gebrauch machen" (von Luxburg 1998: 28). Im Gespräch mit einer JugendamtsmitarbeiterIn wird aber schnell deutlich, dass das eigenständige Recht des Kindes auf Umgang und auf Umgangsberatung als symbolisches Recht verstanden wird und nur geringe praktische Relevanz entfaltet. Einerseits sind in der Regel Kindern ihre Rechte nicht bekannt und andererseits wird davon ausgegangen, dass ihnen der Mut fehlt, um eigenständig eine Beratungsstelle im Jugendamt aufzusuchen.

Einschätzung eigenständiger „Kinderrechte" auf Umgang und Beratung
„Ach, das ist nett, das ist an dieser Stelle auch nett, und das find ich auch gut, aber nehmen wir mal so, also welches Kind hat soviel Rückgrat, dass es herkommen kann, gegen den Willen der Mutter, sagt, ich möchte aber lieber.... Also das ist nett gedacht, finde ich auch richtig im Gesetz, dass es das gibt, weil man da noch einen anderen Stand hat als Jugendamt, da kann man zu den Eltern sagen, „gucken sie ihre Kinder haben das Recht" und so, und so hat der Gesetzgeber was Schönes gewollt, damit kann man das deutlich machen. Aber in der Praxis! Nee" (S I9a/b 441-447).
„Also, Kindern selber, ist das, glaub ich, überhaupt nicht klar. Das merkt man so, wenn man mit den Kindern selbst mal Gespräche führt, dann innerhalb solcher Scheidungsfälle oder so. Das ist den Kindern gar nicht klar, dass sie irgendwie auch Rechte haben. Oder manche haben es vielleicht mal gehört oder so. Aber ich glaube, es würde kein Kind jetzt den Mut aufbringen von sich aus irgendwie ins Jugendamt zu gehen" (A I8a/b 785-792).

Die Nachfrage von Kindern und Jugendlichen hinsichtlich einer Beratung und Unterstützung bei der Ausübung ihrer Umgangsrechte wird von den befragten JugendamtsmitarbeiterInnen eher nicht gesehen. Dagegen ist ein Ergebnis der Fachkräftebefragung von Proksch, dass bei der Gesamtbetrachtung der Jugendämter in 46% der Kommunen ein Aufgabenzuwachs verzeichnet wird: „Erfreulich hierbei erscheint, dass in nicht geringem Umfang Kinder/Jugendliche im Jahr 2000 selbständig Beratung und Unterstützung durch das Jugendamt nachsuchten" (Proksch 2002: 260). Allerdings sind dies nur bis zu fünf Anfragen im Jahr. Die Interpretation von Proksch, dass sich hierin ein „Aufnehmen der Rolle als Rechtssubjekt" und eine „geringer werdende Hemmschwelle gegenüber dem Jugendamt" ablesen lässt (ebd.), kann aufgrund der Aussagen der oben zitierten JugendamtsmitarbeiterInnen und der geringen Fallzahlen eher bezweifelt werden.

Kindeswohl: „Klar haben wir immer irgendwo noch diese Wächterfunktion" (3a)
Die Generalklausel „Kindeswohl" gilt für alle Entscheidungen im Rahmen der elterlichen Sorge und des Umgangs, denn der § 1697a BGB „wurde neu eingefügt und enthält einen allgemeinen Entscheidungsmaßstab und als allgemeine Eingriffsvoraussetzungen für gerichtliche Entscheidungen auf dem Gebiet der elterlichen Sorge" (von Luxburg 1998: 21). Das Gericht trifft demgemäß „diejenige Entscheidung, die unter Berücksichtigung der tatsächlichen Gegebenheiten und Möglichkeiten sowie der berechtigten Interessen der Beteiligten dem Wohl des Kindes am besten entspricht".

„Es handelt sich hier materiellrechtlich nicht um eine Neuregelung. Bereits im vorher geltenden Recht war der Maßstab für die Entscheidungen das Kindeswohl. Er war jedoch nicht immer ausdrücklich im Gesetz erwähnt, sondern fand sich teilweise nur in Begründungen oder Kommentierungen. Neben dem Kindeswohl sind auch die tatsächlichen Möglichkeiten zu berücksichtigen sowie die Interessen der Beteiligten, in der Regel der Eltern. Mit dieser neuen Vorschrift wird daher lediglich die bisherige Rechtslage nach der Rechtsprechung und der herrschenden Meinung ausdrücklich im Gesetz bekräftigt" (ebd.).

Die Kindschaftsrechtsreform wird von den befragten JugendamtsmitarbeiterInnen im Bereich Trennung, Scheidung und Umgang eher nicht mit dem Kindeswohl in Verbindung gebracht, obwohl das Beratungsangebot nach § 17 II SGB VIII „verstärkt am Wohl des Kinder auszurichten" ist (Hauck 2000: 8).

„Mit der Übernahme des Begriffs ‚Kindeswohl' in § 17 Abs. 1 Nr. 3 wird eine Verbindung zu § 1671 Abs. 2 Nr. 2 BGB geschaffen, so daß auch das Jugendamt sich mit diesem Begriff auseinanderzusetzen hat. Dabei ist der Begriff ‚Kindeswohl' i.S.v. § 17 Abs. 1 Nr. 3 handlungsorientiert bzw. aufgabenorientiert zu verstehen. [...] Aus Sicht der Jugendhilfe bedeutet ‚Kindeswohl' deshalb auch, Hilfestellung zu geben bei der Schaffung angemessener Bedingungen, die es dem Kind ermöglichen, während und nach der Scheidung familiare Identität und die Bindung zu beiden Elternteilen bewahren zu dürfen" (ebd.: 8 f.).

Die befragten JugendamtsmitarbeiterInnen argumentieren mit dem Kindeswohl in unterschiedlichen Richtungen und Situationen: In Sorgerechtsfällen dient das Kindeswohl als Argument für gemeinsame elterliche Sorge nach Trennung und Scheidung, aber auch als Begründung gegen gemeinsame elterliche Sorge nach Trennung und Scheidung.

Kindeswohl und gemeinsame elterliche Sorge
„[w]arum sollten sie nicht beide weiter ihre Elternverantwortung wahrnehmen im Interesse und zum Wohl ihrer Kinder. Das es für die Kinder immer das Beste ist, wenn Eltern gemeinsam weiter Verantwortung tragen" (4f).
[G]emeinsame Sorge ist sozusagen immer das Beste" (9a). oder „oftmals überhaupt nicht zum Wohle des Kindes" (8a).

In Vermittlungsprozessen zwischen den streitenden Eltern ist das Kindeswohl zu berücksichtigen und es sollte in strittigen, langwierigen Verfahren immer wieder vom Jugendamt darauf hingewiesen werden.

Kindeswohl in Vermittlungsfällen
„Der Öffentliche Jugendhilfeträger hat, zumindestens sehe ich das so, den Auftrag, möglichst eine Vermittlung unter Berücksichtigung des Kindeswohls zwischen den Elternteilen herzustellen" (A I6a 314-317).
„Das [Kindeswohl] muss man immer mal wieder reinholen, glaub ich" (A I5a 634).

Innerhalb von Beratungsprozessen tritt die Kindeswohlperspektive hinter der systemischen Betrachtungsweise der Familie zurück.

Kindeswohl in Beratungsprozessen
„[I]m Verfahren muss [man] natürlich auch nachher sehen, wo die Eltern stehen. Also wir können nicht nur Parteilichkeit für das Kind hier haben. Wir müssen ja das gesamte Zusammenspiel auch im Auge behalten, im Blick haben" (A I2a 293-295).

Es wird empfunden, dass das Wächteramt des Jugendamtes über das Kindeswohl hinter anderen Regelungen zurücktritt. Die Angebotsstruktur der Jugendamtsleistungen schwächt das Jugendamt als Wächter des Kindeswohls.

Schwächung des Wächteramt
„Klar haben wir immer irgendwo noch diese Wächterfunktion, aber nicht mehr in dem Maße wie früher. Da wurde ja jede Sorgerechtsregelung uns vorgelegt" (A2 I3a/b 1256-1257).

„[D]as Jugendamt ist [...] auch insgesamt lange nicht mehr so mächtig, wie das immer gedacht wird, das ist ja schon eher so eine Angebotsstruktur geworden. Natürlich haben wir nach wie vor Wächteramt, ganz klar in bestimmten Bereichen, aber es ist doch schon sehr eingeschränkt und sehr viel, wo man gerichtliche Unterstützung braucht und so[...]" (A I1a 708-716).

Der Staat hat sich mit dem neuen Kindschaftsrecht in seiner Funktion als Wächter über das Kindeswohl weiter zurückgezogen. Das neue Recht soll Schutz vor unnötigen staatlichen Eingriffen bieten. Das Jugendamt unterbreitet den Eltern Leistungsangebote; es bietet ihnen Beratung und Unterstützung an, statt in ihre Rechte einzugreifen. Das sogenannte staatliche Wächteramt wird auf ein Minimum reduziert und an strenge Voraussetzungen geknüpft. Für Schwab findet im Scheidungsrecht eine Deregulierung statt: „[...] der Staat als Wächter des Kindeswohls (hat) seine Wachtürme weit zurückverlegt" (Schwab 1998: 777). Ähnliches beschreibt Oelkers: „Ob es anlässlich der Trennung zum Sorgerechtsstreit kommt oder nicht, bestimmen nach dem neuen Antragsprinzip die Eltern bzw. ein Elternteil allein. Der Staat hat sich weitgehend aus seinem Wächteramt (Art. 6 GG) zurückgezogen und die Verantwortung für das Kindeswohl weitgehend in die Hände der Eltern gelegt (Ausnahme: § 1666 BGB)" (Oelkers 1999: 1). Die Autonomie der Eltern wird als möglicher Garant für die Entwicklung der Kinder betrachtet und rechtlich anerkannt, so dass die Grenze zwischen elterlicher Verantwortung und staatlicher Intervention neu gezogen worden ist. Der Angebotscharakter der Jugendhilfe wird gegenüber dem eigenständigen, eingriffsorientierten Handlungscharakter betont. Richtungsweisend war in diesem Zusammenhang schon das Inkrafttreten des SGB VIII (vgl. Münder 1998a). Für die Handlungsorientierung der JugendamtsmitarbeiterInnen bedeutet diese Entwicklung eine weitere Verlagerung von der Orientierung an der Person des Kindes beziehungsweise dessen Wohl, zur Orientierung an der Verantwortung der Eltern, die zum Wohl des Kindes zu unterstützen ist.

Interessenvertretung für Kinder durch Verfahrenspflege:
„[A]ber der Gesetzgeber hat ja auch schlauerweise nicht genannt, wer es denn machen soll,..." (10a)
Im Kontext der Kindschaftsrechtsreform wurde im gewissen Umfang ein „Anwalt des Kindes" eingeführt, der die Rechtsposition von Kindern in Familiensachen der freiwilligen Gerichtsbarkeit und in Vormundschaftssachen stärken soll (vgl. von Luxburg 1998: 102). Münder kommentiert: „Die sicherlich bedeutendste Vorschrift für den Kindesschutz ist die neu geschaffene Bestimmung des § 50 FGG, mit der der Verfahrenspfleger eingeführt wurde" (Münder 1998: 50). Während der Reformdiskussion (vgl. Teil II) wurde vom Bundesrat kein Bedürfnis gesehen, die Rechtsposition des Kindes im Verfahren zu stärken, weil im FGG Vorkehrungen

enthalten seien, „den Kindesinteressen auch dann Geltung zu verschaffen, wenn die Eltern wegen entgegengesetzter Eigeninteressen nicht dazu imstande seien (Amtsermittlungsgrundsatz, persönliche Anhörung des Kindes, Anhörung des Jugendamtes, Hinzuziehung von Sachverständigen, selbständiges Beschwerderecht für Minderjährige über 14 Jahre)" (Proksch 2002: 247). Obwohl der Bundesrat sich für die Streichung dieser Regelung aussprach, ist die Möglichkeit der Verfahrenspflege in § 50 FGG neu eingefügt worden. Gemäß § 50 FGG kann das Gericht eine Verfahrenspflege bestellen, wenn sonst die Interessen eines minderjährigen Kindes nicht angemessen im Gerichtsverfahren berücksichtig würden. Aufgrund dieser Regelung kann auch bei Sorgerechts- und Umgangsverfahren dem Kind ein Verfahrenspfleger zur Seite gestellt werden, sofern die Eltern entgegengesetzte Anträge bei Gericht stellen und ein Interessenkonflikt mit dem Kind droht. Das Kind hat keinen eigenständigen Anspruch auf diese Leistung. In welchem Umfang dieses Rechtsinstrument eingesetzt wird, ist davon abhängig, ob die RichterInnen eine Interessenvertretung im Verfahren für erforderlich halten. Kinder sind in diesem Sinne nur „Endverbraucher" der Leistung, die gesetzlichen Regelungen richten sich an die RichterInnen.

Erfahrungsgemäß ist die Bestellung oder Nicht-Bestellung einer Verfahrenspflege für das Kind von der Haltung der RichterInnen abhängig und findet nur in wenigen Fällen statt. Wenn RichterInnen gute Erfahrungen mit der Verfahrenspflege gemacht haben, wird diese Möglichkeit auch zunehmend genutzt, wenn Eltern die Interessen des Kindes nicht (mehr) ausreichend wahrnehmen. Oft geht die Bestellung von Verfahrenspflege auf die Anregungen des Jugendamtes zurück.

Erfahrungen mit der Bestellung von Verfahrenspflegschaft
„Also, das ist abhängig von den Richtern, muss man also ganz klar sagen, es gibt Richter, die bei fast allen Verfahren den Verfahrenspfleger einsetzen und es gibt Richter, die bei keinem einzigen Verfahren ..." (A I2a 228-233).
„Von der Verfahrenspflegschaft wird hier auch seitens der Gerichte, sehr, sehr begrenzt nur Gebrauch gemacht, spielt in der Praxis fast keine Rolle, in wenigen Verfahren" (A I6a 291-294).
„Bei uns hat die Richterin damit aber recht gute Erfahrungen gemacht, gleich zu Anfang, und das macht sie also ganz gerne, wenn sie sieht, dass die Eltern gar nicht mehr in der Lage sind, da die Interessen der Kinder richtig zu vertreten, oder das sehr gegenläufig ist, dann macht sie das schon des Öfteren" (A I8a/b 653-656).
„[...] Also ich selbst weiß vielleicht von drei [Fällen], wo ein Verfahrenspfleger eingesetzt worden ist. Aber da, muss ich wirklich sagen, da haben wir noch sehr, sehr wenig Erfahrung" (A I10a 463-478).
„Im Moment ist es eher die Erfahrung, von uns zu sagen, wollen sie nicht eine Verfahrenspflegschaft einstellen?" (S I9a/b 559-561).

Nach altem Recht gab es unterschiedliche Sichtweisen zur Ausgestaltung der Mitwirkungspflicht des Jugendamtes nach § 50 SGB VIII: Auf der einen Seite die Auffassung, dass das Jugendamt vor dem Vormundschaftsgericht wie auch vor dem Familiengericht ausschließlich und parteilich die Interessen des Kindes zu vertreten habe und auf der anderen Seite die Meinung, dass der Ausgleich zwischen den Eltern gleichrangig neben die Interessenvertretung für das Kind zu stellen sei. An der zweiten Auffassung wurde kritisiert, dass diese nicht durch gesetzlichen Auftrag abgedeckt würde (vgl. Spittler 1996). Durch das neue Kindschaftsrecht können sich erhebliche Veränderungen hinsichtlich des Rollenverständnisses der JugendamtsmitarbeiterInnen entwickelt haben, denn durch die Möglichkeit der Bestellung eines Verfahrenspflegers als parteiliche Interessenvertretung im gerichtlichen Verfahren, ist das Jugendamt nicht mehr „von selbst" und ausschließlich Interessenvertreter des Kindes (vgl. Münder 1998: 67). So gilt die Bestimmung zur Bestellung eines Verfahrenspflegers gemäß § 50 FGG neben den Anhörungsvorschriften des FGG (§§ 50b, 50c FGG) und neben den Bestimmungen, nach denen das Jugendamt in vielen Verfahren vor dem Gericht zu hören ist (§§ 49, 49a FGG s.o.). Die Verfahrenspflegschaft ist folglich auch in den Fällen von Bedeutung, in denen das Jugendamt bereits am Verfahren beteiligt ist, womit zum Ausdruck gebracht wird, dass „in den entsprechenden Verfahren die Interessenvertretung durch das Jugendamt für die Minderjährigen nicht als ausreichend angesehen wird" (Münder 1998: 50). Münder begründet weiter:

„Das hat wesentlich damit zu tun, daß Jugendhilfe durch gesetzliche Bestimmungen (zum Beispiel §§ 17, 18 SGB VIII) zum Teil aber auch aufgrund ihres Selbstverständnisses, nicht auf eine eindeutige Interessenvertretung zugunsten der Kinder gerichtet ist. Bisweilen wird die Aufgabe der Jugendhilfe gerade im Spannungsfeld zwischen den Elternteilen und den Kindern als die einer versöhnungsorientierten Neutralität beschrieben. Und das ist nicht nahtlos in Übereinstimmung mit einer eindeutigen Interessenvertretung für Kinder zu bringen – deswegen die Schaffung des Verfahrenspflegers" (ebd.: 50 f.).

Dem Jugendamt aber auch dem Gericht als beteiligte Institutionen sind die Hände für eine eindeutige, allein am Kind orientierte Interessenvertretung gebunden: „Das Jugendamt hat wegen seines institutionalisierten Interessenkonflikts [...] eben auch mit den Eltern und der Familie zu arbeiten, selbst nach der Entscheidung des Familiengerichts. Und dem Familiengericht ist es untersagt, im Verfahren allein die Interessenposition eines Beteiligten zu vertreten" (Münder 1999: 162). „Dabei ist es immer wichtig, daß Interessenvertretung a priori eine paradoxe Aufgabe bleibt. Denn Interessenvertretung hat mit Realisierung von Autonomiebedürfnis zu tun und fremdgeleitete Autonomierealisierung ist ein schwieriger Balanceakt, der geglückte Erziehung ebenso charakterisiert wie geglückte Verfahren" (Fegert 1999: 16). In der Praxis wird die Aufgabenteilung zwischen Jugendamt und Verfahrenspflege ähnlich beurteilt. Die Funktion des Verfahrenspflegers wird von den JugendamtsmitarbeiterInnen ausschließlich in der Willensvertretung des Kindes gesehen. Wenn der Verfahrenspfleger die ihm zugedachte Funktion als Interessenvertreter des Kindes überschreitet, wird er überflüssig.

Sprachrohr für das Kind
„[D]ieser Verfahrenspfleger, der hat ja zum Glück nur das Kind im Auge und sagt zwar Mutter und Vater „guten Tag", um die mal kennen zu lernen, spricht aber ja bei Gericht auch nur als Sprachrohr für das Kind, also das, was das Kind denkt oder auch fühlt" (A2 I3a/b 141-143).
„[W]enn der [Verfahrenspfleger] das tut, was er eigentlich machen soll, [...] sozusagen dem Kind Gehör in dem Verfahren zu verschaffen, seine Position, was es will. Dann macht das auch einen Sinn, denk ich" (A I6a 312-331).
„[Es] besteht ja grundsätzlich [ein] unterschiedlicher Auftrag zwischen Verfahrenspfleger und dem, was der Öffentliche Jugendhilfeträger zu tun hat. Der Öffentliche Jugendhilfeträger hat, [...] den Auftrag, möglichst eine Vermittlung unter Berücksichtigung des Kindeswohls zwischen den Elternteilen herzustellen, und der Verfahrenspfleger hat nichts weiter zu tun, als die Interessen des Kindes mit allen zur Verfügung stehenden Mitteln in dieses Verfahren einzubringen. Und das ist nicht das Gleiche. So. Und daher, wenn der Verfahrenspfleger, so wie ich das beobachtet hab, [das] in der Regel übrigens nicht tut, dann gibt es ein Problem. Und dann ist der Auftrag zwischen Jugendhilfeträger und Verfahrenspfleger weitgehend deckungsgleich und dann kann man sich den Verfahrenspfleger sparen" (A I6a 311-327).

Die Bestellung eines Verfahrenspflegers wird begrüßt, um das Jugendamt von seiner „Doppelfunktion" zu entlasten. Die Doppelfunktion des Jugendamtes entsteht einerseits aus der Aufgabe, das ganze Familiensystem zu berücksichtigen und zwischen verschiedenen Positionen neutral zu vermitteln und andererseits aus der Aufgabe, das Kindeswohl zu beachten und Kinder zu beteiligen. Wenn ein Verfahrenspfleger am Verfahren beteiligt ist, so die Haltung einiger JugendamtsmitarbeiterInnen, kann sich das Jugendamt gegenüber dem Kind zurückziehen. In den Aussagen der befragten JugendamtsmitarbeiterInnen deutet sich an, dass sie ihre Aufgabe zunehmend in der neutralen Vermittlung zwischen den Eltern zum Wohle des Kindes sehen. Die Interessenvertretung für Kinder und Jugendliche wird als Aufgabe der Verfahrenspflegschaft betrachtet.

Entlastung der Jugendämter von der Doppelfunktion
„Ich finde, es gibt manche Situationen, wo es gut ist, wenn er das Kind vertreten kann, wo das Jugendamt in seiner Doppelfunktion auch widersprüchliche Positionen hätte" (S I9a/b 539-541).

„Weil, wir hören ja alle Parteien: die Mutter, den Vater und das Kind. Und dieser Verfahrenspfleger, der hat ja zum Glück nur das Kind im Auge" (A2 I3a/b 140-142).
„Und, warum es auf gar keinen Fall der Sozialpädagoge aus dem Amt sein soll, war ja einfach klar, weil wir haben immer das System Familie im Blick, und nicht das Kind alleine und hier war ja vom Gesetzgeber gedacht, zu gucken, wie können wir den Fokus Kind dabei berücksichtigen. Und wir müssen ja alle mit im Auge habe" (A I10a 487-493).
„Wenn wir dann wissen, der geht jetzt noch mal rein, dann nehmen wir uns zurück. [...]" (A1 I3a/b 201-206).

Der § 50 FGG benennt die Fälle, in denen ein Verfahrenspfleger vom Gericht bestellt werden kann (§ 50 I FGG) beziehungsweise in der Regel zu bestellen ist (§ 50 II FGG). In den in § 50 II FGG aufgezählten Fällen ist regelmäßig ein Verfahrenspfleger zu bestellen und wenn das Gericht von der Bestellung absieht, „ist eine ausführliche Begründung notwendig. Wird der Verfahrenspfleger nicht bestellt und fehlt es an einer solchen ausführlichen Begründung, so ist das Verfahren fehlerhaft" (Münder 1999: 162). Der Frankfurter Familienrechtler Salgo bezeichnet die „Kann-Vorschrift" als eine „Einladung an die Gerichte, einen Verfahrenspfleger nicht zu bestellen" (Pressemitteilung vom 6.2.98). Darüber hinaus kritisiert Salgo am neuen Kindschaftsgesetz besonders, dass der Gesetzgeber keine näheren Angaben über die erforderliche Qualifikation und Vergütung des Verfahrenspflegers gemacht hat. Er bezeichnet diesen Umstand als die „Achillesferse der Kindesvertretung" (ebd.). Die Auswahl des Verfahrenspflegers erfolgt im pflichtgemäßen Ermessen des Gerichtes, weil das Gesetz keine näheren Bestimmungen zur Auswahl enthält. „Mit der Einräumung des Ermessens für das Familiengericht wollte der Gesetzgeber den Gerichten die Möglichkeit an die Hand geben, entsprechend den Besonderheiten eines jeden Falles zu reagieren: zum Beispiel Diplompädagogen, Sozialarbeiter, Sozialpädagogen, Kinderpsychologen oder unter Umständen auch engagierte Laien in den Angelegenheiten zu bestellen, in denen die persönlichen Interessen des Kindes stark betroffen sind. Wenn es in einem Verfahren schwerpunktmäßig auf Kenntnisse des materiellen oder formellen Rechts ankommt, wird das Gericht wahrscheinlich entsprechend qualifizierte Personen, zum Beispiel Rechtsanwälte, bestellen" (Münder 1998: 52).

Im Rahmen der Qualifikationsanforderungen wird von JugendamtsmitarbeiterInnen erwartet, dass sozialpädagogisches und juristisches Wissen vorhanden ist. An anderer Stelle wird betont, dass die Verfahrenspflege eindeutig in den sozialpädagogischen Berufsstand gehört und dass sich die Jugendhilfe in diesem Punkt stärker positionieren sollte. Wenn eine Verfahrenspflege eingerichtet wird, sind es allerdings oft RechtsanwältInnen, die vom Gericht beauftragt werden.

Qualifikation
„Ich weiß, dass Münder damals sagte, am sinnvollsten wäre es, dass es juristisch versierte Sozialpädagogen oder sozialpädagogisch versierte Juristen machen. Ja, weil so viele Aspekte da mit berücksichtigt werden müssen" (A I10a 485-487).
„Ich glaube, was sinnvoll wäre, dass grundsätzlich die Jugendhilfe insgesamt sich ganz klar positioniert und sagt, das ist eindeutig eine sozialpädagogische Aufgabe, also viele Verfahrenspflegschaften zu übernehmen, und das sich aus dem Berufsstand heraus sozusagen, dann wie das im Betreuungsrecht passiert ist, da Leute bilden, die diese Aufgabe eben halt auch qualifiziert wahrnehmen. [...]" (A I6a 335-352).

Proksch resümiert, dass der Verfahrenspfleger zwar im Scheidungsverfahren „noch keine große Bedeutung erlangt zu haben scheint", aber nimmt an, dass er trotzdem „in der Praxis relativ häufig vor[kommt]" (Proksch 2002: 247). Die Erfahrungen der befragten JugendamtsmitarbeiterInnen basieren auf wenigen Fällen. Die zögerliche Haltung im Umgang mit der Verfahrenspflege wird mit der Ausgestaltung der Verfahrenspflege durch den Gesetzgeber in Verbindung gebracht.

Ausgestaltung der Verfahrenspflege
„[S]pielt in der Praxis fast keine Rolle" (6a).
„Ja, aber der Gesetzgeber hat ja auch schlauerweise nicht genannt, wer es dann machen soll,..." (A I10a 495-496).
„Aber die Gefahr ist ja, oder sagen wir mal, das ist ja das Witzige gewesen, dass zum Zeitpunkt des Entstehens des Gesetzes überhaupt gar nicht klar gewesen ist, wie das honoriert werden soll, die Tätigkeit. Und dann wollten sie sich gerne darum drücken" (A I6a 363-368).

Die Beratungs- und Unterstützungsaufgaben der Jugendämter nach neuem Kindschaftsrecht beziehen sich nicht nur auf die Elternverantwortung nach Trennung und Scheidung, sondern auch auf Kindesgeburten außerhalb einer bestehenden Ehe. Während Trennungs- und Scheidungsberatung und Mitwirkung in der Regel von ASD-MitarbeiterInnen geleistet werden, sind die AnsprechpartnerInnen lediger Mütter, die Beistände und Urkundspersonen, wenn es zum Beispiel um Beratung und Unterstützung in status- und unterhaltsrechtlichen Fragen oder die Beurkundung der gemeinsamen elterlichen Sorge geht. Im folgenden Kapitel geht es um die Elternverantwortung nach Kindesgeburt außerhalb der Ehe und die Beratungs- und Unterstützungsleistungen der Jugendämter nach dem neuen Kindschaftsrecht.

Beratung in Fällen von Kindesgeburt außerhalb der Ehe

Nach dem neuen Kindschaftsrecht[43] wird den Beratungs- und Unterstützungsleistungen für Mütter von Kindern, die außerhalb einer Ehe geboren wurden, verstärkt Bedeutung zugemessen. Im Bereich der Amtspflegschaft sind Eingriffsmöglichkeiten des Jugendamtes deutlich zurückgenommen worden. Gestärkt wurde die Beratungspflicht mit den Grundsätzen der Freiwilligkeit und partnerschaftlichen Kooperation. Dies bedeutet einen weiteren Schritt in der familienunterstützenden Konzeption der Jugendhilfe, die im KJHG/SGB VIII angelegt ist und jetzt konsequent fortgeführt wird (vgl. Schimke 1998: 63). Die Beistandschaft erhält einen „sozialpädagogischen Charakter", da sich der Beistand in allen Fragen mit dem allein sorgeberechtigten Elternteil abstimmen und von seinen Vorstellungen überzeugen muss (Münder 1998: 337). „Das Handeln ohne oder gar gegen den Inhaber der elterlichen Sorge ist rechtlich nicht zulässig, sozialpädagogisch nicht sinnvoll" (ebd.).

Die Autonomie von nicht verheirateten Müttern soll mit der Abschaffung der gesetzlichen Amtspflegschaft respektiert werden. Anstatt amtlicher Bevormundung ist nach neuem Recht Beratung und Unterstützung für ledige Mütter beziehungsweise allein sorgende Elternteile vorgesehen. Mit der Einführung der freiwilligen Beistandschaft verfolgt der Gesetzgeber das Ziel, „die Eigenverantwortung für die Vaterschaftsfeststellung in erster Linie den Müttern zuzuweisen und ihnen dabei freiwillige Hilfen anzubieten" (BR-Drs. 890/93: 37). Im folgenden Kapitel geht es um die Leistungen der Jugendämter für Eltern, die nicht verheiratet sind und deren Kinder: Beratung, Unterstützung, Beistandschaft und Beurkundung. Die zentralen Wirkungskreise dieser Leistungen sind Vaterschaft, Unterhalt und elterliche Sorge, das heißt, sie betreffen in der Regel die status- und unterhaltsrechtlichen Ansprüche von Kindern, die außerhalb einer Ehe geboren wurden.

Der Anlass zu den Neuregelungen durch das Beistandschaftsgesetz vom 4.12.1997 war die verfassungsrechtlich gebotene Gleichstellung ehelicher und nichtehelicher Kinder gemäß Art. 6 V GG. Eingriffe in die Elternrechte, die nicht notwendig sind, sollten vermieden und nicht verheiratete Mütter nicht länger diskriminiert werden (vgl. BT-Drs. 13/892: 23). Mit der Beistandschafts- und Kindschaftsrechtsreform wurden Kinder nicht verheirateter Eltern mit Kindern aus ehelichen Lebensgemeinschaften weitgehend gleichgestellt. Gesetzlicher Anknüpfungspunkt ist zunehmend nicht mehr die Familie, sondern verschiedene familiale Lebensformen. Die Möglichkeit für eine erfolgreiche Wahrnehmung elterlicher Verantwortung wird nicht mehr an eine bestimmte Familienform beziehungsweise an die Ehe gebunden. Erfolgreiche und befriedigende Elternschaft soll nun unter verschiedensten Konstellationen privater Lebensformen ermöglicht werden (vgl. Huinink 1999: 21). Die Koppelung von Elternschaft und Ehe wird zunehmend gelöst (vgl. Teil I).

Das Verhältnis von Vätern zu ihren außerhalb einer Ehe geborenen Kindern wurde im Zuge der Reform rechtlich verändert. Vor 1969 galten uneheliche Kinder als nicht verwandt mit ihrem Vater, so dass weder dem Kind noch dem Vater gegenseitige Erbansprüche zustanden. Seit der Einführung des Nichtehelichengesetz vom 1.7.1970 wurde die Rechtsstellung des sogenannten „nichtehelichen Kindes" zwar verbessert, aber „[h]insichtlich der Erbfolge nach dem Vater gab es weiterhin zwei gravierende Unterschiede, die deutlich erkennen ließen, daß das nichteheliche Kind im Denken des damaligen Gesetzgebers das „unerwünschte Kind" war, nämlich den sogenannten Erbersatzanspruch und den vorzeitigen Erbausgleich" (von Luxburg 1998: 117). Mit dem Erbrechtsgleichstellungsgesetz vom 16.12.1997 (seit 1.4.1998 in Kraft getreten) wurde die erbrechtliche Sonderstellung des nichtehelichen Kindes beseitigt (vgl. ebd.: 122). Das Kindesunterhaltsgesetz wurde ebenfalls vereinheitlicht, so dass in der unterhaltsrechtlichen Absicherung aller minderjährigen Kinder, unabhängig davon, ob die Eltern verheiratet sind, die gleichen Regelungen Anwendung finden. Die Vorschriften für den Unterhalt nichtehelicher Kinder (§§ 1615a bis 1615k BGB a.F.) wurden aufgehoben. Der Anspruch auf Regelunterhalt setzt im Rahmen des vereinfachten Verfahrens voraus, dass das Kind minderjährig ist und mit dem Elternteil, gegen den der Anspruch geltend gemacht wird, nicht in einem Haushalt lebt (vgl. von Luxburg 1998: 127).

Ein weiterer Anlass zur Reform war die unterschiedliche Rechtslage in den alten und neuen Bundesländern, die beseitigt werden musste (vgl. Teil II). In den neuen Bundesländern gab es keine gesetzliche Amtspflegschaft für nichteheliche Kinder und die Bestellung eines Beistands mit Vertretungsmacht zur Vaterschaftsfeststellung war nicht möglich (nur mit Vertretungsmacht zur Regelung des Unterhalts). Mit dem Beistandschaftsgesetz wurde die gesetzliche Amtspflegschaft abgeschafft[44] und die freiwillige Beistandschaft eingeführt, die von allen allein sorgeberechtigten Elternteilen gleichermaßen beantragt werden kann. „Ein völliger Wegfall der Kompetenzen des Jugendamtes als gesetzlicher Vertreter ist dagegen nicht vorgesehen. Grund hierfür ist, daß die Jugendämter nach Meinung des Gesetzgebers in den alten Bundesländern bisher wichtige Hilfestellungen gegeben und in besonderem Maße dazu beigetragen haben, die Rechte nichtehelicher Kinder (Vaterschaftsfeststellung und Unterhaltssicherung) zu wahren und durchzusetzen" (von Luxburg 1998: 111).

Mit den Stichworten „Pflegschaft" und „Beistandschaft" wird, im Gegensatz zu den umfassenden Kompetenzen einer Vormundschaft, die Unterstützung und nur teilweise Ersetzung der elterlichen Sorge angesprochen. Pflegschaft und Beistandschaft beschränken sich grundsätzlich auf bestimmte, einzelne Angelegenheiten (vgl. Münder 1999: 186). „Die

Pflegschaft hatte bis zum 1.7.1998 ihre große Bedeutung als gesetzliche Amtspflegschaft [...]. Die Beistandschaft war schon immer nur auf Antrag der Sorgeberechtigten möglich, sie ist ebenfalls durch das KindRG mit Wirkung vom 1.7.1998 in §§ 1712 ff. BGB neu gefasst worden" (ebd.). Münder (2000) betont, dass mit der Ersetzung der gesetzlich eingetretenen Amtspflegschaft durch die freiwillige Beistandschaft „ein deutlicher Entwicklungsschub für die Tätigkeit der Jugendämter in Richtung sozialpädagogischer Orientierung verbunden" ist (Münder 2000: 144). „Während bei der gesetzlichen Amtspflegschaft der Pfleger ggf. auch eigenständig handeln konnte, muss das Jugendamt als Beistand sich in allen Fragen, die die Beistandschaft betreffen, mit dem allein sorgeberechtigten Elternteil abstimmen. Ein Handeln ohne oder gar gegen den Inhaber der elterlichen Sorge ist so nicht nur sozialpädagogisch nicht sinnvoll, sondern auch rechtlich nicht möglich" (ebd.).

Im Falle einer Kindesgeburt außerhalb der Ehe geht es nach der Reform hauptsächlich um die status- und unterhaltsrechtlichen Ansprüche des Kindes, die von den Eltern beurkundet oder der Mutter durchgesetzt werden können. Wird das Kind in eine nichteheliche Lebensgemeinschaft der Eltern hineingeboren, das heißt die Eltern wohnen beide mit dem Kind in häuslicher Gemeinschaft, sind vorerst keine Probleme zu erwarten. Im rechtlichen Idealfall hat der Vater die Vaterschaft anerkannt, die Mutter dieser Vaterschaftsanerkennung zugestimmt und beides wurde urkundlich festgehalten. Die Anerkennung der Vaterschaft (§§ 1594-1598 BGB) ist teilweise durch die Kindschaftsrechtsreform verändert worden: Die Rechtstellung der Mutter wurde verbessert, denn die Vaterschaftsanerkennung ist nun von ihrer Zustimmung abhängig (§ 1595 I BGB). Die Zustimmung wird aus eigenem Recht erteilt und nicht als Vertreterin des Kindes. Wenn die Zustimmung verweigert wird, bleibt nur der Weg über die Vaterschaftsfeststellung. Über die Vaterschaftsanerkennung hinaus besteht die Möglichkeit, die gemeinsame elterliche Sorge zu erklären und beurkunden zu lassen, wenn die Mutter zustimmt. Vaterschaft und gemeinsame elterliche Sorge können im Jugendamt von einer entsprechenden Urkundsperson kostenlos beurkundet werden. Probleme sind in der Regel erst dann zu erwarten, wenn die nicht verheirateten Eltern sich trennen und weder die Vaterschaft, noch die Unterhaltsansprüche des Kindes rechtlich gesichert sind. Die Vaterschaftsfeststellung ist die Voraussetzung für die Geltendmachung von Unterhaltsansprüchen des Kindes und auch der Mutter (zum Beispiel Betreuungsunterhalt).

Der Weg zur Vaterschaft ohne Ehe erfolgt also entweder über die Anerkennung des Vaters (Erklärung vor Jugendamt, Standesamt, Notar, Amtsgericht) und der Zustimmung der Mutter in Form einer öffentlichen Beurkundung (§§ 1592 II, 1594-1597 BGB) oder über die gerichtliche Feststellung aufgrund einer Klage vor dem Familiengericht durch ein rechtskräftiges Urteil (§§ 1592 III, 1600d, e BGB) (vgl. Oberloskamp

1998: 21). Die gerichtliche Vaterschaftsfeststellung ist nach Münder (1999) „[n]ach wie vor von Bedeutung, wenn auch in deutlich quantitativ geringerem Umfang als die Anerkennung"[45] (Münder 1999: 79). Eine gerichtliche Feststellung der Vaterschaft gemäß § 1600e BGB kann durch Klage der Mutter oder Klage des Kindes gegen den Mann, oder durch Klage des Mannes gegen das Kind erreicht werden: „Damit ist es bei einem außerhalb einer Ehe geborenen Kind möglich, daß z.b. dann, wenn die Mutter gar nicht will, daß der Erzeuger als Vater festgestellt wird, dieser durch entsprechende Klage gegen das Kind zu einer Feststellung der Vaterschaft kommen kann" (Münder 1999: 79). Ein Recht des Kindes auf Kenntnis der eigenen Abstammung hat der Gesetzgeber im Rahmen der Kindschaftsrechtsreform nur teilweise realisiert (vgl. Münder 1999). Volljährige Kinder können nun gemäß § 1600b III BGB auch dann, wenn ihre gesetzlichen Vertreter während ihrer Minderjährigkeit die Vaterschaft nicht angefochten haben, dies selbst tun. „Ein eigenständiges Recht auf Kenntnis der Abstammung unabhängig von der Anfechtung der bestehenden Vaterschaft hat der Gesetzgeber allerdings nicht geschaffen, sondern dieses „Recht auf Kenntnis der Abstammung" nur über den „Umweg" der Anfechtung der Vaterschaft eingeräumt. Ob dies hinreichend ist, wird sich verfassungsrechtlich noch zeigen müssen"[46] (Münder 1999: 82). Insbesondere für Kinder, die außerhalb einer Ehe geboren wurden, stellt sich bei der Realisierung des Rechts auf Kenntnis der Abstammung die Frage, ob das Kind von der Mutter Auskunft über den oder die in Frage kommenden Erzeuger verlangen kann[47] (vgl. ebd.).

Zum Wirkungskreis der Beistandschaft gehört die Vaterschaftsfeststellung, das heißt, die unverheiratete Mutter hat ein Recht auf Beratung und Unterstützung bei der Feststellung der Vaterschaft ihres Kindes im Rahmen einer freiwilligen Beistandschaft. Der andere Gegenstand der Beistandschaft ist die Geltendmachung von Unterhaltsansprüchen des Kindes. „Die Vaterschaftsfeststellung [...] ist die Nagelprobe für das Gelingen der Reform. Die Vaterschaftsfeststellung ist für das Kind von überragender Bedeutung, aber auch für den Fiskus von nicht geringem Interesse, da von ihr die Durchsetzung des Unterhaltsanspruchs des Kindes abhängt, also Be- oder Entlastung der Unterhaltsvorschusskasse oder letztlich der Sozialhilfe. Es ist fraglich, ob die Vaterschaftsfeststellung gelingen kann, wenn sie allein in die Hände der Mutter gegeben ist [...] und diese unter dem Druck des Vaters keine Angaben macht" (Kunkel 1998: 537). Der Gesetzgeber betont selbst, dass die beiden Aufgabenkreise der Beistandschaft (Vaterschaftsfeststellung und Unterhaltssicherung) für die Lebensführung des Kindes besonders bedeutend sind, aber auch ein staatliches Eigeninteresse an der Durchsetzung der Kindesrechte besteht: „Ohne die auch für die Kenntnis der genetischen Abstammung wichtige Vaterschaftsfeststellung kann das Kind seine Rechte gegen den Vater (Unterhalt, Erbrecht usw.) nicht geltend machen. Der Unterhaltsanspruch, der grundsätzlich ohnehin nur bei Bedürftigkeit des Kindes besteht (§ 1602), stellt die wirtschaftliche Grundsicherung des Kindes dar. Der Staat hat ein besonderes Eigeninteresse daran, daß die Rechte des Kindes hier gewahrt werden, da er andernfalls selbst verpflichtet wäre, durch Sozialhilfe oder andere Leistungen für das Kind zu sorgen" (BR-Drs. 890/93: 40).

Seit der Kindschaftsrechtsreform betreibt das Jugendamt die Vaterschaftsfeststellung nur noch im Rahmen der freiwilligen Beistandschaft (abgesehen von Fällen der Amtsvormundschaft und der bestellten Amtspflegschaft). „Es fordert ggf. den von der Mutter als Vater des Kindes genannten Mann auf, die Anerkennungserklärung abzugeben und sich zur Zahlung des Unterhalts zu verpflichten" (Fieseler/Herborth 2001: 168). Ist der Vater nicht zur freiwilligen Anerkennung der Vaterschaft bereit, kann die Mutter oder ein Beistand die Feststellung der Vaterschaft für das Kind beim Familiengericht einklagen. Mit der Klage kann der Antrag auf Zahlung des Unterhalts in Höhe des Regelbetrages verbunden werden. „Zur Sicherung des Unterhalts von Kindern und Jugendlichen beizutragen, ist auch nach der Abschaffung der gesetzlichen Amtspflegschaft für das nichteheliche Kind und die Ersetzung durch die (freiwillige) Beistandschaft eine der praktisch wichtigsten Aufgaben der Jugendämter" (ebd.: 170). Nach Fieseler und Herborth (2001) dient „ein kompromissloses Festhalten am Gedanken familiärer Verantwortung mehr den staatlichen und kommunalen Trägern, die nur nachrangig (subsidiär) zu Sozialleistungen verpflichtet sind (z.B. § 2 BSHG) und die, wenn sie bei nicht oder nur schwer durchzusetzenden Unterhaltsforderungen vorleisten, sich im Wege des Unterhaltsregresses die verauslagten Kosten zurückholen können [...]. Vorgeblich aus Sorge um den Bestand der angeblich weitgehend funktionslos gewordenen Familie [...], tatsächlich aber aus fiskalischen Überlegungen setzt man auf die Solidargemeinschaft der Familie" (ebd.: 171).

Kinder, die außerhalb einer Ehe geboren wurden, haben gemäß § 1615a BGB einen vollen Anspruch auf Unterhalt gegen Vater und Mutter: „Während die Mutter ihre Unterhaltspflicht regelmäßig durch Betreuung des Kindes erfüllt (§ 1606 Abs. 3 Satz 2 BGB), richtet sich der Anspruch auf Finanzierung des Lebensbedarfs regelmäßig gegen den Vater" (Kunkel 1998: 568). Die Verpflichtung des Vaters zur Erfüllung des Unterhaltsanspruchs kann im Jugendamt beurkundet werden (§ 59 I 1 SGB VIII). Der Unterhalt für Kinder, die in oder außerhalb einer Ehe geboren wurden, ist seit der Reform des Unterhaltsrechts vereinheitlicht (§§ 1601 bis 1615 BGB).

Die gewöhnliche Reihenfolge der Aufgabenwahrnehmung im entsprechenden Sachgebiet des Jugendamtes erfolgt über: Angebot, Information, Beratung und Ermittlungsarbeit, Klärung und Regelung, Beurkundung sowie gegebenenfalls prozessuale Maßnahmen (Fieseler/Herborth 2001: 172 in Anlehnung an DAVorm 2000). Den Beratungs- und Unterstützungsleistungen für Eltern und ihren Kindern im Falle einer Elternschaft außerhalb der Ehe werden nach dem neuen Kindschaftsrecht verstärkt Bedeutung zugemessen. Anspruchsberechtigt sind Elternteile mit Alleinsorge. Weiter ist den nicht miteinander verheirateten Elternpaaren die Möglichkeit der gemeinsamen elterlichen Sorge eröffnet worden.

Der § 52a SGB VIII sieht neben den Informationspflichten auch eine Beratungsleistung vor Eintritt einer Beistandschaft vor. Beratung und Unterstützung in Unterhaltssachen ist von den Jugendämtern allerdings nicht nur im Kontext der neuen Beistandschaft zu leisten, denn nach § 18 I SGB VIII haben Mütter und Väter, die allein für ein Kind zu sorgen haben oder tatsächlich sorgen, einen unveränderten Anspruch auf Beratung und Unterstützung bei der Ausübung der Personensorge einschließlich der Geltendmachung von Unterhalts- oder Unterhaltsersatzansprüchen für das Kind. Die Neuregelung in § 18 II SGB VIII bezieht sich auf allein sorgeberechtigte Mütter nach § 1626a II BGB, die Anspruch auf Beratung und Unterstützung bei der Geltendmachung ihrer Ansprüche gemäß § 1615l BGB haben, das heißt hinsichtlich der Erstattung von Entbindungskosten, des Unterhaltes aus Anlass der Geburt und des Betreuungsunterhaltes. Von Luxburg erwartet eine Zunahme dieser Fälle: „Durch die Kindschaftsrechtsreform wird sich die Aufmerksamkeit der Betroffenen und der Rechtsanwaltschaft verstärkt auf dieses Institut konzentrieren. Obwohl der Gesetzgeber wiederholt tätig geworden ist, um die Ansprüchen der Mutter auszuweiten, wurden diese Rechte wenig wahrgenommen" (von Luxburg 1998: 61).

Hinsichtlich der Unterhaltsberechtigung der nicht verheirateten Mutter, hat der Gesetzgeber keine völlige Gleichstellung mit verheirateten Müttern erzielt, die einen Unterhaltsanspruch ohne zeitliche Begrenzung haben, solange eine Erwerbstätigkeit der Mutter aufgrund der Pflege und Erziehung eines gemeinsamen Kindes nicht erwartet werden kann (von Luxburg 1998: 72).

Die Beurkundungen, die im Jugendamt im Kontext einer Kindesgeburt außerhalb der Ehe vorgenommen werden können, beziehen sich in der Regel auf die Bereiche „Vaterschaft", „Unterhalt" und „elterliche Sorge". Gemäß § 59 I SGB VIII sind das folgende Beurkundungen:
- Die Erklärung der *Vaterschaftsanerkennung* sowie mögliche Zustimmungserklärung der Mutter, des Ehemanns der Mutter, des Kindes, des Jugendlichen oder eines gesetzlichen Vertreters.
- Die *Verpflichtungserklärung* zur Erfüllung von *Unterhaltsansprüchen* eines Kindes oder zur Unterhaltsabfindung und die *Verpflichtungserklärung* zur Erfüllung von Ansprüchen der Mutter auf *Unterhalt* (§ 1615l des BGB).

- Die *Verzichtserklärung* des Vaters bezüglich der *Sorgeübertragung* sowie die gemeinsamen *Sorgeerklärungen* der Eltern (§ 1626 a I 1 BGB).

Im folgenden Kapitel werden die Leistungen der Jugendämter nach dem neuen Kindschaftsrecht in ihrer praktischen Ausgestaltung dargestellt. Die Darstellungen basieren auf den Aussagen der befragten JugendamtsmitarbeiterInnen (Beistandschaft, Unterhaltssachen, Beurkundung). Zentrale Themen sind:
- Beratung, Unterstützung und Beistandschaft für allein sorgende Elternteile;
- Beratung und Beurkundung der gemeinsamen elterlichen Sorge;
- Veränderung der Arbeitsbelastung.

Beratung und Beistandschaft für allein sorgende Elternteile: „[Mütter] entscheiden, ob sie das Jugendamt in ihr Leben mit integrieren wollen oder nicht" (6b)

Nach altem Recht wurde in den alten Bundesländern dem nichtehelichen Kind neben der Mutter, die das alleinige Sorgerecht hatte, ein Amtspfleger für die Bereiche Vaterschaftsfeststellung, Geltendmachung von Unterhaltsansprüchen und zur Regelung von Erbansprüchen durch Gesetz zugeordnet. Diese gesetzliche Amtspflegschaft konnte nur auf Antrag der Mutter vom Gericht aufgehoben werden. Quantitativ war die Amtspflegschaft eine wesentliche Aufgabe der Jugendämter in den alten Bundesländern (vgl. Schimke 1998: 55 ff.). Durch die Kindschaftsrechtsreform wurde die gesetzliche Amtspflegschaft für nichteheliche Kinder gestrichen und die nach altem Recht mögliche Beistandschaft nach §§ 1685 ff. BGB a.F. aufgehoben. Der Gesetzgeber begründet die Aufhebung der gesetzlichen Amtspflegschaft folgendermaßen: „Der hohe Anteil der Beendigung [der gesetzlichen Amtspflegschaften] durch Legitimation [nachfolgende Heirat von Vater und Mutter] an der Gesamtzahl der Beendigungsgründe zeigt deutlich, daß die mit der gesetzlichen Amtspflegschaft verbundene Sorgerechtsvorenthaltung für die Mutter des nichtehelichen Kindes in einer Vielzahl von Fällen unnötig ist" (BR-Drs. 890/93: 22).

Die Beistandschaft neuen Rechts wird in §§ 1712 bis 1717 BGB geregelt und ersetzt die gesetzliche Amtspflegschaft. Entsprechend dem § 55 SGB VIII handelt es sich bei der Beistandschaft um „andere Aufgaben der Jugendhilfe" im Sinne des § 2 III SGB VIII. Es wird deutlich, dass die Führung der Beistandschaft unter anderem eine Hauptaufgabe der Jugendämter darstellt. Die Ämter müssen zur Erfüllung der Aufgabe der Beistandschaft sowohl personell als auch sachlich entsprechend ausgestattet sein (vgl. Kunkel 1998: 530). Sie gilt als unbedingter Rechtsanspruch für ehelich und nichtehelich geborene Kinder gleichermaßen, wenn ein Elternteil allein sorgeberechtigt ist. Die freiwillige Beistandschaft tritt nur auf

Antrag[48] der Leistungsberechtigten und zwar unmittelbar mit dem Zugang des Antrags beim Jugendamt ein,[49] das heißt, sie kann nicht gegen den Willen des Elternteils angeordnet werden. Voraussetzung für den Eintritt der Beistandschaft ist folglich ein schriftlicher Antrag eines Elternteils (§ 1712 BGB), der dem Jugendamt vor oder nach der Geburt zugeht (§ 1714 BGB). Eine gerichtliche Bestellung kommt nicht in Betracht und eine Zustimmungserfordernis des Jugendamtes ist nicht vorgesehen (vgl. von Luxburg 1998: 112). Das Jugendamt[50] wird grundsätzlich als Beistand tätig, wobei auch ein rechtsfähiger Verein die Beistandschaft übernehmen kann, wenn das Landesrecht dies ermöglicht (§ 54 I 2 SGB VIII). Gemäß § 55 SGB VIII wird die Ausübung der Beistandschaft vom Jugendamt an einzelne Beamte oder Angestellte übertragen und gehört zu den Angelegenheiten der laufenden Verwaltung.[51] „Die „Übertragung" der Ausübung der Aufgabe [...] bewirkt zum einen, daß deren Vorgesetzter insoweit keine Weisungen erteilen kann, und zum anderen, daß der Beamte oder Angestellte in dem durch die Übertragung umschriebenen Rahmen gesetzlicher Vertreter des Kindes [...] wird" (Hauck 2000 §55: 6). Örtlich zuständig ist das Jugendamt, in dessen Bezirk der sorgeberechtigte Elternteil seinen gewöhnlichen oder hilfsweise seinen tatsächlichen Aufenthalt hat (§ 87c V SGB VIII).

Die neue Beistandschaft beinhaltet keine Einschränkungen der elterlichen Sorge[52] (§ 1716 1 BGB). Dies ist eine wesentliche Neuerung gegenüber der bisherigen gesetzlichen Amtspflegschaft, aber auch gegenüber der „alten Beistandschaft". Die Einschränkung der elterlichen Sorge gehört zwar nicht zu den Rechtsfolgen der Beistandschaft, aber weil gemäß § 1716 2 BGB die übrigen Vorschriften der Pflegschaft gelten, ist der Beistand auch gesetzlicher Vertreter des Kindes (vgl. Münder 1999: 188). „Mit dem Eingang des Antrags beim Jugendamt wird dieses im Rahmen des Wirkungskreises gesetzlicher Vertreter des Kindes (§§ 1716 Satz 2, 1915 Abs. 1, 1793 BGB). Damit unterscheidet sich die neue Beistandschaft deutlich von der des bisherigen Rechtes. Diese ließ z.B. eine Klageerhebung durch das Jugendamt nicht zu, da die Beistandschaft als Beistandschaft ohne Vertretungsmacht ausgestaltet war" (von Luxburg 1998: 112). Die Vertretungsmacht des Beistandes schließt die beiden Aufgabenkreise der Vaterschaftsfeststellung und der Unterhaltssicherung ein. Die Notwendigkeit der Vertretungsmacht wird vom Gesetzgeber folgendermaßen begründet: „Die Erfahrungen in den neuen Bundesländern haben gezeigt, daß sich das Fehlen einer Vertretungsmacht des Jugendamtes nachteilig auf die Vaterschaftsfeststellungsquote auswirkt" (BR-Drs. 890/93: 35).

Die Antragsberechtigung ist an die Alleinsorge eines Elternteils gebunden (durch ledige Mutterschaft oder Sorgerechtsübertragung) oder gilt nach § 1776 BGB auch für berufene Vormünder (§ 1713 BGB). „Voraussetzung, daß ein Elternteil den Antrag stellen kann, ist nach § 1713 BGB, daß ihm für den beantragten Aufgabenkreis die alleinige elterliche Sorge zusteht oder zustehen würde, wenn das Kind geboren wäre. Das Kriterium „alleinige elterliche Sorge" ist damit über den Kreis der Mütter nichtehelicher Kinder (die gemäß § 1626a Abs. 2 BGB zunächst die alleinige elterliche Sorge haben [...]) erweitert worden auf die Personen, die etwa aufgrund einer Entscheidung des Familiengerichts die alleinige elterliche Sorge haben" (Münder 1999: 187). Die Aufgaben der Beistände beschränken sich folglich nicht nur auf Vaterschaftsfeststellung und Geltendmachung von Unterhaltsansprüchen für Kinder nicht verheirateter Eltern, sondern beziehen sich auch auf Unterhaltsstreitigkeiten im Zusammenhang von Trennung und Scheidung. „Nach Scheidung der Eltern kann die Beistandschaft sowohl für die Unterhaltssicherung als auch für die Vaterschaftsfeststellung von Bedeutung sein; für letztere allerdings nur ausnahmsweise, nämlich dann, wenn Identitätszweifel bestehen oder wenn ein Kind adoptiert worden ist, ohne daß vorher die Vaterschaft festgestellt wurde" (Kunkel 1998: 535). Die Unterhaltssicherung nach Trennung und Scheidung erfolgt im Rahmen der Beistandschaft nur für das Kind und nicht für den Unterhaltsanspruch des allein sorgeberechtigten Elternteils. Die Beistandschaft reicht über die Unterstützung bei der Geltendmachung von Unterhaltsansprüchen nach § 18 I SGB VIII hinaus, denn sie umfasst die außergerichtliche und die gerichtliche Einforderung des Unterhalts bis in die Zwangsvollstreckung (vgl. ebd.: 538). Adressat der Hilfeleistung ist das Kind, denn der Beistand ist Beistand des Kindes und nicht des Elternteils (vgl. Kunkel 1998: 536). „Damit folgt die neue Beistandschaft der alten Beistandschaft und der bisherigen gesetzlichen Amtspflegschaft" (ebd.). Beistand ist das Jugendamt (Legalbeistand nach § 55 I SGB VIII). Der einzelne Beamte oder Angestellte des Jugendamtes, dem die Ausübung der Aufgabe durch Verwaltungsakt amtsintern übertragen wurde, ist der sogenannte „Realbeistand" (vgl. ebd.).

„Das Handeln des Realbeistands hat Wirkung in drei Richtungen: einmal hat es Rechtswirkung für das Kind; außerdem Wirkung für das JA, als dessen Beauftragter er handelt; schließlich auch für den Elternteil, auf dessen Antrag hin und in dessen Interesse er tätig wird. Weil der Beistand im Interesse des Elternteils und abhängig von seiner Disposition über Beginn und Ende der Beistandschaft tätig wird, wird er einen Unterhaltsanspruch des Kindes nicht gegen den Elternteil geltend machen können, ebensowenig wird er den Auskunftsanspruch des Kindes aus § 1618a BGB zur Vaterschaftsfeststellung [...] gegen die Mutter durchsetzen können" (ebd.).

Inhaltlich kann die Beistandschaft die Feststellung der Vaterschaft und die Geltendmachung von Unterhaltsansprüchen umfassen beziehungsweise nur eines von beiden (§ 1712 I BGB). „Da es sich bei der neuen Beistandschaft um ein freiwilliges Hilfsangebot handelt (vgl. BT-Drucks. 13/892, S. 28), ist es nur folgerichtig, daß diese Beistandschaft nur in dem Umfang eintritt, in dem der Antragsteller es wünscht" (von Luxburg 1998: 113). Im Rahmen dieses Wirkungskreises hat der Beistand Vertretungsmacht (§§ 1716 2, 1915 I, 1793 1 BGB). „Obwohl die Beistandschaft im BGB geregelt ist, zeigt sich, dass eine große Nähe zum SGB VIII besteht (weswegen auch überlegt wurde, die Beistandschaft dort einzugliedern). Das gilt insbesondere hinsichtlich § 18 SGB VIII. § 18 SGB VIII unterscheidet sich von §§ 1712 ff. BGB insofern, dass es dort nicht auf die formelle Alleinzuständigkeit eines Elternteils ankommt, sondern darauf, ob dieser Elternteil tatsächlich für das Kind sorgt" (Münder 2000: 143).

Die Beistandschaft beinhaltet neben Beratung und Unterstützung auch die Vertretung der Kinder im Prozess, weshalb die Regelungen auch weiter im BGB und nicht im Sozialrecht des SGB VIII formuliert sind. Die Beistandschaft wurde nach wie vor in Form der „Fürsorge im zivilrechtlichen Gewand" gestaltet (vgl. BeistandschaftsG-E 32). Der Gesetzgeber „lehnt damit den Vorschlag vor allem der kommunalen Spitzenverbände und des Bundesrates ab, die Beistandschaft in das KJHG aufzunehmen und ausschließlich auf die Beratung des sorgeberechtigten Elternteils zu beschränken. Hinter diesem Vorschlag stand die Befürchtung, daß das Jugendamt insbesondere bei Kindern, deren Eltern miteinander verheiratet waren, nach Trennung und Scheidung mit Unterhaltsprozessen belastet würde, zu denen die Elternteile auch selbst ökonomisch in der Lage wären" (Schimke 1998: 57).

Aus der Stellung des Beistands als gesetzlicher Vertreter des Kindes folgt, „daß hinsichtlich des Aufgabenkreises der Beistandschaft sowohl der allein sorgeberechtigte Elternteil wie auch der Beistand gesetzlicher Vertreter des Kindes sind. Sie müssen sich also über die entsprechenden Aufgaben verständigen und Konsens erzielen – so etwas wie „gemeinsame elterliche Sorge im Aufgabenkreis der Beistandschaft". Einigen sie sich nicht, so setzt sich – rechtlich gesehen – keiner der beiden durch" (Münder 1999: 188). Allerdings kann der allein sorgeberechtigte Elternteil seinen Willen faktisch realisieren, wenn er eine Aufhebung oder Einschränkung der Beistandschaft beantragt (§ 1715 I BGB). Andererseits sieht § 53a ZPO für den Zivilprozess vor, dass die Vertretung durch den sorgeberechtigten Elternteil ausgeschlossen ist, um zu verhindern, dass in einem Prozess durch den sorgeberechtigten Elternteil und durch das Jugendamt widerstreitende Erklärungen abgegeben werden, aber auch hier ist eine Aufhebungsantrag möglich (vgl. ebd.).

Um das Institut der freiwilligen Beistandschaft den entsprechenden Müttern bekannt zu machen, muss das Jugendamt seine Leistungen anbieten. Denn „nur so ist sichergestellt, daß weiterhin auch Rechte des Kindes (Vaterschaftsfeststellung, Unterhaltssicherung) gewahrt bleiben" (von Luxburg 1998: 114). Gemäß § 52a SGB VIII ist das Jugendamt verpflichtet, Müttern, die nicht mit dem Vater des Kindes verheiratet sind, unverzüglich nach der Geburt Unterstützung anzubieten.[53] Den Namen der jeweiligen Mutter erfährt das Jugendamt wie bisher vom Standesbeamten, denn dieser hat weiterhin eine Mitteilungspflicht gemäß § 21a PStG und § 57 SGB VIII, hinsichtlich der Geburt eines nichtehelichen Kindes (§ 21b PStG).

Beratungsinhalte sind detailliert festgelegt und umfassen Beratung und Unterstützung der Mutter, „insbesondere"[54] bei der Vaterschaftsfeststellung und der Geltendmachung von Unterhaltsansprüchen des Kindes. Neben der Pflicht auf die Bedeutung der Vaterschaftsfeststellung sowie auf die Möglichkeiten und Rechtsfolgen der Beistandschaft hinzuweisen, hat das Jugendamt auch über die Möglichkeit der gemeinsamen Sorge zu informieren (§ 52a I 5 SGB VIII). Der Mutter muss ein persönliches Gespräch angeboten werden. „Da ein Gespräch begriffsnotwendig immer zwischen Personen stattfindet, also ein persönliches Gespräch ist, ist wohl gemeint, daß dieses Gespräch nicht am Telefon stattfinden darf" (Kunkel 1998: 571). Hauck (2000) geht davon aus, dass „Mütter [...] es nicht selten vorziehen [werden], statt auf einen Formbrief zu antworten oder ein Formular auszufüllen, die Umstände der Vaterschaft und den Vater selbst nur in einem persönlichen Gespräch zu offenbaren" (Hauck 2000 §52a: 6). Deshalb wurde das Gesprächsangebot in dieser Form vorgesehen, obwohl der Bundesrat in seiner Stellungnahme eine auf allgemeine Hinweispflicht reduzierte Beratung forderte (vgl. BT-Drs. 13/892: 50).

Als Ort des Gesprächs wird die persönliche Umgebung der Mutter bestimmt, wenn diese es wünscht, „denn gerade in der Zeit nach der Geburt des Kindes kann es für die Mutter des Kindes mit erheblichen Schwierigkeiten verbunden sein, ein - mitunter weit entferntes - Jugendamt aufzusuchen" (Hauck 2000 §52a: 6). Das Gesprächsangebot in persönlicher Umgebung als Regelfall wurde ebenfalls in der Stellungnahme des Bundesrates als überzogen bewertet, weil damit ein erheblicher Zeit- und Kostenaufwand entstehen könnte (vgl. BT-Drs. 13/892: 50). Kunkel (1998) kommentiert, dass das „sozialarbeiterische[] Handeln normativ eingekleidet" wird: „Mit der Gesprächsregelung in Satz 3 und 4 läßt der Gesetzgeber erkennen, wie wenig er von seiner Regelung in § 72 hält, wonach das JA nur Fachkräfte beschäftigen darf. Fachkräfte der Sozialarbeit bedürfen einer derartigen Gängelung nicht" (Kunkel 1998: 571). In der Ausgestaltung des Gesprächsangebotes werden Probleme erwartet, weil die Amtspflegschaft in der Regel von nicht beraterisch qualifizierten Verwaltungskräften durchgeführt wurde, die nun als Beistände tätig sind (vgl. Schimke 1998: 57). „Außerdem sind Hausbesuche üblicherweise den sozialen Fachkräften in den Außendiensten der Jugendämter, bzw. dem ASD zugewiesen" (ebd.: 57f).Die Aufgaben gemäß § 52a (bis 58a) SGB VIII gehören zum Gegenstandsbereich des Sozialgesetzbuchs, das heißt grundsätzlich sind die gemeinsamen Vorschriften des SGB I und X maßgebend (vgl. Hauck 2000 §52a: 3):

„Außerdem wird durch die Einordnung als ‚andere Leistung' klargestellt, daß hier nicht nur ein Anspruch auf Beratung und Unterstützung besteht, sondern daß das Jugendamt von sich aus auf seine Zielgruppe zugehen soll, um sie frühzeitig zu informieren und insbesondere die Feststellung der Vaterschaft sicherzustellen. Die Bezeichnung ‚andere Aufgaben' enthält nicht eine rangmäßige Abstufung gegenüber ‚Leistungen' als mindere Verpflichtung; die ‚anderen Aufgaben' sind vielmehr Ausprägung des staatlichen Wächteramts im Sinne von Artikel 6 Abs. 2 des Grundgesetzes" (ebd.).

Die Beistandschaft ist folglich keine Sozialleistung im Sinne des § 11 SGB I, gehört aber als persönliche Hilfe zu den Dienstleistungen. Dienstleistungen sind nur dann Sozialleistungen, wenn sie Gegenstand der sozialen Rechte nach SGB I sind, das heißt des sozialen Rechts für die Jugendhilfe nach § 8 SGB I, das lediglich die Leistungen der Jugendhilfe umfasst. „Leistungen der Jugendhilfe sind nur die in § 27 Abs. 1 SGB I genannten Hilfen, die den in § 2 Abs. 2 aufgeführten Leistungen entsprechen. Hierzu gehört die Beistandschaft nicht, da sie in § 2 Abs. 3 Nr. 11 aufgeführt ist. Die Vorschriften des SGB I gelten somit nicht für die Beistandschaft" (Kunkel 1998: 531f). Folglich kann die Beistandschaft auch nicht gemäß § 60 SGB I aufgrund fehlender Mitwirkungsbereitschaft des Elternteils beendet werden. Das SGB X ist dagegen anwendbar, da § 1 I 1 SGB X die gesamte öffentlich-rechtliche Verwaltungstätigkeit der Behörde beziehungsweise des Jugendamtes einbezieht.[55]

Begründung, Führung und Beendigung der Beistandschaft findet gemäß § 1716 II BGB und § 57 SGB VIII ohne Beteiligung des Vormundschaftsgerichts statt. Die Beistände sind gegenüber dem Gericht nicht rechnungslegungspflichtig und auch nicht unter Aufsicht gestellt. Schimke (1998) geht davon aus, dass die Beistandschaft auf schriftlichen Antrag beendet wird, wenn der Antragsteller die Voraussetzungen nicht mehr erfüllt (§ 1715 BGB) oder wenn das Kind seinen gewöhnlichen Aufenthalt im Ausland begründet (§ 1717 BGB) (vgl. Schimke 1998: 58). Von Luxburg (1998) betont, dass die Beistandschaft jederzeit auf schriftliches Verlangen des Antragstellers beendet werden kann, „was sich ebenfalls zwingend aus der neuen Ausgestaltung als Hilfestellung ergibt" (von Luxburg 1998: 113). Weiter endet die Beistandschaft auch, wenn die Alleinsorge des Antragstellers endet (§ 1715 II i. V. m. § 1713 I BGB), beispielsweise wenn das Kind volljährig wird, die gemeinsame elterliche Sorge durch Heirat oder Sorgeerklärung eintritt oder wenn das Kind durch Dritte adoptiert wird (vgl. ebd.). „Solange der antragstellende Elternteil allein sorgeberechtigt ist, kann er sich auch bei bestehender Beistandschaft gem. § 18 beraten lassen, z.B. darüber, ob er die Beistandschaft beenden soll. Diese Beratung ist vor allem dann sinnvoll, wenn Beratung und Beistandschaft in der Hand verschiedener Fachkräfte liegen (z.B. die Beratung nach § 18 in den Händen des ASD, die Beistandschaft dagegen in den Händen einer Verwaltungskraft" (ebd.: 547f). Ein missbräuchliches Verlangen des Antragstellers auf Beendigung einer Beistandschaft kann dadurch begegnet werden, dass das Jugendamt bei Gefährdung des Kindeswohls gemäß § 50 III SGB VIII das Familiengericht anruft und dieses dem Elternteil die Sorge für den betreffenden Aufgabenkreis, also Vaterschaftsfeststellung und/oder Unterhaltssicherung entzieht und einem Pfleger überträgt (vgl. Kunkel 1998: 547).

Nach § 18 I SGB VIII haben Mütter und Väter, die allein für ein Kind zu sorgen haben oder tatsächlich sorgen, einen unveränderten Anspruch auf Beratung und Unterstützung bei der Ausübung der Personensorge einschließlich der Geltendmachung von Unterhalts- oder Unterhaltsersatzansprüchen für das Kind. Das bedeutet, dass hier die Leistungsberechtigung nicht an die Alleinsorge eines Elternteils, sondern an dessen tatsächliche Sorge geknüpft ist. Folglich sind auch gemeinsam sorgeberechtigte Eltern anspruchsberechtigt. Weiter ist zu beachten, dass auch der § 18 II SGB VIII eine Neuregelung erfahren hat, die sich auf die Arbeit der Jugendämter auswirkt (Ansprüche nach § 1615l BGB).

Aufgrund der Überleitungsregelungen werden die bisherigen gesetzlichen Amtspflegschaften in Beistandschaften neuen Rechts verwandelt, ohne dass es einer gerichtlichen Entscheidung bedarf (Art. 223 EGBGB). Der Aufgabenkreis wird im Zuge dieser Umstellung auf die Vaterschaftsfeststellung und die Geltendmachung von Unterhaltsansprüchen beschränkt. Eine Beendigung ist auf Wunsch der Mutter möglich und muss dem Jugendamt schriftlich mitgeteilt werden. Beistandschaften ohne Vertretungsmacht sind mit Inkrafttreten des Gesetzes am 1.7.1998 erloschen (vgl. von Luxburg 1998: 114).

Nach Kunkel erhält die Mutter eines Kindes, mit dessen Vater sie nicht verheiratet ist, eine „Drei-Stufen-Hilfe": „Nach § 52a wird ihr zunächst Beratung und Unterstützung lediglich angeboten. Erst wenn die Mutter das Angebot annimmt, hat sie Anspruch auf Beratung und Unterstützung aus § 52a. Auf einer zweiten Stufe kann sie außerdem Beratung und Unterstützung nach § 18 Abs. 1 und 2 beanspruchen. Reicht ihr die Unterstützung bei der Vaterschaftsfeststellung und der Geltendmachung von Unterhaltsansprüchen („kleine Beistandschaft") nach § 18 nicht aus, kann sie auf der dritten Hilfestufe Beistandschaft beim JA gem. § 1712 BGB beantragen" (Kunkel 1998: 562). Folglich bietet das Jugendamt Beratung und Unterstützung nach § 52a SGB VIII als Information, Angebot und Beratung; § 18 I und II SGB VIII als „kleine Beistandschaft" und § 1712 BGB i.V.m. § 55 SGB VIII als freiwillige Beistandschaft. Mit der Abschaffung der gesetzlichen Amtspflegschaft haben sich die Anforderungen an die Jugendämter verändert:

„Trotz inhaltsgleicher Leistung mit § 18 Abs. 1 ist § 52a nicht im Katalog der Leistungen nach § 2 Abs. 2, sondern im Katalog der anderen Aufgaben nach § 2 Abs. 3 enthalten. Die Teilung der Hilfe des JA durch Aufteilung auf die §§ 18 und 52a soll bewirken, daß das JA mit seinem Unterstützungsangebot auf die

Mutter zugeht und nicht darauf wartet, daß sie ihren Anspruch auf Beratung nach § 18 geltend macht. Hier wird erstmals kraft Gesetzes der Bürger zum Kunden i.S.d. neuen Steuerung, um den das JA mit einer kaufmännischen invitatio ad offerendum wirbt" (Kunkel 1998: 562).

Für die JugendamtsmitarbeiterInnen bedeutet diese neue Anforderungsstruktur, dass sie Wege finden müssen, ihre Leistungsanspruchsberechtigten zu erreichen und zur Inanspruchnahme der Leistungen zu motivieren. Kunkel resümiert: „Eine Personaleinsparung ist somit von der Abschaffung der gesetzlichen Amtspflegschaft kaum zu erwarten – eher im Gegenteil. Der frühzeitige, enge und vertrauensvolle Kontakt mit der Mutter erfordert einen hohen Personalaufwand. Je besser es gelingt, das Vertrauen der Mutter zu gewinnen, um so eher wird sie eine Beistandschaft beanspruchen. Personaleinsparung wird allerdings leicht möglich sein – zu Lasten des Kindes –, wenn die Zusammenarbeit mit der Mutter erst gar nicht gesucht wird" (Kunkel 1998: 572).

Die Auswirkung der Einführung der freiwilligen Beistandschaft auf die Jugendämter lässt sich für zwei Bereiche zusammenfassend dokumentieren:

- Mit der Kindschaftsrechtsreform hat in den Jugendamtsabteilungen oder Sachgebieten für Beistandschaft und Unterhaltssachen eine Tätigkeitsverlagerung in Richtung *Angebotsorientierung* stattgefunden. Die *Beratung und Unterstützung* in den Bereichen Vaterschaftsfeststellung und Unterhaltssicherung muss angeboten werden. Die Handlungsorientierung an Leistungsansprüchen auf Beratung und Unterstützung verlangt andere fachliche Kompetenzen und Qualifikationen als rein konditional programmiertes Verwaltungshandeln.
- Mit der Kindschaftsrechtsreform sind die Jugendamtsabteilungen oder Sachgebiete für Beistandschaft und Unterhaltssachen in ihrem Tätigkeitsbereich unabhängiger geworden, denn die Begründung, Führung und Beendigung der Beistandschaft findet *ohne Beteiligung des Vormundschaftsgerichts* statt. Damit sind Entscheidungskompetenzen auf die administrative Ebene verlagert worden.

Das grundsätzliche Spannungsfeld, in dem die JugendamtsmitarbeiterInnen ihre Tätigkeit ausüben, besteht zwischen der Autonomie des Elternteils und den Rechten des Kindes. Adressat der Hilfeleistung ist das Kind, denn der Beistand ist Beistand des Kindes und nicht des Elternteils (vgl. Kunkel 1998: 536). Allerdings handelt der Beistand auf Antrag des Elternteils, für den und in dessen Interesse er tätig wird. Weil der Beistand im Interesse des Elternteils und abhängig von seiner Disposition über Beginn und Ende der Beistandschaft arbeitet, kann die neue Beistandschaft nur dann funktionieren, wenn Beistand und sorgeberechtigter Elternteil kooperieren. Insoweit sind zwischen beiden Personen Absprachen und ein Mindestmaß an Informationen notwendig (vgl. Münder 1999: 188; Roth 1998:

150). Die JugendamtsmitarbeiterInnen sind als Beistände zwar weisungsfrei in ihrem Wirkungskreis,[56] müssen sich aber mit dem allein sorgeberechtigten Elternteil über die entsprechenden Aufgaben verständigen und Konsens erzielen (vgl. Münder 1999: 188). Die vom Gesetzgeber beabsichtigte „Steigerung elterlicher Autonomie" wird von den verfassungsrechtlich geschützten Rechten des Kindes auf Kenntnis der Abstammung und Unterhaltssicherung begrenzt. Konflikte zwischen Beistand und sorgeberechtigtem Elternteil sind dann erwartbar, wenn die Interessen des Elternteils den Rechten des Kindes zuwiderlaufen. Der Beistand wird mit dem Elternteil im Konfliktfall verhandeln müssen, denn im Gegensatz zum Elternteil kann der Beistand nicht die Beistandschaft beenden. Beendet der Elternteil die Beistandschaft, ohne dass die Rechte des Kindes gesichert werden konnten, besteht für den Beistand unterhalb der Gefährdungsgrenze des Kindeswohls keine Handlungsmöglichkeit.

Mit Abschaffung der gesetzlichen Amtspflegschaft und der Einführung der freiwilligen Beistandschaft hat eine radikale rechtliche Umsteuerung im gesellschaftlichen Bereich der Mutterschaft/Elternschaft außerhalb der Ehe stattgefunden. Die im Gesetzgebungsverfahren diskutierte Problematik der gestärkten Autonomie der ledigen Mütter und der geschwächten Position des Jugendamtes als Vertreter der Kindesrechte wurde durch die Gesetzgebung nicht beendet, sondern tritt in der Praxis der Beistände wieder hervor und bestimmt die unterschiedlichen Positionierungen der befragten JugendamtsmitarbeiterInnen. Ledige Mütter nicht mehr als zu bevormundende Personen wahrzunehmen, sondern als mündige Bürgerinnen in einer gesellschaftlich normalen Situation, fällt nicht allen befragten Beiständen leicht, insbesondere wenn die Rechte des Kindes nicht gesichert sind.

Abschaffung der gesetzlichen Amtspflegschaft: „Da gab es ja noch die gesetzliche Amtspflegschaft oder eher Zwangspflegschaft" (9b)
Das Rechtsinstitut der gesetzlichen Amtspflegschaft wurde schon weit vor der Beistandschafts- und Kindschaftsrechtsreform kritisiert und in Frage gestellt:[57] „Die Amtspflegschaft stellte einen Eingriff in das Sorgerecht der nichtehelichen Mütter dar, der auf einem überholten Bild von der Beziehung zwischen Mutter, Vater und Kind bestand. Die hilfebedürftige junge Mutter und der verantwortungslose Vater sind heute Klischeevorstellungen ohne realen Hintergrund. Immer mehr Kinder werden in intakte nichteheliche Beziehungen hineingeboren, in denen weder die Vaterschaftsfeststellung noch der Unterhalt Probleme bereiten. Auch außerhalb nichtehelicher Lebensgemeinschaften sind Väter häufig bereit, ihre Vaterschaft anzuerkennen und ihren gesetzlichen Unterhaltspflichten nachzukommen. Wo dies nicht der Fall ist, sind Mütter oft selbstbewusst genug, die Vaterschaftsfeststellung und die Unterhaltssicherung von sich aus zu betreiben"

(Schimke 1998: 56 in Anlehnung an die Begründung im Beistandschafts G-E: 23).

Die Positionierungen der befragten JugendamtsmitarbeiterInnen zur Abschaffung der gesetzlichen Amtspflegschaft für Kinder, die nicht in einer Ehe geboren werden, sind sehr unterschiedlich und lassen sich als Pro- und Kontrahaltungen kontrastieren. Die Befragten finden die Abschaffung überwiegend eher gut. Begründet wird diese Haltung mit dem Hinweis auf die gesellschaftlichen Veränderungen hinsichtlich der Familienformen. Eine weitere Begründung für die freiwillige Beistandschaft ist, dass in einigen Jugendämtern schon vor der Reform diejenigen Amtspflegschaften regelmäßig aufgehoben wurden, in denen keine Unterstützung nötig war (ca. 80%). Durch die Einführung der freiwilligen Beistandschaft wird keine Verschlechterung gesehen.

Die Abschaffung der gesetzlichen Amtspflegschaft wird begrüßt
„Ich finde auf jeden Fall positiv, das diese Amtspflegschaften abgeschafft sind. Weil die im Prinzip keinem genügt haben" (B I8a/b 1024-1026).
„[D]as ist einfach ein gesellschaftlich nachvollzogener, rechtlicher Schritt einer gesellschaftlichen Entwicklung, weg vom Obrigkeitsstaat, hin zum mündigen Bürger und der Serviceleistung. [...] Das ist ja inzwischen gesellschaftlich anerkannt, dass eine Frau auch ein Kind hat, ohne ständigen Partner beziehungsweise dass Partner, die nicht verheiratet sind, auch Kinder haben. Und da denk ich, war das, war das ein Nachvollziehen einer gesellschaftlichen Entwicklung, jedenfalls im Bereich der Beistandschaften" (B I6b 432-449).
„Ist es auch nicht weniger gut geworden, einfach dadurch, weil wir schon recht frühzeitig dafür gesorgt haben, dass nicht nötige Amtspflegschaften wieder aufgehoben werden. Das heißt wir haben allen Müttern immer angeboten, wenn sie unsere Hilfe nicht brauchten, stellt einen Antrag auf Aufhebung der Beistandschaft, dann muss ja das Gericht drüber entscheiden. Das haben wir auch immer befürwortet" (B I5b 43-49).

Die Abschaffung der gesetzlichen Amtspflegschaft wird aber auch kritisch betrachtet, da befürchtet wird, dass die Rechte der Mütter zu Lasten der Kinder gestärkt wurden. Eine Abschaffung sei nicht nötig gewesen, da die ledigen Mütter sowieso schon lange keine Bevormundung mehr durch die Amtspflegschaft erfahren hätten und eben auch viele Amtspflegschaften nach Aufgabenerfüllung aufgehoben wurden. Die Amtspflegschaft wurde auch vor der Reform nicht mehr als Fürsorgeinstrument gestaltet.

Die Abschaffung der gesetzlichen Amtspflegschaft wird kritisiert
„Es hat aus den Reihen der Praktiker [...], auch vom Deutschen Institut für Vormundschaftswesen aus Heidelberg, hat es also doch recht deutliche Widerstände gerade gegen dieses Gesetz zu Aufhebung [...] der Amtspflegschaften gegeben, die ähnlich argumentiert haben und gesagt haben: Es denkt hier zwar jeder an die Mutter, und die Rechte der Mutter sollen gestärkt werden, und, und, und. Und an die Kinder denkt recht-

lich erst mal wieder niemand. Das ist genau das Ding. Denn die Rechte der Mütter sind erweitert worden, dadurch, dass sie diese Amtspflegschaft nicht mehr sozusagen aushalten mussten und was mit dem Kind passiert, hat wieder keinen interessiert" (B I1b 1353-1363).

„[W]as wir jetzt so mitgekriegt haben, an Rückmeldung, es gibt kaum eine Mutter, die sich definitiv bevormundet gefühlt hat durch uns. Ist eine Sache wie man es verkauft. Wie man das den Leuten mitteilt, was wir für Aufgaben haben und wenn die dann auch hören, das sind alles Ammenmärchen von früher, altes Recht der Fürsorger kommt und ... war ja so, hieß ja mal so. [...]. Und deswegen [...] hab ich eigentlich diese Notwendigkeit, noch mit einigen Leuten zusammen, nicht gesehen, jetzt die Amtspflegschaften komplett abzuschaffen" (B I1b 1194-1212).

Eine völlig andere Situation zeigt sich in den neuen Bundesländern, in denen die gesetzliche Amtspflegschaft nach der Wiedervereinigung nicht in der Form der alten Bundesländer eingeführt worden ist, sondern nur auf Antrag beim Vormundschaftsgericht eingesetzt werden konnte. Die geringe Anzahl der eingerichteten Amtspflegschaften wurde beispielsweise damit begründet, dass diese Leistung auch aufgrund der Personalsituation nicht offensiv angeboten worden sei. Die gerichtliche Antragstellung war eine weitere Hürde für die Inanspruchnahme der Unterstützung. Der Wechsel von der Amtspflegschaft auf Antrag zu der freiwilligen Beistandschaft, wird in den neuen Bundesländern als Erleichterung gesehen, da die Beistände nun sofort und ohne Umweg über das Gericht ihrer Aufgabe nachkommen können, wenn ein Antrag an das Jugendamt ergeht. Für die BürgerInnen der neuen Bundesländer scheint die Einführung der freiwilligen Beistandschaft weniger ein Nachlassen von Bevormundung, sondern ein Zuwachs an Unterstützung vor dem Hintergrund zu sein, dass es vorher die gesetzliche Amtspflegschaft nicht gab.

Die Abschaffung der bestellten Amtspflegschaft wird begrüßt
„[E]s ist ja nach altem Recht so gewesen, dass hier eine Unterhaltsberatung ja ständig stattgefunden hat, anders als im Rahmen [...] der Amtspflegschaften in den alten Bundesländern, [...] eigentlich war es ein Stück neugierig sein: „Was kann das Jugendamt jetzt mehr für mich tun?"" (B I7al/b 430-436).
„Wir hatten Beistandschaften, aber nur eben durch das Gericht bestellte Beistandschaften und die Zahl war sehr gering" (B I7al/b 237-238).
„Weil auch die Eltern, das muss man ja so eindeutig sagen, diesen Weg, wenn sie hier beraten worden sind: „Oh, ich muss zum Gericht und da einen Antrag stellen!" Schon war da die Lücke [...], weil so viele auch diesen Weg zum Gericht eben scheuten" (B I7al/b 268-272).
„[...] dann kann sie [die Mutter], diesen Antrag stellen, und das ist ja jetzt auch das vereinfachte nach der Kindschaftsrechtsreform, dass das nicht mehr übers Vormundschaftsgericht läuft und dass wir das gleich hier mit Antragsaufnahme, mit Leben erfüllen können, der Antrag ist gestellt und sofort ist die Beistandschaft ins Leben gerufen

und wir können sofort als Beistand [...] tätig werden. Also, in sofern ist das für die Mutter eine Entlastung. Und für die Kinder manchmal der schnellere Weg, manchmal, nicht immer, man hat ja auch da Hürden zu nehmen, zu dem Unterhalt zu kommen, den sie eigentlich beanspruchen können" (B I3a/b 4495-511).

„Ich [sehe es] auch als Vorteil, dass das Vormundschaftsgericht jetzt da außen vor ist, dass wir allein die Verantwortung voll übernehmen müssen, und hier für uns eben die Verantwortung tragen für das Kind und die Prozesse von hier aus bestimmen können und das Vormundschaftsgericht eben außen vor ist, sonst mussten wir da ja auch noch zusätzlich Rechenschaft ablegen und wurden regelmäßig aufgefordert, zum Stand der Sache zu berichten. Und das ist ja alles weggefallen, und ich denke mal im Interesse der Arbeit und des konkreten Auftrages hier können wir für das Kind so manches schneller erledigen und haben diese zusätzliche, es war eine Belastung, muss ich so sagen, nicht mehr. Das ist auch ein Vorteil, der sich da raus ergeben hat, aus der Reform" (B I3a/b 1325-1336).

Der Übergang von der gesetzlichen Amtspflegschaft zur freiwilligen Beistandschaft wurde in den alten Bundesländern vollzogen, in dem alle Mütter angeschrieben worden sind, für deren Kinder eine Amtspflegschaft bestand. Da in den meisten Jugendämtern schon vor der Reform des Beistandschaftsgesetzes nur Amtspflegschaften geführt wurden, in denen die Mütter die Unterstützung des Jugendamtes tatsächlich benötigten, wurden aufgrund der Anschreiben kaum Amtspflegschaften beendet, sondern einfach in die neue Form überführt. Die Einführung der freiwilligen Beistandschaft wurde in den neuen Bundesländern zum Teil sehr zögerlich vollzogen, weil für diese qualitativ und quantitativ neue Aufgabe kein entsprechendes und ausreichendes Personal vorhanden war.

Freiwillige Beistandschaft: „[M]ehr als die Hälfte der angeschriebenen Leute kommen nicht (5b)
Im Datenmaterial finden sich Äußerungen zur Inanspruchnahme der freiwilligen Beistandschaft insgesamt. Geschätzt wird, dass sich mehr als die Hälfte der angeschriebenen Mütter von außerhalb der Ehe geborenen Kindern nicht beim Jugendamt melden.[58] In einem Jugendamt wurden die Fälle statistisch ausgewertet. Von den angeschriebenen Müttern beantragten 73% keine Beistandschaft. Die Beistandschaftsfälle sind zahlenmäßig gegenüber den Amtspflegschaftsfällen zurückgegangen. Allerdings sind es insbesondere die arbeitsintensiven Fälle, die weiterhin vom Jugendamt unterstützt werden. In diesen Fällen sind die Mütter auch froh, über die Unterstützung.

Fallrückgang
„Die Beistandschaft sind ja weniger geworden, wo wir richtig ein Mandat haben" (B I9a/b 223-223).
„[...] da haben wir gemerkt, das im Vergleich zum alten Recht zwangsläufig deutlich we-

niger nicht eheliche [...] Kinder bei uns auflaufen, als vorher. Vorher war es ja so bei den Amtspflegschaften, da kam ja jeder, weil er kommen musste" (B I1b 233-236).
„Also, das sind schon ein paar weniger geworden, dadurch auch, das jetzt eben nicht für jedes Kind, was geboren wird, erst wieder eine Amtspflegschaft eintritt und dann aufgehoben wird. Es ist eigentlich weniger geworden, aber die wirklich arbeitsintensiven Fälle, die sind doch geblieben. Das ist nicht so, dass die [Mütter] dann gesagt haben, „Gottseidank, wir können das wieder abgeben". Im Großen und Ganzen sind die [Mütter] dann doch froh, dass wir das machen" (B I8a/b 282-292).

In den Jugendämtern, die eher keinen Fallrückgang durch die Einführung der neuen Beistandschaft beschreiben, wurden schon vor der Reform unnötige Amtspflegschaften aufgehoben, so dass ca. 80% der Geburten außerhalb der Ehe nicht (lange) als Amtspflegschaften geführt wurden. Der Unterstützungsbedarf von ledigen Müttern wird als gleich bleibend wahrgenommen.

Kein Fallrückgang
„Wir hatten also früher nicht mehr Fälle, als jetzt auch. [...] Wir haben immer uns nur um die Fälle gekümmert, [wo] sowieso eine Beistandschaft, damals eine Amtspflegschaft, auch wirklich notwendig war" (B I5b 342-345).
„[E]s [ist] auch nicht weniger geworden, einfach dadurch, weil wir schon recht frühzeitig dafür gesorgt haben, dass nicht nötige Amtspflegschaften wieder aufgehoben werden. Das heißt wir haben allen Müttern immer angeboten, wenn sie unsere Hilfe nicht brauchten, stellt einen Antrag auf Aufhebung der [Amtspflegschaft], dann muss ja das Gericht drüber entscheiden. Das haben wir auch immer befürwortet. Und das sind bei uns also, ich sag mal, fast 80% aller damals eingetretenen Amtspflegschaften sind gleich wieder aufgehoben worden. [...] [D]as hat dazu geführt, dass wir die Fälle, in Anführungsstrichen, die wir hatten, auch behalten haben, weil das alles Fälle waren, wo die Mutter tatsächlich vertreten wurde. Und deswegen ist es arbeitsmäßig eben nicht weniger geworden" (B I5b 43-58).
„Es ist in dem Sinne kein Arbeitswegfall, das Kind hat einen anderen Namen gekriegt. Also nicht dieser Erfolg, den man gemeint hatte, [dass] jetzt sagen soundsoviel Eltern [sagen]: „Fein! Gesetzlich bin ich jetzt nicht mehr unter Vormundschaft gestellt oder das Kind nicht, das brauch ich ja sowieso alles nicht". Sondern im Gegenteil, es ist fast gleichwertig irgendwo oder gleichrangig im Umfang geblieben. [Das] heißt, der hehre Bedarf ist trotzdem da" (B I6b 107-119).

Für die befragten JugendamtsmitarbeiterInnen in den neuen Bundesländern stellt sich die Fallentwicklung gänzlich anders dar, denn aufgrund der neu geschaffenen Möglichkeit der Beistandschaft ohne vorherige Amtspflegschaft, musste es zu einem Fallanstieg kommen. Die qualitative (Verantwortung) und quantitative (Fallzahl) Mehrbelastung durch die neue Aufgabe konnte in den neuen Bundesländern nur durch Personalzuführung geleistet werden.

Fallanstieg
„Das ist relativ gut angenommen worden. Es hat sich rumgesprochen, [...] durch Zeitschriften. Also, wir haben hier Anrufe gehabt, da steht etwas in der Zeitschrift sowieso, [...] und es wurde angefragt, es hat zögerlich begonnen, aber es ist so ein ständiger Fluss eingetreten, aber nicht nur dadurch, dass jetzt Presse und Öffentlichkeitsarbeit notwendig war, auch durch andere, mit anderen meine ich durch andere Personen, die auch beraten im Jugendamt, wie Sozialarbeiter, und da schließt sich jetzt so ein bisschen der Kreis, denn es ist ja Interesse da, die entsprechenden Dinge durchzusetzen, wie auch Sozialämter, die da beraten haben. Oder die Unterhaltsvorschusskassen beraten haben" (B I7al/b 385-395).
„Irgendwann kommt ja dann doch der Punkt, wo es dann nicht mehr anderes geht. Auf der freiwilligen Ebene, eben keine Klärung herbeizuführen ist und wir dann die gerichtlichen Schritte einleiten müssen, Klagen führen müssen, Termine beim Gericht wahrnehmen müssen. Das ist ja richtig intensiv nachher.[...] Und insofern ist von daher eine Mehrbelastung entstanden, aber wie gesagt durch Personalzuführung gut in den Griff zu bekommen" (B I3a/b 367-377).

Die Stellung des Beistandes gegenüber der Mutter beziehungsweise gegenüber dem Kind hat sich dahingehend verändert, dass nun die Unterstützung für Mütter im Vordergrund steht, statt die gesetzliche Vertretung der Kinder. Das „Klima" zwischen Beistand und Mutter hat sich verändert, denn diese müssen nun überzeugt werden. Der Beistand kann nicht mehr das „Beste für die Kinder" ohne Abstimmung mit dem Elternteil durchsetzen.

Ausgestaltung der freiwilligen Beistandschaft: „[W]eg vom Obrigkeitsstaat, hin zum mündigen Bürger und der Serviceleistung" (6b)
Der neue Beistand nach der Kindschaftsrechtsreform besitzt wie der frühere gesetzliche Amtspfleger die gesetzliche Vertretungsmacht für das Kind, die sich aus der Verweisung des § 1716 II BGB auf das Pflegschaftsrecht (§ 1918 II BGB) ergibt (vgl. Roth 1998: 148). Unter dem Stichwort „Vertretungsmacht" wurde diskutiert, ob der neue Beistand eine „Mogelpackung" sei, denn es bestand der Eindruck, dass der selbstständig und unabhängig von der Mutter handelnde Beistand, nur ein Amtspfleger unter neuem Namen wäre (vgl. Gawlitta 1998: 156f). Gawlitta spricht sich für eine „sinngerechte Auslegung" des gesetzlichen Vertretungsrechts aus, in dem die Regelung in § 1716 BGB, dass die elterliche Sorge durch die Beistandschaft nicht eingeschränkt wird, grundlegend zu beachten sei (ebd.: 157). Die gesetzliche Vertretungsmacht sei demnach der Vertretungsmacht der Mutter unterzuordnen, denn das Reformziel der Steigerung elterlicher Autonomie, könne nur dann verwirklicht werden, wenn der Beistand sich in allen Details mit seiner Auftraggeberin abstimme. Ist dies nicht der Fall, werde die Vertretungsmacht des Beistands zur Herrschaftsmacht. Für die Auslegung Gawlittas spricht das Antragsmodell der Beistandschaft, denn

der antragsberechtigte Elternteil kann ebenso die Aufhebung beantragen. Daran schließt sich die Frage an, ob dem Beistand auch Weisungen von der Mutter erteilt werden können. Gegen eine Weisungsgebundenheit des Beistandes argumentiert Roth (1998), dass „[a]llein die Tatsache, daß der Eintritt der Beistandschaft freiwillig von der Entscheidung des sorgeberechtigten Elternteils abhängt, rechtfertigt also noch nicht den Schluß, daß der Beistand auch im übrigen abhängig ist" (Roth 1998: 149). Der Beistand ist grundsätzlich weisungsfrei in seinem Wirkungskreis und dies gilt auch gegenüber dem Antragsteller. Der Beistand ist darüber hinaus nicht Vertreter des Elternteils sondern des Kindes. Dem Reformziel „elterliche Autonomie" setzt Roth entgegen, dass zwar „der Gesetzgeber der elterlichen Autonomie einen hohen Stellenwert zugesprochen [hat], [...] diesen Aspekt jedoch nicht absolut [setzt], was auch aus verfassungsrechtlichen Gründen wegen der Rechte des Kindes nicht möglich gewesen wäre" (ebd.). Demnach muss der Beistand die subjektiven Vorstellungen des sorgeberechtigten Elternteils nur bedingt beachten, denn „trotz aller Rücksichtnahme auf die Interessen der Kindesmutter [sollen] die Rechte des Kindes (auf Kenntnis der Abstammung, Unterhalt) nicht ganz unerwähnt bleiben. Diese wahrzunehmen ist Aufgabe des Beistands und über sie kann die Kindsmutter nicht ohne weiteres disponieren" (ebd.).

Das grundsätzliche Spannungsfeld, in dem der Beistand seine Tätigkeit ausübt, besteht zwischen der Autonomie des Elternteils und den Rechten des Kindes. Die JugendamtsmitarbeiterInnen sind verpflichtet. allein nach ihrer Sachkunde zu entscheiden und sind an den Grundsatz der Rechtmäßigkeit des Verwaltungshandelns gebunden (vgl. ebd.). Nach Roth (1998) wird die neue Beistandschaft nur dann funktionieren, „wenn es zu einer gedeihlichen Kooperation zwischen Beistand und sorgeberechtigtem Elternteil kommt. Insoweit sind zwischen beiden Personen Absprachen und ein Mindestmaß an Informationen notwendig, wünschenswert wäre eine möglichst ausführliche Beratung des Jugendamtes vor Eintritt der Beistandschaft" (ebd.: 150).

Es wird deutlich, dass sich seit Einführung der freiwilligen Beistandschaft die Stellung der JugendamtsmitarbeiterInnen verändert hat. Die Positionen unterscheiden sich nach alten und neuen Bundesländern. Während in den Jugendämtern der alten Bundesländer die freiwillige Beistandschaft als Abbau gesetzlicher Vertretungs- oder Durchsetzungsmacht, je nach Haltung, positiv oder negativ gewertet wird, betrachten die Befragten in den neuen Ländern die Einführung der freiwilligen Beistandschaft als Aufbau von Vertretungs- oder Durchsetzungsmacht für Kinder positiv. Der Abbau von Vertretungsmacht bewirkt eine Veränderung des „Klimas" zwischen Müttern und JugendamtsmitarbeiterInnen, weil der Beistand die Mutter an seinem Vorgehen beteiligen muss. Mit dem Abbau von Vertretungsmacht hat sich die Stellung der JugendamtsmitarbeiterIn gegenüber der Mutter inhaltlich verändert, weil aufgrund der Rechtslage ein großer

Abstimmungsbedarf entstanden ist. Die Stellung der Mutter gegenüber dem Beistand hat sich dementsprechend auch verändert, denn sie können nun selbst entscheiden, ob sie die Unterstützung des Jugendamtes benötigen. Aufgrund der Veränderungen müssen die JugendamtsmitarbeiterInnen umdenken und ihre Arbeitsweise verändern. Die gestärkte Position der Mütter und der entstandene Abstimmungsbedarf bedeuten für die Beistände einen zeitlichen Mehraufwand. Mittels schriftlicher Beteiligungsvereinbarungen mit der Mutter wird der Abstimmungsbedarf gemindert oder zumindest geklärt. Ledige Mütter sind nicht mehr als zu bevormundende Personen wahrzunehmen, die ihre Kinder nicht ausreichend vertreten können, sondern als mündige Bürgerinnen, denen in einer gesellschaftlich normalen Situation, nämlich der Kindesgeburt außerhalb der Ehe, eine Dienstleistung angeboten wird.

Abbau von Durchsetzungsmacht gegenüber der Mutter
(alte Bundesländer)
„[...] Wir sind keine gesetzlichen Vertreter der Kinder im dem Sinne mehr, sondern wir unterstützen die Mutter bei der Geltendmachung des Unterhaltes und können natürlich in dem Rahmen die Kinder auch vertreten, aber die Mutter bleibt gesetzliche Vertreterin. [...] [Das] Vertretungsrecht ist ja nicht mehr eingeschränkt, und das ist natürlich ein anderes Klima der Tätigkeit [...]. Man kann nicht mehr sagen, so ich will das und ich mach das, weil das für das Kind das Beste ist, sondern man muss die Mutter mit überzeugen, was für das Kind am Besten ist, also nur auf den Unterhalt betroffen" (B I5b 22-33).
„Das Einzige, was sich verändert hat, das ist die, die Stellung des Mitarbeiters im Jugendamt gegenüber der Mutter. Früher hatte er eine Art Ersatzfunktion und konnte völlig eigenständig handeln, als Beistand ist er aber gleichberechtigt beziehungsweise die Mutter bleibt trotzdem gesetzlicher Vertreter für das Kind. Und jetzt entsteht plötzlich ein ziemlich starker Abstimmungsbedarf zwischen Mutter und Beistand im Jugendamt. Das ist eine wirklich inhaltliche Veränderung gewesen" (B I6b 121-129).
„Aus dieser neuen Position heraus und dem Erfordernis der Abstimmung mit der Mutter, gibt es natürlich auch einen zeitlichen Mehraufwand, das heißt es wird mehr gesprochen, mehr telefoniert[...]" (B I6b 143-159).
„[...] weil sie [die Mütter] jetzt, nach dem Beratungsangebot was wir machen, diejenigen sind, die entscheiden, ob sie das Jugendamt in ihr Leben mit integrieren wollen oder nicht. Während das früher keine Frage war, sie mussten sich damit auseinandersetzen. Der Staat hat gesagt: Ich muss mich für dieses Kind einsetzen, das Kind hat ein Recht, seinen Vater zu kennen und ein Recht auf seine Unterhaltsansprüche und das machen wir jetzt. Fertig" (B I6b 171-179).
„Inhaltlich insofern, als die Kollegen im Jugendamt ihre Positionen gedanklich verändern mussten. Dass sie nicht mehr sagen konnten, ich mach das jetzt so, wie ich das für richtig halte, sondern da ist noch einer, der mitbestimmt und der jederzeit auch sagen kann, ich will das nicht mehr: Ich beende die Beistandschaft, die ist vorbei. Also, eine Frage mehr an das Selbstverständnis. Nicht mehr dieses Obrigkeitsdenken oder der Obrigkeitsstaat, sondern das Hilfsangebot" (B I6b 132-139).

Der Abbau von Vertretungsmacht wurde auch kritisiert, weil eine rechtliche Schlechterstellung der Kinder befürchtet wird, wenn die Rechte der Mütter gestärkt sind. Ein anderer Aspekt der veränderten Jugendamtsstellung ist die schwache Jugendamtsposition hinsichtlich der Beendigung von Beistandschaften, denn das Jugendamt besitzt kein eigenes Antragsrecht, um problematische Fälle voranzutreiben.

Kritik am Abbau der Durchsetzungsmacht (alte Bundesländer)
„Das sind so die Geschichten, wo man vom Gesetzgeber her weniger an das Recht des Kindes gedacht hat, als an dass „Recht der Mutter", jetzt alles allein zu können und zu dürfen und zu wollen.[...]" (B I1b 1287-1294).
„[...] ich würde es ganz gut finden, bei der Beendigung der Beistandschaft, wenn das Jugendamt auch ein Antragsrecht hätte. Weil es ist häufig so, dass Fälle in Aktenschränken schmoren, die definitiv mittlerweile geführt werden müssten, also nur die Mutter hat ja ein Mandat. [...] die Mutter hat früher einen Antrag gestellt auf Beendigung dieser Amtspflegschaft, dann ging das ja zur Stellungnahme zum zuständigen Amtsgericht, und wenn wir denn als Amtspfleger gesagt haben das ist nicht in Ordnung, da ist eine fingierte Sache drin oder so was, wurde dem Antrag nicht entsprochen. [...] den Fall hatten wir, [da] wird die ganze Sache angeschoben, mitten in der Klage hat die Mutter gesagt, die ganze Sache ist erledigt, er ist doch nicht der Vater und mehr muss sie nicht begründen und dann ist die ganze Sache erledigt, das heißt. man hat da eine schwache Position mittlerweile. Und so eine Mutter zu stärken, als grundsätzlich Sorgeberechtigte, finde ich ja gar nicht verkehrt, aber das Jugendamt ist auch so ein bisschen Spielball oder kann zum Spielball werden" (B I9a/b 488-506).

In den Jugendämtern neuer Bundesländer wird in der freiwilligen Beistandschaft ein Aufbau von Vertretungsmacht und somit eine verbesserte rechtliche Lage der JugendamtsmitarbeiterInnen zur Vertretung von Kinderrechten gesehen, denn gesetzliche Amtspflegschaften konnten zuvor nicht geführt werden. Die veränderte rechtliche Stellung und inhaltliche Qualität der Position „Beistand" wird in den neuen Bundesländern besonders hervorgehoben. Das Kindeswohl wird als unverändertes Arbeitsziel hervorgehoben. Die gleichberechtigte Stellung von Beistand und Mutter und der Abstimmungsbedarf zwischen ihnen wird sehr positiv bewertet.

Aufbau von Durchsetzungsmacht gegenüber der Mutter
(neue Bundesländer)
„Wir sind eigentlich in einer besseren Lage, hier Vertreter der Kinder sein zu dürfen, nämlich in einer gesetzlichen Lage, [...] und die Qualität, die auch eine andere geworden ist, nämlich: Einmal Durchsetzung, also Feststellung der Vaterschaft und Durchsetzung der Unterhaltsansprüche jetzt in der Form, das der Beistand Vertreter des Kindes ist. [...] Also, ich muss sagen, dass ist sehr gut angekommen" (B I7a1/b 438-448).
„[F]ür die Aufgaben ist der Beistand eigenverantwortlich tätig. Und das ist eine neue Priorität" (B I7a1/b 1057-1058).

„Es ist ja ihre Pflicht, diese Dinge für das Kind durchzusetzen und [...] sie [die Mütter] sollen es im Rahmen der Beistandschaft mit unserer Hilfe tun. Sie sind ja trotzdem nicht raus. Sie werden ja über alle Schritte, die wir hier tun, sie werden mit einbezogen, sie werden benachrichtigt, sie sind nicht außen vor. Und da sie dieses Gefühl haben, dass es mit uns passiert, mit ihnen passiert, ja, läuft es gut" (B I7al/b 466-470).
„Es war vorher auch schon unser oberstes Ziel, sag ich mal, unser Arbeitsziel ist ja immer das Wohl des Kindes, speziell gerichtet auf den Unterhaltsanspruch, den das Kind hat und ihm dazu zu verhelfen, [...] und deren Anspruch eben gegeben ist, so schnell wie möglich durchzusetzen und zu sichern.[...]" (B I3a/b 1299-1303).

Der wesentliche Unterschied in den Haltungen der JugendamtsmitarbeiterInnen bezieht sich auf die Frage der Verantwortung für die Durchsetzung der Rechte des Kindes auf Kenntnis des Vaters und auf Leistung von Unterhaltszahlungen. Während einige die Verantwortung für die Rechte des Kindes auf Seiten der Beistände sehen, und diese auch gegen die Mütter durchsetzen wollen „Wir arbeiten nämlich für ihr Kind" (B I1b 223), sehen andere eher die durch Unterstützung zu flankierende Verantwortung der Mütter „Es ist ja ihre Pflicht, diese Dinge für das Kind durchzusetzen und [...] sie [die Mütter] sollen es im Rahmen der Beistandschaft mit unserer Hilfe tun" (B I7al/b 466-467).

Freiwillige Beistandschaft als Risiko für Kinder: „Und es fallen Leute durch den Rost" (1b)
Diese unterschiedlichen Positionierungen zur freiwilligen Beistandschaft werden noch einmal deutlich, wenn es um die Einschätzung des Risikos geht, dass Kinder nicht zu ihren Rechten kommen, weil die Mütter ihre Verantwortung nicht wahrnehmen. Die befragten JugendamtsmitarbeiterInnen der Beistandschaft sind sich darüber einig, dass es durch die Abschaffung der gesetzlichen Amtspflegschaft und die Einführung der freiwilligen Beistandschaft, in einigen Fällen dazu kommen kann, dass die Vaterschaftsanerkennung und die Geltendmachung von Unterhalt nicht gewahrt beziehungsweise durchgesetzt werden, weil die betreffenden Mütter sich nicht darum kümmern und die Unterstützung vom Jugendamt nicht wahrnehmen. Die Positionierungen zu dieser Problematik sind unterschiedlich. Einer der befragten Beistände betrachtet die „Alleinverantwortung" der Mütter besonders kritisch, da es keine „Kontrollinstanz" mehr gibt.

Kritik am Risiko für Kinder
„Gut, man stellt das alles auf freiwillige Basis, wir verschicken unsere Broschüren ohne Ende und wie die Blöden, und jede [Frau], die Mutter wird und nicht verheiratet ist, kriegt eine Broschüre. So ungefähr jedenfalls. Jetzt liegt es aber an der guten Frau, sich zu melden, [...] oder überhaupt irgendwas für ihr Kind zu machen. Das heißt die freiwillige Basis bedeutet genauso, dass sie auch ohne irgendwelche rechtliche Probleme zu krie-

gen, überhaupt nichts machen kann. Oder Willi Meier aus Hamburg anhaut, und sagt: „Hier, wir ham ja mal zusammen und weist du noch damals in der Disco und mach mal eben eine Vaterschaftsanerkennung". Also, soll man nicht gerade vermuten, dass das öfter mal passiert, aber es passiert halt, das solchen Geschichten Tür und Tor geöffnet werden. Weil es gibt in dem Sinne nicht so eine Art Kontrollinstanz, wie den damaligen Amtspfleger, der dann doch eher versucht, die Leute so ein bisschen auf den richtigen Weg zu bringen. Die Mutter kann, oder braucht nichts zu machen. Oder ich hab eine Mutter, die die Hälfte unserer Broschüre nicht versteht. [...] wenn ich eine Mutter habe, die, sagen wir mal nicht so strukturiert ist, die aus einem etwas sozial schwächeren Umfeld kommt, und ein bisschen Verständnisprobleme hat, die weiß gar nicht was diese Broschüre soll. Die denkt sich auch, was weiß ich, der Typ mit dem sie da grade zusammenwohnt, der der Vati ihres Kindes ist, das weiß ja nun jeder dass der das ist, und dann macht sie da nix mehr. Und dann passiert dem was, ja und dann ist das Geschrei groß. Dann geht es um irgendwelche Erbrechte und dann stellt man auf einmal nach Jahren fest, halt mal, stopp, da ist ja überhaupt keine formelle Vaterschaftsanerkennung passiert. Also das gibt es durchaus, dass da merkwürdige Situationen entstehen können. Und es fallen Leute durch den Rost. Und das ist eher zum Nachteil der Kinder dieser Mütter, als das es irgendwie zum Vorteil ist" (B I1b 1214-1242).

Andere Beistände sehen zwar auch das Risiko, dass die betreffenden Rechte der Kinder in manchen Fällen nicht durchgesetzt werden, interpretieren die große Anzahl der Mütter, die nach der Reform nicht mehr den Kontakt zum Jugendamt suchen, als Hinweis, dass viele Mütter die Unterstützung durch die freiwillige Beistandschaft nicht brauchen, da sie eigene Mittel und Wege haben, um ihren Kindern zu ihren Rechten zu verhelfen. Das „Restrisiko" wird eher gering eingeschätzt.

Geringes Restrisiko für Kinder
„Also, das Risiko steckt da natürlich mit drin. [...] Man hat nicht nur damit Gutes getan, sondern man riskiert damit auch, dass ein Kind nicht zu seinem Recht kommt. Es gibt ja auch Mütter, die sagen, mit dem Kerl, [...], mit dem will ich überhaupt nichts mehr zu tun haben. Also, das mach ich jetzt alles alleine. Das ist so ein Filou, der hat mich im Stich gelassen, da will ich absolut nichts mehr von wissen. Da muss das Kind diese Entscheidung mittragen, nicht. Gut, ich mein, die Mutter sorgt dann ja auch für das Kind, davon muss man in erster Linie ausgehen, es sei denn, die kommen dann in die Jugendhilfe oder in eine Erziehungsbeistandschaft, weil irgendwas vorfällt. Aber erst dann wird praktisch wieder die Sache spruchreif. Es bleibt also eine Grauzone von Kindern, die eventuell nicht in den Genuss kommen. Aber ich denke mal nicht, dass man das so hoch ansetzen muss, dieses Risiko. Der überwiegende Teil der Mütter, 70, 80, 90% die suchen schon nach Unterstützung oder sind selber tatsächlich auch in der Lage, geistig, sind ja nicht nur die Fälle, wo mangelnde Intelligenz vorliegt, sondern es gibt ja sehr selbstbewusste Mütter auch, die sich auch ihren Weg suchen, oder gehen zum Rechtsanwalt oder sonst irgendwie was. Das Jugendamt ist ja nicht die einzige Stelle, die da helfen kann. Nicht, das sind dann eher die, die sich geistig mit dem Thema nicht so auseinan-

dersetzen können oder auch wollen" B I6b 486-514).
„Sicherlich gibt es auch Fälle, wo man sich vorstellen muss, dass das zu Lasten des Kindes geht. Wenn eine Mutter also jetzt nicht das Angebot annimmt, dann gibt es keine Möglichkeit mehr, tätig zu werden. Erst wenn das Kind selber sagt, jetzt bin ich so alt, jetzt will ich wissen, wer mein Vater ist. Und dann muss es auch schon die geistige Reife haben beziehungsweise kann denn erst als 18-jähriger zu uns kommen" (B I6b 470476).

Eine Motivationsquelle für die Mütter, die freiwillige Beistandschaft in Anspruch zu nehmen, sind Problemsituationen hinsichtlich der Vaterschaft oder des Unterhalts. Einige JugendamtsmitarbeiterInnen suchen allerdings nach Motivationswegen, die vor dem Eintritt von Schwierigkeiten dazu führen, dass Mütter die Problematik erkennen und rechtzeitig Angebote des Jugendamtes wahrnehmen.

Motivationswege: „[N]eue Wege suchen [...], um das Klientel zu erreichen" (6b)
Es ist Aufgabe des Jugendamtes, den nicht verheirateten Müttern die Bedeutung der Vaterschaftsfeststellung zu vermitteln, unabhängig davon, ob der Vater mit Mutter und Kind in einer Haushaltsgemeinschaft lebt oder nicht. Eine der befragten JugendamtsmitarbeiterInnen geht davon aus, dass die gestärkte Autonomie der ledigen Mütter nur über Öffentlichkeitsarbeit abgefedert werden, wenn Mütter dazu motiviert werden, die Rechte ihrer Kinder wahrzunehmen.

Neue Motivationswege
„Es ist [...] schwieriger geworden insofern, als sie neue Wege suchen müssen, um das Klientel zu erreichen, wie auch immer. Vorher waren sie einfach in die Situation versetzt, hier ist ein Kind, und hier muss gehandelt werden. Jetzt müssen sie selber Wege suchen. Da [...] kommt es auf die Motivation und die Aktivitäten mehr an, die man jetzt da investiert. Insofern vielleicht weniger überschaubar, weil ich könnte mir vorstellen, das es schon kreismäßig in einem Land Unterschiede gibt, welchen Schwerpunkt die einzelnen Jugendämter auf diese Problematik setzen und da auch was machen [Öffentlichkeitsarbeit] oder Beratungsangebote, Infoveranstaltungen, man kann ja eine Vielfalt von Sachen machen" (B I6b 518-536).

Beispiele für die Motivierung der Mütter durch Information sind in den Informationsbroschüren der befragten Jugendämter zu finden. Es wird besonders betont, dass es Aufgabe und Pflicht der allein sorgeberechtigten Mutter sei, für die Vaterschaftsfeststellung und die Geltendmachung des Kindesunterhaltes zu sorgen. Zum Thema Vaterschaft wird den Müttern eine Feststellung verpflichtend nahe gelegt und auf das Recht des Kindes auf Kenntnis der eigenen Abstammung hingewiesen. Weiter wird eine Verpflichtung der Mutter betont, für den Unterhalt des Kindes zu sorgen.

Die JugendamtsmitarbeiterInnen setzten aber auch auf die Beratung anderer Ämter (Sozialamt) oder Jugendamtsstellen (UVK) und gehen davon aus, dass Mütter mit finanziellen Problemen regelrecht zu den Beiständen „geschickt" würden. In der Fachpresse wurde 1998 schon davon ausgegangen, dass „es immer Mütter geben [wird], die das Jugendamt auch mit mehreren Schreiben nicht erreicht, [...]. Viele dieser Mütter werden voraussichtlich über den Antrag auf Unterhaltsvorschussleistungen dann doch noch den Weg zum Jugendamt finden" (Wolf 1998: 41). Diese Erwartung wird von den befragten JugendamtsmitarbeiterInnen weitgehend geteilt, aber auch, wenn das Sozialamt ledige Mütter zum Jugendamt schickt, um über eine Vaterschaftsfeststellung und einen Unterhaltstitel den Unterhalt für die Kinder absichern zu lassen, können die Mütter nicht zur Einrichtung einer Beistandschaft gezwungen werden. Wolf (1998) problematisiert die Aufgabe der Jugendämter folgendermaßen:

„Das Jugendamt hat Beratung und Unterstützung anzubieten. Aber niemand kann die Mütter zwingen, dieses Angebot auch anzunehmen. Da aber mit Beratung, Unterstützung und Gespräch u.a. sichergestellt werden soll, daß das Recht des Kindes auf Kenntnis seiner Abstammung gewahrt wird, kann das Jugendamt es nicht mit einem Brief bewenden lassen. Es muß entscheiden, ob und wie es aus eigener Veranlassung erneut tätig wird, wenn die Kindsmutter auf das erste Schreiben nicht reagiert. Die Überlegungen der Praktiker schwanken zwischen ‚gar nichts mehr zu tun' und ‚das Vormundschaftsgericht einschalten'. Ich persönlich halte alle Maßnahmen – außer den Müttern zu schreiben – grundsätzlich für unangemessen. Allerdings scheint mir erst dann der Rückschluss zulässig, daß die Kindsmutter das Beratungsangebot nicht annehmen will, wenn das Jugendamt mindestens zweimal schriftlich auf das erste Schreiben hingewiesen hat" (Wolf 1998: 41).

In den Aussagen der befragten JugendamtsmitarbeiterInnen sind unterschiedliche Positionen enthalten, die für oder gegen mehrmaliges Anschreiben der Mütter beziehungsweise der Leistungsberechtigten sprechen. Während der Gesetzgebungsphase wurde die sogenannte „zweite Welle" als Modell diskutiert. Das Modell „zweite Welle"[59] ist „eine Ergänzung des Antragsmodells. Der Standesbeamte soll verpflichtet werden, das Jugendamt zu benachrichtigen, wenn eine bestimmte Zeit nach der Geburt des Kindes der Vater noch nicht im Geburtenbuch beigeschrieben ist. Das Jugendamt kann dann prüfen, aus welchen Gründen die Vaterschaftsfeststellung unterblieb. Zur Abwendung einer Gefährdung des Kindeswohls kann es das Vormundschaftsgericht anrufen" (BR-Drs. 890/93: 28). Der Beschluss des Gesetzgebers gegen die „zweite Welle" wird z.T. von den befragten JugendamtsmitarbeiterInnen kritisiert, aber auch respektiert.

Für die „zweite Welle"
„Das [die zweite Welle] wäre eigentlich [...] aus meiner persönlichen Sicht, im Sinne der

Kinder, die ideale Geschichte gewesen und genau solche Fälle, die sonst durch den Rost fallen, weil die Mütter aus irgendwelchen Gründen oder aus Bock oder aus Trägheit nichts machen, aufzufangen. Ein Jahr nach Geburt hätte normalerweise, wenn sie was macht, die Mutter, eigentlich längst alles über die Bühne sein müssen. Und diese Kontrollmöglichkeiten des Standesamtes, [...]. Also die sehen nach 1 Jahr: Ist eine Beschreibung des Vaters passiert oder nicht. Und wenn nicht, automatische Meldung ans Jugendamt: Hier haben wir einen Fall, wo noch nichts passiert ist, das würde für uns dann bedeuten, dass wir diese Leute anschreiben, diese Mütter anschreiben und sagen, hier, denken sie bitte daran und in welcher Form auch immer, und dann auch tatsächlich eine Beistandschaft oder wieder so eine Art Pflegschaft dann eintreten lässt, beim Jugendamt oder zumindest uns nur noch mal eine neue Notwendigkeit eröffnet, zu informieren und dann noch mal ein bisschen zu stupsen, von wegen hier, „sieh zu, die Rechte deines Kindes sind auch nach 1 Jahr nicht abgesichert. Mach mal was!" [...]" (B I1b 1308-1330).

„[...] dieses Einarbeiten irgendeiner „Kontrollinstanz" [...], die jetzt Rechte der Kinder auch in Richtung rechtliche Absicherung: Vaterschaft und Unterhalt, irgendwie im Auge hat. Überwiegend Vaterschaft. Und erster Anlaufpunkt [wäre] dann das Standesamt, weil die es zuerst mitkriegen. Also genau dieses Modell: „Zweite Welle", was gekippt worden ist im, soweit ich mich erinnern kann, Rechtsausschuss des Bundestages" (B I1b 1423-1428).

Wenn die wesentlichen Informationen im ersten Anschreiben an die Mütter enthalten waren, wird die „zweite Welle" als überflüssig betrachtet. Andere Befragte sehen in der Forderung nach einer „Kontrollinstanz" oder nach der „zweiten Welle" die Ängste der „alten Amtspfleger", die der Autonomie, Selbstständigkeit und Verantwortung lediger Mütter nicht trauen. Jenes Misstrauen wird als unangebracht eingeschätzt, weil in Problemsituationen die Mütter von anderen Ämtern und Behörden zum Jugendamt verwiesen würden. Ein zweites Anschreiben würde nur unnötigen Verwaltungsaufwand produzieren und nicht zum Erfolg führen.

Gegen die „zweite Welle"

„[D]as [zweite Welle] machen wir nicht. Der Gesetzgeber hat gewollt, dass die Selbständigkeit der Frauen in erster Linie, der Alleinerziehenden, gestützt wird, und wir haben gesagt, wenn jemand nicht kommt, dann hat er vielleicht gute Gründe" (B I6b 284-290).

„[U]nser Informationsschreiben ist so, dass die Mütter auch informiert worden sind über die Position des Kindes, dass man mit einer Vaterschaftsfeststellung, die nicht zertifiziert wird, ein Rechtsschutzbedürfnis des Kindes beschneidet. Wenn diese Informationen in dem ersten Schreiben drin sind, und die Mutter das Schreiben gesehen hat, bedarf es keiner zweiten Welle" (B I9a/b 515-519).

„Das wurde diskutiert [...] wir waren ja [an der] Diskussion auch rege beteiligt. Aus meiner Sicht waren [das] die alten Amtspflegern, die gestandenen Amtspflegern [haben das] immer gefordert, weil die gedacht haben, das klappt nie. Also wir persönlich sind immer dafür eingetreten, dass eine zweite Welle nicht erforderlich ist, weil die, die dann aus Desinteresse oder so nix machen, die Mütter, die kommen irgendwann, weil sie von anderen geschickt werden. Die kommen auch nicht, wenn wir ein zweites Mal anschreiben [...]" (B I5b 371-386).

Die im Gesetzgebungsverfahren diskutierte Problematik der gestärkten Autonomie der ledigen Mütter und der geschwächten Position des Jugendamtes als Vertreter der Kindesrechte wurde durch die Gesetzgebung nicht beendet, sondern tritt in der Praxis der Beistände wieder hervor und bestimmt die unterschiedlichen Haltungen der befragten JugendamtsmitarbeiterInnen. Eine zunehmende Fallentwicklung wird im Gegensatz zu den rückläufigen Beistandschaften für Beratungsfälle nach § 18 SGB VIII beziehungsweise „losen Sachen" festgestellt.

Die „kleine" Beistandschaft: „[A]lso der Umfang an reinen Beratungsfällen nach [§]18 KJHG ist irre geworden" (9b)
Gemäß § 18 I SGB VIII haben Mütter und Väter einen Rechtsanspruch auf Beratung und Unterstützung bei der Ausübung der Personensorge.[60] AdressatInnen der Leistung sind ausschließlich Mütter oder Väter, das heißt keine anderen Personen, die vielleicht tatsächlich oder rechtlich für das Kind sorgen, zum Beispiel Stiefelternteile, Großeltern, Pfleger etc. Die Voraussetzung für die Anspruchsberechtigung des Vaters oder der Mutter eines Kindes ist lediglich, dass er oder sie die rechtliche oder die tatsächliche Sorge allein ausübt. „Dies kann der Fall sein, wenn Eltern nach Scheidung zwar die gemeinschaftliche elterliche Sorge haben, aber das Kind nur bei einem Elternteil lebt. Leben Vater und Mutter eines Kindes unverheiratet zusammen und haben sie keine Sorgeerklärung [...] abgegeben, sorgt die Mutter zwar nicht tatsächlich allein für das Kind, aber sie hat die alleinige elterliche Sorge [...], so daß sie Leistungsadressatin ist" (Kunkel 1998: 194). Der Zweck des Leistungsangebotes in § 18 I SGB VIII ist, einen besonderen Beratungsbedarf zu decken, der bei einem Elternteil dann besteht, wenn er die alleinige Personensorge hat, auch wenn er die tatsächliche Betreuung des Kindes zusammen mit dem anderen Elternteil ausübt, also nicht alleinerziehend ist (vgl. ebd.). Bei den Beratungs- und Unterstützungsleistungen im Rahmen des § 18 I SGB VIII handelt es sich in der Regel um eine persönliche Hilfe als Dienstleistung im Sinne von § 11 SGB I. Nach Kunkel ist Beratung begrifflich als eine Form der Unterstützung zu fassen: „Beratung ist eine verbale Hilfe bei der Bewältigung von Problemen, seien sie rechtlicher oder tatsächlicher Art (Rechts- und Lebensberatung)" (Kunkel 1998: 195). Unterstützung ist zum Beispiel im Zusammenhang mit Leistungen nach § 18 I SGB VIII, eine über den verbalen Rat hinausgehende Hilfe („helfende Beziehung"). „Sie umfaßt Information, Begleitung, Belehrung, Recherche, Berechnung, Mitwirkung

bei der Korrespondenz" (ebd.). Eine Beratung geht in der Regel der Unterstützungsleistung voraus.[61]

Der Gegenstand des Anspruchs auf Beratung und Unterstützung ist die Ausübung der Personensorge, das heißt auch der tatsächlichen Personensorge, da LeistungsadressatInnen nur die Elternteile sind, die tatsächlich für das Kind sorgen. „Personensorge ist die gesamte elterliche Sorge für das Kind mit Ausnahme der Vermögenssorge. [...] Auch die Feststellung der Vaterschaft gehört zur Ausübung der Personensorge. Nur klarstellende Bedeutung hat die Einbeziehung der Unterhaltssicherung, die fälschlicherweise vereinzelt der Vermögenssorge zugerechnet wird. Die Aufgabenkreise der Beratung und Unterstützung nach § 18 Abs. 1 und die Beistandschaft nach § 1712 BGB sind somit partiell deckungsgleich; man könnte die Aufgabe nach § 18 Abs. 1 daher auch als „kleine Beistandschaft" bezeichnen" (Kunkel 1998: 196, Hervorhebung im Original). Der Unterschied zu einer Beistandschaft ist, dass diese eine gesetzliche Vertretung des Kindes mit einschließt, die Beratung und Unterstützung nach § 18 I SGB VIII erlaubt dagegen weder die rechtliche Vertretung des Kindes noch des allein sorgenden Elternteils. Im Rahmen der Beratungspflicht soll die JugendamtsmitarbeiterIn aber auf die Möglichkeiten der Beistandschaft hinweisen. „Kommt der alleinsorgende Elternteil seiner Pflicht zur Personensorge (§ 1626 Abs. 1 Satz 1 BGB) nicht nach und beantragt er auch keine Beistandschaft, muß das JA bei Überschreitung der Gefährdungsschwelle das Familiengericht anrufen (§ 50 Abs. 3). Dieses kann dann einen Ergänzungspfleger (§ 1909 BGB) oder einen Vormund (§ 1773 BGB) bestellen" (ebd.).

Das Jugendamt muss dem allein sorgenden Elternteil in Unterhaltsfragen helfen, beispielsweise dabei den Unterhaltsanspruch des Kindes (§§ 1601 ff. BGB) oder dessen Unterhaltsersatzansprüche (zum Beispiel Waisenrente) geltend zu machen. „Dazu gehört die Belehrung über die Höhe des Unterhaltsanspruchs und seine Voraussetzungen, ebenso die Aufforderung an den Unterhaltspflichtigen zur Auskunftserteilung nach § 1605 BGB. Eine Mahnung könnte das JA zwar aussprechen, aber nicht mit der Wirkung der Inverzugsetzung" (ebd.: 201). Gemäß § 18 II SGB VIII hat die allein sorgeberechtigte Mutter auch Anspruch auf Hilfen zur Sicherung eigener Ansprüche gegen den Vater. Das Jugendamt muss die Mutter auf den durch die Kindschaftsrechtsreform neu gefassten § 1615o II BGB hinweisen, weil die Beratung ansonsten fehlerhaft ist und zu Schadensersatzansprüchen führt. Es geht um den Unterhaltsanspruch der Mutter aus Anlass der Geburt gemäß § 1615l BGB, der für die Dauer von sechs Wochen vor Geburt des Kindes bis acht Wochen nach der Geburt besteht und die Entbindungskosten mit einschließt. Unter bestimmten Voraussetzungen kann ein Anspruch der Mutter auf Betreuungsunterhalt (§ 1615l II BGB) bis zu drei Jahre und länger bestehen, den allerdings auch der Vater gegen die Mutter geltend machen kann, wenn er aufgrund der Betreuung des Kindes keiner Erwerbstätigkeit nachgehen kann.

Insbesondere in den alten Bundesländern betonen die JugendamtsmitarbeiterInnen einen erheblichen Anstieg der Beratungstätigkeit außerhalb der Beistandschaft. Nach den Ausführungen von Reichel und Trittel (1998) ist der Anstieg der Beratungen nach § 18 SGB VIII positiv zu bewerten, denn sie „warnen davor, allzu rasch die Einrichtung einer Beistandschaft zu empfehlen" und meinen, „daß der vom Gesetzgeber ausdrücklich gewünschten Stärkung der elterlichen Autonomie mit einer intensiveren Beratung nach § 18 SGB VIII besser gedient sei" (Reichel/Trittel 1998: 113). Die Beratung und Unterstützung bei der Ausübung von Personensorge nach § 18 SGB VIII wird besonders häufig benannt, weniger die Beratung nach § 52a SGB VIII, die neben den Informationspflichten auch eine Beratungsleistung vor Eintritt einer Beistandschaft vorsieht. Die Beratungs- und Unterstützungsleistungen der JugendamtsmitarbeiterInnen, die nicht im Rahmen einer Beistandschaft erfolgen, werden als „lose Sachen" erfasst. Jene Beratung und Unterstützung, die von den Beiständen außerhalb der Beistandschaft geleistet wird, bezieht sich hauptsächlich auf Unterhaltsprobleme. Der Umfang dieser unter § 18 SGB VIII geführten „losen Sachen" hat deutlich zugenommen. In den überwiegenden Fällen werden Mütter beraten. Die JugendamtsmitarbeiterInnen gehen davon aus, dass sie Väter nicht zu Unterhaltsfragen beraten dürfen, außer in dem Fall, dass ein Vater die Alleinsorge für sein Kind hat und Unterhaltsansprüche gegen die Mutter geltend machen kann.

Die Unterstützung bei der Geltendmachung von Unterhaltsansprüchen für Kinder wird von den JugendamtsmitarbeiterInnen pragmatisch gehandhabt. Wenn es nicht nötig oder gewünscht ist eine Beistandschaft einzurichten, werden die Mütter eben nach § 18 SGB VIII beraten, denn ein Beratungs- und Unterstützungsanspruch besteht in beiden Fällen.

Erfahrungen mit der Beratung und Unterstützung nach § 18 SGB VIII
„Uns ist es im Prinzip eigentlich egal, ob jemand jetzt, also im Rahmen einer „Losen Sache" um Unterstützung bittet, oder ob er jetzt offiziell eine Beistandschaft einrichtet. Die Arbeiten sind im Prinzip die gleichen und verpflichtet sind wir auch, was zu machen. Also allein in der Beratungstätigkeit jetzt nach [§] 18 KJHG, Beratung und Unterstützung bei der Personensorge, also die Übergänge, die sind da sicherlich fließend. Man kann nicht immer sagen, jetzt setz ich mich auf den Stuhl und berate sie nach 18 und dann wechsle ich den Platz und mache also eine vorgeburtliche Beratung oder eine Beratung von ledigen Müttern. [...] Wir können uns der Verpflichtung, dem Rechtsanspruch, den jemand auf Beratung und Unterstützung hat, nicht entziehen, und dann ist es eigentlich inhaltlich wurscht, ob sie das als Beistandschaft führen oder ob sie das aus ihrer Funktion als Mitarbeiter des Jugendamtes machen" (B I6b 262-276).
„Es gibt ja noch diesen § 18 im Kinder- und Jugendhilfegesetz. [...] Das hat also sehr, sehr deutlich zugenommen [...]" (B I1b 363-368).

„Also diese Quantität, also der Umfang an reinen Beratungsfällen nach [§]18 KJHG ist irre geworden" (B I9a/b 215-216).
„Diese § 18 Sachen werden in keiner amtlichen Statistik erfasst, die wir jedes Jahr machen müssen fürs Land, und das ist ja nun [ein] nicht ganz unwesentlicher Arbeitsanteil bei uns. Deswegen sammeln wir auch solche Sachen jetzt mal, um da notfalls auch bei unsern Gremien, den politischen, zum Beispiel Jugendhilfeausschuss, mal zu erzählen, wir drehen hier also keine Däumchen" (B I1b 557-562).

Die von den Jugendämtern geführten Fallstatistiken erfassen die Beratungs- und Unterstützungsleistungen außerhalb der Beistandschaften nicht. Das ist vor dem Hintergrund unverständlich, dass insbesondere Beratungsleistungen im Kontext der Kindschaftsrechtsreform ein hoher Stellenwert zugemessen wird.

Unterstützung bei gemeinsamer elterlicher Sorge: „Tut mir leid, dürft ihr nicht, weil ihr habt gemeinsam die elterliche Sorge" (1b)
Es werden allerdings nicht nur Mütter nach § 18 SGB VIII beraten und unterstützt, die keine Beistandschaft einrichten möchten, sondern auch die Fälle, in denen die Voraussetzungen für die Einrichtung einer Beistandschaft nicht gegeben sind, nämlich wenn nach Trennung oder Scheidung die gemeinsame elterliche Sorge besteht. Es geht in der Regel um Beratung und Unterstützung bei der Geltendmachung der Unterhaltsansprüche im Fall gemeinsamer elterlicher Sorge. Antragsberechtigt für eine Beistandschaft ist gemäß § 1713 I BGB der Elternteil, dem die alleinige elterliche Sorge zusteht. Dies entspricht der Intention des Gesetzgebers, Kinder, für die nur ein Elternteil sorgeberechtigt ist, unter besonderen Schutz zu stellen. Folglich kann die Beistandschaft nicht von gemeinsam sorgeberechtigten Eltern oder nicht sorgeberechtigten Elternteilen beantragt werden, unabhängig ob die gemeinsame Sorgeform durch Ehe oder Sorgeerklärung geschaffen wurde (vgl. von Luxburg 1998: 112). Der Gesetzgeber argumentierte folgendermaßen:

„Für Kinder, die unter gemeinsamer elterlicher Sorge stehen, ist eine Beistandschaft nicht möglich. Dies entspricht dem geltenden Recht sowohl der Beistandschaft (§ 1685) als auch der gesetzlichen Amtspflegschaft (§§ 1705, 1709). Der Entwurf geht nach wie vor davon aus, daß Kinder, für die nur ein Elternteil sorgeberechtigt ist, eines besonderen Schutzes bedürfen. Der Entwurf stellt auf die alleinige elterliche Sorge und nicht auf die tatsächliche Betreuung durch nur einen Elternteil ab. Es ist nicht zu verkennen, daß für das Kind – insbesondere im Bereich der Unterhaltssicherung – auch dann Probleme entstehen können, wenn es zwar rechtlich unter gemeinsamer Sorge steht, tatsächlich aber – etwa wegen der Trennung der Eltern – nur von einem Elternteil betreut wird. Eine Anknüpfung an die tatsächliche Betreuung empfiehlt sich aber aus Gründen der Rechtssicherheit nicht, da sich diese wesentlich schwerer feststellen und nachweisen lässt als die Alleinsorge und der automatische Eintritt der Beistandschaft mit Zugang des Antrags (§ 1714 E) eine Anknüpfung an klare Kriterien verlangt" (BR-Drs. 890/93: 41).

Kunkel (1998) argumentiert, dass auch Eltern mit gemeinsamer elterlicher Sorge im Falle des Getrenntlebens eine Beistandschaft für den Aufgabenkreis der Unterhaltssicherung des Kindes beantragen können (sollten) und verweist auf § 1629 II 2 BGB:

„Bei gemeinsamer elterlicher Sorge besteht grundsätzlich kein Antragsrecht, selbst dann nicht, wenn ein Elternteil das Alleinvertretungsrecht gem. § 1629 Abs. 2 Satz 2 BGB hat. Dies ist im Hinblick auf das Interesse des Kindes an der Unterhaltssicherung unbefriedigend. Die Gesetzesbegründung (BT-Drs. 13/892, S. 38) rechtfertigt dies mit Gründen der Rechtssicherheit, da sich die tatsächliche Betreuung schwerer nachweisen lasse als die Alleinsorge und der automatische Eintritt der Beistandschaft mit Zugang des Antrags eine Anknüpfung an klare Kriterien verlange. Im Falle des § 1629 Abs. 2 BGB liegen aber klare Kriterien vor, da die Eltern entweder getrennt leben oder eine Ehesache zwischen ihnen anhängig ist; daher kann hier ein Antragsrecht für den Aufgabenkreis der Unterhaltssicherung angenommen werden" (Kunkel 1998: 541f).

Fieseler und Herborth (2001) fordern eine Gesetzesänderung, die auch Eltern mit gemeinsamer Sorge eine Beistandschaft klar ermöglicht: „Die Bindung der Beistandschaft an die Alleinsorge könnte Elternteile veranlassen, die Aufhebung gemeinsamer elterlicher Sorge zu beantragen. Deshalb wäre es besser, wenn den Antrag auch stellen könnte, wer die Alleinsorge nach § 1687 Abs. 1 Satz 2 BGB innehat. Auch wenn Gerichte vereinzelt entsprechend entschieden haben [...], ist eine entsprechende Gesetzesfassung zu fordern" (Fieseler/Herborth 2001: 164). Diese Regelung stößt auch bei einigen JugendamtsmitarbeiterInnen auf Unverständnis, weil nicht einzusehen ist, das Elternteile mit gemeinsamer elterlicher Sorge nach Trennung oder Scheidung keine Unterhaltsprobleme haben sollten. Die gemeinsame elterliche Sorge wird nicht als Schutz vor Unterhaltsproblemen betrachtet. Im Kontext der neu geschaffenen Möglichkeit der Erklärung der gemeinsamen elterlichen Sorge für nicht verheiratete Eltern bewerten die JugendamtsmitarbeiterInnen die Beschränkung der Beistandschaft auf Alleinsorgeberechtigte als unsinnig. Es wird vorgeschlagen, die Antragsberechtigung an die tatsächliche Sorge zu binden, wie es im § 18 I SGB VIII geregelt ist. Auf der Grundlage dieser für die Jugendamtsmitarbeiterinnen unbefriedigenden Rechtslage wird versucht, die Unterhaltsansprüche für Kinder trotzdem durchzusetzen. Viele dieser Fälle werden über die Beratung und Unterstützung bei der Ausübung von Personensorge gemäß § 18 SGB I und II VIII geregelt. Die Beratung und Unterstützung zur Sicherung des Kindesunterhaltes, die im Rahmen des § 18 SGB VIII geleistet werden kann, stößt allerdings dann an ihre Grenzen, wenn es zur Unterhaltsklage kommt.

Erfahrungen mit der Unterstützung bei gemeinsamer elterlicher Sorge
„Da jongliert man sich schon irgendwo ein, aber ich denke mal, weil die Interessen des Kindes doch in unserer Arbeit hier im Vordergrund stehen, entscheidet man sich dann dafür nach Möglichkeit, Abwägen und Möglichkeiten zu finden, dem Kind da seine Ansprüche zu sichern" (B I3a/b 561-564).
„Scheidungsgeschichten kommen auch gar nicht erst über uns. Es sei denn, [...] dass als Folge einer Scheidung ein Problem mit dem Unterhalt auftaucht, und dann kommen die Leute notfalls hierher und machen eine Beistandschaft draus oder so was. Es gibt ja noch diesen § 18 im Kinder- und Jugendhilfegesetz" (B I1b 356-385).

Die Aussagen der befragten JugendamtsmitarbeiterInnen weisen darauf hin, dass es hinsichtlich der Unterhaltssicherung für Kinder, deren Eltern die gemeinsame elterliche Sorge haben, einen Unterstützungsbedarf gibt, der über die Möglichkeiten des § 18 SGB VIII hinausgeht. Zusammenfassend wird deutlich, dass mit der Kindschaftsrechtsreform auch in den Jugendamtsabteilungen für Beistandschaft und Unterhaltssachen eine Tätigkeitsverlagerung in Richtung Beratung und Unterstützung stattgefunden hat. Die JugendamtsmitarbeiterInnen müssen beraterisch tätig werden, obwohl die Fachkräfte in den entsprechenden Abteilungen keine Sozialpädagogen/Sozialarbeiter sind.

Beratung und Beurkundung der gemeinsamen elterlichen Sorge: *„Beratung über die Rechte und über die Pflichten, die daraus entstehen" (7b)*

Die systematische Trennung des Rechts der elterlichen Sorge nach ehelichen und nichtehelichen Kindern wurde mit der Kindschaftsrechtsreform aufgehoben, nun gibt es nur noch Kinder, deren Eltern verheiratet oder nicht verheiratet sind. „Das Merkmal der Heirat, dessen Nichtvorhandensein die aus einer solchen Beziehung entstammenden Kinder sozial und rechtlich benachteiligt hat, wird nunmehr ausschließlich den Personen zugeordnet, zu denen es gehört, und die auf diesen Umstand Einfluß haben, nämlich den Eltern" (von Luxburg 1998: 12). Nach der alten Rechtslage waren besonders die nicht verheirateten Väter sorgerechtlich benachteiligt. Mit dem neuen Kindschaftsrecht wurden die Möglichkeiten der elterlichen Sorge für Kinder, deren Eltern nicht miteinander verheiratet sind, erweitert. Bei der Geburt eines Kindes außerhalb der Ehe können die Eltern die gemeinsame elterliche Sorge erlangen, wenn sie erklären, dass sie die Sorge gemeinsam übernehmen wollen (Sorgeerklärung gemäß § 1626a I 1 BGB) oder einander heiraten (§ 1626a I 2 BGB). In einer Legaldefinition legt § 1626a I 1 BGB den erforderlichen Inhalt der Sorgeerklärung fest: „Die Eltern erklären, dass sie die Sorge gemeinsam übernehmen wollen. Darüber hinausgehende Erklärungen, etwa soweit sie Einzelheiten der künftigen Wahrnehmung der elterlichen Sorge betreffen, können nicht Bestandteil einer Sorgeerklärung im Sinnen der §§ 1626a ff. BGB sein"

(Hauck 2003 §59: 13). Die Sorgeerklärungen sind von den Eltern selbst abzugeben (§ 1626c I BGB) und öffentlich zu beurkunden (§ 1626d I BGB). Die Beurkundung erfolgt zum Beispiel durch einen Notar oder das Jugendamt (§ 1626d II BGB und § 59 SGB VIII). Es ist möglich, die Sorgeerklärung schon vor der Geburt des Kindes abzugeben (§ 1626b II BGB) und sie darf weder unter einer Bedingung noch unter einer Zeitbestimmung stehen (§ 1626b I BGB). Die Sorgeerklärungen müssen allerdings nicht von den Eltern des Kindes gemeinsam abgegeben werden, denn „die Gemeinsamkeit der Erklärung bezieht sich lediglich darauf, dass sie inhaltlich gleich lautend sein müssen" (Hauck 2003 §59: 13). Ob die Eltern zusammenleben oder nicht ist belanglos für die Sorgeerklärung. Dies gilt auch für die Frage, ob ein oder beide Elternteile mit anderen Partnern zusammenleben oder verheiratet sind (vgl. Brüggemann/Knittel 2000: 142).

Die gemeinsame Sorge kann nicht gegen den Willen eines Elternteils, insbesondere nicht gegen den Willen der Mutter, eintreten. Der Gesetzgeber begründet diese Regelung damit, dass Kinder, deren Eltern nicht miteinander verheiratet sind, „nach wie vor auch im Rahmen flüchtiger und instabiler" Beziehungen geboren werden (vgl. KindRG-E: 58). Der Gesetzgeber befürchtet, dass die grundsätzliche gemeinsame elterliche Sorge, die auch gegen den Willen eines Elternteils bestünde, dazu führe, dass „von vornherein Konflikte auf dem Rücken des Kindes ausgetragen würden" (ebd.). Der Forderung nach der gemeinsamen Sorge, die immer automatisch mit der Geburt des Kindes eintritt, wie sie beispielsweise von Interessenverbänden für Väter vertreten wird, wurde vom Gesetzgeber nicht entsprochen. Allerdings wurde auf der anderen Seite auch nicht der Forderung nachgegeben, eine Beteiligung des nicht verheirateten Vaters an der Sorge für sein Kind, von einer gerichtlichen Kindeswohlprüfung abhängig zu machen (vgl. Schimke 1998: 29). Ein Wechsel der elterlichen Sorge auf den nicht mit der Mutter verheirateten Vater ist ebenfalls nicht möglich, solange die Eltern zusammenleben.[62] Schimke schätzt diese Regelungen folgendermaßen ein: „Insgesamt bleibt es dabei, daß die Stellung der Mutter recht stark ist. Dies ist verfassungsrechtlich bedenklich, weil auch der unverheiratete Vater Träger des Elternrechts aus Art. 6 Abs. 2 S.1 GG ist. Es ist allerdings auch nicht von der Hand zu weisen, daß Eltern, die die Sorgeerklärung nicht gemeinsam abgeben wollen, das für die elterliche Sorge erforderliche Maß an Übereinstimmung oft nicht sichern können" (Schimke 1998: 29). Von Luxburg resümiert: „Die Reform hat wohl einen tragfähigen Kompromiß gefunden, der es auch unverheirateten Eltern ermöglicht, die Verantwortung für ihre Kinder gemeinsam zu tragen. Zugleich werden Kind und Mutter davor geschützt, daß der Vater gegen den Willen der Mutter die volle Entscheidungsbefugnis erhält" (von Luxburg 1998: 13).

In der Praxis der befragten JugendamtsmitarbeiterInnen sind zwei Aspekte im Kontext der Beurkundung von Sorgeerklärungen besonders bedeutend: Der Wille der Mutter und die (rechtlichen) Folgen der Sorgeerklärung. Es zeigt sich, dass einige Väter aufgrund fehlender Informationen über die Regelung versuchen, die gemeinsame elterliche Sorge ohne Zustimmung der Mütter zu erklären. Da die Informations- und Beratungspflicht des Jugendamtes gemäß § 52a SGB VIII sich nur auf die Mütter nichtehelich geborener Kinder bezieht, sind nicht verheiratete Väter auf andere Informationsquellen angewiesen, wenn sie nicht von der Mutter die nötigen Informationen bekommen (TV, Presse, Ratgeberliteratur, Interessenvereine etc.). Eine besondere Problematik bezüglich des Willens der Mutter entsteht, wenn im Kontext der Beratung und Belehrung vor Beurkundung der Sorgeerklärung den JugendamtsmitarbeiterInnen deutlich wird, dass der Kindsvater psychischen Druck auf die Mutter ausübt, um die gemeinsame elterliche Sorge zu erlangen. In diesen Fällen sind die Reaktionen in Jugendämtern unterschiedlich: Während in einem Jugendamt diskutiert wird, ob die Beratung der Elternteile getrennt stattfinden sollte, um solche Situationen zu vermeiden, berichtet eine andere Jugendamtsmitarbeiterin davon, dass die Urkundsperson auch die Beurkundung der Sorgeerklärung ablehnen kann, wenn der freie Wille eines Elternteils nicht erkennbar ist.

Die Sorgeerklärungen der Eltern sind „einseitige, formgebundene, nicht empfangsbedürftige Willenserklärungen" und werden mit formgerechter Abgabe wirksam (vgl. Brüggemann/Knittel 2000: 143). Die einzelne Sorgeerklärung eines Elternteils kann widerrufen werden, solange nicht beide Sorgeerklärungen vorliegen: „Liegt allerdings die Sorgeerklärung auch des anderen Elternteils vor, ist der Widerruf ausgeschlossen, weil nunmehr die konstitutive Wirkung der Sorgeerklärung eingetreten ist" (ebd.). Die durch Sorgeerklärung begründete gemeinsame elterliche Sorge kann, ebenso wie die durch Ehe begründete gemeinsame Sorge, nur durch Antrag auf Zuweisung der Alleinsorge (§ 1671 BGB) vom Familiengericht beendet werden. „Die Wirkung der Sorgeerklärung entfällt durch eine gerichtliche Entscheidung über die elterliche Sorge nach §§ 1671, 1672 BGB oder die Abänderung einer solchen Entscheidung nach § 1696 Abs. 1 BGB" (von Luxburg 1998: 13). Die Regelungen für die Gestaltung der elterlichen Sorge nach der Trennung (§§ 1671, 1687 BGB) gelten für verheiratete wie für nicht verheiratete Eltern mit gemeinsamer Sorge.

Da nun bei Kindern nicht miteinander verheirateter Eltern nicht mehr automatisch klar ist, ob die Alleinsorge der Mutter besteht oder die gemeinsame elterliche Sorge beurkundet wurde, sind neue Informationsbedürfnisse entstanden und Informationspflichten für die Jugendämter eingeführt worden. Im Rechtsverkehr muss nachgewiesen werden können, wer die elterliche Sorge innehat, wenn die Eltern des Kindes nicht verheiratet sind (vgl. Kunkel 1998: 584). Der § 58a SGB VIII räumt der Mutter einen Anspruch gegenüber dem Jugendamt ein, ihr eine Negativbescheinigung über die Nichtabgabe einer Sorgeerklärung auszuhändigen.[63] Wenn keine Sorgeerklärung abgegeben wurde, kann das zuständige Jugendamt auf Verlangen der Mutter eine schriftliche Auskunft darüber erteilen, dass sie nicht die gemeinsame elterliche Sorge erklärt hat. Aus diesem Grund wird die schriftliche Auskunft des Jugendamtes auch als „Negativattest" bezeichnet. Diese Auskunft kann der Mutter nicht als Nachweis darüber dienen, dass ihr die elterliche Sorge allein zusteht.

In der Praxis der befragten JugendamtsmitarbeiterInnen wird das Problem der Negativatteste deutlich, denn die Jugendämter können nicht darüber Auskunft geben, dass die betreffende Mutter die Alleinsorge hat, sondern nur darüber, dass keine Sorgeerklärung vorliegt. Auch wenn keine Sorgeerklärung vorliegt, könnte die Alleinsorge gerichtlich eingeschränkt oder entzogen worden sein. Die Nachfrage nach den sogenannten „Negativattesten" ist davon abhängig, in welchem Umfang zum Beispiel Schulen, Banken oder Behörden diesen Nachweis einfordern. Der Bedarf nach Negativauskünften entwickelt sich langsam und kommunalspezifisch unterschiedlich, seit das neue Kindschaftsrecht in Kraft getreten ist, weil die jeweiligen Stellen auf die Sorgerechtsproblematik erst aufmerksam werden müssen. Die befragten JugendamtsmitarbeiterInnen benennen als AdressatInnen insbesondere Banken und Sparkassen, wenn zum Beispiel Mütter ein Sparbuch für ihre Kinder einrichten wollen oder andere Geldgeschäfte für das Kind tätigen. Eine andere AdressatInnengruppe sind Ämter und Behörden, insbesondere das Einwohnermeldeamt, wenn es um die Beantragung eines Reisepasses oder eines Kinderausweises für Auslandsreisen geht.

Die Beurkundung der elterlichen Sorgeerklärung und das Ausstellen von „Negativattesten" erfolgt regelmäßig durch Urkundspersonen in den Jugendämtern. Urkundsperson ist ein Beamter oder Angestellter des betreffenden Jugendamtes, der zur Wahrnehmung der Aufgaben gemäß § 59 SGB VIII geeignet ist. Die Bestellung und Ermächtigung von Urkundspersonen erfolgt in einem formellen Akt im Rahmen der Angelegenheiten der laufenden Verwaltung durch die JugendamtsleiterIn, um die besondere Stellung der Urkundsperson deutlich zu machen (vgl. Brüggemann/Knittel 2000: 9; Kunkel 1998: 586). Die Ermächtigung ist jederzeit widerruflich.[64] Die Urkundsperson ist weisungsfrei, weil sich ihre Befugnis aus dem Gesetz ergibt und daher im Außenverhältnis nicht einschränkbar sowie eigenständig in der Tätigkeitsausübung, das heißt sie kann selbst entschließen, ob eine Beurkundung vorgenommen oder abgelehnt wird.[65] Die örtliche Zuständigkeit ist gemäß § 87e SGB VIII so geregelt, dass die Urkundsperson jedes Jugendamtes zuständig ist, so können sich die BürgerInnen an ein Jugendamt ihrer Wahl wenden. „[D]er Gesetzgeber [war] bestrebt, die Inanspruchnahme der Beurkundung beim Jugendamt nach Möglichkeit zu fördern. Sie bietet den Anreiz zur streitlosen Erledigung unter der Gewähr sachkundiger und zugleich neutraler Beratung; auch ist sie kostenfrei"

(Brüggemann/Knittel 2000: 16). Die sachliche Zuständigkeit der Urkundsperson regelt der Aufgabenkatalog nach § 59 I Nr. 1-9 SGB VIII, denn für die dort aufgezählten Willenserklärungen schreibt das Gesetz öffentliche (nicht notarielle) Beurkundungen vor (vgl. ebd.). Die öffentlich zu beurkundenden Erklärungen betreffen das Abstammungsrecht, das Unterhaltsrecht, das Adoptionsrecht und das Recht der elterlichen Sorge.

Eine entscheidende Bedeutung kommt der Prüfungs- und Belehrungspflicht der Urkundsperson zu (§ 17 BeurkG). „Die Urkundsperson hat den wahren Willen der Beteiligten zu ermitteln und sie über die Tragweite ihrer Erklärung zu belehren. Sie ist dabei zur strikten Neutralität verpflichtet gegenüber allen Beteiligten, also gegenüber den Personen, die Erklärungen abgeben, wie auch solchen, die es angeht. Sie handelt hierbei nicht für das Kind, ist daher nicht zur Wahrnehmung der Interessen des Kindes gehalten. Die Maxime *Wohl des Kindes* gilt hier nicht" (Kunkel 1998: 589, Hervorhebung im Original). Folglich ist die Belehrung gänzlich von der Beratung gemäß § 18, 52a SGB VIII zu unterscheiden.[66] Die Belehrung im Kontext der Sorgeerklärung sollte nach Brüggemann und Knittel (2000) folgende Inhalte haben (vgl. ebd.: 145): Informationen über die allgemeinen Folgen der Sorgeerklärung, Informationen über die ausschließlich gerichtliche Abänderbarkeit der Sorgeerklärung, Hinweise zur Zweckmäßigkeit eines Unterhaltstitels gegen den Vater, der vor der Sorgeerklärung einzurichten ist sowie das Überlassen einer merkblattartigen Belehrung (gesetzlich nicht vorgesehen).

In der Praxis der befragten JugendamtsmitarbeiterInnen zeigt sich, dass die Information und Belehrung vor der Beurkundung über die (rechtlichen) Folgen der Sorgeerklärung besonders wichtig ist, denn die durch Sorgeerklärung begründete gemeinsame elterliche Sorge kann ausschließlich vom Familiengericht beendet werden, wenn dieses einem Antrag auf Zuweisung der Alleinsorge zustimmt (§ 1671 BGB). Wenige Eltern wissen um diese Tragweite der Erklärung gemeinsamer elterlicher Sorge, denn den Eltern ist oft nicht bewusst, dass die gemeinsame elterliche Sorge nur durch das Familiengericht wieder aufgehoben werden kann. Die Beratung und Belehrung vor Beurkundung der gemeinsamen elterlichen Sorge nicht verheirateter Eltern wird von den Jugendämtern unterschiedlich gestaltet. Die Unterschiede in der Ausgestaltung beziehen sich auf die personelle Trennung von Beratung einerseits und Belehrung/Beurkundung andererseits. In einem Jugendamt aus der Befragung, wird das reformierte Recht so ausgelegt, dass Beratung und Beurkundung personell und organisatorisch strikt zu trennen sind. Die Beratung wird von SozialarbeiterInnen geleistet; die Belehrung/Beurkundung wird von einer unabhängigen Urkundsperson vorgenommen. In der Regel erfolgen aber Beratung, Belehrung und Beurkundung in Personalunion, allerdings werden Eltern, bei denen Zweifel aufkommen, zum Teil zur Partnerschaftsberatung geschickt bevor die Beurkundung stattfindet. Für die Jugendämter wäre es besonders wichtig, die neuen Aufgaben bundesweit einheitlich statistisch zu erfassen, um einerseits den Arbeitsaufwand nachweisen und vergleichen zu können, und andererseits die Inanspruchnahmebereitschaft der jeweiligen AdressatInnen sichtbar werden zu lassen. Aufgrund der Informationsdefizite in der Bevölkerung hinsichtlich der Voraussetzungen und Folgen von Sorgeerklärungen wird deutlich, dass es teilweise noch an zielgerichteter Information und Öffentlichkeitsarbeit fehlt.

Gemeinsame elterliche Sorge:
„[N]icht viel mehr als ein bisschen erweitertes Umgangsrecht" (1b)
Die mit dem neuen Kindschaftsrecht geschaffene Möglichkeit der Sorgerklärung beziehungsweise der Erlangung der gemeinsamen elterlichen Sorge für nicht miteinander verheiratete Eltern, bedeutet gesellschaftliche Anerkennung und Normalisierung hinsichtlich nichtehelicher Elternschaft. Die sorgerechtliche Stellung nicht verheirateter Väter wurde verbessert.

Es fehlen allerdings aussagekräftige Statistiken, um die Inanspruchnahmebereitschaft der Eltern beurteilen zu können. Nach dem Eindruck der befragten JugendamtsmitarbeiterInnen wird die Möglichkeit der Erklärung der gemeinsamen elterlichen Sorge gut angenommen. Die vorgeburtliche Anerkennung der Vaterschaft und Abgabe der Sorgeerklärung hätten erheblich zugenommen. Eltern, die in einer nichtehelichen Lebensgemeinschaft leben, würden am häufigsten vorgeburtliche Sorgeerklärungen abgeben. Es wird sogar von einem Beurkundungs-Boom berichtet, weil Eltern, die in nichtehelicher Lebensgemeinschaft leben, zum Teil auf die rechtlichen Änderungen gewartet haben. Als Motiv der Eltern für die Abgabe der Sorgeerklärung beschreiben die JugendamtsmitarbeiterInnen den Wunsch, dass die Väter mitbestimmen können sollen. Andere erhoffen sich, dass sie nach der Sorgeerklärung die gleichen Rechte wie verheiratete Eltern haben, ohne die rechtlichen Folgen abschätzen zu können. Obwohl die befragten JugendamtsmitarbeiterInnen die Möglichkeit der Ausübung gemeinsamer elterlicher Sorge für nicht verheiratete Eltern theoretisch begrüßen, sind sie jedoch hinsichtlich der praktischen Ausgestaltung skeptisch. Die Ausgestaltung der gemeinsamen elterlichen Sorge wird besonders für die Fälle problematisiert, in denen nach einer Trennung der Eltern keine häusliche Gemeinschaft (mehr) besteht. Die Positionierungen der JugendamtsmitarbeiterInnen zur gemeinsamen elterlichen Sorge beziehen sich auf unterschiedliche Aspekte der gemeinsamen elterlichen Sorge von nicht verheirateten Eltern.

Die theoretische Möglichkeit der Ausübung gemeinsamer elterlicher Sorge für nicht verheiratete Eltern wird z.T. begrüßt, mit der Begründung, dass der Kontakt zu beiden Eltern wichtig für die Entwicklung der Kinder ist. Die JugendamtsmitarbeiterInnen sind allerdings skeptisch, was die praktische Ausgestaltung der gemeinsamen elterlichen Sorge nicht verheirateter Eltern betrifft. Aus dieser Skepsis heraus, wird in der Beratung insbesondere die elterliche Pflicht zur Sorge und zum Umgang betont (vgl. § 1631 BGB). Die Ausgestaltung der gemeinsamen elterlichen Sorge wird besonders für die Fälle problematisiert, in dem nach einer Trennung der Eltern keine häusliche Gemeinschaft (mehr) besteht. Die JugendamtsmitarbeiterInnen nehmen Bezug auf die Regelungen des § 1687 BGB, die die Ausgestaltung der gemeinsamen elterlichen Sorge nach Trennung der Eltern betreffen. Die Rechte des Elternteils, der in der Regel nicht mit dem Kind zusammen lebt, werden als bloße Erweiterung der Umgangsrechte beschrieben.

Erfahrungen mit der gemeinsamen elterlichen Sorge nicht verheirateter Eltern

„[...] grundsätzlich ist das ja schon mal auf jeden Fall ein Fortschritt, dass die Möglichkeit überhaupt besteht, für [den] nichtehelichen Vater oder für nicht verheirateten Vater das Sorgerecht überhaupt auszuüben [...]" (A I8a/b 1097-1115).

„Wir haben zum Beispiel wenig Einblick darüber, ob der Kontakt beider Elternteile zu den Kindern aufrechterhalten wird. Ob das auch wirklich genutzt wird, weil, wir glauben eher das Gegenteil. [...] Deswegen erzähl ich meinen Eltern, die hier kommen auch immer gerne, dass das kein Recht, sondern eine Pflicht ist. Deswegen heißt das auch nicht mehr Sorgerecht, sondern elterliche Sorge. Weil das eben eine Pflicht ist, Kontakt zu den Kindern zu halten. Und zwar von den Eltern aus eine Pflicht und dass es ein Anspruch der Kinder ist" (B I5b 314-325).

„Und es gibt ja mittlerweile in der Fachpresse, [...] oder in der Kommentarliteratur Meinungen, die sagen, diese Sorgeerklärung ist zum Beispiel in Richtung des kindfernen Elternteils, der das [Kind] also nicht im Haushalt hat, nicht viel mehr als ein bisschen erweitertes Umgangsrecht. Und meine persönliche Meinung ist dazu, dass ich das eigentlich genauso sehe. Weil wenn man mal berücksichtigt, dass im Fall einer Trennung einer Haushaltsgemeinschaft, wo diese Beurkundung passiert ist, gesagt wird: Wirkung ist, dass die allgemeinen Dinge des täglichen Lebens oder wie das auch formuliert ist vom Gesetz, nach wie vor der Elternteil zu entscheiden hat, bei dem das Kind lebt, ist das 80, 90% dessen, was mit dem Kind jeden Tag passiert. Und die Fragen, die wichtig sind für das Kind, die jetzt gemeinsam zu entscheiden sind von beiden Eltern, kann man vielleicht nicht an den Fingern einer, aber an zwei Händen abzählen [...]" (B I1b 1021-1034).

Vor dem Hintergrund der skeptischen Haltung der befragten JugendamtsmitarbeiterInnen besteht auch Unsicherheit hinsichtlich der Beratungsintensität. Einerseits möchten die JugendamtsmitarbeiterInnen auf die problematische Ausgestaltung der gemeinsamen elterlichen Sorge nach einer Trennung aufmerksam machen, andererseits werden Paare, die heiraten wollen, auch nicht von StandesbeamtInnen auf die Folgen einer Scheidung hingewiesen.

Ausgestaltung der Beratung und Belehrung vor Beurkundung
„Ein weiterer Punkt ist, dass viele, wenn sie denn gemeinsam kommen, [...] sich nicht vorstellen können, dass sie selber sich mal verstreiten oder auch vielleicht auseinanderlaufen. Wie dann gemeinsame Sorge funktionieren soll. Die gehen erst mal wie ein Ehepaar, was beim Standesamt sitzt und heiraten möchte, davon aus, das sie 60 oder 70 Jahre verheiratet bleiben. Ja, da berät sie auch keiner und sagt: Ham Sie schon Vorsorge für den Fall getroffen, machen Sie doch einen Ehevertrag, wie Ihr Vermögen geteilt wird usw. Dass die Kollegen manchmal dann den Eindruck haben: Wo müssen [wir] jetzt eigentlich noch ein bisschen mehr an Information, was über diesen Merkzettel hinausgeht, rüberschieben, wo Schwierigkeiten auftreten könnten und wo lassen wir einfach den Wunsch der Beiden, die an uns herangetreten sind, das urkundlich festzuhalten und lassen sie damit gehen" (B I6b 559-570).

Die praktische Ausgestaltung der gemeinsamen elterlichen Sorge wird von den befragten JugendamtsmitarbeiterInnen, die in der Beistandschaft tätig sind, als weitgehend unproblematisch betrachtet, wenn beide Eltern mit dem gemeinsamen Kind zusammen leben. Ihre Skepsis hinsichtlich der Ausgestaltung nach einer Trennung der Eltern ist vergleichbar mit den Erfahrungen der JugendamtsmitarbeiterInnen, die die Trennungs- und Scheidungsberatung leisten (ASD). Die Beratung nach §§ 17 und 18 III SGB VIII ist nicht nur für jene Eltern relevant, die sich scheiden lassen wollen, sondern auch für Eltern mit Sorge- und Umgangsproblemen, die die gemeinsame elterliche Sorge nach § 1626a I BGB erklärt haben. Zwischen den beratenden JugendamtsmitarbeiterInnen der Beistandschaft und des ASD bietet sich amtsinterne Zusammenarbeit an, denn LeistungsadressatInnen mit Umgangs- und Unterhaltsproblemen nach einer Trennung werden vom ASD wie auch von den Beiständen beraten.

Ein wichtiger Aspekt ist folglich die Ausgestaltung der Beratung und Belehrung vor der Beurkundung der gemeinsamen Sorgeerklärung nicht verheirateter Eltern.

Ausgestaltung der Beratung und Beurkundung der Sorgeerklärung:
„[D]ass manche dann nachher nicht mehr wussten, ob sie nun
gemeinsame Sorge haben wollen oder nicht" (8b)
In der Regel erfolgen Beratung, Belehrung und Beurkundung in Personalunion. In einem Jugendamt aus der Befragung wird das reformierte Recht so ausgelegt, dass Beratung und Beurkundung personell und organisatorisch getrennt werden. Die Beratung wird von SozialarbeiterInnen geleistet, die Beurkundung der Sorgeerklärung wird von einer unabhängigen Urkundsperson vorgenommen. Aufgrund fehlender Informationen wird den Eltern zum Teil erst in der Beratung oder Belehrung vor der Beurkundung die Tragweite der gemeinsamen elterlichen Sorge deutlich. Auf der Grundlage einer umfassenden Information, entscheiden sich Eltern auch

gegen die gemeinsame elterliche Sorge oder müssen die Entscheidung weiter überdenken. In einem Jugendamt werden zögerlich gewordene Eltern zur Partnerschaftsberatung (§ 17 SGB VIII) verwiesen, um weitere Informationen und Anregungen zur Ausgestaltung der elterlichen Sorge zu übermitteln und den Eltern die Entscheidung für oder gegen eine gemeinsame Sorgeform zu erleichtern. Eine besondere Problematik entsteht, wenn im Kontext der Beratung und Belehrung vor Beurkundung der Sorgeerklärung den JugendamtsmitarbeiterInnen deutlich wird, dass der Kindsvater psychischen Druck auf die Mutter ausübt, um die gemeinsame elterliche Sorge zu erlangen. Während in einem Jugendamt diskutiert wurde, ob die Beratung der Elternteile getrennt stattfinden sollte, berichtet eine andere Jugendamtsmitarbeiterin davon, dass die Urkundsperson auch die Beurkundung der Sorgeerklärung ablehnen kann, wenn der freie Wille eines Elternteils nicht erkennbar ist. Die Unterschiede in der Ausgestaltung von Beratung und Beurkundung der Sorgeerklärung nach §§ 1626a I 1, 1626d II BGB i.V.m. § 59 SGB VIII, beziehen sich nach den Aussagen der JugendamtsmitarbeiterInnen auf unterschiedliche Aspekte.

- Personelle Trennung von Beratung und Beurkundung der Sorgeerklärung.
- Beratung, Belehrung und Beurkundung erfolgt in Personalunion, wenn Zweifel aufkommen, werden die Eltern aber zur Partnerschaftsberatung geschickt.
- Beratung, Belehrung und Beurkundung erfolgt in Personalunion, aber es wird die getrennte Beratung der einzelnen Elternteile diskutiert beziehungsweise problematisiert, weil Erfahrungen vorliegen, dass Väter Druck ausüben und somit der freie Wille der Mütter nicht erkennbar ist.

Unterschiede in der Ausgestaltung von Beratung und Beurkundung der Sorgeerklärung

„Und wir haben eins gemacht, wir haben die Beratung über die Rechte und über die Pflichten, die daraus entstehen, abgekoppelt und das ist ja auch vom Gesetz her so gefordert, das haben ja nicht wir uns dann hier ausgedacht. Wir haben da diese Beratung durch die Sozialarbeiter vorgelegt, das heißt bevor die Urkunde aufgenommen wird über die Sorgeerklärung, ein anderer, eine unabhängige Person darüber berät, weil wir das für gut halten. [...]" (B I7al/b 749-765).

„Wir Urkundspersonen belehren über das, was alles mit der gemeinsamen elterlichen Sorge zu tun hat. Bei der Belehrung entstehen natürlich bei vielen Müttern insbesondere dann auch so „AHA-Momente", wo sie sich dann sagen, „na, lieber noch mal überlegen und noch mal sacken lassen das Ganze" und wenn wir dann merken, dass es da so Zweifel gibt oder die Mütter doch etwas vorsichtiger werden, obwohl sie erst recht entschlossen waren das zu tun, wenn wir merken, das ist an diesem Tag nicht unbedingt möglich jetzt, das zu tun und das würde man auch mit einem schlechten Gewissen, sag ich mal in Anführungsstrichen, tun, dann sagen wir, sie sollen sich das noch mal in Ruhe überlegen, wiederkommen und verweisen aber gleichzeitig auf unsern Partnerbereich, [...] dass sie dort noch mal die Kollegen aufsuchen und dort noch mal eine eingehende, spezifische Beratung zu dieser ganzen Problematik wahrnehmen und sich dann in Ruhe danach entscheiden" (B I3a/b 390-402).

„[S]ie [die Kollegen] sind auch unsicher geworden in der Frage: Berate ich die Eltern zusammen oder einzeln? Denn die haben durchaus den Eindruck, dass der Druck der Väter, die jetzt also auch selbstbewusster geworden sind und sagen: [...] „jetzt hab ich die Möglichkeit: Ich will die gemeinsame Sorge, ich will mitbestimmen!" Und das will nicht unbedingt jede Mutter, aber sie werden sicherlich auch manchmal psychologisch unter Druck gesetzt. Dann haben die Kollegen schon im Gespräch manchmal den Eindruck, dass sie sagen, eigentlich möchte ich den Vater zwischendurch mal rausschicken [...]" (B I6b 543-557).

„[Einer] von meinem Kollegen, [...]der offensichtlich den Eindruck hatte, die Frau war also den Tränen nahe, dass sie im Rahmen der Beurkundung vom Vater unter Druck gesetzt worden ist. Und dann kam er zu mir hin und da hab ich gesagt, schick den Vater mal raus, und dann kam raus „eigentlich möchte ich das gar nicht". Die haben sich auf dem Flur unterhalten und ich kriegte das dann mit, dass der sagte, wenn sie nicht dann, das und das läuft dann nicht, und dann musst du den Kredit zurückzahlen... und so was. Und ja gut, und dann haben wir auch irgendwo die Beurkundung abgelehnt. Doch die Frau war ja nun unter Tränen [...] also hat auch nicht gesagt „das ist mein freier Wille". Und da haben wir gesagt, als Urkundsperson war für uns der freie Wille nicht erkennbar. Und haben es abgelehnt" (B I9a/b 246-257).

Informationsstand der Eltern: „[W]ie, wenn ich das nicht mehr will, wie geht das denn?" (9b).
Der Verlauf von Beratung und Beurkundung ist maßgeblich abhängig von dem Informationsstand der Eltern. Der Informationsstand der Eltern ist unterschiedlich, allerdings lassen sich zwei Gruppen von nicht beziehungsweise fehlinformierten Eltern(teilen) benennen:
- Wenige Eltern wissen um die Tragweite der Erklärung gemeinsamer elterlicher Sorge hinsichtlich der Beendigung. Den Eltern ist nicht bewusst, dass die gemeinsame elterliche Sorge ausschließlich vom Familiengericht aufgehoben werden kann.
- Einige Väter wissen nicht, dass sie die gemeinsame elterliche Sorge nicht allein erklären können, sondern auf die Zustimmung der Mütter angewiesen sind.

Erfahrungen mit dem Informationsstand der Eltern
„Aber es ist unterschiedlich. Denn manche sind da einfach sehr gut informiert, haben sich selbst das Informationsmaterial besorgt und manche wissen überhaupt nicht, dass es überhaupt diese Möglichkeit gibt für nichteheliche Lebensgemeinschaften und manche wissen es vielleicht nur ein bisschen und haben es tatsächlich nur so ansatzweise gehört und bringen es aber nicht so richtig zusammen, was das so eigentlich bedeutet usw." (A I8a/b 356-361).

„Jetzt kann ich aber ganz allein ins Jugendamt gehen und ich erkläre hier die Sorge. [...] „Ich komm hierher und ich brauch jetzt überhaupt die Mutti nicht mehr, die will das ja nicht. Und ich hab dann das Sorgerecht und dann kann ich auch sagen, ich will das Kind haben"" (B I7a/b 781-792).

Da die Informations- und Beratungspflicht des Jugendamtes gemäß § 52a SGB VIII sich nur auf die Mütter nichtehelich geborener Kinder bezieht, sind nicht verheiratete Väter auf andere Informationsquellen angewiesen, wenn sie nicht von der Mutter die nötigen Informationen bekommen (TV, Presse, Ratgeberliteratur, Interessenvereine etc.). Nur ein Jugendamt scheint auch Informationen an die Väter zu senden, wenn diese in der Geburtsurkunde, aufgrund einer Vaterschaftsanerkennung im Standesamt, beigeschrieben sind. Seit der Kindschaftsrechtsreform kommt noch eine weitere Aufgabe für die Jugendämter hinzu: Das Ausstellen von sogenannten Negativattesten.

Ausstellen von Negativattesten: „Wenn das die Mutter alleine macht, dann muss sie das Negativattest vorlegen" (1b)
Mütter können sich, nach Geburt eines Kindes außerhalb der Ehe, gemäß § 58a SGB VIII, eine schriftliche Auskunft (Negativattest) vom Jugendamt darüber ausstellen lassen, dass keine gemeinsame Sorgeerklärung abgegeben wurde. Das Problem an den Negativattesten ist, dass die Jugendämter nicht darüber Auskunft geben können, dass die betreffende Mutter die Alleinsorge hat, sondern nur, dass keine Sorgeerklärung vorliegt, weil die Alleinsorge gerichtlich eingeschränkt oder entzogen worden sein könnte. Die Alleinsorge von Müttern kann nicht bescheinigt werden, da es nach Wissen der befragten JugendamtsmitarbeiterInnen keine Informationsverpflichtung des Gerichtes gegenüber der Urkundsabteilung der Jugendämter gibt.

Erfahrungen mit „Negativattesten"
„Die kommen allerdings nicht an mit dem Anruf und sagen „ich brauch ein Negativattest" sondern sagen dann „die Bank hat mir erzählt, ich brauch eine Bescheinigung, dass ich die elterliche Sorge habe" und genau das ist dass, was nicht in diesem Negativattest steht. [...]" (B I1b 1089-1097).
„Wir bescheinigen nur [...], dass eine Erklärung über die gemeinsame elterliche Sorge nicht abgegeben wurde. Mehr nicht! Mehr können wir auch nicht, weil wir können nicht beurteilen, ob der Mutter die elterliche Sorge mal entzogen wurde. Oder ob jemand anderes zum Vormund bestellt wurde, [...] das alles können und wollen wir auch gar nicht" (B I5b 196-203).

Diese Problematik ist zum Teil auch den SGB VIII-Kommentatoren entgangen, denn Hauck (2000) geht davon aus, dass „[m]it dieser schriftlichen Auskunft über die Nichtabgabe von Sorgeerklärungen [...] die Mutter im Rechtsverkehr ihre Alleinsorge nachweisen [kann]" (Hauck 2000 §55: 3). Er geht weiter davon aus, dass in der Praxis der „Nachweis der Alleinsorge nur bei einem vergleichsweise sehr geringen Teil der Vertretungsgeschäfte verlangt wird" etwa, wenn „Zweifel an der Vertretungsbefugnis beim Abschluß notarieller Verträge bestehen" (Hauck 2000 §58a: 3). Folglich ist in der Fachöffentlichkeit nicht klar, welche Institutionen die Negativauskünfte verlangen. In der Praxis der JugendamtsmitarbeiterInnen zeigen sich verschiedene „Abnehmer" oder AdressatInnen der Negativatteste. Es ist davon auszugehen, dass sich der Informationsbedarf regionalspezifisch unterschiedlich entwickelt, je nach dem, welche Institutionen für die Problematik sensibilisiert worden sind. Insbesondere Banken und Sparkassen benötigen die Negativatteste, wenn zum Beispiel Mütter ein Sparbuch für ihre Kinder einrichten wollen oder andere Geldgeschäfte für das Kind tätigen. Eine andere AdressatInnengruppe sind Ämter und Behörden, insbesondere das Einwohnermeldeamt, wenn es um die Beantragung eines Reisepasses oder eines Kinderausweises für eine Auslandsreise geht.

„Abnehmer" der Negativatteste
„Meistens ist das so, dass die Banken das anfordern, Banken oder Sparkassen, die dann wissen wollen, ob die Mutter das alleinige Sorgerecht hat oder der Vater da auch mit eben unterschreiben muss" (B I8a/b 453-458).
„Besonders wenn die Ferien vor der Tür stehen, auch zur Beantragung eines Kinderausweises. Ab und zu für das Standesamt, für Namensänderung und solche Dinge. [...]. Aber insbesondere eigentlich für das Einwohneramt zur Vorlage beim Einwohneramt, wenn Kinderausweise ausgestellt werden sollen. Und das fällt den Müttern meistens so zwei, drei Tage vorher, [...] vor Reiseantritt ein und dann, also Negativatteste werden sofort ausgestellt" (B I3a/b 1081-1090).

Die Nachfrage nach Negativauskünften entwickelt sich seit Einführung der Regelung langsam, weil die jeweiligen Stellen auf die Sorgerechtsproblematik erst aufmerksam werden mussten. Mit der zunehmenden Bekanntheit der gemeinsamen elterlichen Sorge nicht verheirateter Eltern, steigt die Nachfrage nach den Negativatteste. Demzufolge ist die Fallentwicklung steigend.

Fallentwicklung
„Negativauskünfte spielen erst letzte Zeit häufiger eine Rolle, weil die Behörden auch dahinter kommen, andere Behörden wie Kassen, also Banken und Sparkassen, und so dahinterkommen, dass es ja möglich sein kann, dass die Eltern nicht mit einander verheiratet sind und die elterliche Sorge erklärt haben" (B I5b 159-162).
„Das ist ja enorm. Besonders wenn die Ferien vor der Tür stehen" (3a).

Die Nachfrage nach den Negativatteste scheint sich nach den Aussagen der befragten JugendamtsvertreterInnen kommunalspezifisch unterschiedlich zu entwickeln. Die Nachfrage wird überwiegend durch den Informationsbedarf von Banken, Sparkassen, Ämtern, Schulen, Behörden etc. gesteuert und ist darüber hinaus abhängig von der Anzahl allein sorgeberechtigter Mütter. Insbesondere in großen Stadtjugendämtern steigen die Fallzahlen schnell. In anderen Kommunen entwickeln sich die Fallzahlen erst langsam oder es wird von keinem nennenswerten Arbeitsaufwand hinsichtlich der Erstellung von Negativattesten berichtet. Die Fälle sind in der Regel nicht statistisch erfasst und können so auch nicht verglichen werden. Mit einer landes- und bundesweit einheitlichen Fallerfassung wäre es möglich, die Arbeitsbelastung der Jugendämter zu vergleichen.

Zusammenfassung und Fazit

Die praktische Verwirklichung von Gesetzesänderungen des Kindschaftsrechts durch das Jugendamt, wurde anhand konkreter Gestaltungsbeispiele der befragten JugendamtsmitarbeiterInnen aus dem ASD und der Beistandschaft untersucht. Auf dieser Ebene wird erkennbar, wie die Rechtsänderungen praktisch wirksam geworden sind, welche Hindernisse und Probleme bestehen und wie diese Probleme im regionalspezifischen Kontext gelöst wurden. Themen- oder regelungsbereichsbezogen wurden unterschiedliche und ähnliche Selbstpositionierungen, Haltungen und Erfahrungen der JugendamtsmitarbeiterInnen rekonstruiert. Regionalspezifisch unterschiedliche Arten der Aufgabenwahrnehmung sind herausgearbeitet worden. Die unterschiedlichen Handlungstendenzen der Akteure beeinflussen die Implementation des neuen Kindschaftsrechts. Je größer die vom Gesetzgeber belassenen Handlungsspielräume der einzelnen Regelungen sind, desto mehr unterschiedliche Ausgestaltungen sind auf der regionalspezifischen administrativen Ebene möglich (vgl. den „begleiteten Umgang", die Ausgestaltung der Verfahrenspflegschaft, der Beratung nach § 18 SGB VIII und die Erfahrungen mit den sogenannten „Negativattesten"). Insbesondere wenn es in der Gesetzgebungsphase zu „abstrakten Formelkompromissen" gekommen ist (vgl. (Teil II), sind die Gestaltungsspielräume groß. Ungelöste Konflikte verlagern sich von der Gesetzgebungsebene auf die Implementationsträger, wie sich insbesondere am Beispiel des begleiteten Umgangs und der Verfahrenspflegschaft zeigen lässt.

Die empirisch rekonstruierten Jugendamtsaufgaben und Rahmenbedingungen zur Aufgabenwahrnehmung beziehen sich auf die Themenbereiche: Organisation und Personalbedarf, Information, Kooperation, Beratung, Vermittlung und Unterstützung in Trennungs- und Scheidungsfällen sowie Beratung, Unterstützung und Beurkundung nach Kindesgeburt außerhalb der Ehe oder bei Alleinsorge.

Die Auswertung der Daten zeigt, dass das neue Kindschaftsrecht, entgegen der Erwartungen von ExpertInnen, eher nicht zu Umorganisationen innerhalb der Jugendämter geführt hat. Organisatorische Unterschiede bestanden in der Regel schon vor der Reform. Dies gilt für die Aufgabenwahrnehmung des ASD sowie der Beistandschaft. Die Information der JugendamtsmitarbeiterInnen über die neuen Regelungen erfolgte in den meisten Fällen über Fortbildung.

Hinsichtlich der Personalausstattung wurde insbesondere von JugendamtsmitarbeiterInnen aus den neuen Bundesländern problematisiert, dass die Einführung der Beistandschaft nicht personalneutral geleistet werden konnte, da nicht, wie in den alten Bundesländern, die Amtspfleger die Beistandschaften übernehmen konnten. Das neue Kindschaftsrecht stellt die Jugendämter nicht nur vor veränderte Anforderungen hinsichtlich der quantitativen Personalausstattung, sondern teilweise auch vor neue Qualifikationsanforderungen.

Die Informationsverpflichtungen der Jugendämter nach dem neuen Kindschaftsrecht werden regelmäßig schriftlich wahrgenommen, zum Beispiel durch Infobroschüren, Elternbriefe sowie Fachartikel in lokalen Printmedien. Um den Informationsverpflichtungen nachkommen zu können, haben alle befragten Jugendämter Hilfsmittel zur Information erstellt. Im Aufgabenbereich des ASD wurden Elternbriefe zur Trennung und Scheidung entwickelt. Im Bereich der Beistandschaft sind Informationsbriefe zur Geburt eines Kindes außerhalb der Ehe gestaltet worden. Aufgrund der rechtlichen Verpflichtung zur Information der LeistungsadressatInnen sind alle befragten Jugendämter tätig geworden, um beispielsweise Eltern in Trennungs- und Scheidungssituationen oder ledige Mütter über die Leistungsangebote zu informieren. Die Ausgestaltung der Informationspflichten ist jedoch regionalspezifisch unterschiedlich, da das Gesetz einen erheblichen Gestaltungsspielraum hinsichtlich der Art und Weise der Information belässt. Neben den rechtlich festgelegten Inhalten variiert die Ausgestaltung in Stil, Umfang, Inhalt und Angebot.

Das neue Kindschaftsrecht hat zusammenfassend betrachtet zwar einen erhöhten Kooperationsbedarf geschaffen, aber nicht zu einer verstärkten Kooperation zwischen den befragten Jugendämtern und möglichen Kooperationspartnern geführt. In der Praxis der Jugendämter wird eine verstärkte Dringlichkeit zur Kooperation nur teilweise und eher themenbezogen wahrgenommen. Während von FachautorInnen gehofft wurde, dass eine Impulswirkung vom neuen Kindschaftsrecht ausginge, kann dies aus der Praxis der befragten JugendamtsmitarbeiterInnen nicht bestätigt werden. Stattdessen sind unterschiedliche Kooperationshindernisse je nach Institution oder Profession deutlich geworden. Das häufigste Kooperationsmodell ist die einzelfallbezogene Zusammenarbeit. Die Schwierigkeit besteht darin, einzelfallübergreifende Zusammenarbeit auf institutioneller Ebene zu entwickeln.

Hinsichtlich der Beratung, Vermittlung und Unterstützung in Trennungs- und Scheidungsfällen von Eltern minderjähriger Kinder sind zwar die Rechtsansprüche der Eltern auf Beratung verstärkt worden, aber es wird deutlich, dass die Anspruchserweiterung im Gesetz nicht ausreicht, damit diese Angebote auch wahrgenommen werden. Die „Steuerungsmittel" der JugendamtsmitarbeiterInnen beschränken sich auf Information und Motivation der Eltern, um deren Inanspruchnahmebereitschaft bezüglich der Beratungsleistung zu fördern. In den befragten Jugendämtern wurde durchgängig die Erfahrung gemacht, dass die Eltern nicht beziehungsweise selten auf das Beratungsangebot der Jugendämter reagieren.

Die inhaltliche und organisatorische Ausgestaltung der Trennungs- und Scheidungsberatung nach § 17 SGB VIII hat sich regionalspezifisch entwickelt. Das Jugendamt, als öffentlicher Träger, nimmt oft eine Vorrangstellung ein, auch wenn mit freien Trägern zusammengearbeitet oder zumindest auf deren Beratungsstellen hingewiesen wird. Würden die Eltern in Trennungs- und Scheidungssituationen, wie vom Gesetzgeber vorgesehen, regelmäßig die Beratungsleistung in Anspruch nehmen, müsste das Beratungsangebot noch erheblich ausgebaut werden. Da die Beratung in Trennungs- und Scheidungssituationen vom Gesetzgeber als wichtiges Mittel zur Stärkung der Elternverantwortung und Sicherung des Kindeswohls betont wurde, ist die geringe Inanspruchnahmebereitschaft der Eltern durchaus kritisch zu betrachten.

Die rechtliche Stellung der Jugendämter hat sich verändert. Vor der Kindschaftsrechtsreform mussten die Jugendämter die Eltern in Trennungs- und Scheidungssituationen zwar ebenfalls zur Inanspruchnahme der Beratungsleistung motivieren, aber in der Regel haben alle Eltern Kontakt zum Jugendamt bekommen, da die Mitwirkung des Jugendamtes in Scheidungsfällen obligatorisch war. Nach der Kindschaftsrechtsreform müssen die Jugendämter die Eltern motivieren, damit diese den Kontakt zum Jugendamt herstellen. An dieser Situation ist problematisch, dass die Kinder regelmäßig aus dem Blickfeld der Jugendämter verschwinden. Die Handlungsorientierung der JugendamtsmitarbeiterInnen verlagert sich vom Kind zu den Eltern, vom Kindeswohl zur Elternverantwortung.

Bei Trennungs- und Scheidungsverfahren besteht eine Mitwirkungspflicht des Jugendamtes nach der Kindschaftsrechtsreform nur dann, wenn ein Elternteil beim Familiengericht einen (streitigen) Antrag auf Übertragung der alleinigen elterlichen Sorge gemäß § 1671 BGB stellt, bei streitigen Umgangsregelungen gemäß §§ 1632 II, 1684, 1685 BGB oder wenn das Wohl des Kindes nach § 1666 BGB gefährdet ist. Die Mitwirkungsaufgabe der Jugendämter in Trennungs- und Scheidungsverfahren konzentriert sich in der Regel auf die Beratungsleistungen nach §§ 17 und 18 SGB VIII. Darüber hinaus ist das Jugendamt auch in diesen Fällen gemäß § 50 II SGB VIII verpflichtet, das Gericht über angebotene und erbrachte Leistungen zu unterrichten, erzieherische und soziale Gesichtspunkte zur Entwicklung des Kindes einzubringen und auf weitere Möglichkeiten der Hilfe hinzuweisen.

In den befragten Jugendämtern wurde zum Teil problematisiert, ob die Trennungs- und Scheidungsberatung von der Mitwirkung organisatorisch zu trennen sei, weil dies unterschiedliche Aufgaben mit unterschiedlicher Zielsetzung sein würden. In der Regel haben sich die Jugendämter gegen eine (regelmäßige) personelle Trennung der Beratungs- und Mitwirkungstätigkeit entschieden. Es ist dann die Aufgabe des Beraters, den Wechsel von Beratung zu Mitwirkung zu verdeutlichen.

Im Vergleich mit der Zeit vor der Kindschaftsrechtsreform, bekommen die Jugendämter nur noch wenige Mitwirkungsfälle nach § 50 SGB VIII, wenn es um Trennung und Scheidung geht. Die wenigen Trennungs- und Scheidungsfälle, in denen eine Mitwirkung der Jugendämter gefordert ist, sind dafür hochstrittig. Diese wenigen, aber hoch strittigen Mitwirkungsfälle, erfordern einen großen Zeitaufwand. Die Personengruppe der hochstrittigen Eltern hat sich nach der Kindschaftsrechtsreform für die JugendamtsmitarbeiterInnen nicht verändert. Der Unterschied ist, dass nun auf einer anderen Rechtsgrundlage gestritten wird. Die hochstrittigen Mitwirkungsfälle können über Jahre andauern. Aufgrund der hohen gesetzlichen Anforderungen an einen Antrag auf Alleinsorge ist es nicht verwunderlich, dass die Sorgerechtsfälle, in denen die befragten Jugendämter mitwirken, als strittiger beschrieben werden. Die AntragstellerInnen versuchen den anderen Elternteil abzuqualifizieren, um die alleinige elterliche Sorge zugesprochen zu bekommen. Das Handeln der FamilienrichterInnen beeinflusst die Chancen der Elternteile, einen Antrag auf Alleinsorge „durchzubekommen", erheblich. Die von den JugendamtsmitarbeiterInnen beschriebene Praxis der Amtsgerichte und der einzelnen RichterInnen mit Alleinsorgeanträgen umzugehen, scheint unterschiedlich zu sein.

Die Aussetzung des Verfahrens, um mit Beratung auf das Einvernehmen der Beteiligten hinzuwirken, stößt auf unterschiedliche Haltungen in den Jugendämtern. Die befragten JugendamtsmitarbeiterInnen haben eher wenig Erfahrungen mit der gerichtlich auferlegten Beratung sammeln können, da die Familiengerichte die Möglichkeit der Verfahrensaussetzung eher selten nutzen. Einerseits wird die „Zwangsberatung" als Chance gesehen, den streitenden Eltern zu einer eigenständigen Konfliktregelung zu verhelfen. Andererseits wurden mit der „Zwangsberatung" schlechte Erfahrungen gesammelt, wenn die innere Vermittlungsbereitschaft der streitenden Parteien fehlt.

In der Praxis zeigt sich, dass im Fall strittiger Sorgerechtsanträge die Beratungs- und Entscheidungspraxis von Jugendämtern und Gerichten durch unterschiedliche Haltungen der Fachkräfte geprägt ist, je nach dem, wird eher die alleinige oder die gemeinsame elterliche Sorge als kindeswohlförderlicher betrachtet. Die Haltungen der befragten Jugendamtsmitarbeiterinnen zur gemeinsamen elterlichen Sorge sind unterschiedlich, aber überwiegend positiv, denn die gemeinsame elterliche Sorge wird theoretisch als Möglichkeit gesehen, gerade Väter mehr in die Verantwortung für ihre Kinder einzubinden. Es wurde die Erfahrung gemacht, dass die beratenden JugendamtsmitarbeiterInnen erheblich zur Beibehaltung der gemeinsamen elterlichen Sorge bei Eltern in Trennungs- und Scheidungssituationen beitragen können, wenn ihre Grundhaltung konsequent positiv gegenüber diesem Sorgekonzept ausgerichtet sei. Teilweise wird die neue Regelung als gesetzliche Bestätigung realer Verhältnisse betrachtet, weil sich die meisten Eltern, die sich trennen oder scheiden lassen, auch schon vor der Gesetzesreform verantwortlich geeinigt und gemeinsam die Verantwortung für ihre Kinder weitergetragen hätten. Andererseits wird deutlich, dass die gemeinsame Verantwortung der Eltern für ihre Kinder nicht per Gesetz zu verordnen ist. Darüber hinaus kann die gemeinsame elterliche Sorge sogar als Konfliktpotenzial und Überforderung für die Eltern betrachtet werden, die diese Sorgeform durch Richterspruch „auferlegt" bekommen. Da über ¾ der Eltern nach Trennung und Scheidung die gemeinsame elterliche Sorge behalten, ist dieses Sorgemodell zumindest faktisch zum „Regelfall" geworden (vgl. Proksch 2002: 54 ff.).

Die Erfahrungen der JugendamtsmitarbeiterInnen mit der Ausgestaltung gemeinsamer elterlicher Sorge zeigen deutlich, dass sich Eltern mit gemeinsamer elterlicher Sorge über wesentliche Dinge nicht einig sind oder dass sich die hohen Erwartungen des Gesetzgebers nicht erfüllen, weil faktisch die Alleinsorge gelebt wird. Es wird beschrieben, dass die gemeinsame elterliche Sorge nach Trennung und Scheidung zum Teil als Ergebnis eines „Kuhhandels" zustande kommt. Die gemeinsame elterliche Sorge bleibt folglich in einer erheblichen Anzahl von Fällen bestehen, ohne dass sie verwirklicht würde. Trotz der richterlichen Anhörungs- und Hinweispflicht nach § 613 ZPO zeichnen sich Fälle ab, in denen die Eltern eben nicht bewusst das Modell der gemeinsamen elterlichen Sorge wählen, sondern dieses aus anderen Motiven beibehalten. Dies ist nicht weiter verwunderlich, weil aus der RichterInnen-Befragung von Proksch deutlich wird, dass in Scheidungsfällen ohne Antragstellung auf Alleinsorge nur 58% der befragten RichterInnen die Eltern anhören. Der Hinweis, dass dies nicht nötig sei, weil die Jugendämter zur gemeinsamen elterlichen Sorge informieren und beraten würden, kann die Unterlassung der Anhörung nicht rechtfertigen, wenn von vielen Eltern das Beratungsangebot nicht in Anspruch genommen wird.

Zusammenfassend ist deutlich geworden, dass die gesetzlichen Regelungen und auch die richterlichen Urteile keine Garantie für die Aufrechterhaltung der elterlichen Verantwortung beider Elternteile bieten, sondern allenfalls den Rahmen dafür. Wesentliches Kriterium ist die praktische Ausgestaltung der gemeinsamen elterlichen Sorge, das heißt wie das Sorgemodell „gelebt" wird. Für die alleinige Sorge eines Elternteils sowie das Recht des anderen Elternteils auf Umgang mit dem Kind gilt dies ebenso. Die rechtliche Neugestaltung des Umgangs zwischen Eltern und Kindern durch die Kindschaftsrechtsreform beeinflusst die Aufgabenbereiche des

Jugendamtes vielfach. Die Jugendämter haben mit der Thematik „Umgang" zu tun, wenn ein Kind oder Elternteil Beratung und Unterstützung (§ 18 III SGB VIII) einfordert oder Elternteile das Umgangsrecht vor dem Familiengericht einklagen beziehungsweise einen Vermittlungsantrag gemäß § 52a FGG stellen. Mit dem Umgang soll im Interesse des Kindes die Beziehung zu beiden Eltern aufrecht erhalten werden, denn für die seelische Entwicklung des Kindes und auch für seine möglichst störungsfreie psychische Bewältigung der elterlichen Trennung wird es als sehr bedeutsam für das Kind angesehen, seine Bindungen zu beiden Eltern aufrechterhalten zu können.

Von den befragten JugendamtsmitarbeiterInnen wird berichtet, dass die Fälle, in denen ein Umgangsverfahren angeregt wird, zugenommen haben. In der Regel sind es nicht sorgeberechtigte Väter, die aufgrund der verbesserten Rechtslage, ihr Recht auf Umgang (erneut) gerichtlich regeln beziehungsweise durchsetzen lassen wollen. Ebenso wird die Beratung nach § 18 III SGB VIII vor Antragstellung auf Umgangsregelung genutzt. Nach einem „Anfrage-Boom" umgangsberechtigter Väter im Anschluss an die Kindschaftsrechtsreform, hat sich die Nachfrage nach Beratung zu Umgangsrechten normalisiert. Das Konfliktpotenzial der (wieder aktuell gewordenen) Umgangsfälle zeigt sich im Insistieren auf „mein Recht", welches auch genutzt wird, um negativ auf die alten Beziehungen einzuwirken. Die Möglichkeit, über die erweiterten Umgangsrechte das verbliebene Familiensystem zu stören, könnte als eine Nebenwirkung des Rechts bezeichnet werden.

In den Interviews mit den JugendamtsmitarbeiterInnen war der begleitete oder beschützte Umgang ein häufig angesprochenes Thema, auch wenn die Fachkräftebefragung von Proksch zeigt, dass die Umgangsbegleitung nicht oft angeordnet oder beantragt wurde. Aus den Aussagen der befragten JugendamtsmitarbeiterInnen wird deutlich, dass die Handhabung der Umgangsbegleitung von Jugendamt zu Jugendamt höchst unterschiedlich ist. Während die Indikation oder der Zweck von Umgangsbegleitung ähnlich beschrieben wird, variieren die Anlässe (gerichtliche Anordnung oder außergerichtliche Leistung) und die „Rolle" des Jugendamtes bei der Durchführung. Aus den unterschiedlichen Gesetzesinterpretationen und Haltungen heraus haben sich regionalspezifische Ausgestaltungen der Umgangsbegleitung entwickelt. Die Haltungen der JugendamtsmitarbeiterInnen sind zum Teil gegensätzlich, wenn es darum geht, ob Fachkräfte oder Privatpersonen den begleiteten Umgang durchführen sollten.

Von einer systematischen rechtlichen Verbesserung der Stellung von Kindern als Rechtssubjekte kann nach der Kindschaftsrechtsreform nicht ausgegangen werden, weil sich die JugendamtsmitarbeiterInnen verstärkt um die Unterstützung der Eltern in ihrer gemeinsamen Verantwortung für ihre Kinder bemühen. Verbesserungen für die Kinder müssen hauptsächlich über die Eltern erreicht werden. Handlungsorientierender Bezugspunkt in der Aufgabenwahrnehmung der befragten JugendamtsmitarbeiterInnen sind die Eltern beziehungsweise die Elternverantwortung und weniger die Kinder.

Durch die Möglichkeit, dass Eltern sich ohne Regelung der elterlichen Sorge trennen und scheiden lassen, also die gemeinsame elterliche Sorge ohne gerichtliche Entscheidung und ohne Beratung zu behalten, hat das Jugendamt in der Regel keinen Kontakt mehr zu den betroffenen Kindern und können diese auch nicht beteiligen oder deren Interessen vertreten. Für die Kinderbeteiligung und die Interessenvertretung von Kindern bei Trennung und Scheidung gilt, dass die gesetzliche Regelung nur praktisch wirksam wird, wenn Jugendämter und Gerichte diese Möglichkeiten nutzen. Das Kindeswohl tritt als handlungsorientierender Aspekt in der Tätigkeit der JugendamtsmitarbeiterInnen eher zurück. Im Gespräch mit einer JugendamtsmitarbeiterIn wurde deutlich, dass zum Beispiel das eigenständige Recht des Kindes auf Umgang als symbolisches Recht verstanden wird und nur geringe praktische Relevanz entfaltet. Die Möglichkeit der Verfahrenspflege zur Stärkung der Kindesposition bei Trennung und Scheidung der Eltern wird von den RichterInnen selten genutzt.

Die Veränderungsbilanz hinsichtlich der Arbeitsbelastung der Jugendämter in Trennungs- und Scheidungsfällen nach der Kindschaftsrechtsreform ist eher ausgeglichen, weil strittige Fälle zwar arbeitsaufwendiger sind, aber die obligatorische Mitwirkung im Scheidungsverfahren abgeschafft worden ist. Dieser Ausgleich ist allerdings nur möglich, weil die Leistungsangebote der Jugendhilfe von den Leistungsberechtigten Elternteilen, Kindern und Jugendlichen nicht in dem Ausmaß in Anspruch genommen werden, wie es sich der Gesetzgeber als Flankierung zur gestärkten Elternautonomie vorgestellt hatte.

Eine weitere neue Aufgabe der Jugendämter ist die Beratung, Belehrung und Beurkundung der gemeinsamen elterlichen Sorge nicht verheirateter Eltern in Form von Sorgeerklärungen. Als Kehrseite der Möglichkeit der Sorgeerklärung kommt das Ausstellen sogenannter Negativatteste für allein sorgende Mütter als Jugendamtsaufgabe hinzu.

Die Beratung, Unterstützung und Beurkundung nach Kindesgeburt außerhalb der Ehe oder bei Alleinsorge erfolgt regelmäßig in den zentralen Verwaltungsabteilungen der Jugendämter. Mit der Kindschaftsrechtsreform hat in den Jugendamtsabteilungen/Sachgebieten für Beistandschaft und Unterhaltssachen eine Tätigkeitsverlagerung in Richtung Angebotsorientierung stattgefunden, denn die Mütter entscheiden, ob sie Unterstützung vom Jugendamt in Anspruch nehmen. Die Leistungsansprüche auf Beratung und Unterstützung verlangen andere fachliche Kompetenzen und Qualifikationen, als rein konditional programmiertes Verwaltungshandeln. Die JugendamtsmitarbeiterInnen müssen beraterisch tätig werden, obwohl die Fachkräfte in den entsprechenden Abteilungen keine Sozialpädagogen/Sozialarbeiter sind.

JugendamtsmitarbeiterInnen, die sich zur Inanspruchnahme der freiwilligen Beistandschaft insgesamt äußern, schätzen, dass sich mehr als die Hälfte der angeschriebenen Mütter von außerhalb der Ehe geborenen Kindern nicht beim Jugendamt melden. In einem anderen Jugendamt wurden die Fälle statistisch ausgewertet. Von den angeschriebenen Müttern beantragten 73% keine Beistandschaft. Die Positionierungen der befragten JugendamtsmitarbeiterInnen zur Abschaffung der gesetzlichen Amtspflegschaft für Kinder, die nicht in einer Ehe geboren werden, sind sehr unterschiedlich und lassen sich als Pro- und Kontrahaltungen kontrastieren.

Überwiegend wird die Abschaffung der „Zwangspflegschaft" von den JugendamtsmitarbeiterInnen begrüßt. Begründet wird diese Haltung mit dem Hinweis auf die gesellschaftlichen Veränderungen von Familienformen. Eine weitere Begründung für die freiwillige Beistandschaft ist, dass in einigen Jugendämtern schon vor der Reform diejenigen Amtspflegschaften regelmäßig aufgehoben wurden, in denen keine Unterstützung nötig war (ca. 80%). Durch die Einführung der freiwilligen Beistandschaft wird vor diesem Erfahrungshintergrund keine Verschlechterung für die Lage der Kinder gesehen.

Die Abschaffung der gesetzlichen Amtspflegschaft wird aber auch kritisch betrachtet, weil befürchtet wird, dass die Rechte der Mütter zu Lasten der Kinder gestärkt wurden. Eine Abschaffung sei nicht nötig gewesen, da die ledigen Mütter sowieso schon lange keine Bevormundung mehr durch die Amtspflegschaft erfahren hätten und eben auch viele Amtspflegschaften nach Aufgabenerfüllung aufgehoben wurden. Die Amtspflegschaft sei schon vor der Reform nicht mehr als Fürsorgeinstrument gestaltet worden. Eine völlig andere Situation zeigt sich in den neuen Bundesländern, in denen die gesetzliche Amtspflegschaft nach der Wiedervereinigung nicht in der Form der alten Bundesländer eingeführt worden ist, sondern nur auf Antrag beim Vormundschaftsgericht eingesetzt werden konnte. Der Wechsel von der Amtspflegschaft auf Antrag zu der freiwilligen Beistandschaft, wird in den neuen Bundesländern als Verbesserung gesehen, da die Beistände nun sofort ihrer Aufgabe nachkommen können, wenn ein Antrag an das Jugendamt ergeht.

Während in den Jugendämtern der alten Bundesländer die freiwillige Beistandschaft als Abbau gesetzlicher Vertretungs- oder Durchsetzungsmacht, je nach Haltung, positiv oder negativ gewertet wird, betrachten die Befragten in den neuen Ländern die Einführung der freiwilligen Beistandschaft als Aufbau von Vertretungs- oder Durchsetzungsmacht für Kinder als positiv. Die im Gesetzgebungsverfahren diskutierte Problematik der gestärkten Autonomie der ledigen Mütter und der geschwächten Position des Jugendamtes als Vertreter der Kindesrechte wurde durch die Gesetzgebung nicht beendet, sondern sie tritt in der Praxis der Beistände wieder hervor und bestimmt die unterschiedlichen Positionierungen der befragten JugendamtsmitarbeiterInnen. Ledige Mütter nicht mehr als zu bevormundende Personen wahrzunehmen, sondern als mündige Bürgerinnen in einer gesellschaftlich normalen Situation, fällt nicht allen befragten Beiständen leicht, insbesondere wenn die Rechte des Kindes aus Sicht der JugendamtsmitarbeiterInnen nicht gesichert sind.

Viele JugendamtsmitarbeiterInnen, insbesondere der alten Bundesländer, betonen einen erheblichen Anstieg der Beratungstätigkeit außerhalb der Beistandschaft. Die Unterstützung bei der Geltendmachung von Unterhaltsansprüchen für Kinder wird von den JugendamtsmitarbeiterInnen pragmatisch gehandhabt. Wenn es nicht nötig oder gewünscht ist eine Beistandschaft einzurichten, werden die Mütter eben nach § 18 SGB VIII beraten, denn ein Beratungs- und Unterstützungsanspruch besteht in beiden Fällen. Allerdings geht es in der Beratung nach § 18 SGB VIII nicht nur um Mütter, die keine Beistandschaft einrichten möchten, sondern auch um Beratung und Unterstützung in Fällen, in denen die Voraussetzungen für die Einrichtung einer Beistandschaft nicht gegeben sind, weil die gemeinsame elterliche Sorge nach Trennung oder Scheidung besteht. In der Regel handelt es sich um Beratung und Unterstützung bei der Geltendmachung von Unterhaltsansprüchen in Fällen der gemeinsamen elterlichen Sorge. Die gesetzliche Regelung stößt auch bei einigen JugendamtsmitarbeiterInnen auf Unverständnis, weil nicht einzusehen ist, das Elternteile mit gemeinsamer elterlicher Sorge nach Trennung oder Scheidung keine Unterhaltsprobleme haben sollten.

Die Möglichkeit der Beurkundung von Erklärungen der gemeinsamen elterlichen Sorge nach Geburt eines Kindes außerhalb der Ehe wird nach Aussage der befragten JugendamtsmitarbeiterInnen gut angenommen. Obwohl die Möglichkeit der Ausübung gemeinsamer elterlicher Sorge für nicht verheiratete Eltern theoretisch begrüßt wird, besteht Skepsis hinsichtlich der praktischen Ausgestaltung. Die Ausgestaltung der gemeinsamen elterlichen Sorge wird besonders für die Fälle problematisiert, in denen nach einer Trennung der Eltern keine häusliche Gemeinschaft (mehr) besteht. Die Rechte des Elternteils, der in der Regel nicht mit dem Kind zusammen lebt, werden nur als erweiterte Umgangsrechte beschrieben.

Eine besondere Problematik entsteht, wenn im Kontext der Beratung und Belehrung vor Beurkundung der Sorgeerklärung den JugendamtsmitarbeiterInnen deutlich wird, dass der Kindsvater psychischen Druck auf die Mutter ausübt, um die gemeinsame elterliche Sorge zu erlangen. In diesen Fällen sind die Reaktionen der Jugendämter unterschiedlich, während in einem Jugendamt diskutiert wird, ob die Beratung der Elternteile getrennt stattfinden sollte, um solche Situationen zu vermeiden, betont eine andere Jugendamtsmitarbeiterin, dass die Urkundsperson auch die Beurkundung der Sorgeerklärung ablehnen kann, wenn der freie Wille eines Elternteils nicht erkennbar ist. In der Regel erfolgen Beratung, Belehrung und Beurkundung in „Personalunion". In einem Jugendamt wird allerdings das reformierte Recht so ausgelegt, dass Beratung und Beurkundung personell und organisatorisch getrennt wurden. Die Beratung wird von Sozialarbeiterinnen geleistet, die Beurkundung der Sorgeerklärung wird von einer unabhängigen Urkundsperson vorgenommen.

Die Nachfrage nach den sogenannten „Negativattesten" ist davon abhängig, in welchem Umfang zum Beispiel Schulen, Banken oder andere Behörden diesen Nachweis einfordern. Der Bedarf nach Negativauskünften entwickelt sich langsam und kommunalspezifisch unterschiedlich, seit das neue Kindschaftsrecht in Kraft getreten ist, weil die jeweiligen Stellen auf die Sorgerechtsproblematik erst aufmerksam werden müssen. In der Praxis der befragten JugendamtsmitarbeiterInnen wird die Problematik der Negativatteste deutlich, denn die Jugendämter können nicht darüber Auskunft geben, dass die betreffende Mutter die Alleinsorge hat, sondern nur darüber, dass keine Sorgeerklärung vorliegt. Auch wenn keine Sorgeerklärung vorliegt, könnte die Alleinsorge gerichtlich eingeschränkt oder entzogen worden sein. Die nachfragenden Einrichtungen verlangen aber oft den Nachweis der Alleinsorge, der eben nicht bescheinigt wird.

Wie schon die befragten ASD-MitarbeiterInnen, beschreiben die JugendamtsmitarbeiterInnen im Sachgebiet der Beistandschaft, Beurkundung und Unterhaltssachen die Veränderung der Arbeitsbelastung als Verschiebung. Insbesondere die arbeitsaufwendigen und problematischen Fälle der Vaterschaftsfeststellung und Unterhaltssicherung verbleiben bei den Beiständen. Dazu kommt eine Mehrbelastung durch den erhöhten Beratungs- und Abstimmungsbedarf innerhalb der freiwilligen Beistandschaften und im Kontext von § 18 SGB VIII.

Die praktische Verwirklichung von Gesetzesänderungen der Kindschaftsrechtsreform durch das Jugendamt wurde anhand konkreter Gestaltungsbeispiele der befragten JugendamtsmitarbeiterInnen aus dem ASD und der Beistandschaft rekonstruiert. Auf dieser Ebene wurde aufgezeigt, wie die Rechtsänderungen praktisch wirksam geworden sind, welche Hindernisse und Probleme bestehen beziehungsweise wie diese im regionalspezifischen Kontext gelöst werden. Es sind bereits auf dieser Ergebnisebene Unterschiede in der Aufgabenwahrnehmung der Jugendämter erkennbar. Themen- oder regelungsbereichsbezogen lassen sich unterschiedliche und ähnliche Selbstpositionierungen, Haltungen und Erfahrungen der JugendamtsmitarbeiterInnen typisieren. Ob und wie die Kindschaftsrechtsreform handlungsstrukturierende Wirkung in den Jugendämtern entwickelt hat beziehungsweise die Handlungsorientierungen der JugendamtsmitarbeiterInnen mit den Zielen der Reform „kompatibel" sind, wird im folgenden Kapitel in den Mittelpunkt der Analysen gestellt.

Die Handlungsorientierungen von JugendamtsmitarbeiterInnen

Eine zentrale Untersuchungsfrage war, welche empirisch rekonstruierbaren kindschaftsrechtlich relevanten Handlungsorientierungen der JugendamtsmitarbeiterInnen vorzufinden sind beziehungsweise welche handlungsstrukturierende Wirkung die Implementation des neuen Kindschaftsrechts im Handlungsfeld der Kinder- und Jugendhilfe entfaltet hat.[67] Am Beispiel von ExpertInnen in Jugendämtern werden Wissens- und Handlungsstrukturen rekonstruiert, die im Zusammenhang mit den Veränderungen durch das neue Kindschaftsrecht stehen. Recht, als durch Handeln produzierte Struktur beziehungsweise Objektivität, wirkt strukturierend auf und durch das Handeln der Akteure, das heißt auch der befragten JugendamtsmitarbeiterInnen. Es ist davon auszugehen, dass das neue Kindschaftsrecht die JugendamtsexpertInnen in unterschiedlichen Interessenlagen berührt, die zugleich die Motivation beeinflussen, mit den neuen Regelungen umzugehen. Der Weg von einer rechtlichen Regelung zur Handlungsorientierung der JugendamtsmitarbeiterInnen erfolgt theoretisch in drei Stufen (vgl. Mayntz und Scharpf 1995: 55 f.): Neben bestehenden oder hinzugekommenen Interessen (funktionale Imperative) müssen Normen (normative Erwartungen) als externe Vorgaben übernommen werden, um handlungsrelevant zu werden (vgl. Teil I). Einer selektiven Verinnerlichung folgt eine dauerhafte Handlungsorientierung, bestehend aus stabilen (interessengeleiteten) Präferenzen und internalisierten Normen, die als situative Handlungsmotive in den konkreten Handlungssituationen aktiviert werden (situative Handlungsziele und Handlungsgründe). Die externen Vorgaben durch das neue Kindschaftsrecht können folglich erst nach der Verinnerlichung zu Handlungsorientierungen der ExpertInnen werden, die dann in spezifischen Situationen zu einer Problemwahrnehmung, Handlungsmotivation und Handlungsrichtung im Sinne des Kindschaftsrechts führen. Es ist nicht davon auszugehen, dass die Handlungsorientierungen der ExpertInnen in den Jugendämtern ausschließlich durch rechtliche Vorgaben bestimmt werden; im Gegenteil ist anzunehmen, dass diese eher nicht mit den gesetzgeberischen Absichten übereinstimmen. „Bewusstseinsänderung ist ein langsamer Prozess. Neue gesetzliche Regelungen und ihr Zweck müssen nicht nur den Bürgern, hier als Eltern verdeutlicht werden, damit sie von ihnen akzeptiert und zur Handlungsmaxime gemacht werden können, sondern auch Richtern, Anwälten […]. Soll der vom Gesetzgeber gewollte Bewusstseinswandel wirklich eintreten, kann das nur geschehen, wenn alle am Verfahren beteiligten Professionen ihn auch vollziehen, ihn in sich aufnehmen, mitragen und fördern" (Guvenhaus 2001: 188). Dies gilt gleichermaßen für JugendamtsmitarbeiterInnen.

Die objektiven Handlungsvorgaben des neuen Kindschaftsrechts werden im Folgenden als handlungsstrukturierender Aspekt in Jugendämtern mit den handlungsleitenden Orientierungen der befragten JugendamtsmitarbeiterInnen verglichen. Die im Datenmaterial vorgefundenen Handlungsorientierungen werden anhand von übergeordneten Leitsätzen/Handlungsmaximen, Selbstverständnissen und AdressatInnenbildern der JugendamtsmitarbeiterInnen rekonstruiert und zum Teil typisiert. Der Gesetzgeber hat sich bei der Schaffung der objektiven Handlungsvorgaben an einigen grundsätzlichen Aspekten orientiert, „die er versucht hat, soweit wie möglich durchzuhalten bzw. umzusetzen" (Münder 1998: 342). Die gesetzgeberischen Absichten beziehungsweise die „Gesetzesphilosophie" lassen sich zu folgenden Aspekten verdichten (vgl. ebd.: 342 f.):

- *Autonomie*: Den BürgerInnen wurden größere Gestaltungsspielräume zugestanden, was sich darin zeigt, dass ehemalige gesetzliche Vorgaben abgeschafft, aufgehoben oder gelockert wurden. „So wird bei den nichtehelichen Kindern vom Gesetzgeber nicht mehr ein für die Bürger mehr oder weniger „zwingendes" Konzept vorgezeichnet, sondern es bleibt miteinander nicht verheirateten Eltern überlassen, wie sie bezüglich der Kinder ihre Situation gestalten. Wenn Eltern sich trennen oder scheiden lassen, so knüpft der Gesetzgeber hieran nicht mehr automatisch die Tatsache, daß er sich mit dieser Situation befasst und eine gerichtliche Entscheidung trifft. Auch hier bleibt es den Betroffenen zunächst selbst überlassen, ihre Verhältnisse selbst zu regeln" (ebd.). Die Erhöhung der Autonomie der BürgerInnen lässt sich für das Kindschafts- und Beistandschaftsrecht nachzeichnen und wird besonders deutlich in der Abschaffung der gesetzlichen Amtspflegschaft, der Gleichstellung von ehelichen und nichtehelichen Kindern und der Gestaltung der elterlichen Sorge nach Trennung und Scheidung.

- *Vermittlung*: Im Vordergrund steht eine eigenständige, möglichst einvernehmliche Konfliktregelung zwischen Eltern. Konflikte sollen mit Hilfe von Gericht und Jugendamt entschärft werden. Dieses Vorhaben zeigt sich in den Regelungen, die das Scheidungsverfahren betreffen sowie in den Bereichen Sorge- und Umgangsrecht. „Der Gesetzgeber hat nicht die Augen davor verschlossen, daß mit gesetzlichen Änderungen die Probleme nicht aus der Welt geschafft werden. Deswegen wird es nach wie vor so sein, daß die Familiengerichte auch Konflikte entscheiden müssen. Der Gesetzgeber hat jedoch darauf gesetzt, daß im außergerichtlichen und im gerichtlichen Bereich vor den Entscheidungen Vermittlungsverfahren durchgeführt werden sollen, um auf diese Weise zu Lösungen zu kommen. Dies vor dem Hintergrund der – richtigen – Erkenntnis, daß von den Beteiligten getragene konsensuale Lösungen letztlich immer besser sind als gerichtliche Entscheidungen" (ebd.). Der Vermittlungsvorrang zeigt sich insbesondere im neuen Kindschaftsrecht und im Verfahrensrecht. Beratungstätigkeiten des Gerichtes und der Jugendhilfe werden besonders hervorgehoben. Darüber hinaus ist für das Familiengericht selbst die Möglichkeit eines Kon-

fliktlösungsverfahrens eingeführt worden Vermittlung setzt eine eher neutrale und mediative Haltung des Vermittlers voraus.
- *Angebotscharakter*: Eigenständige Handlungsmöglichkeiten in der Kinder- und Jugendhilfe, insbesondere der öffentlichen Träger, sind zurückgenommen worden. „Wenn der Gesetzgeber darauf verzichtet, gesetzliche Leitbilder vorzugeben, bedeutet es zugleich, daß die Institutionen, die bei der „Realisierung" solcher gesetzlicher Vorgaben eingeschaltet waren, diese ihre ihm vom Gesetzgeber übertragenen Aufgaben verlieren. Für die Jugendhilfe bedeutet es, daß sie – sei es z.B. bei den nichtehelichen Kindern, sei es im Zusammenhang mit Trennung und Scheidung – nicht mehr von sich aus als Amtspfleger/Amtsvormund tätig wird, bzw. stets in Scheidungsverfahren involviert ist" (ebd.). Die Aufgaben der Kinder- und Jugendhilfe nach der Kindschafts- und Beistandschaftsrechtsreform beziehen sich auf Informations-, Beratungs-, Unterstützungs- und Hilfsangebote, für die sie die BürgerInnen aktiv gewinnen müssen. Allerdings ist davon auszugehen, dass der Gesetzgeber neue Leitbilder vorgegeben hat, die sich auf die ehe-unabhängige Elternverantwortung beziehen: Eltern oder Elternteile sollen mit Hilfe von Beratung und Vermittlung in ihrer Verantwortung für minderjährige Kinder unterstützt beziehungsweise aktiviert werden.

Wenn diese „Gesetzesphilosophie" als Bündel von Verhaltensnormen zu Handlungsorientierungen der befragten JugendamtsmitarbeiterInnen geworden sind, sollten diese aus dem Datenmaterial rekonstruiert werden können. Die Spektren der Kompatibilität von objektiven Handlungsvorgaben und empirisch erfassbaren Handlungsorientierungen sind durch folgende „Eckpunkte" zu kennzeichnen:
- „Elternautonomie" – „Fürsorglichkeit"
- „neutrale, nondirektive Vermittlung" – „advokatorische, parteiliche Interessenvertretung"
- „Angebot" – „Eingriff"

Quer zu diesen „Eckpunkten" der Handlungsorientierung liegt die „Aktivierung von Elternverantwortung", die als Voraussetzung für autonome, eigenständige Konfliktlösung und kindeswohlförderliche Beziehungsgestaltung auf den Kern der „Gesetzesphilosophie" verweist. Mit dem an Autonomie, Eigenverantwortung und Einvernehmlichkeit der Eltern ausgerichteten neuen Kindschafts- und Beistandschaftsrecht, wird eine anbietende, versöhnungsorientierte, neutrale Handlungsorientierung der JugendamtsmitarbeiterInnen gefördert. Das Spektrum handlungsleitender Orientierungen verschiebt sich in Richtung „Aktivierung von Selbstsorge oder Eigenverantwortung". Auf der anderen Seite des Spektrums befinden sich „fürsorgliche" und „eingriffsorientierte", aber auch „parteiliche" Handlungsorientierungen. Bezugspunkt einer (autoritativen) Fürsorglichkeit sind die Vorstellungen der professionell Tätigen und nicht die Wünsche und Vorstellungen der Betroffenen. „Die Fürsorglichkeit erwächst dabei der durchaus ernst zu nehmenden Sorge für andere, sie will für andere etwas tun, nach Möglichkeit natürlich mit ihnen, ggf. aber auch gegen sie, zu ihrem „Besten"" (Münder 1998: 344). Gegen die fürsorgliche Handlungsorientierung lässt sich eine eher angebotsorientierte Handlungsorientierung abgrenzen, die sich an dem Wunsch- und Wahlrecht der Leistungsberechtigten orientiert und versucht, diese für die Vorstellungen der professionell Tätigen zu gewinnen. Unter Umständen muss auf das nach fachlichen oder gesetzlichen Vorstellungen „Beste" verzichtet werden und die professionell Tätigen „begnügen sich" mit dem, was mit den BürgerInnen vereinbart wird (ebd.). Die Tendenz zu „neutralen/mediativen" Handlungsorientierungen lässt sich nur schwerlich mit einer interessenorientierten Kinder- und Jugendhilfe vereinbaren: „Da Jugendhilfe wegen der Kinder und Jugendlichen veranstaltet wird, und da Kinder und Jugendliche gegenüber Erwachsenen – auch gegenüber ihren Eltern – strukturell unterlegen sind, hat Jugendhilfe [...] interessenorientiert zu sein und sich nicht mit „Neutralität" zu begnügen" (Münder 1998: 344).

Anhand der Kategorien „Handlungsmaximen", „Selbstverständnis" und „AdressatInnenbilder" wurde das Besondere des gemeinsam geteilten Wissens eines Teils der befragten JugendamtsmitarbeiterInnen verdichtet. Bezogen auf Trennungs- und Scheidungsfälle geht es um die Handlungsorientierungen der JugendamtsmitarbeiterInnen im ASD. Diese lassen sich an folgenden Aspekten verdeutlichen: Haltungen zu kindschaftsrechtlich relevanten Leitgedanken wie Elternverantwortung, einvernehmliche Konfliktlösung, gemeinsame elterliche Sorge und Vermittlung. Für die Beistände werden die Handlungsorientierungen ebenfalls nach Handlungsmaximen, Selbstverständnissen und AdressatInnenbildern kategorisiert. Mit der Einführung der freiwilligen Beistandschaft hat sich die Aufgabenwahrnehmung der JugendamtsmitarbeiterInnen verändert: Die Autonomie und Verantwortung der ledigen Mütter stehen handlungsleitend im Vordergrund.

Handlungsorientierungen in Trennungs- und Scheidungsfällen

Als Ziele der reformierten Regelungen des neuen Kindschaftsrechts (vgl. Teil II) sind insbesondere der Beziehungserhalt für Kinder und die möglichst einvernehmliche Konfliktregelung zwischen Eltern bei Trennung und Scheidung zu nennen. Die Leistungen der Kinder- und Jugendhilfe (Information, Beratung, Vermittlung) werden angeboten, um die Elternverantwortung in diesen Bereichen zu aktivieren und zu unterstützen. Im Kontext der angebotenen Leistungen geht es um „Unterstützung statt Bevormundung" und um „Dienstleistung statt Fürsorge". Das Thema „Beziehungserhalt" für Kinder nach Trennung und Scheidung der Eltern zieht sich als roter Faden durch die reformierten Regelungen. Ein Beispiel ist die gemeinsame elterliche Sorge nach Trennung und Scheidung der Eltern als faktischer Regelfall. Sorge- und Umgangsrechte sind darauf ausgerichtet, die Aufrechterhaltung von Kontakten zu wichtigen Bezugspersonen zu gewährleisten. Die „Mittel" dazu sind Beratung, Vermittlung und begleiteter Umgang, aber auch Zwangsmittel in Fällen von Umgangsvereitlung. In strittigen Sorge- und Umgangsrechtsfällen steht eine eigenständige, möglichst einvernehmliche Konfliktregelung zwischen den Eltern im Vordergrund. Konflikte sollen mit Hilfe von Gericht und Jugendamt entschärft werden. Dieses Vorhaben zeigt sich in den Regelungen, die das Scheidungsverfahren betreffen sowie in den Bereichen Sorge- und Umgangsrecht. Beratung und Vermittlung sind die Mittel, mit denen die Eltern dazu befähigt werden sollen, ihre Konflikte einvernehmlich zu lösen, ohne dass eine gerichtliche Entscheidung herbeigeführt werden muss.

Nach dem neuen Kindschaftsrecht sollen Eltern in Trennungs- und Scheidungssituationen von der Jugendhilfe „partnerschaftlich begleitet und unterstützt" werden. Die Beratung ist so zu gestalten, „daß Eltern selbstbestimmt und eigenverantwortlich ihre fortbestehenden Beziehungen zu den Kindern ordnen und gestalten können" (Schulz 2001: 19). Die Beratung begleitet und unterstützt Eltern und Kinder bei der Veränderung und Umgestaltung der Beziehungen innerhalb der Familie und orientiert sich nach Schulz (2001) an der Leitvorstellung: „[A]ls Partner zwar getrennt, als Eltern aber in gemeinsamer Verantwortung. Diese gemeinsame Elternverantwortung ist unabhängig von der Sorgerechtsentscheidung und dem tatsächlichen Mittelpunkt im Leben des Kindes. Sie setzt nicht die gemeinsame Ausübung der elterlichen Sorge voraus. Es ist jedoch anzustreben, daß die Eltern aus ihrer gemeinsamen Verantwortung ein einvernehmliches Konzept für die Wahrnehmung der elterlichen Sorge entwickeln" (ebd.). Die zentralen Themen in Trennungs- und Scheidungsfällen sind folglich „Elternverantwortung", „gemeinsame elterliche Sorge" und „elterliches Einvernehmen".

Die Haltung der JugendamtsmitarbeiterInnen hat sich zum Teil durch das neue Kindschaftsrecht beziehungsweise dessen „Philosophie" verändert. Folglich hat das neue Kindschaftsrecht handlungsstrukturierende Wirkung in den Jugendämtern entfaltet. „Dienstleistung ist einfach das Angebot. [...] Also im Grunde diese neuen Philosophie und den veränderten Blick [...]" (A I10a 970-971). Unterschiede zeigen sich graduell in den Handlungsorientierungen: Zum Teil hatte sich die Haltung schon vor der Kindschaftsrechtsreform in eine entsprechende Richtung (Angebotsorientierung, Vermittlung, gemeinsame elterliche Sorge) entwickelt. Die handlungsorientierenden Bezugspunkte des neuen Kindschaftsrechts sind der Angebotscharakter der Hilfeleistung, die Eigenverantwortung und die Autonomie der Eltern in Trennungs- und Scheidungssituationen. Anscheinend lässt sich trotzdem eine eher autoritativ „fürsorgende" Handlungsorientierung mit diesen Aspekten verbinden, zum Beispiel wenn die neuen Leitbilder der „einvernehmlichen Konfliktlösung" und der „gemeinsamen elterlichen Sorge" als das „Beste" den Eltern „aufgedrängt" werden.

Die befragten JugendamtsmitarbeiterInnen sehen sich im Kontext von Trennung und Scheidung eher als Dienstleister, Berater, neutraler Vermittler, Begleiter und Unterstützer oder Initiator von Beratungsprozessen. Und nicht (mehr) als Fürsorger, Kontrollinstanz, Entscheider, Ermittler oder Erfüllungsgehilfe für die Gerichte. Diese neutrale Position schließt allerdings eine parteiliche „Interessenorientierung" weitgehend aus.

Das handlungsleitende „AdressatInnenbild" der JugendamtsexpertInnen variiert von „die meisten Eltern brauchen uns nicht" (1a) bis zu „Eltern werden eher immer unfähiger" (8a). Auf die Ausgestaltung von Sorge- und Umgangsrechten bezogen werden einerseits Mütter problematisiert, die den Kontakt der Kinder zu ihrem Vater vereiteln, weil die Kinder ihnen „gehören" und andererseits Väter, die blind auf ihr Recht pochen. In beiden Falltypen interpretieren Mütter oder Väter ihre Rechte so, dass sich die Gesetzesphilosophie hinsichtlich der gemeinsamen Elternverantwortung und des gelungenen Beziehungserhalts für Kinder nicht oder nur schwer realisieren lässt.

Aus den ExpertInneninterviews lassen sich Handlungsmaximen im Sinne von handlungsrelevanten Leitsätzen[68] und Haltungen herausarbeiten, in denen die Interpretationsleistungen der JugendamtsmitarbeiterInnen hinsichtlich der Regelungen des neuen Kindschaftsrechts deutlich werden (Gesetzesphilosophie). Inhaltlich sind folgende Schwerpunkte zu rekonstruieren:
- Die *Gemeinsamkeit* der elterlichen Entscheidung.
- Erzeugung von *Konsens und Einvernehmen* zwischen den Eltern, bevor der Familienrichter eine Entscheidung zur elterlichen Sorge oder zum Umgang trifft.
- Betonung der *Elternverantwortung* und der Trennung von „Eltern- und Paarebene".
- Die *gemeinsame elterliche Sorge* als „oberstes Gebot" wird positiv hervorgehoben oder kritisiert.

Handlungsmaxime „gemeinsame elterliche Sorge": Das „Beste" oder „Gefährdung" für Kinder

Die gemeinsame elterliche Sorge nach Trennung und Scheidung wird von den ExpertInnen als „Regelfall" oder „oberstes Gebot" hervorgehoben und als Handlungsmaxime in die Beratung eingebracht. Sie gilt als „gesetzliche Plattform" für den Bindungserhalt beider Eltern zum Kind, die in den meisten Fällen die elterliche Sorge nicht zum Streitpunkt im Scheidungsverfahren werden lässt. Andere ExpertInnen aus den Jugendämtern kritisieren dagegen das automatische Beibehalten der gemeinsamen elterlichen

Sorge und die gerichtliche Hürde zur Erlangung der alleinigen Sorge als Überforderung der Eltern und als nicht Kindeswohl gemäß.

Handlungsmaxime: „Gemeinsame elterliche Sorge"
„Gesetzliche Plattform für Bindungserhalt" (6a)
„Ziel ist gemeinsame elterliche Sorge zu behalten"(10a)
„Gemeinsame Sorge ist das Beste" (9a)
„Nicht um dass Sorgerecht streiten müssen" (4f)
„Streit um das Kind wird zum Nebenkriegsschauplatz" (9a)
„Gemeinsame elterliche Sorge als Überforderung" (8a)
„Gemeinsame elterliche Sorge als Regelfall ist nicht zum Wohle des Kindes" (8a)

Münder (1999) betont, dass die Entscheidung zur Regelung der elterlichen Sorge nicht aus Prinzipien abgeleitet werden kann, „sondern daß im Zentrum jeweils die genaue Auseinandersetzung mit dem Einzelfall stehen muß" (ebd.: 170). Obwohl zwischen gemeinsamer elterlicher Sorge oder alleiniger elterlicher Sorge kein Regel-Ausnahme-Verhältnis besteht, weisen die Aussagen der befragten JugendamtsmitarbeiterInnen darauf hin, dass § 1671 BGB „als ein „Prinzip" dahingehend (miß-)verstanden wird, daß die gemeinsame elterliche Sorge der Regelfall, der Grundsatz sei und deswegen vorrangig sei – auch wenn erhebliche Differenzen und Kommunikationsstörungen zwischen den Eltern bestehen" (ebd.).

Die Sorgerechtsformen dürfen nach Münder nicht abstrakt beurteilt werden. Zwar ist im Prinzip die gemeinsame Wahrnehmung der elterlichen Verantwortung dem Kindeswohl eher förderlich, aber Trennung und Scheidung sind keine abstrakten Fälle, in denen grundsätzlich entschieden werden kann (vgl. ebd.). Es wird in zwei gegensätzlichen Richtungen mit dem Kindeswohl argumentiert: Kindeswohl als Begründung für gemeinsame elterliche Sorge nach Trennung und Scheidung und Kindeswohl als Begründung gegen gemeinsame elterliche Sorge nach Trennung und Scheidung.

Typ I: Gemeinsame elterliche Sorge als Regelfall ist das Beste für Kinder
„[...] warum sollten sie nicht beide weiter ihre Elternverantwortung wahrnehmen im Interesse und zum Wohl ihrer Kinder. Dass es für die Kinder immer das Beste ist, wenn Eltern gemeinsam weiter Verantwortung tragen" (4f).
„[D]ie Grundhaltung unserer Sozialarbeiter ist ganz klar, gemeinsame Sorge ist sozusagen immer das Beste, und wenn jemand kommt mit einem Antrag auf alleinige elterliche Sorge, ist immer der Tenor zu sagen: „Kannst du nicht gemeinsam versuchen?" Und es geht nur, wenn ganz viele Sachen dagegen sprechen, ansonsten müssen sie sich einigen" (S I9a/b 336-341).
„[D]ieses künstliche Entscheiden am Anfang [...] dieses Neuen, nämlich sich Trennens wurde ja künstlich dann auch noch die Sorgerechtsentscheidung da mit reingeschoben und das ist vorbei" (A I10a 819-822).

„Ich würde sagen, sie [die Reform] ist dem Kind zugute gekommen, weil der Regelfall einfach die gemeinsame Sorge ist oder sein soll. Während es früher doch der Regelfall war, dass es einer bekommen hat. [...] Und ich denke, das ist auf jeden Fall vom Gesetz her die richtige Richtung. Es wird noch eine Zeit dauern, bis das auch sich richtiggehend etabliert hat, dass man eben sagt, OK wir haben beide die elterliche Sorge, wir sind beide dafür verantwortlich" (A I2a 410-419).

„Es wird nicht mehr so viel auf der Ebene des Wohl des Kindes ausgetragen, weil dieser Nebenkriegsschauplatz nicht mehr möglich ist, weil ganz klar eine Aussage ist, dass das Kindeswohl gefährdet sein muss, damit überhaupt die alleinige elterliche Sorge ausgesprochen werden kann" (A I9a/b 363-367).

Es zeichnet sich in den Daten ab, dass die gemeinsame elterliche Sorge teilweise als das „Beste" gegenüber den Eltern vertreten wird (Typ I). Die gemeinsame elterliche Sorge als „Regelfall" soll die positive Folge haben, dass streitende Eltern ihre Konflikte nicht mehr so leicht auf die Frage der elterlichen Sorge verlagern können, weil diese grundsätzlich gemeinsam verbleibt. Die Sorgerechtsentscheidung steht nicht mehr im Vordergrund des Verfahrens. Diese positive Haltung könnte einerseits mit positiven Erfahrungen im Zusammenhang stehen; so wurde in einem Landkreis schon seit 1995 die Beibehaltung der gemeinsamen elterlichen Sorge aktiv unterstützt oder andererseits mit einem Selbstverständnis als „Dienstleister".

An dieser Stelle könnte sich eine neue Form von „Fürsorglichkeit" andeuten, die auf der sozialwissenschaftlichen Bewertung des Beziehungserhaltes nach Trennung und Scheidung basiert. Hinter der uneingeschränkten Befürwortung der gemeinsamen Sorgeform scheint die Hoffnung zu stehen, dass die Chancen für gemeinsam getragene Elternverantwortung, für Einvernehmlichkeit zwischen den Eltern und für den Beziehungserhalt zwischen beiden Elternteilen und Kind(ern) „automatisch" verbessert würden. Weber (2002) betont dagegen, dass gemeinsame elterliche Sorge „im juristischen Sinne [...] keineswegs schon gelingende gemeinsame Sorge im inhaltlichen Sinne [bedeutet]. In vielen, wenn nicht den meisten Fällen ist sie eher mit Formen der Wahrnehmung elterlicher Verantwortung verbunden, die im Sinne von Balloff einem Konzept der parallelen Elternschaft entsprechen" (ebd.: 121).

Typ II: Gemeinsame elterliche Sorge als Regelfall kann das Kindeswohl gefährden

„oftmals überhaupt nicht zum Wohle des Kindes" ist (8a).
„Und es hat sich aber auch gezeigt, einfach jetzt in der Praxis mittlerweile, dass eben diese grundsätzliche [...] gemeinsame Sorge der Eltern absolut nicht der Weisheit letzter Schluss ist. [...] Das war also dann, weil einfach so gesagt wurde, es ist jetzt die Neuerung da, und das Gesetz sagt es jetzt so und da gibt's jetzt überhaupt kein Vertun mehr und da werden sie große Schwierigkeiten haben, selbst wenn eine Frau oder ein Mann dann wirklich da schon schwerwiegende Gründe hatte, oder wenn es dann auch so war,

dass die sehr, sehr strittig waren die Parteien, nein, es wurde grundsätzlich für gemeinsames Sorgerecht entschieden" (A I8a/b 204-216).

„Sie [die Familienrichterin] hat sich dann eben einfach ganz strikt [...] an die Gesetzesvorlage gehalten und nach einiger Praxis zeigt sich eben, dass es einfach unrealistisch ist, man kann es nicht grundsätzlich so entscheiden und es ist auch oftmals überhaupt nicht zum Wohle des Kindes, dem Wohl des Kindes irgendwie förderlich" (A I8a/b 225-231).

„[D]ie gemeinsame Sorge ist ja auch wirklich ein Konfliktpotenzial, das dann irgendwann immer da ist und die [Eltern] dann einfach in dieser Situation eben den Dingen einfach überhaupt nicht gerecht werden können, weil es einfach eine Überforderung ist" (AL I8a/b 1222-1225).

Die gemeinsame elterliche Sorge wird als besonderes Konfliktpotenzial und Überforderung für die Eltern betrachtet (Typ II). Hintergrund dieser kritischen Einschätzung sind negative Erfahrungen, die mit der gemeinsamen elterlichen Sorge als Regelfall gesammelt wurden. Im kommunalspezifischem Kontext betrachtet ist augenfällig, dass insbesondere in einem „kleinen" Jugendamt mit wenig Personal und wenig Spezialisierungen aufgrund von „heftigen" Fall-Erfahrungen ein Zusammenhang von gemeinsamer elterlicher Sorge und Kindeswohlgefährdung hergestellt wird. Neben der Kritik am faktischen Regelfall der gemeinsamen elterlichen Sorge wird die Ausgestaltung der Sorgeform in Frage gestellt, da es zunehmend Fälle von „scheineinigen" Eltern gibt (Typ III).

Typ III: Gemeinsame elterliche Sorge als Kuhhandel
„Der Anteil der sozusagen unwissend sagt, OK, keiner muss den Antrag stellen, also bleiben wir beim gemeinsamen Sorgerecht, oft stellt es sich so als unüberlegt heraus. Also, einfach dieses gar nicht wissen, was bedeutet gemeinsames Sorgerecht beibehalten. „Ja, ja. wir wollen ja nicht streiten, also lassen wir es." Oder oft diese Kuhhandel, die man ja auch von früher kennt, sind natürlich ein Stück weit auch wieder [da]: „Ich behalt das Auto, du behältst die Wohnung, und die Kinder können, können.... Wir streiten nicht, aber dafür krieg ich das, weil ich kämpfe nämlich nicht ums Sorgerecht." So. Das ist oft, und es gibt nicht wenig Fälle, wo die drei Monate geschieden sind, die haben das gemeinsame Sorgerecht und dann geht das los. Dann sind sie sich eigentlich nie einig gewesen über Besuchsregelung, dann sind sie sich nie einig gewesen..., möglicherweise sind sie sich einig, wo der Lebensmittelpunkt der Kinder ist, aber über alles Drumherum: Was muss mir nun derjenige freiwillig sagen, wozu hab ich ein Recht?" (A I5a 127-146).

„[E]s gibt auch Fälle wo gemeinsame elterliche Sorge praktisch gemacht wird, aber letztlich nicht durchgeführt wird, weil die Mutter die Kinder hat und auch alles alleine regelt und die Väter sich dann trotzdem nicht kümmern. Also diese Intention, die man vielleicht mal hatte, die Väter da mehr einzubinden, weil ja überwiegend die Frauen immer das Sorgerecht bekommen haben, das kann man einfach nicht anordnen" (A I1a 487-492).

„[D]ie [Eltern] haben gemeinsames Sorgerecht, weil das eben gesetzlich so vorgesehen ist und trotzdem sitzt einer alleine an mit den Kindern und mit der ganzen Verantwortung. Das gibt es denn ja häufig, wo uns dann Mütter auch fragen: Was soll das eigentlich alles?" (A I1a 1071-1074).
„Durch das Recht alleine [...], passiert natürlich erst mal wenig. Unvereinbare Positionen kann man auch durch eine Rechtsgeschichte [nicht regeln]" (A I6a 583-586).

Die kritische Haltung gegenüber der grundsätzlichen gemeinsamen Sorge (Typ II und III) verweist auf die Problematik der „Scheineinigkeit" von Eltern und der Überforderung mit diesem Sorgemodell. Die kritische Sicht auf die Ausgestaltung der gemeinsamen elterlichen Sorge wird durch die Erfahrung geprägt, dass die gemeinsame Sorge sich in zunehmenden Fällen als „fauler Kompromiss" darstellt, wenn Eltern keine Regelungen in wichtigen Bereichen getroffen haben. Aus dieser Perspektive folgen Überlegungen, wie Eltern in Trennungs- und Scheidungssituationen besser zur Inanspruchnahme von Beratungsleistungen motiviert werden könnten:

„Und die Jugendhilfe und die Gerichte zusammen eigentlich gefordert sind sich Gedanken darüber zu machen, wie es denn gelingt auch weiterhin diese 90%, die sich jetzt nicht melden, zumindest zu so einer grundsätzlichen Beratung an einen Tisch zu kriegen, gemeinsam, und deutlich zu machen: Was heißt denn das, wenn ihr euch jetzt trennt, was passiert mit dem Kind" (A I6a 432-436).

Bei Buchholz-Graf (2001) finden sich ebenfalls Hinweise auf die Problematik der „Antragslosen", das heißt der Eltern, die die gemeinsame Sorge beibehalten, weil keiner von ihnen einen Antrag auf Alleinsorge gestellt hat. „Möglicherweise liegen ja die Probleme der Jugendhilfe nach der Kindschaftsrechtsreform weniger in der Gruppe der strittigen Paare, sondern in denen „ohne Antrag". Die strittigen Paare sind ohnehin im Blick der Jugendhilfe. In der Gruppe von Eltern „ohne Antrag" verbirgt sich dagegen viel Streit der Eltern und Leid der Kinder, ohne dass diese von dem Beratungsangebot der Jugendhilfe erreicht werden können" (ebd.: 210). Die Problematik der „Antragslosen" mit gemeinsamer elterlicher Sorge wird durch die Tatsache verstärkt, dass die meisten dieser Eltern nicht die Beratungsangebote der Kinder- und Jugendhilfe nutzen.

In der Gruppe der „Antragslosen" verbergen sich die sogenannten „Scheineinigen", die eine verdeckte einvernehmliche Scheidung begehren, um zum Beispiel die Kinder aus dem Verfahren herauszulassen und so schnell wie möglich geschieden zu werden. „Eine Annahme von Beratung würde die Inszenierung von Einigkeit dieser Eltern vor Gericht nur stören. Es gibt bisher keine verlässlichen Zahlen darüber, wie groß diese Gruppe von Eltern ist; es kann aber als sicher gelten, dass sich in dieser Gruppe viele Eltern mit einem intensiven Beratungsbedarf befinden" (ebd.). Eine weitere Gruppe von „Antragslosen" kommt hinzu, wenn Eltern sich zwar einig über die Wahl des Rechtstitels „gemeinsame Sorge" sind, aber in der alltäglichen Umsetzung erhebliche Probleme bestehen. „Für diese Gruppe von Eltern stellt sich ebenfalls die Frage, ob die schlichte Information durch die Jugendämter etwa durch die Zusendung eines Faltblattes ausreicht, um einen Beratungszugang zu bewirken" (ebd.). Die Problemgruppen „antragsloser" und „auferlegter" gemeinsamer Sorge prägen die Erfahrungen und die Haltungen der JugendamtsmitarbeiterInnen, die sich eher kritisch zur gemeinsamen elterlichen Sorge äußern.

Anscheinend ist es dem Gesetzgeber gelungen, die Elternautonomie in Trennungs- und Scheidungssituationen erheblich zu erhöhen, dagegen gelingt die beraterische Flankierung der Elternautonomie nicht, weil diese in der Regel das Beratungsangebot der Kinder- und Jugendhilfe nicht in Anspruch nehmen. Ein Einwirken der Jugendhilfe auf die Situation im Sinne einer „Interessenorientierung" für Kinder und Jugendliche ist im Fall „antragsloser gemeinsamer Sorge" nicht möglich. Durch die Möglichkeit der Eltern, sich ohne Regelung der elterlichen Sorge trennen und scheiden zu lassen, hat das Jugendamt in der Regel keinen Kontakt mehr zu den betroffenen Kindern und kann diese folglich nicht beteiligen, wenn die gemeinsame elterliche Sorge ohne gerichtliche Entscheidung oder Beratung beibehalten wird: „Befürchtet haben viele Kolleginnen und Kollegen, dass die Kinder dabei auf den Strecke bleiben, weil wir dann so viele nicht mehr kennen lernen" (A I10a 824-826). Allerdings stellt nach Schulz (2001) die Trennung der Eltern und die Verweigerung der Kontaktaufnahme zum Jugendamt für sich noch keinen Hinweis auf eine Kindeswohlgefährdung dar (Schulz 2001: 26). Bis zur Grenze der Kindeswohlgefährdung besteht keine Möglichkeit für die Kinder- und Jugendhilfe, die Interessen von Kindern und Jugendlichen in „antragslosen" Trennungs- und Scheidungsfällen einzubringen, wenn die Eltern die Beratungsangebote nicht in Anspruch nehmen. „Ansatzpunkt und Legitimation richterlicher Intervention in ein rechtlich durch Ehe abgesichertes Familiensystem ist das Kindeswohl" (Prestien 1995: 166). In strittigen Sorge- und Umgangsrechtsfällen, die gerichtlich geregelt werden, haben die Jugendämter regelmäßig die Möglichkeit, Kinder zu beteiligen: „Aber wie gesagt, natürlich immer nur in den Fällen, in denen es jetzt strittig ist, sonst haben wir ja gar keinen Kontakt zu denjenigen" (A I5a 517-519).

Die befragten JugendamtsmitarbeiterInnen beziehen sich im Sinne des Kindschaftsrechts zunehmend auf die Verantwortung der Eltern nach Trennung und Scheidung, die sie „unterstützen statt kontrollieren" und auf das Einvernehmen der Eltern in Konfliktfällen, indem sie „vermitteln statt entscheiden". Die Aktivierung von Verantwortung und Einvernehmen durch die Befragten richtet sich an rational denkende und handelnde Eltern, die eher unterstützt als kontrolliert werden sollen.

Handlungsmaxime „Elternverantwortung": „Unterstützen" statt „kontrollieren"

Die Bedeutung der Elternverantwortung wird von den Befragten JugendamtsmitarbeiterInnen der Trennungs- und Scheidungsberatung besonders hervorgehoben. Das Jugendamt wird als nachrangig verantwortlich angesehen. Die elterliche Verantwortung gilt auch als Ansatzpunkt für erfolgreiche Vermittlung in Konfliktfällen. Mit der Formel „Trennung von Eltern- und Paarebene" bezeichnen die Befragten eine fortwährende Verantwortung als Eltern, auch wenn sich Mütter und Väter als (Ehe-)Paar trennen.

Handlungsmaxime: „Elternverantwortung"
„Elternverantwortung durch Beratung stärken" (5a, 10a)
„Eltern haben zuerst die Verantwortung, nicht das Jugendamt" (10a)
„Eltern bei der Verantwortung packen" (10a)
„Eltern bleiben Eltern" (2a)
„Elternebene statt Beziehungsebene" (5a)
„Trennung von Paar- und Elternebene" (6a)
„Weniger Streit auf der Elternebene" (2a)

In den Rechtsänderungen, die die elterliche Sorge betreffen, spiegeln sich mehrere Reformziele wieder. Durch die Betonung der gemeinsamen Sorge (bei nicht verheirateten Eltern und nach Trennung/Scheidung) wird unterstrichen, dass der Beziehung der Kinder zu beiden Elternteilen ein hoher Stellenwert beigemessen wird. Der Gesetzgeber verdeutlicht, dass die elterliche Verantwortung für ein gemeinsames Kind auch nach Trennung oder Scheidung bestehen bleibt. Folglich werden Trennung und Scheidung von den Befragten nicht (mehr) grundsätzlich als Kindeswohl gefährdende oder besonders zu kontrollierende Situationen betrachtet:

„[W]ir sind ja, sag ich mal, keine Kontrollinstanz in dem Sinne, dass wir jetzt besonders hingucken, nur weil sich Leute trennen. Wenn die zusammen sind und Kinder haben, haben wir auch nichts mit zu tun, es sei denn, es gibt Stress mit den Kindern, wo sich denn Eltern direkt an uns wenden oder Schule oder ... dann haben wir natürlich auch mit denen zu tun" (A I1a 479-484).

Die gesetzlich verstärkte Betonung und Einforderung der Elternverantwortung findet sich auch als Handlungsorientierung in den Aussagen der JugendamtsmitarbeiterInnen wieder und kann damit als handlungsstrukturierende Maxime in den Jugendämtern betrachtet werden. Die sogenannte Elternverantwortung wurde zum Teil auch schon vor der Kindschaftsrechtsreform als Beratungsaufhänger genutzt, um Eltern in Trennungs- und Scheidungssituationen zu unterstützen sowie die elterlichen Beziehungen zum Kind oder zu den Kindern zu erhalten. Die Kinder sollen von der Aufrechterhaltung der Beziehung zu beiden Elternteilen und von einvernehmlichen Regelungen profitieren. Die Beratung durch das Jugendamt wird als Chance zur „Bewusstmachung" der Elternverantwortung gesehen. Das Gesetz bietet mit der gemeinsamen elterlichen Sorge nach Trennung und Scheidung eine Grundlage, dass Eltern sich nicht um die elterliche Sorge streiten müssen, sondern diese auch in gemeinsamer Verantwortung wahrnehmen können.

Wenn im Scheidungsverfahren gestritten wird, ist die Elternverantwortung Ansatzpunkt, um die Kinder in den Mittelpunkt zu stellen und zumindest hinsichtlich der Kinder einvernehmliche Regelungen zu erreichen. Im Datenmaterial wird eine veränderte Haltung deutlich, die auf eine Verantwortlichkeitsverlagerung zu den Eltern hinweist. Die Verantwortung für die Beziehungsausgestaltung zu den Kindern wird durch die reformierten Regelungen stärker den Eltern überlassen, wobei „Kontrollfunktionen" der Jugendämter zurückgenommen werden. Das Jugendamt wirkt nur noch in strittigen Fällen mit, so dass eine faktische Konzentration auf (hoheitliche) Kernaufgaben stattgefunden hat. Der Verlust an regelmäßigen Kontrollmöglichkeiten im Scheidungsfall geht zum Teil mit der Befürchtung einher, dass das Jugendamt von problematischen Situationen zu spät oder keine Kenntnis erhält. Andererseits wird in dem Fall, dass „antragslose" Eltern nicht das obligatorische Angebot einer Trennungs- und Scheidungsberatung annehmen, davon ausgegangen, dass es diesen Eltern ohne Unterstützung gelingt, gemeinsam die Verantwortung für ihre Kinder zu tragen. Diese Einschätzung wird aus der vorhergehenden Erfahrung gespeist, dass viele Eltern vor der Kindschaftsrechtsreform diesen Ansprüchen gerecht wurden:

> „[E]inerseits hat dieses Gesetz dazu geführt, dass das was eigentlich vorher schon gelaufen ist, einfach auf den Status quo zu bringen, zu sagen: „OK, das [ist] eigentlich Realität der meisten Leute", das ist auch die Arbeitsrealität, die ich mit den Eltern habe, dass die meistens [es] eben tatsächlich schaffen, sich verantwortlich für ihre Kinder zu einigen, auch das Drumherum positiv abwickeln und die Kontakte der Kinder zu beiden Elternteilen erhalten bleiben. Das denk ich, ist nur angepasst und auf eine rechtliche Grundlage gebracht worden" (A I1a 771-779).

Im Kontext der verstärkten Verantwortlichkeitszuschreibung hat sich die Aufgabenwahrnehmung der JugendamtsmitarbeiterInnen verschoben: Das Jugendamt würde den Eltern die Verantwortung für ihre Kinder nicht mehr abnehmen, sondern sie bei der Wahrnehmung der Elternverantwortung unterstützen. Das Jugendamt delegiert die Verantwortung zurück, wenn Eltern in der Beratungssituation versuchen, diese den Jugendamtsmitarbeiterinnen „zuzuschieben", indem Eltern zum Beispiel „Entscheidungen einfordern".

Elternverantwortung:
„[Es] war ja das Ziel, dass wenn die Eltern da gepackt werden, wo wir sie eigentlich schon immer gepackt haben, nämlich an ihrer Verantwortung, dann kann und muss es nur den Kindern zugute kommen [...]." (A I10a 854-866).

„Am meisten könnten die Kinder daraus profitieren, würde ich sagen. [...]. Also, wenn die Eltern Beratung annehmen und die Beratung dazu führt, dass Eltern sich ihrer Elternverantwortung, gemeinsamen Elternverantwortung mehr bewusst werden und nicht mehr so viel streiten auf der Paarebene. [...]" (A I4f 828-839).

„Ich versuche in meiner Beratung den Eltern mitzuteilen, dass es nicht unbedingt erforderlich ist, dass einer einen Antrag stellt. Warum sollten sie nicht beide weiter ihre Elternverantwortung wahrnehmen im Interesse und zum Wohl ihrer Kinder. Dass es für die Kinder immer das Beste ist, wenn Eltern gemeinsam weiter Verantwortung tragen" (A I4f 325-329).

„[D]ie [KollegInnen] haben gesagt: „Wir befürchten, dass [...] wir viele Kinder gar nicht mehr mitkriegen". Dem entgegenzusetzen war [...] zu sagen, [...] es kann nicht in der Verantwortung des Jugendamtes liegen, dass es den Kindern gut geht, sondern in aller erster Linie der Familie, nämlich den Eltern" (A I10a 830-838).

„[W]ir nehmen Dir [Mutter oder Vater] nicht das Kind ab, sondern wir unterstützen Dich, da wo Du Erziehungsdefizite selber beschreibst, versuchen wir mit Dir diese Lücken zu schließen, aber Du hast die Verantwortung" (A I10a 881-883).

„[W]ir delegieren jetzt zurück an die Eltern und sagen „das ist Ihr Kind". Klar haben wir immer irgendwo noch diese Wächterfunktion, aber nicht mehr in dem Maße wie früher" (A2 I3a/b 1253-1257).

„[...] Dann streiten die sich hin und her – über Jahre zieht sich das denn hin und letztlich bringt das für die Kinder nichts [...]. Das können sie gerne machen, aber sie haben auch die Kinder und die Verantwortung für die Kinder" (A I1a 446-453).

Es wird deutlich, dass jene Verantwortlichkeitsverlagerung durch die Reform des Kindschaftsrechts nicht allen Eltern plötzlich abverlangt werden kann, sondern dass auch die betreffenden Mütter und Väter Zeit zum Umdenken, für einen Bewusstseinswandel und zum Lernen brauchen. Die gesetzlichen Veränderungen, die zu einer gemeinsamen Ausgestaltung der Elternverantwortung führen sollen, werden zwar von den Befragten positiv eingeschätzt, doch wird auch verdeutlicht, dass die bewusste Trennung der problematisch gewordenen Beziehung als (Ehe-)Paar von der Beziehung beider Eltern zum Kind wie auch als Eltern zueinander erst langsam erlernt werden muss. Die Trennung von „Paar- und Elternebene" lässt sich als „Appell an die Vernunft" der Eltern lesen. Eine InterviewpartnerIn nutzt die Technik der „Genogrammarbeit" beziehungsweise „Skulpturaufstellung", um die Trennung von Eltern- und Paarebene zu verdeutlichen.[69]

Trennung von „Paar- und Elternebene": Appell an die Vernunft
„Und ich finde [...] es einfach wichtig, dass Eltern, Eltern bleiben, auch wenn sie sich als

Partner, also als Ehepartner, nicht mehr verstehen, aber sie haben die Verantwortung für das Kind" (A I2a 414-416).

„Bis das auch stärker im Bewusstsein verankert ist, dass es eben halt zwei Ebenen gibt, einmal die Paarebenen und einmal die Ebene als Elternteil" (A I6a 507-508).

„Dass es in der Tat so ist, dass man immer wieder kucken kann, was tragen sie als Partner aus, als Ehepartner und was ist wirklich Eltern. Dass man diese Ebenen stärker trennen kann. Und die Leute das auch stärker merken" (S I9a/b 379-381).

„Die Eltern werden nicht dagelassen, wo sie stehen, mit ihrem: „Ich bin gut und du bist schlecht". Sondern es wird sich bemüht, sie beide wieder auf diese Elternschiene zu kriegen. Den Blick auf ihre Kinder zu kriegen und nicht auf die Streitigkeiten, die sie als Erwachsene miteinander haben. Ich denk, dieses Bewusstmachen, [...] das ist schon bei dem einen oder anderen hilfreich, es kommt an und sie lernen es einfach auch zum Teil, das auseinander zuhalten" (A I5a 705-714).

„Man versucht das denn auch in Form von Genogrammarbeit [...] den Eltern klar zu machen, dass hier oben auf der Paarebene sie zwar auseinandergehen, und dass die meisten Streitigkeiten halt auch hier oben auf der Paarebene vollzogen werden, aber dass sie hier unten auf der Elternebene eben weiter die gemeinsame Verantwortung tragen können, wenn sie das hier oben geregelt kriegen[...]" (A I4f 329-335).

Bis die Eltern ein Bewusstsein für die eingeforderte Verantwortung nach Trennung und Scheidung entwickelt haben, wird es als Aufgabe der Jugendämter angesehen, sie immer wieder auf ihre Verantwortung hinzuweisen:

„[M]an kann ja ein Gesetz neu machen und erst mal den Blick wenden und sagen, mit der Philosophie wollen wir dahin, die Elternverantwortung soll gestärkt werden. Das haben die [Eltern] natürlich nicht sofort eingesogen und können das sofort und das sehen wir auch, und deswegen sind wir da natürlich dabei immer wieder drauf hinzuweisen" (A I10a 872-878).

Eine der befragten JugendamtsmitarbeiterInnen gibt weitergehende Hinweise, mit welchen Mitteln sie streitenden Eltern deren Verantwortung zu Bewusstsein bringen will. Ihre „Methode", die Eltern in ihrem Verantwortungsgefühl zu berühren, ist, bei den Eltern „Betroffenheit" zu erzeugen, indem die Eltern mit den Ergebnissen aus Kindergesprächen konfrontiert werden. Dieses Vorgehen kann als „Appell an die Moral" der Eltern gedeutet werden. Der moralische Appell, mit dem streitenden Eltern deren Verantwortung in das Bewusstsein gerufen werden soll, wird in der folgenden Situationsbeschreibung besonders deutlich.

Betroffenheit erzeugen: Appell an die Moral

„[...] dann hab ich den „Großen Palandt"70 genommen, den dicken „Palandt" den hab ich denn hierher genommen und hab ihn jedem [Elternteil] in die Hand gedrückt. Ich sag: „Das nehmen wir jetzt mal symbolisch als Elternverantwortung. Nehmen Sie ihn mal in die Hand". Die Mutter hat ihn denn in der Hand und der Vater sagt dann: „Nee, nee, ich seh' das schon", ich sag: „Den nehmen Sie jetzt mal in die Hand!" Und dann hab ich ihn in die Mitte gelegt, und hab denn immer wieder auf den „Palandt", also auf die Elternverantwortung gezeigt um es ihnen einfach deutlich zu machen" (A I4f 890-900).

„[D]as ist denn auch wiederum schön, wie betroffen das Eltern macht, wenn ich ihnen das denn erzähle, was die Kinder mir gesagt haben, also das macht wesentlich mehr betroffen, als wenn ich das nicht so mit den Kindern erarbeiten würde, wenn ich den Eltern einfach nur sagen würde: „Wissen Sie, das ist nicht gut, wenn Sie immer vor ihrem Kind streiten". [...] ich stell den Eltern die Figuren denn auch auf und mach das so richtig und das macht sie ganz schön betroffen. Und aus dieser Betroffenheit heraus ändert sich ja doch manchmal was". (A I4f 313-320).

Mit welchen „Mitteln" JugendamtsmitarbeiterInnen in strittigen Fällen den Eltern ihre gemeinsame Verantwortung für die Kinder verdeutlichen, zeigt sich in Ansätzen. Im Vorgehen der JugendamtsmitarbeiterInnen wird deutlich, dass die Eltern als vernünftige und rational handelnde Individuen gedeutet werden. Als wichtige Aspekte gelten:
- Der wiederholte Hinweis auf die bestehende Elternverantwortung;
- Die bewusste Trennung von Paar- und Elternebene;
- Der Hinweis auf die Belastung für die Kinder durch strittige Situationen sowie
- Verdeutlichen der Unterstützungsfunktion des Jugendamtes.

Die Unterstützung der Elternverantwortung erfolgt weitgehend als Appell an die Vernunft der Eltern. Insbesondere der Verweis auf die Trennung von Eltern- und Paarebene richtet sich an die Vernunft sich trennender Eltern. Der Appell an die vernünftige und sachliche Trennung von Eltern- und Paarebene wird praktisch oft an Grenzen stoßen, denn Eltern in Trennungs- und Scheidungssituationen reagieren in der Regel eher emotional als rational. Auch Schieferstein (2001) geht davon aus, dass sich die meisten Konflikte eben nicht auf der Ebene der Vernunft abspielen:

„Es heißt also, einen Widerspruch zu verarbeiten, vermutlich mit ihm zu leben. Die perfekte, endgültige Lösung, wie sie vielleicht vom Recht erhofft und versprochen wird, ist darum nicht zu erwarten, sie erscheint sogar nicht einmal wünschenswert. Denn die würde dem Versuch gleichkommen, Dinge zu glätten, die ihrer Natur nach nicht glatt sein können. Kinder könnten das bestätigen: Sie brauchen anwesende Eltern, nicht die abstrakte Idee von Eltern. Haben sich die Eltern getrennt, ist ein Elternteil überwiegend meist nicht anwesend, was von den Theoretikern der Sozialgestaltung nur allzu gern übersehen wird" (ebd.: 181).

Die Idee der Trennung von Eltern- und Paarebene ist auf dem „Reißbrett" entstanden: „Alles Störende der partnerschaftlichen Beziehung wird beseitigt, und die geläuterten Streitparteien sind so wahrhaft frei für die verbliebene Aufgabe, Eltern zu sein...zweifellos gibt es Paare, denen es gelingt, ihren Streit endgültig zu begraben und sich auf das zu besinnen, was notwendig ist, um es sodann in innerer Freiheit umzusetzen. Das Gros der Scheidungspaare, die im Streit auseinandergingen, erreichen dieses Ziel jedoch nicht" (Schieferstein 2001: 179). Mit „Eltern bleiben Eltern"[71] wurde den zuständigen Scheidungsprofessionen eine prägnante und eingängige Formel an die Hand gegeben, die sie als Hinweis und Anspruch an zahllose Scheidungspaare weitergegeben haben. „Viele Angehörige der sogenannten Scheidungsprofessionen haben „Eltern bleiben Eltern" verinnerlicht. Auch wenn Erfahrungen zeigen, dass die Umsetzung des Gedankens einer nach Trennung und Scheidung weiter bestehenden Elternschaft in vielen Fällen – bei weitem – nicht möglich ist, so wird an ihm doch als einem (eigentlich anzulegenden) Maßstab festgehalten" (Weber 2002: 120). Der Gesetzgeber des neuen Kindschaftsrechts hat diesem Maßstab weiteren Vorschub geleistet. Mit der „Zauberformel: Eltern bleiben Eltern" wird versucht, Eltern- und Kinderinteressen wieder zu vereinen, auch wenn sich die Eltern scheiden lassen (vgl. Schieferstein 2001: 176). „Schön wäre es, das Drama der mit der Trennung verbundenen Familienauflösung rational zu ordnen, die erforderlichen Parameter der Vernunft stehen bereit und sind für jedermann/frau einsichtig: Kaum ein Fachmann – und auch nur wenige Betroffene – möchte bestreiten, dass es gut und richtig ist, wenn Getrennte und Geschiedene im Interesse ihrer Kinder kooperieren, um gemeinsam für sie das Beste zu finden" (ebd.). Das Wissen und das Handeln scheinen bei der Verarbeitung der Trennungsfolgen entgegen der Vernunft auseinander zu driften. Schieferstein kritisiert, dass das neue Recht den Glaubenssatz einer „schmerzlosen Trennung" transportiere und damit die Illusion einer „normalen Familie" trotz Trennung/Scheidung aufrecht erhalte. „Man könnte das derzeitige Scheidungsrecht insofern als den insgeheimen Versuch bezeichnen, die Realität der Scheidung über die Behandlung der Trennungsfolgen ungeschehen zu machen" (ebd.: 178). Weber (2002) geht ebenfalls davon aus, dass „der moralische und juristische Imperativ „Eltern bleiben Eltern" [...] in nicht wenigen Fällen zum Scheitern verurteilt [ist] – zum Scheitern an der psychologischen Realität elterlicher Konfliktformen" (ebd.: 122).

Ein weiterer Aspekt, der eng mit der Verantwortlichkeitszuweisung gegenüber den Eltern zusammenhängt, ist die Unterstützung von einvernehmlichen Problemlösungen der Beteiligten durch Beratung und Vermittlung. Im Kontext von Vermittlung wird deutlich, dass die Verantwortung für Entscheidungen verstärkt an die Eltern delegiert wird, auch wenn diese nicht entscheiden wollen (oder können):

„Die [Eltern] möchten gerne, dass wir das tun. Gerne kriegen wir immer den Ball. „Und was würden Sie denn tun?" „Ich bin nicht in der Situation, Sie müssen es tun"" (A I5a 821-825).

In Fällen von Trennungs- und Scheidungskonflikten geht es insbesondere um die gemeinsame, einvernehmliche Konfliktlösung der Eltern. Für die JugendamtsmitarbeiterInnen im Bereich der Trennungs- und Scheidungsberatung bedeutet dies: Vermittlung statt Entscheidung.

Handlungsmaxime „Einvernehmen": „Vermittlung" statt „Entscheidung"
Die Gemeinsamkeit der elterlichen Entscheidung steht im Vordergrund unabhängig davon, ob es um die Ausgestaltung der elterlichen Sorge (gemeinsame oder alleinige elterliche Sorge nach Trennung und Scheidung) oder von Umgangsregelungen geht. Die Aufgabe des Jugendamtes wird von den Befragten darin gesehen, die gemeinsamen Entscheidungen zu begleiten und neutral zwischen den Positionen zu vermitteln.

Handlungsmaxime: „Gemeinsame Entscheidungen"
„Gemeinsame Entscheidungen entwickeln statt bestimmen" (10a)
„Gemeinsame elterliche Sorge oder einvernehmliche Konzepte erzielen" (10a)
„Gemeinsame Entscheidungen begleiten" (5a)
„Einigung mit beiden Elternteilen erzielen" (9a)
„Zwischen den Eltern vermitteln" (6a)
„Ausweitung des Vermittlungsauftrags der Jugendhilfe" (6a, 9a)

Die Stimulation von Konsens und Einvernehmen zwischen den Eltern steht für die befragten JugendamtsmitarbeiterInnen im Vordergrund. Die Aufgabe des Jugendamtes besteht nicht (mehr) darin, den „besseren Elternteil" im Sorgerechts- und Umgangsrechtsstreit zu ermitteln und zu bestimmen. Das Jugendamt trifft folglich auch keine Entscheidungen mehr für oder gegen einen Elternteil, sondern sieht seine Aufgabe darin, durch Beratung und Vermittlung die Einigungsfähigkeit der Eltern zu fördern, bevor der Familienrichter eine Entscheidung zur elterlichen Sorge treffen muss.

Handlungsmaxime: „Konsens/Einvernehmen statt Eingriff und richterliche Entscheidung"
„Vermitteln statt ermitteln" (9a/b)
„Konsens statt besseren Elternteil ermitteln" (5a, 9a)
„Konsens statt Beurteilung" (2a)
„Konsens erzielen statt Stellung beziehen" (2a)
„Mittel zum Konsens: Beratung und begleiteter Umgang" (2a)
„Hinhören statt bestimmen" (5a)
„Einvernehmen durch Beratung statt Eingriff in das Elternrecht" (4f)

"Das Jugendamt trifft keine Entscheidungen" (3a)
"Konsens statt richterliche Entscheidung" (10a)
"Sonst entscheiden Dritte über das, was Eltern am besten wissen müssten" (5a)

Die Handlungsmaximen der JugendamtsmitarbeiterInnen verweisen auf eine Einschätzung der Eltern als mündige BürgerInnen, die es vorziehen (sollten), ihre familiären Angelegenheiten eigenständig, autonom und vernünftig zu regeln. Inhaltliches Ziel der Beratungs- und Vermittlungstätigkeit der Jugendämter ist ein einvernehmliches Sorgekonzept der Eltern. Die Beibehaltung und einvernehmliche Ausgestaltung der gemeinsamen elterlichen Sorge wird als beste Möglichkeit angesehen, um den Kindern die Beziehung zu beiden Elternteilen sowie die Verantwortung der Eltern zu erhalten:

> "In der Tat ist die Botschaft bei den Leuten angekommen: „Wir rennen jetzt nicht sofort los und waschen schmutzige Wäsche, sondern wir haben erst mal das Sorgerecht – gemeinsam – oder müssen uns was gemeinsames überlegen", das sogenannte „einvernehmliche Konzept"" (A I10a 560-565).

Als „zweite Wahl" wird ein einvernehmliches Sorgekonzept angestrebt, in dem sich beide Elternteile darauf einigen, dass einer die alleinige elterliche Sorge erhält und der andere seine Umgangsrechte wahrnimmt (einvernehmlich gestaltete alleinige elterliche Sorge):

> "[...] wenn es denn gar nicht geht, dann werden wir die [Eltern] dazu auch nicht nötigen. Aber die Haltung und das Ziel ist[...] bei uns, gemeinsame elterliche Sorge zu behalten oder zumindest ein einvernehmliches Konzept herzustellen – miteinander. Also, nicht das der Richter sagen muss: „Mutter nimmt das [Kind] jetzt und Vater nicht", sondern, dass die irgendwie auf dem Weg da auch selber drauf kommen" (A I10a 637-644).

Eine dritte Möglichkeit ist die vom Richter auferlegte gemeinsame elterliche Sorge, wenn dieser die nicht einvernehmlich gestellten Anträge auf Erteilung der alleinigen elterlichen Sorge abgelehnt hat („verordnete" gemeinsame elterliche Sorge). In diesem Fall geht es um die Vermittlung in Ausgestaltungsfragen der gemeinsamen elterlichen Sorge. Als besonders strittig gelten Fälle, in denen gegensätzliche Sorgerechtsanträge beider Elternteile verhandelt werden (strittige Sorgerechtsanträge) beziehungsweise Fälle, in denen das Umgangsrecht nicht-sorgeberechtigter Elternteile geregelt wird (Umgangsrechtsverfahren). In all diesen Fällen gilt der Vorrang der Vermittlung zwischen den Streitenden.

Der Vermittlungsvorrang gegenüber der (richterlichen) Entscheidung wird an der Möglichkeit des Gerichts deutlich, das Verfahren jederzeit aussetzen zu können, wenn bei den Eltern Bereitschaft zur außergerichtlichen Beratung oder zur einvernehmlichen Lösung besteht. Der Vorrang elterlicher Verantwortung vor staatlichem Eingriff wird besonders betont. In den Interviews finden sich Hinweise darauf, dass elterliches „Einvernehmen" von den MitarbeiterInnen der Jugendämter und den FamilienrichterInnen gleichermaßen als Vermittlungsziel angestrebt wird. Andererseits wird die Vermittlungstätigkeit zum Teil als „Geschacher" empfunden.

Elterliches Einvernehmen als Vermittlungsziel der RichterInnen:
„Ich versuch ihnen [den Eltern] das auch deutlich zu machen, wenn nicht irgendwie ein ganz sichtbarer Grund vorhanden ist, dass am Ende, wenn sie sich nicht einigen, der Richter oder die Richterin auch versucht, zwischen ihnen Einvernehmen herzustellen" (A I4f 596-699).

„[A]uch die Richter orientieren ja auf Vereinbarungen und nicht auf Beschlüsse, weil sie sagen, nur was beide Eltern mittragen, wo sie sich irgendwo denn doch noch einem Kompromiss nähern, das ist tragfähig. Alles andere, wo man einen Beschluss machen muss, das machen sie jetzt sehr ungern, haben wir jetzt mitgekriegt, da ist einer immer unzufrieden und dann geht er in den Widerspruch und dann hört das nie auf" (A2 I3a/b 1269-1275).

„[E]s ist manchmal wirklich ein Geschacher. Das muss man wirklich sagen, vor Gericht. Es ist ein Geschacher. [...] ich hab auch den Eindruck, die Richter sagen, „nun hat er doch schon dazu ja gesagt, können Sie nicht an diesem Punkt noch ja sagen?" oder [so] ähnlich machen wir's natürlich auch in unserem Vorschlag schon. Dass wir sagen, „da hat er doch und können Sie nicht jetzt hier und so lautet dann auch unser Vorschlag", und manchmal bleiben von fünf strittigen Punkten noch einer übrig, höchstens oder von sechs strittigen Punkten bleibt noch einer übrig, der denn wirklich vor Gericht nur noch geklärt werden muss" (A I5a 623-632).

Ansatzpunkt und Druckmittel für die Erzielung von Einvernehmen zwischen streitenden Eltern ist die „Drohung", dass wenn die Eltern keinen Konsens fänden, eine dritte, fremde Person (zum Beispiel die FamilienrichterIn) die Entscheidung in familiären Angelegenheiten träfe. In den Aussagen der JugendamtsmitarbeiterInnen wird deutlich, dass die Eltern über ihre Autonomiebestrebungen „gesteuert" werden.

Entscheidungsdruck erzeugen: Appell an Autonomiebestrebungen
„Ich denk, so an der Stelle, wo sie sich nicht einigen können oder wo man dann sagt: „Wollen sie wirklich Dritte für sich entscheiden lassen?" Da kommt manchmal wirklich wie so'n - Blitz dass sie denken: „Nee, das wollen wir nicht". Und wenn man dann eben auch noch sagt: „Sie sind diejenigen, sie kennen die Lebensgewohnheiten ihrer Kinder am besten. Sie kennen Ihre Lebensgewohnheiten und warum wollen Sie über solche Dinge andere entscheiden lassen?". Das ist denn oft so, wo sie denken, „nee, das wollen wir nicht". Sie sind mündige Bürger, sie sind Eltern. Sie haben Verantwortung und die zu delegieren – also da ist [es] oft so, [da] platzt denn der Knoten an der Stelle" (A I5a 825-840).

„In unserem Anschreiben steht drin, die Beratung ist freiwillig, wobei wir dann schon

Druck ausüben können, „Wollen Sie das der Richter das für Sie entscheidet, wies weitergeht?", oder so" (A I9a/b 390-392).
„Was wollen sie, wollen sie die Entscheidung aus der Hand geben? Dann legt der Richter das fest. Oder wollen sie, weil das ihr gemeinsames Kind, dafür Sorge tragen, dass das Jugendamt den Bericht nur noch ablegt. So. Ohne dass jemand Fremdes ihre Sachen entscheidet. Ich mein, das ist auch Druck" (S I9a/b 394-397).
„Und wenn das [die Einigung] auch nicht gelingt, dann muss ein Richter eine Entscheidung treffen und das wiederum [...] passt nicht zum Grundrecht. Das wäre ein Eingriff ins Elternrecht und widerstrebt ja eigentlich dem Grundrecht. Ich versuche sie dann in der Richtung aufzuschließen: „Muss das sein, das jemand anderes Ihnen sagt, was Sie zu tun und zu lassen haben?"" (A I4f 599-605).
„[D]ann sagen wir ihnen [den Eltern] auch, dass sie dann leider die Entscheidung aus ihrer Hand geben. Und ob sie das dann wollten. Also, ich denk, dann entscheiden Dritte über das, was sie eigentlich selber am besten wissen müssten" (A I5a 572-578).

Die maßgebliche handlungsleitende Maxime in der Trennungs- und Scheidungsberatung der Jugendämter ist „Konsens statt Entscheidung". Die Stellung der JugendamtsmitarbeiterInnen gegenüber den RichterInnen hat sich durch diese Handlungsorientierung verändert. Vor der Kindschaftsrechtsreform haben viele Jugendämter in ihrer Mitwirkungstätigkeit (§ 49a FGG in Verbindung mit § 50 SGBVIII) den Gerichten „zugearbeitet", in dem sie (wertende) Stellungnahmen beziehungsweise Entscheidungsvorschläge für oder gegen einen Elternteil erarbeitet haben, obwohl gemäß § 50 SGBVIII das Jugendamt eigenverantwortlich über die Ausgestaltung der Mitwirkung zu entscheiden hatte. Das neue Kindschaftsrecht hat die Beratungs- und Vermittlungsaufgabe gegenüber den Mitwirkungsverpflichtungen des Jugendamtes verstärkt. Die Gerichte mussten sich erst an die veränderte Haltung der JugendamtsmitarbeiterInnen gewöhnen, die nun in der Regel keine Stellungnahme mehr für oder gegen einen Elternteil abgeben. Nach Ansicht der Befragten „ermittelt" das Jugendamt nicht mehr für das Gericht, sondern „vermittelt" zwischen den Eltern, um eine einvernehmliche Regelung von Sorge und Umgang zu erreichen. Die neue Gesetzeslage wird umgesetzt, indem das Jugendamt die gemeinsamen Entscheidungen der Eltern begleitet und unterstützt.

Vermitteln statt ermitteln: Entscheidungsabstinenz des Jugendamtes
„[D]ass es nicht mehr darum geht, zu ermitteln ob nicht auch gemeinsame Sorge geht, sondern jetzt zu vermitteln, mit den Eltern, wie können die dann auch mit der gemeinsamen Sorge leben" (S I9a/b 191-193).
„[...] keine Stellungnahme abgeben, sondern ein Rechtsgutschreiben[?], darüber noch mal die Position der Eltern darzustellen. Um zu zeigen, dass sie sich nicht ganz einig sind oder einig sind und nicht losgeschickt zu werden, um zu gucken, wie wohnt Mutter und hat die Staub gewischt und zu gucken, ob sie ein Verhältnis hat" (A I9a/b 599-605).
„[...] nicht den besseren Elternteil raussuchen, sag ich mal so ein bisschen verkürzt,

sondern als Kerngedanke doch, wenn sich Eltern einigen über Lebensmittelpunkt des Kindes und alles, was damit zusammenhängt, ist es immer besser für das Kind, als wenn wir entscheiden müssen. Und das ist natürlich auch schon so ein Stück anderes Umgehen mit den Leuten" (A I5a 78-88).
„Das KJHG sagt ja auch ganz klar [...] das Familiengericht wird von uns unterrichtet. Und früher hieß es, wir haben Stellung genommen. Und dann stand da, ganz am Ende: Er hat gesagt, sie hat gesagt, dann hat unten das Jugendamt Stellung genommen und hat gesagt „zum Wohle des Kindes ist es da oder da besser". [...] Wir haben auch für diesen Zweck ein Formular für die Kollegen entwickelt, wo wir so sagen, die Mitwirkung sollte das und das und das beinhalten also, die Unterrichtung sollte die und die Überschriften haben und wenn ihr wollt, wenn ihr glaubt, dass es der Sache dient, dann sagt ruhig, [...] der und der ist am besten geeignet. Aber ihr müsst es nicht, weil darum geht es nicht. Das sollen die Leute letztendlich selber auch mit auf den Weg bringen, dass sie auch hinter ihrer Entscheidung stehen können. Nicht: Der Richter kann sagen, das Jugendamt hat aber gesagt und die Mutter sagt, ich hätte ja gerne aber das Jugendamt will ja nicht. Also, dass all diese Reibungsverluste schlichtweg raus sind" (A I10a 351-376).

Die Eltern, die vom Jugendamt Entscheidungen erwarten, müssen sich an die veränderte Haltung der Jugendämter erst „gewöhnen". Das Aushandeln von eigenverantwortlichen, einvernehmlichen Problemlösungen ist für die Eltern mühsam, so dass einige Eltern versuchen, den JugendamtsmitarbeiterInnen die alte „Entscheiderrolle" abzufordern. In den Aussagen der JugendamtsmitarbeiterInnen zeigt sich, dass die Eltern nicht durchgängig als „autonomiebestrebt" zu deuten sind.

Reaktionen von Eltern auf die Vermittlerrolle des Jugendamtes
„Ich bekomme zunehmend Anrufe von Leuten, die sich über die Mitarbeiter beschweren, weil meine Mitarbeiter Vermittlung anbieten oder Beratung anbieten, aber keine Entscheidungen treffen" (S I9a/b 649-652).
„[...] manchmal haben die [Eltern]auch überhöhte Vorstellungen von unserer Tätigkeit oder was wir so entscheiden, dann sagen wir immer: „wir entscheiden gar nichts. Wir teilen dem Gericht bloß mit, wie die Situation ist"" (A2 I3a/b 1278-1280).
„Es ist einfacher zu sagen: „Das Jugendamt hat gesagt", als es mit denen [JugendamtsmitarbeiterInnen] noch mal zu entwickeln" (A I10a 376-377).
„Es macht wesentlich mehr Mühe, sich an die eigene Nase zu fassen und zu sagen: „Ja ich muss mich vielleicht auch mal ändern", oder „ich muss mal drüber nachdenken", oder „aus welchen Motiven will ich das jetzt eigentlich machen"" (A I10a 895-899).

Die JugendamtsmitarbeiterInnen benennen Voraussetzungen und Grenzen für ihre Vermittlungstätigkeit. Voraussetzungen für Vermittlung sind:
- Gemeinsame Gesprächsbereitschaft der Eltern;
- gemeinsame Verhandlungsbereitschaft der Eltern;
- gemeinsame Kompromissbereitschaft der Eltern;

- gemeinsamer Wille der Eltern, Entscheidungen über familiäre Angelegenheiten nicht fremden Personen zu überlassen;
- kreative Problemlösungsideen;
- „mediative" Grundhaltung der JugendamtsmitarbeiterInnen sowie
- Geduld und Ausdauer der JugendamtsmitarbeiterInnen.

Die Haltung der JugendamtsmitarbeiterInnen, zum Beispiel zur gemeinsamen elterlichen Sorge, wird als maßgeblicher Faktor für erfolgreiche Vermittlung gedeutet. Andere Erfolgsaspekte sind „Geduld" und „Ausdauer" der JugendamtsmitarbeiterInnen im Beratungsprozess.

Voraussetzungen für erfolgreiche Vermittlung:
Wille der Eltern/Haltung der JugendamtsmitarbeiterInnen
„Wir bieten Beratung an, wenn der Wunsch ist [...] sich gemeinsam auf irgend etwas verständigen [zu] wollen, dann bieten wir ein gemeinsames Gespräch an [...]. Und wenn, wenn sich dann herausstellt, da ist gar nichts zu vermitteln, weil zur Vermittlung gehört ein wirklich auch innerliches Ja, denke ich von Beiden. Beide müssen auch wissen, dass dazugehört vielleicht auch ein Stück zurückzustecken. Kompromisse einzugehen. Denn sonst ist Vermittlung nicht möglich. Wenn jeder nur sagt: „Also das ist meine Position und die setzen Sie bitte durch", dann ist, denk ich, von Vermittlung wenig die Rede. Also, wenn da der Eindruck ist, dann bieten wir schon ein gemeinsames Gespräch an und versuchen es. Dass sie sich verständigen, auf was auch immer, sag ich mal so. Wirklich auch auf die abenteuerlichsten Dinge [...], wo ich denk: Toll, worauf sie sich denn auch verständigen können, zwei verschiedene Wohnorte und die Kinder leben drei Tage da und drei Tage da. Also auch solche Konstellationen sind ja möglich" (A I5a 536-560).
„Also, wenn man mit Eltern so einen Punkt erreicht hat, wo die sagen, OK, wir sind bereit zu einer Verhandlung und zu sagen: „So und so sprechen wir das jetzt ab", dann klappt das auch. Aber bis dahin ist das immer ziemlich heikel. Man fängt immer wieder von vorne an" (A I1a 336-341).
„[A]uch bei den strittigen Sachen ist es so, dass man eine Menge biegen kann. Ich bin immer erstaunt, wie schwierige Dinge, die sich so sehr hochgeschaukelt haben, dann geht's plötzlich doch, wenn man lange genug Atem hat und aushält [...] Solche Leute schaffen trotzdem immer die elterliche Sorge dann doch zu leben. Das fasziniert mich immer wieder. Bei manchen eben auch nicht. Aber mit welchen Möglichkeiten wir als Jugendamt doch auch intervenieren können, dass es funktioniert. Und dazu ist auch die Grundhaltung wichtig.[...] Und wenn sich beide einigen, ist das sozusagen eine Entscheidung, an der sie beide teilnehmen. Und die Erfahrung ist, das es erstens an uns liegt, was es hier so gibt und zum anderen auch, dass das neue Kindschaftsrecht was gemacht hat, was gesellschaftlich noch lange nicht anerkannt ist: Mediation und gemeinsame elterliche Sorge. Das ist ein gesellschaftlicher Ansatz [...] ich wunder mich, wie schnell das durchdringt zu den Leuten, dass sie das verstehen. Dass es so ist und dass man das leben muss und dass sie diejenigen sind, die das umsetzen müssen" (S I9a/b 329-348).

Die Grenzen der Beratungs- und Vermittlungstätigkeit sind erreicht, wenn die Standpunkte der streitenden Eltern unvereinbar widersprüchlich bleiben:

> „Wenn sie [die Eltern] Ansätze zeigen, dann machen wir eigentlich weiter. Nur wenn das also nur ein Polarisieren von Standpunkten ist, dann sagen wir ihnen auch, dass sie dann leider die Entscheidung aus ihrer Hand geben" (A I5a 570-574).

Die ausgewerteten Daten deuten auf eine überwiegend systemorientierte oder systemische Betrachtungsweise von Trennungs- und Scheidungsproblemen, die mit der Vermittlungsaufgabe im Zusammenhang steht und sich voraussichtlich auch in der Beratung auswirkt.

Systemische Sichtweise auf Trennungsfamilien
„[I]m Verfahren muss [man] natürlich auch nachher sehen, wo die Eltern stehen. Also wir können nicht nur Parteilichkeit für das Kind hier haben. Wir müssen ja das gesamte Zusammenspiel auch im Auge behalten, im Blick haben" (A I2a 293-295).
„[W]ir haben immer das System Familie im Blick und nicht das Kind allein[...]" (A I10a 488-489).
„Das [die Scheidungs- und Trennungsberatung] machen wir hier im Allgemeinen Sozialen Dienst, weil wir im ASD ja den ganzheitlichen Ansatz der Familie im Auge haben" (A I10a 19-20).
„[W]as gesellschaftlich noch lange nicht anerkannt ist: Mediation und gemeinsame elterliche Sorge. Das ist ein gesellschaftlicher Ansatz [...] ich wunder mich wie schnell das durchdringt zu den Leuten, dass sie das verstehen" (S I9a/b 333-347).

Der Achte Jugendbericht beschreibt schon, dass familientherapeutische Ansätze und Konzepte auf systemtheoretischer Grundlage im Beratungskontext der Jugendämter an Bedeutung gewinnen (1990: 136). In der systemischen Beratung geht es darum, „die problemerzeugenden Beziehungskonflikte zwischen Kindern, Jugendlichen und Eltern bzw. Erwachsenen und derer Umwelt ganzheitlich zu erfassen und zu behandeln [...]. Nicht das Individuum mit seiner Problemgeschichte und Symptomatik steht im Vordergrund, sondern die Beziehungsdynamik in seinem Lebenszusammenhang, in dem sich die Störung zeigt. Bisherige Verhaltensweisen und Symptome sollen nicht um jeden Preis abgelegt bzw. beseitigt, sondern neue Verhaltensweisen gelernt werden, um zu anderen Lösungsmustern zu kommen" (Tabel/Walter 1994: 74). Mediation gehört zunehmend zum methodischen Spektrum innerhalb von Trennungs- und Scheidungsberatung und bedeutet wörtlich übersetzt „Vermittlung". „Scheidungsvermittlung bedeutet, daß sich der „Mediator" mit den Eltern zusammensetzt und ihnen dabei hilft, die nötigen Vereinbarungen zur Ausübung der elterlichen Sorge und des Umgangsrechts auszuarbeiten. Dabei basiert Mediation auf der Annahme, daß die Eltern am besten geeignet sind, kindeswohlfördernde

Vereinbarungen zu finden und zu treffen" (Töbel-Häusing 1994: 86). Nach Proksch (1998) setzt Mediation oder Vermittlung auf „Gemeinsamkeit statt Gegnerschaft, auf Verstehen statt Mißverstehen, auf Akzeptanz und Wertschätzung statt Herabsetzung und Geringschätzung, auf zukunftsbezogene Sachlichkeit statt auf rückwärts gerichtete Beschuldigungen, auf gemeinsame Beziehungsklärung statt Rechthaben, auf Eigenverantwortlichkeit statt Fremdentscheidung. Mediation ist ein zukunftsorientierter Weg. Sie zielt auf eine lebenswerte Gestaltung der Zukunft der Konfliktparteien, bei Aktivierung aller Ressourcen, die den Personen jeweils zur Verfügung stehen" (Proksch 1998: 20).

In den Aussagen der befragten JugendamtsmitarbeiterInnen der Trennungs- und Scheidungsberatung lassen sich insbesondere systemische und mediative Haltungen rekonstruieren. Es ist zu vermuten, dass mit der systemischen und mediativen Haltung eine eher neutrale und „nondirektive" Ausgestaltung der Trennungs- und Scheidungsberatung einhergeht. Nach Kunkel (1998) geht allerdings die Unterstützungspflicht gemäß § 17 II SGB VIII „über die Beratungspflicht nach Abs. 1 und die Paragraphenüberschrift hinaus und erfordert aktive Mithilfe („Entwicklungshilfe") für ein Sorgerechtskonzept", das heißt, die Eltern sind bei ihren Entscheidungen zur Ausgestaltung der elterlichen Sorge aktiv zu unterstützen, anstatt die Entscheidungen nur an sie (zurück-)zu delegieren (Kunkel 1998: 188). Eine „neutrale" Selbstpositionierung widerspricht einer „interessenorientierten" Kinder- und Jugendhilfe, welche die strukturell unterlegenen Kinder und Jugendlichen unterstützt. Im Folgenden wird das Selbstverständnis der befragten JugendamtsmitarbeiterInnen als weiterer handlungsstrukturie-render Aspekt rekonstruiert.

Selbstverständnis: Von der „Kontrollinstanz" zum „Dienstleister"
Die Rolle und das Selbstverständnis der Jugendhilfe haben sich unter dem Einfluss gesamtgesellschaftlicher Entwicklungen grundlegend verändert. Das neue Kindschaftsrecht hat, wie schon vorher das SGB VIII, zur Veränderung des Selbstverständnisses der JugendamtsmitarbeiterInnen beigetragen. „Im Mittelpunkt ihrer Arbeitsstrategien steht das Bemühen um Herstellung vertrauensvoller Beziehungen zu den Betroffenen, um so frühzeitig und problemangemessen Hilfen vermitteln zu können" (Schulz 2001: 17).

In den Interviews lassen sich Hinweise zu einem (veränderten) Selbstbild oder Selbstverständnis der Jugendämter, genauer der JugendamtsmitarbeiterInnen, im Kontext von Trennungs- und Scheidungsberatung feststellen. Es ist davon auszugehen, dass ein verändertes Selbstbild auch handlungsleitende Wirksamkeit entfaltet beziehungsweise entfalten kann. Aus dem Datenmaterial lassen sich folgende Selbstbilder im Kontext von Trennung und Scheidung rekonstruieren:

Selbstverständnis

Als:	und nicht (mehr) als:
Dienstleister (10a)	Fürsorger (5a)
Berater (8a)	Kontrollinstanz (1a)
Neutraler Vermittler (2a, 1a. 6a, 4f)	Entscheider (3a)
Begleiter und Unterstützer (5a)	Ermittler (9a)
Initiator von Beratungsprozessen (6a)	Erfüllungsgehilfen für das Gericht (9a)

Die JugendamtsmitarbeiterInnen deuten sich als Dienstleister für bestimmte Leistungsangebote. Vornehmliches Leistungsangebot ist Beratung, denn im Rahmen von Beratung und Vermittlung werden Entscheidungen von Eltern in Trennungs- und Scheidungssituationen stimuliert, begleitet und unterstützt. Mit dem Stichwort „Betroffenenbeteiligung" wird eine Haltung beschrieben, die weniger fürsorgeorientiert ist und als „Kundenorientierung" gedeutet wird.

Selbstverständnis Teil I: Dienstleister und Berater
„Dienstleistung ist einfach das Angebot. [...] Also im Grunde diese neue Philosophie und den veränderten Blick, den muss man den Leuten auch immer noch mal wieder melden" (A I10a 970-972).
„[Es] ist auch sehr, sehr wichtig, sich dann als beratende Institution auch darzustellen [...]" (AL I8a/b 745-747).
„[D]as ist natürlich auch schon so ein Stück anderes Umgehen mit den Leuten. Also, sie dahin führen, sie begleiten, gemeinsame Entscheidung zu treffen für sich und für ihre Kinder" (A I5a 84-88).
„Ich denk, das ist ja auch so eine Tendenz, die übergreifend ist, dass man sagt [...] Betroffenenbeteiligung. Ob das jetzt in Scheidungsverfahren ist oder auch in allen anderen Bereichen, die wir hier so bearbeiten. Einfach mehr hinhören, was wollen die Leute eigentlich wirklich und nicht: „Wir wissen, was für sie gut ist", nach dem Motto. Ich denk, das ist am Anfang der Entwicklung. Und ich denk, das dauert noch einige Jährchen, weil [...] Sozialarbeit ist einfach erst noch mal so gestrickt, dass wir schon wissen was gut ist. Und wir überreden ja noch sehr viel Familien zu etwas. Und einfach da auch mal hinhören, was wollen die eigentlich, was wollen die wirklich selber? [...] Ich denk, letztendlich muss man wirklich genau hinhören was sie wollen" (A I5a 762-786).

Die JugendamtsmitarbeiterInnen betrachten sich nicht mehr als VertreterInnen einer Kontrollinstanz in alltäglichen Situationen wie Trennung und Scheidung von Eltern. Den Eltern werden keine Entscheidungen von den JugendamtsmitarbeiterInnen abgenommen und sie deuten sich nicht (mehr) als Erfüllungsgehilfen für das Gericht.

Selbstverständnis Teil II: Keine Kontrollinstanz, Entscheidungsinstanz, Erfüllungsgehilfen
„[W]ir sind ja, sag ich mal, keine Kontrollinstanz in dem Sinne, dass wir jetzt besonders

hingucken, nur weil sich Leute trennen." (A I1a 479-480).
„Wir entscheiden gar nichts. Wir teilen dem Gericht bloß mit, wie die Situation ist" (A2 I3a/b 1279-1280).
„[N]icht losgeschickt werden, um zu gucken, wie wohnt Mutter und hat die Staub gewischt und zu gucken, ob sie ein Verhältnis hat" (A I9a/b 602-603).
„[A]uch da mussten sich die Gerichte erst mal daran gewöhnen weil es ist einfacher zu sagen, „das Jugendamt hat gesagt", als es mit denen [Eltern] noch mal zu entwickeln. Also, ich verkürze natürlich jetzt das, was alles dahinter steht, aber so etwas musste sich erst mal auch einfinden bei den Kollegen hier, die es ja auch gewohnt waren zu sagen, ich muss am Ende sagen, so und so ist es, das [...] geht ja auch mit einem anderen Blick und mit einer anderen Haltung zusammen" (A I10a 373-383).

JugendamtsmitarbeiterInnen sehen sich im Kontext von Trennung und Scheidung der ganzen Familie verpflichtet, so dass das Wächteramt über das Wohl des Kindes hinter der systemischen Betrachtungsweise zurück tritt. Wenn es um strittige Positionen von Eltern geht, versuchen die JugendamtsmitarbeiterInnen Neutralität zu bewahren.

Selbstverständnis Teil III: Systemischer Blick und Neutralität statt Wächteramt
„[W]ir haben immer das System Familie im Blick und nicht das Kind [...]" (A I10a 488-489).
„[I]m Verfahren muss [man] natürlich auch nachher sehen, wo die Eltern stehen. Also wir können nicht nur Parteilichkeit für das Kind hier haben. Wir müssen ja das gesamte Zusammenspiel auch im Auge behalten, im Blick haben" (A I2a 293-295).
„Klar, da ist dann auch diese Neutralität, die wir versuchen zu bewahren soweit wir das eben können [...]" (A I1a 290-291).
„[Die Scheidungs- und Trennungsberatung] machen wir hier im Allgemeinen Sozialen Dienst, weil wir im ASD ja den ganzheitlichen Ansatz der Familie im Auge haben" (A I10a 18-20).
„Klar haben wir immer irgendwo noch diese Wächterfunktion, aber nicht mehr in dem Maße wie früher. Da wurde ja jede Sorgerechtsregelung uns vorgelegt" (A2 I3a/b 1256-1257)
„[D]as Jugendamt ist [...] auch insgesamt lange nicht mehr so mächtig, wie das immer gedacht wird das ist ja schon eher so eine Angebotsstruktur geworden. Natürlich haben wir nach wie vor Wächteramt, ganz klar in bestimmten Bereichen, aber es ist doch schon sehr eingeschränkt und sehr viel, wo man gerichtliche Unterstützung braucht und so[...]" (A I1a 708-716).

Die systemische Beratung wird nicht erst seit der Kindschaftsrechtsreform vom ASD praktiziert (vgl. Tabel/Walter 1994: 73), erhält aber durch den faktischen „Regelfall" der gemeinsamen elterlichen Sorge nach Trennung und Scheidung und dem Ziel der einvernehmlichen Konfliktlösung einen Bedeutungszuwachs. Wenn die Familie als System der Beratungsgegenstand und damit handlungsleitend ist, geraten einzelne Individuen respektive Familienmitglieder in den Hintergrund. Folglich können auch Kinder und Jugendliche in Trennungs- und Scheidungssituationen beziehungsweise deren Wohl tendenziell aus dem Blickfeld geraten.

Die Kindschaftsrechtsreform wird im Bereich Trennung, Scheidung und Umgang von den befragten JugendamtsmitarbeiterInnen eher nicht mit dem Kindeswohl in Verbindung gebracht, obwohl das Beratungsangebot gemäß § 17 II SGB VIII „verstärkt am Wohl des Kinder auszurichten" ist (Hauck 2000: 8). Der Blick aus systemischer Perspektive auf die Familie in Trennungs- und Scheidungsfällen wird zum Teil der Kindeswohlorientierung entgegengesetzt gedeutet, weil Neutralität statt Parteilichkeit als erforderliche Haltung angesehen wird (s.o.). Es gibt auch Versuche, beide Aspekte im Beratungs- und Vermittlungsprozess zu beachten: „Der Öffentliche Jugendhilfeträger hat, zumindest sehe ich das so, den Auftrag möglichst eine Vermittlung unter Berücksichtigung des Kindeswohls zwischen den Elternteilen herzustellen" (A I6a 314-317). Die Aufgabe des Jugendamtes wird darin gesehen, in strittigen, langwierigen Verfahren immer wieder auf das Kindeswohl hinzuweisen: „Das [Kindeswohl] muss man immer mal wieder reinholen, glaub ich" (A I5a 634).

Bezugspunkt ist in der Regel die ganze Familie und nicht einzelne Familienmitglieder. Es scheint so zu sein, dass die JugendamtsmitarbeiterInnen erst dann auf das Wohl des Kindes Bezug nehmen, wenn sich die streitenden Eltern nach längeren Auseinandersetzungen nicht einigen können oder wollen.

Die Selbstpositionierungen der befragten JugendamtsmitarbeiterInnen beziehen sich weniger auf das „fürsorgeorientierte Wächteramt" als vielmehr auf das „neutrale, systemische Vermittlungsangebot". Es zeigen sich unterschiedliche Abstufungen und Gewichtungen dieser Handlungsorientierungen. Aufgrund der Tatsache, dass die Eltern in Trennungs- und Scheidungssituationen nicht mehr „automatisch" Kontakt zu den Jugendämtern aufnehmen und das Jugendamt nur noch in strittigen Fällen im Verfahren mitwirkt, fehlt im Regelfall die Zugangsmöglichkeit zum Kind. In den Fällen ohne Kontakt zum Kind fehlt die Grundlage für die Ausübung des Wächteramtes ebenso wie für eine „Interessenorientierung" an Kindern und Jugendlichen. Die Trennung der Eltern und die Verweigerung der Kontaktaufnahme zum Jugendamt stellt für sich genommen keinen Hinweis auf eine Kindeswohlgefährdung dar (vgl. Schulz 2001: 26). Diese Sichtweise basiert auf der Annahme, dass Eltern grundsätzlich dazu fähig sind, das Wohl und die Interessen ihrer Kinder zu gewährleisten und zu beachten. Folglich ist das AdressatInnenbild als handlungsstrukturierender Aspekt zu betrachten, denn je nachdem, was den Eltern von den befragten

JugendamtsmitarbeiterInnen „zugetraut" wird, werden die kindschaftsrechtlichen Neuregelungen unterschiedlich bewertet.

AdressatInnenbild: „Fähige" und „unfähige" Eltern
Die übergreifenden Einschätzungen von Eltern in Trennung und Scheidung variieren von „oft unfähig" bis zu „die brauchen uns oft nicht". Auf die Ausgestaltung von Sorge- und Umgangsrechten bezogen werden einerseits Mütter problematisiert, die den Kontakt der Kinder zu ihrem Vater vereiteln und andererseits Väter, die blind auf ihr Recht pochen. In beiden Falltypen werden die mütterlichen und väterlichen „Rechte" so interpretiert, dass sich die Gesetzesphilosophie hinsichtlich der gemeinsamen Elternverantwortung und des gelungenen Beziehungserhalts für Kinder nicht oder nur schwer realisieren lassen. Aus den Daten lassen sich zwei AdressatInnenbilder kontrastieren, die im Zusammenhang mit der Haltung gegenüber der Elternverantwortung und der gemeinsamen elterlichen Sorge stehen. Typ I wertet die steigenden Fallzahlen (strittige Scheidungsfälle, Kindeswohlgefährdungen und HzE) als Indiz für die zunehmende Unfähigkeit der Eltern, ihrer Elternverantwortung und Erziehungsfunktion nachzukommen. Weiter wird davon ausgegangen, dass Eltern insgesamt zu wenig Unterstützung in ihrer Elternfunktion erhalten. Insbesondere in strittigen Umgangsfällen würden die Elternteile immer wieder die Vermittlungstätigkeit des Jugendamtes benötigen. Eltern werden nicht grundsätzlich als vernünftig, fähig und rational handelnd gedeutet. Aus dieser Deutung erfolgt eine Handlungsorientierung, die einerseits „fürsorgliche" Elemente des Wächteramtes und andererseits Ansätze von parteilicher „Interessenorientierung" für Kinder enthält.

Elternbild I: Eltern sind „unfähig" und brauchen mehr Unterstützung
„Also, wir beobachten eigentlich eher, dass, wenn die Fallzahlen ansteigen, dann bedeutet es ja, dass es mehr Probleme in den Familien gibt, dass Eltern eher immer unfähiger werden im Moment so" (A I8a/b 1216-1220).
„Also, ich hab eher dass Gefühl, das Eltern noch [...] zu wenig unterstützt werden oder vielleicht muss es doch einen Elternführerschein geben oder dass viel früher präventiv angesetzt werden muss, Eltern auch für die Verantwortung als Familie vorzubereiten. [...] manche, die [sind] nur eben hilflos, aus welchen Gründen auch immer. Ist ja keine Schuldzuweisung, ist dann vielleicht einfach so, [...]. Aber da gibt's einfach zu wenig, denk ich, man wird einfach zu wenig auch so drauf vorbereitet [...] auf das Elternsein grundsätzlich" (A I8a/b 1239-1253).
„Also, es ist der seltene Fall, wo wir mal sagen: „Mensch, Sie kriegen das aber toll hin und Sie haben das ja wirklich gut im Griff und Sie kriegen das sachlich diskutiert und geregelt mit ihrem Kind". Das ist ja selten der Fall. Also, das ist ganz oft immer noch furchtbar strittig. Und immer wieder und noch mal kommt ein Anruf, „er hat aber das Mützchen wieder verkehrt rum aufgesetzt" oder was weiß ich, „die rote Hose hat doch wieder nen Fleck", oder was weiß ich. Also, ist schon manchmal möglich, dass auf un-

sere Initiative hin, unsere Beratung, [sich] die Wogen dann so glätten und dann der Umgang auch wirklich gut klappt [...]aber [das ist] eher doch noch selten der Fall. Also oft noch irgendwo die strittigen Sachen, die dann noch immer wieder mal kommen und wenn es nach einem halben Jahr ist" (A I8a/b 1259-1271).

Eine grundlegende andere Sichtweise vertritt Typ II. Es wird davon ausgegangen, dass die meisten Eltern (90%) in der Trennungs- und Scheidungssituation keine Unterstützung vom Jugendamt benötigen, weil sie ihre Probleme eigenständig lösen. Aus dem AdressatInnenbild folgt eine eher gelassene Sicht auf Eltern, die das Beratungsangebot nicht beanspruchen: *„Und es gibt eben Elternteile, die erreichen wir nicht, dann ist das eben auch so" (A I1a 425).* Eltern werden grundsätzlich als vernünftig, fähig und rational handelnd eingeschätzt. Aus dieser Deutung erfolgt eine eher „angebotsorientierte", „autonomiefördernde" Handlungsorientierung, die dem Angebotscharakter der Trennungs- und Scheidungsberatung positiv gegenüber steht. Das Wunsch- und Wahlrecht der Leistungsberechtigten wird respektiert und es wird hingenommen unter Umständen auf das nach fachlichen oder gesetzlichen Vorstellungen „Beste" zu verzichten, weil die Eltern etwas anderes wollen.

Typ II: Eltern sind fähig und brauchen keine Unterstützung

„[I]ch arbeite jetzt 8 Jahre hier und es war vorher auch so, dass das die meisten Familien mit denen wir zu tun haben, wenn es um Trennung und Scheidung geht, kriegen die das alleine hin. Die brauchen uns nicht. [...]" (A I1a 464-474).

„(...) wir sind ja, sag ich mal, keine Kontrollinstanz in dem Sinne, dass wir jetzt besonders hingucken, nur weil sich Leute trennen. Aber wenn die zusammen sind und Kinder haben, haben wir auch nichts mit zu tun, es sei denn es gibt Stress mit den Kindern" (A I1a 479-483).

„Also ich denke, dass das läuft einfach so durch. Die meisten [Scheidungsfälle], das ist vorher auch unsere Erfahrung gewesen, dass 90 %, gehen glatt. Da hatten wir eigentlich wenig mit zu tun auch wenn wir vorher natürlich die Gespräche immer geführt haben, Stellungnahmen geschrieben haben Aber das meiste war klar, zumindest was die Kinder angeht. Dass irgendwie ums Geld immer ein bisschen Streit gibt, das ist klar. Aber was die Kinder anging, Umgangsrechtsregelung, das haben wir eigentlich immer gut hingekriegt" (A I1a 189-196).

„[E]inerseits hat dieses Gesetz dazu geführt, dass das, was eigentlich vorher schon gelaufen ist, einfach auf den Status quo zu bringen, zu sagen: „OK, das [ist] eigentlich Realität der meisten Leute", das ist auch die Arbeitsrealität, die ich mit den Eltern habe, dass die meistens [es] eben tatsächlich schaffen, sich verantwortlich für ihre Kinder zu einigen, auch das Drumherum positiv abwickeln und die Kontakte der Kinder zu beiden Elternteilen erhalten bleiben. Das denk ich, ist nur angepasst und auf eine rechtliche Grundlage gebracht worden" (A I1a 771-779).

Die Zusammenschau der kommunalspezifischen Kontexte und der unterschiedlichen AdressatInnenbilder legt die Vermutung nahe, dass insbesondere jene JugendamtsmitarbeiterInnen, deren Fall-Erfahrungen sich weitgehend aus besonders problematischen Fällen speisen, weil sie sich aufgrund ihrer geringen Personalkapazität hauptsächlich auf die „Notfälle" reduzieren müssen, zu besonders kritischen Einschätzungen von „Elternfähigkeiten" gelangen. Neben diesen grundlegenden Sichtweisen auf Eltern in Trennungs- und Scheidungssituationen ist das AdressatInnenbild von erfahrungsgemäß konflikthaften Fallkonstellationen zwischen Vätern und Müttern geprägt, was zur Folge hat, dass sich die JugendamtsmitarbeiterInnen positionieren.

AdressatInnenbild: „Umgangsvereitlerinnen" und „Störer"
In strittigen Umgangsfällen, das heißt, wenn die Mütter die alleinige elterliche Sorge innehaben und die Väter „nur" ein Umgangsrecht, gibt es Mütter, die den Umgang zwischen Vater und Kind erschweren oder vereiteln. Als Motiv für die Umgangsbehinderung sehen die JugendamtsmitarbeiterInnen das Besitzanspruchsdenken einiger Mütter. JugendamtsmitarbeiterInnen schätzen die Macht der Mütter als hoch ein, auch wenn sich nach der Kindschaftsrechtsreform die Rechtslage für umgangsberechtigte Väter verbessert hat. Die Positionierung der JugendamtsmitarbeiterInnen lässt sich als eine eher kritische Haltung gegenüber der „Umgangsvereitlerin" deuten.

Mütterbild I: Die „Umgangsvereitlerin"
„Und dieser Gedanke, „ich hab das Kind geboren, es ist meins", der ist halt da. Ich denk, das ist noch ein langer Prozess [...], wieder komm ich auf die Mütter zu sprechen, bis die wirklich begreifen, eigentlich braucht das Kind ja auch mal den Vater" (A1 I3a/b 656-659).
„Es gibt ja immer noch die Mütter, die auch sagen, „also mein Kind, [...]das soll nie wieder zu diesem blöden Vater". Und da müssen wir deutlich machen: „Damit tust du deinem Kind nichts Gutes"" (A I10a 900-903).
„[Manche] Mütter [...] meinen immer noch, sie haben absolut das Recht immer grundsätzlich auf ihrer Seite, und können da also verfahren, wie sie möchten, so ungefähr. Das ist also auch noch ziemlich verbreitet, wo man schon sagen muss, „also, so einfach ist das nun heutzutage nicht mehr". Der Vater hat da wirklich ein Recht drauf und manche [Mütter] wissen es schon, aber sind einfach trotz allem nicht bereit dazu und wissen auch ganz genau dann ihre Strategie und ihre Taktik da einzusetzen" (A I8a/b 827-842).
„Wir nehmen natürlich Kontakt zu den Müttern auf und versuchen da zu vermitteln. Erst mal Einzelgespräche, versuchen dann auch gemeinsame Gespräche. Oftmals scheitert es absolut am Widerstand der Mütter. Haben sich eben praktisch ihr eigenes neues Leben jetzt aufgebaut, mit neuem Partner oftmals und wollen also den Vater da völlig ausklammern. Was denn für die Kinder, finde ich, also auch katastrophal ist und unfair" (A I8a/b 383-395).

In anderen Fällen werden die Mütter als unterstützungsbedürftig betrachtet, weil die Kindsväter ihnen aufgrund der veränderten Rechtslage drohen. Insbesondere die Rechtsunsicherheit der Mütter nach der Kindschaftsrechtsreform führte in diesen Fällen zu einem verstärkten Beratungsbedarf. Die Positionierung der JugendamtsmitarbeiterInnen lässt sich als eine eher kritische Haltung gegenüber den Vätern als „Bedroher" deuten. Die Mutter als „Bedrohte" wird als unterstützungsbedürftig eingeschätzt.

Mütterbild II: Die „Bedrohte"

„[W]eil viele Väter das auch so für sich ausnutzen und sagen, „wenn du hier nicht spurst, dann nehme ich dir das Kind weg und dann krieg ich das, und dann hast du gar nichts mehr und ich nehme dir das Sorgerecht weg" und solche Sachen. Und da sind manche [Mütter] dann auch schon wirklich ganz verunsichert und da muss man sie erst mal stärken" (A I8a/b 854-861)

„Und es gab echt so eine Phase nach der Veröffentlichung, dass [...] also dieser Beratungsbedarf einfach hoch war: „Was mach ich jetzt, muss ich irgendwie Panik haben oder muss ich mir einen Anwalt nehmen?" Weiß ich nicht, alles mögliche. Aber das ist jetzt vorbei." (A I1a 855-860).

„Was sich bemerkbar macht, dass eben in dieser Anfangsphase, das wurde dann ja veröffentlicht, viele Frauen haben angerufen: Wie das jetzt so weitergeht, ob sie jetzt das Sorgerecht nicht mehr haben oder ob sie das auf jeden Fall mit diesem Mann dann gemeinsam haben müssten und solche Sachen und da war ein unheimlicher Beratungsbedarf. Mittlerweile ist das auch zurückgegangen. Wir haben immer noch mal Anfragen von Vätern, also im letzten Jahr, die gesagt haben: Ich will nicht nur den Unterhalt bezahlen, also ich erkenn die Vaterschaft an für das Kind, aber ich möchte auch so eine Sorgerechtserklärung abgeben. Da gibt es immer mehr von. Es gibt auch immer so heikle Geschichten, wo dann immer gedroht wird: Wenn ich den Unterhalt zahl, dann will ich auch mein Kind sehen!" (A I1a 29-41).

Die besondere Problematik mit Vätern besteht darin, dass diese ihre Rechte (zum Beispiel Umgangsrecht oder Sorgerecht) zum Teil nutzen, um das Familiensystem zu stören oder um sie gegen ihre Kinder durchzusetzen. Als besonders problematisch werden die Fälle eingeschätzt, in denen Väter auf ihr Umgangsrecht bestehen, obwohl sie die ablehnende Haltung der Kinder selbst verursacht haben. Die Positionierung der Jugendamtsmitarbeiterinnen lässt sich als eine eher kritische Haltung gegenüber Vätern als „Rechthaber" deuten.

Väterbild I: Der „Rechthaber" und „Störer"

„Wer ist gegangen, wie ist es passiert, diese Scheidung aus heiterem Himmel! Sag ich mal, Papa ist gegangen! Da ziehen sich die Kinder total zurück und der Vater kann es nicht begreifen, der will dann Umgang und dann hab ich gesagt: „Gucken Sie mal, Sie haben bis abends um 8.00 noch heile Familie gespielt, um 10 nach 8 waren Sie weg, wie sollen das alle einordnen?" Aber dann sehen sie mehr, „mein Recht", „ich möchte", und diese Schiene ist auch total falsch. Ich sage auch immer: Ein bisschen zurücknehmen kann mehr sein, als wenn sie jetzt lospreschen. Aber das können sie meistens nicht [...]" (A1 I3a/b 671-681).

„Schwierig wird es im Grunde dann, wenn praktisch diese gesetzlichen Möglichkeiten genutzt werden, um so negativ einzuwirken auf das alte Familiensystem. Also, wenn man versucht, da eigentlich nur störend einzuwirken, dass hat dann auch nicht mehr mit Verantwortung zu tun, sondern das ist einfach nur: „Aber ich hab doch das Recht!" Und wenn man dann sagt: „Ja aber Sie haben auch Kontakt zu den Kindern, das läuft doch ganz gut, was werfen Sie Ihrer Frau jetzt eigentlich vor? Oder Ihrer geschiedenen Frau?" oder so was" (A I1a 785-793).

„Es gibt viele Männer, die gesagt haben, OK, das ist jetzt mal eine Chance auch einen Teil von Verantwortung zu übernehmen und die, die so weit sind, dass sie das realisieren, die kriegen das auch meistens hin. Und andere nützen das eher als Störmanöver und sagen: „Ich hab gemeinsames Sorgerecht und ich will auch bestimmen, was mit meinen Kindern passiert, wo sie zur Schule gehen und dann sind wir natürlich da auch wieder mit drin" (A I1a 492-499).

„[D]ie Schwierigkeit ist im Grunde immer, wie Leute diese gesetzlichen Bestimmungen benutzen. Man kann sie ja positiv, man kann sich auch negativ benutzen gegen den Anderen. Das ist dann ein bisschen heikel. Weil die dann natürlich sagen: OK. Ich hab doch das Recht, das steht hier. Und dann will ich das auch haben, unabhängig davon, wie [...] die Beziehungen zu den Kindern sind zum Beispiel für Väter. Also, [...]die melden sich irgendwie 8 Jahre lang nicht und dann fällt ihnen ein: Da war irgendwas! Und dann wollen sie das auch auf Gedeih und Verderb [...]. Also, ich denke, das ist jetzt [...]wieder auf ein normales Maß zurückgekommen. Also, nicht mehr so, dass sich jetzt alle Väter irgendwie da jetzt verstärkt drum kümmern. Das war so, dass die gesagt haben: Oh, das ist eine neue Gesetzesänderung und da werd ich jetzt was machen! Und dann haben wir sie ja beraten, was das eigentlich bedeutet, [da] haben ja auch viele halt einen Rückzieher gemacht, und so sehr wollten sie das Kind dann auch wieder nicht" (A I1a 810-831).

Der Beratungsbedarf aufgrund von Rechtsunsicherheit betrifft folglich zwei zusammenhängende Personengruppen: Einerseits die alleinerziehenden respektive allein sorgeberechtigten Mütter und andererseits die nicht sorgeberechtigten Väter, deren Rechtslage bezogen auf Umgang durch die Kindschaftsrechtsreform verbessert wurde. Es ist davon auszugehen, dass es zu besonders strittigen Beratungs- und Vermittlungsverläufen kommt, wenn bestimmte „Problemtypen" von Müttern und Vätern aufeinander stoßen. Je nachdem, welches AdressatInnenbild aufgrund der Erfahrungen der befragten JugendamtsmitarbeiterInnen vorherrschend ist, zeichnen sich unterschiedliche Haltungen gegenüber spezifischen AdressatInnenguppen ab.

Die Handlungsorientierungen der JugendamtsmitarbeiterInnen in Fällen der Kindesgeburt außerhalb der Ehe, haben sich noch deutlicher als die der Trennungs- und ScheidungsberaterInnen in eine „angebotsorientierte" oder „zuwartende" Richtung entwickelt, da mit der gesetzlichen Amtspflegschaft ein erhebliches Eingriffsinstrument in die elterliche Autonomie abgeschafft wurde.

Handlungsorientierungen in Fällen der Kindesgeburt außerhalb der Ehe

In der Jugendhilfe geht es zunehmend um Beratung und Unterstützung statt Bevormundung und Eingriff. Die verstärkten Beratungsangebote nach §§ 18 und 52a SGB VIII und die freiwillige Beistandschaft sind als Beispiele für die Schwerpunktverlagerung in Richtung Beratung und Unterstützung der Elternteile bei größtmöglicher Wahrung der Eigenverantwortung und der Autonomie insbesondere lediger Mütter zu werten. Die Verwirklichung von Kinderrechten und die Gewährleistung des Kindeswohls werden nun verstärkt der Verantwortung der Eltern beziehungsweise der ledigen Mütter überlassen. Aus den Beratungsaufgaben gemäß § 52a SGB VIII erwächst den JugendamtsmitarbeiterInnen ein „Förderungsauftrag", der dazu dient, dass Eltern dazu befähigt werden, eigenverantwortlich und selbstständig die Interessen ihrer Kinder wahrzunehmen. Es ging dem Gesetzgeber darum, dass Eltern beziehungsweise Elternteile durch Beratung und Unterstützung zu eigenverantwortlichen Lösungen befähigt werden. Nicht jedes Gespräch eines sorgeberechtigten Elternteils mit einem Jugendamtsmitarbeiter muss sofort zu einer Beistandschaft führen. Die Regelungen der §§ 18 und 52a SGB VIII ermöglichen vielfältige Beratungs- und Unterstützungsleistungen im Vorfeld einer Beistandschaft (vgl. Reichel/Trittel 1998: 113 ff.). Reichel und Trittel (2000) berichten aus ihren Praxiserfahrungen Folgendes: „Eine Beistandschaft wird nur dann aufgenommen, wenn im außergerichtlichen Bereich keine einvernehmliche Lösung des Problems erreicht werden konnte, der sorgeberechtigte Elternteil nicht in der Lage ist, die Angelegenheiten des Kindes selbst zu regeln oder ausdrücklich die Einrichtung einer Beistandschaft wünscht. Grundsätzlich werden jedoch zunächst die anderen Hilfsangebote [...] unterbreitet" (Reichel/Trittel 2000: 122). Nach ihren Erfahrungen führen die Beratungsintensität, das individuelle Eingehen auf Probleme der Hilfesuchenden, eine professionelle Gesprächsführung und eine breite Öffentlichkeitsarbeit dazu, „einen Einstellungs- und Bewusstseinswandel bei den Menschen hervorzurufen" (ebd.).

Die Beachtung des Beratungsvorrangs und der Elternautonomie stellen neue Kompetenzanforderungen an die JugendamtsmitarbeiterInnen des Sachgebiets Unterhalt/Beistandschaft, denn mit dem neuen Kindschaftsrecht sind veränderte Anforderungen hinsichtlich der Qualifikation, der Kommunikation, der Kooperation und der Praxisreflexion verbunden.

„Bei der Beratung und Unterstützung ohne formelle Beistandschaft kommt dem Aufbau eines Vertrauensverhältnisses zwischen Klient und Berater/in besondere

Bedeutung zu. Früher war die Aufgabenerledigung auch noch weniger von der Kenntnis und Beherrschung von Techniken der Gesprächsführung und des Konfliktmanagements abhängig als heute aufgrund des neuen Aufgabenprofils. Es bedarf besonderer Kompetenzen, die Erwartungen der Klienten zu erfassen, sie gemeinsam mit den Klienten auf ihre Realisierbarkeit hin zu überprüfen, unrealistische Erwartungen zurückzuweisen, dabei aber das Hilfe- und Unterstützungsangebot aufrecht zu erhalten" (LWV Baden 2001: 272).

Mit der Einführung der freiwilligen Beistandschaft haben sich die Aufgaben der JugendamtsmitarbeiterInnen verändert, denn die ledigen Mütter müssen seit Einführung der freiwilligen Beistandschaft „überzeugt" werden, anstatt sie zum Wohle des Kindes und zu ihrem „Besten" zu „bevormunden". Es ist zu erwarten, dass die beratenden Jugendamtsmitarbeiterlnnen in der Regel auch als Urkundspersonen und Amtsvormünder in eher hoheitlicher Funktion tätig sind: „Das verlangt von ihnen im Arbeitsalltag einen stetigen Funktionswechsel zwischen einerseits der lenkenden sowie entscheidenden und andererseits der rein auf freiwilliger Zusammenarbeit beruhenden Tätigkeiten. Die Unterschiede der einzelnen Funktionsbereiche müssen immer wieder transparent gemacht werden" (ebd.).

Aufgrund des veränderten Aufgabenzuschnitts der freiwilligen Beistandschaft kann von einem gesetzlich vorgezeichneten Wandel im Selbstverständnis der JugendamtsmitarbeiterInnen ausgegangen werden. In den Aussagen der befragten JugendamtsmitarbeiterInnen lassen sich zwei gegensätzliche Typen von Selbstpositionierung charakterisieren. Auf der einen Seite steht ein eher fürsorgliches, kindzentriertes Selbstverständnis, in dessen Mittelpunkt das Kindeswohl beziehungsweise die Rechte des Kindes stehen und auf der anderen Seite ein eher angebotsorientiertes, zuwartendes Selbstverständnis als Dienstleister für die ledige Mutter, die als mündige Bürgerin zu respektieren ist. Folglich ist der Bezugspunkt der Handlungsorientierung unterschiedlich, denn während die eine Selbstpositionierung sich verstärkt am Kind beziehungsweise am Kindeswohl ausrichtet, bezieht sich die andere eher auf die eigenständige und selbstverantwortliche Mutter.

Mit den unterschiedlichen Ausprägungen des Selbstverständnisses der befragten JugendamtsmitarbeiterInnen korrespondieren entsprechend unterschiedliche AdressatInnenbilder im Sinne von typisierten Sichtweisen auf „die ledige Mutter". Zum einen werden Mütter als Personen betrachtet, die vom Jugendamt unterstützt und aktiviert werden müssen, damit sie die status- und unterhaltsrechtliche Absicherung ihrer Kinder veranlassen. Zum anderen werden Mütter als selbstbewusste, verantwortungsvolle, mündige Bürgerinnen betrachtet, die selbstständig darüber entscheiden können, ob sie die Unterstützung vom Jugendamt benötigen, um die Rechte ihrer Kinder durchzusetzen.

Handlungsmaxime „Elternverantwortung": „Überzeugen" statt „Bevormunden"

Mit der Abschaffung der gesetzlichen Amtspflegschaft verfolgte der Gesetzgeber das Ziel, „die Eigenverantwortung für die Vaterschaftsfeststellung in erster Linie den Müttern zuzuweisen und ihnen dabei freiwillige Hilfen anzubieten" (BR-Drs. 890/93: 37). Durch die Neuregelungen im Zuge der Kindschaftsrechtsreform erfolgte eine Anpassung an gesellschaftliche Entwicklungen, die Elternschaft und Ehe zunehmend entkoppeln. Einerseits geht es darum, auch nicht miteinander verheirateten Eltern Möglichkeiten zu bieten, ihre Elternverantwortung gemeinsam wahrzunehmen und dies auch rechtswirksam zu dokumentieren, andererseits geht es darum, ledigen Müttern, die die Alleinsorge für ihr Kind haben, nicht (mehr) in ihrer Verantwortung und Autonomie einzuschränken. „Mit der Ausgestaltung der Beistandschaft hat der Gesetzgeber an einem wichtigen Punkt die staatliche Intervention in das Leben der Menschen zurückgenommen. Für die Jugendhilfe bedeutet dies ein[e] deutliche Stärkung ihres Sozialleistungscharakters und einen weiteren – wohl auch quantitativ messbaren – Rückgang ihrer obrigkeitlichen Aufgabenstellungen" (Schimke 1998: 58). Aus den ExpertInneninterviews lassen sich Handlungsmaximen im Sinne von handlungsrelevanten Leitsätzen[72] und Haltungen herausarbeiten, in denen die Interpretationsleistungen der JugendamtsmitarbeiterInnen hinsichtlich der Regelungen des neuen Kindschafts- und Beistandschaftsrechts deutlich werden (Gesetzesphilosophie). Die inhaltlichen Schwerpunkte beziehen sich auf:

- Veränderungen im Verhältnis von *Mutter* und Beistand,
- Veränderungen im Verhältnis von *Kind* und Beistand.

Im Datenmaterial deutet sich das Spannungsfeld an, innerhalb dessen Beistände ihre Tätigkeit seit der Kindschaftsrechtsreform wahrnehmen: Einerseits geht es um die Respektierung der autonomen Stellung der ledigen Mutter und andererseits um die Durchsetzung von Kinderrechten.

Handlungsmaximen: Verhältnis von Mutter und Beistand
„Unterstützen statt gesetzliche Vertretung" (5b)
„Überzeugen statt „das Beste für die Kinder" einfach durchzusetzen" (5b)
„Partnerschaftliche Gesprächsbasis ohne Bevormundung" (6b)
„Vom Obrigkeitsstaat zur Serviceleistung für mündige Bürger" (6b)
„Der Bürger soll sich selbst auf den Weg machen" (6b)
„Von der Ersatzfunktion zur gleichberechtigten Vertretung" (6b)
„Wer Hilfe sucht, bekommt kompetenten Rat" (6b)
„Von der Zwangspflegschaft zur Beratung" (9b)
„Vom eigenständigen Handeln zum erhöhten Abstimmungsbedarf" (6b)
„Jugendamt als Spielball, ohne eigenes Antragsrecht" (9b)
„Gesetzliche Vertretung, statt nur Beratung" (7b)

"Unterstützung der mütterlichen Pflichten" (7b)
Handlungsmaximen: Verhältnis von Kind und Beistand
"Was mit dem Kind passiert, hat wieder keinen interessiert" (1b)
"Ein paar Fälle fallen unter den Tisch" (8b)
"Es fallen welche durch den Rost" (1b)
"Das Jugendamt arbeitet für das Kind" (1b)
"Kindeswohl als oberstes Ziel" (3b)
"Kontrollinstanz fehlt" (1b)
"Schlechte formelle Vertretung für Kinder" (1b)

Die Beistandschaft und die Aufgaben gemäß § 52a SGB VIII zählen nicht zu den leistungsrechtlichen, sondern zu den „anderen" Aufgaben der Jugendhilfe. Damit ist klargestellt, dass nicht nur ein Anspruch auf Beratung und Unterstützung besteht, sondern dass das Jugendamt von sich aus auf seine Zielgruppe zugehen soll, um frühzeitig zu informieren und die Feststellung der Vaterschaft sicherzustellen. „[D]ie „anderen Aufgaben" sind vielmehr Ausprägung des staatlichen Wächteramts im Sinne von Artikel 6 Abs. 2 des Grundgesetzes" (Hauck 2000 §52a: 3). Folglich haben sich mit der Abschaffung der gesetzlichen Amtspflegschaft die Anforderungen an die Jugendämter verändert: Im Kontext des § 52a SGB VIII soll das Jugendamt mit seinem Unterstützungsangebot auf die Mutter zugehen und nicht darauf warten, dass sie ihren Anspruch auf Beratung nach § 18 SGB VIII geltend macht. Kunkel (1998) betont, dass erstmals kraft Gesetzes der Bürger zum Kunden im Sinne der neuen Steuerung wird und das Jugendamt um seine „Kundschaft" aktiv werben muss (ebd.: 562). Für die JugendamtsmitarbeiterInnen bedeutet diese neue Anforderungsstruktur, dass eine „zuwartende", inaktive Haltung nicht ausreicht beziehungsweise nicht im Sinne des Gesetzgebers ist. Ledige Mütter müssen von dem Unterstützungsangebot „Beistandschaft" aktiv durch die JugendamtsmitarbeiterInnen überzeugt werden, denn ihre Kinder sind nicht mehr per Gesetz unter Amtspflegschaft gestellt. Diese „Bevormundung" nicht verheirateter Mütter durch das Jugendamt ist beendet worden. Die veränderte rechtliche Stellung der Mutter führt zu einer veränderten Handlungsorientierung der JugendamtsmitarbeiterInnen, die die Mütter nach der Rechtsreform überzeugen müssen, wenn ihre Unterstützungsangebote in Anspruch genommen werden sollen.

Mütter überzeugen: Appell an die Vernunft
"Ich denke, das ist einfach ein gesellschaftlich nachvollzogener, rechtlicher Schritt einer gesellschaftlichen Entwicklung, weg vom Obrigkeitsstaat, hin zum mündigen Bürger und der Serviceleistung. [...]" (B I6b 432-435).
Der Gesetzgeber hat gewollt, dass die Selbstständigkeit der Frauen in erster Linie, der Alleinerziehenden, gestützt wird und wir haben gesagt, wenn jemand nicht kommt, dann hat er vielleicht gute Gründe" (B I6b 264-288).

> „Man kann nicht mehr sagen, so ich will das und ich mach das, weil das für das Kind das Beste ist, sondern man muss die Mutter mit überzeugen, was für das Kind am Besten ist, also nur auf den Unterhalt betroffen" (B I5b 29-33).
>
> „[...] weil sie [die Mütter] jetzt, nach dem Beratungsangebot was wir machen, diejenigen sind, die entscheiden, ob sie das Jugendamt in ihr Leben mit integrieren wollen oder nicht. Während das früher keine Frage war, sie mussten sich damit auseinandersetzen" (B I6b 171-175).

Das Rechtsinstitut der freiwilligen Beistandschaft gilt dem Schutz von Kindern, für die nur ein Elternteil sorgt und ist vorgesehen für die Vaterschaftsfeststellung und die Unterhaltssicherung. Im Rahmen des Wirkungskreises ist das Jugendamt dann gesetzlicher Vertreter des Kindes, ohne die elterliche Sorge des Elternteils einzuschränken. Inwieweit dieses freiwillige Angebot angenommen wird, ist von Informations- und Motivationsstrategien abhängig, für die das Jugendamt die Verantwortung trägt. Auch wenn allein sorgeberechtigte Elternteile das Antragsrecht haben, sind Kinder die eigentlichen Nutznießer der Regelung: Einerseits hinsichtlich des Unterhalts und andererseits bezüglich des Rechts auf die Kenntnis der eigenen Abstammung. Bei Getrenntleben der Eltern zeigt sich die Verantwortung des kindfernen Elternteils, in drei kindschaftsrechtlich relevanten Bereichen: Der Vaterschaftsanerkennung, um dem Kind die Kenntnis seiner Abstammung zu sichern; der Unterhaltszahlung, um dem Kind den Anspruch auf Finanzierung des Lebensbedarfs zu sichern und dem Umgang, der ein Recht des Kindes und die Pflicht der Eltern ist. Für alle Bereiche ist die Vaterschaftsfeststellung von grundlegender Bedeutung, denn mit der biologischen Abstammung als solche sind keinerlei Rechte verbunden. Dies gilt auch für das Umgangsrecht.

Die Rechte und Pflichten sind weitgehend an die rechtlich festgestellte Abstammung geknüpft (vgl. Fieseler/Herborth 2001: 166). „Deshalb und wegen der Bedeutung, die der blutsmäßigen Abstammung für das Kind beigemessen wird, leitet das Bundesverfassungsgericht aus dem allgemeinen Persönlichkeitsrecht [...] für das Kind ein einklagbares Recht auf Kenntnis seiner Abstammung ab [...]" (ebd.). Die Rechte des Kindes sind nach der Rechtsreform in die Hände der Mutter gelegt worden, die selbst bestimmt, ob und mit welcher Unterstützung sie die status- und unterhaltsrechtliche Absicherung ihres Kindes durchsetzt. Die Beistände versuchen, das Pflichtbewusstsein der unverheirateten Mütter zu aktivieren.

Mütterpflicht und Kindesrecht: Appell an das Pflichtbewusstsein

> „[U]nser Informationsschreiben ist so, dass die Mütter auch informiert worden sind über die Position des Kindes, dass man mit einer Vaterschaftsfeststellung, die nicht zertifiziert wird, ein Rechtsschutzbedürfnis des Kindes beschneidet" (B I9a/b 515-518).
>
> „Es ist ja ihre Pflicht, diese Dinge für das Kind durchzusetzen und [...] sie [die Mütter] sollen es im Rahmen der Beistandschaft mit unserer Hilfe tun" (B I7a/b 466-467).

„[...] weil man auch gucken muss, [dass man] Müttern bestimmte Pflichten nicht nehmen sollte" (B I7a1/b 462-463).
„Jetzt liegt es aber an der guten Frau sich zu melden, bei uns, oder überhaupt irgendwas für ihr Kind zu machen" (B I1b 1216-1217).
„[U]nser Arbeitsziel ist ja immer das Wohl des Kindes, speziell gerichtet auf den Unterhaltsanspruch, den das Kind hat und ihm dazu zu verhelfen" (B I3a/b 1299-1301).
„Wir arbeiten nämlich für ihr Kind" (B I1b 223).

Der wesentliche Unterschied in den Haltungen der JugendamtsmitarbeiterInnen bezieht sich auf die Frage der Verantwortung für die Durchsetzung der Rechte des Kindes auf Kenntnis des Vaters und auf Leistung von Unterhaltszahlungen. Während einerseits die Verantwortung für die Rechte des Kindes auf Seiten der Beistände gesehen wird und diese auch gegen die Mütter durchsetzbar sein soll: „Wir arbeiten nämlich für ihr Kind" (B I1b 223), wird andererseits eher die durch Unterstützung zu flankierende Verantwortung der Mütter betont: „Es ist ja ihre Pflicht, diese Dinge für das Kind durchzusetzen und [...] sie [die Mütter] sollen es im Rahmen der Beistandschaft mit unserer Hilfe tun" (B I7a1/b 466-467). Je nach Selbstpositionierung werden Mütter als vernünftig, fähig und verantwortlich handelnd gedeutet oder nicht.

Die Handlungsmaxime „Überzeugen statt Bevormunden" der befragten JugendamtsmitarbeiterInnen wird von einem (veränderten) Selbstverständnis begleitet, denn die Beistände verstehen sich seit der Einführung der freiwilligen Beistandschaft eher als „Leistungserbringer" denn als „Fürsorger".

Selbstverständnis: Vom „Fürsorger" zum „Dienstleister"
Aufgrund des veränderten Aufgabenzuschnitts der freiwilligen Beistandschaft kann von einem gesetzlich vorgezeichneten Wandel im Selbstverständnis der JugendamtsmitarbeiterInnen ausgegangen werden. Die Ergebnisse eines Forschungsprojekts zur Beistandschaft des Landeswohlfahrtsverbandes Baden (2001) lassen auf einen Bedarf an veränderten Kommunikationsformen und an Veränderungen des Selbstverständnisses schließen (vgl. ebd. 2001: 270 ff.). „Die neue Gesetzeslage erfordert ein verändertes Selbstverständnis der Mitarbeiterinnen und Mitarbeiter der BAV. Daraus ergeben sich Konsequenzen auch für die Gestaltung der Arbeitsabläufe" (LWV Baden 2001: 271). Die Arbeitsabläufe der neuen Beistandschaft sind durch Freiwilligkeit, Kommunikation und Kooperation gekennzeichnet, denn innerhalb von Beratung müssen tragfähige Arbeitsbeziehungen zu den Antragsberechtigten aufgebaut werden. Meysen (2001) beschreibt ebenfalls ein neues Anforderungsprofil für Fachkräfte in der Beistandschaft, denn die Tätigkeit erfordert Kompetenzen der Ge-

sprächsführung, des Konfliktmanagements und der Selbstreflexion (vgl. ebd. 2001: 262).

In den Abteilungen der Jugendämter, in denen Beurkundungen, Unterhaltssachen und Beistandschaften geleistet werden, sind in der Regel keine sozialpädagogisch ausgebildeten Fachkräfte, sondern Verwaltungsfachangestellte als Amtspfleger, Amtsvormünder, Beistände und Urkundspersonen tätig. Hinzu kommt die Sachbearbeitung. Ein reines „Verwaltungsimage" wird von den befragten JugendamtsmitarbeiterInnen weitgehend abgelehnt. Die Kompetenzgrenzen zum ASD werden allerdings bewusst wahrgenommen und kommuniziert. Schon vor der Kindschaftsrechtsreform beziehungsweise der Abschaffung der gesetzlichen Amtspflegschaft haben sich die AmtspflegerInnen nicht mehr als Teil einer kontrollierenden Fürsorge betrachtet.

Selbstverständnis Teil I: Keine „Verwaltungshengste" oder „Fürsorger"
„Bei uns läuft ja eher nur so rechtlicher Kram, sag ich mal so. Wir sind ja auch, alle die wir hier sitzen, sind wir gelernte Verwaltungsleute und keine Sozialarbeiter und haben uns das, was so pädagogisch [ist, und] irgendwie unsere Arbeit so ein bisschen mit streift und betrifft, eher so angeeignet, im Lauf der Jahre durch die Erfahrung" (B I1b 520-524).
„Wir sind ja nun nicht irgendwelche Leute, die hier mit Ärmelschoner sitzen" (B I1b 529-530).
„Ist eine Sache wie man es verkauft. Wie man das den Leuten mitteilt, was wir für Aufgaben haben und wenn die dann auch hören, das sind alles Ammenmärchen von früher, altes Recht der Fürsorger kommt und ... war ja so, hieß ja mal so. [...] und wir haben denen auch konkret gesagt, das hat nichts damit zu tun, dass wir jetzt alle zwei Tage ins Haus gucken kommen, ob sie auch abgewaschen haben oder so oder wie die Wäsche aussieht, sondern das ist eine rechtliche [Unterstützung] und es geht nur um ihr Kind" (B I1b 1195-1210).
„[W]ir haben es so organisiert, dass wir überwiegend jedenfalls, wenn es um ganz konkrete Fragen von wegen Umgang und Sorgerecht und so was alles geht, weil wir die Fachleute hier nicht sind, als Verwaltungshengste, die wir [hier] arbeiten, dass wir dann sagen: Schuster bleib bei deinen Leisten, mach ASD der ASD, der überwiegend kaum Ahnung vom Unterhalt zum Beispiel hat, der verweist dann eher auf uns. Also klingt das schon einigermaßen durchorganisiert, dass da auch jetzt nicht irgendwie großartig Fehlinformationen durchgehen können" (B I1b 107-114).

Im Datenmaterial sind Beschreibungen des „alten" Negativimage des Jugendamtes als „Kontrollinstitution" zu finden. In der veränderten Rechtslage sehen die JugendamtsmitarbeiterInnen eine Chance, dieses Image abzulegen. Das Ende der fürsorglichen Bevormundung erscheint als Möglichkeit, von der alle Beteiligten, also Mütter, Kinder und Beistände, profitieren könnten. Von der BAGLJÄ und den Landesjugendämtern wurde der

Imagewechsel des Jugendamtes zum „Dienstleister" unterstützt. Beistandschaft wird als personenbezogene soziale Dienstleistung gedeutet, weil die Mutter als „Kundin" entscheiden kann, ob sie das Unterstützungsangebot des Jugendamtes annimmt oder ablehnt. Aus der veränderten Stellung der Jugendamtsmitarbeiter als Beistände sollte sich nach Ansicht der Befragten auch ein neues Selbstverständnis entwickeln, welches dem Angebotscharakter der neuen Beistandschaft angemessen ist. Statt kontrollierender Fürsorge soll die Beistandschaft einen „Infopool" für Mütter bieten, die ein Kind außerhalb der Ehe bekommen haben. Es geht dabei um Information und Beratung, die über die Bereiche „Vaterschaft" und „Unterhalt" hinausgehen.

Selbstverständnis Teil II: Imagewechsel zum Dienstleister und Leistungserbringer

„Jugendamt [...], bevor ich damit Befassung hatte, ist [das] eigentlich immer so ein, fast schon wie ein Schimpfwort [gewesen]. Wenn jemand vom Jugendamt kommt, dann ist irgendwas los. Ja, dann geht es entweder in der Familie drunter und drüber oder es sind unsoziale Verhältnisse [...]. Also jemand vom Jugendamt war einer der schnüffeln wollte und das, denk ich mal, von diesem Image bewegen wir uns langsam aber sicher weg. Und das ist auch gut so" (B I6b 459-466).

„Überwiegend positiv, weil sie [die Mütter] jetzt, nach dem Beratungsangebot was wir machen, diejenigen sind, die entscheiden, ob sie das Jugendamt in ihr Leben mit integrieren wollen oder nicht. Während das früher keine Frage war, sie mussten sich damit auseinandersetzen. Der Staat hat gesagt: Ich muss mich für dieses Kind einsetzen, das Kind hat ein Recht, seinen Vater zu kennen und ein Recht auf seine Unterhaltsansprüche und das machen wir jetzt. Fertig. So jetzt ein bisschen flapsig oder allgemein ausgedrückt" (B I6b 171-179).

„Ich würde ja mal sagen, eigentlich [profitieren] beide Seiten, denn die Verwaltung genauso wie die Mütter und dadurch letztlich, denk ich mal, auch das Kind, weil, wenn sie also partnerschaftlich miteinander umgehen müssen, entwickelt sich eine ganz andere Gesprächsbasis. Da ist einer, der Hilfe sucht und kompetenten Rat bekommt. Aber nicht im Sinne von Bevormundung" (B I6b 422-428).

„Vor dem Hintergrund, dass ja die allgemeine Empfehlung des Bundes auch der Bundesarbeitsgemeinschaft der Landesjugendämter und auch des Landesjugendamtes ja lautete: Jetzt in dieser Sache insbesondere, könnten sich die Jugendämter als die Leistungserbringer, als die Dienstleister darstellen. Geht offensiv an die Öffentlichkeit, beratet mit Flyern, mit allen Möglichkeiten, die Euch also gegeben sind Öffentlichkeitsarbeit zu machen, und dann werdet Ihr sehen, dass ist eine tolle Sache, das ist dann so nach dem Prinzip: Öffentliche Verwaltung als Dienstleister, bürgerfreundlich, transparent, offensiv" (AL I7a/b 329-336).

„Inhaltlich insofern, als die Kollegen im Jugendamt ihre Positionen gedanklich verändern mussten. Dass sie nicht mehr sagen konnten, ich mach das jetzt so, wie ich das für richtig halte, sondern da ist noch einer, der mitbestimmt und der jederzeit auch sagen kann, ich will das nicht mehr: Ich beende die Beistandschaft, die ist vorbei. Also, eine Frage mehr an das Selbstverständnis. Nicht mehr dieses Obrigkeitsdenken oder der Obrigkeitsstaat, sondern das Hilfsangebot" (B I6b 132-139).

„Wir sind ja so eine Art Infopool hier, bei uns, wenn die Leute hier auflaufen, die Mütter vor allen Dingen, die kriegen ja den kompletten Schub inklusiv Steuerrecht [...]und so bisschen zur Steuerkartenänderungen und diesen ganzen Tüdelkram, was die überwiegend auch nicht so von sich aus wissen. Und Fragen zum Kindergeld, und zum Erziehungsgeld, und wir wissen also von vielen Sachen ein bisschen, oder haben wenigstens Telefonnummern von Leuten, die jemanden kennen, der weiß wo es steht, was gefragt wird. Also aber das, das ist so eine Art Infopool geworden. [...]" (B I1b 154-170).

Im Selbstverständnis der befragten JugendamtsmitarbeiterInnen nach der Reform stoßen zwei gegensätzliche Positionen aneinander:
- Eine eher *fürsorgliche, kindzentrierte* Selbstpositionierung, in dessen Mittelpunkt das Kindeswohl oder antizipierte Kindesinteressen stehen und
- eine eher *angebotsorientierte, zuwartende* Selbstpositionierung als Dienstleister für die ledige Mutter, die als mündige Bürgerin gedeutet werden.

Selbstpositionierung: „Kindzentriert" oder „Angebotsorientiert"
Das Kindeswohl wird als Handlungsziel zum Beispiel in der Aufgabenbeschreibung eines Jugendamtes benannt: Ziele sind die „[r]echtliche und organisatorische Sicherstellung des Kindeswohls durch Ausübung der Personen- und Vermögenssorge bei Amtsvormundschaften", „Status- und unterhaltsrechtliche Absicherung minderjähriger Kinder", „Sicherstellung der Zahlung eines ausreichenden Kindesunterhalts durch öffentliche Mittel sowie der Rückgriff auf die erstattungspflichtigen Elternteile".

Die Selbstpositionierung des Typ I folgt einem eher kindzentrierten Selbstverständnis, das weniger von ledigen Müttern als vernünftig, fähig und verantwortlich handelnd ausgeht. Vor dem Hintergrund des eher kindzentrierten Selbstverständnisses wird die Abschaffung der gesetzlichen Amtspflegschaft kritisiert, weil die rechtliche Stellung des Kindes beziehungsweise die rechtliche Stellung des Jugendamtes als Vertreter des Kindes geschwächt worden ist. Da nun die Verantwortung der ledigen Mütter für ihre Kinder und ihre Handlungsautonomie gegenüber dem Jugendamt im Mittelpunkt stehen, sind aus dieser Perspektive Nachteile für die Kinder zu befürchten: Wenn Mütter sich nicht beim Jugendamt melden, wird dies als Risiko für die Kinder interpretiert. Das kindzentrierte Selbstverständnis geht mit der Haltung einher, dass sich nicht beim Jugendamt meldende Mütter, auch nicht die Rechte ihrer Kinder ausreichend sichern würden. Folglich besteht die Forderung nach zusätzlichen Kontrollmöglichkeiten.

Selbstpositionierung I: Das Kindesrecht steht im Mittelpunkt
„Wir arbeiten nämlich für ihr Kind" (B I1b 223).
„Das sind so die Geschichten, wo man vom Gesetzgeber her weniger an das Recht des Kindes gedacht hat, als an das „Recht der Mutter", jetzt alles allein zu können und zu dürfen und zu wollen. Das Kind ist da eher in Richtung Umgang natürlich klar besser gestellt worden, sicherlich, aber im Hinblick auf formelle Vertretung, in Richtung Absicherung der Rechte auf Unterhalt zum Beispiel, wo man es braucht, sehe ich das nicht so als fürchterlichen Vorteil. Dass es jetzt die Beistandschaften gibt und die gesetzliche Amtspflegschaft nicht mehr. Weil ich das nie so empfunden habe, dass wir Kontrollinstanz sind" (B I1b 1287-1294).
„Es denkt hier zwar jeder an die Mutter und die Rechte der Mutter sollen gestärkt werden, und, und, und. Und an die Kinder denkt rechtlich erst mal wieder niemand. Das ist genau das Ding. Denn die Rechte der Mütter sind erweitert worden, dadurch, dass sie diese Amtspflegschaft nicht mehr sozusagen aushalten mussten und was mit dem Kind passiert, hat wieder keinen interessiert" (B I1b 1356-1363).
„Jetzt liegt es aber an der guten Frau sich zu melden, bei uns, oder überhaupt irgendwas für ihr Kind zu machen. Das heißt die freiwillige Basis bedeutet genauso, dass sie auch ohne irgendwelche rechtliche Probleme zu kriegen, überhaupt nichts machen kann. [...] Und es fallen Leute durch den Rost. Und das ist eher zum Nachteil der Kinder dieser Mütter, als dass es irgendwie zum Vorteil ist" (B I1b 1216-1242).
„Das [die zweite Welle] wäre eigentlich [...] aus meiner persönlichen Sicht, im Sinne der Kinder, die ideale Geschichte gewesen und genau solche Fälle, die sonst durch den Rost fallen, weil die Mütter aus irgendwelchen Gründen, oder aus Bock oder aus Trägheit nichts machen, aufzugangen. [...] Im Sinne irgendeiner Kontrollmöglichkeit von irgendjemandem, der das rechtliche Interesse des Kindes im Auge hat um zu sagen: Hier! Da fehlt noch was! Mach mal!" (B I1b 1308-1330).

Typ II umreißt eine angebotsorientierte Selbstpositionierung, aus welchem heraus das Jugendamt als Dienstleister für die ledige Mutter als mündige Bürgerin betrachtet wird. Aus dieser angebotsorientierten und abwartenden Haltung heraus wird die Beistandschaft als konsequente „Komm-Struktur" gedacht.

Die Stellung der Mutter gegenüber dem Beistand hat sich verändert, denn sie kann nun selbst entscheiden, ob sie die Unterstützung des Jugendamtes benötigt. Aufgrund der veränderten Stellung der Mutter müssen die JugendamtsmitarbeiterInnen umdenken sowie ihre Haltung und Arbeitsweise verändern. Im Gegensatz zum kindzentrierten Selbstverständnis wird die gegenüber dem Jugendamt gestärkte Verantwortung der ledigen Mütter für ihre Kinder und ihre erhöhte Handlungsautonomie positiv bewertet. Wenn Mütter nicht das Unterstützungsangebot des Jugendamtes wahrnehmen, wird nicht davon ausgegangen, dass die Rechte ihres Kindes ungesichert bleiben, sondern dass die Mütter selbst dazu fähig sind, die Rechte ihrer Kinder durchzusetzen. Ein Rest-Risiko für Kinder wird bewusst wahr- und in Kauf genommen, da ein eher positives Bild von ledigen Müttern besteht. Ledige Mütter sind nicht mehr als zu bevormundende Personen wahrzunehmen, die ihre Kinder nicht ausreichend vertreten können, sondern als mündige Bürgerinnen, denen in einer gesellschaftlich normalen Situation, nämlich der Kindesgeburt außerhalb der Ehe, eine Dienstleistung angeboten wird. Aus diesem Selbstverständnis heraus werden weitere Kontroll- oder Zugriffsmöglichkeiten abgelehnt:

Selbstpositionierung II:
Das Unterstützungsangebot für Mütter steht im Mittelpunkt
„[E]s wird immer so viel vom mündigen Bürger gesprochen, der nicht nur immer konsumieren kann, sondern auch mal selber sich da auf den Weg machen sollte" (B I6b 322-326).
„Inhaltlich insofern, als die Kollegen im Jugendamt ihre Positionen gedanklich verändern mussten. Dass sie nicht mehr sagen konnten, ich mach das jetzt so, wie ich das für richtig halte, sondern da ist noch einer, der mitbestimmt und der jederzeit auch sagen kann, ich will das nicht mehr: Ich beende die Beistandschaft, die ist vorbei. Also, eine Frage mehr an das Selbstverständnis. Nicht mehr dieses Obrigkeitsdenken oder der Obrigkeitsstaat, sondern das Hilfsangebot" (B I6b 132-139).
„Der überwiegende Teil der Mütter, 70, 80, 90%, die suchen schon nach Unterstützung oder sind selber tatsächlich auch in der Lage, geistig, sind ja nicht nur die Fälle, wo mangelnde Intelligenz vorliegt, sondern es gibt ja sehr selbstbewusste Mütter auch, die sich auch ihren Weg suchen, oder gehen zum Rechtsanwalt oder sonst irgendwie was. Das Jugendamt ist ja nicht die einzige Stelle, die da helfen kann" (B I6b 504-514).
„Also, das Risiko steckt da natürlich mit drin. [...] Man hat nicht nur damit Gutes getan, sondern man riskiert damit auch, dass ein Kind nicht zu seinem Recht kommt. [...] Aber ich denke mal nicht, dass man das so hoch ansetzen muss, dieses Risiko" (B I6b 486-504).
„[D]as [zweite Welle] machen wir nicht. Der Gesetzgeber hat gewollt, dass die Selbstständigkeit der Frauen in erster Linie, der Alleinerziehenden, gestützt wird und wir haben gesagt, wenn jemand nicht kommt, dann hat er vielleicht gute Gründe" (B I6b 284-288).

Eine Variation aus kindzentrierter und angebotsorientierter Selbstpositionierung zeigt sich in den Aussagen der befragten Jugendämter in den neuen Bundesländern. Das Kindeswohl ist besonders hervorgehobenes Handlungsziel. Die Verantwortung für die Durchsetzung der Kinderrechte wird als Aufgabe der Mutter angesehen, deren Aktivitäten aber vom Beistand zu unterstützen sind. Die JugendamtsmitarbeiterInnen vertrauen darauf, dass Mütter bei Problemen früher oder später von anderen Stellen zum Jugendamt geschickt würden. Vor der Reform waren in den neuen Bundesländern ausschließlich durch das Gericht bestellte Beistandschaften möglich. In Bezug auf die Vertretung von Kindern gilt die freiwillige Beistandschaft als Vorteil gegenüber den vorherigen Unterstützungsmöglichkeiten. Eine Erweiterung von Kontrollmöglichkeiten des Beistands wird abgelehnt, weil dies die rechtliche Stellung der Mutter beschränken würde. Es besteht die grundsätzliche Haltung, dass den ledigen Müttern nicht die Verantwortung für ihre Kinder genommen werden solle.

Selbstpositionierung III: Unterstützung der Mütter zum Wohl des Kindes
„Es war vorher auch schon unser oberstes Ziel, sag ich mal, unser Arbeitsziel ist ja immer das Wohl des Kindes, speziell gerichtet auf den Unterhaltsanspruch, den das Kind hat und ihm dazu zu verhelfen" (B I3a/b 1299-1301)
„Es ist ja ihre Pflicht [der Mütter], diese Dinge für das Kind durchzusetzen und [...] sie [die Mütter] sollen es im Rahmen der Beistandschaft mit unserer Hilfe tun. Sie sind ja trotzdem nicht raus. Sie werden ja über alle Schritte, die wir hier tun, sie werden mit einbezogen, sie werden benachrichtigt, sie sind nicht außen vor. Und da sie dieses Gefühl haben, dass es mit uns passiert, mit ihnen passiert, ja, läuft es gut" (B I7al/b 466-470).
„Ich denke, wer nach diesem Brief nicht kommt, der kommt spätestens dann, wenn er merkt, dass er Schwierigkeiten hat, dass er die Vaterschaft nicht anerkannt bekommt" (B I7al/b 478-480).
„Wir sind eigentlich in einer besseren Lage, hier Vertreter der Kinder sein zu dürfen, nämlich in einer gesetzlichen Lage, [...] und die Qualität, die auch eine andere geworden ist, nämlich: Einmal Durchsetzung, also Feststellung der Vaterschaft und Durchsetzung der Unterhaltsansprüche jetzt in der Form, dass der Beistand Vertreter des Kindes ist. [...] Also, ich muss sagen, das ist sehr gut angekommen" (B I7al/b 438-448).
„Ich denke, für die Erfüllung der beiden Aufgabenkreise reicht das aus, weil, wenn das mehr sein sollte, muss man gucken, ob das ein Beistand leisten sollte, weil es gibt ja noch andere Möglichkeiten. Ich denke, für den Beistand reicht das aus. Ich halte das wirklich für ausreichend, weil wir doch feststellen, wenn man es erweitern, würde es ja in die Nähe der Amtsvormünder rücken. [Das ginge dann] in den Teil der elterlichen Sorge rein und in so fern[...], wenn man mehr möchte, muss man gucken wer macht es, gibt ja Möglichkeiten, nur ist aus meiner Sicht nichts zu erweitern, das hat auch den Grund, weil man auch gucken muss, [dass man] Müttern bestimmte Pflichten nicht nehmen sollte" (B I7al/b 451-463).
„Wir hatten Beistandschaften ja, aber nur eben durch das Gericht bestellte Beistandschaften und die Zahl war sehr gering" (B I7al/b 237-238).

Ein großer Unterschied im Selbstverständnis der befragten JugendamtsmitarbeiterInnen in den neuen und alten Bundesländern ist die Einschätzung der Stellung der Beistände gegenüber den Müttern: Während in den Jugendämtern der alten Bundesländer die freiwillige Beistandschaft einhellig als Abbau gesetzlicher Vertretungsmacht gewertet wird, unabhängig davon, ob die jeweiligen JugendamtsmitarbeiterInnen dies als Vorteil oder Nachteil betrachten, ist die Einführung der freiwilligen Beistandschaft für die JugendamtsmitarbeiterInnen der neuen Ländern ein positiv zu bewertender Aufbau von Vertretungsmacht.

Den unterschiedlichen Selbstverständnissen und -positionierungen entsprechen unterschiedliche AdressatInnenbilder. Ledige Mutterschaft wird nicht mehr automatisch als Zeichen für Hilfebedürftigkeit betrachtet, sondern gilt zunehmend als Normalität.

AdressatInnenbild: „Unfähige" oder „mündige" Mütter
Aus dem Datenmaterial lassen sich unterschiedliche AdressatInnenbilder rekonstruieren. Die Sichtweisen der JugendamtsmitarbeiterInnen auf ledige Mütter und deren Kinder als Träger von Rechten waren zentral für die Rekonstruktion. Mit den unterschiedlichen Selbstverständnissen der befragten JugendamtsmitarbeiterInnen korrespondieren entsprechend unterschiedliche AdressatInnenbilder von ledigen Müttern:
- Mütter werden als Personen gedeutet, die vom Jugendamt unterstützt und aktiviert werden müssen, damit die status- und unterhaltsrechtliche Absicherung ihrer Kinder erfolgt. Da die Mütter nicht mehr auf die Unterstützungsangebote der Jugendämter reagieren müssen, wird grundsätzlich befürchtet, dass die Rechte der Kinder nicht oder nur unzureichend durchgesetzt würden. Das Jugendamt hätte die Verantwortung für diese Kinder, verfüge aber seit der Kindschaftsrechtsreform nicht mehr über ausreichende Mittel, diese auch wahrzunehmen.
- Mütter werden als selbstbewusste, verantwortungsvolle, mündige Bürgerinnen betrachtet, die selbstständig darüber entscheiden könnten, ob sie die Unterstützung vom Jugendamt benötigen, um die Rechte ihrer Kinder durchzusetzen. Eine Ablehnung des Unterstützungsangebots sei grundsätzlich zu akzeptieren, auch wenn ein Restrisiko für die Kinder verbleibe, dass deren status- und unterhaltsrechtliche Absicherung nicht erfolgt.

Aus den Daten lassen sich zwei unterschiedliche AdressatInnenbilder kontrastieren. Teil des Mütterbildes I ist, dass ledige Mütter nicht willens oder fähig sein könnten, die Rechte ihrer Kinder durchzusetzen. Einem kindzentrierten Selbstverständnis entsprechend wird diese Sichtweise mit Fallbeispielen belegt. Problematisch ist aus dieser Perspektive, dass die Beistandschaft freiwillig ist, dass die Möglichkeit einer falschen Vaterschaftsanerkennung besteht, dass es keine Kontrollmöglichkeiten mehr gibt und dass die Mütter aufgrund von „Verständnisproblemen" den Sinn der status- und unterhaltsrechtlichen Absicherung ihrer Kinder nicht einsehen könnten. Aufgrund dieses AdressatInnenbildes wird die Abschaffung der gesetzlichen Amtspflegschaft eher bedauert und nach neuen Kontrollmöglichkeiten zum Beispiel der „zweiten Welle" oder einer „automatischen Amtspflegschaft" nach Ablauf eines Jahres verlangt, wenn bis dahin die Vaterschaft nicht festgestellt ist.

Mütterbild I: Die „Unwillige" oder „Unfähige"

„Gut, man stellt das alles auf freiwillige Basis, wir verschicken unsere Broschüren ohne Ende und wie die Blöden und jede [Frau], die Mutter wird und nicht verheiratet ist, kriegt eine Broschüre. So ungefähr jedenfalls. Jetzt liegt es aber an der guten Frau sich zu melden, bei uns, oder überhaupt irgendwas für ihr Kind zu machen. Das heißt die freiwillige Basis bedeutet genauso, dass sie auch ohne irgendwelche rechtliche Probleme zu kriegen, überhaupt nichts machen kann. Oder Willi Meier aus Hamburg anhaut, und sagt: „Hier, wir ham ja mal zusammen und weißt du noch damals in der Disco und mach mal eben eine Vaterschaftsanerkennung". Also, soll man nicht gerade vermuten, dass das öfter mal passiert, aber es passiert halt, dass solchen Geschichten Tür und Tor geöffnet werden. Weil es gibt in dem Sinne nicht so eine Art Kontrollinstanz, wie den damaligen Amtspfleger, der dann doch eher versucht, die Leute so ein bisschen auf den richtigen Weg zu bringen. Die Mutter kann oder braucht nichts zu machen. Oder ich hab eine Mutter, die die Hälfte unserer Broschüre nicht versteht. Obwohl wir natürlich immer schon versucht haben, die so verständlich wie möglich zu machen. Trotz der ganzen amtsdeutschen Geschichte, aber wenn ich eine Mutter habe, die, sagen wir mal nicht so strukturiert ist, die aus einem etwas sozial schwächeren Umfeld kommt und ein bisschen Verständnisprobleme hat, die weiß gar nicht was diese Broschüre soll. Die denkt sich auch, was weiß ich, der Typ mit dem sie da grade zusammenwohnt, der der Vati ihres Kindes ist, das weiß ja nun jeder, dass der das ist und dann macht sie da nix mehr. Und dann passiert dem was, ja und dann ist das Geschrei groß. Dann geht es um irgendwelche Erbrechte und dann stellt man auf einmal nach Jahren fest, halt mal, Stopp, da ist ja überhaupt keine formelle Vaterschaftsanerkennung passiert. Also das gibt es durchaus, dass da merkwürdige Situationen entstehen können. Und es fallen Leute durch den Rost. Und das ist eher zum Nachteil der Kinder dieser Mütter, als das es irgendwie zum Vorteil ist" (B I1b 1214-1242).

„Das [die zweite Welle] wäre eigentlich [...] aus meiner persönlichen Sicht, im Sinne der Kinder, die ideale Geschichte gewesen und genau solche Fälle, die sonst durch den Rost fallen, weil die Mütter aus irgendwelchen Gründen oder aus Bock oder aus Trägheit nichts machen, aufzufangen. Ein Jahr nach Geburt, hätte normalerweise, wenn sie was macht, die Mutter, eigentlich längst alles über die Bühne sein müssen. Und diese Kontrollmöglichkeiten des Standesamtes, [...] die merken es ja zuerst, wenn da was passiert und dokumentieren das ja auch. Also die sehen nach 1 Jahr: Ist eine Beschreibung des Vaters passiert oder nicht. Und wenn nicht, automatische Meldung ans Jugendamt: Hier haben wir einen Fall, wo noch nichts passiert ist, das würde für uns dann bedeuten, dass wir diese Leute anschreiben, diese Mütter anschreiben und sagen, hier denken sie bitte daran und in welcher Form auch immer, und dann auch tatsächlich eine Beistandschaft oder wieder so eine Art Pflegschaft dann eintreten lässt, beim Jugendamt oder zumindest uns nur noch mal eine neue Notwendigkeit eröffnet, zu informieren und dann noch mal ein bisschen zu stupsen, von wegen hier, „sieh zu, die Rechte deines Kindes sind auch nach 1 Jahr nicht abgesichert. Mach mal was!" Oder wir machen dann von Amtswegen, was dann doch wieder in einer Art Pflegschaft, finde ich persönlich im Sinne und im Interesse der Kinder viel besser, als jetzt alles auf Null zu drehen und zu sagen, lass die Mütter machen was sie wollen. Wozu dann auch im negativen

Fall gehört, dass sie nix machen können, ohne dass irgendwas im Sinne der Kinder passiert. Im Sinne irgendeiner Kontrollmöglichkeit von irgendjemandem, der das rechtliche Interesse des Kindes im Auge hat um zu sagen: Hier! Da fehlt noch was! Mach mal!!" (B I1b 1308-1330).

Ein gänzlich anderes Mütterbild vertritt Typ II aufgrund einer angebotsorientierten und eher „zuwartenden" Selbstpositionierung. Mütter werden als selbstbewusste, verantwortungsvolle und mündige Bürgerinnen betrachtet, die selbstständig darüber entscheiden könnten, ob sie die Unterstützung vom Jugendamt benötigen. Die Einschätzung der Freiwilligkeit ist positiv, da die Mütter selbstständige Entscheidungen treffen könnten. Das angebotsorientierte Selbstverständnis und die Sicht der ledigen Mütter als mündige Bürgerinnen wird vor dem Hintergrund gesellschaftlicher Entwicklungen argumentiert, die zu einer Normalisierung der Kindsgeburt außerhalb der Ehe geführt hätten. Das Kindeswohl ist in diesem Zusammenhang eher nebensächlich. Obwohl Fälle bekannt sind, in denen die status- und unterhaltsrechtliche Absicherung von Kindern durch das Handeln der Mutter nicht gewährleistet ist, wird davon ausgegangen, dass das Kind die Entscheidungen der Mutter mitragen muss (zum Beispiel gegen eine Vaterschaftsfeststellung), wenn diese sich ansonsten um das Kind kümmere. Die Nicht-Inanspruchnahme der Unterstützungsangebote des Jugendamtes gilt nicht als Hinweis auf eine Nichtdurchsetzung von Kinderrechten, da sich Mütter auch von anderer Stelle helfen lassen könnten. Weitere Kontrollmöglichkeiten für Beistände werden aufgrund dieses AdressatInnenbildes abgelehnt.

Mütterbild II: Die „mündige Bürgerin"
„Ich denke, das [die freie Beistandschaft] ist einfach ein gesellschaftlich nachvollzogener, rechtlicher Schritt einer gesellschaftlichen Entwicklung, weg vom Obrigkeitsstaat, hin zum mündigen Bürger und der Serviceleistung. [...] weg von der Ehe als Hauptinstitution, um Kinder in die Welt zu setzen [...], das war ja vor na, sagen wir mal zwanzig, fünfundzwanzig Jahren noch eine ganz andere Situation für nicht Verheiratete, also sogenannte uneheliche Kinder, oder nicht verheiratete Mütter. Und die hat sich ja [...] um 180° gedreht. Das ist ja inzwischen gesellschaftlich anerkannt, dass eine Frau auch ein Kind hat, ohne ständigen Partner beziehungsweise dass Partner, die nicht verheiratet sind, auch Kinder haben. Und da denk ich, war das, war das ein Nachvollziehen einer gesellschaftlichen Entwicklung, jedenfalls im Bereich der Beistandschaften" (B I6b 430-449).
„Überwiegend positiv, weil sie [die Mütter] jetzt, nach dem Beratungsangebot was wir machen, diejenigen sind, die entscheiden, ob sie das Jugendamt in ihr Leben mit integrieren wollen oder nicht. Während das früher keine Frage war, sie mussten sich damit auseinandersetzen. Der Staat hat gesagt: Ich muss mich für dieses Kind einsetzen, das Kind hat ein Recht, seinen Vater zu kennen und ein Recht auf seine Unterhaltsansprü-

che und das machen wir jetzt. Fertig. So jetzt ein bisschen flapsig oder allgemein ausgedrückt" (B I6b 171-179).

„Also, das Risiko steckt da natürlich mit drin. [...] Man hat nicht nur damit Gutes getan, sondern man riskiert damit auch, dass ein Kind nicht zu seinem Recht kommt. Es gibt ja auch Mütter, die sagen, mit dem Kerl, [...] mit dem will ich überhaupt nichts mehr zu tun haben. Also, das mach ich jetzt alles alleine. Das ist so ein Filou, der hat mich im Stich gelassen, da will ich absolut nichts mehr von wissen. Da muss das Kind diese Entscheidung mittragen, nicht. Gut, ich mein, die Mutter sorgt dann ja auch für das Kind, davon muss man in erster Linie ausgehen, es sei denn, die kommen dann in die Jugendhilfe oder in eine Erziehungsbeistandschaft, weil irgendwas vorfällt. Aber erst dann wird praktisch wieder die Sache spruchreif. Es bleibt also eine Grauzone von Kindern, die eventuell nicht in den Genuss kommen. Aber ich denke mal nicht, dass man das so hoch ansetzen muss, dieses Risiko. Der überwiegende Teil der Mütter, 70, 80, 90% die suchen schon nach Unterstützung oder sind selber tatsächlich auch in der Lage, geistig, sind ja nicht nur die Fälle, wo mangelnde Intelligenz vorliegt, sondern es gibt ja sehr selbstbewusste Mütter auch, die sich auch ihren Weg suchen oder gehen zum Rechtsanwalt oder sonst irgendwie was. Das Jugendamt ist ja nicht die einzige Stelle, die da helfen kann. Nicht, das sind dann eher die, die sich geistig mit dem Thema nicht so auseinandersetzen können oder auch wollen" B I6b 486-514).

„[D]as [zweite Welle] machen wir nicht. Der Gesetzgeber hat gewollt, dass die Selbstständigkeit der Frauen in erster Linie, der Alleinerziehenden, gestützt wird und wir haben gesagt, wenn jemand nicht kommt, dann hat er vielleicht gute Gründe" (B I6b 284-288).

„[E]s wird immer so viel vom mündigen Bürger gesprochen, der nicht nur immer konsumieren kann, sondern auch mal selber sich da auf den Weg machen sollte. [...]" (B I6b 322-326).

Die Deutung der Mütter als selbstbewusste, verantwortungsvolle, mündige Bürgerinnen, die selbstständig darüber entscheiden könnten, ob sie die Unterstützung vom Jugendamt benötigen, entspricht dem Ziel des neuen Kindschaftsrechts, die Autonomie dieser AdressatInnengruppe zu stärken. Das Risiko, dass die status- und unterhaltsrechtliche Absicherung von Kindern nicht durchgesetzt würde, hat der Gesetzgeber in Kauf genommen. Es ist die Aufgabe der Jugendämter, aus ihrer veränderten Stellung heraus Strategien zu entwickeln, um die Mütter ausreichend zu informieren, zu motivieren und zu aktivieren, die Verantwortung gegenüber ihren Kindern wahrzunehmen. In Problemfällen wird zudem davon ausgegangen, dass die jeweiligen Mütter von anderen Ämtern (Sozialamt) oder Stellen des Jugendamtes (UVK) zu den Beiständen weiterverwiesen würden, um Vaterschaft und Unterhalt nachträglich regeln zu lassen.

Aus Sicht der JugendamtsmitarbeiterInnen in den neuen Bundesländern wird davon ausgegangen, dass die Mütter das neue Unterstützungsangebot des Jugendamtes begrüßen, da ihnen lästige Aufgaben abgenommen würden: „Aus der Sicht der Eltern, denke ich, sind sie ein Stückchen froh, dass es den Beistand gibt. Weil sie können genau den Teil, nämlich den Unterhalt, im Jugendamt jetzt auf Grund eines Gesetzes durchsetzen zu lassen, das empfinden sie als sehr gut" (B I7al/b 969-972). Vor diesem Hintergrund wird eine offene und positive Erwartungshaltung auf Seiten der Mütter beobachtet: „[E]igentlich war es ein Stück neugierig sein: „Was kann das Jugendamt jetzt mehr für mich tun?"" (B I7al/b 435-436).

Die Rekonstruktion von Handlungsmaximen, Selbstverständnissen und AdressatInnenbildern von JugendamtsmitarbeiterInnen nach der Kindschaftsrechts- und Beistandschaftsrechtreform deuten an, dass sich die Handlungsorientierungen der Beistände vom Kind beziehungsweise dessen status- und unterhaltsrechtlicher Absicherung zu den Müttern beziehungsweise deren Verantwortung, verschoben haben.

Zusammenfassung und Fazit

Die befragten JugendamtsmitarbeiterInnen haben Interpretationen zu den reformierten Gesetzen (Gesetzesphilosophie) geleistet, kindschaftsrechtlich relevante Situationen gedeutet und Selbstpositionierungen vorgenommen, aus denen sich spezifische „Modulationen" der reformierten Gesetze beziehungsweise der Gesetzgeberintentionen ableiten lassen (vgl. Teil III). Leitbilder des neuen Kindschaftsrechts sind die Autonomie der Familie und die Eigenverantwortung von Eltern. Beide Aspekte werden als objektive Handlungsvorgaben wahrgenommen und auch als Handlungsorientierungen praxisrelevant. Die Aktivierung und Unterstützung von Elternverantwortung erweist sich in der Praxis als eher problematische Aufgabe: „Für die Jugendhilfe ergibt sich hieraus als Leitziel, Eltern darin zu unterstützen, daß sie ihre Elternrechte verantwortlich wahrnehmen können. Das bedeutet auch, daß der Familie Hilfen gegeben werden müssen, die sie zur Mitarbeit befähigen und ihre Bereitschaft, Hilfen anzunehmen, fördern" (Schulz 2001: 17). Die Möglichkeiten der JugendamtsmitarbeiterInnen zur Motivation der Eltern haben sich durch die Kindschaftsrechtsreform grundlegend geändert, weil die AdressatInnen der Leistungen nicht mehr „automatisch" per Gesetz Kontakt zum Jugendamt aufnehmen müssen. Dies gilt für Eltern in Scheidungsfällen, wie auch für ledige Mütter nach Kindesgeburt, denn die Trennungs- und Scheidungsberatung und die Beistandschaft sind freiwillige Leistungsangebote für die AdressatInnen. Eine Folge des verstärkten Angebotscharakters der Trennungs- und Scheidungsberatung wie auch der Beistandschaft ist der deutliche Rückgang (über 50%) der Inanspruchnahme von Leistungsangeboten.

Es ist augenfällig, dass die befragten JugendamtsmitarbeiterInnen die Leitbilder des neuen Kindschaftsrechts, insbesondere hinsichtlich der elterlichen Autonomie und Verantwortung, weitgehend unkritisch übernehmen und im Kontext des verstärkten Angebotscharakters durch „Aktivierung von Verantwortung" zu verwirklichen suchen. Es folgt eine (heuristische) Sammlung vorgefundener Praxen von JugendamtsmitarbeiterInnen. Die Reihenfolge beschreibt eine zunehmende „Aktivierungsintensität".

Tabelle 3: Aktivierung von Elternverantwortung

Aktivierung von Elternverantwortung	
nach Trennung und Scheidung ASD	nach Kindesgeburt außerhalb der Ehe Beistandschaft
Informieren	Informieren
Abwarten/Zuwarten	Abwarten/Zuwarten
Aufklären	Aufklären
Beschreiben von Konsequenzen	Motivieren
Appellieren	Appellieren
Begleiten	Unterstützen
Unterstützen	Abstimmen
Nicht-Entscheiden	Verhandeln
Vermitteln	In die Pflicht nehmen
Konsentieren	Überzeugen
Unter Druck setzen	
Überzeugen	

Die MitarbeiterInnen des *ASD* beziehungsweise der *Trennungs- und Scheidungsberatung* (sozialpädagogische Fachkräfte) deuten das neue Kindschaftsrecht so, dass sich ihre Handlungsorientierungen auf die Gemeinsamkeit der elterlichen Entscheidung, die Erzeugung von Konsens und Einvernehmen zwischen den Eltern, die Betonung eheunabhängiger Elternverantwortung sowie auf die gemeinsame elterliche Sorge als „oberstes Gebot" beziehen. Die Selbstpositionierungen bezüglich der gemeinsamen elterlichen Sorge als faktischer Regelfall (76% in 2000) lassen sich kontrastierend typisieren als „das Beste für Kinder" (Typ I) und als „kann das Kindeswohl gefährden" (Typ II). Darüber hinaus erweist sich das „antragslose Beibehalten" der gemeinsamen Sorge oft als Ergebnis eines „Kuhhandels", so dass erhebliche Zweifel bestehen, ob die gemeinsame elterliche Sorge nach den Vorstellungen des Gesetzgebers realisiert werde. Es ist davon auszugehen, dass die unterschiedlichen Positionierungen auf die unterschiedlichen Erfahrungen der betreffenden JugendamtsmitarbeiterInnen zurückzuführen sind, die wiederum mit den institutionellen oder kommunalen Rahmenbedingungen im Zusammenhang stehen.

Nach der Kindschaftsrechtsreform geht es den JugendamtsmitarbeiterInnen eher um die Aktivierung als die Kontrolle der elterlichen Verantwortung. Die Aktivierung von Elternverantwortung lässt sich als „Appell an die Vernunft" (Trennung von „Paar- und Elternebene") und als „Appell an die Moral" (Betroffenheit erzeugen) rekonstruieren. Die Erzeugung von Einvernehmen der Beteiligten erfolgt in Form von „Vermittlung statt Entscheidung" (Entscheidungsabstinenz) und in dem mit einem „Appell an Autonomiebestrebungen" Entscheidungsdruck erzeugt wird.

Das *Selbstverständnis* der ASD-MitarbeiterInnen hat sich in Richtung „Vermitteln statt Ermitteln" verändert und wird gegenüber den Gerichten und Eltern vertreten. Die befragten JugendamtsmitarbeiterInnen sehen sich im Kontext von Trennung und Scheidung vornehmlich als Dienstleister, Berater, neutraler Vermittler, Begleiter, Unterstützer oder Initiatoren von Beratungsprozessen und nicht (mehr) als Fürsorger, Kontrollinstanz, Entscheider, Ermittler oder Erfüllungsgehilfen für das Gericht. Das Selbstverständnis der JugendamtsmitarbeiterInnen bezüglich Trennung und Scheidung lässt sich als „Dienstleister und Berater mit systemischen Blick auf das familiale Beziehungsgefüge und neutraler Position im Konfliktfall" beschreiben.

Das *AdressatInnenbild* variiert zwischen zwei polarisierten Sichtweisen. Einerseits wird ein Bild von „unfähigen Eltern" beschrieben, die mehr Unterstützung benötigen, um ihrer Verantwortung gerecht zu werden. Andererseits werden grundsätzlich „fähige Eltern" zum Ausgangspunkt genommen, die keine Unterstützung brauchen, da sie ihre familiären Angelegenheiten eigenständig und verantwortlich regeln. Auf der Grundlage des jeweiligen AdressatInnenbildes werden die Regelungen des neuen Kindschaftsrechts negativ, als Rücknahme von Kontrollmöglichkeiten (Kindeswohl/Wächteramt) oder als eher positiv im Sinne einer Angebotsorientierung eingeschätzt. Insbesondere die zweite Position lässt sich im Datenmaterial umfangreich belegen.

An der Beschreibung von Problemfällen wird deutlich, dass Elternteile in kindschaftsrechtlich relevanten Situationen nicht immer rational, sondern eher emotional handeln, wenn Mütter den Umgang des Kindes mit dem Vater vereiteln, Väter die Kindesmütter bedrohen oder als „Rechthaber" und „Störer" negativen Einfluss ausüben. Die JugendamtsmitarbeiterInnen positionieren sich aufgrund unterschiedlicher Fall-Erfahrungen einerseits gegen die „umgangsvereitelnden Mütter" und andererseits gegen die „rechthaberischen Väter".

Aufgrund des gestärkten Angebotscharakters der Jugendhilfe sowie der zu respektierenden Elternautonomie werden die auf das Kindeswohl bezogene „Fürsorgeorientierung" sowie auch eine auf Kinder und Jugendliche als strukturell Unterlegene bezogene „Interessenorientierung" zurückgedrängt. Die „neutrale" Handlungsorientierung in Vermittlungsprozessen ist ein Beispiel für eine Selbstpositionierung, die eine „Interessenorientierung" weitgehend ausschließt. Hinsichtlich der gemeinsamen elterlichen Sorge deutet sich hingegen eine neue „Fürsorglichkeit" an, wenn diese Sorgeform kategorisch als das „Beste für das Kind" vertreten wird.

Die MitarbeiterInnen der *Beistandschaft* interpretieren das neue Kindschaftsrecht so, dass sich ihre objektiven Handlungsvorgaben nun eher auf die Respektierung der autonomen Stellung der ledigen Mutter und weniger auf die Durchsetzung von Kinderrechten beziehen. Das Verhältnis zwischen Mutter, Kind und Beistand wird als deutlich verändert wahrgenommen. Die Verantwortung der Mutter für die unterhalts- und statusrechtliche Absicherung des Kindes kann nicht (mehr) von den Beiständen durchgesetzt werden. Die Beistände müssen „Überzeugen statt Bevormunden", um die Rechte des Kindes abzusichern. Die Aktivierung von Eltern- beziehungsweise Mütterverantwortung lässt sich als „Appell an die Vernunft" und als „Appell an das Pflichtbewusstsein" rekonstruieren.

Das *Selbstverständnis* der Beistände (Verwaltungsfachkräfte) hat sich in Richtung „Angebotsorientierung statt fürsorglicher Intervention" verändert. Die Angebotsorientierung wird zum Beispiel daran deutlich, dass ledige Mütter andere Unterstützungsmöglichkeiten jenseits des Jugendamtes wählen können (z.B. Rechtsanwälte), um die status- und unterhaltsrechtliche Absicherung ihrer Kinder durchzusetzen. Nach Ansicht der Befragten erfolgte ein Imagewechsel zum „Dienstleister und Leistungserbringer", so dass Beistände sich nicht mehr als „Verwaltungshengste" oder „Fürsorger" verstehen.

Aufgrund unterschiedlicher *AdressatInnenbilder* lassen sich Selbstpositionierungen kontrastieren. Von der einen Position aus werden Mütter eher als „unwillig" oder „unfähig" wahrgenommen (Mütterbild I). Dem Mütterbild entsprechend steht das Kindesrecht im Mittelpunkt (Typ I) und das Selbstverständnis ist eher „fürsorgerisch und kindzentriert". Die stärker vertretene Gegenposition geht von Müttern als „selbstbewusste, mündige Bürgerinnen" aus (Mütterbild II). Das zu unterbreitende Unterstützungsangebot für Mütter steht im Mittelpunkt (Typ II) und das Selbstverständnis ist eher „angebotsorientiert", beinhaltet aber auch das einfache „Abwarten, bis jemand kommt". Zwischen den beiden Gegenpositionen findet sich ein Selbstverständnis, das von einer „Unterstützung der Mütter zum Wohl des Kindes" ausgeht (Typ III). Auf der Grundlage der AdressatInnenbilder und Selbstpositionierungen werden die Regelungen des neuen Kindschafts- und Beistandschaftsrecht als eher positiv im Sinne einer Serviceleistung oder negativ als Rücknahme von Vertretungsmacht (Kindeswohl) betrachtet. Das Risiko für Kinder, dass ihre Rechte nicht durchgesetzt werden, ist faktisch gestiegen. Aus der Erfahrung der befragten Beistände wird dieses Risiko überwiegend als eher gering eingeschätzt.

In den kindschaftsrechtlich relevanten Situationen *„Trennung und Scheidung"* sowie *„Kindesgeburt außerhalb der Ehe"* lassen sich nach den Aussagen der befragten JugendamtsmitarbeiterInnen zwei gegensätzliche Handlungsorientierungen rekonstruieren. In beiden Situationen werden nach der Kindschaftsrechtsreform die LeistungsadressatInnen nicht mehr automatisch der Trennungs- und Scheidungsberatung oder der Beistandschaft zugewiesen. Eigenständige Handlungsmöglichkeiten der JugendamtsmitarbeiterInnen wurden eingeschränkt. Die Einschränkung der eigenständigen Handlungsmöglichkeiten wurden unterschiedlich gedeutet:

Die eine Deutungsrichtung ist eher angebotsorientiert. Den als fähig und vernünftig beschriebenen Eltern/Müttern bleibt es überlassen, eigenverantwortlich Hilfe anzunehmen oder nicht. Die andere Deutungsweise ist eher fürsorgeorientiert. Die Einschränkung von Kontrollmöglichkeiten und Vertretungsmacht wird als Verlust beschrieben, weil eine fürsorgerische Intervention zum Wohl des Kindes nun erschwert ist. Die Begründungszusammenhänge für die eine oder andere Position sind für ASD-MitarbeiterInnen und Beistände unterschiedlich: Die Daten weisen darauf hin, dass sich die sozialpädagogischen Fachkräfte aufgrund ihrer praktischen Erfahrungen und fachlichen Ausbildung positionieren. Die Verwaltungsfachkräfte argumentieren dagegen einerseits mit praktischen Erfahrungen und der Rechtsverpflichtung sowie andererseits mit der Entwicklung der kommunalen Sozialverwaltung zum „Dienstleister".

Mit den Ergebnissen der Datenauswertung zur Aufgabenwahrnehmung der befragten JugendamtsmitarbeiterInnen deutet sich ein (neues bzw. neu aufgelegtes) Spannungsfeld an: Einerseits geht es um die Respektierung der Autonomie von Eltern und Elternteilen und andererseits um die einzelfallbezogene parteiliche Durchsetzung von „Interessen" derer, für die Kinder- und Jugendhilfe veranstaltet wird, nämlich den Erwachsenen strukturell unterlegenen Kindern und Jugendlichen. Die rechtliche Stärkung der elterlichen Autonomie in der Gestaltung ihrer Beziehung zum Kind/zu den Kindern erschwert die Wahrnehmung von Interessen und Rechten einzelner Individuen in familialen Lebenszusammenhängen. Wenn die Familie als System der Beratungsgegenstand und damit handlungsleitend für die JugendamtsmitarbeiterInnen ist, geraten einzelne Individuen respektiv Familienmitglieder in den Hintergrund. Folglich können auch Kinder und Jugendliche beziehungsweise deren Wohl aus dem Blickfeld geraten. Diese Entwicklung wird insbesondere bei der gemeinsamen elterlichen Sorge, der einvernehmlichen Konfliktlösung und der freiwilligen Beistandschaft deutlich.

Die postulierten Interessen und Motive des Gesetzgebers des neuen Kindschaftsrechts lassen sich als Familienmitgliederpolitik bezeichnen, da die Rechte einzelner Familienmitglieder insbesondere der Kinder, punktuell gestärkt wurden. Auf der Handlungsebene der JugendamtsmitarbeiterInnen wird allerdings deutlich, dass sich das neue Kindschaftsrecht infolge der Stärkung elterlicher Autonomie eher als „Neuauflage" einer Familieninstitutionenpolitik auswirkt (vgl. Teil I). Was als „Familie" in ihrer Autonomie gestärkt wird, hat sich zwar verändert, denn familiale Lebensformen außerhalb der Ehe und des Zusammenlebens in häuslicher Gemeinschaft werden zumindest bezüglich der Gestaltung des Eltern-Kind-Verhältnisses rechtlich anerkannt. Aber die autonome Ausgestaltung von Elternschaft nach Trennung und Scheidung sowie nach Kindesgeburt außerhalb einer bestehenden Ehe ohne Beteiligung der Jugendämter erschwert die Wahrnehmung und die Wahrung von Interessen und Rechten einzelner Familienmitglieder und insbesondere der Kinder. Im Kontext des neuen Kindschaftsrechts wird die Wahrnehmung von Interessen und Rechten von Kindern zunehmend (wieder) zur privat zu verantwortenden Familienangelegenheit.

Die Neujustierung staatlich-öffentlicher und familial-privater Verantwortung

Der Staat zielt durch seine Sozialpolitik, seine sozialen Institutionen und Maßnahmen nicht nur auf das „Gemeinwohl", sondern auch auf „Hegemonie" ab (vgl. Teil I). Mit jeder sozialpolitischen Maßnahme wird der hegemoniale „Way of life" unhinterfragt hergestellt und aufrechterhalten (vgl. Schaarschuch 1999; Steinert/Cremer-Schäfer 1986). Die „hegemoniale Botschaft" des neuen Kindschaftsrechts bezieht sich auf die Ausgestaltung der Verantwortung von Müttern und Vätern für ihre gemeinsamen minderjährigen Kinder. Das Kindschaftsrecht zielt darauf ab, elterliche Verantwortung unabhängig vom „Beziehungsstatus" der Eltern zuzuweisen und aufrecht zu erhalten: Eltern sind für ihre Kinder verantwortlich, unabhängig davon, ob sie verheiratet oder geschieden, zusammen oder getrennt, in Haushaltsgemeinschaft oder in getrennten Haushalten leben. Die Regulierung der „Ausgestaltung der elterlichen Verantwortung" ist ein zentrales Ziel, das der Gesetzgeber mit dem neuen Kindschaftsrecht verfolgt, in dem Elternschaft eheunabhängig gefördert und nacheheliche Elternverantwortung eingefordert werden.

Der Staat hat ein besonderes Eigeninteresse daran, dass Eltern unabhängig vom Beziehungsstatus ihre Verantwortung gegenüber gemeinsamen minderjährigen Kindern wahrnehmen. Es ist davon auszugehen, dass der Staat aus fiskalischen Überlegungen weiter auf die Solidargemeinschaft der Familie setzt, obwohl gesellschaftliche „Entsolidarisierungsprozesse" auch „die Familie" erfasst haben. Die Rechte des Kindes nicht verheirateter Eltern sollen hinsichtlich der Vaterschaftsfeststellung und der Unterhaltssicherung gewahrt werden, da der Staat andernfalls selbst verpflichtet wäre, durch Sozialhilfe oder andere Leistungen für das Kind zu sorgen. Das kompromisslose Festhalten am Gedanken familiärer Verantwortung auch nach Trennung und Scheidung dient ebenfalls der Entlastung von staatlichen und kommunalen Trägern, die nur nachrangig zu Sozialleistungen verpflichtet sind.[73]

Der Staat gibt das Ziel der elterlichen Verantwortung normativ vor, aber Zielverfolgung und Problembearbeitung werden bis in die familiären Lebensverhältnisse hinein delegiert. Insgesamt sind zwar alternative Lebensformen (zum Beispiel Scheidungsfamilien, Einleter-Familien, nichteheliche Lebensgemeinschaften) auf normativer Ebene weitgehend gesellschaftlich legitimiert, aber die aus diesen familialen Lebenszusammenhängen resultierenden Konsequenzen und Problemlagen werden den Familienmitgliedern selbst überantwortet. Der Staat verzichtet trotz der den Eltern zugewiesenen Verantwortung nicht auf die hoheitliche Regelung der Rahmenbedingungen für die familial-private Problembearbeitung und für die entstehenden Konflikte. Einerseits soll Elternschaft und Elternverantwortung eheunabhängig gefördert werden, zum Beispiel durch die Gleichstellung von Kindern, die außerhalb einer Ehe geboren werden und durch die Möglichkeit der gemeinsamen elterlichen Sorge für nicht verheiratete Eltern. Andererseits wird die nacheheliche Elternverantwortung verstärkt eingefordert, beispielsweise durch die Einführung der gemeinsamen elterlichen Sorge nach Ehescheidung sowie durch verstärkte Umgangsrechte. Das neue Kindschaftsrecht setzt zur Aktivierung von elterlicher Verantwortung auf Information, Kooperation, Beratung und Vermittlung, um eine aus der Sicht des Gesetzgebers problemangemessene Selbstregulierung zu erreichen. Die Inanspruchnahme durch Leistungsberechtigte und die Ausgestaltung der Leistungen sind maßgeblich von der Aufgabenwahrnehmung der Jugendämter abhängig. Die Jugendämter sind zentrale Implementationsträger des neuen Kindschaftsrechts. Ihnen obliegt sozusagen die „Übermittlung der hegemonialen Botschaft" oder der „Gesetzesphilosophie".

Der Gesetzgeber des neuen Kindschaftsrechts hat die Rahmenbedingungen für kindschaftsrechtlich relevante Situationen radikal neu gestaltet. Zentrale „Umsteuerungs-Beispiele", in denen die Tätigkeit des Jugendamtes als Implementationsträger besonders deutlich wird, sind die Beratung nach Trennung und Scheidung und die Beratung nach Kindsgeburt außerhalb einer Ehe. Beide Situationen sind seit der Kindschafts- und Beistandschaftsrechtsreform so gestaltet, dass die Inanspruchnahme der Beratungsangebote freiwillig ist. Vor der Reform bestand in beiden Situationen eine weit höhere Inanspruchnahmeverpflichtung für die Eltern oder Mütter. Nach der reformierten Gesetzeslage werden die JugendamtsmitarbeiterInnen hauptsächlich in Konflikt- und Problemfällen tätig und/oder wenn Leistungsberechtigte auf das Jugendamt zugehen. Diese eher defensive Aufgabenwahrnehmung in Jugendämtern entspricht der normativen Absicht des Gesetzgebers und konnte empirisch belegt werden.

Eine deutliche und nach Datenlage der Begleitforschung des BMJ erfolgreiche „Umsteuerung" im Sinne einer *Neujustierung staatlich-öffentlicher und familial-privater Verantwortung* stellt die Einführung der gemeinsamen elterlichen Sorge als Regelfall nach Trennung und Scheidung verheirateter Eltern dar. Bei der Geburt von Kindern nicht miteinander verheirateter Eltern ist der Gesetzgeber nicht soweit gegangen, auch in diesen Fällen die gemeinsame elterliche Sorge als gesetzlichen Regelfall einzuführen. Die gemeinsame elterliche Sorge wurde als Option für nicht verheiratete Eltern gestaltet, so dass sie nicht gegen den Willen eines der beiden Elternteile eintreten kann. Der rechtliche Komplex „gemeinsame elterliche Sorge" zielt auf die eheunabhängige, gemeinsame und einvernehmliche Übernahme oder Weiterführung von Elternverantwortung ab. Das Recht bietet ein Rahmenkonzept und übergibt die praktische Ausgestaltung weitgehend den Eltern. Sorgerechts-, Umgangsrechts- und Unterhaltskonflikte sind die Ausnahmen, die vom Recht stärker reguliert werden. Die Voraussetzung für die „staatliche Intervention" in sozialpädagogischer oder justizieller Form ist das Tätigwerden eines oder beider Elternteile (oder anderer Beteiligter): Erst wenn die Initiative von den Eltern oder ein Hinweis auf Kindeswohlgefährdung vorliegt, werden Gericht und/oder Jugendamt tätig. Die Aufgaben, die der Gesetzgeber im Vorfeld der Intervention für Gericht und Jugendamt vorgesehen hat, beschränken sich auf Informationsverpflichtungen über Beratungs- und Unterstützungsangebote. Die Ausgestaltung dieser Aufgaben bleibt weitgehend den Institutionen überlassen und ist folglich kommunalspezifisch unterschiedlich. Die Aktivierung der Inanspruchnahmebereitschaft von Eltern/Müttern hinsichtlich der Beratungs- und Unterstützungsangebote der Jugendämter ist nach Aussage der befragten ExpertInnen wenig erfolgreich. Weit über die Hälfte der leistungsberechtigten Eltern oder Elternteile nutzen die Angebote der Jugendämter nicht, obwohl sie über die Leistungen regelmäßig schriftlich informiert wurden.

Die Jugendämter sind an einer (sozial)politischen Neujustierung staatlich-öffentlicher und familial-privater Verantwortung beteiligt, die zwar den fachlich zu begrüßenden Angebotscharakter in der Kinder- und Jugendhilfe sowie angebotsorientierte Handlungsorientierungen fördern, aber auch eine parteilich interessenorientierte Aufgabenwahrnehmung im Sinne der Kinder und Jugendlichen im Einzelfall deutlich erschwert. Die Ausrichtung des KJHG/SGB VIII an den Eltern als Sorge- und Leistungsberechtigte wurde durch das neue Kindschaftsrecht und das Beistandschaftsgesetz verstärkt, denn sie sind im Regelfall diejenigen, die die Kontaktaufnahme zum Jugendamt bestimmen. Wenn Eltern oder Elternteile keinen Kontakt zum Jugendamt oder anderen Einrichtungen der Kinder- und Jugendhilfe suchen, können im ungünstigsten Fall die Rechte und Interessen von Kindern und Jugendlichen nicht wahrgenommen werden. Die erhobenen Daten belegen, dass die Jugendämter bislang keine umfassende Möglichkeit gefunden haben, ihre Leistungsangebote in kindschaftsrechtlich relevanten Situationen und Problemlagen so zu präsentieren, dass sie von der Mehrheit der Anspruchsberechtigten angenommen werden. Folglich verlagern sich die Tätigkeiten von JugendamtsmitarbeiterInnen (ASD und Beistandschaft) auf besonders strittige und problematische Fälle, in denen das Jugendamt regelmäßig qua Gesetz eingeschaltet wird.

Die JugendamtsmitarbeiterInnen fungieren weitgehend unreflektiert und unkritisch als „Übermittler der Botschaft" des neuen Kindschaftsrechts beziehungsweise der Gesetzgeberabsichten. Die Aufrechterhaltung von staatlich-öffentlicher Verantwortungsübernahme wird dagegen nicht als professionelle Aufgabe erkannt. Die durch den Rückbau staatlich-öffentlicher Verantwortungsübernahme entstehenden Konfliktfelder werden nicht genutzt, um die Zumutung familial-privater Verantwortung von fachlicher Seite zu problematisieren. Stattdessen wird die sozialpolitische Verantwortungsrhetorik weitgehend übernommen und im Kontext von Information, Beratung, Vermittlung und Unterstützung eingesetzt, um die Verantwortung den Eltern anzudienen. Dabei ist zu fragen, ob nicht genau das an Fähigkeiten vorausgesetzt wird, wozu sozialpädagogisches Handeln eigentlich erst noch befähigen will. Selbstpositionierungen der Jugendamtsmitarbeiterinnen wie *„wir unterstützen Dich [...], aber Du hast die Verantwortung"* entsprechen ironischerweise sowohl einer Kinder- und Jugendhilfe als „Hilfe zur Selbsthilfe" als auch einer responsibilisierenden Sozialpolitik im Kontext eines „aktivierenden" Staates. Mit Kessl (2002, 2005) kann auch von einer „neosozialen Programmierung sozialer Arbeit" gesprochen werden, die zu einer „aktivierenden Jugendhilfe" führt.

Der aktuelle sozialpolitische Rekurs auf Verantwortung und Aktivierung ist Ausdruck und Bestandteil eines veränderten Modells staatlicher Regulierung und nicht nur bloße Rhetorik. Im Kontext einer zunehmend neoliberalen Politik in einer als „nachfordistisch" beschriebenen Gesellschaftsformation hat sich der sozialpolitische Gestaltungswille verändert. Die Steuerungsfähigkeit des Staates wird zunehmend bezweifelt: Es wird davon ausgegangen, „dass staatliche Rechtsetzung immer weniger in der Lage ist, politische Steuerungsziele durchzusetzen" (Schulz/Held 2002: A-2). Im Kontext einer staatlichen „Finanz- und Steuerungskrise" werden sozial- und wohlfahrtsstaatliche Leistungen und staatlich-öffentliche Verantwortungsübernahme zurückgenommen beziehungsweise verändert (vgl. Teil I). Das politische Handeln löst sich zunehmend von der Vorstellung der Gestalt- und Steuerbarkeit sozialer Probleme. Es kann vermutet werden, dass der Staat sich auch aufgrund der tendenziellen „Steuerungsresistenz" familiärer Lebenszusammenhänge zunehmend auf die Vorgabe von (rechtlichen) Rahmenbedingungen zurückzieht. Der leistende Staat wandelt sich zum aktivierenden Staat. An die Stelle des „fordistischen Interventionsstaates", der in vielerlei Hinsicht gleichermaßen normierend wie fürsorglich in die Lebensführung des Individuums eingriff, tritt der „postfordistische Steuerungsstaat" oder „aktivierende Staat", der die Eigeninitiative und Eigenverantwortung der Individuen betont und diese zum Ausgangspunkt seiner Regierungspraxis macht.

Die *Autonomie* und *Mündigkeit* der BürgerInnen wird politisch gefordert und gefördert, was gleichzeitig eine kontinuierliche Rückführung von Risiken in die private Verantwortung bedeutet (vgl. Schmidt-Semisch 2000: 173). Die Zuschreibung von „Verantwortung" bezieht sich auf die Idee freier und rational handelnder Individuen, die ihre Probleme eigenverantwortlich lösen können. Der scheinbare Zuwachs an Freiheit und Autonomie geht einher mit erhöhten Anforderungen an die eigene Leistung und Verantwortung, denn diese Entwicklung dient zur Entlastung der „Mächtigeren" und der Belastung ihres Gegenübers, also der BürgerInnen. „Die „Sorge um sich selbst" ist „selbst" Regierungsstrategie, nicht Befreiungsprogramm" (Kessl 2005: 51 in Anlehnung an Foucault 1993).

Staatliche Regulierungsmacht wird nicht reduziert, sondern verändert sich in ihrer Regulierungsstruktur, wenn neben der direkten zunehmend indirekte Regulierung über eine rationale Selbststeuerung der Subjekte vorangetrieben wird (vgl. Kessl/Otto 2002; Lessenich 2003). Zur Steuerung wenig vorhersehbarer Prozesse ist eine politische Herrschaft nötig, die nicht mehr alles wissen und kontrollieren muss, sondern die geeignete Situationen zu schaffen versteht, die Selbstregulation der BürgerInnen zu ermöglichen, ohne dass dem Staat die Oberleitung aus der Hand genommen wird. Folglich geht es um die Schaffung eines politischen und rechtlichen Rahmens für „Selbstregulierungsprozesse"[74] der Familie, der den staatlichen Zielvorstellungen entspricht. Strategien einer solchen „Responsibilisierung" zeichnen sich dadurch aus, dass sie die „überkommenen rigiden Regelungsmechanismen durch die Entwicklung von Selbstregulationsmechanismen" ersetzen (vgl. Lemke 1997: 256).

Die „alten" Kritiken an „wohlfahrtsexpertokratischer" Bevormundung und „Entmündigung" von BürgerInnen passen sich in eine aktivierende Sozialpolitik ein. Allerdings haben sich die gesellschaftlichen Gegebenheiten so verändert, dass die gesteigerte Autonomie und zugeschriebene Verantwortung zur Überforderung für Eltern und Benachteiligung für Kinder und Jugendliche werden kann. Der politische Umbau beziehungsweise Abbau sozialstaatlicher Verantwortung tangiert auch die „Familie" in vielfältiger Weise, denn die politisch geforderte persönliche Verantwortung jedes/r einzelnen für die eigene Lebensgestaltung trifft auf die tendenzielle Heterogenisierung familialer Lebensarrangements und einer damit verbundenen Vervielfältigung von Problemlagen. Auf jene Problemlagen wird im Kontext des Rückbaus von wohlfahrtsstaatlichen Unterstützungsarrangements zunehmend weniger reagiert werden können.

Die Aufgabe von Sozialpolitik bezieht sich nicht mehr primär auf die Durchsetzung einer bestimmten Form der Reproduktionssicherung gegenüber den Subjekten, sondern darauf, einen Rahmen herzustellen, innerhalb dessen sich verschiedene Reproduktionsweisen herausbilden können, die der Gesellschaftsform nicht widersprechen beziehungsweise mit dieser weitgehend kompatibel sind (vgl. Schaarschuch 1990, 1995, 2001). Da sich die Selbstregulation für individuelle und kollektive Subjekte als effizienter erwiesen hat, als eine ausschließlich direkt-staatliche Regulierung, erfolgt auch ein tendenzieller Autonomiezuwachs für die Soziale Arbeit beziehungsweise die Kinder- und Jugendhilfe als Teil der sozialpolitischen Regulation. Trotz der veränderten Regulierungsstruktur und des schwindenden „Kontrollcharakters" des Jugendamtes als „Teil des zentralstaatlich verfassten sozialen Kontrollsystems bürgerlich-kapitalistischer Gesellschaften", wird die soziale Kontrollrealität nicht überwunden, sondern zur „Selbstregulation einzelner Organisationseinheiten als ‚kollektive Subjekte' wie durch sie hindurch einzelner Gesellschaftsmitglieder als ‚individuelle Subjekte'" transformiert (Kessl/Otto 2002: 129). Die vermeintlich zunehmende Autonomie einzelner und kollektiver Subjekte bleibt eine regulierte Autonomie, so auch der proklamierte Autonomiezuwachs für JugendamtsmitarbeiterInnen und Eltern.

Das Kindschaftsrecht im Kontext einer neuen Regulierungsstruktur

Das Kindschaftsrecht kann im Kontext einer neuen Regulierungsstruktur oder Regierungspraxis betrachtet werden, die sich als „Regieren aus der Distanz"[75] oder „Regieren durch Freiheit" beschreiben lässt und auf neue politische Rationalitäten hinweist (vgl. Garland 1996; Krasmann 1999; Lindenberg 2000, 2002; Miller/Rose 1992). Es handelt sich nämlich nicht um einen Rückzug des Staates an sich, sondern eher um eine Neuformierung der bisherigen wohlfahrtsstaatlichen Politik (vgl. Kessl/Otto 2002; Kessl 2005; Lessenich 2003; Richter 2004).

Die gesellschaftlichen Veränderungen, die das Verhältnis zwischen Staat und Familie betreffen, auch die Veränderungen, die die Kindschaftsrechtsreform von 1998 mit sich brachte, lassen sich in historische Entstehungszusammenhänge einordnen, die mit Gramsci als historisch-spezifisches Netz von Kräfteverhältnissen, (sozial-)politischen Interessen und Strategien beschrieben worden sind (vgl. Teil I). Die in der „fordistischen" Gesellschaftsformation als „natürlich" und „normal" dargestellten (Verwendungs-)Zusammenhänge von Staat und Familie sind durch die wirtschaftlichen, politischen und sozialen Folgen des „Weltmarkt-Kapitalismus" denaturalisiert worden. Mit den schwindenden ökonomischen Voraussetzungen einer „fordistischen" Gesellschaftsformation wird auch das „keynesianische" Hegemonieprojekt des „Wohlfahrtsstaates" demontiert. Die sozialpolitische Förderung und Stützung der „Normalfamilie" als zwingende Voraussetzung für den „fordistischen" Verwendungszusammenhang wird zunehmend hinfällig und damit denaturalisierbar. Das Verhältnis zwischen Öffentlichem und Privaten beziehungsweise zwischen Staat und Familie gestaltet sich im Kontext der neuen politischen Rationalitäten, die als Abbau öffentlicher Leistungen bei gleichzeitiger Privatisierung und Ökonomisierung des „Sozialen", im Sinne einer Neuformierung der wohlfahrtsstaatlichen Politik sichtbar werden (vgl. Kessl/Otto 2002). Die politischen Rationalitäten und Techniken der „fordistischen" Gesellschaftsformation und des „keynesianischen" Hegemonieprojektes werden durch veränderte „Wahrheitspolitiken" abgelöst, die sich als „neoliberales" durch veränderte „Wahrheitspolitiken" abgelöst, die sich als „neoliberales" Hegemonieprojekt bezeichnen lassen. „Regulierte Freiheit" kennzeichnet den (neuen) Liberalismus, der aus einer „gouvernementalitäts-analytischen Perspektive" in Anlehnung an Foucault[76] sinnvoll betrachtet werden kann.

Die gouvernementalitäts-analytische Perspektive Foucaults richtet sich auf Regierungstechniken, das bedeutet, auf „die unterschiedlichsten Formen der Führung von Menschen" und bezieht sich auf „zahlreiche und unterschiedliche Handlungsformen und Praxisfelder, die in vielfältiger Weise auf die Lenkung, Kontrolle, Leitung von Individuen und Kollektiven zielen und gleichermaßen Formen der Selbstführung wie Techniken der Fremdführung umfassen" (Foucault 1977/78 zitiert nach Kessl 2001: 5). Der Regierungsbegriff von Foucault umfasst „die Gesamtheit der Institutionen und Praktiken, mittels derer man die Menschen lenkt, von der Verwaltung bis zur Erziehung" (Bröckling/Krasmann/Lemke 2000: 7). Eine aus gouvernementalitäts-analytischer Perspektive verstandene „Regierung" ist nicht (nur) vom Staat angewendete Technik, „sondern fasst den Staat selbst als eine Regierungstechnik, als eine dynamische Form und historische Fixierung von gesellschaftlichen Kräfteverhältnissen" (ebd.: 27). Dieses Regierungskonzept verbindet Machttechniken und Subjektivierungsprozesse systematisch als „Führung der Führungen", denn die umfassenden Machttechnologien (Regierung durch andere) und Selbsttechnologien (Selbstregierung) lassen sich als ineinander greifende Machtpraktiken nachzeichnen (vgl. Foucault 2000, Lemke 2000).

Für Foucault ermöglicht die „Gouvernementalisierung" des Staates dessen Überleben:[77] „Denn eben die Taktiken des Regierens gestatten es, zu jedem Zeitpunkt zu bestimmen, was in die Zuständigkeit des Staates gehört und was nicht in die Zuständigkeit des Staates gehört, was öffentlich ist und was privat ist, was staatlich ist und was nicht staatlich ist. Also [...] darf man den Staat in seinem Überleben und den Staat in seinen Grenzen nur von den allgemeinen Taktiken der Gouvernementalität her verstehen" (Foucault 2000: 66). Herrschaftssicherung ist somit Bestandteil politischer Handlungslogik: „Verrechtlichung" wurde in der spezifischen historischen Gesellschaftsformation des „Interventionsstaates" als erwünschtes und geeignetes Mittel zur Ausbalancierung gesellschaftlicher Ungleichgewichte und damit zur Herrschaftssicherung eingesetzt. Dagegen ist „Entrechtlichung" als spezifische Reaktion des „Steuerungsstaates" unter der Bedingung einer „Finanz- und Steuerungskrise" zu betrachten. Die Steuerungsleistung des Marktes soll durch Abbau staatlich gesetzten Rechtes gestärkt und der Staat entlastet werden. Aus der gouvernementalitätsanalytischen Perspektive sind die staatlichen Zuständigkeitsverlagerungen (durch Ver- und Entrechtlichungsprozesse), als zunehmende (Re-)Privatisierung der Verantwortung für die Bewältigung von sozialen Problemen mit dem (fortschreitenden) Prozess der Gouvernementalisierung des Staates zu beschreiben.

An Foucault anschließende Gouvernementalitätsstudien[78] zeigen die Veränderung der Regierungstechniken an dem politischen Programm der Verantwortungsübertragung, der Responsibilisierung, auf. Responsibilisierung ist eine Technik zur Konstruktion von Subjektivität, an welcher der Kern der Gouvernementalität deutlich wird. Durch Prozesse der Verantwortungsübertragung wirken Herrschafts- bzw. Fremdführungstechnologien auf die Selbst- bzw. Selbstführungstechnologien der Subjekte[79] ein. Der Appell oder die Anrufung der Eigenverantwortung zwingt den Bürger zur Selbstsorge. Es kann also nicht davon gesprochen werden, dass sich der Staat als solcher zurückzieht. Vielmehr setzt er eine veränderte „Regierungskunst" ein, deren Aufgaben sich verschieben. Schlagworte wie „Rückzug des Staates" oder „Deregulation" verweisen demgegenüber auf einen Prozess der Delegation von (einst) staatlichen Aufgabenfeldern und die damit verbundene Strategie der Responsibilisierung. Die „Macht des Staates" muss dadurch keineswegs geschwächt, sondern kann vielmehr gestärkt werden, weil durch die Delegation von Aufgaben und vor allem Verantwortlichkeiten Kräfte gebündelt eingesetzt und rationalisiert werden können. Bestimmte Befugnisse und die Aufsicht über bestimmte Ressourcenverteilungen bleiben allerdings nach wie vor staatlich gebunden, um so die Effektivität des „Regierens aus der Distanz" zu steigern (vgl. Krasmann 1999: 112).

Aktuelle politische Ziele lassen sich ökonomischer und effizienter durch individuelle Selbstverwirklichung bzw. Selbstausbeutung realisieren. Das erwünschte Subjektivitätsbild im Neoliberalismus kann nur derjenige erfüllen, der über Kompetenzen wie Anpassungsfähigkeit, Mobilität, Dynamik und ähnliche Schlüsselqualifikationen verfügt. Die Kopplung von der (Selbst-)Optimierung der Lebensführung auf der einen und Moral auf der anderen Seite erscheint als Strategie zur Produktion moralisch verantwortlicher Subjekte. Der Lebensstil dient als sichtbares Zeichen einer gelungenen oder eben mangelnden Selbstbeherrschung. Die Moral entledigt sich Krasmann zufolge anerkannter Wertvorstellungen und ersetzt diese durch ein inhärentes Leistungsprinzip (Krasmann 1999: 114). Aus dieser Perspektive erscheint Moral als ein Instrument der Responsibilisierung, das an die Pflicht der Eigenverantwortung des Individuums gebunden ist. Durch die Responsibilisierung des Subjekts ist es kaum möglich, externe Erklärungsschemata für dessen Erfolg oder Misserfolg heranzuziehen. Situationen des Scheiterns und des Unglücks werden mit der Etablierung einer „Selber-Schuld-Mentalität" beantwortet. Das Individuum steht in der Pflicht, sich selbst angemessen zu regieren, um einen adäquaten Lebensstil zu erreichen. „[D]ass Versprechen „Subjekt" sein zu können, ist selbst eine historisch-spezifische Programmierung des Sozialen, das machen die neo-sozialen Neuprogrammierungen des Sozialen nur zu deutlich [...]. Autonomes „Subjekt-Sein" erweist sich als Regierungsprogramm, als eine bestimmte Konzeption der Menschenführung" (Kessl 2005: 51).

Das „Neue" an der Art sozialer Regulation ist, dass weniger über die Autonomie der BürgerInnen hinweg agiert, sondern deren Autonomie vielmehr gelenkt, kanalisiert und aktiv genutzt wird (vgl. Kessl/Otto 2002, Rose 2000). Freiheiten, die durch staatlichen Rückzug entstehen, sind staatlich reguliert, denn auch in den Bereichen, die nun der Eigendynamik gesellschaftlicher Entwicklung überlassen werden, verzichtet der Staat nicht auf die hoheitliche Regelung der Rahmenbedingungen der privaten Problembearbeitung und der dabei entstehenden Konflikte. Die dazugehörige Form der politischen Steuerung kann als ein „Regieren aus der Distanz"[80] bezeichnet werden (vgl. Garland 1996; Lindenberg 2000, 2002; Rose/Miller 1992).

Der Begriff des „Regierens aus der Distanz" beschreibt den Versuch des Staates, „das Steuer in der Hand zu behalten, jedoch andere zum Rudern zu veranlassen. Dies wird notwendig, weil der interventionistische Wohlfahrtsstaat mit seinen bisherigen Zuständigkeiten beiseite gedrängt werden soll. Dadurch entsteht eine neue Unbestimmtheit der Grenzen zwischen privaten und öffentlichen Regulierungsformen" (Lindenberg 2002). Zur Steuerung der wenig vorhersehbaren Prozesse ist eine politische Herrschaft nötig, die Situationen schafft oder zu schaffen versucht, die geeignet sind, die Selbstregulation der Bürger zu ermöglichen und zu aktivieren. In dem Modell des „aktivierenden Staates"[81] kommt dieses Politikverständnis in besonderer Weise zum Ausdruck.

Durch die veränderte Form der politischen Steuerung entsteht ein „Hierarchieparadox", weil den gesellschaftlichen Gruppen Autonomie zugestanden wird, aber „diese Autonomie wird zugleich geleugnet. Denn die Autonomie kann nie eine vollständige sein, sonst hätte das Gesamtunternehmen (der Staat) nichts von ihr. Andererseits kann die Politik auf die Autonomie nicht verzichten, sonst wäre ein „Regieren aus der Distanz" nicht möglich. Diese Form des Regierens erfordert dezentrale Machtzentren, die aus der Distanz kontrolliert werden. So schließen sich Dezentralisierung und Kontrolle zugleich aus *und* erfordern einander" (Lindenberg 2002: 4 in Anlehnung an Baecker 1994, Hervorhebungen im Original).

Staatliche Regulierungsmacht wird trotz „staatlichen Rückzugs" nicht reduziert, aber die Regulierungsstruktur verändert sich, da „neben der *direkten* zunehmend die *indirekte* Regulierung über eine rational kalkulierende Selbststeuerung der Individuen und Organisationen fokussiert" wird (Kessl/Otto 2002: 128, Hervorhebungen im Original). In diesem Kontext wird „autonome Selbstführung" nicht mehr konträr zu „heteronomer Fremdführung" gedacht, sondern kann als avanciertester Modus ihrer Ausübung betrachtet werden. Herrschaft/Fremdführung und Autonomie/Selbstführung verschmelzen in der „Regierung aus der Distanz" zur regulierten Selbstregulierung.

Fazit und Ausblick

Aus der Perspektive der Implementationsforschung und mittels der Erhebung und Auswertung qualitativer Daten konnte der Untersuchungsgegenstand „Aufgabenwahrnehmung der Jugendämter nach dem neuen Kindschaftsrecht von 1998" systematisch erfasst und praxisgesättigt dargestellt werden. Aus dem Datenmaterial beziehungsweise aus den Aussagen der JugendamtsmitarbeiterInnen wurde eine heuristische Sammlung vorgefundener Praxen erstellt, mit denen JugendamtsmitarbeiterInnen versuchen, die Elternverantwortung nach Trennung und Scheidung oder nach Kindesgeburt außerhalb der Ehe zu aktivieren. Auf der Grundlage einer Fülle von Daten wurde die Aufgabenwahrnehmung der JugendamtsmitarbeiterInnen kategorisiert und zum Teil auch typisiert. Die Rekonstruktion von Typen erfolgte unter dem Begriff der „Handlungsorientierung", der anhand von Handlungsmaximen, Selbstpositionierungen, Selbst- und AdressatInnenbildern nachgezeichnet wurde.

Im Verlauf der Untersuchung erwies sich die Implementations- beziehungsweise die Steuerungsperspektive als zu eng gefasst, um die (sozial-)politischen Rationalitäten zu erfassen, in deren Kontext das neue Kindschaftsrecht und die veränderte Aufgabenwahrnehmung der Jugendämter wirken. Die Interessen, die der Staat an der Beeinflussung familialer Lebenszusammenhänge hat beziehungsweise deren Wandel, konnten erst im Kontext eines erweiterten Staatsverständnisses und einer regulationstheoretischen Perspektive verdeutlicht werden.

In der Zusammenschau unterschiedlicher analytischer Perspektiven und Konzepte wurden einerseits die jeweilige Begrenztheit und andererseits die Erweiterungsmöglichkeiten für die theoriegeleitete Erfassung des Untersuchungsgegenstandes deutlich. Insbesondere in der Verbindung eines integralen Staatskonzeptes mit der Gouvernementalitätsperspektive deutet sich eine Möglichkeit an, interdependente Prozesse im konfliktstrukturierten Kräftefeld und die unterschiedlichen Formen und (Macht-)-Techniken der Selbst- und Fremdführung zu erfassen. Selbsttechnologien als spezifische Regierungstechnik und Machtpraktik lassen sich demzufolge als avanciertester Modus von Hegemonialisierung betrachten.

Der Zuwachs an Freiheit und Autonomie, der im Zusammenhang mit dem sozialpolitischen Rückbau staatlich-öffentlicher Verantwortung proklamiert wird, erweist sich als *fremdbestimmte* oder *erzwungene* Autonomie. Das Paradoxon *fremdbestimmte Autonomie* entspricht dem Konzept der *regulierten Selbstregulierung* und wird im Kontext des Kindschaftsrechts mit *privater Selbstverantwortung* bezahlt. Selbstbestimmungs- und Selbstverantwortungsfähigkeit wird vorausgesetzt. Dennoch wird es keine Alternativen zur Autonomie geben. Auch Foucault geht (indirekt) davon aus, dass es besser ist sich selbst zu bestimmen, als fremdbestimmt zu werden, wenn er auf die „Kunst" verweist „nicht dermaßen regiert zu werden". Eine (sozialpolitische) Gegenstrategie zur Responsibilisierung könnte in der *Ermöglichung von Selbstbestimmung* liegen. Sozialpädagogisches Handeln hätte dann die Aufgabe zur Selbstbestimmung zu befähigen. Selbstbestimmung beinhaltet, dass Menschen reale Handlungsmöglichkeiten haben, aber auch „frei" und „fähig" sind, sich für die Realisierung von (alternativen) Möglichkeiten entscheiden zu können. In diesem Sinne könnten Sozialpolitik und Soziale Arbeit als Garanten für erweiterte Handlungschancen aller Bevölkerungskreise wirken. Aus diesem Grund erscheint es umso lohnender, wohlfahrtsstaatliche Leistungen und Arrangements als Felder staatlich-öffentlicher Verantwortungsübernahme nicht unbedacht preiszugeben.

V Anhang

Tabellen- und Abbildungsverzeichnis

Abb. 1	Untersuchungsgegenstand und Perspektiven (eigene Darstellung)	19
Abb. 2	Phasen und Akteure im politischen Prozess der Programmimplementation (eigene Darstellung)	68
Abb. 3	Handlungsstrukturierende Wirkung des neuen Kindschaftsrechts im Handlungsfeld der Kinder- und Jugendhilfe am Beispiel der Jugendämter (eigene Darstellung)	74
Abb. 4	Spezifisches Implementationsfeld des neuen Kindschaftsrecht (eigene Darstellung)	153
Tab. 1	Steuerungsrelevanter Faktoren im Handlungsfeld der Kinder- und Jugendhilfe	86
Tab. 2	Tabellarische Aufgabenbilanz der Kinder- und Jugendhilfe	201
Tab. 3	Aktivierung von Elternverantwortung	396

Abkürzungsverzeichnis

A	ASD-MitarbeiterIn
ABL	alte Bundesländer
aeS	Alleinige elterliche Sorge
AGJ	Arbeitsgemeinschaft für Jugendhilfe
AL	AmtsleiterIn
AmtsG	Amtsgericht
Art.	Artikel
ASD	Allgemeiner Sozialdienst
B	Beistandschafts-MitarbeiterIn
BAGLJÄ	Bundesarbeitsgemeinschaft der LJÄ und überörtlichen Erziehungsträger
BAV	Beistandschaft/Amtsvormundschaft/Vormundschaft
BeistandG	Beistandschaftsgesetz
BeistandschaftsG-E	Regierungsentwurf eines Beistandschaftsgesetz
BeurkG	Beurkundungsgesetz
BGB	Bürgerliches Gesetzbuch
BGB a.F.	Bürgerliches Gesetzbuch alter Fassung
BGH	Bundesgerichtshof
BMFSFJ	Bundesminister für Familie, Senioren, Frauen und Jugend
BMJ	Bundesminister der Justiz
BR-Dr.	Bundesrats- Drucksache
BSHG	Bundessozialhilfegesetz
BT-Dr.	Bundestags- Drucksache
BverfG	Bundesverfassungsgericht

BverfGE	Entscheidung des Bundesverfassungsgerichts
DAVorm	Der Amtsvormund
DCV	Deutscher Caritasverband
DJI	Deutsches Jugendinstitut
DV	Deutscher Verein
EFAV e.V.	Eltern für aktive Vaterschaft
EGBGB	Einführungsgesetz zum BGB
EheG	Ehegesetz
EheRG	Gesetz zur Reform des Ehe- und Familienrechts
ErbGleichG	Gesetz zur erbrechtlichen Gleichstellung nichtehelicher Kinder
FamG	Familiengericht
FamRZ	Zeitschrift für das gesamte Familienrecht
FGG	Gesetz über die Angelegenheiten der freiwilligen Gerichtsbarkeit
geS	gemeinsame elterliche Sorge
GG	Grundgesetz
GVG	Gerichtsverfassungsgesetz
HzE	Hilfen zur Erziehung
ISUV/VDU e.V.	Interessenverband Unterhalt und Familienrecht
JA	Jugendamt
JGG	Jugendgerichtsgesetz
JWG	Jugendwohlfahrtsgesetz
KGSt	Kommunale Gemeinschaftsstelle für Verwaltungsvereinfachung
KindRG	Kindschaftsrechtsreformgesetz
KindRG-E	Regierungsentwurf des Kindschaftsrechtsreformgesetz
KindUG	Gesetz zur Vereinheitlichung des Unterhaltsrechts minderjähriger Kinder
KJHG	Kinder- und Jugendhilfegesetz
LG	Landgericht
LJA	Landesjugendamt
LJÄ	Landesjugendämter
LK	Landkreis
LWV	Landeswohlfahrtsverband
NBL	neue Bundesländer
NDV	Nachrichtendienst des DV
NJW	Neue Juristische Wochenschrift
NP	Neue Praxis
NSM	Neues Steuerungsmodell
OLG	Oberlandesgericht
OVG	Oberverwaltungsgericht
PStG	Personenstandsgesetz
RBerG	Rechtsberatungsgesetz
resp.	respektiv
RJWG	Reichsjugendwohlfahrtsgesetz
S	Stadt
SGB	Sozialgesetzbuch
UN-KRK	Kinderrechtskonvention der Vereinten Nationen
UVG	Unterhaltsvorschussgesetz
UVK	Unterhaltsvorschusskasse
VafK e.V.	Väteraufbruch für Kinder
VAMV	Verband alleinerziehender Mütter und Väter
VG	Verwaltungsgericht
ZfJ	Zentralblatt für Jugendrecht
ZPO	Zivilprozessordnung

Anmerkungen

Einleitung

1 Dem familienrechtlichen Begriff steht ein weiter gefasster Kindschaftsrechtsbegriff gegenüber, der alle Rechtsfolgen aufnimmt, die an die Verwandtschaft der Beteiligten geknüpft sind. Es werden folglich auch die prozessrechtlichen (zum Beispiel Zeugnisverweigerungsrecht etc.) und vor allen Dingen die sozialrechtlichen (zum Beispiel Kinder- und Jugendhilfe etc.) Auswirkungen der Verwandtschaft zum Kindschaftsrecht gezählt (vgl. Bauer/Schimke/Dohmel 1995: 164).

I Sozialpolitische Aktivierung von Elternverantwortung

1 Die Basis politischer Handlungslogik ist weniger Gemeinwohlproduktion als eher Herrschaftssicherung und Herrschaftsausübung (vgl. Mayntz 2001: 18). Das steuerungstheoretische „Problemlösungsbias" liegt nach Mayntz (2001) an der Verwandtschaft mit systemtheoretischen Ansätzen beziehungsweise an einer Einbettung in den Kontext einer funktionalistischen Systemtheorie (ebd.: 20). Mayntz (2001) bezeichnet dieses Problemlösungsbias steuerungstheoretischer Ansätze und die „Herrschaftsblindheit" der funktionalistischen Systemtheorie als Geburtsfehler der politischen Steuerungstheorie, denn es ist eher davon auszugehen, dass es der Politik nicht zuerst und vor allem um die Lösung von Problemen geht, die das Gemeinwohl betreffen (ebd.: 19f.). Aus systemtheoretischer Sicht ist Macht ein Kommunikationsmedium, Instrument oder (notwendiges) Mittel der Funktionserfüllung, wird aber nicht als Selbstzweck des Staates beziehungsweise des politisch-administrativen Systems erkannt.

2 Aus einer in diesem Sinne verstandenen Implementationsforschung ist bekannt, dass „[d]ie Implementation von Gesetzen und anderen Handlungsprogrammen [...] ebenso wie die vorausgegangene Phase der Politikformulierung Teil und Produkt des umfassenderen Politikprozesses [ist]. Dieser ist geprägt durch die Auseinandersetzung konkurrierender Interessen um die Art der Problemdefinition und die Auswahl der sachlichen Problemlösungen. Der Konflikt unterschiedlicher Interessen und Akteure um Programminhalte bzw. Regelungen und um die Verteilung von Handlungs- und Einflusschancen ist mit Abschluss der Programmformulierung und Ratifizierung (political design) nicht beendet, sondern geht in der Implementationsphase weiter" (Bohnert/Klitzsch 1980: 202).

3 „„Das Soziale"meint in so fern eine „politische Positivität"(Ewald 1987: 6) und spezifische Organisationsform einer politisch verfassten Gemeinschaft, die auf die Möglichkeit einer voraussetzungsvollen Rationalität des Regierens über den gesellschaftlichen Raum verweist. Mehr als andere Professionen und Disziplinen verdankt die Soziale Arbeit ihre Existenz dem besonderen „space of rule"des Sozialen (vgl. O'Malley, 1999), der sich vor allem dadurch auszeichnet, eine bürokratisch-administrativ organisierte Form einer risikominimierenden sozialen Solidarität etabliert zu haben, die begrifflich und strategisch über das Moment der individuellen Verantwortung gestellt wird und sich mehr oder weniger gleichberechtigt gegenüber der Ökonomie artikuliert (vgl. Donzelot, 1994). Der fordistische Wohlfahrtsstaat nach dem Zweiten Weltkrieg stellt als institutionalisierter Ausdruck des Sozialen den Höhepunkt der historischen Entwicklung dieser sozialregulatorischen politischen Rationalität dar" (Otto/Ziegler 2004: 123).

4   Der erweiterte Staatsbegriff Gramscis dient nicht der Begründung einer allgemeinen Staatstheorie, sondern einer Theorie des bürgerlichen Staates (Priester 1979: 31).
5   Weitere Analysen, die auf dem Staatsverständnis von Gramsci (1967, 1991) und Poulantzas (1978) basieren, werden für die folgenden Ausführungen genutzt, zum Beispiel die von Haug (1988, 1998), Hirsch/Roth (1986), Hirsch (1995, 1998), Priester (1977, 1979), Roth (1998) und Schaarschuch (1990, 1995, 1996, 1999).
6   Die von Gramsci vorgenommene Unterscheidung zwischen „politischer Gesellschaft" als Staat im engeren Sinne einerseits und „Zivilgesellschaft" oder „bürgerlicher Gesellschaft" andererseits, hat rein methodischen Wert, „denn in der Realität sind bürgerliche Gesellschaft und Staat identisch" (Priester 1977: 524). Unter Zivilgesellschaft oder bürgerlicher Gesellschaft ist nach Gramsci die Gesamtheit der „ideologisch-kulturellen Beziehungen" gemeint, denn „[i]n der „società civile" werden alle formell vom Staat (società politica) getrennten und insofern „privaten" Institutionen und Organisationen wirksam, die das ideologische und kulturelle Selbstverständnis einer Gesellschaft prägen und dadurch die Hegemonie der herrschenden Klasse und den gesellschaftlichen Konsens garantieren. Die „società civile" vermittelt zwischen der ökonomischen Basis und dem Staat im engeren Sinne, ist aber [...] Teil des Staates im weiteren Sinne (des „integralen Staates")" (Priester 1977: 516).
7   Für Gramsci ist Staat „die Gesamtheit praktischer und theoretischer Aktivitäten, mit denen eine führende Klasse ihre Herrschaft nicht nur rechtfertigt und aufrecht erhält, sondern die aktive Zustimmung der Regierten erhält" (Gramsci 1949 zitiert nach Albers 1983: 41).
8   Poulantzas geht in Anlehnung an Gramsci davon aus, dass eine „relative Trennung von Staat und ökonomischen Raum [existiert]. Diese Trennung darf nicht im Sinne einer wirklichen Äußerlichkeit von Staat und Ökonomie verstanden werden, als Intervention des Staates von außen in die Ökonomie. Diese Trennung ist nur die bestimmte Form, die im Kapitalismus die konstitutive Präsenz des Politischen in den Produktionsverhältnissen und ihrer Reproduktion annimmt" (Poulantzas 1978: 16f.).
9   Vorteile eines sozial- und wohlfahrtsstaatlichen Arrangements werden in dessen (idealtypischen) kulturellen, politischen, ökonomischen und sozialen Wirkungen gesehen (Kaufmann 1997: 34 ff.). In kultureller Hinsicht wird davon ausgegangen, dass die Sozialpolitik zur Gewährleistung einer als gerecht angesehenen Sozialordnung beiträgt und dadurch die Legitimität des jeweiligen Zusammenhangs von Staat und Gesellschaft erhöht (ebd.: 41 f.). Auf politischer Ebene soll Sozialpolitik pazifizierend wirken sowie die „Klassengegensätze" mindern und Interessengegensätze in insgesamt produktivere Konfliktaustragungsformen transformieren (ebd.: 37 f.).
10 Leistungen des Sozialsektors tragen folglich zur Erhöhung der Leistungsfähigkeit des marktwirtschaftlichen Systems bei, in dem sie die Humankapitalbildung verbessern, Arbeitskraft gegen vorzeitigen Verschleiß schützen, die Arbeitsbereitschaft fördern und die Arbeitsproduktivität erhalten oder steigern. Diese Leistungen sind insofern abhängig vom marktwirtschaftlichen System, als sie überwiegend aus dessen Erträgen über Beiträge und Steuern finanziert werden (vgl. Kaufmann 1997: 34).
11 „Staat = politische Gesellschaft + Zivilgesellschaft, das heißt Hegemonie, gepanzert mit Zwang" (Gramsci 1991: 783).
12 Der integrale Staat bietet Raum für unterschiedliche Interessenlagen, die in den je verschiedenen Staatsapparaten (Militär, Polizei, Justiz, Legislative, Regierungsspitze, Ministerien, Parteien, Schulen, Kirche, Behörden etc.) organisiert werden.

13 Der „historische Block" ist als Allianzsystem mit hoher ideologischer Vereinheitlichung zu bezeichnen. Wenn zwischen Basis (Ökonomie) und Überbau (Einheit politischer und bürgerlicher Gesellschaft) Homogenität besteht, bildet sich ein „historischer Block" (Priester 1977: 520 ff.). Die Fähigkeit zur Führung eines gesamten „historischen Blocks" nennt Gramsci „Hegemonie". „Gelingt es einer Klasse, die politische Vorherrschaft nicht nur auf repressivem Wege unter Einsatz staatlichen Zwangs, sondern auch durch die Gewinnung von Loyalität und konsensueller Zustimmung abzusichern, so spricht Gramsci von „hegemonialer Herrschaft". [...] Hegemoniale Herrschaft ist für Gramsci die Voraussetzung für die Existenz eines „historischen Blocks", den er als Einheit von Basis und Überbau definiert, d.h. als Übereinstimmung zwischen der sozio-ökonomischen Basis und der vorherrschenden Weltanschauung und ihrer Habitualisierung in Einstellungen, Gebräuchen, Sitten und Gewohnheiten" (Priester 1986: 240).

14 Die doppelte Wirkweise ist durch die Verbindung von Staat/politischer Gesellschaft mit der Zivilgesellschaft/bürgerlichen Gesellschaft möglich. Während die politische Gesellschaft mit einem Zwangsapparat ausgestattet ist (Armee, Polizei, Verwaltung, Gerichte, Bürokratie), fügt die bürgerliche Gesellschaft einen kulturellen, politischen und ökonomischen „Hegemonieapparat" hinzu. Zwischen oder neben dem Staat im engeren Sinne (verstanden als Zwangsapparat) und der ökonomischen Basis ist die bürgerliche Gesellschaft/Zivilgesellschaft von größter Bedeutung, da die „organischen Intellektuellen" der jeweils herrschenden Klasse in den verschiedenen Hegemonieapparaten (Schule, Gewerkschaften, Kirchen, Medien, Vereinen etc.) tätig sind. Sie stellen den Konsens unter den Mitgliedern des herrschenden Blocks her und „zementieren" ihn durch die Verbreitung und Popularisierung der herrschenden Weltanschauung.

15 Indem beispielsweise der Status der Parteien, der Gewerkschaften, der sog. „öffentlich-rechtlichen" Institutionen etc. rechtlich abgesichert und in das herrschende Rechtssystem einbezogen wird, werden diese Institutionen zwar nicht Teil des Staatsapparates, wohl aber Teil des Staates als umfassender Hegemonieapparat. Der bürgerliche Staat „erweitert" sich also um eben diese „privaten" Einrichtungen. Sie übernehmen erzieherische Funktionen, ohne direkt „staatlich" zu sein" (Priester 1977: 526).

16 Der Begriff der Gesellschaftsformation beschreibt die konkreten sozioökonomischen Bestimmungen der Gesellschaft auf einer bestimmten historischen Entwicklungsstufe ausgehend von der materiellen Produktion.

17 Privateigentum an Produktionsmitteln, ökonomischer Anreiz der Gewinnmaximierung, Wettbewerb der Märkte, Kapitalakkumulation etc.

18 Zum Beispiel durch den minimalen Staat, den moderierenden Staat und den Steuerungsstaat: Der „minimale Staat" überlässt Verteilungsfragen der spontanen Koordination des Marktes (Spontane Koordination im liberalen Rechtsstaat), der „moderierende Staat" nimmt den Primat der Politik zugunsten des Primats der Gemeinschaft zurück (Entstaatlichung und Selbstorganisation) und der Steuerungsstaat delegiert beziehungsweise steuert aus der Distanz (vgl. Braun 2001: 104 ff.). Im Modell des „Steuerungsstaates" wird versucht, die Steuerungsfähigkeit durch Delegation und Partizipation der AdressatInnen an den Steuerungsmaßnahmen zu verbessern (vgl. die Ansätze des New Public Managements).

19 Das Konzept des „Interventionsstaates" basiert auf den Analysen Max Webers zum bürokratisch-rationalen Staat sowie auf der ideologischen Auseinandersetzung um sozialdemokratische/sozialistische und konservative Gesellschaftskonzepte (vgl. Braun 2001: 104 f.).

20 Der Interventionsstaat steuert (erfolgreich) weitgehend die Ressourcenverteilung und organisiert gesellschaftliche Koordination, als eindeutiges verant-

wortliches Handlungszentrum über hierarchische Eingriffe und Politikprogramme beziehungsweise mit Hilfe seiner Verwaltung. Kennzeichen des Interventionsstaates sind ein expliziter sozialpolitischer Gestaltungswille (Primat der Politik/Intervention) sowie ein reformtechnokratisches Politikverständnis, das von der prinzipiellen Machbarkeit und Steuerungsmöglichkeit politisch-gesellschaftlicher Entwicklungsprozesse ausgeht (vgl. Bruder 1989, zitiert nach Braun 2001: 105).

21 Wesentliche Gegenstände der Regulationstheorie sind die Analyse des „Akkumulationsregimes", der „Regulationsweise" der „hegemonialen Struktur" einer Gesellschaft und ihre interdependenten Zusammenhänge. Die regulationstheoretische Perspektive beinhaltet nach Schaarschuch (1995a) „ein Theorieangebot [...], das es erlaubt, mit Blick auf die Konfliktstrukturen und Krisenprozesse, die Brüche und Diskontinuitäten kapitalistischer Entwicklung sowie ihre gesellschaftlichen und sozialen Folgen [in] einem Zusammenhang zu rekonstruieren" (Schaarschuch 1995a: 74). Nach Hirsch und Roth (1986) bezeichnet der Begriff „Regulation" die „höchst komplexe Form, in der sich ein soziales Verhältnis „trotz und wegen seines konfliktorischen und widersprüchlichen Charakters reproduziert"" (Lipietz 1984, 1985 zitiert ebd.: 38). Es geht um den „Artikulationsmodus der gesellschaftlichen Strukturebene", also um „das komplexe Geflecht von Institutionen, Steuerungsmedien, normativen Orientierungen und sozialen Verhaltensweisen [...], das die Reproduktion eines fundamental widersprüchlichen gesellschaftlichen Zusammenhangs quasi „subjektlos"ermöglicht" (ebd.: 44). Dabei kann hegemoniale Regulation jedoch „nicht nur [als] das Resultat einer intentionalen und strategischen Einflussnahme, [angesehen werden, sondern schließt auch] die unbewußten Praxen einer eingeübten alltäglichen Routine [mit ein...]. Hegemonie ist daher immer zweifach zu begreifen: zum einen als ein in institutionalisierten Kompromissen und sozialen Regelmäßigkeiten verobjektiviertes materielles Substrat; darüber hinaus zum anderen auch als ein gelebtes soziales Verhältnis" (Bieling 2000: 204).

22 Nach Jessop (1986) zeichnet sich ein „Akkumulationsregime [...] durch eine kontingente, historisch konstituierte und gesellschaftlich reproduzierte Korrespondenz von Produktions- und Konsummustern aus. Seine grundlegenden Merkmale sind: verschiedene Bedingungen der Arbeitskräftenutzung, die Merkmale des Lohnverhältnisses, die Investitionsdynamik, die Wettbewerbsform und das Geld- und Kreditsystem" (Jessop 1986 zitiert nach Schaarschuch 1990: 54).

23 Insofern ging mit der fordistischen Ära eine grundlegende Durchkapitalisierung der Gesellschaft sowohl im produktiven als auch im konsumtiven Bereich einher. Es wurden immer mehr gesellschaftliche Bereiche von industriellen Massenprodukten beziehungsweise kommerzialisierten Dienstleistungen durchdrungen, was für die meisten Menschen zu einer beachtlichen Steigerung des materiellen Lebensstandards führte.

24 Im „fordistischen" Regulationskontext war es einerseits notwendig, die Bereitschaft zur warenförmigen Veräußerung der eigenen Arbeitskraft zu erzeugen und andererseits auch die Voraussetzungen für die Tätigkeit als Lohnarbeiter im umfassenden Sinne selbst zu etablieren. Idealiter sollte es allen Bürgern möglich sein, in den gesellschaftlichen Tauschprozess einbezogen zu werden (vgl. Offe/Ronge 1976: 57).

25 Der nach J. M. Keynes (1883-1946) benannte „Keynesianismus" ist eine stabilitätsorientierte Wirtschaftsdoktrin, die Interventionsmechanismen eines gesamtwirtschaftlich bewussten Staates zur krisenentschärfenden Moderation und antizyklischer Konjunkturpolitik beinhaltet, zum Beispiel Umverteilungsmaßnahmen und Konjunktursteuerungsprogramme auf der Grundlage der Vorstellung einer umfassenden bürokratisch-technokratischen Machbar-

keit sozialer Verhältnisse (vgl. Hirsch/Roth 1986). Der sogenannte „Keynesianische Sozialvertrag" (Naschold 1985) beschreibt ein Netzwerk aus Institutionen und Normen, als deren wichtigste Eckpfeiler der Sozialstaat, die produktivitätsorientierte Lohnpolitik und die Institutionalisierung von Gewerkschaftsrechten angesehen werden (Naschold zitiert bei Schaarschuch 1990: 53).

26 Oder vom „fordistischen" Akkumulationsmodell zum „transnationalen High-Tech-Kapitalismus" (Haug 1998); „digitalen Kapitalismus" (Böhnisch/-Schröer 2002) beziehungsweise „Infocom Kapitalismus" (Hirsch 2001).

27 Als grundlegendes Merkmal des fortschreitenden „Neoliberalismus" wird die Freisetzung der Kräfte des Marktes gesehen (vgl. Groth 2002: 200). Dies ist eine Reaktion auf das sogenannte Scheitern keynesianischer Wohlfahrtspolitik seit den 70er Jahren. Aus neoliberaler Perspektive hat sich Sozialpolitik den Bedürfnissen eines flexiblen Arbeitsmarktes unterzuordnen, um die strukturelle Konkurrenzfähigkeit der nationalen Ökonomie zu stärken (vgl. Jessop 1997). Vertreter der „Neuen Rechten" oder des Neoliberalismus erlangten in den USA und GBR in den späten 1970ern und frühen 1980ern politische Bedeutung.

28 Diese Entwicklung wird in der kritischen Diskussion gegenwärtig als „Ökonomisierung des Sozialen" (Lemke 1997) analysiert.

29 Das Markenzeichen des Dritten Weges ist die „Veränderung der Balance von Staat und Markt in Politik und Wohlfahrt" und betont die „Vorteile des privaten Sektors" (vgl. Beresford/Croft 2004: 30).

30 „Der aktivierende Staat bedeutet eine neue Verantwortungsteilung zwischen Bürger und Staat. Eigeninitiative und Freiraum werden stärker gefördert. Natürlich bleibt der Staat weiter verpflichtet, für individuelle Freiheit und Sicherheit der Bürgerinnen und Bürger zu sorgen. Das gilt zum Beispiel für Innere Sicherheit, Rechtsschutz und die Finanzverwaltung. Aber in vielen anderen Bereichen müssen öffentliche Aufgaben nicht unbedingt direkt von staatlichen Organen wahrgenommen werden, zum Beispiel in Dienstleistungsbereichen wie Post, Kommunikation und Verkehr. Hier kann sich der Staat darauf beschränken, den Rahmen festzulegen. Bei Konflikten tritt er als Moderator auf, mit dem Ziel, mehr Freiraum für gesellschaftliches Engagement zu schaffen. So aktiviert der Staat gesellschaftliche Verantwortung" (vgl.: www.staat-modern.de/programm).

31 Im politischen Kontext sind Familien Gruppen von mindestens zwei miteinander verwandten Generationen, die eine Eltern-Kind-Beziehung beinhalten (auch Kernfamilie genannt). Die Familienberichtskommission zum Fünften Familienbericht vertritt ein Verständnis von Familie, das sich einerseits an den gesetzlichen Vorgaben orientiert und andererseits der Realität der in der Gesellschaft gelebten Formen familialen Zusammenwohnens und Zusammenwirtschaftens gerecht werden soll (vgl. BMFSFJ 1995: 24).

32 Familien generieren eine Vielzahl unmittelbar lebenswichtiger Leistungen. Werden jene Tätigkeiten mit einbezogen, die Familien unentgeltlich erbringen, die aber außerhalb familialer Zusammenhänge typischerweise einen entgeltlichen Aufwand nach sich ziehen würden, fallen Hausaktivitäten wie Hausarbeit, Kindererziehung und Pflege von Angehörigen quantitativ am stärksten ins Gewicht (vgl. Kaufmann 1997: 99 ff.). Insbesondere mit den Kosten, die mit dem Aufziehen von Kindern verbunden sind, beteiligen sich Familien (auf unentgeltliche Weise) am Aufbau des volkswirtschaftlichen Kapitals. Aus Artikel 6 I GG in Verbindung mit dem Sozialstaatsprinzip ergibt sich eine Verpflichtung des Staates, einen Familienlastenausgleich durchzuführen. Der Lasten- oder Leistungsausgleich ist allerdings nicht hinreichend, um die Lasten der Familien auszugleichen.

33 Gesellschaftsübergreifend werden der Familie folgende Funktionen zugeschrieben: Befriedigung der Bedürfnisse nach Liebe/emotionaler Geborgenheit; Regulierung der Sexualität; Selbstrekrutierung der Mitglieder (biologische Reproduktion und Sozialisation); Schutz und Fürsorge (Säuglinge, Kleinkinder, Kranke, Pflegebedürftige und Alte) und soziale Platzierung eines Individuums (Rollen und Positionen) (vgl. Nave-Herz/Onnen-Isemann 2001: 289 f.).

34 Die Förderung der Familie ist zwar im Grundgesetz (vgl. Art. 6 GG) nicht ausdrücklich erwähnt, dennoch besteht Übereinstimmung darin, dass „der Schutz der Familie ihre Förderung mit Notwendigkeit einschließt. Die Förderung ist sogar die vorrangige Form des Schutzes der Familie" (BMFSFJ 1995: 101).

35 „Soziale Verhältnisse', das sind die Lebensverhältnisse natürlicher Personen in der Perspektive ihrer Teilhabe an den unter bestimmten historischen Bedingungen gegebenen gesellschaftlichen Möglichkeiten, und zwar unter dem Gesichtspunkt ihrer Vergleichbarkeit. Vergleichbar werden dabei natürliche Personen sowohl nach Kategorien gesellschaftlich definierter Eigenschaften (Statusmerkmale) als auch nach Kategorien ihrer Teilhabemöglichkeiten (Lebenslagenmerkmale: Arbeitsverhältnisse, Einkommen, Wohnverhältnisse, ärztliche Versorgung, Klage- oder Mitbestimmungsrechte usw.). Insoweit als bestimmten Statuskategorien Defizite hinsichtlich bestimmter Teilhabemöglichkeiten zugeschrieben werden (was stets einen Vergleich – sei es mit einem ‚Normalstandard', sei es mit anderen Statusgruppen – impliziert) und insoweit als politische Maßnahme auf die Behebung dieser Defizite gerichtet sind, kann man von sozialpolitischen Maßnahmen sprechen" (Kaufmann 1982: 57).

36 Alle gesellschaftlichen Vollzüge setzen die Reproduktion der Humanpotentiale im Generationenablauf sowie die tägliche Regeneration der im Produktionsprozess verbrauchten physischen und psychischen Kräfte voraus.

37 Die Effektivität der Sozialpolitik beruhte in der Vergangenheit weitgehend auf der Selbstverständlichkeit einer Familienverfassung, welche die Verpflichtung der Frauen zur unentgeltlichen Haushalts- und Erziehungsarbeit legitimierte.

38 Ehepolitik: Politik beeinflusst das Zusammenleben erwachsener Männer und Frauen wesentlich durch das Familienrecht, das zum Teil durch Vergünstigungen flankiert wird, die an den Status der Ehe anknüpfen (zum Beispiel Ehegatten-Splitting). Es geht um die rechtliche Regulierung von Eheschließung und Ehescheidung und die Behandlung von anderen Lebensformen außerhalb der Ehe (zum Beispiel nichteheliche Lebensgemeinschaften, gleichgeschlechtliche Lebensgemeinschaften).

39 Bevölkerungspolitik: Politik zugunsten der „Nachwuchsherstellung und Nachwuchssicherung" wird vor dem Hintergrund demographischer Entwicklungen zunehmend zum Thema.

40 Monetäre Sozialpolitik: Durch sozialpolitische Kompensation auf materieller Ebene sollen Nachteile, die durch das Aufziehen von Kindern entstehen, ausgeglichen werden (so das politische Ziel). Die Mittel monetärer Sozialpolitik sind, neben materiellen Leistungen, Vergünstigungen, die sich in verschiedenen Gesetzen finden lassen, zum Beispiel im Steuerrecht.

41 Kinder- und Jugendhilfepolitik: Die Aufgabe der Sozialisation, Erziehung und Ausbildung wird nicht nur als Aufgabe der Familie gesehen, sondern auch als gesamtgesellschaftliche Aufgabe und politisches Handlungsfeld. Am deutlichsten wird die staatliche Aufgabenübernahme im Hinblick auf Schule und Ausbildung(-sförderung). Ein weiterer Bereich, in dem Sozialisations- und Erziehungsaufgaben übernommen werden, ist das Handlungsfeld der Kinder- und Jugendhilfe, das sozialpädagogische Leistungen bereit hält

(vgl. KJHG/SGB VIII), um Eltern zu entlasten (Krippe, Kindergarten, Hort) sowie Jugendarbeit, Beratung und Unterstützung für Eltern und Kinder (erzieherische Hilfen, soziale Dienste, individuelle Hilfen) anbietet.

42 Der Begriff „Familienpolitik" ist zwar erst im 20. Jahrhundert geprägt worden, doch hat das staatliche Handeln mit dem Ziel der Regelung und Kontrolle familialen Zusammenlebens eine lange Tradition (zum Beispiel hinsichtlich der Ehe- und Eltern-Kind-Beziehungen) (vgl. Herlth/Kaufmann 1982).

43 Aufgrund der Tatsache, dass unter Bedingungen sozioökonomischer Deprivation der Familien die Fälle von sozialer und kultureller Deprivation von Kindern zunehmen, geht es um unterstützende, ausgleichende und korrigierende Sozialpolitik. Politische Mittel sind neben der Einkommensverteilung der Ausbau von Infrastruktureinrichtungen und sozialen Dienstleistungen.

44 Es geht um die verbesserte Rechtsstellung einzelner, insbesondere abhängiger Familienmitglieder, zum Beispiel von Frauen und Kindern.

45 Zum Beispiel in der Zeit von 1949 bis 1969.

46 Zum Beispiel in der Zeit von 1969 bis 1982.

47 Als „institutionelle Momente" werden die Änderungen des Scheidungs- und Scheidungsfolgenrechts und die an die Elternschaft als solche (nicht an die Berufstätigkeit) geknüpfte Etablierung des Erziehungsgeldes/Erziehungsurlaubs bewertet. Inhaltlicher Schwerpunkt war der Ausbau der monetären Transferleistungen in Richtung Familienleistungsausgleich mit dem Ziel der Kompensation materieller Nachteile von Familien (zum Teil durch das BVerfG angeregt) (ebd.). Die Motivlage ist weiterhin emanzipatorisch und sozialpolitisch, allerdings mit einer familieninstitutionellen Rhetorik versehen.

48 Die Institutionalisierung der (bürgerlichen) Kleinfamilie oder „Normalfamilie" (bestehend aus verheirateten Eltern und ein- bis zwei Kindern, mit der Rollenfestlegung des männlichen Ernährers und der Hausfrau) entspricht dem „fordistischen" Regulierungszusammenhang.

49 Als besonders negative Erscheinungsformen der Verrechtlichung wurden folgende Faktoren aufgezählt: Allgemeine Entfremdung, bevormundende Einschränkung individueller Handlungs- und Gestaltungsfreiheit, Eingrenzung des politischen Handlungsspielraums von Parlament und Regierung, Eigenleben der Bürokratien und Übermacht der Gerichte. Von politisch „rechter" wie „linker" Seite lauteten die kritischen Stichworte: „Gesetzesflut", „Paragraphendickicht", „Gesellschaft in Fesseln" einerseits und „Kolonialisierung der Lebenswelt", „Zunahme bürokratisch-rechtlicher Zugriffe" andererseits. Weitere Kritik richtete sich gegen die angeblich gleichzeitig abnehmende Durchsetzungsfähigkeit des Rechts, zum Beispiel durch „weiche" Rechtsformen (Generalklauseln), inhaltlich offene Zweckprogrammierungen sowie die unzureichende Umsetzung durch Behörden. Im Vordergrund der Debatten um Entrechtlichung im Sinne von verringerter Regelungsdichte stand die rechtliche Ausgestaltung zwischenmenschlicher Beziehungen in Ehe und Familie (konservative Kritik der vorgeblichen Verstaatlichung der Familie).

50 Müller und Otto betonten schon 1980, dass der „Steuerstaat" unter der Bedingung einer permanenten Finanzkrise gezwungen sei, seine begrenzt vorhandenen Mittel möglichst effizient einzusetzen. Der Rationalisierungszwang bringt den Staat in ein strukturelles Dilemma, welches er „[d]urch eine gezielte Arbeitsmarktpolitik, durch eine variable Gestaltung der reproduktiven sozialstaatlichen Dienstleistungen, durch ein Austarieren von Re-Privatisierungstendenzen (Entstaatlichung) und Ent-Privatisierungstendenzen (Verstaatlichung) und durch eine umfassende Rationalisierung des administrativen Systems (Kommunale Neugliederung, Dienstrechtsreform,

Neuorganisation der sozialen Dienste etc.)" zu bewältigen sucht (Müller/Otto 1980: 9 f.).
51 Im Zuge des 19. Jahrhunderts wird dagegen die (bürgerliche) Familie als Ganzes in den Mittelpunkt gestellt und einem zweifachen Entrechtlichungsprozess ausgesetzt: Die Entrechtlichung der einzelnen Familienmitglieder und des familiären Innenraums, der nun als rechtsfreier Raum gegen staatliche Eingriffe geschützt wird. Das Bürgerliche Gesetzbuch von 1896 (RGBl) schreibt dieses Familienbild (zum Beispiel die Hausfrauenehe) rechtlich fest. Eine (umstrittene) Verrechtlichung des familiären Innenraumes erfolgt erst wieder im Laufe der zweiten Hälfte des 20. Jahrhunderts (vgl. Sachße/Tennstedt 1982: 87 ff.).
52 Neben der eher auf Aufgaben und Rollen bezogenen „Verantwortung" (accountability).
53 Gross (1982) unterscheidet im Zusammenhang der staatlichen Intention familiale Prozesse zu beeinflussen, zwischen der „Selbstbestimmung" und „Fremdsteuerung" der Familie. Er fragt nach dem Verlauf der Linie „zwischen jener Verantwortung, welche die Familie für sich selber und jener, welche der Staat gegenüber den Familien zu tragen hat" (ebd: 285). Unter „Fremdsteuerung" der Familie werden die von außerfamiliären Trägern erbrachten familienpolitischen Maßnahmen verstanden, welche die Familie in eine bestimmte Richtung steuern wollen. Demgegenüber stehen die Eigenleistungen der Familie (ebd.: 289). Die Grenze der staatlichen Fremdsteuerung setzt Gross nicht dort an, wo Selbststeuerung der Familie versagt, sondern „wo noch Politik in einem rationalen Sinne möglich ist.
54 Den historisch unterscheidbaren Leitbildern des Staates (hoheitlich, leistend, schlank, aktivierend) entsprechen Verwaltungs- und Steuerungsmodelle der Kommunen als Träger von (Sozial-)Staatlichkeit (ebd.: XXVIII). Der Übergang vom hoheitlich/fürsorglichen zum produzierenden/leistenden Staat wird durch die auf individuellen Rechtsansprüchen und staatlichen Gewährleistungsgarantien basierende Sozialgesetzgebung Anfang der 1960er Jahre deutlich. Für die Jugendhilfe folgte eine Phase der Expansion, Verstaatlichung (Aufgabenausweitung der öffentlichen Jugendhilfe und Inkorporation der freien Wohlfahrtspflege) und Professionalisierung (Jugendämter als Fachämter, Expansion sozialpädagogischen Personals). Es folgte die Reformbewegung der Neuorganisation sozialer Dienste (Integration von Innen- und Außenteams, regionalisierte Teams, ASD), die zu einer bürgernäheren Gestaltung des sozialen Dienstleistungsangebotes führte (ebd.: XXVII) (vgl. Teil III).
55 Kessl und Otto verweisen darauf, dass die Erbringung sozialer Dienstleistungen im privaten Organisationszusammenhang zwar kein historisch neues Phänomen ist, aber seit den 1980er Jahren jedoch in veränderter Form auftritt beziehungsweise einen völlig neuen Typus von Privatisierung sozialer Dienstleistung darstellt. „Staatliche Administrationen entwickeln sich [...] von „producers of services"zu „arranger of services provided by others"" (Kessl/Otto 2002: 124 in Anlehnung an Salomon 1995).
56 Der Begriff der materiellen Privatisierung bezeichnet die „Privatisierung bzw. private Verantwortungsübernahme für eine bisher öffentliche, sozialrechtlich geregelte Aufgabe" (Olk/Otto/Backhaus-Maul 2003: XLIII in Anlehnung an Naschhold et. al. 1997).
57 Das In-Kraft-Treten (1990) des als Dienstleistungsgesetz eingeführten KJHG/SGB VIII hat eher zu einem Wachstum personenbezogener Dienstleistungen in der Kinder- und Jugendhilfe (zum Beispiel: HzE, KiTa) geführt. Privatisierung wäre nur auf der Grundlage eines breiten sozialpolitischen Konsens der politischen Parteien möglich.

58 „Sozialarbeit ist im heutigen Sozialstaat vom repressiven zum „strategischen" Instrument sozialer Integration geworden" (Böhnisch 1982: 25). Im Gleichzug mit der „„„Sozialpolitisierung" der Sozialarbeit" wird diese zum „verlängerten Arm" der Sozialpolitik, so dass der Sozialstaat „sozialpädagogisch gepuffert" wird (ebd.:72). Es ist festzuhalten, dass Soziale Arbeit als Instrument von Sozialpolitik, zumindest in der „fordistischen" Phase der Regulation des „Sozialen", untrennbar mit deren Zielbestimmung verbunden war.

59 Das Schwinden der „fordistischen" Gesellschaftsformation seit Mitte der 1970er Jahre, die Folgen einer ökonomischen Globalisierung und neoliberalisierten Politik beeinflussen die Aufgaben- und Zielbestimmung der Sozialen Arbeit weitreichend. „Stand in der Phase der „fordistischen" Gesellschaftsformation und der für sie charakteristischen Kopplung von Massenproduktion und Massenkonsumtion die Integration der Lohnarbeiter eindeutig im Vordergrund, so ist für die „nachfordistische" Gesellschaft aufgrund der Flexibilitätsanforderungen der Akkumulations- und Produktionsweise Spaltung und Heterogenisierung der Gesellschaft konstitutiv" (Schaarschuch 1995: 58). In diesem Zusammenhang stellt sich die Frage nach der gesellschaftlichen „Normalität", nach dem wünschenswerten Status quo, an dem sich die Soziale Arbeit mehr oder weniger orientiert, neu.

60 Böhnisch hat 1982 beschrieben, wie der Sozialstaat die Reichweite seiner regulativen Politik durch Pädagogik in die Lebensbereiche der AdressatInnen ausweitet, so dass Sozialpädagogik „nicht im ökonomisch-politischen Zentrum der Staatstätigkeit [steht], sondern in den Lebensbereichen lokalisiert [wird]. Sie bearbeitet soziale Konflikte und ihre psychosozialen Auswirkungen aus der Perspektive und im Mikrokosmos der individuellen Lebensbereiche. Gerade deshalb ist sie aber nicht autonom, sie ist auch – vermittelt – den sozialstaatlichen Mechanismen ausgesetzt" (Böhnisch 1982: 67).

61 Die Ebene der rechtssetzenden Instanzen, der normausfüllenden und rechtsanwendenden Instanzen und der AdressatInnen beziehungsweise EndnutzerInnen.

62 Im Implementationsfeld erzeugen die Implementationsträger des neuen Kindschaftsrechts (zum Beispiel Jugendämter, Einrichtung in freier Trägerschaft, Familiengerichte etc.) und AdressatInnen (zum Beispiel Mütter, Väter, Töchter, Söhne etc.) die (Steuerungs-)Wirkung der neuen Regelungen (vgl. TeilI Abb. 2 und Teil III Abb. 4).

63 Den rechtssetzenden Instanzen können Fehler in der Rechtskonzeption unterlaufen sein (Programmebene). Zum Beispiel, wenn es sich um symbolische Gesetzgebung handelt, mit der Wertvorstellungen zum Ausdruck gebracht werden, ohne deren Effektivität zu sichern. „Symbolische Gesetze" sind von vornherein wenig auf Effektivität ausgerichtet. Ihre Wirkung liegt auf der symbolischen Ebene, d.h. sie tragen ihren aktionistischen Sinn in sich selbst und orientieren sich wenig an realistisch erwartbaren Folgen. Der Gesetzgeber hat bewiesen, dass er „etwas getan" hat und bringt seine Wertvorstellungen zum Ausdruck. Gerade auch unter Bedingungen der parlamentarischen Demokratie ist die Selbstdarstellung unterschiedlicher politischer Lager ein Auslöser symbolischer Gesetzgebung (vgl. Schüler-Springorum 1999: 298f; Röhl 1999: 421). Abgesehen davon können programmatische Vorgaben von vornherein unzureichend sein, Zielkonflikte ungelöst bleiben, zur Verfügung gestellte Ressourcen zu gering sein oder das organisatorische Design nicht stimmen. Häufig liegt die Fehlannahme zu grunde, dass ein Leistungsangebot der Verwaltung von selbst Nachfrage bei den AdressatInnen auslösen würde.

64 Den normausfüllenden und rechtsanwendenden Instanzen können Fehler bei der Implementation des Rechtes unterlaufen (Programmimplementationsebene). Beispielsweise entstehen Vollzugsdefizite durch das verflochtene Nebeneinander von Bürokratien auf Bundes-, Landes- und Kommunalebene, die nicht an „einem Strang" ziehen oder weil die Vollzugsverwaltung über Strategien und Ressourcen verfügt, um sich zu widersetzen. Dabei können Bürokratien auch eine Eigendynamik entwickeln, da sie, bei knappen Ressourcen, mehrere Aufgaben oder Programme zugleich ausführen müssen (vgl. Teil III). Regeldichte und Verflechtung der Rechtsmaterie kann dann zu Übersteuerung führen, die eine opportunistische Normselektion nach sich zieht. Quantitativ und qualitativ unzureichende Personalausstattung verstärkten diese Tendenz.

65 AdressatInnen beziehungsweise EndnutzerInnen der Normen können sich als resistent erweisen (AdressatInnenebene), je nachdem ob es sich um Angebote zur Verbesserung der eigenen Lebenssituation oder um Ge- und Verbote handelt, die straf- oder ordnungsrechtlich sanktioniert sind. Gesetze über Sozialleistungen müssen zum Beispiel mobilisiert werden, wenn sie „wirken" sollen, d.h. sie sind vom Tätigwerden der Implementationsinstanzen abhängig. Subjektive Hindernisse wie Rechtsunkenntnis, Schwellenangst, fehlende Handlungskompetenz, Informationsdefizite, Rechts- und Anspruchsbewusstsein erschweren die „Inanspruchnahmebereitschaft".

66 Aus steuerungstheoretischer Sicht sind für die Handlungskoordination von Akteuren formaler Organisationen/Institutionen neben dem Recht weitere Steuerungsmittel relevant, zum Beispiel Hierarchie (klassische bürokratische Steuerung), Geld (zum Beispiel marktförmige und betriebswirtschaftliche Steuerungsmittel im Kontext von New Public Management-Strategien) und professionsbezogene Handlungsprämissen (zum Beispiel Qualifikation, Informationsstand, fachliche Kompetenzen, Definitionen, Routinen etc.) (vgl. Teil III).

67 Formale Organisationen bestehen aus einer Anzahl von Individuen, deren Handlungen zur Erfüllung explizit formulierter Ziele bewusst und präzise geplant sind. Innerhalb der formalen Struktur bestehen offizielle Positionen, Pflichten, Regeln und Vorschriften, die von der Leitung der Organisation geschaffen wurden. Bürokratische Organisationsstrukturen sind durch Spezialisierung, klare Arbeitsteilung, Ämterhierarchie, explizite Vorschriften und unpersönliche Entscheidungsfindung zu charakterisieren (vgl. Schimank 2001: 222).

68 Nach Mayntz und Scharpf (1995) ist der Steuerungsbegriff für die Beschreibung komplexer Prozesse der Handlungskoordination zu eng gefasst und durch den umfassenderen Begriff der „Regelung" (governance) zu ersetzen, der die Möglichkeit der einseitigen Steuerung als eine mögliche Variante einschließt (ebd.: 16 f.). Für die Ausführungen, die sich auf Kaufmann beziehen, wird der von ihm genutzte Steuerungsbegriff übernommen, denn in der systemtheoretisch geprägten Diskussion erscheint „Steuerung" als Oberbegriff.

69 Im sozialpolitischen Zusammenhang sind nach Kaufmann verschiedene Typen rechtlicher Normierung steuerungstheoretisch bedeutsam (1988: 78): Verbote, Gebote, Rechtsansprüche, Zweck-Formulierungen, Bedingungsdefinitionen, Verfahrensregelungen, Normierung staatsinterner Koordination sowie Errichtung von öffentlichen oder privatrechtlichen Einrichtungen.

70 „Im Kontext primär hierarchischer Steuerung, wie sie nach vorherrschender Auffassung für staatliches Handeln charakteristisch ist (bzw. sein soll), gewährleistet Recht und Geld als Vermittler von Entscheidungsprämissen grundsätzlich keine Prozesse der Handlungsbeurteilung oder Rückkopplung[...]" (Kaufmann 1988: 80).

71 Sozialstaatliche beziehungsweise sozialpolitische Interventionen lassen sich im Hinblick auf mit ihnen verbundenen Intentionen in vier Leistungs- beziehungsweise Interventionstypen klassifizieren, die jeweils auf unterschiedliche Dimensionen sozialer Teilhabe verweisen (Status, Ressourcen, Gelegenheiten, Kompetenzen). Soziale Teilhabe kann dann verwirklicht werden, wenn der entsprechende Status (zum Beispiel Rechtsansprüche als StaatsbürgerIn) besteht, die entsprechenden Ressourcen vorhanden sind (zum Beispiel Geld und Zeit), die Gelegenheit geboten wird (zum Beispiel infrastrukturelle Einrichtungen) und notwendige Kompetenzen (zum Beispiel personenbezogene Fähigkeiten kognitiver und kommunikativer Art) vorhanden sind beziehungsweise mithilfe personenbezogener Dienstleistung entwickelt werden. Personenbezogene soziale Dienstleistungen sind als Kombination aus pädagogischen und ökologischen Interventionsformen zu verstehen, da sie zum Beispiel nur als räumlich erreichbare Beratung verwirklicht werden können (ohne Gelegenheit, keine Kompetenz(-erweiterung)). Die Änderungen durch die Kindschaftsrechtsreform (vgl. Teil II) betreffen hauptsächlich den Status und die Kompetenzen von Müttern, Vätern und Kindern. Sie erhalten Rechtsansprüche auf (personenbezogene soziale) Dienstleistungen. Die Regelung beider Teilhabedimensionen (Status und Kompetenzen) gilt aus steuerungstheoretischer Sicht als eher schwer implementierbar, weil es um wenig steuerbare Handlungsbereiche geht: Die Realisierung des Rechtsstatus und die Beeinflussung von Kompetenzen der einzelnen Familienmitglieder ist von der Akzeptanz und der Rechtswahrnehmung durch die Rechtsinhaber abhängig.

72 Aufgrund fortschreitender gesellschaftlicher Arbeitsteilung stabilisierten sich immer längere Handlungsketten (vgl. Elias 1976: 321; Hof/Lübbe-Wolff 1999). Die arbeitsteiligen Handlungsketten sind die Bedingung für leistungsfähige moderne Gesellschaften. Die erfolgreiche Handlungskoordination der als unabhängig zu denkenden Akteure ist Voraussetzung für (erfolgreiche) Arbeitsteilung. Als Voraussetzung für dauerhafte Handlungsverkettungen ist das Zusammenspiel dreier Teilfunktionen sozialer Steuerung entscheidend: Handlungsnormierung (Guidance), Handlungskontrolle (Control), und Handlungsbeurteilung (Evaluation) (vgl. Kaufmann 1988: 74 ff.).

73 Für die Verwirklichung des neuen Kindschaftsrechts stellt sich die Frage, welche Bedingungen im kommunalen Handlungskontext „Jugendamt" und welche Handlungsprämissen (Definitionen, Routinen und Handlungsmaximen) der ExpertInnen in den Jugendämtern die Implementation beeinflussen.

74 Konditionale Handlungsprogramme (oder inputorientierte Entscheidungsprogramme) entsprechen dem Organisationstyp der rechtsstaatlichen Eingriffsverwaltung mit anlassorientierten Organisationsmustern. Konditional programmiertes Verwaltungshandeln wird durch einen äußeren Anlass (zum Beispiel Antrag) ausgelöst. Der Vorgang wird nach vorgegebenen Rechtsnormen geprüft, einschlägigen Vorschriften zugeordnet und beschieden. Charakteristika von Konditionsprogrammen sind: „Wenn-dann-Programmierung", weitgehende Autonomie gegenüber der Umwelt, hohe Standardisierung der Entscheidungen und Routinisierung der Handlungen; sie sind passiv institutionalisiert, zeitunabhängig, situationsfern und zweckabstrakt. Handeln, das konditional programmierbar ist, besitzt eine hohe innere Stabilität und eine rechtsstaatliche Selbstlegitimation qua Verfahren.

75 Zweckorientierte Handlungsprogramme (Finalprogramme oder outputorientierte Entscheidungsprogramme) entsprechen dem Organisationstyp der sogenannten sozialstaatlichen Leistungsverwaltung mit ergebnisorientierten Organisationsmustern. Zweckprogramme sind outputgesteuert, umweltbezogen, situationsnah, gebrauchswertorientiert, überwiegend aktiv institutionalisiert und werden durch Ziel-Mittel-Orientierungen bestimmt.

76 Staatliches Handeln, welches (auch) zweckbestimmte Maßnahmen beinhaltet, verändert sich hinsichtlich seiner Legitimation, denn die Legitimation entsteht erst in den Aushandlungsprozessen. „Mit der sozialstaatlich bedingten Politisierung der Administration verliert das Rationalitätskriterium der legalen Richtigkeit (Rechtsstaatlichkeit) seine legitimierende Funktion: in dem Maße, in dem die staatlichen Handlungen nach ihrem Gebrauchwert beurteilt werden, verlieren die tauschwertorientierten Legalitätskriterien ihre legitimierende Kraft" (Müller/Otto 1980: 16).

77 „Die Reduktion der Variabilität menschlichen Verhaltens durch strukturelle Vorgaben zur Sicherung kontinuierlicher und stabiler Handlungsmuster ist weder ganz erreichbar noch in jedem Fall funktional. Sie ist nicht erreichbar, weil das konkrete Handeln nicht völlig durch strukturelle Bedingungen determinierbar ist: Neben den formellen Kommunikationen und Interaktionen bilden sich vielfältige informelle Verhaltensmuster heraus, die nicht durch die Organisationsstruktur induziert sind, sondern diese ergänzen und überlagern und die sowohl funktional als auch dysfunktional sein können. Ohne eine spontane Ergänzung funktioniert die bürokratische Apparatur nicht" (vgl. Müller/Otto 1980: 18).

78 Der Bedeutungsgehalt des Interessenbegriffs geht in diesem Zusammenhang über „selbstbezogenen Nutzen" hinaus, denn „Interessen sind [...] im Kern auf ein langfristig erfolgreiches Bestehen gerichtet" (Mayntz/Scharpf 1995: 54). Mayntz und Scharpf unterstellen als Standardinteressen psychisches Wohlergehen, Handlungsfreiheit (Autonomie) und die Verfügung über wichtige Ressourcen (Macht, soziale Anerkennung, Besitz einer gesicherten Domäne) (vgl. ebd.).

79 Dokumentenanalysen stellen in der Regel die Grundlage bei Implementationsuntersuchungen dar, um den Gegenstandsbereich der Untersuchung zu strukturieren. Ingesamt wurden unterschiedlichste Dokumente auf drei verschiedenen Untersuchungsebenen analysiert: Das neue Kindschaftsrecht als gesetzlicher Handlungsrahmen; Jugendämter als Teil der Jugendhilfe und der kommunalen Sozialverwaltung (kommunalspezifisch- institutioneller Handlungsrahmen) sowie „Veröffentlichungen" der Jugendämter, die im Zusammenhang mit den Neuregelungen des Kindschaftsrechts stehen (Standardbriefe, Informationsblätter etc.) als Wissens- und Handlungsstrukturen. Es ging einerseits um Dokumente, mit denen das neue Kindschaftsrecht als Ergebnis eines familienrechtlichen Entwicklungsprozesses gefasst werden konnte (Gesetzestexte, Kommentarliteratur, BT-Drucksachen, Presseveröffentlichungen, Informationsmaterial etc.). Andererseits wurden Organisationspläne oder Selbstdarstellungen der kommunalspezifischen Implementationsträger „Jugendamt" analysiert, um die regionalspezifischen Strukturen zu erfassen (Elternbriefe, Organigramme, Informationsmaterial etc.).

80 Das Bundesministerium für Justiz hat die „Begleitforschung zur Umsetzung der Neuregelungen zur Reform des Kindschaftsrechts" ausgeschrieben und an ein Forschungsinstitut übertragen, um die rechtlichen Änderungen wissenschaftlich zu begleiten. Die Begleitforschung begann 1998 und neben zwei Zwischenberichten liegt der Endbericht dieser Untersuchung vor (Proksch 2000, 2001, 2002). Die Untersuchung hat zwar umfangreiches quantitatives und teilweise auch qualitatives Datenmaterial zum Thema „neues Kindschaftsrecht" erbracht, aber beinhaltet wenig bis keine Daten zur handlungsstrukturierenden Wirkung des neuen Kindschaftsrechts in Bezug auf die relevanten Akteure in den Jugendämtern. Die Begleitforschung ist als „Ergebniskontrolle" für den Gesetzgeber zu betrachten bzw. aus steuerungstheoretischer Perspektive als Instrument der Handlungsbeurteilung beziehungsweise Rückkopplung. Als „rechtstatsächliche Untersuchung" geht die

Begleitforschung von der Gesetzgeberperspektive aus und soll Hinweise zur Bewertung und Weiterentwicklung bieten.

81 Die Analysen beziehen sich beispielsweise auf Dokumente wie Organigramme, Standardbriefe, Infomaterial etc., welche zur Selbstdarstellung der Jugendämter dienen.

82 ExpertInneninterviews nach Meuser und Nagel sind dem Gegenstand der Untersuchung angemessen, weil diese im Gegensatz zu anderen offenen Interviewformen nicht die Gesamtperson zum Gegenstand der Analyse machen. Folglich geht es nicht um die Person mit ihren Orientierungen und Einstellungen im Kontext des individuellen oder kollektiven Lebenszusammenhangs.

83 „Von Interesse sind ExpertInnen als Funktionsträger innerhalb eines organisatorischen oder institutionellen Kontextes. Die damit verknüpften Zuständigkeiten, Aufgaben, Tätigkeiten und die aus diesen gewonnenen exklusiven Erfahrungen und Wissensbestände sind die Gegenstände des Experteninterviews. Experteninterviews beziehen sich mithin auf klar definierte Wirklichkeitsausschnitte, darüber hinausgehende Erfahrungen, vor allem solche privater Art, bleiben ausgespart. In Experteninterviews fragen wir nicht nach individuellen Biographien, untersuchen wir keine Einzelfälle, sondern wir sprechen ExpertInnen als RepräsentantInnen einer Organisation oder Institution an, insofern sie die Problemlösungen und Entscheidungsstrukturen (re-) präsentieren" (Meuser/Nagel 1989: 45).

84 Eine Person wird zum Experten gemacht, weil angenommen wird, dass diese über Wissen verfügt, welches sie zwar nicht alleine besitzt, das aber doch nicht jedem im Handlungsfeld zugänglich ist. Auf diesen Wissensvorsprung zielt das Expertinneninterview mit der Absicht, im Vergleich der einzelnen Interviews miteinander, das überindividuell Gemeinsame herauszuarbeiten, Aussagen über Repräsentatives, über gemeinsam geteilte Wissensbestände, Relevanzstrukturen, Wirklichkeitskonstruktionen, Interpretationen und Deutungsmuster zu treffen. Dabei sichert der gemeinsam geteilte institutionelle Kontext der ExpertInnen die Vergleichbarkeit (Meuser/Nagel 1991, 1997).

85 Auch als „Insider-Wissen" (Merton 1972) oder „spezialisiertes Sonderwissen" (Sprondel 1979) zu bezeichnen (vgl. Meuser/Nagel 1989: 4).

86 Die Fallauswahl als Teil der Erhebung basierte auf einem vor der Feldphase entwickelten qualitativen Stichprobenplan. Einerseits wurden durch die Minimierung von Unterschieden im Untersuchungsfeld ähnliche Daten zum Untersuchungsgegenstand erhoben, andererseits sollte durch Maximierung von Unterschieden die Heterogenität des Untersuchungsfeldes abgebildet werden. Dies bedeutete, Personen zu interviewen, die in vergleichbaren Abteilungen der Jugendämter mit den rechtlich geänderten Aufgaben befasst sind. Es wurden JugendamtsmitarbeiterInnen aus dem ASD/Sozialpädagogischen Dienst und aus der Beistandschaft befragt. Die Auswahl von Jugendämtern in Kreisen und kreisfreien Städten sollte die Heterogenität des Materials sicherstellen. Die Kontextbedingungen variierten nach Stadt/Land, nach neuen und alten Bundesländern und nach Einwohnerzahl. Interviews fanden an 10 Orten mit insgesamt 20 Personen statt; es waren 10 MitarbeiterInnen des ASD, sieben Beistände sowie drei AmtsleiterInnen an den Gesprächen beteiligt.

II Neues Kindschaftsrecht als sozialpolitisches Programm

1 „Während alle älteren Gesellschaftsformationen aus mehr oder weniger gleichartigen, alle zentralen gesellschaftlichen Funktionen selbständig erbringenden Sozialverbänden bestanden, hat sich in Europa im Verlauf der neuzeitlichen Entwicklungen (insbes. im 19 Jahrhundert) ein Gesellschafts-

typus mit *eigenständigen gesellschaftlichen Teilbereichen* (wie Wirtschaft, Politik, Religion, Recht, Wissenschaft) herausgebildet, die jeweils ganz bestimmte gesellschaftlich notwendige Funktionen erfüllen. Der Strukturwandel der Familie in der Moderne stellt sich so betrachtet als Prozess der Auslagerung von (aus heutiger Sicht) nichtfamilialen Funktionen (wie Produktion, Ausbildung, Altersversorgung) und der Spezialisierung der sich herausbildenden Familien als ein Teilsystem der Gesellschaft auf einen nur ihr eigenen Funktions- und Handlungskomplex dar" (Peuckert 1999: 20).

2   Das Familienrecht ist Teil des BGB und mit diesem Ende des 19. Jahrhunderts konzipierten Gesetz 1900 in Kraft getreten. Es besteht aus drei großen Bereichen: Dem Ehe-, Verwandtschafts- und Vormundschaftsrecht. Vor der Kindschaftsrechtsreform (1998) wurde in den Regelungen des Eltern-Kind-Verhältnisses zwischen ehelichen und nichtehelichen Kindern unterschieden. Außerdem bestanden weitere Sonderregeln für nichteheliche Kinder (§§ 1719-1740g BGB), um deren Benachteiligung zu mildern.

3   Sie bezogen sich auf unterschiedliche Schwerpunkte: Aufgabe des gesetzlichen Leitbildes vom patriarchalischen Mann als Herr über Ehe und Familie; Aufgabe des durch das Verschuldensprinzip gesicherten Leitbildes der lebenslangen Ehe (Scheidung- und Scheidungsfolgenrecht, Eherecht); Versuche, die rechtliche Benachteiligung von nichtehelichen Kindern durch Sonderregelungen auszugleichen; zögerliche Akzeptanz von Kindern als eigenständige Rechtspersönlichkeiten (allgemeines Kindschaftsrecht), zum Beispiel durch die Senkung des Volljährigkeitsalters; Abschaffung der Vormundschaft über Volljährige und der Gebrechlichkeitspflegschaft sowie die Schaffung der auf den Einzelfall abgestellten Instrumente des Betreuungsrechts.

4   In diesem Abschnitt wird von dem Rechtszustand vor der Kindschaftsrechtsreform von 1998 ausgegangen, die Anmerkung: „a.F." (alter Fassung) weist auf noch ältere Fassungen des BGB hin.

5   Grundrechte als Abwehrrechte gegen den Staat.

6   Aufgrund des Sozialstaatsprinzips des GG beinhaltet Art. 6 nicht nur Abwehrrechte, sondern auch die Verpflichtung des Staates, „positiv die Lebensbedingungen für ein gesundes Aufwachsen des Kindes zu schaffen" (BVerfG 24: 145; BVerfGE 56: 384). Gemeint sind Maßnahmen zum Abbau vornehmlich materieller Benachteiligungen von Eltern und Kindern und Forderungen nach einem Familienlastenausgleich sowie der Ausbau von Kinder- und Jugendhilfeangeboten.

7   Die elterliche Sorge steht beiden miteinander verheirateten Eltern gemeinsam zu (§ 1627 BGB), bei Nichteinigung konnte ein Antrag an das Vormundschaftsgericht gestellt werden, das die Entscheidungsbefugnis einem Elternteil übertragen hat (§ 1628 BGB).

8   Gemäß § 1 BGB beginnt mit der Vollendung der Geburt die Rechtsfähigkeit des Menschen. Im Bereich des allgemeinen Geschäftslebens wurden Minderjährigen bereits mit dem In-Kraft-Treten des BGB bestimmte Rechtspositionen eingeräumt (Beschränkte Geschäftsfähigkeit etc. §§ 106-113 BGB; beschränkte Schadensverantwortlichkeit § 828 II BGB). Weitere eigenständige Rechtspositionen für Kinder gibt es im deutschen Recht vor Beginn der Volljährigkeit nur vereinzelt (vgl. Münder 1999a: 135).

9   1969 wurde die elterliche Sorge für nichteheliche Kinder erweitert; 1975 wurde die Volljährigkeit auf das 18 Lebensjahr herabgesetzt (§ 2 BGB); 1980 wurde die elterliche Sorge neu geregelt, so dass sich der Gesetzeswortlaut zum Eltern-Kind-Verhältnis wesentlich geändert hat. Vorher konnte in die elterliche Erziehungsgewalt nur bei schuldhafter Gefährdung des Kindeswohls eingegriffen werden (§ 1666 BGB a.F.). Nach der Gesetzesänderung von 1980 kann heute bereits bei objektiver Gefährdung eingegriffen

werden (§ 1666 BGB), bei einer mit Freiheitsentziehung verbundenen Unterbringung eines Kindes war nun eine vormundschaftliche Genehmigung erforderlich (§ 1631b BGB). Außerdem wurde der Wille des Minderjährigen zum Teil berücksichtigt, bei der Ausbildung (§ 1631a BGB) und bei der Überlassung der elterlichen Sorge nach Scheidung (§ 1671 BGB).

10 Pflege und Erziehung der Kinder, als natürliches Recht der Eltern, nehmen diese gemäß Artikel 3 II GG als Mutter und Vater gleichberechtigt war.

11 Es ist gefestigte Rechtsprechung des Bundesverfassungsgerichts, dass Kinder von ihrer Geburt an, wie Erwachsene, uneingeschränkt Träger aller Grundrechte sind (keine fehlende Grundrechtsmündigkeit analog zur beschränkten Geschäftsfähigkeit im Zivilrecht).

12 Laut BVerfG kann eine Verfassung, welche die Würde des Menschen in den Mittelpunkt ihres Wertesystems stellt, bei der Ordnung zwischenmenschlicher Beziehungen grundsätzlich niemandem Rechte an der Person eines anderen einräumen, die nicht zugleich pflichtgebunden sind und die Menschenwürde des anderen respektieren (BverfGE 24). Aus der Grundrechtsträgerschaft der Kinder wird abgeleitet, dass die Erziehungsverantwortung der Eltern an die Interessen des Kindes (dem sogenannten Wohl des Kindes) gebunden sein muss. Dadurch erhält das Kindeswohl Verfassungsrang, ohne ausdrücklich genannt zu sein. Die Grundrechtsposition Minderjähriger ergibt sich aus der Verknüpfung von Art. 6 II GG mit Art. 1 I GG: Minderjährige werden als autonome Rechtssubjekte auch in Bezug auf die Eltern anerkannt.

13 Als „Arena" oder „strategisches Feld" ist der Staat der Ort, an dem sich die politischen und sozialen Auseinandersetzungen der Akteure konzentrieren und verdichten und zu jeweils zeitlich begrenzten Kompromissen und Konsensen auf der Basis aktueller Machtverhältnisse führen (vgl. Schaarschuch 1999). Kompromisse bestehen dabei aus der Kombination verschiedener, oftmals kontroverser Interessen. Konsense gelten nur, solange sie nicht aufgekündigt werden.

14 Die Verlagerung der konkreten Konfliktaustragung auf die Implementationsebene wird an verschiedenen Regelungen in Teil IV deutlich: Insbesondere die Gewichtung der gemeinsamen elterlichen Sorge, die Zuständigkeit für den begleiteten Umgang, die Bestellung von Verfahrenspflegern sowie die Unterstützung bei der Ausübung der Personensorge führt zu Unsicherheiten oder sogar zu Konflikten zwischen Implementationsträgern (vgl. Teil IV).

15 Die Geburtenzahlen werden nicht nur von der Geburtenneigung, also dem generativen Verhalten der Frauen, sondern auch durch die Jahrgangsstärke der Frauen im Familiengründungsalter beeinflusst. Tatsächlich haben die Geburten 1998 gegenüber den Vorjahren deutlich abgenommen. Abgesehen von kürzeren Unterbrechungen und vom „Echoeffekt" des früheren westdeutschen Geburtenbooms sinken die Geborenenzahlen in Deutschland seit Mitte der sechziger Jahre (vgl. BMFSFJ 2001: 99; 2003: 71).

16 Die institutionelle Verknüpfung von Liebe, lebenslanger Ehe, Zusammenleben in gemeinsamen Haushalten, exklusiver Monogamie und biologischer Elternschaft durch die bürgerliche Ehe- und Familienordnung lockert sich und ist unverbindlicher geworden. Die einzelnen Elemente sind isolierbar und einzeln oder in verschiedenen Varianten zugänglich und lebbar: Beispielsweise Liebe ohne Ehe, Ehe ohne Kinder, Kinder ohne Ehe, Ehe und/oder Kinder ohne gemeinsamen Haushalt etc.

17 Die UN-Kinderrechtskonvention beinhaltet eine grundsätzliche Herausforderung an die deutsche Rechtsordnung, denn um das Kind als eigenständige Persönlichkeit im beabsichtigten Umfang zu schützen, zu fördern und zu beteiligen, müsste zwingend ein entsprechendes Grundrecht für Kinder formuliert und in der Verfassung verankert werden. Zu einer solchen weitreichen-

den Veränderung hat sich die Verfassungskommission bislang nicht einigen können (vgl. Schimke 1998: 6).
18 Interessenverbände, die sich zur Reform geäußert haben, waren zum Beispiel der VAMV, EFAV e.v. (Eltern für aktive Vaterschaft, VafK e.v. (Väteraufbruch für Kinder), ISUV/VDU e.v. (Interessenverband Unterhalt und Familienrecht) etc.
19 Einige Namen, die häufig in dieser Debatte genannt wurden, sind: Oberloskamp, Münder, Salgo, Wiesner, Willutzki, Zitelmann. Dies ist nur eine beispielhafte Aufzählung, die nicht vollständig ist.
20 In den Reformdiskussionen wurden Stellungnahmen von Verbänden abgegeben, zum Beispiel vom 59. Deutschen Juristentag, Abteilung Familienrecht (1992); vom Deutschen Juristinnenbund (1992); von der Sorgerechtskommission des Deutschen Familiengerichtstages (1993, 1997); vom Deutschen Verein zur öffentlichen und privaten Fürsorge (1995) (vgl. Schimke 1998: 9).
21 Gutachten: Lebenslage nichtehelicher Kinder; gemeinsame Sorge geschiedener Eltern in der Rechtspraxis; Probleme des Sorgerechts bei psychisch kranken und geistig behinderten Eltern; Kindschaftsrecht im Wandel; der Anwalt des Kindes – die Vertretung von Kindern in zivilrechtlichen Kindesschutzverfahren- und Praxiserprobung von Vermittlung – Mediation – streitiger Familiensachen (vgl. KindRG-E: 50 f.).
22 Im Überblick stellt sich die Kindschaftsrechtsreform folgendermaßen dar (vgl. in Schimke 1998: 9): Das Kindschaftsrechtsreformgesetz vom 16.12.1997 ist am 1.7.1998 in Kraft getreten; das Beistandschaftsgesetz vom 4.12.1997 ist am 1.7.1998 in Kraft getreten; das Erbrechtsgleichstellungsgesetz vom 16.12.1997 ist am 1.4.1998 in Kraft getreten; das Kindesunterhaltsgesetz vom 4.5.1998 ist am 1.7.1998 in Kraft getreten; das Eheschließungsrechtsgesetz vom 4.5.1998 ist am 1.7.1998 in Kraft getreten; das Betreuungsrechtsänderungsgesetz vom 25.6.1998 ist am 1.7.1998/1.1.1999 in Kraft getreten und das Minderjährigenhaftungsbeschränkungsgesetz vom 29.5.1998 ist am 1.1.1999 in Kraft getreten.
23 Im Referentenentwurf zum Kindschaftsrecht von 1995 hatte der Bundesminister der Justiz vorgesehen, dass das Gericht immer dann einen Verfahrenspfleger für das Kind zu bestellen hatte, wenn dies für die Wahrnehmung seiner Interessen erforderlich sei. Im Regierungsentwurf wurde dieser Vorschlag in eine „kann"-Regelung abgeschwächt und der Bundesrat wollte aus Kostengründen diese Regelung streichen (vgl. Schimke 1998: 51).
24 Die gewaltfreie Erziehung wurde zwar nicht im Kontext der Kindschaftsrechtsreform präzisiert, aber nach dem Regierungswechseln in der 14. Wahlperiode 2000 gemäß des Bundesratsvorschlag nachgebessert. Seit dem wird in § 1631 II BGB ein Recht auf gewaltfreie Erziehung eingeräumt (BT-Drs. 14/3781).
25 Zum Beispiel hinsichtlich der Möglichkeit der gemeinsamen Sorge nicht verheirateter Eltern, für die die Zustimmung der Mutter nach wie vor Voraussetzung ist (vgl. zum Beispiel EFAV e.V. 13.10.1997).
26 Die Ausführungen basieren, soweit nicht anders ausgewiesen, auf den Einführungen zum neuen Kindschaftsrecht von Graf von Luxburg (1998), Münder (1998), Oberloskamp (1998), und Schimke (1998).
27 Alle genannten Paragraphen beziehen sich auf das reformierte Kindschaftsrecht von 1998. Der Zusatz a.F. kennzeichnet im Folgenden die vor dem 1.7.1998 gültige alte Fassung.
28 Diese scheinbar selbstverständliche Zuordnung des Kindes zu seiner leiblichen Mutter bekommt Bedeutung durch die in Fällen der Ei-Spende, Embryonenspende und der Leihmutterschaft ermöglichte sogenannte gespaltene Mutterschaft. Das Abstammungsrecht unterbindet diese Arten von Mutter-

schaft und nimmt damit eine zukünftige Regelung in der Fortpflanzungsproblematik vorweg (vgl. KindRG-E: 52).
29 Nach der Entscheidung des BVerfG von 1982 konnte unter bestimmten Bedingungen auch die gemeinsame Sorge nach der Scheidung ausgeübt werden.
30 Im Fall der Gefährdung des Kindeswohls nach § 1666 BGB kann das Gericht auch zukünftig von Amts wegen tätig werden.
31 Zum Beispiel der Wechsel des Sorgerechts bei beharrlicher Verweigerung des Umgangs des anderen Elternteils; Zwangsmittel oder Änderung der Umgangsregelung.
32 Wegen der Einheitlichkeit der Geschwisternamen gilt dieser gemäß § 1617 I 3 BGB auch für die weiteren Kinder.
33 Unterhaltsklagen ehelicher Kinder waren vor den Familiengerichten, nichtehelicher Kinder vor den Prozessabteilungen der Amtsgerichte gegen ihre Väter zu erheben. Streitigkeiten über Ansprüche der Mütter (§§ 1614k bis 1615m BGB) wurden auch in den Prozessabteilungen der Amtsgerichte geregelt. Bei Verfahren über die elterliche Sorge für eheliche Kinder waren die Familiengerichte, für nichteheliche Kinder die Vormundschaftsgerichte zuständig. Dies galt auch für die Umgangsverfahren. Abstammungsverfahren wurden teilweise beim Vormundschaftsgericht (bei FGG-Verfahren) oder bei den Prozessabteilungen des Amtsgerichts (bei ZPO-Verfahren) verhandelt.
34 Das Gericht muss sich einen persönlichen Eindruck verschaffen, weil die Anhörungen zwingend vorgeschrieben sind. Nur aus schwerwiegenden Gründen kann davon abgesehen werden (§§ 50a III, 50b III FGG). Um die Beziehung zwischen Kind und Eltern umfassend abzuklären, ist die Anhörung des Kindes besonders wichtig. Der persönliche Kontakt des Richters mit dem Kind wird als notwendig angesehen, was auch für jüngere Kinder gilt. Nach Vollendung des 14. Lebensjahres sind Minderjährige stets anzuhören; in Personensorgeangelegenheiten schon dann, wenn sie geschäftsfähig sind (über sieben Jahre alt). Insbesondere die Gestaltung der Anhörung, zum Beispiel Ort, Umgebung, Methode etc. ist zu beachten, um Zugang zu den Kindern zu bekommen. Münder 2000 sieht hier die „Achillesferse" vieler RichterInnen, da diese zum Teil selbst große Kompetenzprobleme hinsichtlich der Anhörung von Kindern einräumen (vgl. Münder et al. 2000: 227). Die Kindes- und Elternanhörungen müssen so beschaffen sein, dass nicht allein schon durch die Anhörungen dem Kind oder den Eltern geschadet wird (vgl. Bode 2001: 139).

III Jugendämter als Implementationsträger des neuen Kindschaftsrechts

1 Die Implementationsstruktur kann gegen das Implementationsfeld abgegrenzt werden, in das die Implementeure hineinwirken. Die Implementationsstruktur besteht aus der Gesamtheit der steuernd, kontrollierend oder unmittelbar durchführend mit der Implementation befassten administrativen Einheiten (vgl. Mayntz 1980: 245).
2 Eine einheitliche, zielgenaue und reibungslose Implementation, wie sie der Gesetzgeber vorsieht, wird im steigenden Maße unwahrscheinlich, wenn der Implementationsinstanz die Wahl der Handlungsmittel oder die Konkretisierung der Handlungsziele überlassen bleibt. Die Handlungs- und Gestaltungsmacht steigt, wenn der jeweiligen Implementationsinstanz lediglich eine Zielsetzung vorgegeben ist und es dieser weitgehend überlassen bleibt, die geeigneten Mittel zu wählen, oder wenn die Zielsetzung für den Einzelfall erst zu definieren und zu konkretisieren ist.

3   Bei der Analyse von programmspezifischen Netzwerken kann zwischen den formal vorgesehenen, den faktischen und den in funktioneller Hinsicht optimalen Beziehungen der beteiligten Organisationen unterschieden werden (vgl. Abb. 4).

4   Als ExpertInnen in den Jugendämtern wurden jene MitarbeiterInnen angesprochen, die den direkten Kontakt zu den AdressatInnen haben. Es ist eher davon auszugehen, dass die jeweils übergeordneten Ebenen (z.B. JugendamtsleiterInnen) in einer mehrstufigen Implementationsstruktur vom Detailwissen der jeweils unteren Ebene (z.B. SachbearbeiterInnen im Jugendamt) abhängig sind. Dieses Wissen bezieht sich auf die lokale Situation und erwächst aus praktischen Erfahrungen und den Kontakten mit AdressatInnen. In jenen Interviews, in denen neben den MitarbeiterInnen auch AmtsleiterInnen anwesend sind, bestätigt sich diese Annahme.

5   Relevante organisations- und professionsspezifische Steuerungsmittel sind zum Beispiel materielle Ressourcen, Verwaltungsmodelle (klassisch bürokratisch oder „Neue Steuerungsmodelle") beziehungsweise die Binnenorganisation (Hierarchien, Arbeitsorganisation, Personalwesen, Ressourcenverteilung etc.) sowie fachliche Qualifikation, Handlungsmaximen und Haltungen (Fortbildungen, inhaltliche Schwerpunktsetzung, Methoden, theoretische Bezugssysteme etc.).

6   Die Dezernatsverteilung nimmt, dem Bedarf entsprechend, das Präsidium des Amtsgerichtes vor. Folglich werden unterschiedlichen Lösungen für den Einsatz der RichterInnen realisiert, die dementsprechend unterschiedlich Dezernatszuschnitte haben. Die Größe bezieht sich auf die Anzahl der Richterstellen. Die Anzahl der RichterInnen variiert mit der Größe der Einzugsgebiete, für die die Gerichte zuständig sind (Einwohnerzahl).

7   Der Begriff „vermittelter" oder „mediatisierter" Profession bei White geht auf die Analysen von Johnson (1972) zurück, der jene Einrichtungen als mediatisierte Professionen bezeichnet, die als Teil des Staates oder im Auftrag des Staates als Vermittlungsinstanz zwischen der Profession (als berufliche Machtstruktur) und ihrer Klientel fungieren. Die Einrichtung entscheidet über die Zusammensetzung der Klientel und legt in groben Zügen fest, was für die Klientel im rechtlichen Rahmen an Leistungen erbracht und welche Ressourcen zugewiesen werden. Der Staat delegiert seine Macht an die betreffenden Professionellen und legitimiert zugleich deren Status. Vor diesem theoretischen Hintergrund wird Soziale Arbeit als staatsvermittelte Machtstruktur verstanden (vgl. White 2000: 10 ff.).

8   Diese auf einem überholten Verständnis des verfassungsrechtlichen Verhältnis von Elternrecht, Staat und Minderjährigen basierende Sichtweise setzt das SGB VIII der Kritik aus, eher Familienhilfe- denn Kinder- und Jugendhilfegesetz zu sein.

9   Kinder, die außerhalb einer Ehe geboren wurden, stellten einen Anlass zum staatlichen Handeln dar. Der Anteil von nichtehelichen Kindern unter den Pflege- und Haltekindern war hoch, da deren Mütter sich in besonderer Weise gezwungen sahen, ihre Kinder in Pflege zu geben. Vor diesem Hintergrund wurde zum Beispiel das Vormundschaftswesen reformiert, so dass nicht mehr die Väter der nicht verheirateten Mütter die Einzelvormundschaft inne hatten, sondern Kinder, die in Waisenhäusern o.ä. lebten, unter Anstaltsvormundschaft gestellt wurden.

10 Gemeint sind zum Beispiel die Inobhutnahme von Minderjährigen (§ 42 SGB VIII), die Herausnahme von Minderjährigen (§ 43 SGB VIII), die Mitwirkung des Jugendamtes in vormundschaftlichen-, familien- und jugendgerichtlichen Verfahren (§ 50 SGB VIII) und die Amtspflegschaft/Amtsvormundschaft nach § 55 SGB VIII (a.F.).

11 Zum Beispiel würden die Parameter Sozialer Arbeit durch die Gesetzgebung des Staates bestimmt: „Die Kernfunktionen Sozialer Arbeit werden als Gesetz – als Manifestation staatlicher Politik – etabliert" (White 2000: 13).
12 Gemeinden und Gemeindeverbände sind Körperschaften des öffentlichen Rechts, sie gehören zur mittelbaren Staatsverwaltung und verrichten öffentliche Aufgaben als eigene Rechtspersönlichkeit in Form juristischer Personen des öffentlichen Rechts.
13 Als Bürokratiekennzeichen beziehungsweise Merkmale einer bürokratischen Organisation gelten in Anlehnung an Max Weber (1976): Amtshierarchien (System der Über- und Unterordnung, Befehlsgewalt in Rangfolge), Arbeitsteilung aufgrund funktioneller Spezialisierung, Systeme abstrakter Regeln (Zuständigkeiten, Befugnisse, Pflichten), Systeme von abstrakten Anweisungen zur Regelung des Arbeitsverfahrens, von Dienstwegen zur Regelung der Information und Kommunikation, Arbeit mit Akten, schematische Laufbahnen mit speziellen Zugangsvoraussetzungen, hauptamtliche Anstellung auf Dauer sowie rationale Disziplin der Mitglieder. Es herrscht der Grundsatz schriftlicher Information und Entscheidung, so dass alle Vorgänge schriftlich festgehalten und in Akten angelegt werden. Die Mitglieder der Organisation folgen einer rationalen Disziplin, das heißt die Anordnungen werden ohne Rücksicht auf persönliche Vorstellungen und Wünsche durchgeführt (vgl. Fieseler/Herborth 2001: 134f).
14 Die Kritik bezieht sich in der Regel auf folgende Kennzeichen: Zentralisierte Verantwortung, hierarchische Gliederung, lange Instanzenwege; fehlende Ressourcenverantwortung der einzelnen Ämter (Fachverantwortung); autoritäre Führung, unflexible Kommunikationsstrukturen, wenig Selbstständigkeit und Risikobereitschaft; mangelnde Kostentransparenz; geringes Kostenbewusstsein; unflexible Personalsteuerung; mangelhafte Mitarbeitermotivation; Statusorientierung (statt Leistungsorientierung) und geringe Kundenorientierung (vgl. ebd.).
15 Ecksteine der KGSt-Konzeption sind die Output-Orientierung/Produktorientierung, Budgetierung, Dezentralisierung von Aufgaben- und Ressourcenkompetenz, Controlling beziehungsweise Erhöhung der Kostentransparenz, die Einführung von Verfahren der Messung von Kosten/Nutzen-Relationen und Contracting-Out (Auslagerung von Aufgaben, zum Beispiel an freigemeinnützige Träger).
16 Bei mehreren möglichen Mitteln zur Zielerreichung ist das Mittel auszuwählen, was den Betroffenen am wenigsten beeinträchtigt. Da im sozialen Bereich individuelle Lebenslagen bei Entscheidungen mitberücksichtigt werden müssen, sind überprüfbare gleichliegende Sachverhalte selten zu finden. Verfährt eine Behörde in Wahrung ihres Ermessensspielraumes stets gleichförmig, tritt eine Selbstbindung ein, von der nur aus sachlichen Gründen abgewichen werden kann.
17 Die Kundenmetapher täuscht darüber hinweg, dass die „Konzeptualisierung der Adressaten Sozialer Arbeit als mit Marktmacht ausgestatteter, ökonomisch „rational" handelnder Subjekte aufgrund der häufig fehlenden Freiwilligkeit und der Überweisung durch andere Instanzen" nicht angemessen ist (vgl. Schaarschuch 1996: 17).
18 White bezeichnet die zunehmende Betonung der Dienstleistungsqualität durch „das Management" als Beispiel für „Kooptation", mittels derer die professionelle Bedeutung und Begrifflichkeit kolonialisiert wird (vgl. White 2000: 21 f.).

IV Aufgabenwahrnehmung in Jugendämtern nach dem neuen Kindschaftsrecht

1 „Rechtsfolge des subjektiven Rechtsanspruchs ist der Anspruch auf „Beratung und Unterstützung". Mit diesen Stichworten sind tendenziell eher „weiche" Leistungen [...] angesprochen. [...] Die Rechtsanspruchsqualität befindet sich hier regelmäßig auf der „höchsten" Stufe: Es bestehen unbedingte Rechtsansprüche, was durch die entsprechenden Formulierungen – „haben Anspruch", „sind zu unterstützen", – zum Ausdruck kommt. Bei der Formulierung des § 18 Abs. 3 Satz 4 SGB VIII („soll vermitteln") handelt es sich um einen Regelrechtsanspruch, so dass der öffentliche Träger für den Fall seines Nichthandelns nachweispflichtig dafür ist, dass eine Ausnahmesituation vorliegt" (Münder 2000: 89).

2 Das Sozialstaatsprinzip (Art. 20, 28 GG) verpflichtet den Staat, für eine gerechte Sozialordnung zu sorgen (BVerfGE 22). Im Rahmen dieser Sozialordnung ist die Beratung der „sozial schwachen Volkskreise", über die sich aus den Gesetzen ergebenden Rechte und Vorteile, eine Amtspflicht der zuständigen Träger und ihrer Bediensteten. Die Pflicht für die Sozialbehörden beziehungsweise die Sozialadministration, Beratung zu gewähren beziehungsweise vorzuhalten, ist in zahlreichen Vorschriften und einschlägigen Gesetzen formuliert.

3 „Die Grenze für ihre Einigungskompetenz ist § 1666 BGB. Sind die Eltern noch nicht in der Lage einvernehmliche Lösungen selbst zu erarbeiten, sind ihnen entsprechende Beratungshilfen zu geben, die dem Ausgleich dieser Defizite dienen können. Bleibt eine solche Beratung erfolglos, ist unter weitgehender Einbeziehung der Vorstellungen der Eltern und ihrer Kinder (§§ 8,9,17 SGB VIII) durch das Jugendamt selbst ein Leistungsangebot zu entwickeln, das die erzieherischen und sozialen Gesichtspunkte zur Entwicklung des Kindes oder des Jugendlichen berücksichtigt (§ 50 Abs. 2 SGB VIII)" (ebd.: 29).

4 Vermittlung steht im Zusammenhang mit Konzepten der Mediation beziehungsweise des Konfliktmanagements und des Verhandelns. Ziel ist eine faire, beide Seiten zufriedenstellende Vereinbarung über die Regelung einer sozialen Konfliktsituation mithilfe eines neutralen Vermittlers zu erreichen. „Mediation steht somit für eine Alternative zu Resignation bzw. gewalttätiger Selbsthilfe einerseits und zu den Entscheidungsprozeduren der eher förmlichen Gerichtsbarkeit andererseits; sie empfiehlt sich in Situationen, in denen die Betroffenen den Konflikt nicht aus eigener Kraft bewältigen können, ihn gleichzeitig aber auch nicht vollständig aus der Hand geben möchten" (Messmer 2001: 1169).

5 Aufgrund des Selbstverwaltungsrechts der Gemeinden nach Art. 28 II GG und beeinflusst durch politische, ökonomische, geographische und lokale Bedingungen, ist die Organisation öffentlicher sozialer Dienste höchst unterschiedlich (vgl. Fieseler/Herborth 2001: 131ff). Herkömmliche kommunale Verwaltungsstrukturen bauen in der Regel auf dem Prinzip der Zuständigkeit auf und sind durch eine vertikale beziehungsweise hierarchische sowie eine horizontale beziehungsweise ressortmäßige Gliederung gekennzeichnet. „Durch das vertikale Gliederungsprinzip wird die Verwaltung nach Kompetenzträgern (Amts-, Abteilungs-, Gruppenleiter, Sachbearbeiter) abgestuft; horizontal gliedern sich die Ämter in einzelne Abteilungen" (ebd.: 138).

6 Stand 98/99

7 Um einen Teil dieser möglichen Variationen in die Untersuchung mit einzubeziehen, wurden Interviews an 10 Orten mit insgesamt 20 Personen geführt; es waren 10 MitarbeiterInnen des ASD, 7 Beistände sowie 3 AmtsleiterInnen

an den Gesprächen beteiligt. Die Interviews fanden mit ExpertInnen in 3 kreisfreien Städte und 7 Landkreisen statt, deren Einwohnerzahl eine Bandbreite von minimal 50 000 und maximal 300 000 abdeckt. Davon wurden 3 in Mecklenburg-Vorpommern sowie 7 in Schleswig-Holstein und Niedersachsen geführt.

8 Es wurden sieben Landkreise in die Untersuchung miteinbezogen. Von der Einwohnerzahl aus betrachtet sind die Landkreise LK6, LK4 und LK7 vergleichbar, wobei aber LK4 und LK7 eine wesentlich größere Fläche umfassen und vergleichsweise sehr dünn besiedelt sind. Weiter lassen sich die Landkreise LK5, LK1 und LK9 aufgrund ähnlich hoher Einwohnerzahlen vergleichen, wobei der LK5 eine vergleichsweise kleine Fläche umfasst und damit eine sehr hohe Einwohnerdichte hat. Besonders auffällig ist LK8, weil in diesem Landkreis die wenigsten Einwohner auf einer vergleichsweise großen Fläche leben.

9 Nachfolgend wird die Bezeichnung „ASD" verwendet, auch wenn es sich regionalspezifisch um einen Sozialpädagogischen Dienst handelt.

10 Nachfolgend wird die Bezeichnung „Beistandschaft" verwendet, auch wenn es sich um regionalspezifisch unterschiedliche Zuschnitte der Abteilungen handelt, in denen es um Amtsvormundschaften, Amtspflegschaften, Beistandschaften, Vaterschaftsfeststellungen, Beurkundungen und Unterhaltsangelegenheiten geht.

11 Die Gerichte teilen die Rechtshängigkeit von Scheidungssachen, wenn gemeinschaftliche minderjährige Kinder vorhanden sind (§ 622 Abs. 2 Satz 1 der Zivilprozessordnung) sowie Namen und Anschriften der Parteien dem Jugendamt mit, damit diese die Eltern über das Leistungsangebot der Jugendhilfe nach Absatz 2 unterrichtet.

12 In Anlehnung an das Konzept der klassischen Bindungstheorie vertritt die Bindungslehre die Auffassung, dass Kinder für ihre Entwicklung (mindestens) eine Person brauchen, so dass die Bindung zur hauptbetreuenden Person im Scheidungsfall eine klare rechtliche Zuordnung des Kindes zur Hauptperson verlangt (vgl. Münder 1999: 169).

13 In systemorientierter oder systemischer Betrachtungsweise ist Familie kein statisches System, sondern ein dynamischer Prozess, in dem zwischen der Paarebene und der Elternebene zu differenzieren ist. Im Scheidungsfall können die Beziehungen auf der Paar-/Partnerschaftsebene aufgelöst werden, die auf der Elternebene aber nicht. (vgl. Münder 1999: 169).

14 Vermittlung zielt auf die Förderung der Kommunikations- und Kooperationsfähigkeit der Streitparteien sowie auf die Stärkung ihrer Selbstständigkeit, ihres Selbstbewusstseins und ihres Selbstvertrauens. Vermittlung kann sich inhaltlich auf „vermögensrechtliche Fragen, Unterhaltsfragen, Sorge- und Umgangsrechtsregelungen, aber auch auf sonstige Konflikte beziehen, die zwischen Eltern, Paaren untereinander oder/und mit ihren Kindern entstehen" (Proksch 1996: 626). In diesem Sinne ist Vermittlung weder Beratung noch Therapie oder bloße juristische Verhandlung, sondern eine in Stufen strukturierte Kurzzeitintervention, die „den Verfassungsvorgaben des Art. 6 Abs. 2 GG Rechnung [trägt], der die Eltern verpflichtet, auch bei Trennung und Scheidung eine den Interessen ihrer Kinder entsprechende einvernehmliche Regelung zu suchen" (ebd.).

15 Richtigerweise hieße es nicht Übertragung, sondern Überlassung der elterlichen Sorge, denn die Alleinsorge kann nicht übertragen werden, wenn vor der gerichtlichen Entscheidung keine Alleinsorge bestand (vgl. Kunkel 1998: 189).

16 Trennungs- und Scheidungsberatung ist eine prozessorientierte Beratungsintervention, das bedeutet, diese Beratungsform orientiert sich an den einzelnen Phasen des Trennungs- und Scheidungsprozesses. Das Ziel dieser Bera-

tung ist, den von Trennung und Scheidung betroffenen Paaren oder Familien Hilfen zu geben: Bei der Klärung und Bearbeitung von Trennungsambivalenzen, zur Regelung der Trennungs- und Scheidungsfolgen (zum Beispiel Sorgerecht, Umgangsrecht, Unterhalt) sowie zur Bewusstmachung und Bewältigung der mit Trennung und Scheidung einhergehenden psychosozialen, ökonomischen und rechtlichen Fragen. Im Beratungskontext soll die Handlungs-, Regelungs- und Entscheidungskompetenz der Betroffenen gefördert werden. Trennungs- und Scheidungsberatung gilt als „Mischung aus vor allem systemischer Therapie und unterstützenden sowie informationsvermittelnden Beratungsformen" (ebd.). Eine so verstandene Beratung muss der Komplexität personaler, intrapsychischer, dyadischer, familiendynamischer, juristischer, praktischer und therapeutischer Ablösungs- und Reorganisationsprozesse in Trennungs- und Scheidungssituationen gerecht werden. Dies beinhaltet eine „integrative" beziehungsweise „systemische" Arbeitsweise (Proksch 1996). BeraterInnen benötigen nicht nur Kenntnisse und Erfahrungen in psychologischen und sozialpädagogischen Beratungsmethoden sowie über das Recht von Trennung und Scheidung, sondern auch Wissen über spezifische Hilfebedürfnisse von Kindern, Jugendlichen und Eltern in den einzelnen Phasen von Trennung und Scheidung.

17 Diese Rechtsberatung steht nach Hauck nicht im Widerspruch zum Rechtsberatungsgesetz, weil gemäß § 3 I RBerG Rechtsberatung und Rechtsbetreuung, die von Behörden im Rahmen ihrer Zuständigkeit gewährt wird, zulässig sind (ebd.: 7). Dagegen gilt diese Regelung für die freien Träger der Jugendhilfe nicht. Es scheint folglich ausgeschlossen zu sein, dass Träger der freien Jugendhilfe eine fachkundige Beratung ohne gleichzeitige Rechtsberatung leisten können.

18 Der Kindeswohlbegriff wurde in § 17 I 3 SGB VIII übernommen und schafft eine Verbindung zum § 1671 II 2 BGB.

19 Typische unmittelbare Reaktionen sind nach einer Untersuchung von Napp-Peters: Trennungsängste, Depressionen, Schuldgefühle, aggressives Verhalten (Wutausbrüche, Lügen), Sprachstörungen, Hautausschlag oder Magen- und Darmstörungen (Hauck 2000: 9).

20 „Eltern sollen lernen, ihre Probleme auf der Partnerebene von ihrer Verantwortung auf der Elternebene zu trennen und dabei die Interessen der Kinder in den Vordergrund zu stellen, Kindern soll der Zugang und die Beziehung zu beiden Elternteilen erhalten werden, ohne in Loyalitätskonflikte zu geraten, um Identifikationsmöglichkeiten mit Vater und Mutter zu erhalten, Kindern sollen Chancen zur Entwicklung eines stabilen Selbstwertes eröffnet werden, Kindern sollten möglichst viele ihrer sie stützenden Beziehungen und so weit wie möglich ihre vertraute Umgebung erhalten bleiben, Kinder sollen Klarheit über den künftigen Lebensort erhalten und das Gefühl bekommen, diesen mitbestimmen und mitgestalten zu können und damit ernst genommen werden" (Hauck 2000: 9).

21 Für Kunkel (1998) geht die Unterstützung nach § 50 I SGB VIII über die Mitwirkung nach § 50 II SGB VIII hinaus: „Sie erfasst nicht nur die in den §§ 49, 49a FGG genannten Fälle, sondern weitere Fälle, die personensorgerechtliche Entscheidungen des Gerichts betreffen [...]. In allen sorgerechtlichen Angelegenheiten soll das JA ein „Einmischungsrecht"[...] haben" (Kunkel 1998: 482).

22 Das Jugendamt äußert sich dazu, welche Sorgerechtsregelung dem Kindeswohl am besten dient (vgl. Kunkel 1998: 484).

23 Das Jugendamt äußert sich zum Umgang mit dem Kind und seine Auswirkungen auf das Kindeswohl (vgl. Kunkel 1998: 484).

24 „Zu beachten sind dabei die unterschiedlichen Aufträge der Jugendhilfe und des Familiengerichts im Scheidungsverfahren. Während die Jugendhilfe die

Familie bei der kindgerechten Umgestaltung ihrer familialen Situation und Beziehungen unterstützen soll, muß das Familiengericht abschließend eine Entscheidung treffen. Hieraus resultiert, daß das Jugendamt nicht nur als Gehilfe des Familien- und Vormundschaftsgerichts, sondern als verfahrensberechtigte Institution im familiengerichtlichen Verfahren mitwirkt" (Hauck 2000: 13).

25 Stehen dem Jugendamt keinerlei Informationen zur Verfügung, kann „[d]as Jugendamt [...] das Familiengericht in diesen Fällen zum Beispiel durch allgemeine sozialpädagogische Hinweise – wie zu besonderen Entwicklungs- und Belastungsrisiken von Kindern und Jugendlichen aufgrund ihres Geschlechts, ihres Alters oder der familiären Konstellation – unterstützen. Daneben sollte es Hinweise auf die soziale Infrastruktur geben" (Hauck 2001: 16).

26 Unberührt hiervon bleiben Verfahren bei Gefährdung des Kindeswohls gemäß §§ 1666, 1666a BGB.

27 Die statistische Gesamtverteilung der Elterlichen Sorge nach Trennung und Scheidung zeigte sich im Untersuchungsjahr 2000 wie folgt: In den 87 630 Scheidungsverfahren von 2000 behielten fast 70% (60 771) der beteiligten Eltern mit gemeinsamen minderjährigen Kindern die gemeinsame elterliche Sorge, da kein Antrag auf gerichtliche Regelung gestellt wurde. In 6,2 % (5 423) der Trennungs- und Scheidungsfälle wurde die gemeinsame elterliche Sorge den Eltern vom Gericht „auferlegt", nachdem ein Elternteil einen Antrag auf Regelung der Sorge gestellt hat. Zusammengenommen ergibt sich für 2000 eine Verteilung von 76% der gemeinsamen elterlichen Sorge bundesweit (70% in 1999: Davon in 19% „auferlegt"). Die alleinige elterliche Sorge wurde im Jahr 2000 in 20 283 Fällen (23%) einem Elternteil überlassen. Rein statistisch gesehen hat sich die gemeinsame elterliche Sorge im Sinne des Gesetzgebers weitgehend durchgesetzt. Allerdings bestehen zwischen den Bundesländern Unterschiede, die auf unterschiedliche Akzeptanz der Regelungen durch die Bevölkerung zurückgeführt werden können (vgl. Mecklenburg-Vorpommern).

28 Beide Hoffnungen (auf Kontakt und Unterhalt) haben sich zumindest in den USA nicht erfüllt, dort wird in einigen Staaten schon seit 1979 die gemeinsame Sorge zugelassen (vgl. Münder 1999: 166).

29 Die gemeinsame elterliche Sorge kann beendet werden, wenn die Eltern nicht nur vorübergehend getrennt leben und ein Elternteil einen Antrag auf gerichtliche Entscheidung stellt. Die Übertragung der elterlichen Sorge kann nach neuem Recht ganz oder zum Teil erfolgen, zum Beispiel, wenn nach der Trennung der Eltern nur über eine Frage keine Einigung erzielt werden kann (zum Beispiel der Aufenthalt oder die Ausbildung). Wird kein solcher Antrag gestellt, bleibt die gemeinsame Sorge bestehen, unabhängig davon, ob die Eltern sich scheiden lassen.

30 „Das Konzept der klassischen Bindungstheorie wurde vor dem Hintergrund der Psychoanalyse Freuds entwickelt, es wird ergänzt durch ethnologische und ethnologische Forschungsansätze sowie durch die Erkenntnisse der Deprivationsforschung. Aus diesen humanwissenschaftlichen Erkenntnissen entwickelte die Bindungslehre die Auffassung, daß Kinder für ihre Entwicklung (mindestens) eine Person brauchen, deren Beteiligung an ihrem Schicksal über die notwendige Grundversorgung (Füttern, Körperpflege) hinausgeht [...] Folgerungen hat diese Bindungstheorie im Zusammenhang kontroverser Scheidungsverfahren insofern, als die Anhänger der Bindungstheorie für den Scheidungsfall eine klare rechtliche Zuordnung des Kindes zur Hauptperson fordern[...], selbst wenn ein Elternteil aus sachlich nicht nachvollziehbaren Gründen die Bindungen des Kindes an den anderen Elternteil zerstört" (Münder 1999: 169).

31 „Die systemorientierte, systemische Betrachtungsweise der Familie (und die entsprechende Weiterentwicklung zur familiensystemischen Beratungsweise) sieht die Familie als ein eigenständiges System, in der die Mitglieder dieser Personengruppe ihr Zusammenleben selbst und autonom organisieren können und in diesem Zusammenhang verschiedene Rollen einnehmen. Die Verhältnisse im System der Familie ändern sich im Laufe der Zeit. Entwicklungen, die einzelne Personen der Familie durchmachen, verlangen von den anderen Mitgliedern der Familie ebenfalls Entwicklungen und Veränderungen. Familie ist kein statisches System, sondern ein dynamischer Prozeß. In diesem Familiensystem gibt es verschiedene Untersysteme (Subsysteme). Im Scheidungsfall ist die Beziehung zwischen den Elternteilen von besonderer Bedeutung. Hier ist unter familiensystematischem Aspekt zu differenzieren zwischen der Paarebene und der Elternebene. Gerät eine Beziehung in die Krise, so hat dies durchaus Auswirkungen auf die verschiedenen Ebenen. Für den Scheidungsfall aber gilt, daß die Paar-/Partnerschaftsebene und die Elternebene zu unterscheiden sind. Während die Paar-/Partnerschaftsebene gelöst werden kann, ist die gemeinsame Elternschaft nicht lösbar. Hieraus wird deutlich, daß dieser Ansatz grundsätzlich zum Fortbestand der gemeinsamen elterlichen Sorge im Scheidungsfall tendiert" (Münder 1999: 169).

32 Beispielsweise wurden in Nordrhein-Westfalen in 46% der Fälle von 1999 Übertragungen der gemeinsamen elterlichen Sorge vorgenommen (2000 nur noch 10%). In Bayern dagegen in 4,2 %. Ähnliche Unterschiede bestehen auch in der Urteilspraxis der OLG (vgl. Proksch 2002: 54ff).

33 Aus der RichterInnen-Befragung von Proksch wird deutlich, dass in Scheidungsfällen ohne Antragstellung auf Alleinsorge nur 58% der befragten RichterInnen die Eltern anhören.

34 Die „Angelegenheiten, deren Regelung für das Kind von erheblicher Bedeutung sind" (§ 1687 I BGB) sind zunächst von den Angelegenheiten zu unterscheiden, die den Alltag des Kindes prägen. Hierzu zählen beispielsweise Grundsatzentscheidungen auf den Gebieten der tatsächlichen Betreuung, der Bestimmung des Aufenthalts, der schulischen und religiösen Erziehung, der beruflichen Ausbildung sowie der medizinischen Versorgung des Kindes. Im Fall der gemeinsamen Sorge müssen sich daher die Eltern z.B. darüber verständigen, ob das Kind eine weiterführende Schule besuchen soll; ebenso muss die Einwilligung zu einer an dem selbst nicht einwilligungsfähigen Kind vorgenommenen Operation (von Eilfällen abgesehen) von beiden Eltern erteilt werden (Regierungsbegründung BT-Drs. 13/4899: 107).

35 Laut Regierungsbegründung betrifft die Alleinentscheidungsbefugnis (§ 1687 I 2 BGB) vor allem die praktisch ganz im Vordergrund stehenden Fragen der täglichen Betreuung des Kindes, aber auch Fragen, die im schulischen Leben und in der Berufsausbildung des Kindes vorkommen. Auch Entscheidungen, die im Rahmen der gewöhnlichen medizinischen Versorgung des Kindes zu treffen sind, sollen allein dem genannten Elternteil obliegen. Ebenso soll bei Vermögensangelegenheiten differenziert werden: Soweit es sich um vergleichsweise unbedeutende Angelegenheiten handelt (etwa die Verwaltung von Geldgeschenken), können diese ebenfalls von dem genannten Elternteil selbstständig erledigt werden.

36 Zur Legaldefinition des Begriffs „Angelegenheiten des täglichen Lebens" wurde durch den Rechtsausschuss ein dritter Satz eingefügt, der über eine positive und eine negative Komponente Indizien bietet, ob eine alltägliche Angelegenheit vorliegt oder nicht: So kommen Angelegenheiten des täglichen Lebens häufig vor, andererseits sind Entscheidungen, die Auswirkungen auf die Entwicklung des Kindes haben, die nur mit erheblichen Aufwand abzuändern sind, von grundlegender Bedeutung, also nicht alltäglich. Satz 4 enthält für den Elternteil, der sein Umgangsrecht ausübt, eine Befugnis zur

alleinigen Entscheidung in Angelegenheiten der tatsächlichen Betreuung, solange sich das Kind bei ihm aufhält. Dies betrifft etwa die Frage, was das Kind zu essen bekommt oder wann es zu Bett geht. Es wird darüber hinaus keine Alleinentscheidungsbefugnis in anderen Bereichen eingeräumt.
37 Die Befugnis des Kindes, nach Vollendung des 14. Lebensjahres der beantragten Übertragung zu widersprechen, ist nicht als Vetorecht zu verstehen (BT-Drs. 13/4899: 99).
38 In einem zweistufigen Parteivortrag muss erstens dargelegt werden, warum die Aufhebung der gemeinsamen Sorge dem Kindeswohl am besten entspricht und zweitens, warum die elterliche Sorge ganz oder teilweise auf den Antragsteller übertragen werden soll und dies dem Kindeswohl am besten entspricht.
39 Nach Kunkel ist Beratung begrifflich als eine Form der Unterstützung zu fassen: „Beratung ist eine verbale Hilfe bei der Bewältigung von Problemen, seien sie rechtlicher oder tatsächlicher Art (Rechts- und Lebensberatung)" (Kunkel 1998: 195). Unterstützung ist eine über den verbalen Rat hinausgehende Hilfe („helfende Beziehung"). „Sie umfaßt Information, Begleitung, Belehrung, Recherche, Berechnung, Mitwirkung bei der Korrespondenz" (ebd.).
40 Schon vor Inkraftkreten des neuen Kindschaftsrechts wurde umgangsberechtigten Vätern empfohlen ein Umgangsantrag zu stellen, weil nach neuem Recht der Umgang des Kindes mit dem Vater als dem Kindeswohl im Regelfall dienend betrachtet würde und die damals noch zuständigen Vormundschaftsgerichte diesen Grundsatz schon beachten mussten (vgl. von Luxburg 1998: 39).
41 Der begleitete Umgang ist kein „originäres Produkt der Kindschaftsrechtsreform", denn die „familiengerichtliche Rechtsprechung kannte den betreuten Umgang bereits lange vor der Kindschaftsrechtsreform" (Willutzki 2003: 49f). Mit Inkraftkreten des neuen Kindschaftsrechts hat dieses Instrument einen anderen Stellenwert erhalten: Vorher war es eher ein „überwachter" Umgang in besonders extremen Fallkonstellationen.
42 Umgangsanbahnung, „wenn entweder überhaupt noch kein Kontakt zwischen dem Kind und dem nicht mit ihm zusammenlebenden Elternteil bestanden hat oder aber Kontakte über längere Zeit unterbrochen waren" (ebd.). Konfliktgefährdete Übergabe, wenn beim Abholen oder Zurückbringen des Kindes Situationen zum Beispiel zwischen den Eltern entstehen, die hoch konfliktgefährdet sind, weil der Anblick des Anderen nicht aufgearbeitete Partnerschaftskonflikte aufleben lässt. Zweifel an der pädagogischen Eignung des Umgangsberechtigten, „weil er die Kontakte möglicherweise dazu benutzt, das Kind über den anderen Elternteil auszuhorchen und es gegen ihn zu beeinflussen" oder Fälle, „in denen die Besuche wegen einer psychischen Erkrankung, einer Suchterkrankung oder vergleichbarer Probleme zu einer Kindeswohlgefährdung führen können" (ebd.). Anlässe aus der Vergangenheit, zum Beispiel Verdacht auf sexuellen Missbrauch oder Kindesentführung (ebd.: 52).
43 Die Neuregelungen, die hier zum Oberbegriff „Kindschaftsrechtsreform" gezählt werden, sind im Detail das Beistandschaftsgesetz (BeistandschaftsG), das Gesetz zur erbrechtlichen Gleichstellung nichtehelicher Kinder (ErbgleichG), das Kindschaftsrechtsreformgesetz (KindRG) und das Kindesunterhaltsgesetz (KindUG).
44 Die Regelungen über die gesetzliche Amtspflegschaft (§§ 1706 bis 1710 BGB a.F.) und über die Beistandschaft (§§ 1685, 1686, 1689 bis 1692 BGB a.F.) wurden aufgehoben. Auch wenn es künftig keine gesetzlichen Amtspflegschaften mehr geben wird, wird es die bestellten Amtspflegschaften weiterhin geben.

45 Nach Angaben des Statistischen Bundesamt (2003) erfolgten im Jahre 2001 92,7% der von den Jugendämtern erfassten Vaterschaftsfeststellungen durch freiwillige Anerkennung und nur 7,3% durch gerichtliche Entscheidung. In 3,5 % aller vom Jugendamt erfassten Fälle in 2001 konnte die Vaterschaft nicht festgestellt werden (vgl. Statistisches Bundesamt 2003: LT2).

46 Das Bundesverfassungsgericht hat in mehreren Urteilen das Recht auf Kenntnis der eigenen Abstammung betont, so dass der Gesetzgeber die Anfechtungsmöglichkeiten der Vaterschaft erweitert hat (von Luxburg 1998: 50). Auch nach der Kindschaftsrechtsreform entspricht die Regelung nicht dem Umfang der UN-Konvention, in der formuliert ist, dass „das Kind, soweit möglich, das Recht hat, seine Eltern zu kennen" (vgl. ebd.).

47 Kunkel begründet die Bedeutung der Vaterschaftsfeststellung im Rahmen des § 52a SGB VIII mit dem „aus dem Persönlichkeitsrecht des Kindes (Art. 2 Abs. 1 i. V. m. Art. 1 Abs. 1 GG) fließende[n] Recht auf Kenntnis seiner Abstammung (BverfGE 79, 256 und BGHZ 82, 173)", dass dem Recht der Mutter auf Wahrung der Intimsphäre sogar vorgeht, wenn nicht besondere Gründe dagegen stehen (Kunkel 1998: 563). Hauck sieht ebenfalls im Zusammenhang mit § 52a SGB VIII ein Recht des Kindes auf Kenntnis seiner Abstammung. Das BVerfG hat in einer neueren Entscheidung einen Auskunftsanspruch des Kindes auf Kenntnis der eigenen Abstammung ausdrücklich bestätigt, jedoch mit einem Abwägungsspielraum von Gerichten bei widerstreitenden Grundrechten (BVerfG FamRZ 1997: 869ff nach Hauck 2000 §52a: 4). Fieseler und Herborth bezweifeln, ob dem Kind letztlich damit gedient ist, dass die Abwägung der Gerichte gegenwärtig so ausfällt, „dass die Mutter dem Kind den Namen des Vaters, den zu verschweigen sie gute Gründe haben kann, nennen muss. [...] Eine erhebliche Beeinträchtigung der (Mutter-Kind-)Familie liegt nahe, wird aber wegen der (angeblichen) Bedeutung der Kenntnis der biologischen Abstammung „für das Verständnis und die Entfaltung der Individualität des einzelnen"in Kauf genommen" (Fieseler/Herborth 2001: 167). „Weder das nach Artikel 2 Abs. 1 in Verbindung mit Artikel 1 des Grundgesetzes geschützte Recht des Kindes auf Kenntnis seiner Abstammung noch durch Artikel 6 Abs. 5 des Grundgesetzes ist für die Frage, ob ein nichteheliches Kind einen Anspruch gegen die Mutter auf Benennung des Vaters hat, ein bestimmtes Ergebnis vorgegeben; vielmehr steht den Gerichten bei der Abwägung der widerstreitenden Grundrechten der Mutter und des Kindes im Rahmen der Anwendung zivilrechtlicher Klauseln ein weiter Spielraum zur Verfügung" (Hauck 2000: 4).

48 Unter Antrag ist die „Initiative" eines Elternteils für den Eintritt der Beistandschaft zu verstehen. Er ist eine höchstpersönliche Willenserklärung und damit ist die Vertretung ausgeschlossen. Der Antrag muss schriftlich erfolgen, weil unmittelbar auf die Initiative die Rechtswirkung des Eintritts der Beistandschaft erfolgt. „Diese Antragslösung wurde gewählt, um unnötige Eingriffe in das Sorgerecht zu vermeiden, ohne Kindesinteressen dadurch zu vernachlässigen. Damit unterscheidet sich die Antragslösung von anderen vorgeschlagenen Lösungen, wie dem Antragserleichterungs- und Widerspruchmodell (danach muß die Mutter von sich aus tätig werden, um eine Sorgerechtsvorenthaltung zu vermeiden, dem Zeitschranken und dem Antragsmodell mit Zeitschranke (danach tritt gesetzliche Amtspflegschaft ein, wenn die Vaterschaft innerhalb einer bestimmten Zeit nach der Geburt noch nicht festgestellt ist)" (Kunkel 1998: 535).

49 Eine Prüfung, ob zum Beispiel die Beistandschaft aus Gründen des Kindeswohls erforderlich ist, wurde nicht vorgesehen (vgl. Münder 1999: 187) und das Jugendamt kann einen Antrag nicht ablehnen (vgl. Münder 2000: 144).

50 Beistandschaften durch Einzelpersonen oder Verbände soll es nicht geben, da diese schon nach dem alten Recht kaum praktische Bedeutung hatten und

außerdem müssten diese Bestellungen durch gerichtliche Einzelentscheidungen herbeigeführt werden, die mit der Neuregelung gerade vermieden werden sollen (vgl. BT-Drs. 13/892: 28).

51 Das bedeutet u.a., dass der Jugendhilfeausschuss kein Mitwirkungsrecht hat. Die Übertragung der Aufgabe der Beistandschaft geht in ihren rechtlichen Auswirkungen, insbesondere bei gesetzlicher Vertretung, über eine „innerorganisatorische Maßnahme hinaus und ist daher ein Verwaltungsakt" (Hauck 2000: 6).

52 Die gesetzliche Amtspflegschaft hat die elterliche Sorge der Mutter im Umfang des Aufgabenkreises eingeschränkt (Vaterschaftsfeststellung, Namensrecht, Unterhaltssicherung, erbrechtliche und sonstige statusbetreffende Angelegenheiten) (vgl. Kunkel 1998: 534).

53 Das Jugendamt hat auch im Fall einer (erfolgreichen) Anfechtung der Vaterschaft ein unverzügliches Beratungs- und Unterstützungsangebot gemäß § 52a SGB VIII der Mutter zu unterbreiten (Hauck 2000: 2). Der Absatz 3 regelt, das dass Jugendamt Kenntnis von Fällen erhält, in denen ein Kind aufgrund einer erfolgreichen Vaterschaftsanfechtung seinen bisherigen Vater im rechtlichen Sinn verloren hat.

54 „Das in Absatz 1 Satz 1 erst durch den Rechtsausschuß eingefügte Wort „Insbesondere" soll – zusammen mit Absatz 1 Satz 2 Nr.5 – die Bedeutung der gemeinsamen Sorge auch für Kinder, deren Eltern nicht miteinander verheiratet sind, unterstreichen" (Hauck 2000: 4).

55 Folglich gelten die Vorschriften über die Amtshilfe, aber ein Verwaltungsverfahren ist die Beistandschaft nicht, weil sie sich in der Regel nicht auf den Erlass eines Verwaltungsaktes richtet. Akteneinsicht für den Elternteil beziehungsweise für ein volljähriges Kind muss im Rahmen der fehlerfreien Ausübung des Ermessens gewährt werden (vgl. ebd.: 532).

56 Sie sind verpflichtet, allein nach ihrer Sachkunde zu entscheiden und an dem Grundsatz der Rechtmäßigkeit des Verwaltungshandelns gebunden.

57 Die Bundesregierung hatte im Jahre 1993 bereits den Entwurf eines Beistandschaftsgesetzes auf den Weg gebracht, der damals nicht verabschiedet werden konnte und so erst im Rahmen der Gesamtreform des Kindschaftsrechts beschlossen wurde (vgl. Schimke 1998: 56).

58 Nach Angaben des statistischen Bundesamtes (2001) bestanden im Jahr 1997 für 650 635 Kinder und Jugendliche in den alten Bundesländern gesetzliche Amtspflegschaften. Im Jahr 2001 bestanden bundesweit für 663 920 Kinder und Jugendliche freiwillige Beistandschaften; davon 532 604 im alten Bundesgebiet und 63 099 in den neuen Bundesländern (dazu kommen 68 217 in Berlin) (vgl. Statistisches Bundesamt 2003: LT 1 und ZR 1). Für die Jugendämter in den alten Bundesländern ist dies ein Fallrückgang von ca. 18%, wenn die Zahl der Beistandschaften im Jahr 2001 mit der Anzahl der gesetzlichen Amtspflegschaften von 1997 verglichen wird. In einer bundesweiten Betrachtung hat sich für die Jugendämter der alten Bundesländer nur ein geringer Fallrückgang mit der Einführung der freiwilligen Beistandschaft ergeben.

59 Mit einem zweiten Anschreiben, zum Beispiel nach Ablauf eines Jahres, nachdem das Kind geboren wurde, sollten die Mütter nach diesem Modell erneut informiert und daran erinnert werden, dass insbesondere die Vaterschaft nicht festgestellt ist. Jenes Modell ist allerdings vom Gesetzgeber nicht befürwortet worden: „Es ist nicht zu verkennen, daß diese Lösung in der deutlichen Minderzahl der Fälle, in denen die Vaterschaft im ersten Jahr nach der Geburt nicht festgestellt wird, die Vaterschaftsfeststellung durch stärkere staatliche Aktivitäten sichert, als ein reines Antragsmodell. [...] Trotz dieser Vorteile des Modells „zweite Welle" spricht sich der Entwurf nicht für eine entsprechende Ausweitung der in § 57 SGB VIII-E enthaltenen

Mitteilungspflichten des Standesbeamten aus. Zum einen würden die Mitteilungen vielfach in Fällen ergehen, in denen die Vaterschaftsfeststellung nicht möglich ist oder dem Kindeswohl nicht dient [...]. Zum anderen bestünde – ebenso wie bei der Ergänzung des Antragsmodells durch ein Zeitschrankenmodell – die Gefahr, daß die Akzeptanz der freiwilligen Beistandschaft beeinträchtigt würde" (ebd.: 33).

60 Der Rechtsanspruch auf die Leistung nach § 18 I SGB VIII kann auf dem Weg der allgemeinen Leistungsklage geltend gemacht werden, damit ist die Leistungsverpflichtung „die einem Dritten gegenüber obliegende Amtspflicht i.s.v. §839 BGB. Bei fehlender oder fehlerhafter Beratung und Unterstützung besteht daher Schadensersatzpflicht aus Amtshaftung, die gem. Art. 34 GG von der Gebietskörperschaft übernommen wird" (Kunkel 1998: 194).

61 Nach Kunkel wäre auch die rechtliche Vertretung, das heißt gerichtliche oder außergerichtliche Vertretung, eine Unterstützung. „Wegen der Einheit der Rechtsordnung ist der Begriff aber so auszulegen, daß sein Inhalt nicht mit anderen Gesetzen kollidiert, hier dem Rechtsberatungsgesetz [...]. Art. 1 § 3 Nr. 1 RBerG erlaubt der Behörde nur „Rechtsberatung und Rechtsbetreuung", nicht dagegen „Rechtsbesorgung"i.S.v. Art. 1 § 1 RBerG. Rechtsbesorgung ist die nach außen wirkende förmliche Vertretung, sei es gerichtlich oder außergerichtlich" (Kunkel 1998: 195). Folglich kann das Jugendamt im Rahmen des § 18 SGB VIII weder den alleinsorgenden Elternteil noch das Kind rechtlich vertreten, denn eine gesetzliche Vertretung des Kindes ist nur als Beistand, bestellter Amtspfleger oder Amtsvormund möglich. „Die Unterstützung kann daher nur bis zur Unterschriftsreife förmlicher Schreiben (einschließlich einer Klageschrift) gehen. Das JA kann mit Dritten korrespondieren, aber nicht Erklärungen im Namen der alleinsorgenden Elternteils abgeben" (ebd. 195f). Die rechtliche Vertretung nach Bevollmächtigung (§ 79 ZPO) ist umstritten. Kunkel verneint diese Möglichkeit, weil die Bevollmächtigung nach § 79 ZPO eine Person erfordert, dass Jugendamt aber nur als Behörde zur Rechtsberatung und -betreuung gemäß Rechtsberatungsgesetz privilegiert ist.

62 Es besteht nur eine Möglichkeit des Sorgerechtwechsels, wenn der Mutter nach §§ 1666 i.V.m. 1680 III BGB die Sorge entzogen und auf den Vater übertragen wird.

63 Für die Auskunft zuständig ist das Jugendamt, in dessen Bereich die Mutter ihren gewöhnlichen Aufenthalt hat, das bedeutet das Wohnsitz-Jugendamt (§ 87c VI 1 SGB VIII). Für die Beurkundung der Sorgeerklärung ist jedes Jugendamt örtlich zuständig (§ 87e SGB VIII) und kann daher auch bei einem anderen Jugendamt als dem des Wohnsitzes erfolgen. Die beurkundende Stelle, d.h. Notare oder Jugendämter, teilen die Abgabe von Sorgeerklärungen dem Jugendamt am Geburtsort des Kindes mit (§ 1626d II BGB). „Das für die Negativbescheinigung zuständige Wohnsitz-JA muß deshalb beim Geburts-JA nachfragen, ob dort eine Sorgeerklärung vorliegt. Das Geburts-JA muß daraufhin dem Wohnsitz-JA eine entsprechende Mitteilung machen" (ebd.: 585).

64 Nach Hauck (2003) hat diese Regelung eine Änderung erfahren, so dass nun der Jugendhilfeausschuss für die Ermächtigung zuständig ist, nachdem die Beurkundung nun nicht mehr zu den Geschäften der laufenden Verwaltung gehört: „Letzteres folgt daraus, dass die Ermächtigung nach bisherigem Recht dem Landesjugendamt vorbehalten war und die im Regierungsentwurf vorgesehene Zuweisung „zu den Angelegenheiten der laufenden Verwaltung" vom Ausschuss für Jugend, Familie, Frauen und Gesundheit gestrichen wurde" (Hauck 2003 §59: 5).

65 „Die Urkundsperson übt ihre Tätigkeit eigenständig aus, auch wenn sie Formulare oder Vordrucke und das Siegel des JA verwendet. Die Tätigkeit als

Urkundsperson ist nicht Tätigkeit des JA; sie unterscheidet sich als solche von der Beratung und Unterstützung i.S.v. §§ 18, 52a. Sie ist eine völlig selbständige Art jugendamtlicher Tätigkeit; nicht das JA, sondern der hierzu besonders berufene Urkundsbeamte beim JA beurkundet" (ebd.: 587). Brüggemann und Knittel (2000) betonen ebenfalls, dass der juristische Rang der Urkundstätigkeit die ermächtigte Urkundsperson in eine herausragende Verantwortung beruft, da als „Person öffentlichen Glaubens" mit Notaren auf gleicher Ebene beurkundet wird (Brüggemann/Knittel 2000: 12).

66 Die Beurkundung ist nach Brüggemann und Knittel (2000) auch mit der Aufgabe der Beistandschaft nicht zu vereinbaren: Es besteht eine „Unvereinbarkeit von substanzieller Trägerschaft der Amtsvormundschaft/Amtsbei-[stand]schaft – die beim Jugendamt liegt – und der substantiellen Innehabung der Beurkundungsbefugnis, die ganz überwiegend den Angelegenheiten ‚nichtehelicher' Kinder dient" (Brüggemann/Knittel 2000: 11). Das Gebot der Aufgabentrennung von Amtsvormundschaften, Amtspflegschaften, Beistandschaften und Beurkundungen geht auf das JWG zurück, denn es verbot sich, „die gesetzliche Vertretung des Amtsmündels und die Beurkundungszuständigkeit mit der für diese gebotenen Neutralität bei „dem" Jugendamt als solchem zu vereinigen" (ebd.:6). Die Verpflichtung zu strikter Neutralität besteht gegenüber allen am Urkundsakt Beteiligten, das heißt nicht nur den Anwesenden gegenüber, sondern auch gegenüber der Person, die vom Inhalt des Urkundsaktes unmittelbar betroffen ist, das heißt gegenüber dem Kind. In § 59 II SGB VIII ist geregelt, dass die Urkundsperson eine Beurkundung nicht vornehmen soll, wenn ihr in der betreffenden Angelegenheit die gesetzliche Vertretung eines Beteiligten obliegt. Eine Verletzung dieser Sollvorschrift beleibt allerdings ohne Wirkung auf die Gültigkeit der Urkunde.

67 Die handlungsleitenden Orientierungen der befragten JugendamtsmitarbeiterInnen, die kindschaftsrechtlich relevant sind, werden themenspezifisch rekonstruiert. Da es sich nicht um eine Vergleichuntersuchung „vor" und „nach" der Reform handelt, geht es eher um die von den JugendamtsmitarbeiterInnen wahrgenommenen Veränderungen durch die Kindschaftsrechtsreform und die Kompatibilität ihrer Handlungsorientierungen mit den reformierten Regelungen.

68 Die folgenden Aussagen sind keine Originalzitate, sondern Paraphrasen, in denen aber die Originalbegriffe der ExpertInnen verwendet werden.

69 Mit Hilfe von „Genogrammarbeit" oder „Skulpturarbeit" können innerfamiliale Prozesse auf nonverbaler Kommunikationsebene dargestellt werden. „Ein Familienmitglied ordnet (stellt) nach Aufforderung durch den Berater die ganze Familie räumlich so, daß eine aus seiner Sicht stimmige Repräsentation der Beziehungen entsteht. Die räumlich-körperliche Ausdrucksweise und die damit verbundenen Erfahrungen haben das Ziel, die verschiedenen Positionen z.B. in bezug auf Hierarchie, Nähe und Distanz sowie Bedürfnisse und typische Haltungen innerhalb der Familie zu verdeutlichen" (Tabel/Walter 1994: 78).

70 Der „Palandt" ist ein „schwergewichtiger" BGB-Kommentar.

71 Dies war der Titel einer Broschüre, die 1989 im Auftrag des Bundesministerium für Familie und Senioren sowie des Bayrischen Staatsministerium für Arbeit, Familie und Sozialordnung veröffentlicht wurde.

72 Die folgenden Aussagen sind keine Originalzitate, sondern Paraphrasen, in denen aber die Originalbegriffe der ExpertInnen verwendet werden.

73 Die massive Umsteuerung des Gesetzgebers hinsichtlich der gemeinsamen elterlichen Sorge, für deren Abänderung es eines Antrags an das Familiengericht bedarf, beruht auf der hoffnungsvollen Annahme, dass es so nach der Scheidung zu vermehrtem Kontakt der Kinder mit dem Elternteil, der außer-

halb der Familie lebt, kommt und dessen Bereitschaft zur Erfüllung von Unterhaltsverpflichtungen steigt (vgl. Münder 1999: 166).

74 „Selbstregulierung" kann als ein spezifisches „Steuerungskonzept" betrachtet werden, in dem es nicht um die staatliche Festlegung von Ver- und Geboten sowie deren Kontrolle geht, sondern um die Erreichung von Steuerungszielen weitgehend ohne Beteiligung des Staates beziehungsweise staatlicher Kontrolle. „Selbstregulierung" im Kontext des neuen Kindschaftsrechts kann auch als „regulierte Selbstregulierung" bezeichnet werden, weil die Selbstregulierungsprozesse in einem staatlich gesetzten Rahmen beziehungsweise auf rechtlicher Grundlage erfolgen (vgl. Schulz/Held 2002: A-5).

75 Miller und Rose rekurrieren auf den von Bruno Latour geprägten Begriff des „Handelns auf Distanz" und wandeln ihn in „Regierung auf Distanz" um (vgl. Miller/Rose 1994: 69). Der Begriff des „Regierens aus der Distanz" beschreibt den Versuch des Staates, „das Steuer in der Hand zu behalten, jedoch andere zum Rudern zu veranlassen" (vgl. Lindenberg 2002).

76 „Mit diesem Wort „Gouvernementalität" ist dreierlei gemeint. Unter Gouvernementalität verstehe ich die Gesamtheit, gebildet aus den Institutionen, den Verfahren, Analysen und Reflexionen, den Berechnungen und den Taktiken, die es gestatten, diese recht spezifische und doch komplexe Form der Macht auszuüben, die als Hauptzielscheibe die Bevölkerung, als Hauptwissensform die politische Ökonomie und als wesentliches technisches Instrument die Sicherheitsdispositive hat. Zweitens verstehe ich unter „Gouvernementalität"die Tendenz oder die Kraftlinie, die im gesamten Abendland unablässig und seit sehr langer Zeit zur Vorrangstellung dieses Machttypus, den man als „Regierung"bezeichnen kann, gegenüber allen anderen – Souveränität, Disziplin – geführt und die Entwicklung einer ganzen Reihe spezifischer Regierungsapparate einerseits und einer ganzen Reihe von Wissensformen andererseits zur Folge gehabt hat. Schließlich glaube ich, dass man unter Gouvernementalität den Vorgang oder eher das Ergebnis des Vorgangs verstehen sollte, durch den der Gerechtigkeitsstaat des Mittelalters, der im 15. und 16. Jahrhundert zum Verwaltungsstaat geworden ist, sich Schritt für Schritt ‚gouvernementalisiert' hat" (Foucault 2000: 64 f.).

77 Foucault ging nach Ansicht Poulantzas von einem wesentlich engeren Staatsbegriff aus als Garmsci: Foucault beschränke sich darauf, die öffentlichen Teile des Staates (Armee, Polizei, Gefängnis, Gerichte etc.) als Staat zu fassen (vgl. Poulantzas 2002: 65).

78 Gouvernementalitätsstudien, die in einer undogmatischen Orientierung an den späten Arbeiten Foucaults Selbstregulierung als Techniken des Regierens zum Gegenstand haben.

79 Der zentrale Subjekt-Begriff ist als ambivalent zu verstehen. Auf der einen Seite wird das Subjekt in einem Abhängigkeitsverhältnis konstruiert, das dessen Unterwerfung verlangt. Auf der anderen Seite bedeutet Subjekt sein, durch Bewusstheit und Formen der Selbsterkenntnis zur Vollendung seiner eigenen Identität zu gelangen. Foucault betont stets diese doppelte Bedeutung des Subjektbegriffs: „Das Wort Subjekt hat einen zweifachen Sinn: vermittels Kontrolle und Abhängigkeit jemandem unterworfen sein und durch Bewußtsein und Selbsterkenntnis seiner eigenen Identität verhaftet sein" (Foucault 1987: 246). Subjektivierung wird als ein produktiver Vorgang beschrieben, der aus Individuen Subjekte macht.

80 Bourdieu hat dieses „Regieren aus der Distanz" eine Politik der „intelligenten Konzessionen" genannt (Bourdieu/Greffrath/Semler 2002).

81 Im Modell des „aktivierenden Staates" stecken zwei Grundströmungen: Der „aktivierende Staat" ist ein „schlanker Staat" (materielle Kürzungen im Sozialen) und ein „autoritärer Staat" (Zwangsaktivierung) zugleich (Schui 1996: 119). Der „Zwangscharakter" verbirgt sich in den einschlägigen Leit-

sätzen beziehungsweise autoritären Formeln „Fordern und Fördern", „aktivierendes Sozialmanagement", „kontrollierte Hilfe", „fordernde Beratung", „verbindliche Hilfsangebote" etc.

Literatur

Abbott, A. (1988): The System of Professions. An Essay on the Division of Expert Labour, Chicago/London.
AGJ (1999): Reform des Kindschaftsrechts Stellungnahme der AGJ zu den Konsequenzen für die Jugendhilfe, Bonn.
Albers, D. (1983): Versuch über Otto Bauer und Antonio Gramsci, Berlin.
Altmann, R. (1968): Späte Nachricht vom Staat, Frankfurt a.M.
Atteslander, P. (1993): Methoden der empirischen Sozialforschung, Berlin, 7. Auflage.
Badura, B./Gross, P. (1976): Sozialpolitische Perspektiven. Eine Einführung in die Grundlagen und Probleme sozialer Dienstleistungen, München.
Badura, B./Gross, P. (1977): „Sozialpolitik und soziale Dienste: Entwurf einer Theorie personenbezogener Dienstleistungen". In: C.v. Ferber/F.-X. Kaufmann (Hg.), Soziologie und Sozialpolitik, Kölner Zeitschrift für Soziologie und Sozialpsychologie, Sonderheft 19.
Balloff, R. (1994): „Familien in Trennung: von der Koordination zur kooperativen Vernetzung", ZfJ, Jg. 81, Nr. 7-8.
Balloff, R. (1995): „Beratung, Unterstützung und Mitwirkung im Scheidungsfall bei der Ausgestaltung der elterlichen Sorge und des Umgangsrechts im Allgemeinen Sozialen Dienst nach Inkrafttreten des KJHG", ZfJ, Jg. 82, Nr. 4-6.
Balloff, R. (1996): „Trennung, Scheidung. Regelung der elterlichen Sorge aus psychologischer Sicht", ZfJ, 7/8 .
Baltz, J. (1998): „Änderungen des Kinder- und Jugendhilfegesetzes (SBG VIII)". NDV 9.
Bast, K./Ostner, I. (1992): „Ehe in der Sozialpolitik der DDR und der BRD – ein Vergleich. In: W. Schmähl (Hg.): Sozialpolitik im Prozess der deutschen Vereinigung, Frankfurt a.M.
Bastine, R./Weinmann-Lutz, B./Wetzel, A. (1999): Unterstützung von Familien in Scheidung durch Familienmediation. Abschlussbericht einer empirischen Untersuchung im Auftrag des Sozialministeriums Baden-Württemberg, Stuttgart.
Bauer, J./Schimke, H.-J./Dohmel, W. (1995): Recht und Familie, Neuwied.
Bäumel, D. et al. (1998): Familienrechtsreformkommentar, Bielefeld.
Beck, U. (1986): Risikogesellschaft. Auf dem Weg in eine andere Moderne, Frankfurt a.M.
Beck, U. (1997): Globalisierung, Frankfurt a.M.
Beck, U./Beck-Gernsheim, E. (1994): Riskante Freiheiten, Frankfurt a.M.

Behnke, Th. (1998): „Das neue Minderjährigenhaftungsbeschränkungsgesetz", NJW 42.

Beresford, P./Croft, S. (2004): Die Demokratisierung Sozialer Arbeit: Vom Klient als Objekt zum Nutzer als Produzent, Widersprüche 91.

Berger, J./Offe, C. (1980): „Die Entwicklungsdynamik des Dienstleistungssektors", Leviathan 1.

Bieling, H.-J. (1998): „Macht und Herrschaft in der „Risikogesellschaft"", P. Imbusch (Hg.): Macht und Herrschaft, Opladen.

Bieling, H.-J. (2000): Dynamiken sozialer Spaltung und Ausgrenzung, Münster.

Bien, W. (Hg.) (1996): Familie an der Schwelle zum neuen Jahrtausend – Wandel u. Entwicklung familialer Lebensformen, Opladen.

Blanke, B. (2001): „Verantwortungsstufung und Aktivierung im Sozialstaat – Steuerungsfragen der Modernisierung", H.-P. Burth/A. Görlitz (Hg.), Politische Steuerung in Theorie und Praxis, Baden-Baden, Band 12.

Blankenburg, E./Voigt, R. (1987): Implementation von Gerichtsentscheidungen, Opladen.

Bleses, P./Seeleib-Kaiser, M. (2001): „Sozialpolitik", H.-U. Otto/H. Thiersch (Hg.), Handbuch Sozialarbeit Sozialpädagogik, Neuwied/Kriftel, 2. überarbeitete Auflage.

BMFSFJ (1990): Achter Jugendbericht, Bonn.

BMFSFJ (1994): Neunter Kinder- und Jugendbericht, Bonn.

BMFSFJ (1995): Fünfter Familienbericht, Bonn.

BMFSFJ (1998): Zehnter Kinder- und Jugendbericht, Bonn.

BMFSFJ (2001): Die Familie im Spiegel der amtlichen Statistik, Berlin, 6. Auflage.

BMFSFJ (2002): Elfter Kinder- und Jugendbericht, Berlin.

BMFSFJ (2003): Die Familie im Spiegel der amtlichen Statistik, Berlin, erweiterte Neuauflage.

BMJ (1998): Zusammenfassende Darstellung des Gesetzes zur Reform des Kindschaftsrechts, http://www.bmj.de, 03.04.2000.

BMJ (1995): Schnittstellen von außer- und innergerichtlicher Konfliktbearbeitung im Zivilrecht, Köln.

BMJFG (1980): Sozialpolitik und familiale Sozialisation, Bonn.

Bock, K./Seelmeyer, U. (2001): „Kinder- und Jugendhilfe", H.-U. Otto/H. Thiersch (Hg.), Handbuch Sozialarbeit Sozialpädagogik, Neuwied/Kriftel, 2. überarbeitete Auflage.

Bode, L. (2001): „Moderator Gericht. Kooperation oder Delegation im gerichtlichen Verfahren?", Kind-Prax 5.

Bohnert, W./Klitzsch, W. (1980): „Gesellschaftliche Selbstregulierung und staatliche Steuerung", R. Mayntz (Hg.), Implementation politischer Programme: empirische Forschungsberichte, Königstein.

Böhnisch, L. (1982): Der Sozialstaat und seine Pädagogik, Darmstadt/Neuwied.

Böhnisch, L. (1984): „Vom Sozialstaat verlassen?", Müller et al. (Hg.), Handlungskompetenz in der Sozialarbeit/Sozialpädagogik, Bielefeld.

Böhnisch, L./Schröer, W. (2002): Die soziale Bürgergesellschaft, Weinheim.

Bourdieu, P. (1999): „Eine Gefahr für die Grundlagen unserer Kultur", taz vom 4.12. 1999

Bourdieu, P./Greffrath, M./Semler, Ch. (2002): „Auch oben gibt es Elend. Warum Manager über Probleme der Globalisierung reden", erläuterte Pierre Bourdieu in einem taz-Interview im Sommer 2000, taz vom 25.1.2002.

Braun, D. (2001): „Diskurse zur staatlichen Steuerung. Übersicht und Bilanz", H.-P. Burth/A. Görlitz (Hg.), Politische Steuerung in Theorie und Praxis, Baden-Baden, Band 12.

Bröckling, U. et al. (2000): Gouvernementalität der Gegenwart, Frankfurt a.M.

Brüggemann, D./Knittel, B. (2000): Beurkundungen im Kindschaftsrecht, Köln/Berlin/Bonn/München, 5. neubearbeitete Auflage.

Buchholz-Graf, W. (2001): „Zur Praxis der Jugendhilfe bei Trennung und Scheidung nach der Kindschaftsrechtsreform", ZfJ/6.

Buchholz-Graf, W./Vergho, C. (2000): Beratung in Scheidungsfamilien, Weinheim und München.

Buchinger, K. (2001): „Zur Professionalisierung der Elternrolle", C. Dier-Fleitner (Hg.), Familie und öffentliche Erziehung: Aufgaben, Abhängigkeiten und gegenseitige Ansprüche, Opladen.

Buci-Glucksmann, C./Therborn, G. (1982): Der sozialdemokratische Staat, Hamburg.

Burth, H.-P./Görlitz, A. (2001): „Politische Steuerung in Theorie und Praxis. Eine Integrationsperspektive", H.-P. Burth/A. Görlitz (Hg.), Politische Steuerung in Theorie und Praxis, Baden-Baden, Band 12.

Butterwegge, Ch. (1999): Sozialstaat in der „Globalisierungsfalle"?, np 5.

Butterwegge, Ch. (2000): „Alternative zur neoliberalen Modernisierung oder Neoliberalismus in Rot-Grün? Eine kritische Zwischenbilanz der Wirtschafts- und Sozialpolitik des Kabinetts Schröder", Widersprüche 75.

Büttner, H. (1998): „Änderungen im Familienverfahrensrecht durch das Kindschaftsreformgesetz", FamRZ 10.

Coester, M. (1996): „Elternautonomie und Staatsverantwortung bei der Pflege und Erziehung von Kindern", FamRZ 19.

Coester, M./Zubke, F. (1991): Das nichteheliche Kind und seine Eltern, Neuwied.

Deleuze, G. (1979): „Der Aufstieg des Sozialen", J. Donzelot (Hg.), Die Ordnung der Familie, Frankfurt a.M.

Deleuze, G. (1993): „Postskriptum über die Kontrollgesellschaft", G. Deleuze (Hg.), Unterhandlungen 1972-1990, Frankfurt a. M.

Deutscher Juristentag, Abteilung Familienrecht (1992): „Beschlüsse des 59. DJT in Hannover: Empfiehlt es sich, das Kindschaftsrecht neu zu regeln?", FuR, Jg. 39.

Deutscher Familiengerichtstag (1997): „Stellungnahme des Deutschen Familiengerichtstages e.V. zu dem Entwurf eines Gesetzes zur Reform des Kindschaftsrechts", FamRZ 6.

Deutscher Familiengerichtstag (2002): „Empfehlungen des 14. Deutschen Familiengerichtstages" (Auszug), Kind-Prax 1.

Deutscher Juristinnenbund (1992): „Thesenpapier zur Reform des Kindschaftsrechts", FamRZ, Heft 8.

Deutscher Verein zur öffentlichen und privaten Fürsorge (1995): „Überlegungen des Deutschen Vereins für eine Kindschaftsrechtsreform", NDV.

Deutscher Verein zur öffentlichen und privaten Fürsorge (1996): „Stellungnahme zum Regierungsentwurf des Kindschaftsrechts", NDV.

Deutsches Jugendinstitut (DJI) (1998): Jugendhilfe und sozialer Wandel – Dauerbeobachtung von Jugendhilfe, München.

Dewe, B./Otto, H.-U (2001): "Profession", H.-U. Otto/H. Thiersch (Hg.), Handbuch Sozialarbeit Sozialpädagogik, Neuwied/Kriftel, 2. überarbeitete Auflage.

Dewe, B./Otto, H.-U. (1996): „Sozialpädagogik – Über ihren Status als Disziplin und Profession", np 1.

Diakonie (1998): Materialien zum neuen Kindschaftsrecht, Stuttgart.

Dickmeis, F. (1998): „Das neue Kindschaftsrecht und seine Bedeutung für die sozialen Dienste", ZfJ 5.

Diedrichsen, U. (1998): „Die Reform des Kindschafts- und Beistandschaftsrechts", NJW 28.

Diemer, N. (1989): „Für eine „Politik des Sozialen" mit vielen Fragen", Widersprüche 31/1989 (Neuabdruck in Widersprüche 66/1997).

Dietrich, P./Mudersbach, A. (1995): Praxisbericht zum Modellprojekt: Gemeinsame elterliche Verantwortung auch nach Elterntrennung, Potsdam, Arbeitsbericht.

Diettrich, B. (1999): Klassenfragmentierung im Postfordismus, Hamburg/Münster.

Donzelot, J. (1979): Die Ordnung der Familie, Frankfurt a. M.

Elias, N. (1976): Über den Prozeß der Zivilisation, Band 2: Wandlungen der Gesellschaft, Entwurf zu einer Theorie der Zivilisation, Frankfurt a.M.

Empfehlungen des 12. Deutschen Familiengerichtstages (1998): FamRZ 8.

Evangelische Akademie Bad Boll (1985): Kindeswohl und Elternverantwortung, Tagungsprotokolle.

Evangelischer Pressedienst (1997): „Kindeswohl" - Dilemma und Praxis der Jugendämter, Frankfurt a. M.

Evangelischer Pressedienst (1999): „Anwälte des Kindes" vor Gericht und bei Behörden, Frankfurt a. M.

Ewald, F. (1991): Der Vorsorgestaat, Frankfurt a.M.

Familienrechtsausschuss der Bundesrechtsanwaltskammer (2001): „Kooperation oder gespaltene Verantwortung bei gemeinsamer elterlicher Sorge", Positionspapier, Kind-Prax 6.

Fegert, J. (1999): „Kommunikation mit Kindern und Konstrukte, die unser Verständnis von Kindern in der professionellen Wahrnehmung erleichtern", epd-Dokumentation 20,

Fegert, J. (1999): „Kooperation im Interesse des Kindes", J. Fegert (Hg.), Kinder im Scheidungsverfahren nach der Kindschaftsrechtsreform, Neuwied.

Fegert, J. (1999a): Kinder im Scheidungsverfahren nach der Kindschaftsrechtsreform, Neuwied.

Ferchoff, W./Kurtz, T. (1998): „Professionalisierungstendenzen der Sozialen Arbeit in der Moderne", np 1.

Fichtner, O. (1996): „Sozialadministration", D. Kreft/I. Mielenz (Hg.), Wörterbuch der Sozialen Arbeit, Weinheim/Basel, 4. Auflage.

Fieseler, G. (1999): „Das Kindesinteresse wird oft verfehlt", Sozial Extra 4.

Fieseler, G. et al. (2001): Kinder- und Jugendhilfe, Sozialgesetzbuch (SGB) Achtes Buch (VIII) Gemeinschaftskommentar,

Fieseler, G./Herborth, R. (2001): Recht der Familie und Jugendhilfe, Neuwied/Kriftel, 5. überarbeitete Auflage.

Fischer, W. (1997): „Bemerkungen zum Kindeswohl aus sozialarbeiterischer Sicht", ZfJ 7.

Fischer, W. (1998): „Das Parental Alienation Syndrom und die Interessenvertretung des Kindes. Ein Interventionsmodell für Jugendhilfe und Gericht – Teil 1", Nachrichtendienst, (www.paPPa.com)..

Fischer, W. (1998): „The Parental Alienation Syndrome (PAS und die Interessenvertretung des Kindes – ein kooperatives Interventionsmodell für Jugendhilfe und Gericht",

Flösser, G. (1994): Soziale Arbeit jenseits der Bürokratie. Über das Management des Sozialen, Neuwied.

Flösser, G./Otto, H.-U./Rauschenbach, Th./Thole, W. (1998): „Jugendhilfeforschung", Th. Rauschenbach/W. Thole (Hg), Sozialpädagogische Forschung, Weinheim.

Foucault, M. (1987): „Warum ich die Macht untersuche: die Frage des Subjekts", H. Dreyfus/P. Rabinow (Hg.), Michel Foucault: Jenseits von Strukturalismus und Hermeneutik. Mit einem Nachwort von u.e. Interview mit Michel Foucault, Frankfurt a.M.

Foucault, M. (1993): „Technologien des Selbst", M. Foucault/L. Martin (Hg), Technologien des Selbst, Frankfurt a.M.

Foucault, M. (2000): „Die Gouvernementalität", U. Bröckling et al. (Hg.), Gouvernementalität der Gegenwart, Frankfurt a.M.

Fthenakis, W. E. (1985): Väter, München/Wien/Baltimore.

Fthenakis, W./Minsel, B. (1989): 5 Jahre gemeinsame elterliche Sorge nach der Scheidung, Bericht über ein Symposium in München, München.

Fthenakis, W.E. (1995): „Kindliche Reaktionen auf Trennung und Scheidung", Familiendynamik, 2

Furstenberg, F.F./Cherlin, A. (1993): Geteilte Familien, Stuttgart.

Garland, D. (1996): "The limits of the Sovereign State. Strategies of Crime Control in Contemporary Society", British Journal of Criminology, 36.

Gawlitta, (1998): „Die neue Beistandschaft als Mogelpackung", ZfJ, Jg. 85, Nr. 4.

Gebelein, U. (1998): „Das Kindschaftsrecht und seine Bedeutung im Arbeitsbereich Tageseinrichtungen für Kinder", Diakonisches Werk der EKD (Hg.), Materialien zum neuen Kindschaftsrecht, Dokumentation des Fachtages,

Gerlach, I. (2000): „Generationsgerechtigkeit im politischen Prozeß? Familienpolitik und die Frage des staatlichen Rückzugs", I. Gerlach./P. Nitschke (Hg.), Metamorphosen des Leviathan? Staatsaufgaben im Umbruch, Opladen.

Gerth, U. (1998): „Erziehungsberatung und neues Kindschaftsrecht", Kind-Prax 1.

Gerth, U. (2001): „Kinder als Subjekte", Kind-Prax 3.

Giddens, A. (1988): „Die „Theorie der Strukturierung". Ein Interview mit Antony Giddens", Zeitschrift für Soziologie 17.

Giddens, A. (1997): Die Konstruktion der Gesellschaft. Grundzüge einer Theorie der Strukturierung, Frankfurt a.M./New York, 4. Auflage.

Goldstein, J. et al. (1979): Das Wohl des Kindes, Frankfurt a.m.

Gramsci, A. (1967): Philosophie der Praxis, Hamburg.

Gramsci, A. (1991): Gefängnishefte, Hamburg, Band 1-12 (in Auszügen).

Greßmann, M. (1998): Neues Kindschaftsrecht, Bielefeld.

Groenemeyer, A. (2003): „Von der Sünde zum Risiko? Bilder abweichenden Verhaltens und die Politik sozialer Probleme am Ende des Rehabilitationsideals", Sozialer Probleme Gesundheit und Sozialpolitik. Materialien und Forschungsberichte Nr. 3, Bielefeld.

Groß, G. (2001): „Grenzen des unmittelbaren Zwangs gegen Kinder", Kind-Prax 5.

Gross, P. (1982): „Selbstbestimmung oder Fremdsteuerung der Familie", F.-X. Kaufmann (Hg.), Staatliche Sozialpolitik und Familie, München/Wien.

Gross, P. (1983): Die Verheißungen der Dienstleistungsgesellschaft. Soziale Befreiung oder Sozialherrschaft?, Opladen.

Groth, O. (2002): „Neoliberalismus als hegemoniales Projekt", U. Bittlingmayer et al. (Hg.): Theorie als Kampf? Zur politischen Soziologie Pierre Bourdieus, Opladen.

Gründel, M. (1995): Gemeinsames Sorgerecht, Freiburg.

Gusy, Ch. (1999): „Was bewirken Gesetze? Zusammenfassende Thesen", H. Hof/G. Lübbe-Wolff (Hg.): Wirkungsforschung zum Recht I. Interdisziplinäre Studien zu Recht und Staat, Baden-Baden, Band 10.

Guvenhaus, H. (2001): „Das psychologische Sachverständigengutachten im Familienstreit", Kind-Prax 6.

Habermas, J. (1981): Kritik des kommunikativen Handelns, Frankfurt a.M., 2 Bände.

Haffner, C. (1948): Kinder aus geschiedenen Ehen, Bern, 2. Auflage 1960.

Hauck, K. et al. (2000): Kinder- und Jugendhilfe Kommentar. Band 1, Berlin, Stand August 2000.

Haug, W.F. (1988): „Gramsci und die Politik der Kulturellen", Das Argument, Jg. 30, Nr. 167.

Haug, W.F. (1998): „Von Gramsci lernen für einen neuen Internationalismus", Das Argument, Jg. 40, Nr. 3.
Haus, W. et al. (1986): Wie funktioniert das? Städte, Kreise und Gemeinden, Mannheim.
Haynes, J. M. et al. (1993): Scheidung ohne Verlierer, München.
Heidbrink, L. (2003): Kritik der Verantwortung. Zu den Grenzen verantwortlichen Handelns in komplexen Kontexten, Weilerswist.
Heidt, E. (1998): „Staatstheorien – Politische Herrschaft und bürgerliche Gesellschaft", Neumann (Hg.), Handbuch Politische Theorien und Ideologien, Band 1, Opladen.
Heilmann, St. (1998): Kindliches Zeitempfinden und Verfahrensrecht, Neuwied/Kriftel.
Heilmann, St. (2000): „Die Verfahrenspflegschaft in den Fällen des § 1666 BGB", Kind-Prax 3.
Helfer, A./Bünder, P. (2001): „Zur Situation der Kinder bei Trennung oder Scheidung: Sicherheit und Entlastung durch Vereinbarung der Eltern", Kind-Prax 5.
Hepting, R. (1998): „Das Eheschließungsrecht nach der Reform", FamRZ 12.
Herlth, A./Kaufmann, F.-X. (1982): „Zur Einführung: Familiale Probleme und sozialpolitische Intervention", F.-X. Kaufmann (Hg.), Staatliche Sozialpolitik und Familie, München/Wien.
Hetherington, E.M. (1991): „The Role of Individual Differences and Family Relationships in Children's Coping with Divorce and Remarriage", P.A. Cowen/E.M. Hetherington (Hg.), Family Transitions, Hillsdale.
Hirsch, J. (1995): Der nationale Wettbewerbsstaat, Berlin/Amsterdam.
Hirsch, J. (1998): Vom Sicherheitsstaat zum nationalen Wettbewerbsstaat, Berlin.
Hirsch, J./Roth, R. (1986): Das neue Gesicht des Kapitalismus. Vom Fordismus zum Postfordismus, Hamburg.
Hoefnagels, G. P. (1994): Zusammen heiraten, Zusammen scheiden, Neuwied.
Hof, H./Lübbe-Wolff, G. (1999): Wirkungsforschung zum Recht I. Interdisziplinäre Studien zu Recht und Staat, Baden-Baden, Band 10.
Hoffmann-Hausner, N./Bastine, R. (1995): „Psychologische Scheidungsfolgen für Kinder. Die Einflüsse von elterlicher Scheidung, interparentalem Konflikt und Nachscheidungssituation", Zeitschrift für Klinische Psychologie, 4.
Hornstein, W. (1997): „Jugendhilferecht und Sozialpädagogik", Recht der Jugend und des Bildungswesens 1.
Hottelet, H (1996).: „Allgemeiner Sozialdienst", D. Kreft/I. Mielenz, I. (Hg.), Wörterbuch der Sozialen Arbeit, Weinheim/Basel, 4. Auflage.
Hradil, S. (1999): Soziale Ungleichheit in Deutschland, Opladen.
Hucke, J./Wollmann, H. (1980): „Methodenprobleme der Implementationsforschung", R. Mayntz (Hg.), Implementation politischer Programme: empirische Forschungsberichte, Königstein.

Huf, S. (1998): „Sozialstaat und Marktökonomie – oder: Wie voraussetzungsvoll ist funktionale Differenzierung?", Soziale Systeme, 4.

Huinink, J. (1999): „Ist die Familie noch zu retten? Anmerkungen zur Zukunft familialer Lebensformen", J. Fegert (Hg.), Kinder im Scheidungsverfahren nach der Kindschaftsrechtsreform, Neuwied.

Huss, M./Lehmkuhl, U. (1999): „Trennung und Scheidung aus der Sicht der Kinder und Jugendlichen: Chancen und Risiken für die psychische Entwicklung", J. Fegert (Hg.), Kinder im Scheidungsverfahren nach der Kindschaftsrechtsreform, Neuwied.

Institut für Jugendpolitische Studien (INJUS) (1992): Der Aufbau der örtlichen Strukturen der Jugendhilfe und die Aufgabenwahrnehmung der Jugendämter in den neuen Bundesländern, Forschungsbericht, Berlin.

Jessop, B. (1997): „Post-Fordism and the State", A. Amin (Hg.), Post-Fordism. A reader, Oxford.

Jopt, U.-J. (1992): Im Namen des Kindes, Hamburg.

Jopt, U.-J. (1996): „Anmerkungen zum Referentenentwurf zur Reform des Kindschaftsrechts aus psychologischer Sicht", ZfJ 6.

Jordan, E./Sengeling, D. (1994): Jugendhilfe, Einführung in Geschichte und Handlungsfelder, Organisationsformen und Problemlagen, Weinheim/München.

Karsten, M.-E./Otto, H.-U. (1987): Die sozialpädagogische Ordnung der Familie

Karsten, M.-E. (1996): „Dienstleistungsarbeit, -orientierung und -gesellschaft", Akademie, Remscheid.

Kaufmann, F.-X. (1977): „Sozialpolitisches Erkenntnisinteresse und Soziologie. Ein Beitrag zur Pragmatik der Sozialwissenschaften", C. v. Ferber/F.-X. Kaufmann (Hg.), Soziologie und Sozialpolitik. KZfSS, Sonderheft 19

Kaufmann, F.-X. (1982): „Elemente einer soziologischen Theorie sozialpolitischer Intervention", F.-X. Kaufmann (Hg.), Staatliche Sozialpolitik und Familie, München/Wien.

Kaufmann, F.-X. (1988): „Steuerung wohlfahrtsstaatlicher Abläufe durch Recht", D. Grimm/W. Maihofer (Hg.), Gesetzgebungstheorie und Rechtspolitik, Jahrbuch für Rechtssoziologie und Rechtstheorie, Opladen.

Kaufmann, F.-X. (1992): Der Ruf nach Verantwortung, Freiburg/Basel/Wien.

Kaufmann, F.-X. (1995): Zukunft der Familie im vereinten Deutschland, München.

Kaufmann, F.-X. (1997): Herausforderungen des Sozialstaates, Frankfurt a.M.

Kelle, U./ Kluge, S. (1999): Vom Einzelfall zum Typus, Opladen.

Keller, T. (1998): „Das Kindschaftsrechtsreformgesetz", Neue Justiz 5.

Kessl, F. (2001): „Von Fremd- und Selbsttechnologien – mögliche Perspektiven einer Gouvernementalität der Gegenwart", SLR 2.

Kessl, F. (2001a): „Teilnahme oder Teilhabe?", np 2.

Kessl, F. (2001b): „Zivilgesellschaft", H.-U. Otto/H. Thiersch (Hg.), Handbuch Sozialarbeit Sozialpädagogik, Neuwied/Kriftel, 2. überarbeitete Auflage.

Kessl, F./Otto, H.-U. (2002): „Aktivierende Soziale Arbeit. Anmerkungen zur neosozialen Programmierungen Sozialer Arbeit", np 5.

Kessl, F./Otto, H.-U. (2002): „Entstaatlicht? Die neue Privatisierung personenbezogener sozialer Dienstleistungen", np 2.

Kessl, F. (2005): Der Gebrauch der eigenen Kräfte, Weinheim/München.

KGSt - Kommunale Gemeinschaftsstelle für Verwaltungsvereinfachung (1994): Outputorientierte Steuerung der Jugendhilfe, Bericht Nr. 9, Köln.

KGSt - Kommunale Gemeinschaftsstelle für Verwaltungsvereinfachung (1996): Integrierte Fach- und Ressourcenplanung in der Jugendhilfe, Bericht Nr. 3, Köln.

Klenner, W. (1995): „Rituale der Umgangsvereitlung bei getrennt lebenden oder geschiedenen Eltern", FamRZ, Jg. 42, Nr. 24.

Kloster-Harz, D./Haase, W. (2001): „Aufgaben und Selbstverständnis der Jugendhilfe bei der Mitwirkung im familiengerichtlichen Verfahren", ZfJ 2.

Kluge, S. (2000): „Empirisch begründete Typenbildung in der qualitativen Sozialforschung", Forum Qualitative Sozialforschung, (http://qualitative-research.net/fqs), Vortrag, 20. April 2001.

Kodjoe, U. (1998): „PAS – Die feindselige Ablehnung eines Elternteils durch sein Kind", (www.paPPa.com), 03.04.2000.

Kodjoe, U./Koeppel, P. (1998): „Früherkennung von PAS – Möglichkeiten psychologischer und rechtlicher Interventionen", Kind-Prax 5.

Kodjoe, U./Koeppel, P. (1998a): „The Parental Alienation Syndrom", Amtsvormund, 1.

Krabbe, H. (1995): Scheidung ohne Richter, Reinbeck bei Hamburg.

Krasmann, S. (1999): „Regieren über Freiheit. Zur Analyse der Kontrollgesellschaft in Foucaultscher Perspektive", Kriminologisches Journal 2.

Kreft, D. (1996): „Träger der Sozialen Arbeit", D. Kreft/I. Mielenz (Hg.), Wörterbuch der Sozialen Arbeit, Weinheim/Basel, 4. Auflage.

Kreft, D. (2001): „Brauchen wir eine umfassende Strukturdebatte in der Jugendhilfe?", BMFSFJ (Hg.), Mehr Chancen für Kinder und Jugendliche. Band 2, Münster.

Kreft, D./Lukas, H. et al. (1993): Perspektivenwandel der Jugendhilfe. 2 Bde., Frankfurt a.M.

Krüger, H. (1984): „Berufsfindung und weibliche Normalbiographie", Ch. Mayer/H. Krüger/U. Rabe-Kleeberg et al. (Hg.), Mädchen und Frauen, Beruf und Biographie, München.

Krug, H. et al. (2001): Kinder- und Jugendhilfe. Sozialgesetzbuch (SGB) Achtes Buch (VIII) Kommentar, Band 1, Starnberg.

Kühn, D. (1985): Kommunale Sozialverwaltung, Bielefeld.

Kühn, D. (1994): Jugendamt – Sozialamt – Gesundheitsamt: Entwicklungslinien der Sozialverwaltung in Deutschland, Neuwied.

Kulbach, R./Wohlfahrt, N. (1994): Öffentliche Verwaltung und Soziale Arbeit, Freiburg im Breisgau.

Kunkel, P.-C. (1998): Kinder- und Jugendhilfe Lehr- und Praxiskommentar, Baden-Baden.

Kunstreich, T. (1996): „Das ‚Neue Steuerungsmodell' (NSM). Essay über die Hegemonie konservativer Modernisierung", Widersprüche 59.

Kunstreich, T. (1997): „Exkurs: Was bedeutet ‚sozial' in der Sozialen Arbeit", Widersprüche 66.

Landesjugendamt Rheinland-Pfalz (2001): „Das Kindeswohl als Maßstab für die Ausgestaltung gesetzlicher Regelungen zum Begleiteten Umgang (Handreichung)", Kind-Prax 3.

Landesjugendhilfeausschusses Rheinland-Pfalz (1999): „Das Kindeswohl als Maßstab für Aufgabenverständnis und Kooperation der beteiligten Professionen im Kontext von Trennung und Scheidung nach dem Kindschaftsrecht (Beschluss)", Kind-Prax 5.

Landeswohlfahrtsverband Baden – Landesjugendamt (2001): „Forschungsprojekt Beistandschaft", JAmt 6.

Leibfried, S. (1976): „Armutspotential und Sozialhilfe in der Bundesrepublik. Zum Prozeß des Filterns von Ansprüchen auf Sozialhilfe", Kritische Justiz.

Lemke, T. (1997): Eine Kritik der politischen Vernunft - Foucaults Analyse der modernen Gouvernementalität, Berlin/Hamburg.

Lemke, T. (2000): „Die Regierung der Risiken. Von der Eugenik zur genetischen Gouvernementalität", U. Bröckling et al. (Hg.): Gouvernementalität der Gegenwart, Frankfurt a. M.

Lessenich, S. (2003) „Soziale Subjektivität. Die neue Regierung der Gesellschaft", Mittelweg 4.

Liesegang, R. (1999): „Reform des Kindschaftsrechts durchs Ziel. Auf die Jugendämter kommen neue Aufgaben zu", Brandenburg kommunal online, 03.04.2000).

Limbach, J. (1989): Die gemeinsame Sorge geschiedener Eltern in der Rechtspraxis, Köln.

Lindenberg, M. (2000): Von der Sorge zur Härte. Kritische Beiträge zur Ökonomisierung Sozialer Arbeit, Bielefeld.

Lindenberg, M. (2002): Aufgeklärte Herrschaft im aktivierenden Staat, (www.lichter-der-grossstadt.de).

Lipp, M. (1998): „Das elterliche Sorgerecht für das nichteheliche Kind nach dem Kindschaftsrechtsreformgesetz (KindRG)", FamRZ 2.

Lohrentz, U. (2001): „Aufgaben des Jugendamtes bei der Elterntrennung nach der Kindschaftsrechtsreform", Kind-Prax 2.

Lossen, H./Vergho, C. (1998): „Familienberatung bei Trennung und Scheidung am AmtsG", FamRZ 19.

Lotter, K./Meiners, R./Treptow, E. (1984): Marx-Engels Begriffslexikon, München.

Lüders, Ch. (1997): „Qualitative Kinder- und Jugendhilfeforschung", B. Friebertshäuser/A. Prengel (Hg.), Handbuch Qualitative Forschungsmethoden in der Erziehungswissenschaft, Weinheim.

Luhmann, N. (1981): Politische Theorie im Wohlfahrtsstaat, München.
Luxburg, v. H. G. (1998): Das neue Kindschaftsrecht, München/Berlin.
Maier-Aichen, R. (2001): „Scheidung und Scheidungsfolgen", H.-U. Otto/H. Thiersch (Hg.), Handbuch Sozialarbeit Sozialpädagogik, Neuwied/Kriftel, 2. überarbeitete Auflage.
Marshall, T.H. (1992): „Staatsbürgerrechte und soziale Klassen". E. Rieger (Hg.), Bürgerrechte und soziale Klassen: Zur Soziologie des Wohlfahrtsstaates, Frankfurt a.M./New York.
Maurer, H.-U. (1998): „Bestellung eines Verfahrenspflegers", D. Bäumel et al. (Hg.), Familien-Rechtsreformkommentar, Bielefeld.
Mayntz, R. (1980): „Implementation politischer Programme, Theoretische Überlegungen zu einem neuen Forschungsgebiet", R. Mayntz (Hg.), Implementation politischer Programme: empirische Forschungsberichte, Königstein.
Mayntz, R. (1980a): Implementation politischer Programme: Empirische Forschungsberichte, Königstein.
Mayntz, R. (1983): Implementation politischer Programme: Ansätze zur Theoriebildung, Opladen.
Mayntz, R. (2001): „Zur Selektivität der steuerungstheoretischen Perspektive", H.-P. Burth/A. Görlitz (Hg.), Politische Steuerung in Theorie und Praxis, Band 12, Baden-Baden.
Mayntz, R./Scharpf, F. (1995): „Der Ansatz des Akteurszentrierten Institutionalismus", R. Mayntz/F. Scharpf (Hg.), Gesellschaftliche Selbstregulierung und politische Steuerung, Frankfurt a.M./New York.
Mayntz, R./Scharpf, F. (1995a): „Steuerung und Selbstorganisation in staatsnahen Sektoren", R. Mayntz/F. Scharpf (Hg.), Gesellschaftliche Selbstregulierung und politische Steuerung, Frankfurt a.M./New York.
Marx, K. (1859): Zur Kritik der politischen Ökonomie. Vorwort, MEW 13.
Menne, K./Weber, M. (1998): „Beratung in Fragen der Partnerschaft, Trennung und Scheidung (§ 17 KJHG)", ZfJ 3.
Merchel, J. (2001): „Das KJHG: Impulsgeber für die fachliche Entwicklung in der Jugendhilfe?", BMFSFJ (Hg.), Mehr Chancen für Kinder und Jugendliche. Band 2, Münster.
Merchel, J. (2001a): Beratung im „Sozialraum", np 4.
Merkens, H. (1997): „Stichproben bei qualitativen Studien", B. Friebertshäuser/A. Prengel (Hg.), Handbuch Qualitative Forschungsmethoden in der Erziehungswissenschaft, Weinheim.
Messmer, H. (2001): „Mediation", H.-U. Otto/H. Thiersch (Hg.), Handbuch Sozialarbeit Sozialpädagogik, Neuwied/Kriftel, 2. überarbeitete Auflage.
Messmer, H. (2004): „Hilfeplanung", SLR 1.
Meuser, M./Nagel, U. (1989): Statuspassagen und Risikolagen im Lebenslauf. Expertinneninterviews vielfach erprobt, wenig bedacht. Ein Beitrag zur qualitativen Methodendiskussion. Arbeitspapier Nr. 6, SFB 186, Bremen.

Meuser, M./Nagel, U. (1991): „ExpertInneninterviews – vielfach erprobt, wenig bedacht", D. Garz/K. Kraimer (Hg.), Qualitativ-empirische Sozialforschung, Opladen.

Meuser, M./Nagel, U. (1994): „Expertenwissen und Experteninterview", R. Hitzler (Hg.), Expertenwissen: die institutionalisierte Kompetenz zur Konstruktion von Wirklichkeit, Opladen.

Meuser, M./Nagel, U. (1996): „Vom Nutzen der Expertise. Experteninterviews in der Sozialberichterstattung", W. Voges (Hg.), Kommunale Sozialberichterstattung, Erfassung sozialräumlicher Disparitäten, Opladen.

Meuser, M./Nagel, U. (1997): „Das ExpertInneninterview – Wissenssoziologische Voraussetzungen und methodische Durchführung", B. Friebertshäuser/ A. Prengel (Hg.), Handbuch Qualitative Forschungsmethoden in der Erziehungswissenschaft, Weinheim.

Meysen, T. (2000): „Kindschaftsrechtsreform – eine erste Zwischenbilanz nach zwei Jahren", ZfJ 8.

Meysen, T. (2001): „Beistandschaft – mehr als eine umbenannte Amtspflegschaft",

JAmt 6.

Miller, P./Rose, N. (1992): „Political power beyond the State: problematics of government", British Journal of Sociology, 43(2).

Miller, P./Rose, N. (1994): „Das ökonomische Leben regieren", R. Schwartz (Hg.), Zur Genealogie der Regulation: Anschlüsse an Michel Foucault, Mainz.

Mollenhauer, K. (1994): „Sozialpädagogische Einrichtungen", D. Lenzen (Hg.), Erziehungswissenschaft. Ein Grundkurs, Reinbek.

Mückenberger, U. (1986): „Zur Rolle des Normalarbeitsverhältnisses bei der sozialstaatlichen Umverteilung von Risiken", Prokla, 64.

Müller, C. W. (1994): Das Jugendamt, Weinheim/Basel.

Müller, S./Otto, H.-U. (1980): „Gesellschaftliche Bedingungen und Funktionsprobleme der Organisation sozialer Arbeit im Kontext staatlichen Handelns", np Sonderheft 5.

Münder, J. (1993): Familien- und Jugendrecht. Bd. 1: Familienrecht, Weinheim/Basel.

Münder, J. (1993): „Jugendhilfe zwischen Abhängigkeit, Kooperation und Autonomie", Jugendhilfe 4.

Münder, J. (1996): „Stichworte Familienrecht, Kindesrecht", D. Kreft/I. Mielenz (Hg.), Wörterbuch der Sozialen Arbeit, Weinheim/Basel, 4. Auflage.

Münder, J. (1998): „Die Reform des Kindschafts- und Beistandsrechtes und die Auswirkungen auf die Kinder- und Jugendhilfe", np 4.

Münder, J. (1998a): Das neue Kindschaftsrecht, München.

Münder, J. et al. (1998b): Frankfurter Lehr- und Praxiskommentar zum KJHG/ SGB VIII, Münster.

Münder, J. (1999/2000): Familien- und Jugendhilferecht: Eine sozialwissenschaftlich orientierte Einführung. Bd. 1. Familienrecht (1999); Bd. 2. Kinder- und Jugendhilferecht (2000), Neuwied.

Münder, J./Mutke, B./Schone, R. (2000): Kindeswohl zwischen Jugendhilfe und Justiz, Münster.

Münder, J./Schone, R. (1999): „Sicherung des Kindeswohls zwischen Jugendhilfe und Justiz", H. Hof/G. Lübbe-Wolff (Hg.), Wirkungsforschung zum Recht I. Interdisziplinäre Studien zu Recht und Staat. Band 10, Baden-Baden.

Nagel, U. (1986): „Modelle und Methoden rekonstruktiver Theoriebildung", G. Ebert et al. (Hg.), Subjetorientiertes Lernen und Arbeiten- Ausbeutung der Gruppeninteraktion, Bonn.

Napp-Peters, A. (1992): „Die Familie im Prozess von Trennung, Scheidung und neuer Partnerschaft", J. Hahn et al. (Hg.), Scheidung und Kindeswohl, Heidelberg.

Napp-Peters, A. (1995): Familie nach der Scheidung, München.

Napp-Peters, A. (1997): Eltern bleiben Eltern...Familie in der Krise? Eröffnungsreferat DIALOG Fachtagung 3.5.1997.

Narr, W.-D. (2001): „Menschenrechte, Bürgerrechte, Grundrechte", H.-U. Otto/ H. Thiersch (Hg.), Handbuch Sozialarbeit Sozialpädagogik, Neuwied/Kriftel, 2. überarbeitete Auflage.

National Coalition (1996): Ergebnisse des ersten Dialogs zwischen dem UN-Ausschuß für Rechte des Kindes und der Bundesregierung über den Erstbericht zur Umsetzung der UN-Kinderrechtskonvention, Bonn.

Nave-Herz, R. (1992): „Scheidungsursachen im Wandel", Brühler Schriften. Neunter Deutscher Familiengerichtstag, Bielefeld.

Nave-Herz, R. (1995): „Kinder mit nicht-sorgeberechtigten Vätern – Zusammenfassung soziologischer und sozialpsychologischer Forschungsergebnisse", FuR, Jg. 6, Nr. 2.

Nestmann, F./Sickendiek, U. (2001): „Beratung", H.-U. Otto/H. Thiersch (Hg.), Handbuch Sozialarbeit Sozialpädagogik, Neuwied/Kriftel, 2. überarbeitete Auflage.

Niesel R. (1995): „Erleben und Bewältigen elterlicher Konflikte durch Kinder", Familiendynamik, 2.

Oberloskamp, H. (1998): Vormundschaft, Pflegschaft und Beistandschaft für Minderjährige, München, 2. Auflage.

Oberloskamp, H. (1999): Das neue Familien- und Erbrecht. Darstellung der wichtigsten ab 1. Juli 1998 geltenden Regelungen in 30 Übersichten, Neuwied.

Oberloskamp, H. (2002): „Beratungs- und Mitwirkungsauftrag der Jugendhilfe bei Trennung und Scheidung", Kind-Prax 1.

Oelkers, H. (1997): „Die Rechtsprechung zum Sorge- und Umgangsrecht", FamRZ, 13.

Oelkers, H. (1999): Gründe für die Sorgerechtsübertragung auf einen Elternteil, Rostock.

Offe, C. (1987): „Das Wachstum der Dienstleistungsarbeit: Vier soziologische Erklärungsansätze", Th. Olk/H.-U. Otto (Hg.), Soziale Dienste im Wandel 1. Helfen im Sozialstaat, Neuwied.

Offe, C. (2001): „Staat, Demokratie und Krieg", H. Joas (Hg.), Lehrbuch der Soziologie. Frankfurt/New York.

Offe, C./Ronge, V. (1976): „Thesen zur Begründung des Konzepts des ‚Kapitalistischen Staates'" Altvater, E. et al. (Hg.), Rahmenbedingungen staatlichen Handelns. Frankfurt a.M.

Offe, H. (1992): „Empirische Scheidungsfolgen-Forschung: Ein Überblick über neuere Ergebnisse", J. Hahn et al. (Hg.), Scheidung und Kindeswohl, Heidelberg.

Olk, Th. (1986): Abschied vom Experten. Sozialarbeit auf dem Weg zu einer alternativen Professionalität, München.

Olk, Th./Otto, H.-U./Backhaus-Maul, H. (2003): „Soziale Arbeit als Dienstleistung – Zur analytischen und empirischen Leistungsfähigkeit eines theoretischen Konzepts", Th. Olk/H.-U. Otto (Hg.), Soziale Arbeit als Dienstleistung, München/Unterschleißheim.

Ollmann, R. (1998): „Einflußfaktoren in familien- und vormundschaftsgerichtlichen Verfahren", FamRZ 6.

Otto, G. (1998): „Sozial-Anwalt: ein neuer Beruf?", FamRZ 2.

Otto, H.-U. (1991): Sozialarbeit zwischen Routine und Innovation. Professionelles Handeln in Sozialadministrationen, Berlin/New York.

Otto, H.-U./Ziegler, H. (2004): „Sozialraum und sozialer Ausschluss. Die analytische Ordnung neo-sozialer Integrationsrationalitäten in der Sozialen Arbeit", Teil 1 und 2, np 2 und 3.

Peters, J./Schimke H.-J. (1999): „Die Verfahrenspflegschaft nach § 50 FGG – erste Erfahrungen und Konsequenzen", Kind-Prax 5.

Petersen, K. (1996): „Partizipation als Indikator responsiver Sozialer Arbeit", G. Flösser/H.-U. Otto (Hg.), Neue Steuerungsmodelle für die Jugendhilfe, Neuwied.

Petersen, K. (1999): Neuorientierung im Jugendamt, Neuwied.

Peuckert, R. (1999): Familienformen im sozialen Wandel, Opladen, 3. Auflage.

Pfeiffer, Ch. (2000): „Innerfamiliäre Gewalt gegen Kinder und Jugendliche und ihre Auswirkungen", Friedrich-Ebert-Stiftung (Hg.), Kinder schlagen – gesetzlich verboten, Berlin.

Poulantzas, N. (1978): Staatstheorie, Hamburg.

Poulantzas, N. (2002): Staatstheorie, Hamburg.

Prestien, H.-L. (1995): „Zur Wiederherstellung der Selbstverantwortung der Familienmitglieder: Der/Die Richterin als Drehscheibe interdisziplinärer Zusammenarbeit", ZfJ 4.

Preuß, U.K. (1990): „Verfassungstheoretische Überlegungen zur normativen Begründung des Wohlfahrtsstaates", C. Sachße/H.T. Engelhardt (Hg.), Sicherheit und Freiheit: Zur Ethik des Wohlfahrtsstaates, Frankfurt a.M.

Priester, K. (1977): Zur Staatstheorie bei Antonio Gramsci. Das Argument 104.

Priester, K. (1979): Die Bedeutung von Gramscis ‚erweitertem' Staatsbegriff. Das Argument, Sonderband 44.

Priester, K. (1986): "Gramsci", T. Meyer (Hg.), Sozialistisches Lexikon, Köln.

Proksch, R. (1994): „Allgemeine gesetzliche Grundlagen", M. Textor (Hg.), Allgemeiner Sozialdienst, Weinheim/Basel.

Proksch, R. (1995): „Praxiserfahrungen mit Vermittlung (Mediation) in streitigen Sorge- und Umgangsverfahren", J. Duss-von Werdt et al. (Hg.), Mediation, Stuttgart.

Proksch, R. (1996): „Trennungs- und Scheidungsberatung", D. Kreft/I. Mielenz (Hg.), Wörterbuch der Sozialen Arbeit, Weinheim/Basel, 4. Auflage.

Proksch, R. (1998): Kooperative Vermittlung (Mediation) in streitigen Familiensachen, Bonn.

Proksch, R. (1998a): Mediation – Vermittlung in Familiären Konflikten, Nürnberg.

Proksch, R. (2000): Begleitforschung zur Umsetzung der Neuregelungen zur Reform des Kindschaftsrechts. Erster Zwischenbericht 5, Nürnberg.

Proksch, R. (2002): „Rechtstatsächliche Untersuchung zur Reform des Kindschaftsrechts", Köln.

Proksch, R./Sievering, U. (1991): Förderung der gemeinsamen elterlichen Verantwortung nach Trennung und Scheidung, Frankfurt a.M.

Rabe-Kleberg U. (1996): Frauen in sozialen Berufen – (k)eine Chance auf Professionalisierung? TS Halle.

Rauschenbach, Th./Schilling, M. (1997): „Das Ende der Fachlichkeit? Soziale Berufe und die Personalstruktur der Kinder- und Jugendhilfe im vereinten Deutschland". np 1.

Rauscher, Th. (1998): „Das Umgangsrecht im Kindschaftsrechtsreformgesetz". FamRZ 6.

Redaktion Widersprüche (1997): „Zum Stand der Diskussion um eine Politik des Sozialen". Widersprüche 66.

Redaktion Widersprüche (2004): Editorial. Widersprüche 92.

Reichel, M./Trittel, H. (1998): „Das Verhältnis von § 18 zu § 52a SGB VIII in der täglichen Arbeit des Jugendamtes". Kind-Prax 4.

Reichel, M./Trittel, H. (2000): „Beratung und Unterstützung nach §§ 18 und 52a KJHG in der Praxis". Kind-Prax 4.

Rexilius, G. (2001): „Alles o.k. mit dem Kindeswohl?". Kind-Prax 4.

Richter, M. (2004): „Zur (neu)Ordnung des Familialen". In: Widersprüche 92.

Riehle, E. (2000): „Scheidungs-, Trennungsberatung und Mediation am Jugendamt". Kind-Prax 3.

Röhl, K.F. (1999): „Rechtssoziologische Befunde zum Versagen von Gesetzen". In: H. Hof/G. Lübbe-Wolff (Hg.), Wirkungsforschung zum Recht I. Interdisziplinäre Studien zu Recht und Staat. Band 10, Baden-Baden.

Rose, B. (2004): „Sich Sorgen gestern, heute und morgen". Widersprüche 92.

Rose, N. (2000): „Tod des Sozialen? Eine Neubestimmung der Grenzen des Regierens". In: U. Bröckling et al. (Hg.), Gouvernementalität der Gegenwart, Frankfurt a.M.

Rose, N./Miller, P. (1992): "Political power beyond the State: problematics of government". British Journal of Sociology, 43.

Roth, A. (1998): „Das Jugendamt als Beistand – Vertreter das Kindes oder Beauftragter der Mutter". Kind-Prax 5.

Roth, R. (1998): „Postfordistische Politik". In: Ch. Görg/R. Roth (Hg.), Kein Staat zu machen - Zur Kritik der Sozialwissenschaften, Münster.

Rummel, C. (1997): „Die Freiheit, die Reform des Kindschaftsrechts und das `ganz normale Chaos der Liebe`". ZfJ 6.

Sachße, Ch./Tennstedt, F. (1882): „Familienpolitik durch Gesetzgebung". In: F.-X. Kaufmann (Hg.), Staatliche Sozialpolitik und Familie, München/Wien.

Salgo, L. (1997): Der Anwalt des Kindes. Zur Vertretung von Kindern in zivilrechtlichen Kinderschutzverfahren. Eine vergleichende Studie, Frankfurt a.M.

Salgo, L. (1998): „Einige Anmerkungen zum Verfahrenspfleger im Kindschaftsreformgesetz". FÜR, Jg. 4, Nr. 2.

Salgo, L. (1998a): „Das neue Kindschaftsrecht".

Salgo, L. (1998b): Das neue Kindschaftsrecht. Die gesetzliche Neuregelung in den Bereichen elterliche Sorge, Umgangsrecht und Vertretung von Kindern im familiengerichtlichen Verfahren. In: Diakonisches Werk der EKD (Hg.): Materialien zum neuen Kindschaftsrecht. Dokumentation des Fachtages, Stuttgart.

Salgo, L. (1998c): „Einige Anmerkungen zum Verfahrenspfleger im Kindschaftsreformgesetz". FÜR, Jg. 4, Nr. 2.

Salgo, L. (1999): „Veränderungen für Kinder und Jugendliche bei Trennung/ Scheidung ihrer Eltern durch das Kindschaftsreformgesetz (KindRG)". In: J. Fegert (Hg.), Kinder im Scheidungsverfahren nach der Kindschaftsrechtsreform, Neuwied.

Salgo, L. (2002): Verfahrenspflegschaft für Kinder und Jugendliche: Ein Handbuch für die Praxis, Köln.

Salzgeber, J./Haase, W. (1996): „Ein beispielhafter interdisziplinärer Arbeitskreis zur Kooperation in Familienkonflikten". In: H. Schillig (Hg.), Wege aus dem Konflikt, Mainz.

Salzgeber, J./Stadler, M. (1998): „Beziehung contra Erziehung. Kritische Anmerkungen zur aktuellen Rezeption von PAS". Kind-Prax, Nr. 6.

Schaarschuch, A. (1990): Zwischen Regulation und Reproduktion, Bielefeld.

Schaarschuch, A. (1995): „Das demokratische Potential Sozialer Arbeit". In: H. Sünker (Hg.), Theorie, Politik und Praxis Sozialer Arbeit: Einführung in Diskurse und Handlungsfelder der Sozialarbeit/Sozialpädagogik, Bielefeld.

Schaarschuch, A. (1995a): „Soziale Dienstleistungen im Regulationszusammenhang". Widersprüche 52.

Schaarschuch, A. (1996): „Der Staat, der Markt, der Kunde und das Geld...? Öffnung und Demokratisierung – Alternativen zur Ökonomisierung sozialer Dienste". In: G. Flösser/H.-U. Otto (Hg.), Neue Steuerungsmodelle für die Jugendhilfe, Neuwied/Kriftel/Berlin.

Schaarschuch, A. (1996a): „Soziale Arbeit in guter Gesellschaft?". ZfPäd 6.

Schaarschuch, A. (1999): „Integration ohne Ende?" In: R. Treptow/R. Hörster (Hg.), Sozialpädagogische Integration, Weinheim/München.

Schaarschuch, A. (1999a): „Soziale Arbeit in der Öffentlichkeit – Öffentlichkeit in der Sozialen Arbeit". In: F. Hamburger/H.-U. (Hg.), Sozialpädagogik und Öffentlichkeit, Weinheim/München.

Schaarschuch, A./Flösser, G./Otto, H.-U. (2001): „Dienstleistung". In: H.-U. Otto/H. Thiersch (Hg.), Handbuch Sozialarbeit Sozialpädagogik, Neuwied, 2. Auflage.

Schäfer, P. (1999): Auswirkungen des neuen Familienrechts auf die Jugendhilfe. Vortrag TS Lüneburg.

Schieferstein, W. (2001): „Elternwohl und Kindespflicht". Kind-Prax 6.

Schimank, U. (2001): „Gruppen und Organisationen". In: H. Joas (Hg.), Lehrbuch der Soziologie, Frankfurt/New York.

Schimke, H.-J. (1998): Das neue Kindschaftsrecht, Neuwied, 2. Auflage.

Schmidt, F. (1998): „Streiten ohne Klage". Rheinischer Merkur vom 28.5.1998.

Schmidt, M. (1996): „Modernisierung der Profession ohne professionelle Modernisierung?". In: G. Flösser/H.-U. Otto (Hg.), Neues Steuerungsmodell in der Jugendhilfe, Neuwied.

Schmidt, M. (2001): „Jugendamt". In: H.-U. Otto/H. Thiersch (Hg.), Handbuch Sozialarbeit Sozialpädagogik, Neuwied/Kriftel, 2. überarbeitete Auflage.

Schmidt-Denter, U./Beelmann, W. (1995): Familiäre Beziehungen nach Trennung und Scheidung: Veränderungsprozesse bei Müttern, Vätern und Kindern. Forschungsbericht. Universität Köln.

Schmidt-Semisch, H. (2000): „Selber schuld. Skizzen versicherungsmathematischer Gerechtigkeit". In: U. Bröckling et al. (Hg.), Gouvernementalität der Gegenwart, Frankfurt a.M.

Schneider, N.F. (1994): Familie und private Lebensführung in West- und Ostdeutschland, Stuttgart.

Schnurr, S. (1998): „Jugendamtsakteure im Steuerungsdiskurs". np 4.

Schruth, P. (1996): „Vormundschaftsgericht". In: D. Kreft/I. Mielenz (Hg.), Wörterbuch der Sozialen Arbeit, Weinheim/Basel, 4. Auflage.

Schui, H. (1996): „Neoliberalismus – Der Versuch, die Konzentration von Einkommen und Vermögen zu legitimieren". In: H. Schui (Hg.), Geld ist genug da. Reichtum in Deutschland, Heilbronn, 2. Auflage.

Schui, H./Blankenburg, S. (2002): Neoliberalismus: Theorie Gegner Praxis, Hamburg.

Schüler-Springorum, H. (1999): „Was bewirken Gesetze? Pointierte Zusammenfassung". In: H. Hof/G. Lübbe-Wolff (Hg.), Wirkungsforschung zum Recht I. Interdisziplinäre Studien zu Recht und Staat, Band 10, Baden-Baden.

Schulz, W./Held, T. (2002): Regulierte Selbstregulierung. Hans-Bredow-Institut, Universität Hamburg.

Schumacher, K. (1998): „Das neue Unterhaltsrecht minderjähriger Kinder". FamRZ 13.

Schütz, A. (1972): „Der gut informierte Bürger". In: A. Schütz (Hg.), Gesammelte Aufsätze, Bd. 2, The Hague.

Schwab, D (1998): „Familienrecht 1998". FamRZ 13.

Schwab, D. (1998a): „Elterliche Sorge bei Trennung und Scheidung der Eltern". FamRZ 8.

Schwab, D. (1999): Familienrecht, München.

Schwab, D./Wagenitz, Th. (1997): „Einführung in das neue Kindschaftsrecht". FamRZ 97.

Schwab, D./Wagnitz, Th. (1998): Familienrechtliche Gesetze, Bielefeld, 2. Auflage.

Schwenzer, I. (1992): Empfiehlt es sich, das Kindschaftsrecht neu zu regeln? Gutachten, München.

Seidenstücker, B. (2001): „Zur Umsetzung des neuen Kindschaftsrechts in der Arbeit von Jugendämtern". ZfJ 3.

Seidenstücker, B. (1999): Zur Umsetzung des neuen Kindschaftsrechts in der Arbeit von Jugendämtern, Oranienburg.

Simitis, S. et al. (1979): Kindeswohl, Frankfurt a.M.

Sommerfeld, P./Haller, D. (2003): „Professionelles Handeln und Management". np 1.

Sorgerechtskommission des Deutschen Familiengerichtstages (1993): „Thesen zur Reform des Kindschaftsrechts". FamRZ 93.

Sorgerechtskommission des Deutschen Familiengerichtstages (1997): „Stellungnahme zum Regierungsentwurf eines Kindschaftsrechtsreformgesetzes". FamRZ 97.

Spangenberg, B. (1997): „Umgangsvermittlung mit Methoden der Mediation und mit modernen Kommunikationsstrategien (NLP)". Der Amtsvormund, Jg. 70, Nr. 7.

Spangenberg, E. (1997a): „Richten und Heilen – mediatives Denken im (Familien-) Gerichtsverfahren". FamRZ 20.

Späth, K. (1998): „Das neue Kindschaftsrecht – Überblick und Auswirkungen Ergebnis eines langjährigen Beratungs- und Diskussionsprozesses". Diakonisches Werk der EKD (Hg.), Materialien zum neuen Kindschaftsrecht. Dokumentation des Fachtages, Stuttgart.

Spindler, M. (2003): „Begleiteter Umgang bei hochkonflikthafter Trennung und Scheidung". Kind-Prax 2.

Splitter, S. (1996): „Vormundschafts- und Familiengerichtshilfe". In: D. Kreft/I. Mielenz (Hg.), Wörterbuch der Sozialen Arbeit, Weinheim/Basel, 4. Auflage.

Spondel, W. (1979): „‚Experte' und ‚Laie': Zur Entwicklung von Typenbegriffen in der Wissenssoziologie". In: W. Sprondel/R. Grathoff (Hg.), Alfred Schütz und die Idee des Alltags in den Sozialwissenschaften, Stuttgart.

Steindorf, C. (1994): Vom Kindeswohl zu den Kindesrechten, Neuwied.

Stellungnahme der Bundesrechtsanwaltkammer (BRAK) zum Entwurf eines Kindschaftsrechtsgesetzes (1998). ZfJ 2.

Stellungnahme des Deutschen Familiengerichtstages e.V. zu dem Entwurf eines Gesetzes zur Reform des Kindschaftsrechts (1997). FamRZ 6.

Stephan, H.-R. (2000): „Betreuter Umgang: Wem hilft er?". Kind-Prax 2.

Stephan, H.-R. (2000): „Betreuter Umgang – ein Bericht aus der Praxis". Kind-Prax 5.

Strempel, D. (1998): Mediation für die Praxis, Freiburg, Berlin.

Suckow, H. (1992): Allgemeines Verwaltungshandeln, Köln, 10. Auflage.

Sünker, H. (1995): Theorie, Politik und Praxis Sozialer Arbeit: Einführung in Diskurse und Handlungsfelder der Sozialarbeit/Sozialpädagogik, Bielefeld.

Tabel, G./Walter, F. (1994): „Erziehungs- und Familienberatung". In: M. Textor (Hg.), Allgemeiner Sozialdienst, Weinheim/Basel.

Textor, M. (1991): Familienpolitik, Bonn.

Textor, M. (1994); Allgemeiner Sozialdienst, Weinheim/Basel.

Thiersch, H. (1992): Lebensweltorientierte soziale Arbeit, Weinheim.

VAMV (1999): Ein Jahr neues Kindschaftsrecht. Dokumentation einer Tagung, Bonn.

Vergho, C. (2001): „Gerichtsnahe Beratung und Vermittlung bei Scheidungskonflikten". Kind-Prax 3.

Voigt, R. (1983): „Gegentendenzen zur Verrechtlichung. Verrechtlichung und Entrechtlichung im Kontext des Diskussion um den Wohlfahrtsstaat". In: R. Voigt (Hg.), Gegentendenzen zur Verrechtlichung. Jahrbuch für Rechtssoziologie und Rechtstheorie, Band 9, Opladen.

Voigt, R. (2001): „Steuerung und Staatstheorie". In: H.-P. Burth/A. Görlitz (Hg.), Politische Steuerung in Theorie und Praxis, Band 12, Baden-Baden.

Wagner, K. (1996): „Jugendamt". In: D. Kreft/I. Mielenz (Hg.), Wörterbuch der Sozialen Arbeit, Weinheim/Basel, 4. Auflage.

Walgenbach, P. (1999): „Institutionalistische Ansätze in der Organisationstheorie". In: A. Kiesler (Hg.), Organisationstheorien, Stuttgart, 3. Auflage.

Ward, P./Campbell, H. (1998): „Familienkriege – die Entfremdung von Kindern". ZfJ 6.

Weber, C./Zitelmann, M. (1999): „Standards für VerfahrenspflegerInnen. Die Interessenvertretung für Kinder und Jugendliche in Verfahren der Familien- und Vormundschaftsgerichte gemäß § 50 FGG", Neuwied.

Weber, Max (1985): Soziologische Grundbegriffe. Wirtschaft und Gesellschaft, Tübingen.

Weber, M. (1999): „Kooperation nach der Kindschaftsrechtsreform". Kind-Prax 1.

Weber, M. (2002): „Eltern bleiben Eltern!? – oder: warum eine gute Idee manchmal scheitern muss". Kind-Prax 4.

Weisbrodt, F (2000): „Familiengericht und Jugendamt in gemeinsamer Sorge um die elterliche Sorge". Kind-Prax 2.

Weisbrodt, F (2000a): „Wie kann der Familienrichter das Verfahren gestalten, um mit Umgangskonflikten umgehen zu können?". Kind-Prax 1.

Weisbrodt, F. (2001): „Gemeinsame elterliche Sorge in der Rechtsprechung der Oberlandesgerichte". Kind-Prax 1.

White, V. (2000): „Profession und Management". Widersprüche 77.

Wiesner, R. (1990): „Der mühsame Weg zu einem neuen Jugendhilfegesetz". Recht der Jugend und des Bildungswesens 2.

Wiesner, R. (1991): „Das neue Kinder- und Jugendhilferecht – Chancen und Herausforderungen für die Jugendhilfepraxis". ZfJ, Jg. 78, Nr. 7-8.

Wiesner, R. (1997): „Konsequenzen der Reform des deutschen Kindschaftsrechts für die Jugendhilfe". ZfJ 97.

Wiesner, R. (1998): „Die Reform des Kindschaftsrechts – Auswirkungen für die Praxis der Kinder- und Jugendhilfe". ZfJ 7/8.

Wiesner, R. (1999): „Beratung im Kontext familiengerichtlicher Verfahren". In: J. Fegert (Hg.), Kinder im Scheidungsverfahren nach der Kindschaftsrechtsreform, Neuwied.

Wiesner, R. (1999a): „Kindschaftsrechtsreform und KJHG – wechselseitige Reformanstöße". Kind-Prax 2.

Wiesner, R. (2001): „Braucht die Jugendhilfe neue Strukturen?". JAmt 1.

Wiesner, R./Zarbock, W. (1991): Das neue Kinder- und Jugendhilfegesetz (KJHG) und seine Umsetzung in die Praxis, Köln.

Willutzki, S. (1997): „20 Jahre Eherechtsreform". FamRZ 13.

Willutzki, S. (1997a): Kinderpolitik durch Recht. Das Wohl des Kindes aus rechtlicher Sicht. Tagungsprotokoll vom 11.-13.4.1997, Evangelische Akademie Bad Boll.

Willutzki, S. (1998): „Kindschaftsrechtsreform – Versuch einer wertenden Betrachtung (Teil I)". Kind-Prax 1.

Willutzki, S. (1998a): „Kindschaftsrechtsreform – Versuch einer wertenden Betrachtung (Teil II)". Kind-Prax 2.

Willutzki, S. (1998b): „Kindschaftsrechtsreform – Versuch einer wertenden Betrachtung (Teil III)". Kind-Prax 4.

Willutzki, S. (1999): „1 Jahr neues Kindschaftsrecht. Kritische Anmerkungen zur Umsetzung in der Rechtsprechung". VAMV (Hg.), Ein Jahr neues Kindschaftsrecht (Dokumentation einer Fachtagung), Bonn.

Willutzki, S. (1999a): Thesen zur Kooperation der professionellen Scheidungsbegleiter. Tagungsprotokoll vom 3.-5.12.1999, Diakonische Akademie Berlin-Pankow.

Willutzki, S. (1999b): „Psychologie im Familienrecht". Kind-Prax 1.

Willutzki, S. (2000): „Umsetzung der Kindschaftsrechtsreform in der Praxis". Kind-Prax 2.

Willutzki, S. (2002): „Entwicklung der Rechtsprechung zum Umgang nach der Kindschaftsrechtsreform". Kind-Prax 4.

Willutzki, S. (2003): „Betreuter Umgang". Kind-Prax 2.

Witt, H. (2001): „Forschungsstrategien bei quantitativer und qualitativer Sozialforschung". In: Forum Qualitative Sozialforschung. (http://qualitative-research.net/fqs), 31.3.2001.

Wohlfahrt, N. (2001).: „Sozialverwaltung". In: H.-U. Otto/H. Thiersch (Hg.), Handbuch Sozialarbeit/Sozialpädagogik, Neuwied/Kriftel, 2. überarbeitete Auflage.

Wolf, C. (1998): „Beistandschaft statt Amtspflegschaft". Kind-Prax 2.

Wolff, S. (1999): „Pointierte Zusammenfassung: 10 Thesen zur Wirkungsforschung aus Sicht eines sozialwissenschaftlichen Beobachters". In: H. Hof/G. Lübbe-Wolff (Hg.), Wirkungsforschung zum Recht I. Interdisziplinäre Studien zu Recht und Staat, Band 10, Baden-Baden.

Wollmann, H (1994).: „Implementationsforschung/Evaluationsforschung". In: J. Kritz et al. (Hg.), Politikwissenschaftliche Methoden, München.

Wollmann, H. (1980): „Implementationsforschung – eine Chance für kritische Verwaltungsforschung". In: H. Wollmann (Hg.), Politik im Dickicht der Bürokratie, Opladen.

Zitelmann, M. (1998): „Vom „Anwalt des Kindes" zum Verfahrenspfleger?" Kind-Prax 5.

Zitelmann, M. (2000): „Das ‚Wohl des Kindes' - Zur Entwicklung des Kindschaftsrechts im zwanzigsten Jahrhundert". In: M.S. Baader et al. (Hg.), Ellen Keys reformpädagogische Vision, Weinheim/Basel.

Sozialtheorie

Markus Holzinger
Die Einübung des Möglichkeitssinns
Zur Kontingenz in der Gegenwartsgesellschaft
Juni 2007, ca. 320 Seiten,
kart., ca. 29,80 €,
ISBN: 978-3-89942-543-7

Susanne Krasmann,
Michael Volkmer (Hg.)
Michel Foucaults »Geschichte der Gouvernementalität« in den Sozialwissenschaften
Internationale Beiträge
Mai 2007, ca. 260 Seiten,
kart., ca. 26,80 €,
ISBN: 978-3-89942-488-1

Jörg Döring,
Tristan Thielmann (Hg.)
Spatial Turn
Das Raumparadigma in den Kultur- und Sozialwissenschaften
Mai 2007, ca. 350 Seiten,
kart., ca. 29,80 €,
ISBN: 978-3-89942-683-0

Jochen Dreher,
Peter Stegmaier (Hg.)
Zur Unüberwindbarkeit kultureller Differenz
Grundlagentheoretische Reflexionen
April 2007, ca. 260 Seiten,
kart., ca. 25,80 €,
ISBN: 978-3-89942-477-5

Hans-Joachim Lincke
Doing Time
Die zeitliche Ästhetik von Essen, Trinken und Lebensstilen
April 2007, ca. 270 Seiten,
kart., ca. 26,80 €,
ISBN: 978-3-89942-685-4

Anne Peters
Politikverlust?
Eine Fahndung mit Peirce und Zizek
März 2007, 310 Seiten,
kart., ca. 29,80 €,
ISBN: 978-3-89942-655-7

Benjamin Jörissen
Beobachtungen der Realität
Die Frage nach der Wirklichkeit im Zeitalter der Neuen Medien
März 2007, ca. 232 Seiten,
kart., ca. 24,80 €,
ISBN: 978-3-89942-586-4

Nina Oelkers
Aktivierung von Elternverantwortung
Zur Aufgabenwahrnehmung in Jugendämtern nach dem neuen Kindschaftsrecht
März 2007, 466 Seiten,
kart., 34,80 €,
ISBN: 978-3-89942-632-8

Thomas Jung
Die Seinsgebundenheit des Denkens
Karl Mannheim und die Grundlegung einer Denksoziologie
Februar 2007, 324 Seiten,
kart., 29,80 €,
ISBN: 978-3-89942-636-6

Christine Matter
»New World Horizon«
Religion, Moderne und amerikanische Individualität
Februar 2007, 260 Seiten,
kart., 25,80 €,
ISBN: 978-3-89942-625-0

Leseproben und weitere Informationen finden Sie unter:
www.transcript-verlag.de

Sozialtheorie

Ingrid Jungwirth
Zum Identitätsdiskurs in den Sozialwissenschaften
Eine postkolonial und queer informierte Kritik an George H. Mead, Erik H. Erikson und Erving Goffman
Februar 2007, 410 Seiten,
kart., 33,80 €,
ISBN: 978-3-89942-571-0

Petra Jacoby
Kollektivierung der Phantasie?
Künstlergruppen in der DDR zwischen Vereinnahmung und Erfindungsgabe
Januar 2007, 276 Seiten,
kart., 27,80 €,
ISBN: 978-3-89942-627-4

Sacha-Roger Szabo
Rausch und Rummel
Attraktionen auf Jahrmärkten und in Vergnügungsparks. Eine soziologische Kulturgeschichte
2006, 248 Seiten,
kart., zahlr. Abb., 25,80 €,
ISBN: 978-3-89942-566-6

Max Miller
Dissens
Zur Theorie diskursiven und systemischen Lernens
2006, 392 Seiten,
kart., 30,80 €,
ISBN: 978-3-89942-484-3

Martin Voss
Symbolische Formen
Grundlagen und Elemente einer Soziologie der Katastrophe
2006, 312 Seiten,
kart., 28,80 €,
ISBN: 978-3-89942-547-5

Heiner Keupp,
Joachim Hohl (Hg.)
Subjektdiskurse im gesellschaftlichen Wandel
Zur Theorie des Subjekts in der Spätmoderne
2006, 232 Seiten,
kart., 25,80 €,
ISBN: 978-3-89942-562-8

Amalia Barboza,
Christoph Henning (Hg.)
Deutsch-jüdische Wissenschaftsschicksale
Studien über Identitätskonstruktionen in der Sozialwissenschaft
2006, 292 Seiten,
kart., 28,80 €,
ISBN: 978-3-89942-502-4

Mark Hillebrand, Paula Krüger,
Andrea Lilge,
Karen Struve (Hg.)
Willkürliche Grenzen
Das Werk Pierre Bourdieus in interdisziplinärer Anwendung
2006, 256 Seiten,
kart., 25,80 €,
ISBN: 978-3-89942-540-6

Renate Grau
Ästhetisches Engineering
Zur Verbreitung von Belletristik im Literaturbetrieb
2006, 322 Seiten,
kart., 32,80 €,
ISBN: 978-3-89942-529-1

**Leseproben und weitere Informationen finden Sie unter:
www.transcript-verlag.de**